Y0-DYS-123

ESSAYS IN SEMIOTICS
ESSAIS DE SÉMIOTIQUE

APPROACHES TO SEMIOTICS

edited by

THOMAS A. SEBEOK

assisted by

DONNA JEAN UMIKER · JOSETTE REY-DEBOVE

4

1971
MOUTON
THE HAGUE · PARIS

ESSAYS IN SEMIOTICS
ESSAIS DE SÉMIOTIQUE

edited by

recueil sous la direction de

JULIA KRISTEVA
Paris

JOSETTE REY-DEBOVE
Paris

DONNA JEAN UMIKER
Bloomington, Indiana

1971
MOUTON
THE HAGUE · PARIS

LIBRARY OF CONGRESS CATALOG CARD NUMBER: 73-134551

Printed in The Netherlands by Mouton & Co., Printers, The Hague.

AVERTISSEMENT

Les textes présentés dans ce volume ont été publiés pour la première fois dans la section "Recherches sémiotiques" de la revue *Information sur les sciences sociales,* éditée sous les auspices du Conseil International des Sciences Sociales, avec le concours financier de l'Unesco et de l'Ecole pratique des Hautes Etudes, VIe Section, Sciences Economiques et Sociales, en 1967 et 1968 (vol. VI et VII).

Nous remercions la revue *Information sur les sciences sociales,* de même que les auteurs des études qui suivent, de nous avoir accordé le droit de republier ces textes. Nous remercions également les éditeurs du volume VI de la section "Recherches sémiotiques" MM. A. J. Greimas (rédacteur en chef), J. M. Lotman, T. A. Sebeok, W. Skalmowski, et du volume VII de la section "Recherches sémiotiques" MM. A. J. Greimas, J. M. Lotman, T. A. Sebeok (rédacteur en chef), J. Pelc (J. Kristeva, J. Rey-Debove, rédactrices adjointes).

Les articles suivants ont été repris dans des recueils personnels de leurs auteurs: nous remercions les éditeurs de nous avoir autorisé à les reproduire:

J. Kristeva, "L'expansion de la sémiotique", in *Recherches pour une sémanalyse* (Éd. du Seuil, Paris, 1969).

Gérard Genette, "Langage poétique, poétique du langage', in *Figures* (Éd. du Seuil, 1969).

J. B. Pontalis, "Question de mots" ("Les mots du psychanalyste"), in *Après Freud* (Éd. Gallimard, 1969).

Les articles suivants sont republiés avec des modifications des auteurs:

Glen McBride, "On the evolution of human language".

Dell H. Hymes, "The "wife" who "goes out" like a man: Reinterpretation of a Clackmas Chinook Myth".
Hristo Todorov, "Logique et temps narratif".

Nous regrettons de n'avoir pas pu reproduire l'étude de Roland Barthes, "Le discours de l'histoire", paru dans vol. VI-4, p. 65-76, de même que "A selected and annotated guide to the literature of zoosemiotics and its background (Annotated bibliography)" de Thomas A. Sebeok, paru dans vol. VII-5, p. 103-119.

Dans la composition du volume nous avons voulu suivre le rythme de travail de la section "Recherches sémiotiques". Aussi avons-nous gardé les notes de la rédaction accompagnant certains textes et introduisant à des discussions (sur le vocabulaire des sciences avec J. Dubois, p. 216, J. B. Pontalis, p. 251, Albert E. Scheflen, p. 267; les notes sur la procédure sémiotique et son affrontement aux pratiques signifiantes dites artistiques, avec J. Derrida, p. 11, G. Genette, p. 424, Ch. Metz, p. 502, J.-L. Schefer, p. 477.

Nous espérons qu'une telle présentation donne une image fidèle d'une recherche internationale de deux ans, et constitue un instrument essentiel pour tout chercheur dans le domaine de la sémiotique.

J. K.

CONTENTS

SOMMAIRE

II

LINGUISTICS
LINGUISTIQUE

III

DISCOURSE ANALYSIS
ANALYSE DES DISCOURS

IV

ANTHROPOLOGY
ANTHROPOLOGIE

V

SEMIOTICS OF ART
LITERATURE · PAINTING · FILM
SÉMIOTIQUE DES ARTS
LITTÉRATURE · PEINTURE · CINÉMA

VI

KINESICS
KINÉSIQUE

VII

ZOOSEMIOTICS
ZOOSÉMIOTIQUES

VIII

MEETINGS
COLLOQUES

IX

BIBLIOGRAPHIES

INTRODUCTION: LE LIEU SÉMIOTIQUE

JULIA KRISTEVA

Les stoïciens furent probablement les premiers à developper une théorie détaillée du SIGNE – du σημεῖον, quand ils ont jeté les bases de l'épistémologie grecque. Dès ses origines, donc, le discours sur le signe se confond avec celui sur l'épistémé.

Lorsque le savoir du XXe siècle reprend ce σημεῖον pour bâtir sur lui une pensée qui marque une étape décisive de l'épistémé occidentale, le terme SÉMIOTIQUE – explicitement ou implicitement – nous revient lourd d'efforts (scientifiques, philosophiques, théoriques) pour saisir les lois du SIGNIFIER. Ne pas en tenir compte obligerait la sémiotique à ce qu'elle doit éviter par sa vocation même: l'engluement dans une certaine épistémologie déjà circonscrite et dominée.

En s'appuyant sur la linguistique et la logique qui, de tout temps, se sont tenues près de la signification et de ses règles, la SÉMIOTIQUE entreprend aujourd'hui un travail autrement ambitieux et vaste. Elle cherche les lois des différentes démarches signifiantes (de l'énoncé le plus simple au discours scientifique ou aux 'arts'); elle indique les combinaisons spécifiques qui sous-tendent ou produisent les différentes pratiques signifiantes que les sujets entendent ou se communiquent comme des messages dans le jeu social. Saisir les pratiques signifiantes (les ordonner), établir leur typologie, définir leurs transformations, donc donner les règles de la signifiance en tenant compte des systèmes DIFFÉRENTS et MULTIPLES qui la mettent en œuvre – tels sont, sommairement résumés, les but de la sémiotique.

Une telle assignation, quelque approximative qu'elle soit, rattache la sémiotique moins à la linguistique et à la logique qu'elle comprend, qu'à une pensée dont la rigueur scientifique et l'ampleur philosophique lui traçaient déjà la voie: celle de Leibniz. Son *calculus ratiocinator* – calcul logique – visait en effet à mathématiser les opérations logiques, à saisir la procédure FORMELLE de l'acte logique en se désintéressant de son contenu signifiant, et à NOTER par un FORMALISME MATHÉMATIQUE le fonctionnement de la signifiance. Ce projet immense explique l'admiration de Leibniz pour l'*Art de penser* d'Aristote dans le système duquel, pourtant, il a fait une des brèches les plus radicales: "Ce n'est pas un mince mérite pour Aristote d'avoir traduit ces formes [les formes de la pensée] en lois infaillibles, et d'avoir été en fait le premier qui ait ÉCRIT MATHÉMATIQUEMENT EN DEHORS DES MATHÉMATIQUES."

ÉCRIRE MATHÉMATIQUEMENT EN DEHORS DES MATHÉMATIQUES – voilà qui s'applique directement à la démarche sémiotique dans la mesure où elle devrait se construire comme une formalisation – une notation formulaire – de la signifiance dans les différentes pratiques sociales.

La première exportation de l'écriture mathématique hors des mathématiques fut, on le sait, l'algèbre de Boole et tout le vaste courant qui s'ensuivit: de Morgan, Peirce, Peano, Zermelo, Frege, Russell, Hilbert, etc., pour fonder ce que nous appelons aujourd'hui l'AXIOMATIQUE. Écrire mathématiquement la logique, puis écrire mathématiquement les mathématiques, impliquait la constitution d'un réseau ramifié de notations dont les couches s'imbriquaient l'une dans l'autre, la supérieure écrivant celle d'au-dessous, la PENSANT dans une radicalité formelle inaccessible au psychologisme. Evidemment, le projet grandiose de Leibniz est loin d'être atteint, et l'on ne connaît qu'un seul livre qui applique l'axiomatique à un domaine non mathématique: la *Construction logique du monde* de Rudolf Carnap.

Ce n'est pas cette retombée positiviste du projet formalisateur qui nous intéressera ici, et ce n'est pas la sémiotique du cercle de Vienne qui règle la démarche dont nous nous réclamons aujourd'hui.

Si nous nous arrêtons à l'AXIOMATIQUE c'est pour indiquer que la SÉMIOTIQUE dont ce recueil présente quelques essais, est, pour les systèmes signifiants en langage non-formalisé, ce que l'axiomatique est pour les langues formelles. Du moins, la sémiotique suppose-t-elle le même recul – la même démarche d'abstraction – par rapport aux systèmes signifiants 'naturels' que celui que se donne l'axiomatique pour saisir les systèmes signifiants formels. Et ce n'est pas un hasard si le terme de SÉMIOTIQUE a été défini par un des axiomaticiens les plus actifs: Charles Sanders Peirce:

"Logic, in its general sense is, as I believe I have shown, only another name for SEMIOTIC (σημειωτική), the quasi-necessary, or formal doctrine of signs. By describing the doctrine as "quasi-necessary", or formal, I mean that I observe the characters of such signs as we know, and from such an observation, by a process which I will not object to naming Abstraction, we are led to statements, eminently fallible, and therefore in one sense by no means necessary, as to what MUST BE the characters of all signs used by a "scientific" intelligence, that is to say, by an intelligence capable of learning by experience. As to the process of abstraction, it is itself a sort of observation. The faculty which I call abstractive observation is one which ordinary people perfectly recognize, but for which the theories of philosophers sometimes hardly leave room. It is a familiar experience to every human being to wish for something quite beyond his present means, and to follow that wish by the question, "Should I wish for that thing just the same, if I had ample means to gratify it?' To answer that question, he searches his heart, and in doing so makes what I term an abstractive observation. He makes in his imagination a sort of skeleton diagram, or outline sketch, of himself, considers what modifications the hypothetical state of things would require to be made in that picture, and then examines it, that is, observes what he has imagined, to see whether the same ardent desire is there to be discerned. By such a process, which is at bottom VERY MUCH LIKE MATHEMATICAL REASONING, WE CAN REACH CONCLUSIONS AS TO WHAT WOULD BE TRUE OF SIGNS IN ALL CASES, SO LONG AS THE INTELLIGENCE USING THEM WAS SCIENTIFIC." [1]

C'est pourtant Ferdinand de Saussure qui a le premier postulé nettement la possibilité et la nécessité de fonder une science des systèmes de signification en langages naturels.[2] Sans faire allusion à Peirce, mais comme s'il obéissait à la tendance qui dominait la pensée scientifique de l'époque marquée par la découverte axiomatique, Saussure étend la saisie scientifique à toute signifiance, lorsqu'il prévoit la possibilité d'étudier chaque manifestation sociale comme un système de signes. Par ce geste même, le concept 'd'homme', tel que la Renaissance l'avait placé au centre de l'intérêt scientifique, est écarté, les systèmes de signes lui sont substitués et la voie est ouverte à la science dans un domaine dit 'humain' ou mieux 'social', devenu enfin formalisable.

"On peut donc concevoir une science qui étudie la vie des signes au sein de la vie sociale; elle formerait une partie de la psychologie sociale, et par conséquent de la psychologie générale; nous la nommerons SÉMIOLOGIE (du grec *semeîon*, 'signe'). Elle nous apprendrait en quoi consistent les signes, quelles lois les régissent. Puisqu'elle n'existe pas encore, on ne peut dire ce qu'elle sera; mais elle a droit à l'existence, sa place est déterminée d'avance. La linguistique n'est qu'une partie de cette science générale, les lois que découvrira la sémiologie seront applicables à la linguistique, et celle-ci se trouvera ainsi rattachée à un domaine bien défini dans l'ensemble des faits

[1] Ch. S. Peirce, "Logic as Semiotic: the Theory of Signs", in *Philosophical Writings*.

[2] On entendra par "langages naturels" les différents systèmes signifiants nonfomels, c.-à-d. bien entendu le discours verbal, mais aussi les pratiques gestuelles, picturales, musicales, etc.

humains. C'est au psychologue à déterminer la place exacte de la sémiologie." [3]

C'est la linguistique qui va rendre la sémiologie possible: la linguistique, dans la mesure où elle adopte le concept de signe 'arbitraire' et pense la langue comme un système de différences. La visée épistémologique profonde du postulat saussurien "le signe est arbitraire" [4] n'est-elle pas de poser un système de MARQUES (sans dehors, sans 'contenu', sans remplissage substantiel), susceptible d'être noté dans un formalisme et rejoignant ainsi l'idée leibnizienne de calcul universel? En raison de cette possibilité du système verbal de se réduire en MARQUES AUTONOMES, Saussure prévoit la linguistique comme "patron général de toute sémiologie":

"... les signes entièrement arbitraires réalisent mieux que les autres l'idéal du procédé sémiologique; c'est pourquoi la langue, le plus complexe et le plus répandu des systèmes d'expression, est aussi le plus caratéristique de tous; en ce sens la linguistique peut devenir le patron général de toute sémiologie, bien que la langue ne soit qu'un système particulier." [5]

Or, dès Saussure, il est clair que la transposition du projet axiomatique dans les langages naturels rompt avec la soi-disant neutralité formelle de l'axiomatique et même de la logique et de la linguistique, pour pénétrer dans un univers complexe – celui du SOCIAL où la sémiotique ne pourra pas prétendre être autonome par rapport à une THÉORIE (sociologique, anthropologique, psychanalytique, etc.). Construire le modèle d'un système signifiant 'naturel' exige d'abord une prise de position théorique concernant cette signifiance. Le formalisme a besoin d'une théorie qui assure la VALEUR SÉMANTIQUE de ses marques et de leur combinatoire. Sans cette théorie – sémantique du formalisme assurant sa correspondance avec l' 'objet' théoriquement construit –, la sémiotique est une naïveté. La sémiotique sera donc une théorie ou ne sera pas. Le scientifisation qu'elle implique ne pourra pas se faire sans une nette prise de conscience de la matrice théorique qui la présuppose. Modèle scientifique et matrice théorique interfèrent donc, la science du signe devient inséparable de la théorie du signe, la démarche formelle – d'une philosophie.

Il ne s'agira évidemment pas de reprendre les considérations philosophiques sur le fonctionnement symbolique, considérations qui ont

[3] *Cours de linguistique générale*, p. 33.

[4] Pour la critique de l'arbitraire du signe, cf. É. Benveniste "Nature du signe linguistique", in *Problèmes de linguistique générale* (Paris, Gallimard, 1966).

[5] *Ibid.*, p. 101.

souvent traité de la particularité du SIGNE (ainsi le XVIIIème siècle français, de Rousseau à Condillac et d'Holbach; sans oublier la lutte husserlienne contre le psychologisme) jusqu'à s'emparer du terme même de SÉMIOTIQUE: tel le *Nouvel Organon* de Jean-Henri Lambert (1764) dont les quatre parties sont intitulées: (1) Dianologie ou théorie de la pensée; (2) Aléthiologie ou théorie de la vérité; (3) SÉMIOTIQUE ou théorie de la désignation des pensées et des choses; (4) Phénoménologie ou théorie de l'apparence. La sémiotique rend justement impossible le vieux discours philosophique, et au moment où elle l'entend, c'est pour en faire une théorie susceptible de renouveler ses formalismes.

Car il s'agira de faire de la sémiotique un lieu focal dans lequel se rencontrent diverses recherches théoriques aussi bien que formelles sur le fonctionnement signifiant; de ne pas la restreindre à une pure notation qui ne s'interroge pas sur ses présupposés, mais de lui permettre de renouveler ses modèles en renouvelant sa théorie, de faire d'elle un lieu où les MODÈLES S'ÉLABORENT. La sémiologie devrait donc être le point vigilant de la science, puisqu'elle n'a pas d'autre raison d'être que de penser la signifiance, donc aussi ses propres lois. Science sans fermeture, elle absorbe les découvertes théoriques telles qu'elles se produisent dans l'histoire de la pensée (de la critique philosophique à la science psychanalytique et à l'histoire de la société) et se reformule, donc pose une SÉMANTIQUE qui exige de nouveau formalismes concernant les systèmes signifiants.

Ce projet fait de la sémiotique un MODE DE PENSÉE, une MÉTHODE qui pénètre aujourd'hui toutes les sciences sociales, tous les discours scientifiques ou théoriques concernant les modes de signifier (l'anthropologie, la psychanalyse, l'épistémologie, l'histoire, la critique littéraire, l'esthétique), et occupe la ligne même où se joue la lutte entre science et idéologie. Remplaçant la philosophie classique, la sémiotique devrait être la théorie scientifique de l'époque dominée par la science.

Dans l'état présent de la recherche, il est impossible de définir de façon nette et unifiante les limites et les méthodes de la sémiotique. Ce recueil, loin d'avoir une telle ambition, ne fait que présenter certaines analyses et réflexions telles qu'elles ont été publiées par "Recherches sémiotiques", section de la revue *Information sur les sciences sociales,* de janvier 1967 à décembre 1968,[6] et qui concernent les systèmes sig-

[6] Cette section a été créée grâce à un effort commun et à la collaboration du Conseil International de la Philosophie et des Sciences Humaines, et du Conseil International des Sciences Sociales. La responsabilité de la rédaction a été confiée à la Commission des Publications et du Développement, constituée lors de la

nifiants, de même que la matrice du SIGNE qui est supposée leur servir de base.

Disparates, inégaux, hésitants, les essais sémiotiques d'aujourd'hui témoignent pourtant que dans le discours scientifique moderne un LIEU spécifique commence à se dégager, lieu encore non pensé mais dont les effets ne manqueront pas de se répercuter sur tout le système du savoir. Cette spécificité du lieu sémiotique consiste à nos yeux dans le fait que le discours scientifique prend un recul par rapport à ce qui le constitue, à savoir, le DISCOURS, le SYSTÈME SIGNIFIANT, et qu'il en cherche les lois, les principes d'organisation, les structures ou les transformations. Autrement dit, de nos jours le DISCOURS du sujet connaissant se met en position de connaître LES DISCOURS. Un système signifiant se tourne vers les systèmes signifiants dont il fait partie, donc dans une certaine mesure se retourne sur lui-même, cherche les LOIS de la signifiance et les TYPES de signifiance différents et indépendants des structures de sa propre signifiance.

Est-il possible de poser comme tâche à ce qui signifie de marquer comment 'signifier' fonctionne? Serait-ce enfermer la pensée dans un cercle vicieux où la transcendance se camouflerait sous des alibis scientifiques? Sinon, qu'implique ce retournement de 'signifier' sur 'signifier'?

Nous sommes loin de penser que la sémiotique actuelle est dépourvue de résidu idéologique et naïvement métaphysique. Au contraire, c'est de l'idéologie et de l'idéalisme des sciences dites humaines qu'elle émerge péniblement, en faisant un pari: non pas de devenir la science des sciences, mais de se réserver un lieu critique pour désintriquer – pour analyser – ce qui se présente comme langage (systèmes artistiques, discours scientifique, religieux, politique, social, etc.). L'espace homogène du Sens se voit ainsi démembré: une PLURALITÉ de systèmes signifiants s'en dégage. Cette pluralité différenciée, il est vrai, reste définitivement fixée à un POINT stable et central: celui du savoir, du discours scientifique émetteur des modèles à travers lesquels il présente les systèmes signifiants. Mais si l'on applique jusqu'au bout les principes de la démarche sémiotique, le discours du savoir devrait s'attaquer à ses propres lois dans la mesure où elles sont les lois d'un système signifiant particulier. On voit comment il résultera de cette attaque – pourvu qu'on

---

Deuxième Conférence Internationale de Sémiotique (Kazimierz nad Wisla, 12-19 septembre 1966). Cette publication est continué actuellement par la revue *Semiotica* (rédacteur en chef: Thomas A. Sebeok), organe de l'*Association Internationale de Semiotique*.

l'applique immanquablement dans chaque procédure sémiotique – un éclatement de ce lieu supérieur et neutre qu'est aujourd'hui l'instance idéologique du savoir pour découvrir à sa place l'absence de 'sujet': une formulation analytique qui – sans se donner l'illusion d'une vérité – dissout pour constituer, c.-à-d. pour préparer à une nouvelle dissolution, tout système qu'elle aborde ('son objet') ou dont elle se sert (son 'modèle'). Lieu d'élaboration des modèles, de leur confrontation avec les systèmes signifiants, de leur mise à l'épreuve, la sémiotique est la démarche même qui ne peut être close.

Il est facile, donc, de se rendre compte en quoi consiste la radicalité de l'innovation sémiotique. Science des signifiances, science aussi de la science comme type de signifiance, la sémiotique ouvre un champ épistémologique particulier: anti-totalisant, anti-subjectif, anti-théologique, non-homogène, mais différenciant, transformatif, renouvelant incessamment son propre trajet. Pensée qui pense les pensées et se pense, la sémiotique serait un discours qui obéit aux lois de l'axiomatisation et à celles de leur analyse, c.-à-d. de leur remise en cause par le renouveau théorique, empêchant ainsi le positivisme comme retombée idéologique du savoir dans les sciences dites humaines, de même que le transcendentalisme philosophique pris dans le piège de ses divagations sans objet résistant.

Les essais sémiotiques qui suivent ne sont que les premiers pas de cette tendance que la sémiotique représentera un jour, vu la place nodale qu'elle occupe dans le savoir. Premières tentatives encores chargées de vieux présupposés sociologiques, esthétiques ou positivistes, mais qui indiquent l'expansion de la sémiotique comme MÉTHODE dans divers domaines de la signification: philosophie, anthropologie, histoire, psychanalyse, psychiatrie, esthétique, critique littéraire, linguistique, étude de la communication animale, etc.

I

GENERAL PROBLEMS
THEORY

*

PROBLÈMES GÉNÉRAUX
THÉORIE

1

SÉMIOLOGIE ET GRAMMATOLOGIE

JACQUES DERRIDA

Trois livres d'une visée particulièrement profonde ont imposé récemment une pensée dont l'intérêt pour la sémiologie nous semble capital: celle de Jacques Derrida. L'écriture et la différence *(Paris, Éd. du Seuil, collection* Tel Quel, *1967),* De la grammatologie *(Paris, Éd. de Minuit, collection* Critique, *1967),* La voix et le phénomène *(Paris,* P.U.F., Collection Épiméthée, *1967) ouvrent un nouvel espace de réflexion sur le signe, ses présupposés et ses procédés, et par conséquent, sur la sémiologie ainsi que sur la science en général.*

Pour mieux présenter, en résumant, les lignes de force de ces livres qui contestent une CERTAINE ÉTAPE *de la sémiologie, mais qui tracent* AUSSI, *en avant d'elle, de nouvelles perspectives, nous avons posé à Jacques Derrida quelques questions qui nous ont paru être une première approche de l'essentiel de sa réflexion. On lira ici les réponses de l'auteur.*

Remarquons que la rigueur de la problématique soulevée par Jacques Derrida suscite des questions et des discussions sur les fondements THÉORIQUES *de la sémiotique et plus particulièrement sur le modèle du signe qui définit sa démarche. On lira, dans ce domaine, les textes de G. Genette (p. 423), Ch. Metz (p. 502) et J.-L. Schefer (p. 477).*

J.K.

I. — *La sémiologie, actuellement, se construit sur le modèle du signe et de ses corrélats: la* COMMUNICATION et la STRUCTURE. *Quelles sont les limites 'logocentriques' et ethnocentriques de ces modèles, et comment ne peuvent-ils pas servir de base à une notation qui voudrait 'échapper à la métaphysique'?*

— Tous les gestes sont ici nécessairement équivoques. Et à supposer, ce que je ne crois pas, qu'on puisse un jour échapper SIMPLEMENT à la métaphysique, le concept de signe aura marqué dans ce sens à la fois un frein et un progrès. Car si, par sa racine et ses implications, il est de part en part métaphysique, systématiquement solidaire des théologies stoïcienne et médiévale, le travail et le déplacement auxquels il a été soumis – et dont il a aussi été curieusement l'instrument – ont eu des effets DÉ-LIMITANTS: ils ont permis de critiquer l'appartenance métaphysique du concept de signe, à la fois de MARQUER et de DESSERRER les limites du système dans lequel ce concept est né et a commencé à servir, de l'arracher ainsi, jusqu'à un certain point, à son propre terreau. Ce travail, il faut le conduire aussi loin que possible mais on ne peut manquer en effet de rencontrer à un certain moment 'les limites logocentriques et ethnocentriques' d'un tel modèle. C'est à ce moment-là qu'il faudrait peut-être abandonner ce concept. Mais ce moment est très difficile à déterminer et il n'est jamais pur. Il faut que toutes les ressources euristiques du concept de signe soient épuisées et qu'elles le soient également dans tous les domaines et tous les contextes. Or il est inévitable que des inégalités de développement (il ne peut pas ne pas y en avoir) et la nécessité de certains contextes continuent à rendre stratégiquement indispensable le recours à un modèle dont on sait qu'ailleurs, au point le plus inédit de la recherche, il fonctionnerait comme un obstacle.

Pour ne prendre qu'un exemple, on pourrait montrer que la sémiologie de type saussurien a eu un double rôle. D'UNE PART, un rôle critique absolument décisif:

(1) Elle a marqué, contre la tradition, que le signifié était inséparable du signifiant, que le signifié et le signifiant sont les deux faces d'une seule et même production. Saussure a même expressément refusé de conformer cette opposition ou cette "unité à deux faces" aux rapports d'une âme et d'un corps, comme on l'avait toujours fait. "On a souvent comparé cette unité à deux faces avec l'unité de la personne humaine, composée du corps et de l'âme. Le rapprochement est peu satisfaisant." (*Cours de linguistique générale*, p. 145).

(2) En soulignant les caractères DIFFÉRENTIEL et FORMEL du fonctionnement sémiologique, en montrant qu'il "est impossible que le son, élément matériel, appartienne lui-même à la langue" et que "dans son essence il [le signifiant linguistique] n'est aucunement phonique" (p. 164); en dé-substantialisant à la fois le contenu signifié et la "substance d'expression" – qui n'est donc plus par excellence ni exclusivement la phonie – en faisant aussi de la linguistique une simple partie de la

sémiologie générale (p. 33), Saussure a puissamment contribué à retourner contre la tradition métaphysique le concept de signe qu'il lui empruntait.

Et pourtant Saussure n'a pas pu ne pas confirmer cette tradition dans la mesure où il a continué à se servir du concept de signe; de celui-ci non plus que d'aucun concept, on ne peut faire un usage absolument nouveau et absolument conventionnel. On est obligé d'assumer, de façon non critique, au moins une partie des implications qui sont inscrites dans son système. Il y a au moins un moment où Saussure doit renoncer à tirer toutes les conséquences du travail critique qu'il a amorcé, et c'est le moment non fortuit où il se résigne à se servir du mot "signe", faute de mieux. Après avoir justifié l'introduction des mots "signifié" et "signifiant", Saussure écrit: "Quant à SIGNE, si nous nous en contentons, c'est que nous ne savons par quoi le remplacer, la langue usuelle n'en suggérant aucun autre" (pp. 99-100). Et l'on voit mal, en effet, comment on pourrait évacuer le SIGNE quand on a commencé par proposer l'opposition signifié/signifiant.

Or la "langue usuelle" n'est pas innocente ou neutre. Elle est la langue de la métaphysique occidentale et elle transporte non seulement un nombre considérable de présuppositions de tous ordres, mais des présuppositions inséparables, et, pour peu qu'on y prête attention, nouées en système. On peut en relever les effets sur le discours de Saussure. C'est pourquoi, D'AUTRE PART:

(1) Le maintien de la distinction rigoureuse – essentielle et juridique – entre le *signans* et le *signatum*, l'équation entre le *signatum* et le concept (p. 99)[1] laissent ouverte en droit la possibilté de penser un CONCEPT SIGNIFIÉ EN LUI-MÊME, dans sa présence simple à la pensée, dans son indépendance par rapport à la langue, c'est-à-dire par rapport à un système de signifiants. En laissant cette possibilité ouverte – et elle l'est

[1] C'est-à-dire l'intelligible. La différence entre le signifiant et le signifié a toujours reproduit la différence entre le sensible et l'intelligible. Et elle ne le fait pas moins au 20e siècle que dans ses origines stoïciennes. "La pensée structuraliste moderne l'a clairement établi: le langage est un système de signes, la linguistique est partie intégrante de la science des signes, la SÉMIOTIQUE (ou, dans les termes de Saussure, la SÉMIOLOGIE). La définition médiévale – *aliquid stat pro aliquo* – que notre époque a ressuscitée, s'est montrée toujours valable et féconde. C'est ainsi que la marque constitutive de tout signe en général, du signe linguistique en particulier, réside dans son caractère double: chaque unité linguistique est bipartite et comporte deux aspects: l'un sensible et l'autre intelligible – d'une part le *signans* (le SIGNIFIANT de Saussure), d'autre part le *signatum* (le SIGNIFIÉ)" (R. Jakobson, *Essais de linguistique générale*, trad. française (Paris, Éd. de Minuit, 1963), p. 162).

au principe même de l'opposition signifiant/signifié, c'est-à-dire du signe – Saussure contredit les acquisitions critiques dont nous parlions à l'instant. Il fait droit à l'exigence classique de ce que j'ai proposé d'appeler un 'signifié transcendantal', qui ne renverrait en lui-même, dans son essence, à aucun signifiant, excéderait la chaîne des signes, et ne fonctionnerait plus lui-même, à un certain moment, comme signifiant. A partir du moment, au contraire, où l'on met en question la possibilité d'un tel signifié transcendantal et où l'on reconnaît que tout signifié est aussi en position de signifiant,[2] la distinction entre signifié et signifiant – le signe – devient problématique à sa racine. Bien entendu, c'est là une opération qu'il faut pratiquer avec prudence car: (*a*) elle doit passer par la déconstruction difficile de toute l'histoire de la métaphysique qui a imposé et ne cessera jamais d'imposer à toute la science sémiologique cette requête fondamentale d'un 'signifié transcendantal' et d'un concept indépendant de la langue; cette requête n'est pas imposée de l'extérieur par quelque chose comme 'la philosophie', mais par tout ce qui lie notre langue, notre culture, notre 'système de pensée' à l'histoire et au système de la métaphysique; (*b*) il ne s'agit pas non plus de confondre, à tous les niveaux et tout simplement, le signifiant et le signifié. Que cette opposition ou cette différence ne puisse être radicale et absolue, cela ne l'empêche pas de fonctionner et même d'être indispensable dans certaines limites – de très larges limites. Par exemple, aucune traduction ne serait possible sans elle. Et c'est en effet dans l'horizon d'une traductibilité absolument pure, transparente et univoque, que s'est constitué le thème d'un signifié transcendantal. Dans les limites où elle et possible, où du moins elle PARAÎT possible, la traduction pratique la différence entre signifié et signifiant. Mais si cette différence n'est jamais pure, la traduction ne l'est pas davantage et, à la notion de traduction, il faudra substituer une notion de TRANSFORMATION: transformation réglée d'une langue par une autre, d'un texte par un autre. Nous n'aurons et n'avons en fait jamais eu affaire à quelque 'transport' de signifiés purs que l'instrument – ou le 'véhicule' – signifiant laisserait vierge et inentamé, d'une langue à l'autre, ou à l'intérieur d'une seule et même langue.

(2) Bien qu'il ait reconnu la nécessité de mettre entre parenthèses la substance phonique ("L'essentiel de la langue, nous le verrons, est étranger au caractère phonique du signe linguistique" [p. 21]. "Dans son essence, il [le signifiant linguistique] n'est aucunement phonique" [p.

[2] Cf. *De la grammatologie*, pp. 106-108 (N.D.L.R.).

164]), Saussure a dû, pour des raisons essentielles et essentiellement métaphysiques, privilégier la parole, tout ce qui lie le signe à la *phonè*. Il parle aussi de 'lien naturel' entre la pensée et la voix, le sens et le son (p. 46). Il parle même de la 'pensée-son' (p. 156). J'ai essayé ailleurs de montrer ce qu'avait de traditionnel un tel geste et à quelles nécessités il obéit. Il aboutit en tout cas, en contradiction avec le motif critique le plus intéressant du *Cours*, à faire de la linguistique le modèle régulateur, le "patron" d'une sémiologie générale dont elle ne devait être, en droit et théoriquement, qu'une partie. Le thème de l'arbitraire est ainsi détourné des voies de sa fécondité (la formalisation) vers une téléologie hiérarchisante: "On peut donc dire que les signes entièrement arbitraires réalisent mieux que les autres l'idéal du procès sémiologique; c'est pourquoi la langue, le plus complexe et le plus répandu des systèmes d'expression, est aussi le plus caractéristique de tous; en ce sens la linguistique peut devenir le PATRON GÉNÉRAL DE TOUTE SÉMIOLOGIE, bien que la langue ne soit qu'un système particulier" (p. 101). On retrouve exactement le même geste et les mêmes concepts chez Hegel. La contradiction entre ces deux moments du *Cours* se marque aussi à ce que Saussure reconnaît ailleurs que "ce n'est pas le langage parlé qui est naturel à l'homme, mais la faculté de constituer une langue, c'est-à-dire un système de signes distincts . . .", c'est-à-dire la possibilité du CODE et de L'ARTICULATION indépendamment de la substance, par exemple de la substance phonique.

(3) Le concept de signe (signifiant/signifié) porte en lui-même la nécessité de privilégier la substance phonique et d'ériger la linguistique en 'patron' de la sémiologie. La *phonè* est en effet la substance signifiante qui SE DONNE À LA CONSCIENCE comme le plus intimement unie à la pensée du concept signifié. La voix est, de ce point de vue, la conscience elle-même. Quand je parle, non seulement j'ai conscience d'être présent à ce que je pense mais aussi de garder au plus proche de ma pensée ou du 'concept' un signifiant qui ne tombe pas dans le monde, que j'entends aussitôt que je l'émets, qui semble dépendre de ma pure et libre spontanéité, n'exiger l'usage d'aucun instrument, d'aucun accessoire, d'aucune force prise dans le monde. Non seulement le signifiant et le signifié semblent s'unir, mais dans cette confusion, le signifiant semble s'effacer ou devenir transparent pour laisser le concept se présenter lui-même, comme ce qu'il est, ne renvoyant à rien d'autre qu'à sa présence. L'extériorité du signifiant semble réduite. Naturellement cette expérience est un leurre, mais un leurre sur la nécessité duquel s'est organisée toute

une structure, ou toute une époque; sur le fonds de cette époque une sémiologie s'est constituée dont les concepts et les présupposés fondamentaux sont très précisément repérables de Platon à Husserl, en passant par Aristote, Rousseau, Hegel, etc.

(4) Réduire l'extériorité du signifiant, c'est exclure tout ce qui, dans la pratique sémiotique, n'est pas psychique. Or seul le privilège accordé au signe phonétique et linguistique peut autoriser la proposition de Saussure selon laquelle le "signe linguistique est donc une entité PSYCHIQUE à deux faces" (p. 99). A supposer que cette proposition ait un sens rigoureux en elle-même, on voit mal comment on pourrait l'étendre à tout signe, qu'il soit phonétique-linguistique ou non. On voit donc mal, sauf précisément à faire du signe phonétique le 'patron' de tous les signes, comment on peut inscrire la sémiologie générale dans une psychologie. C'est pourtant ce que fait Saussure: "On peut donc concevoir une science qui étudie la vie des signes au sein de la vie sociale; elle formerait une partie de la psychologie sociale, et par conséquent de la psychologie générale; nous la nommerons sémiologie (du grec *semeion* 'signe'). Elle nous appendrait en quoi consistent les signes, quelles lois les régissent. Puis-qu'elle n'existe pas encore, on ne peut pas dire ce qu'elle sera; mais elle a droit à l'existence, sa place est déterminée d'avance. La linguistique n'est qu'une partie de cette science générale, les lois que découvrira la sémiologie seront applicables à la linguistique, et celle-ci se trouvera ainsi rattachée à un domaine bien défini dans l'ensemble des faits humains. C'est au psychologue à déterminer la place exacte de la sémiologie" (p. 33).

Bien entendu, les linguistes et sémioticiens modernes n'en sont pas restés à Saussure, ou du moins à ce 'psychologisme' saussurien. L'École de Copenhague et toute la linguistique américaine l'ont explicitement critiqué. Mais si j'ai insisté sur Saussure, c'est non seulement parce que ceux-là mêmes qui le critiquent le reconnaissent comme l'instituteur de la sémiologie générale et lui empruntent la plupart de leurs concepts; mais surtout parce que l'on ne peut critiquer seulement l'usage 'psychologiste' du concept de signe; le psychologisme n'est pas le mauvais usage d'un bon concept, il est inscrit et prescrit dans le concept de signe lui-même, de la manière équivoque dont je parlais en commençant. Pesant sur le modèle du signe, cette équivoque marque donc le projet 'sémiologique' lui-même, avec la totalité organique de tous ses concepts, en particulier celui de COMMUNICATION, qui en effet implique la TRANSMISSION CHARGÉE DE FAIRE PASSER, D'UN SUJET À L'AUTRE, L'IDENTITÉ d'un objet SIGNIFIÉ, d'un *sens* ou d'un *concept* en droit séparables du processus de passage et de l'opération signifiante. La communication présuppose des sujets (dont l'identité et la présence soient constituées avant l'opération signifiante) et des objets (des concepts signifiés, un sens pensé que le passage de la communication n'aura ni à constituer ni, en droit, à transformer). A communique B à C. Par le signe, l'émetteur communique quelque chose à un récepteur, etc.

Le cas du concept de STRUCTURE, que vous évoquez aussi, est certainement plus ambigu. Tout dépend du travail qu'on lui fait faire. Comme le concept de signe – et donc de sémiologie –, il peut à la fois confirmer et ébranler les assurances logocentriques et ethnocentriques. Nous n'avons pas à mettre ces concepts au rebut et nous n'avons d'ailleurs pas les moyens de le faire. Il faut sans doute, à l'intérieur de la sémiologie, transformer les concepts, les déplacer, les retourner contre leurs présuppositions, les ré-inscrire dans d'autres chaînes, modifier peu à peu le terrain de travail et produire ainsi de nouvelles configurations; je ne crois pas à la rupture décisive, à l'unicité d'une "coupure épistémologique", comme on le dit souvent aujourd'hui. Les coupures se réinscrivent toujours, fatalement, dans un tissu ancien qu'il faut continuer à défaire, interminablement. Cette interminabilité n'est pas un accident ou une contingence; elle est essentielle, systématique et théorique. Cela n'efface en rien la nécessité et l'importance relative de certaines coupures, de l'apparition ou de la définition de nouvelles structures . . .

II. — *Qu'est-ce que le* GRAMME *comme "nouvelle structure de la non-présence"? Qu'est-ce que l'*ÉCRITURE *comme "différance"? Quelle est la rupture que ces concepts introduisent par rapport aux concepts-clés de la sémiologie, le* SIGNE *(phonétique) et la* STRUCTURE? *Comment la notion de* TEXTE *remplace-t-elle, dans la grammatologie, la notion linguistique et sémiologique d'*ÉNONCÉ?

— La réduction de l'écriture – comme réduction de l'extériorité du signifiant – allait de pair avec le phonologisme et le logocentrisme. On sait comment Saussure, selon une opération traditionnelle, qui fut aussi celle de Platon, d'Aristote, de Rousseau, de Hegel, de Husserl, etc., exclut l'écriture du champ de la linguistique – de la langue et de la parole – comme un phénomène de représentation extérieure, à la fois inutile et dangereuse: "L'objet linguistique n'est pas défini par la combinaison du mot écrit et du mot parlé, ce dernier constitue à lui seul cet objet" (p. 45), "l'écriture est étrangère au système interne [de la langue]"

(p. 44), "l'écriture voile la vue de la langue: elle n'est pas un vêtement mais un travestissement" (p. 51). Le lien de l'écriture et de la langue est "superficiel", "factice". C'est par une "bizarrerie" que l'écriture, qui devrait n'être qu'une "image", "usurpe le rôle principal" et que "le rapport naturel est inversé" (p. 47). L'écriture est un "piège", son action est "vicieuse" et "tyrannique", ses méfaits sont des monstruosités, des "cas tératologiques", "la linguistique doit les mettre en observation dans un compartiment spécial" (p. 54), etc. Naturellement cette conception représentativiste de l'écriture ("Langage et écriture sont deux systèmes de signes distincts; l'unique raison d'être du second est de REPRÉSENTER le premier" [p. 45]) est liée à la pratique de l'écriture phonétique-alphabétique, à laquelle Saussure reconnaît "borner" son étude (p. 48). L'écriture alphabétique semble en effet représenter la parole et en même temps s'effacer devant elle. A vrai dire, on pourrait montrer, comme j'ai tenté de la faire, qu'il n'y a pas d'écriture purement phonétique et que le phonologisme est moins la conséquence de la pratique de l'alphabet dans une culture que d'une certaine représentation, d'une certaine EXPÉRIENCE éthique ou axiologique de cette pratique. L'écriture DEVRAIT s'effacer devant la plénitude d'une parole vive, parfaitement représentée dans la transparence de sa notation, immédiatement présente au sujet qui la parle et à celui qui en reçoit le sens, le contenu, la valeur.

Or si l'on cesse de se limiter au modèle de l'écriture phonétique, que nous ne privilégions que par ethnocentrisme, et si nous tirons aussi les conséquences du fait qu'il n'y a pas d'écriture purement phonétique (en raison de l'espacement nécessaire des signes, de la ponctuation, des intervalles, des différences indispensables au fonctionnement des graphèmes, etc.), toute la logique phonologiste ou logocentriste devient problématique. Son champ de légitimité devient étroit et superficiel. Cette dé-limitation est pourtant indispensable si l'on veut tenir compte, avec quelque cohérence, du principe de différence, tel que Saussure lui-même le rappelle. Ce principe nous dicte non seulement de ne pas privilégier une substance – ici la substance phonique, dite temporelle – en en excluant une autre – par exemple la substance graphique, dite spatiale – mais même de considérer tout procès de signification comme un jeu formel de différences. C'est-à-dire de traces.

Pourquoi de traces? et de quel droit réintroduire le grammatique au moment où l'on semble avoir neutralisé toute substance, qu'elle soit phonique, graphique ou autre? Bien entendu, il ne s'agit pas de recourir au même concept d'écriture et de renverser simplement la dissymétrie qu'on a mise en question. Il s'agit de produire un nouveau concept d'écriture. On peut l'appeler GRAMME ou DIFFÉRANCE. Le jeu des différences suppose en effet des synthèses et des renvois qui interdisent qu'à aucun moment, en aucun sens, un élément simple soit PRÉSENT en lui-même et ne renvoie qu'à lui-même. Que ce soit dans l'ordre du discours parlé ou du discours écrit, aucun élément ne peut fonctionner comme signe sans renvoyer à un autre élément qui lui-même n'est pas simplement présent. Cet enchaînement fait que chaque 'élément' – phonème ou graphème – se constitue à partir de la trace en lui des autres éléments de la chaîne ou du système. Cet enchaînement, ce tissu, est le TEXTE qui ne se produit que dans la transformation d'un autre texte. Rien, ni dans les éléments ni dans le système, n'est nulle part ni jamais simplement présent ou absent. Il n'y a, de part en part, que des différences de différences et des traces de traces. Le gramme est alors le concept le plus général de la sémiologie – qui devient ainsi grammatologie – et il convient non seulement au champ de l'écriture au sens étroit et classique mais à celui de la linguistique. L'avantage de ce concept – pourvu qu'il soit entouré d'un certain contexte interprétatif car, non plus qu'aucun autre élément conceptuel, il ne signifie et ne se suffit à lui seul – c'est qu'il neutralise au principe la propension phonologiste du 'signe' et l'ÉQUILIBRE EN FAIT par la libération de tout le champ scientifique de la 'substance graphique' (histoire et système des écritures au-delà de l'aire occidentale) dont l'intérêt n'est pas moindre et qu'on a laissé jusqu'ici dans l'ombre ou dans l'indignité.

Le gramme comme différance, c'est alors une structure et un mouvement qui ne se laissent plus penser à partir de l'opposition présence/absence. La différance, c'est le jeu systématique des différences, des traces de différences, de l'ESPACEMENT par lequel les éléments se rapportent les uns aux autres. Cet espacement est la production, à la fois active et passive (le A de la DIFFÉRANCE indique cette indécision par rapport à l'activité et à la passivité, ce qui ne se laisse pas encore commander et distribuer par cette opposition) des intervalles sans lesquels les termes 'pleins' ne signifieraient pas, ne fonctionneraient pas. C'est aussi le devenir-espace de la chaîne parlée – qu'on a dite temporelle et linéaire; devenir-espace qui seul rend possibles l'écriture et toute correspondance entre la parole et l'écriture, tout passage de l'une à l'autre.

L'activité ou la productivité connotées par le A de la DIFFÉRANCE renvoient au mouvement génératif dans le jeu des différences. Celles-ci ne sont pas tombées du ciel et elles ne sont pas inscrites une fois pour toutes dans un système clos, dans une structure statique qu'une opération synchronique et taxinomique pourrait épuiser. Les différences sont les effets de transformations et de ce point de vue le thème de la différance est incompatible avec le motif statique, synchronique, taxinomique, anhistorique, etc., du concept de STRUCTURE. Mais il va de soi que ce motif n'est pas le seul à définir la structure et que la production des différences, la différance, n'est pas a-structurale: elle produit des transformations systématiques et réglées pouvant, jusqu'à un certain point, donner lieu à une science structurale. Le concept de différance développe même les exigences principielles les plus légitimes du 'structuralisme'.

La langue et en général tout code sémiotique – que Saussure définit comme des 'classifications' – sont donc des effets mais ils n'ont pas pour cause un sujet, une substance ou un étant quelque part présent et échappant au mouvement de la différance. Puisqu'il n'y a pas de présence hors de et avant la différance sémiologique, on peut étendre au système des signes en général ce que Saussure dit de la langue: "La langue est nécessaire pour que la parole soit intelligible et produise tous ses effets; mais celle-ci est nécessaire pour que la langue s'établisse; historiquement, le fait de parole précède toujours." Il y a là un cercle, car si l'on distingue rigoureusement la langue et la parole, le code et le message, le schéma et l'usage, etc., et si l'on veut faire droit aux deux postulats ainsi énoncés, on ne sait par où commencer et comment quelque chose peut commencer en général, que ce soit langue ou parole. Il faut donc admettre, avant toute dissociation langue/parole, code/message, etc. (avec tout ce qui en est solidaire), une production systématique de différences, la PRODUCTION d'un système de différences – une différance – dans les effets de laquelle on pourra éventuellement, par abstraction et selon des motivations déterminées, découper une linguistique de la langue et une linguistique de la parole, etc.

Rien – aucun étant présent et in-différant – ne précède donc la différance et l'espacement. Il n'y a pas de sujet qui soit agent, auteur et maître de la différance et auquel celle-ci surviendrait éventuellement et empiriquement. La subjectivité – comme l'objectivité – est un effet de différance, un effet inscrit dans un système de différance. C'est pourquoi le A de la DIFFÉRANCE rappelle aussi que l'espacement est TEMPORISATION, détour, délai par lequel l'intuition, la perception, la consommation, en un mot le rapport au présent, la référence à une réalité présente, à un ÉTANT, sont toujours DIFFÉRÉS. Différés en raison même du principe de différence qui veut qu'un élément ne fonctionne et ne signifie, ne prenne ou ne donne 'sens' qu'en renvoyant à un autre élément passé ou à venir, dans une économie des traces. Cet aspect économique de la différance, faisant intervenir un certain calcul – non conscient – dans un champ de forces, est inséparable de l'aspect étroitement sémiotique. Il confirme que le sujet, et d'abord le sujet conscient et parlant, dépend du système des différences et du mouvement de la différance, qu'il n'est pas présent ni surtout présent à soi avant la différance, qu'il ne s'y constitue qu'en se divisant, en s'espaçant, en 'temporisant', en se différant; et que, comme le disait Saussure, "la langue [qui ne consiste qu'en différences], n'est pas une fonction du sujet parlant". Au point où intervient le concept de différance, avec la chaîne qui s'y conjoint, toutes les oppositions conceptuelles de la métaphysique, en tant qu'elles ont pour ultime référence la présence d'un présent (sous la forme, par exemple, de l'identité du sujet, présent à toutes ses opérations, présent sous tous ses accidents ou événements, présent à soi dans sa 'parole vive', dans ses énoncés ou ses énonciations, dans les objets et les actes présents de son langage, etc.), toutes ces oppositions métaphysiques (signifiant/signifié; sensible/intelligible; écriture/parole; parole/langue; diachronie/synchronie; espace/temps; passivité/activité; etc.) deviennent non-pertinentes. Elles reviennent toutes, à un moment on un autre, à subordonner le mouvement de la différance à la présence d'une valeur ou d'un *sens* qui serait antérieure à la différance, plus originaire qu'elle, l'excédant et la commandant en dernière instance. C'est encore la présence de ce que nous appelions plus haut le 'signifié transcendantal'.

III. — *On prétend que le concept de 'sens', en sémiotique, diffère sensiblement du concept de 'sens' phénoménologique. Quelles sont pourtant leurs complicités et dans quelle mesure le projet sémiologique reste-t-il intramétaphysique?*

— Il est vrai que l'extension du concept phénoménologique de 'sens' paraît d'abord beaucoup plus large, beaucoup moins déterminée. Il est même difficile de lui reconnaître des limites. Toute expérience est expérience du sens (*Sinn*). Tout ce qui apparaît à la conscience, tout ce qui est pour une conscience en général, est *sens*. Le sens est la phénoménalité du phénomène. Dans les *Recherches logiques,* Husserl refusait la distinction de Frege entre *Sinn* et *Bedeutung*. Plus tard, cette distinction lui a paru utile, non qu'il l'entendit comme Frege, mais pour marquer le partage entre le sens dans son extension la plus générale (*Sinn*) et le sens comme objet d'un énoncé logique ou linguistique, le sens comme signification (*Bedeutung*). C'est à ce point que pourraient apparaître les complicités auxquelles vous venez de faire allusion. C'est ainsi par exemple que:

(1) Husserl a besoin, pour isoler le sens (*Sinn* ou *Bedeutung*) de l'énoncé ou l'intention de signification (*Bedeutungs-Intention*) qui 'anime' l'énoncé, de distinguer rigoureusement entre la face signifiante (sensible), dont il reconnaît l'originalité mais qu'il exclut de sa problématique logico-grammaticale, et la face du sens signifié (intelligible, idéale, 'spirituelle'). Peut-être vaut-il mieux citer ici un passage de *Idées I*: "Nous adoptons pour point de départ la distinction bien connue entre la face sensible et pour ainsi dire charnelle de l'expression, et sa face non sensible, 'spirituelle'. Nous n'avons pas à nous engager dans une discussion très serrée de la première, ni de la façon dont les deux faces s'unissent. Il va de soi que par là-même nous avons désigné les titres de problèmes phénoménologiques qui ne sont pas sans importance. Nous envisageons exclusivement le 'vouloir-dire' (*bedeuten*) et la *Bedeutung*. A l'origine, ces mots ne se rapportent qu'à la sphère linguistique (*sprachliche Sphäre*), à celle de l' 'exprimer' (*des Ausdrückens*). Mais on ne peut guère éviter, et c'est en même temps un pas important dans l'ordre de la connaissance, d'élargir la signification de ces mots et de leur faire subir une modification convenable qui leur permet de s'appliquer d'une certaine façon à toute la sphère noético-noématique: donc à tous les actes, qu'ils soient ou non entrelacés (*verflochten*) avec des actes d'expression. Ainsi nous avons nous-même sans cesse parlé, dans le cas de tous les vécus intentionnels, de 'sens' (*Sinn*), mot qui pourtant est en général équivalent à *Bedeutung*. Par souci de précision, nous réservons de préférence le mot de *Bedeutung* pour l'ancienne notion, en particulier dans la tournure complexe de '*Bedeutung logique*' ou 'expressive'. Quant au mot 'sens', nous continuons à l'employer dans son extension la plus large." Ainsi, qu'il soit ou non 'signifié' ou 'exprimé', qu'il soit ou non 'entrelacé' à un procès de signification, le 'sens' est une IDÉALITÉ, intelligible ou spirituelle, qui peut éventuellement s'unir à la face sensible d'un signifiant, mais qui en soi n'en a nul besoin. Sa présence, son sens ou son essence de sens, est pensable hors de cet entrelacement dès lors que le phénoménologue, comme le sémioticien, prétend se référer à une unité pure, à une face rigoureusement identifiable du sens ou du signifié.

(2) Cette couche du sens ou du signifié purs renvoie, explicitement chez Husserl, au moins implicitement dans la pratique sémiotique, à une

couche du sens pré-linguistique ou pré-sémiotique (pré-expressif, dit Husserl) dont la présence serait pensable hors de et avant le travail de la différance, hors de et avant le procès ou le système de la signification. Celle-ci viendrait seulement mettre le sens au jour, le traduire, le transporter, le communiquer, l'incarner, l'exprimer, etc. Un tel sens – qui est alors, dans les deux cas, le sens phénoménologique et en dernier recours tout ce qui se donne originairement à la conscience dans l'intuition perceptive – ne serait donc pas d'entrée de jeu en position de signifiant, inscrit dans le tissu relationnel et différential qui en ferait déjà un renvoi, une trace, un gramme, un espacement. La métaphysique a toujours consisté, ou pourrait le montrer, à vouloir arracher la présence du sens, sous ce nom ou sous un autre, à la différance; et chaque fois qu'on prétend découper ou isoler rigoureusement une région ou une couche du sens pur ou du signifié pur, on fait le même geste. Et comment une sémiotique – comme telle – pouvait-elle se dispenser SIMPLEMENT de tout recours à l'identité du signifié? On fait alors du rapport entre le sens et le signe, ou entre le signifié et le signifiant, un rapport *d'extériorité*: mieux, celui-ci devient, comme chez Husserl l'extériorisation (*Ausserung*) ou l'expression (*Ausdruck*) de celui-là. Le langage est déterminé comme expression – mise au dehors de l'intimité d'un dedans – et l'on retrouve ici toutes les difficultés et présuppositions dont nous parlions tout à l'heure à propos de Saussure. J'ai essayé d'indiquer ailleurs les conséquences qui lient toute la phénoménologie à ce privilège de l'EXPRESSION, à l'exclusion de l' 'indication' hors de la sphère du langage pur (de la 'logicité' du langage), au privilège nécessairement accordé à la voix, etc., et cela dès les *Recherches logiques*, dès ce remarquable projet de 'grammaire pure logique' qui est beaucoup plus important et plus rigoureux, néanmoins, que tous les projets de 'grammaire générale et raisonnée' des 17e et 18e siècles français auxquels se réfèrent maintenant certains linguistics modernes.

IV. — *Si le langage est toujours une 'expression', et comme tel sa clôture est démontrée, dans quelle mesure et par quel type de pratique cette expressivité est-elle dépassable? Dans quelle mesure la non-expressivité serait-elle signifiante? La grammatologie ne serait-elle pas une 'sémiologie' non-expressive à base de notations logico-mathématiques plutôt que linguistiques?*

— Je serais tenté de répondre ici de façon apparemment contradictoire. D'UNE PART l'expressivisme n'est jamais simplement dépassable, parce qu'il est impossible de réduire cet effet de différance qu'est la structure d'opposition simple dedans-dehors et cet effet du langage qui le pousse à se représenter lui-même comme re-présentation ex-pressive, traduction au dehors de ce qui était constitué au dedans. La représentation du langage comme 'expression' n'est pas un préjugé accidentel, c'est une sorte de leurre structurel, ce que Kant aurait appelé une illusion trancendantale. Celle-ci se modifie selon les langages, les époques, les cultures. Nul doute que la métaphysique occidentale en constitue une puissante systématisation, mais je crois que ce serait beaucoup et imprudemment s'avancer que de lui en réserver l'exclusivité. D'AUTRE PART, et inversement, je dirais qui si l'expressivisme n'est pas SIMPLEMENT ET UNE FOIS POUR TOUTES dépassable, l'expressivité est en fait toujours déjà dépassée, qu'on le veuille ou non, qu'on le sache ou non. Dans la mesure où ce qu'on appelle le 'sens' (à 'exprimer') est déjà, de part en part, constitué d'un tissu de différences, dans la mesure où il est déjà un TEXTE, un réseau de renvois textuels à D'AUTRES textes, une transformation textuelle dans lequel chaque 'terme' prétendûment 'simple' est marqué par la trace d'un autre, l'intériorité présumée du sens est déjà travaillée par son propre dehors. Elle se porte toujours déjà hors de soi. Elle est déjà différante (de soi) avant tout acte d'expression. Et c'est à cette seule condition qu'elle peut constituer un syntagme ou un texte. C'est à cette seule condition qu'elle peut être 'signifiante'. De ce point de vue, il ne faudrait peut-être pas se demander dans quelle mesure la non-expressivité serait signifiante. Seule la non-expressivité peut être signifiante parce qu'en toute rigueur il n'y a de signification que s'il y a synthèse, syntagme, différance et texte. Et la notion de texte, pensée avec toutes ses implications, est incompatible avec la notion univoque d'expression. Bien sûr, quand on dit que seul le texte est signifiant, on a déjà transformé la valeur de signifiance et de signe. Car si on entend le signe dans sa clôture classique la plus sévère, il faut dire le contraire: la signification est expression; le texte, qui n'exprime rien, est insignifiant, etc. La grammatologie, comme science de la textualité, ne serait alors une 'sémiologie' non-expressive qu'à la condition de transformer le concept de signe et de l'arracher à son expressivisme congénital.

La dernière partie de votre question est encore plus difficile. Il est clair que la réticence, voire la résistance opposée à la notation logico-mathématique a toujours été la signature du logocentrisme et du phonologisme en tant qu'ils ont dominé la métaphysique et les projets sémiologiques et linguistiques classiques. La critique de l'écriture mathématique-non phonétique (par exemple du projet leibnizien de 'caractéristique') par Rousseau, Hegel, etc., se retrouve de manière non fortuite chez Saussure chez qui elle va de pair avec la préférence déclarée pour les langues naturelles (cf. le *Cours*, p. 57). Une grammatologie qui romprait avec ce système de présuppositions devra donc, en effet, libérer la mathématisation du langage, prendre acte aussi, de ce que "la pratique de la science n'a en fait jamais cessé de contester l'impérialisme du *Logos*, par exemple en faisant appel, depuis toujours et de plus en plus, à l'écriture non-phonétique".[3] Tout ce qui a toujours lié le *logos* à la *phonè* s'est trouvé limité par la mathématique dont le progrès est absolument solidaire de la pratique d'une inscription non-phonétique. Sur ce principe et sur cette tâche 'grammatologiques', il n'y a, je crois, aucun doute possible. Mais l'extension des notations mathématiques, et en général de la formalisation de l'écriture, doit être très lente et très prudente, si du moins l'on veut qu'elle s'empare EFFECTIVEMENT des domaines qui lui étaient jusqu'ici soustraits. Un travail critique sur les langues 'naturelles' au moyen des langues 'naturelles', toute une transformation interne des notations classiques, une pratique systématique des échanges entre les langues et les écritures 'naturelles' devrait, me semble-t-il, préparer et accompagner une telle formalisation. Tâche infinie, car il sera toujours impossible, pour des raisons essentielles, de réduire absolument les langues naturelles et les notations non-mathématiques. Il faut se méfier aussi de la face 'naïve' du formalisme et du mathématisme dont l'une des fonctions secondaires a été, ne l'oublions pas, dans la métaphysique, celle de compléter et de confirmer la théologie logocentrique qu'ils pouvaient contester d'autre part. C'est ainsi que chez Leibniz, le projet de caractéristique universelle, mathématique et non-phonétique, est inséparable d'une métaphysique du simple, et par là de l'existence de l'entendement divin,[4] du *logos* divin.

Le progrès effectif de la notation mathématique va donc de pair avec

[3] *De la grammatologie*, p. 12 (N.D.L.R.).

[4] "Mais à présent, il me suffit de remarquer que ce qui est le fondement de ma caractéristique l'est aussi de la démonstration de l'existence de Dieu; car les pensées simples sont les éléments de la caractéristique, et les formes simples sont la source des choses. Or je soutiens que toutes les formes simples sont compatibles entre elles. C'est une proposition dont je ne saurais bien donner la démonstration sans expliquer au long les fondements de la caractéristique. Mais si elle est accordée, il s'ensuit que la nature de Dieu qui enferme toutes les formes simples absolument prises, est possible. Or nous avons prouvé ci-dessus que Dieu est, pourvu qu'il soit possible. Donc il existe. Ce qu'il fallait démontrer." (Lettre à la princesse Elisabeth, 1678).

la déconstruction de la métaphysique et avec le renouvellement profond de la mathématique elle-même et du concept de science dont elle a toujours été le modèle.

V. — *La mise en cause du signe étant une mise en cause de la scientificité, dans quelle mesure la grammatologie est-elle ou non une 'science'? Considérez-vous que certains travaux sémiotiques, et si oui, lesquels, se rapprochent du projet grammatologique?*

— La grammatologie doit déconstruire tout ce qui lie le concept et les normes de la scientificité à l'onto-théologie, au logocentrisme, au phonologisme. C'est un travail immense et interminable qui doit sans cesse éviter que la transgression du projet classique de la science ne retombe dans l'empirisme pré-scientifique. Cela suppose une sorte de DOUBLE REGISTRE dans la pratique grammatologique: il faut à la fois aller au-delà du positivisme ou du scientisme métaphysiques et accentuer ce qui dans le travail effectif de la science contribue à la libérer des hypothèques métaphysiques qui pèsent sur la définition et son mouvement depuis son origine. Il faut poursuivre et consolider ce qui dans la pratique scientifique a toujours déjà commencé à excéder la clôture logocentrique. C'est pourquoi il n'y a pas de réponse simple à la question de savoir si la grammatologie est une 'science'. Je dirais d'un mot, qu'elle INSCRIT et DÉ-LIMITE la science; elle doit faire librement et rigoureusement fonctionner dans sa propre écriture les normes de la science; encore une fois elle MARQUE et en même temps DESSERRE la limite qui clôture le champ de la scientificité classique.

Pour la même raison, il n'est pas de travail sémiotique SCIENTIFIQUE qui ne serve la grammatologie. Et l'on pourra toujours retourner contre les présuppositions métaphysiques d'un discours sémiotique les motifs grammatologiques que la science y produit. C'est à partir du motif formaliste et différential présent dans le *Cours* de Saussure qu'on peut critiquer le psychologisme, le phonologisme, l'exclusion de l'écriture qui n'y sont pas moins présents. De même, dans la glossématique de Hjelmslev, la critique du psychologisme saussurien, la neutralisation des substances d'expression – et donc du phonologisme – le 'structuralisme', l''immanentisme', la critique de la métaphysique, la thématique du jeu, etc., si l'on en tirait toutes les conséquences, devraient exclure toute une conceptualité métaphysique naïvement utilisée (le couple expression/contenu dans la tradition du couple signifiant/signifié; l'opposition forme/substance appliquée à chacun des deux termes précédents; le "principe empirique", etc.).[5] On peut dire *à priori* que dans toute proposition ou dans tout système de recherche sémiotique – et vous pourriez mieux que moi en citer des exemples plus actuels – des présuppositions métaphysiques cohabitent avec des motifs critiques. Et cela par le seul fait qu'elles habitent jusqu'à un certain point le même langage ou plutôt la même langue. La grammatologie serait sans doute moins une autre science, une nouvelle discipline chargée d'un nouveau contenu, d'un nouveau domaine bien déterminé, que la pratique vigilante de ce partage textuel.

[5] *De la grammatologie*, p. 83 *sq*. (N.D.L.R.).

2

LA CRITIQUE ANALYTIQUE DE L'ONTOLOGIE *

HERMA FRANK

Tugendhat se propose, au sujet du mot-clé de l''être', de discuter et d'approfondir la critique de l'ontologie classique telle qu'elle est formulée par le néo-positivisme (Carnap) et la philosophie analytique (Quine et Strawson).

De l'analyse de cette critique on peut retenir deux points cardinaux:

(*a*) La signification de l'être est celle du verbe 'être' dans les langues naturelles. Or le 'est' et 'n'est pas' ne visent jamais un contenu, ce ne sont pas des 'prédicats réels'. Une conception formelle du verbe 'être' prend la place de la conception aristotélicienne de l'essence, selon laquelle les prédicats réels visaient un être.

(*b*) L'ambiguïté du verbe 'être'. C'est elle surtout qui détermina Carnap à rejeter l'ontologie comme dépourvue de sens. Le verbe 'être' ayant des significations disparates – surtout celles de l'existence, de la prédication et de l'identité (on a vu pourquoi l'essence se trouve éliminée) – il exigeait qu'on les distingue par trois symboles différents comme en logique formelle. Mais cette critique purement négative ne pouvait convaincre les philosophes, parce qu'elle ne tient pas compte du problème de l'universalité qui est à la base de leur conception de l'être. En effet, le mot 'être', dès les premiers jours de la philosophie, a dû son privilège métaphysique au fait qu'il semblait revêtir le sens du 'tout' et renfermer l'universel. Quine et Strawson, en opposition avec Carnap, ont réhabilité l'ontologie et le problème de l'universel, mais il s'agit maintenant d'une

* La communication de M. Ernst Tugendhat, professeur de philosophie à Heidelberg, au 8e Congrès Allemand de Philosophie (Heidelberg, octobre 1966) porte le titre de *Die sprachanalytische Kritik der Ontologie*. Les actes de ce congrès n'étant pas encore publiés, nous remercions M. Tugendhat de nous avoir communiqué un exemplaire de son manuscrit.

"universalité réduite": des trois significations de l'être, l'ontologie analytique ne retient que l'existence recouvrant "toutes les entités", c'est-à-dire ce que chaque langue implique dans ses sujets d'énoncés.

Mais, objecte Tugendhat, l'univers de notre compréhension ne contient pas seulement des entités, mais aussi leurs propriétés, relations, actions (tout comme les sujets d'énoncés ne font pas la langue). C'est à cause de ces propriétés que l'ontologie traditionnelle croyait devoir concevoir l'être comme prédicat réel. Si l'ontologie analytique veut maintenir l'être comme fil conducteur d'une réflexion sur l'universel, ce n'est certes pas en le réduisant à l'existence, à l'être des entités qu'elle y parviendra. Il ne suffit donc pas de constater que le verbe 'être' vise une forme (et non un contenu): l'universalité du verbe 'être' elle-même ne peut être que formelle. C'est cette "universalité formelle" que Tugendhat va essayer de découvrir.

Il commence par dégager le caractère commun aux trois significations du verbe 'être'. Ce serait, d'après une définition de Kant, la "position" comme antithèse à la négation. Ainsi on dirait: Tout est niable, et ce qui est nié dans une négation, c'est l'être comme position. Cependant la "niabilité" ne peut fournir la preuve de l'universalité du verbe 'être', puisque TOUS les verbes sont niables. Ou bien il faudrait soutenir que chaque verbe est niable parce qu'il contient le verbe 'être'. Mais aujourd'hui les transformations d'énoncés verbaux en énoncés nominaux[1] (du type: *il nage – il est nageant*),en usage depuis Aristote, ne sont plus acceptables, car nous savons par la linguistique que (1) une telle transformation entraîne une modification de sens, (2) elle est impossible pour certains verbes dans plusieurs langues, (3) elle ne peut s'appliquer qu'à l'indicatif (auquel, par ailleurs, l'ontologie s'est toujours limitée), mais non à l'impératif et à l'optatif. L'ontologie s'est donc toujours appuyée sur une langue idéale et homogène (en commettant ainsi la faute qu'elle reproche au néo-positivisme). Tugendhat fait remarquer que l'ontologie ne peut dépasser les langues naturelles en faisant abstraction de leurs différences structurelles – à ce moment-là, en réalité, elle leur succombe –, mais seulement en essayant de les assimiler.

A cause d'un nouveau critère de l'universalité, la 'niabilité', la prétendue universalité du verbe 'être' n'a pu être maintenue. Puisque la négation s'étend au-delà du verbe *être*, pourquoi l'ontologie ne renoncerait-elle pas à l'être comme fil conducteur d'une réflexion sur l'universel, pour en admettre un autre: le corrélat positif de la négation?

[1] Avec *être* + participe.

La langue dispose d'un terme particulier pour la négation, elle n'en a pas pour l'affirmation, parce que l'affirmation est réalisée par la langue elle-même dans chaque énoncé. Le phénomène de l'affirmation étant 'sans parole', on comprend la tentative de mettre à sa place le cas spécial de l'être qui, lui, peut être considéré comme un propre terme affirmatif. L'ontologie, soucieuse du problème de l'universel, doit, par conséquent, s'en tenir à l'affirmation telle qu'elle se révèle dans la négation. Il ne suffit plus de réfléchir sur la portée du verbe *être*, il faut étudier, dans leurs relations, toute la variété des unités linguistiques qui sont les "porteurs irréductibles d'affirmation". La dimension de l'affirmation est l'"universalité formelle" recherchée.

Une "ontologie" de ce type serait, d'après Tugendhat, la seule valable aujourd'hui. Celle de Quine s'appuyait bien sur une analyse de la langue, mais gardait le thème – les entités – de la tradition pré-analytique. "Vue à partir de la langue elle-même, la dimension universelle dans laquelle nous vivons en comprenant n'est pas en premier lieu un monde d'objets ou d'états de choses, d'entités comme sujets d'énoncés, mais un monde d'énoncés, d'unités de signification."

3

L'EXPANSION DE LA SÉMIOTIQUE

JULIA KRISTEVA

Nous assistons depuis quelques années à un curieux phénomène du discours scientifique, dont la signification sociale reste à expliquer et dont la portée ne peut encore être évaluée. Après les acquisitions de la linguistique et plus spécialement de la sémantique, la sémiotique que ces acquisitions ont engendrée étend de plus en plus la zone de ses recherches, et cette extension s'accompagne d'une mise en question à la fois des présupposés du discours philosophique classique qui organise aujourd'hui l'espace des sciences dites humaines, et des principes mêmes dont la sémiotique (donc la linguistique moderne) est partie.

L'étude structurale des langues naturelles a fourni aux sémioticiens des méthodes applicables aux autres pratiques sémiotiques. C'est par elle que la sémiotique s'est formée avant de trouver sa raison d'être dans l'étude des pratiques sémiotiques qui ne suivent pas ce que la linguistique croit être la logique du discours naturel, réglementé par les normes de la communication utilitaire (par la grammaire). La sémiotique se trouva ainsi être le point à partir duquel la science pouvait récupérer des pratiques signifiantes longuement occultées, mises en marge de la culture européenne officielle, déclarées irrationnelles ou dangereuses par une société qui obéit aux lois univoques et linéaires de la 'description des objets'. Aujourd'hui la sémiotique s'oriente vers l'étude de la 'magie', des prédictions, de la poésie, des textes 'sacrés', des rites, de la religion, de la musique et de la peinture rituelles, pour découvrir dans leurs structures des dimensions qu'obstrue le langage de la communication dénotative. Dans cette démarche elle dépasse les frontières du discours européen et s'attaque aux complexes sémiotiques des autres civilisations, essayant d'échapper ainsi à une tradition culturelle chargée d'idéalisme et de mécanisme. Cet élargissement de la sphère d'action de la sémiotique pose le problème de l'outil qui donnera accès aux pratiques sémiotiques dont la logique n'est pas celle du langage dénotatif. Cet outillage, la sémiotique le cherche dans les formalismes mathématiques et dans la tradition culturelle des civilisations lointaines. Elle prépare ainsi les modèles qui serviront un jour à expliquer les STRUCTURES SOCIALES compliquées, sans pour autant les réduire aux structures des civilisations qui ont atteint des discours hautement sémiotisés (Inde, Chine).

Les travaux, récemment publiés, des sémioticiens soviétiques témoignent de telles préoccupations. La place d'avant-garde y est occupée par le groupe de l'Université de Tartu en Estonie.[1] Ses recherches – d'une rare pertinence dans ses analyses, d'une compétence qui brise les limites de l'européocentrisme et d'une grande audace dans ses synthèses – se situent à la pointe des recherches sémiotiques actuelles. Elles portent surtout sur les SYSTÈMES MODELANTS SECONDAIRES, c'est-à-dire les pratiques sémiotiques qui s'organisent sur des bases linguistiques (le langage dénotatif étant le système primaire), mais qui se constituent en structures complémentaires, secondaires et spécifiques. Par conséquent, ces systèmes modelants secondaires contiennent, outre les relations propres aux structures linguistiques, des relations d'un deuxième degré et PLUS COMPLEXES. "Il en découle qu'un des problèmes fondamentaux que pose l'étude des systèmes modelants secondaires est de définir leurs rapports avec les structures linguistiques. Il est donc nécessaire de préciser le contenu du concept 'structure linguistique'. Évidemment, tout système de signes, y compris le système secondaire, peut être considéré comme une langue particulière dont il faut isoler les éléments minimaux, l'alphabet du système, si l'on veut définir les règles de leurs combinaisons. Il s'ensuit que tout système de signes peut, en principe, être étudié par des méthodes linguistiques, ce qui définit le rôle particulier de la linguistique moderne comme méthodologie. Cependant, il faut distinguer ces 'méthodes linguistiques', au sens large du mot, de certains principes scientifiques propres aux habitudes opératoires relatives aux langues naturelles qui, elles, ne sont qu'une variante spécifique et particulière des systèmes linguistiques. C'est l'affirmation de ce principe qui rend possible la recherche des PARTICULARITÉS des systèmes modelants secondaires et des MOYENS à adopter pour leur étude."[2]

[1] *Trudy po znakovym sistemam* [Travaux sur les systèmes de signes], II (Tartu, 1965); l'ouvrage auquel nous nous référons ici et plus loin, fait partie de la collection publiée sur les problèmes sémiotiques par l'Université de Tartu.

[2] *Ibid.*

Nous ne nous demanderons pas ici si la structure des langues naturelles n'est pas différente de la structure des systèmes modelants secondaires. La différence est patente si, sous le terme de structure linguistique, on comprend la structure de la langue de la communication usuelle (dénotative). La distinction, au contraire, n'est plus valable, si l'on considère la structure du langage comme une INFINITÉ POTENTIELLE, saisissable dans les réseaux linguistiques du langage poétique aussi bien que dans les pratiques sémiotiques marginales et occultées par la civilisation européenne officielle. Par conséquent, l'intérêt du postulat de 'distinctivité' réside dans le fait qu'il autorise l'étude des PRATIQUES SÉMIOTIQUES [3] autres que celles des langues naturelles indo-européennes, quitte à revenir plus tard au mécanisme du DEVENIR proprement LINGUISTIQUE et à le saisir dans son fonctionnement polyvalent, irréductible aux procédures actuelles des linguistes. Pour nous, la distinction logique LINGUISTIQUE/LOGIQUE des systèmes secondaires n'est qu'opérationnelle. Elle permet à la sémiotique d'aujourd'hui de se construire comme SUPRALINGUISTIQUE et de partir à la recherche (1) d'une MÉTHODOLOGIE qui ne se contentera pas de l'analyse linguistique, et (2) d'un OBJET dont la structure n'est pas réductible à celle du langage dénotatif (de "systèmes modelants secondaires").

Dans ce but, les sémioticiens de Tartu emploient la notation et les concepts de la logique symbolique ou mathématique et ceux de la théorie de l'information. Les systèmes secondaires étudiés sont parmi les plus simples: poésie, cartomancie, devinettes, icônes, notation musicale, etc. Mais aussi simples qu'ils soient, ils offrent des spécimens intéressants des structures cybernétiques super-complexes (supérieures aux systèmes cybernétiques complexes du genre des biologistes). Les procédures d'accès à ces systèmes super-complexes sont loin d'être élaborées: la logique symbolique et la théorie de l'information n'en permettent pas une approche efficace. Il faut saluer pourtant l'effort pour trouver un langage exact et rigoureux adapté aux pratiques sémiotiques d'une logique AUTRE que la logique du langage dénotatif codifié. Il faut surtout dégager LES RUPTURES, épistémologiques et idéologiques, suggérées ou déjà réalisées au cours de telles démarches sémiotiques.

[3] Nous préférons, au terme de 'système' employé par les sémiotiques soviétiques, celui de 'pratique' dans la mesure où: (1) il est applicable à des complexes sémiotiques non systématiques, (2) il indique l'insertion des complexes sémiotiques dans l'activité sociale, considérée comme processus de transformation.

CONTRE LE SIGNE

La problématique du SIGNE (c'est aux théories de Peirce et de Frege que les sémioticiens soviétiques se réfèrent le plus souvent) est loin d'être épuisée. Elle a permis d'étudier les structures linguistiques indépendamment de leurs référents et de découvrir les relations signifiantes au sein même des complexes sémiotiques. Il n'en reste pas moins que la problématique du SIGNE est un présupposé métaphysique qui entrave souvent les recherches ultérieures. En France, ces limitations du symbolisme ont déjà été signalées (Derrida). Sans les formuler explicitement, les sémioticiens soviétiques les laissent entendre et entament un dépassement dicté, d'une part, par l'idéologie marxiste et, d'autre part, par la vaste ouverture de la recherche vers des pratiques sémiotiques occultées.

Examinons de plus près ces limitations du symbolisme.

La notion de SIGNE comporte une distinction symbolique/non symbolique qui correspond à l'ancienne division esprit/matière et empêche l'étude scientifique des phénomènes dits 'de l'esprit'. Il apparaît nécessaire, pour certains structuralistes, d'abandonner le SIGNIFIÉ après le RÉFÉRENT, et de s'en tenir, pour des raisons de rigueur scientifique, au seul espace du SIGNIFIANT. La théorie de la communication relève d'une démarche analogue. Cette démarche, pourtant, dans la mesure où elle présuppose le SIGNE, implique un idéalisme indépendamment des intentions de ceux qui la pratiquent. Le cercle vicieux ne peut être aboli qu'à condition de cerner, d'une façon précise, la sphère (assez limitée) des gestes signifiants à laquelle la notion de signe peut s'appliquer, sans essayer de faire entrer toutes les pratiques sémiotiques dans le moule de la problématique du signe.

Une étude de l'histoire du discours occidental montrera que l'apparition, lente mais tenace, de la notion du 'signe' comme différent de la 'pratique' est socialement définie et limitée. Cette notion est postérieure au syncrétisme et inexistante dans les sociétés archaïques. Elle s'applique intégralement aux normes symboliques qui font et consolident toutes les variantes de la société européenne moderne (le discours scientifique, la littérature représentative, etc.), mais elle est impuissante devant les pratiques sémiotiques qui s'écartent des normes ou tendent à les modifier (le discours révolutionnaire, la magie, le paragrammatisme). Par conséquent, la problématique du signe, comme moyen d'explication et de récupération, ne peut être efficace que pour l'étude de structures d'ordre syncrétique, c'est-à-dire de structures auxquelles la notion de signe est étrangère. Les travaux de Lévi-Strauss, consacrés à de telles structures, le prouvent bien. On pourrait supposer que le SYMBOLISME en tant que méthode scientifique est applicable, d'une façon absolue, aux pratiques sémiotiques dérivant des normes qui forment et consolident les variantes de la société moderne (le discours scientifique, la littérature représentative, le langage de la communication courante et consciente). Ceci n'est vrai que de façon relative, puisque les systèmes symboliques NORMATIFS que nous venons de mentionner interfèrent avec d'autres pratiques sémiotiques non normatives (celles que Toporov désigne comme "approches HYPERSÉMIOTIQUES du monde").[4] Par conséquent, toute tentative de SYMBOLISATION des pratiques sémiotiques d'une société post-syncrétique est une réduction de ces pratiques, une élimination de leurs dimensions non symboliques. Structuré comme une dichotomie (signe = non pratique), le symbolisme projette cette dichotomie sur l'objet étudié qu'il montre structuré comme une DYADE. D'autre part, les modèles symboliques pénètrent dans les pratiques sémiotiques non normatives et exercent sur elles une rétroaction modifiante, en les réduisant à une norme et à un symbolisme. Ce processus est valable pour l'ensemble des pratiques sémiotiques de notre complexe culturel. On l'observe aussi dans les cadres de chaque pratique sémiotique prise isolément qui, dans notre société fondée sur l'échange, ne peut jamais être à l'abri du symbolisme; elle n'est, à la rigueur, qu'ambivalente, à la fois symbole et partique. C'est le cas, par exemple, de la littérature européenne à partir de la Renaissance.

Le modèle du processus décrit plus haut correspond à la spirale hégélienne:

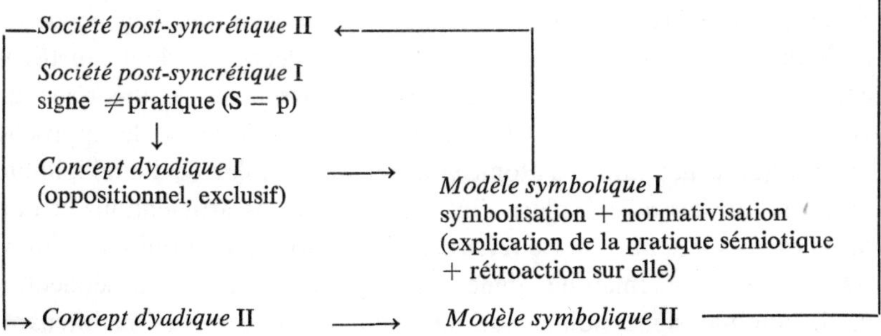

La rupture de cette spirale ne peut survenir que lorsque les pratiques sémiotiques non normatives (non symboliques) s'exercent consciemment comme telles (comme non symboliques) et détruisent le postulat prim-

[4] V. N. Toporov, "Pour une sémiologie des prédictions chez Suétone", in: *Trudy . . ., op. cit.*, p. 200.

ordial S = P. Ce jeu conscient des complexes sémiotiques comme pratiques s'observe aujourd'hui même lorsque les discours occultes, marginaux et considérés comme passifs (comme 'expression' ou comme 'reflet') dans notre civilisation, se réactivent et imposent leurs structures aux systèmes explicatifs. Dans la littérature, nous trouvons de tels exemples dans l'écriture d'un Lautréamont, d'un Mallarmé, d'un Jarry, d'un Brisset, d'un Roussel: une écriture qui est consciente de CONSTRUIRE UNE NOUVELLE SÉMANTIQUE. La reprise de cette sémantique AUTRE par un système explicatif (par la SÉMIOTIQUE) réformera notre modèle global du monde et nous obligera à de nouveaux découpages dont on ne saurait prévoir les conséquences. Les sémioticiens soviétiques s'orientent déjà vers l'étude de tels textes NÉVRALGIQUES: Segal et Tsivian (p. 320) examinent la sémantique de la poésie anglaise du non-sense. De son côté, Toporov étudie la sémiotique des prédictions chez Suétone pour découvrir que L'HISTOIRE (un des discours les plus proches du symbolisme) a aussi un statut secondaire, modifiant. Une analyse pertinente de ce genre est faite par Zegin à propos des *Felskonstruktionen* (en russe, *iconnye gorki*) dans la PEINTURE ancienne: l'auteur étudie les unités spatiales et temporelles de la peinture en dehors de la représentation symbolique (p. 231). Abordant une pratique sémiotique simple, LA CARTOMANCIE, Lekomsteva et Ouspenski retrouvent dans chaque unité (= chaque carte) non pas un sujet ou un sens, mais un élément qui ne devient intelligible que dans un contexte, donc, une sorte d'hiéroglyphe que l'on ne lit qu'en relation avec les autres (p. 94).

Si une destruction du signe s'amorce, elle n'est pourtant pas encore assumée au point de devenir une méthodologie scientifique. Deux voies simultanées s'offrent en vue de l'élimination de la spirale hégélienne de la démarche symbolique que nous venons de décrire et dont l'inefficacité est d'autant plus grave qu'elle est sans issue (cf. le théorème de Gödel). Ces voies sont: (1) La méthode axiomatique, seule approche scientifique échappant à l'atomisation et au postulat de l'intelligibilité du signe, du fait qu'elle place l'intelligible dans les articulations et non dans les aboutissants; (2) Le refus d'assimiler toutes les pratiques sémiotiques à une problématique Signe = non-pratique (et, par conséquent, à la dichotomie signe/non-signe). On peut distinguer, dès maintenant, plusieurs pratiques sémiotiques: le système normatif SYMBOLIQUE, la pratique sémiotique TRANSFORMATIVE, la pratique sémiotique PARAGRAMMATIQUE.[5] En analysant les langages du bouddhisme,[6] Mäll parle de SYSTÈME, de VOIE et de VOIE ZÉRO.

[5] Pour ce concept, voir J. Kristeva, "Pour une sémiologie des paragrammes",

L'axiomatisation, qui est une approche scientifique (symbolique) OUVERTE, étudiera les différentes pratiques sémiotiques comme des systèmes de relations, sans se préoccuper de la problématique du signe, son but n'étant que de saisir le fonctionnement de ses objets dans le sens d'une dialectique du SUJET et de l'OBJET, c'est-à-dire de l'INTER-INFLUENCE sujet-objet, rendue possible après l'élimination du postulat symbolique S = P.

L'ISOMORPHISME DES PRATIQUES SIGNIFIANTES

La notion du signe s'efface, d'abord, dans une perspective marxiste, lorsque la science s'attaque aux STRUCTURES SOCIALES comme à des PRATIQUES SÉMIOTIQUES abordables à partir d'une base linguistique. Alors apparaissent les contradictions entre la démarche sémiotique et un raisonnement héritier de l'idéalisme et de la téléologie hégélienne. Les vestiges d'une conception non scientifique des pratiques sémiotiques persistent sous le couvert d'une approche soi-disant marxiste qui continue à considérer 'les arts' comme des espaces aliénés, c'est-à-dire non productifs, mais expressifs ou illustratifs. Lorsqu'une telle conception rencontre la sémiotique, les contresens ne manquent pas d'apparaître. Ainsi, les sémioticiens soviétiques ont tendance à étudier la peinture en utilisant la théorie de l'information (donc comme un complexe d'articulations signifiantes), mais en même temps de l'EXPLIQUER comme causalement dépendante du mode de travail de la société. "La principale fonction pragmatique de l'art (dans la société agricole) consistait à dépasser les tendances individuelles et archaïques du comportement (nuisibles dans une culture donnée) et à créer le modèle psychique pour une longue et patiente attente des fruits du travail investi." [7] Ce dépassement mènerait à une élimination des détails, à une opération n'utilisant qu'un nombre minime de signes et rendrait compte du développement des formes symboliques de l'expression et du remplacement des signes-icônes par des index et des symboles. Une société en état de crise élaborerait plutôt des formes d'expression moins stylisées, plus individualisées et plus réalistes. Une société équillibrée, dominée par un

Tel Quel, 29 (Printemps 1967), 53-75 et *Recherches pour une sémanalyse* (Éd. du Seuil, 1969).

[6] L. Mäll, "La voie zéro", in: *Trudy . . ., op. cit.*, p. 189.

[7] L. Pereverzev, "Le degré de redondance comme index des particularités stylistiques de la peinture dans les sociétés primitives", in: *Trudy . . ., op. cit.*, p. 217.

groupe, figerait son art dans une stylisation que Pereverzev appelle le style conventionnel (l'Ancienne Égypte, par exemple). L'auteur, visiblement partisan de la conception de l'art comme expression, voit la peinture "exprimer" les états de la société. Sans discuter ici la pertinence de l'analyse des sociétés, il nous semble que l'histoire de la littérature s'oppose à l'interprétation que donne Pereverzev. Un marxisme radical verrait plutôt dans les gestes sémiotiques, y compris ceux de la peinture, une pratique du même rang que les autres pratiques sociales. D'autre part, la distinction valorisante de la peinture en symbolique/réaliste n'est pas pertinente. La valeur sociale d'une pratique sémiotique consiste dans le modèle global du monde que cette pratique propose: cette valeur n'existe que si le découpage du corpus, proposé par la pratique sémiotique donnée, est orienté dans le sens des ruptures historiques qui renouvellent la société. Ainsi, une recherche de 'formes' a pu accompagner la Révolution russe, tandis qu'un 'art' individualiste et réaliste coïncide avec une société de consommation et de stagnation. Mais, ici encore, toute généralisation est dangereuse: il faudrait parler de façon concrète d'une époque et d'un espace précis, des producteurs et des consommateurs, connus et inventoriés, des différentes pratiques sémiotiques.

Le dépassement de la téléologie et du projectivisme, dont le marxisme ne doit pas être entaché, s'opère à partir d'une confrontation de la démarche marxiste avec d'autres complexes culturels (Inde), ou avec des pratiques sémiotiques qui s'écartent des règles du rationalisme européen (le langage poétique, par exemple). On retrouve ainsi, en étudiant les tons de la musique indienne, des corrélations entre le système musical et TOUS les systèmes recouvrant des phénomènes microcosmiques, macrocosmiques et cosmiques, l'organisation sociale comprise. "Les suites des correspondances (horizontales), écrit Volkova, ne sont pas fermées et peuvent être prolongées. Chacune des suites verticales est reversible en direction du premier de la suite, mais non d'une suite à une autre." [8] Syrkin, pour sa part, insiste sur les observations de Chandogya (une partie des Upanishads caractérisée par des réflexions abstraites et des prescriptions dogmatiques relatives aux textes) qui IDENTIFIE les différents objets de ses études, établissant un système d'ÉQUIVALENCES entre les complexes concernés (on suppose même que le terme *upanishad* signifie 'équivalence'). La 'sémiotique' indienne en arrivait même à établir des équivalences NUMÉRIQUES; sa tendance à la

[8] O. F. Volkova, "Description des tons de la musique indienne", in: *Trudy . . .*, *op. cit.*, p. 274.

recherche de l'isomorphisme atteint un niveau mathématique dans lequel des domaines hétérogènes (pour un observateur venant d'une autre civilisation) se retrouvent numériquement équivalents.[9] Ivanov et Toporov retrouvent le même isomorphisme dans leur étude de devinettes des Kets.[10] La structure des devinettes est analogue à celle du langage naturel: elles peuvent, par conséquent, être considérés comme "une manifestation de cette souplesse du langage qui permet, dans le discours poétique, une acception aussi large que possible des significations figurées et des complexes sémiques". Les devinettes seraient des constructions d'images métaphoriques correspondant à un certain objet, ou à toute une situation que la langue naturelle décrit d'une façon non métaphorique. Le schéma stratifié que les auteurs proposent et qui englobe les signes rituels, les signes des devinettes, le discours des chamans, les représentations temporelles et spatiales, etc., permet d'établir un seul type structural qui se répète dans des cultures différentes (géographiquement ou historiquement) et dans différentes sphères sémiotiques. Un tel modèle est un pas vers l'abolition du symbolisme, un stade par lequel le langage scientifique est obligé de passer pour pouvoir ensuite s'en débarrasser, en adoptant une axiomatique qui établira, à des niveaux différents, les mêmes réseaux relationnels dans les nombreuses structurations qui nous entourent, depuis les cristaux jusqu'aux livres.

Dans la perspective de l'isomorphisme des pratiques sémiotiques, une révision s'impose, de même, quant aux présupposés qui pèsent sur l'étude structurale du langage poétique, à savoir: (*a*) la rhétorique, (*b*) les rapports langage poétique/langage scientifique, (*c*) les structures du récit postulées par Propp.

"Rien ne justifie l'acception, qui remonte à l'époque de la rhétorique et de la poétique anciennes, du discours esthétique conçu comme un discours orné de tropes, de figures ou de constructions architectoniques particulières qui le distingueraient du discours quotidien où les ornements, même s'ils existent, ne seraient que provisoires. 'La pluie va' (*idiot dojd,* il pleut) n'est pas moins une métaphore que 'les jambes des nerfs se dérobent' (Maïakovski)."[11] Si les constructions poétiques sont considérées comme telles, ce ne serait que parce que leur apparition

[9] A. J. Syrkin, "Le système d'identification dans Chandogya Upanishad", in: *Trudy . . ., op cit.*, p. 276; voir aussi T. Elisarenkova et A. Syrkin, "Approche de l'analyse d'un hymne nuptial indien", in: *Trudy . . ., op. cit.*, p. 173.

[10] V. Ivanov et V. N. Toporov, "Pour une description des systèmes sémiotiques des Kets", in: *Trudy . . ., op. cit.*, p. 116.

[11] V. Zaretski, "Rythme et signification dans les textes littéraires", in: *Trudy . . ., op. cit.*, p. 68.

est très peu probable, tandis que la probabilité de l'emploi des autres constructions est, au contraire, très forte. SERAIT POÉTIQUE, CE QUI N'EST PAS DEVENU LOI. Les sémioticiens soviétiques étudient donc le discours poétique d'après les méthodes de la théorie de l'information: la poétique serait une articulation de signifiants qui 'épuise l'entropie' du texte. Les lois de la cybernétique ne sont peut-être pas encore capables de saisir le fonctionnement de la poésie, mais elles sont à même de repérer dès maintenant l'impasse de l'analyse actuelle (rhétorique).

Le problème, difficile et passionnant à la fois, des différences entre le discours dénotatif et le discours connotatif est abordé avec beaucoup de précautions (en l'absence de critères précis et d'appareil efficace pour l'étude de ces distinctions) par Lesskis (p. 76) qui se contente de signaler les particularités grammaticales du langage littéraire du 20e siècle russe (emploi des temps du verbe, des substantifs, des adjectifs, etc.) comparé au discours scientifique. Mintz (p. 330) va plus loin, étudiant la formation du sens poétique comme SECONDAIRE par rapport au sens d'un autre texte poétique: l'auteur a en vue l'IRONIE comme mode de structuration poétique dans le poème *Neznakomka* ('L'inconnue'), d'Alexandre Blok.

Citons aussi la critique adressée à la recherche d'une typologie des sujets ou des motifs du récit, recherche qui traduit un raisonnement non corrélationnel et non dialectique. Rappelant les unités que Propp a relevées pour sa classification des contes populaires russes, Egorov[12] écrit: "... Ces unités ne nous apportent rien quant à la compréhension de l'essence du conte fantastique, parce qu'elles ne peuvent pas entrer librement en corrélation les unes avec les autres: on pose un interdit au héros, et non pas au malfaiteur ou au bienfaiteur, on punit le malfaiteur et non pas le héros ou ses collaborateurs. La pensée syncrétique opérait avec des entités totales qui étaient, par elles-mêmes déjà, de petits sujets et qui passaient entièrement d'un conte à un autre; ainsi une différenciation ultérieure des fonctions de Propp est privée de sens ... La dissolution des motifs en parties constituantes (et d'abord, en sujets et en prédicats) ayant entre elles des corrélations libres – voilà une particularité de la littérature des temps modernes. Mais l'augmentation du nombre des éléments accroit le nombre des rapports entre eux, ce qui à son tour complique la structure. Les tentatives pour réduire toute la multiplicité de la dramaturgie mondiale à une trentaine de situations sont naïves."

[12] B. Egorov, "Les systèmes sémiotiques les plus simples et la typologie des sujets", in: *Trudy ...*, *op. cit.*, p. 110.

Mettre en question les frontières du signe et trouver un isomorphisme de toutes les pratiques signifiantes, c'est aussi mettre en question les frontières de la représentation temporelle, sans pour autant assimiler la diachronie temporelle à une synchronie subjective. Pour Lotman, le changement d'espace dans l'art médiéval en Russie [13] signifie un changement des valeurs sociales: le passage d'une situation locale à une autre indique un changement de statut moral; cette "éthique locale", comme l'appelle l'auteur, contredit souvent certaines normes chrétiennes. Analysant l'iconographie bouddhiste, Toporov [14] relève des structures distributives et établit leurs équivalences avec les structures sociales et éthiques. Dans son étude de la structure spatiale des icônes russes et byzantines, Zegin [15] découvre une perspective "renversée" et, tout en introduisant la notion d' "espace actif ou déformant", montre comment une pratique sémiotique devance la symbolisation scientifique: le peintre de l'Antiquité se posait déjà des problèmes temporels et spatiaux que la science tend à peine à résoudre aujourd'hui. Zegin remarque que, dans les pratiques sémiotiques, "la science pourrait trouver la confirmation de ses positions et de ses conclusions".

Ainsi, un point d'interrogation se pose dès maintenant sur l'efficacité ultérieure de la problématique du signe pour une sémiotique qui a déjà reconnu sa nécessité et qui s'est construite à partir d'elle. Si cette problématique est nécessaire pour dissoudre l'intuitionnisme, le positivisme ou le sociologisme vulgaire, il est aussi vrai que la sémiotique, dès maintenant, la met entre parenthèses. Sans plus s'occuper de référent-signifiant-signifié, ou de contenu-expression, etc., elle étudie tous les gestes signifiants de la société productrice (le discours, la pratique littéraire, la production, la politique, etc.) comme des réseaux de relations dont la signification s'articule par les applications ou les négations d'une norme. Ce n'est pas un hasard si cet effacement du signe, qu'on observe dans certains travaux des sémioticiens soviétiques et qui mettra sans doute fin à l'ancienne querelle philosophique quant au primat de la matière ou de l'esprit, est possible dans les cadres du marxisme envisagé comme une science ou comme une méthodologie scientifique.

[13] J. Lotman, "La conception de l'espace géographique dans les textes russes du Moyen Âge", in: *Trudy . . ., op. cit.*, p. 210.

[14] V. N. Toporov, "Notes sur l'iconographie bouddhiste par rapport aux problèmes de la sémiotique des conceptions cosmogoniques", in: *Trudy . . ., op. cit.*, p. 221.

[15] L. Zegin, " 'Felskonstruktion' dans la peinture ancienne: L'unité spatio-temporelle dans la peinture", in: *Trudy . . ., op. cit.*, p. 231.

LE LIEU DE LA SÉMIOLOGIE: L'ESPACE DES NOMBRES

Ayant à faire face à cette vaste expansion, la sémiotique se prépare à devenir le discours qui évincera la parole métaphysique du philosophe grâce à un langage scientifique et rigoureux, capable de donner des modèles du fonctionnement social (des différentes pratiques sémiotiques). CONSTRUIRE LE LANGAGE DE CETTE SÉMIOTIQUE GÉNÉRALE: VOILÀ LE PROBLÈME.

Il y a 60 ans, un savant russe, Linzbach – avec une ferveur qui prête parfois à sourire et un irrationalisme qui invite à la condescendance, mais aussi avec une rare audace de synthèse et une perspicacité que la science actuelle confirme étonnamment – avait vu que le problème urgent des sciences humaines était l'élaboration d'un LANGAGE, qu'il appelait "la langue philosophique". Linzbach apparentait l'effort pour construire une telle langue à celui des alchimistes du Moyen Age cherchant "la pierre philosophale". "On n'a jamais trouvé la pierre philosophale mais on a trouvé autre chose, quelque chose de beaucoup plus merveilleux: la science exacte qui nous permet aujourd'hui de rêver à ce que les alchimistes eux-mêmes ne pouvaient pas rêver, à la transformation totale de la matière.[. . .] Nous considérons le travail des linguistes modernes comme un travail infatigable de gnomes fantastiques, tels que l'étaient les alchimistes. Leur activité se définit par un effort plus ou moins conscient de découvrir les lois les plus générales qui determinent l'existence du langage et dont la possession est égale à la possession de la pierre philosophale" (p. III).[16]

Linzbach, s'insurgeant contre l'empirisme de la linguistique, proposait la construction d'un SCHÉMA DÉDUCTIF ABSTRAIT et, pour cela, un recours aux mathématiques, "une création libre dans le sens des mathématiques". Aux phonèmes, il faisait correspondre des NOMBRES qu'il situait dans les quatre coordonnées de l'espace et du temps. Les acquisitions de la science étaient, à l'époque, insuffisantes pour permettre la construction du langage d'une sémiotique générale. Linzbach a pourtant indiqué les difficultés qu'il nous appartient maintenant de résoudre: (1) l'incompatibilité entre la logique d'un SYSTÈME scientifique et celle des PRATIQUES sémiotiques. "Il faut avouer que les termes de la langue ne sont pas systématiques . . . Par conséquent, l'élaboration des schémas et des combinaisons nécessaires pour désigner tel ou tel concept n'est pas

[16] J. Linzbach, *Principes de la langue philosophique: Essai de linguistique exacte* (Petrograd, 1916). J. J. Revzin publie un compte rendu de cet ouvrage dans *Trudy . . ., op. cit.*, p. 339.

une tâche qui incombe à la science, mais à l'art, et la solution des problèmes ici posés doit être proposée non pas aux savants, mais aux artistes" (p. 94); (2) l'impossibilité d'appliquer un système fini (la science, le langage dénotatif) aux pratiques sémiotiques infinies. "[Le langage dénotatif] se distingue de la langue naturelle par le fait qu'il ne possède qu'un nombre fini de points de vue. La 'nature', par contre, est pensée comme une construction ayant un nombre infini de points de vue" (p. 202); (3) la nécessité d'introduire les mathématiques dans la sémiotique, de trouver un système de SIGLES (= de NOMBRES) dont l'articulation décrirait le fonctionnement des pratiques sémiotiques et constituerait le langage d'une sémiotique générale.

Plus qu'un linguiste, le sémioticien serait donc un mathématicien qui calculerait les articulations signifiantes à l'aide de signes vides. S'il en est ainsi, son langage ne sera pas le langage discursif: il sera de l'ordre des nombres, il sera AXIOMATIQUE.

Un grave choix ontologique se profile donc derrière ce point majeur qu'est l'élaboration du langage sémiotique. Rappelons que les problèmes ontologiques qui sous-tendent la controverse actuelle concernant le choix du discours scientifique apparaissent clairement tout au long de l'histoire de la pensée occidentale. Il est possible de les saisir à trois moments différents, sous trois formes précises: la métaphysique du Moyen Age s'est préoccupée du problème des universaux; les mathématiques modernes ont instauré le débat à propos du rang des entités auxquelles une variable liée peut se référer; la sémiotique d'aujourd'hui discute le même problème du sens à propos du statut, remis en question, du sujet de la science, et du refus de celle-ci d'accorder un 'sens' à l'objet étudié en valorisant et hypostasiant son propre discours. A ces trois paliers, une analogie s'établit entre le réalisme, le conceptualisme et le nominalisme du Moyen Age, d'une part; le logicisme, l'intuitionnisme et le formalisme mathématique, de l'autre; [17] et, enfin le positivisme, le structuralisme et le paragrammatisme axiomatique des études sémiotiques.

Le RÉALISME médiéval, lié à la doctrine platonicienne, considérait les universaux ou les entités abstraites (le sens) comme indépendants de notre jugement, qui ne sait que les découvrir sans les créer. Les LOGICISTES (Frege, Russell, Whitehead, Church, Carnap) suivent une démarche analogue en employant des variables qui se réfèrent à n'importe quelle entité abstraite, considérée comme spécifiable ou non

[17] Ici et plus loin nous suivons les considérations de W. Quine, "On What There Is", in: *From a Logical Point of View* (Cambridge, Mass., Harvard University Press, 1953).

spécifiable. Dans les sciences humaines, le POSITIVISME utilise un discours valorisé, fait d'universaux ou d'entités abstraites qu'il semble supposer comme existant objectivement, indépendamment du système du discours qui les 'découvre' dans l'objet étudié, sans pour autant les créer.

Le CONCEPTUALISME médiéval considérait les universaux comme des produits du jugement. De même, l'INTUITIONNISME mathématique de Poincaré, Brouwer, Weyl, n'emploie des variables se référant à des entités abstraites que lorsque ces entités sont, comme dit Quine, "cuisinées individuellement par des ingrédients préparés d'avance". Le STRUCTURALISME accepte la même méthode: il ne découvre par les classes (le sens), il les élabore soit dans ses systèmes sémantiques construits à l'aide de mots lourds de valeurs qu'il joint à l'objet étudié, soit dans les schémas qu'il superpose à l'objet étudié. S'il présente des avantages par rapport au réalisme (positivisme), il a aussi un défaut: il est incapable d'accéder à l'infinité que les réalistes acceptent; il reste à un niveau de l'infini plus bas, et la conséquence directe de ce fait est qu'il abandonne même certaines lois classiques (la dialectique, la pluridétermination).

Le FORMALISME, associé ici à Hilbert, accepte l'intuitionnisme et répugne à la conception réaliste (positiviste) du sens comme existant en dehors de notre jugement. Mais le formalisme reproche à l'intuitionnisme l'acception des entités abstraites, même si cette acception est limitée par la notion de l'élaboration subjective de ces entités. De même, une sémiotique fondée sur l'axiomatisation des pratiques signifiantes ferait écho au structuralisme: elle reconnaîtrait l'utilité d'une explication de type structuraliste. Mais l'axiomatisation se distinguerait du structuralisme dans son ontologie, c'est-à-dire dans la notion du sens qui soustendra son écriture. La formalisation considère le complexe sémiotique étudié comme un réseau d'articulations et non pas comme un système d'entités; elle va même plus loin en se construisant, conformément à cette considération, comme un système axiomatique. L'axiomatisation refusera les noms (les valeurs préétablies) et se servira d'un langage artificiel de variables (pronoms) qui seront des notations (sigles) vides, sans aucun sens précis; sa seule signification et son intelligibilité résideront dans les règles qui gouvernent la manipulation de ces sigles. Ainsi considérée, l'axiomatique apparaît comme un niveau où se situe l'effort du discours scientifique pour contourner le monologisme qui le constitue, en tâchant de devenir isomorphe aux pratiques sémiotiques diverses.

Tous ces problèmes sont loin d'être résolus: l'empirisme linguistique les a même étouffés. Il est évident que la recherche de leur solution doit être menée de front avec les recherches linguistiques empiriques. La sémiotique se construira alors à partir du cadavre de la linguistique, d'une mort que Linzbach prévoyait déjà, et à laquelle la linguistique se résignerait après avoir préparé le terrain à la sémiotique, en démontrant l'isomorphisme des pratiques sémiotiques avec les autres complexes de notre univers.

Le rôle du sémioticien est, par conséquent, plus qu'un rôle de descripteur. Son statut changera le statut de la science elle-même: la société prendra de plus en plus conscience du fait que le discours scientifique n'est pas une symbolisation, qu'il est une pratique qui ne REFLÈTE pas, mais qui FAIT. Parce que le sémioticien n'est pas seulement linguiste et mathématicien, il est écrivain. Il n'est pas seulement celui qui décrit en antiquaire de vieux langages, faisant de sa science un cimetière de discours déjà morts ou se mourant. Il est aussi celui qui découvre, en même temps que l'écrivain, les schémas et les combinaisons des discours qui se font. La place qu'occupe le sémioticien, dans la société non philosophique qui se dessine aujourd'hui, rendra manifeste et évidente l'interprétation de la science et de la poésie. Car sa démarche, consistant à EXPLIQUER le langage, suppose au préalable une capacité d'IDENTIFICATION avec la démarche de celui qui PRODUIT le discours, avec l'écrivain. L'explication sémiotique devrait être, par conséquent, une ÉCRITURE répétée et systématisée. Plus encore: à partir des systèmes antérieurs, le sémioticien sera capable d'engendrer des formalismes sémiotiques en même temps ou avant même leur production dans les langues naturelles. Dans le dialogue des écritures, l'écriture sémiotique est une écriture répétitive des écritures analytiques. Si le sémioticien vient après l'écrivain, cet 'après' n'est pas d'ordre temporel, mais spatial: il s'agirait, pour l'écrivain aussi bien que pour le sémioticien, de PRODUIRE simultanément DES LANGAGES. Mais la production sémiotique aura la particularité de servir de transmission entre deux productivités: l'écriture et la science; la sémiotique sera donc le lieu où la distinction entre elles est destinée à s'interroger.

4

PROBLÈMES DE LA TYPOLOGIE DES CULTURES

JURI M. LOTMAN

L'analyse sémiotique des phénomènes de l'histoire des cultures est une des tâches les plus actuelles et, en même temps, les plus complexes, parmi cet ensemble de questions que nous appelons aujourd'hui les sciences humaines.[1] Comme nous ne nous proposons pas un examen exhaustif du concept de 'culture', il nous suffira d'adopter une définition opérationnelle de celle-ci. Nous dirons donc que la culture est constituée par l'information non-héréditaire que recueillent, conservent et transmettent les sociétés humaines. Ainsi sommes-nous amené à poser comme fondamental ce principe que la culture, c'est de l'information. En effet, même en face de monuments de la culture matérielle, tels que, par exemple, les moyens de production, il nous faut tenir compte du fait que ces objets jouent, dans la société qui les forge et les exploite, un double rôle: si, d'une part, ils servent la praxis, ils condensent en même temps les expériences acquises au cours d'un long passé de travail, pour devenir finalement des instruments aptes à conserver et à transmettre de l'information. Les contemporains qui peuvent accumuler cette information à partir de canaux nombreux et souvent plus directs qu'autrefois, considèrent la première fonction comme fondamentale; néanmoins pour leurs successeurs, qu'ils soient archéologues ou historiens, la première fonction sera complètement évincée par la seconde. Étant une *structure*, la culture peut tirer des outils du travail non seulement de l'information sur le processus de production, mais aussi des renseignements sur le système

[1] Le lecteur trouvera un aperçu des définitions possibles de la notion de culture dans les ouvrages suivants: A. Kroeber et C. Kluckhohn, *Culture: a critical review of concepts and definitions* (= *Papers of the Peabody Museum of American Archaeology and Ethnology*, XLVII, 1) (Cambridge, Mass., Harvard University Press, 1952); A. Kloskowska, *Kultura masowa: krytyka i obrona* [La culture des masses: critique et défense] (Varsovie, 1964); Section: "Rozumienie kultury" [La compréhension de la culture]. — Parmi les nombreux travaux sur ce thème, il faut surtout mentionner l'œuvre de C. Lévi-Strauss.

de la parenté, par exemple, ou sur d'autres formes de l'organisation d'une société humaine reculée. Il est évident que c'est cette deuxième fonction, propre aux moyens de la culture matérielle (et également au processus de production) qui relève de la culture.

La conception de la culture en tant qu'information détermine déjà certaines méthodes de recherche. Elle autorise notamment l'analyse des stades culturels, mais aussi celle de l'ensemble des faits historiques et intellectuels, conçus comme des textes infinis, et permet, du même coup, l'utilisation des méthodes de la sémiotique et de la linguistique structurale.

La distinction établie en linguistique par R. Jakobson entre le code et le message et qui n'a pas encore été appliquée à l'histoire de la littérature, des arts, du mouvement des idées, etc., est ici d'une importance capitale. La séparation du contenu des textes culturels de la structure de leur LANGUE doit être considérée, lors de l'élaboration d'une histoire typologique et structurale des cultures, comme la condition *sine qua non* de l'analyse. Dans la somme des faits qui se présentent à l'historien de la culture, il faut distinguer entre le système reconstruit théoriquement (la LANGUE de cette culture) et sa manifestation dans la masse des faits hors système (sa PAROLE).

De cette manière, on peut examiner tous les faits de l'histoire des cultures sous l'angle de l'information significative, ainsi que dans l'optique du système des codes sociaux qui laissent l'information s'extérioriser en des signes appropriés pour entrer dans le domaine public d'une société.

Ce deuxième aspect qui nous permet de considérer la culture comme une hiérarchie de codes, fondée au cours de l'histoire, intéresse, en premier lieu, les spécialistes de la typologie des cultures, puisque chaque type de codification d'une information historique et culturelle dénote des contacts avec les formes primordiales de la prise de conscience sociale, de l'organisation de la société et de l'auto-organisation de la personne humaine. Les buts de la typologie des cultures pourraient ainsi être définis comme: (1) la description des principaux types de codes culturels à partir desquels s'établissent les 'langues' des cultures, avec leurs caractères essentiels; (2) la dénomination des universaux de la culture humaine, et, enfin, (3) l'élaboration en un système commun des caractéristiques typologiques des principaux codes culturels et des propriétés universelles de la structure générale qu'est la culture humaine.

On peut supposer dès maintenant que les principaux types de codes culturels sont en nombre restreint, tandis que la variété dans les données culturelles fournies par l'histoire n'apparaît qu'à la suite de multiples combinaisons de ce petit nombre de types, relativement simples.

Une des principales difficultés que présente l'analyse des codes culturels est leur grande complexité structurale, qui apparaît lorsqu'on les compare à des langues naturelles auxquelles les systèmes culturels viennent se superposer (aussi est-il opportun de les définir comme des systèmes modelants *secondaires*). Il nous faut, par conséquent, essayer de déterminer les causes qui provoquent cette brusque augmentation de la complexité du code culturel, lors du passage des systèmes modelants primaires que sont les langues naturelles aux systèmes secondaires.

On doit noter d'abord que tout texte appartenant à une culture (au sens de TYPE DE CULTURE) peut être examiné soit comme un texte unique ayant un seul code, soit comme un texte plurivoque relevant de plusieurs codes correspondants. Cet ensemble de codes peut être constitué de façon mécanique — c'est-à-dire comporter une pluralité déterminée de textes qui, en principe, ne se prêtent pas à un déchiffrement obtenu grâce à la mise en place d'un code commun — mais il peut aussi être de nature structurelle, il peut comprendre des textes se réclamant de codes différents pour tel ou tel niveau défini, tandis que le reste des niveaux est déchiffrable au moyen du système sémiotique commun. Dans ce dernier cas, deux codes culturels différents sont considérés comme des variantes d'un schéma invariant.

Ainsi, la règle de conduite du parfait chevalier et celle du moine dans le cadre de la civilisation médiévale (pour leur historien les textes seront à la fois réels — les monuments fixés par l'écriture — et idéaux — la règle reconstruite; on pourrait parler probablement ici de textes situés à des niveaux différents) présentent incontestablement des différences. Leur conduite semblera être chargée de sens (nous saisirons la SIGNIFICATION de cette conduite) si l'on utilise des structures de code appropriées (tout essai de se servir d'un autre code fera apparaître cette conduite comme 'dépourvue de sens', 'absurde' ou 'illogique', ce qui veut dire que cet autre code est incapable de la déchiffrer. A un niveau déterminé, il est vrai, les codes chevaleresque et monacal entreront en opposition. Pourtant, il ne s'agira pas là d'une opposition de systèmes différents, parce que non-liés, mais d'une opposition à l'intérieur d'un même système. C'est pourquoi cette opposition pourra être, à un niveau déterminé, ramenée au système de code invariant. Il faut ajouter que le caractère hiérarchique de la structure des codes culturels est un aspect important de leur caractéristique: des types culturels, différents quant à la structure de leurs codes particuliers, mais invariants au point de vue de leur interdépendance, sont également possibles.

Il est nécessaire d'attirer l'attention sur un autre type de complication dans la structure du code culturel: ainsi, l'exemple déjà cité fournit des variantes d'un système particulier, à savoir le système éthique, placé au sein d'un seul type de culture.[2] Néanmoins, on peut imaginer le cas où la règle de conduite du parfait chevalier serait décrite dans des textes dont la fonctionnalité est différente: dans un texte juridique et un texte littéraire, par exemple. Ces textes, d'un côté, seront des invariants mais leurs procédés de formation du sens présenteront une différence fondamentale.

Il s'ensuit que chaque type particulier de culture comporte une hiérarchie de codes d'une grand complexité. A quoi s'ajoute un autre trait essentiel: la mobilité sémantique des textes appartenant à une seule culture est une de leurs propriétés importantes; c'est une façon de dire qu'un même texte peut offrir à ses 'consommateurs' des informations différentes. Sans se prononcer sur la nature de ce fait notable qui rend les textes culturels fondamentalement différents de ceux qui utilisent les langues naturelles, ou, à plus forte raison, les langages scientifiques, on doit signaler une des raisons de cette divergence: toute hiérarchie de codes constituant tel type de culture est de nature à être déchiffrée soit au moyen d'une structure de code identique, soit à l'aide d'une structure de type dissemblable, qui n'interfère que partiellement, ou pas du tout, avec le code utilisé par les auteurs. Un de nos contemporains lisant un texte médiéval, déchiffrera évidemment son contenu sémantique en recourant à des codes structuraux autres que ceux de l'auteur. Le type même du texte subit de ce fait des modifications; dans le système de son auteur, il faisait partie des textes sacrés; dans celui de son lecteur, il s'intègre dans les textes littéraires.

On doit finalement noter que le texte d'une culture donnée n'est jamais, au niveau de la parole (de la réalité empirique), la manifestation d'un code unique: il est le résultat de la convergence de divers systèmes. Il n'existe pas, par conséquent, un code, si hiérarchisé et si complexe que soit sa construction, qui puisse, à lui seul, permettre le déchiffrement adéquat de la *totalité* des données réelles d'un texte culturel, manifestées au niveau de la parole. Il s'ensuit que le code de l'époque est un chiffre prédominant sans pour autant être unique. Prédominant, il permet de déchiffrer certains textes fondamentaux, mais ne fait qu'agencer, d'une certaine manière, d'autres textes. Il en résulte que les codes supplémen-

[2] Deux cas se présentent ici: la conduite du saint et celle du pécheur seront sémantiquement différentes, mais n'en resteront pas moins dans les limites d'une LANGUE commune; la conduite du saint, telle qu'elle est présentée dans le texte sacre, et celle du chevalier, dans le texte profane, nécessiteront, pour être décrites, deux LANGUES différentes.

taires, même si, comparés au code prédominant, ils accusent des différences structurales profondes, n'en doivent pas moins être compatibles avec lui et se prêter à des réajustements. La détermination du rôle dominant, ou dépendant, de chaque code culturel, ainsi que l'inventaire des codes culturels présentant des compatibilités ou des incompatibilités avec lui, constituera une de ses caractéristiques fondamentales.

Il faut également tenir compte du fait que si, à la suite de contacts culturels, deux hiérarchies de codes compatibles aboutissent à une alliance, celle-ci fait naître un type nouveau de culture: les langues créolisées présentent visiblement des analogies avec ce phénomène. Le heurt de deux codes incompatibles provoque, au contraire, leur destruction et la culture perd de ce fait sa 'langue'.

Le chercheur ne doit pas se laisser décourager par l'infinie variété et par l'extrême complexité des textes culturels au niveau de la parole, car ces codes semblent bien révéler, nous l'avons déjà postulé, la simplicité relative d'un nombre restreint de types structuraux.

La description des universaux de la culture et l'élaboration d'une grammaire des 'langues' de culture fourniront, il faut l'espérer, les bases d'une histoire structurale qui est une des tâches de l'avenir. La présente étude ne signalera qu'un des aspects fondamentaux du problème.

La culture se superpose à la langue naturelle et sa relation par rapport à celle-ci est un de ses paramètres essentiels. L'articulation des cultures, en fonction du type de relations qu'elles entretiennent avec le signe, permettra une classification éventuelle des cultures. Prenons, à titre d'exemple, deux types de structures culturelles historiques, observées dans des documents écrits russes. Dénommons-les conventionnellement 'type du Moyen Age' et 'type du Siècle des Lumières', en nous fondant sur les époques où ils ont exercé un rôle prédominant dans le code, sans oublier pour autant l'existence, à d'autres époques, de systèmes semblables ou identiques, en position non-dominante ou combinés avec d'autres composantes structurales.

Le type médiéval a un degré de codage élevé. Il tend à conférer le caractère de signe culturel non seulement à tout ce qui a un sens dans la langue naturelle, mais à *toute chose*; c'est là un principe de base. Pour le code de ce type, le sens est l'indice de l'existence. Une chose privée de signe culturel n'existe pas. La notion de valeur sociale en découle également. L'objet en soi et servant à des fins pratiques, est placé dans la structure du code culturel au niveau des valeurs basses; il diffère des autres objets, qui sont des signes du pouvoir, de la sainteté, de la noblesse, de la puissance, de la richesse, de la sagesse, etc. L'interdépendance du sens et de la valeur soulève ainsi le problème de l'étagement des rapports entre l'expression et le contenu des signes culturels. Cependant, l'axiologie du signe est infléchie non seulement par la valeur de ce à quoi ce signe se substitue, dans le système général du code culturel, mais aussi par celle d'une caractéristique quantitative, déterminant le rapport entre contenu et expression. Pour employer une expression du poète Joukovski, il s'agit ici de 'la présence du créateur dans la création'. Dans ce sens, le cas extrême se présente quand le contenu atteint une grandeur telle qu'il n'est plus susceptible d'être mesuré et que l'expression laisse surtout apercevoir ses caractères quantitatifs (les limites, la matérialité, la dimensionnalité sont ici mises en relief). Ce fait est évident dans les signes culturels liés à la religion. L'écrivain tchèque du Moyen Age, Tomas de Stitnyho, en fournit un exemple: le rapport de Dieu, conçu comme un contenu infini, avec les parties du Saint Sacrement, son expression finie et matérielle, lui paraît comparable au visage humain, reflété aussi bien dans l'ensemble du miroir que dans chacune de ses portions. Le parallèle avec le miroir présente en général beaucoup d'intérêt pour l'analyse de la notion médiévale de langue. Il renvoie, en particulier, à la conception iconique du signe: l'expression n'est qu'une apparence du contenu ou, du moins, est en rapport avec lui. Ainsi s'explique la propension de cette époque à une interprétation allégorique et symbolique de tout texte; il en va de même de la vérité, recherchée, elle aussi, par l'interprétation anagogique des textes.

La relation entre le matériel (l'expression) et l'idéal (le contenu) au sein du signe fait l'objet de méditations profondes des penseurs médiévaux. Pour être porteur d'une valeur sociale, un objet doit être signe, c'est-à-dire se substituer à quelque chose qui le dépasse et dont il n'est qu'une des parties. Ainsi, les objets sacrés ont une valeur en vertu de leur *participation* à la divinité, dans la même mesure où l'homme fait partie de tel ou tel corps social.

La valeur des choses est sémiotique, elle ne se définit pas par leur valeur propre, mais par la valeur de ce qu'elles représentent. Ce lien est non-conventionnel: en vertu du caractère iconique des relations entre expression et contenu, une valeur morale ou religieuse, qui est de l'ordre du contenu, est en quête d'une expression de valeur (l'ornementation des icônes). On commence à adorer la matérialité même du signe. On attribue à celle-ci non une puissance magique autonome, que ce soit la sainteté ou toute autre forme de valeur — cela eût été taxé d'idolâtrie — mais une puissance reflétée. Ce n'est pas un hasard si l'image du miroir apparaît, toutes les fois qu'il y a signe et attitude vis-à-vis du signe. Elle est présente chez Stitnyho et on la retrouve dans *Le Dit de l'Iconographie Soigneuse*, attribué à Simon Ouchakov.[3] Dès 1717, Théofan Prokopovitch[4] parle de la nécessité de distinguer entre l'icône, signe porté à la dignité du deuxième degré de vénération, et la divinité à qui l'on doit la vénération au premier degré. Partisan de l'Église Orthodoxe, il s'oppose, à l'instar des rationalistes, à ceux qui, tel Stéfan Iavorskii, confèrent la sainteté à l'icône même, à son expression matérielle, mais il n'épargne pas les 'hérétiques' qui rejettent la motivation de la relation entre la forme et le contenu du signe et, en conséquence, affirment le caractère extrinsèque, non-sacré, de la matérialité de l'icône.

Une telle conception du signe détermine et rassemble des notions médiévales aussi différentes que 'mot', 'honneur', 'sainteté', etc. L'homme est le signe de Dieu, car Dieu a creé l'homme à la manière des icônes et s'est reflété en lui. Le Dieu 'de la peinture d'icônes est artiste'.[5] Le problème de la création surhumaine s'y trouve ainsi lié. La prise de conscience de cet antagonisme entre forme et contenu a soulevé le problème de la communication extralinguistique (par exemple, dans les débats au sujet des formes de la prière, qui est communion avec Dieu) considérée comme une forme de communication d'ordre supérieur.

L'attitude du seigneur vis-à-vis de la valeur relative aux faits d'armes, illustre bien tous les aspects de la notion médiévale du signe. Si la compagnie d'Igor, dans la *Chronique des temps passés*, manifeste la morale préféodale de tribu guerrière, avec son hypostase des valeurs matérielles, et invite simplement le prince à partir en campagne pour enlever du butin,[6] le seigneur, lui, a l'honneur pour mobile. Nous avons analysé ailleurs la conception médiévale de l'honneur et de la gloire,[7] en montrant qu'à l'époque de la haute féodalité russe, l'honneur possédait un caractère purement sémiotique. Impossible à concevoir en dehors de son expression

[3] Cf. *Vestnik obščestva drevnerusskogo iskusstva pri Moskovskom publičnom musee: Materialy* [Bulletin de la société d'art russe ancien auprès du musée de Moscou: Matériaux] (Moscou, 1874), p. 22-23.

[4] T. Prokopovič, *Slovo o počitanii svjatyh ikon: Slova i reči* [Le dit de l'adoration des saintes icônes: Dits et oraisons], I (Saint-Pétersbourg, 1760), p. 30-48.

[5] *Vestnik obščestva drevnerusskogo iskusstva... Materialy* [Bulletin de la société d'art russe ancien... Matériaux], p. 23.

[6] "Les fils de Svenlaza dégainèrent et vinrent nous rejoindre. Venez, prince, vous gagnerez dans le combat votre fortune, et nous aussi". *Polnoe sobranie russkih letopisej* [Recueil complet des chroniques russes], I (Moscou, Académie des Sciences de l'U.R.S.S., 1962), p. 54.

[7] J. M. Lotman, *Ob oppozicii 'cest' — 'slava' v svetskih tekstah Kievskogo perioda* [A propos de l'opposition 'honneur-gloire' dans les textes profanes de la période de Kiev] (Tartu, Université de Tartu [sous presse]) (*Trudy po znakovym sistemam*, III).

matérielle, l'honneur était lié à la participation au butin, à un cadeau ou à un don (le vassal, après s'être emparé du butin au cours du combat, en faisait don au suzerain pour acquérir l'honneur). La charge sémiotique de l'honneur augmentait ou diminuait, à proportion de la valeur de son expression matérielle. Cependant, l'idée que le butin n'était que l'expression d'un contenu autre était toujours présente, de façon permanente, à l'époque. Ainsi, l'utilisation, à des fins pratiques, de la valeur matérielle avilissait l'honneur. Après l'avoir acquise, il fallait en rejeter le reliquat matériel: tels les compagnons d'Igor, dans le *Dit de Compagnie d'Igor*, jetant leur butin de Polovetz sur le passage des chevaux. Un riche butin ne constitue pas une valeur en soi, il n'en est que le signe. Gogol, ayant bien saisi l'esprit du système de valeurs chevaleresques, a prêté à ses personnages, dans son *Tarass Boulba*, une attitude sémiotique vis-à-vis du butin. Il faut s'emparer de riches trophées pour, ensuite, les gaspiller en les brisant, en les dispersant ou en les détruisant. Un Zaporogue, après avoir fait la noce, est couché aux abords de la Setch: "Ses pantalons bouffants coupés dans un précieux drap écarlate étaient tachés de goudron, signalant ainsi son mépris".[8] Il faut que les *chalvars* coûtent cher, mais il faut en même temps que soit éclatant le mépris envers leur matérialité.

La 'gloire', s'opposant à l'"honneur', se situe au niveau divin; comme elle correspond, dans l'ordre hiérarchique des valeurs, à la communication extralinguistique, elle n'est pas en quête d'expression matérielle. La gloire associe l'homme à des catégories telles que l'immortalité, elle est le triomphe remporté sur la matérialité.

Le code culturel que nous dénommons, d'un terme plus conventionnel encore, Siècle des Lumières, s'établit sur des bases parfaitement opposées.[9] Les idées du Siècle des Lumières qui fondent la culture sur l'opposition NATUREL/NON-NATUREL, répugnent au principe même de la sémioticité. Pour cette époque, l'univers des choses est réel, celui des signes et des rapports sociaux est le produit d'une fausse civilisation. N'existe que ce qui est; tout ce qui 'représente' autre chose est fiction. Aussi n'y a-t-il que des réalités sensibles qui aient une valeur et qui soient authentiques, l'homme, notamment, en tant qu'être anthropologique, le bonheur physique, le travail, la nourriture, la vie conçue comme un processus biologique. Les choses ne sont susceptibles de signification que dans des

[8] N. V. Gogol, *Polnoe sobranie sočinenij* [Œuvres complètes], III (Moscou, Académie des Sciences de l'U.R.S.S., 1937), p. 62.

[9] Nous ne nous proposons pas un inventaire exhaustif des types de culture. Les exemples donnés ici sont arbitraires et pourraient être remplacés par d'autres.

situations sémiotiques déterminées: l'argent, les charges, les traditions de caste et d'état, tout cela est faux et dépourvu de valeur. Les signes deviennent des symboles du mensonge; la sincérité, privée de sémiotisme, est le meilleur critère de valeur. Le type de signe fondamental — le 'mot' — qui, à l'intérieur du système médiéval, était l'acte premier de la création divine, devient le modèle de mensonge. L'antithèse NATUREL/NON-NATUREL est une opposition synonyme et parallèle à celle de CHOSE, ACTE, RÉALITÉ, MOT. Tous les signes sociaux et culturels sont des mots. Désigner quelque chose comme MOT, c'est le taxer de mensonge et d'inutilité. Aux dires de Gogol, la civilisation actuelle est "le royaume terrible des mots à la place des actes".

Empêtré dans les mots, l'homme perd le sens des réalités. La vérité est un point de vue situé dans la sphère des rapports réels, en dehors de tout ce qui est sémiotique et social; elle s'oppose aux *mots*. Ce sont les enfants, les sauvages (des êtres en marge de la société), les animaux, les sourds-muets, qui sont porteurs de la vérité. Le récit de L. Tolstoï, *Le cheval*, nous apprend que l'univers social mensonger est l'univers des concepts énoncés par la langue. L'univers muet de l'animal est opposé. Le *mot* n'est autre chose qu'une attitude prise à l'égard de la propriété. Le narrateur, qui est un cheval, dit:

Je n'ai jamais su comprendre à quoi ça revenait de m'appeler, *moi*, propriété de l'homme. Les mots: mon cheval, qui me concernaient, moi, un cheval vivant, me paraissaient être non moins étranges que ceux-ci: ma terre, mon air, mes eaux. Néanmoins, ces mots agissaient énormément sur moi. Je me livrais à de longues réflexions et ce n'est qu'après avoir eu avec les hommes des rapports de toutes sortes que je suis arrivé à pénétrer le sens que les hommes prêtent à ces mots étranges. Le voici: les mots, et non les actes, règlent la vie des hommes. Ceux-ci affectionnent la possibilité de parler des choses avec des mots sur lesquels ils se sont entendus d'avance; par contre, ils répugnent à l'action. Ils attachent beaucoup d'importance à des mots comme: mon, ma, mes [...]. Ils font en sorte qu'il n'y ait pour chaque chose qu'une seule personne qui dise: *ma*... chose. Celui qui, selon la règle conventionnelle de ce jeu, peut dire *mes*, en parlant du plus grand nombre de choses possibles, est censé être le plus heureux d'entre tous. Pourquoi est-ce ainsi, je n'en sais rien; mais c'est un fait. J'ai été longtemps à chercher une explication de ce fait dans quelque profit qu'il offrirait;[10] mais c'était injuste.

Monté, je ne l'étais pas par ceux qui m'appelaient leur cheval, mais par d'autres; nourri, je ne l'étais pas non plus par ceux-là, mais par d'autres encore. Ainsi, les hommes, dans leur existence, ne tendent pas à faire ce qu'ils jugent bon, mais visent uniquement à désigner le plus grand nombre de choses comme *mes* choses. Aujourd'hui, j'ai acquis la certitude que là est la différence essen-

[10] Rappelons-nous qu'au point de vue du système culturel médiéval, c'est ce 'profit' non sémiotique qui mérite le moins d'attention.

tielle entre nous et les hommes. Les mots commandent les activités humaines, les actes commandent les nôtres.

L'incompréhension des mots devient le signe culturel de la compréhension véritable (cf. Akim dans *Le pouvoir des ténèbres* de Tolstoï). Le mot est un instrument de mensonge, un 'caillot' social. Ainsi apparaît le problème de la communication extralinguistique qui va au-delà des mots séparant les hommes. L'intérêt que manifeste Rousseau pour l'intonation et la paralinguistique est significatif (parfois l'accent est identifié par lui à l'aspect l'émotionnel et populaire, le verbe à l'aspect rationnel et aristocratique).

Toutes nos langues sont des ouvrages de l'art. On a longtemps cherché s'il y avait une langue naturelle et commune à tous les hommes; sans doute il y en a une, et c'est celle que les enfants parlent avant de savoir parler [...] ce n'est point le sens du mot qu'ils entendent, mais l'accent dont il est accompagné. Au langage de la voix se joint celui du geste, non moins énergique. Ce geste n'est pas dans les faibles mains des enfants, il est sur leurs visages. L'accent est l'âme du discours, il lui donne le sentiment et la vérité. L'accent ment moins que la parole.[11]

Le passage que nous avons emprunté à Tolstoï présente de l'intérêt sous un autre angle: il souligne le caractère conventionnel de tous les signes culturels, depuis les conventions sociales jusqu'au contenu sémantique des mots. Si, pour l'homme du Moyen Age, le système sémiotique est préétabli, toute la pyramide des interdépendances sémiotiques reflétant la hiérarchie de l'ordre divin, le Siècle des Lumières conçoit, par contre, le signe comme la quintessence de la civilisation non-naturelle, s'opposant à l'univers naturel des non-signes. Cette époque fait apparaître avec éclat le caractère conventionnel, arbitraire, du rapport qui unit le signifiant au signifié. La conception de la relativité du signe descend en profondeur dans la structure du code culturel. Le système médiéval conçoit le mot comme une icône, comme l'image du contenu, tandis que le Siècle des Lumières considère même les images picturales comme conventionnelles.

De ce qui précède découle un caractère primordial de la structure du code culturel du Siècle des Lumières: c'est en opposant le naturel au social, qui n'est que de l'ordre des apparences, que ce siècle introduit la notion de norme, ainsi que sa transgression dans de nombreuses réalisations accidentelles. Pour le Moyen Age, la culture a une 'langue', mais n'a pas de paroles; pour le Siècle des Lumières ces deux notions s'oppo-

[11] J.-J. Rousseau, *Œuvres complètes*, X (1791), p. 108-109 et 132.

sent directement dans le code culturel, et cette opposition devient encore plus significative dans certains codes culturels postérieurs.

Nous avons examiné l'opposition entre les codes MOYEN AGE/SIÈCLE DES LUMIÈRES. Il est évident qu'elle n'épuise pas la somme des codes culturels possibles; l'histoire des cultures peut être représentée, dans ce sens, comme une série paradigmatique. Il est clair que chaque type structural de culture sera caractérisé par son attitude vis-à-vis du signe, de la sémiotique et d'autres problèmes de l'organisation linguistique. On peut supposer que l'apparition de la sémiotique n'est pas uniquement la résultante d'un mouvement scientifique, mais qu'elle est aussi l'expression de certains caractères structuraux du code culturel de notre époque.

5

SEMIOTICS TODAY: REFLECTIONS ON THE SECOND INTERNATIONAL CONFERENCE ON SEMIOTICS

MARIA RENATA MAYENOWA

The second international conference on semiotics was held from September 12th to 19th, at Kazimierz nad Wisla in Poland. The number and the diversity of papers presented, as well as the scope of the discussion, make it impossible to present a detailed account here. We shall therefore only try to recall some of the problems relating to the general state of semiotics, as they were discussed in Kazimierz.

Although the idea was postulated a long time ago, it is only recently that semiotics has begun to constitute itself as an autonomous field of research superimposed on the several disciplines dealing with specific sign systems. However, since these disciplines, with the sole exception of linguistics, are themselves of recent origin, more or less contemporary with semiotics, we cannot as yet be said to have developed adequate and universally accepted theories for sign systems, other than those developed in linguistics for the natural languages. It is significant that the discipline which claims to embrace the whole field of social science, *i.e.* cultural and social anthropology, has taken shape under the sole influence of linguistics.

SEMIOTICS AND LINGUISTICS

And yet it is evident – as was emphasized once more by A. J. Greimas and S. Zolkiewski in their important reports – that semiotics is not identical with linguistics. Among the disciplines for which it provides a base for integration, there are few which can be constructed in exact imitation of the models of linguistics. It is the task of semiotics, and in this it renders a service to linguistics itself, to construct a general theory on the basis of which all problems relating to language can be reformulated. At present, we are far from having achieved this, and understandably so, since it presupposes major advances in the description of the various sign systems and the analysis of the structure and typology of signs. In his communication to the 1965 conference on semiotics (as well as in the article "A la recherche de l'essence du langage" published in *Diogène* in the same year), R. Jakobson presented the Peircian theory of signs as applied to real signifying systems, particularly to that of the natural languages, and emphasized the non-existence of pure signs. N. Chomsky, following Jakobson, granted unmarked syntactic structures a certain degree of both universality and iconism. Also, one of the papers read at this year's meeting gave new details which tended to confirm that the structural order of a text is, to a certain extent, motivated by the conceptual order prevalent in the image of the universe. However, a basic discussion on this fundamental problem is still to come.

Jakobson's article "On Visual and Auditory Signs" (*Phonetics*, 11, 1964) represents a step towards a typology of visual and auditory signs. It shows both the diversity of the human faculty of discrimination in regard to these two types of signs, and the difference which separates them from each other, in terms of relation between *signifiant* and *signifié* and the spatio-temporal structure of *signifiants*. At the Kazimierz meeting these problems were mentioned in the discussion, although not given the importance they deserved. The verification of hypotheses in this area requires, as Jakobson remarked in his article, an appeal to the techniques of brain psychology, which lie outside the framework of cultural anthropology. This is a subject to which we shall have to return later.

THE STATUS OF THE SIGN

Many papers dealt with the problem of meaning and the relationship between *signifié* and *signifiant,* particularly those of R. Jakobson and H. S. Sørensen. The problem was also dealt with extensively in the contributions of L. Zawadowski, T. Kotarbinski and in many of the papers devoted to the problems of natural languages.

Discussion finally centered on the way in which the expressive variants of a sign differ from what one might call variations in the conceptualization of reality. Once again, it was found impossible to reconcile opposing attitudes, perhaps because the descriptive categories used in this area are, in many ways, still too roughly defined.

SIGNS AND THEIR DECOMPOSITION

Not surprisingly, problems relating to the natural languages received the greatest attention, even when topics other than linguistic signs were under discussion. Two viewpoints emerged: one, brilliantly defended by M. Shapiro and largely adopted by M. Wallis, stressed the existence of symbolic elements of signification even in the non-representational aspects of a painting. The other, defended by M. Porebski, tended to demonstrate the indecomposable nature, at least in theory, of iconic signs as represented in a painting, where each of them constitutes something like a whole.

CONSTRAINT AND FREEDOM

To resolve the contradiction between these positions, we must return to our basic premises as presented in S. Zolkiewski's paper. According to them, the analysis of any signifying structure necessarily presupposes the existence of a system, that is, of a repertory of defined units which enter into defined relationships with each other. Otherwise, the analysis could not satisfy the cognitive requirements essential for elucidating the structure, for such structures are merely the result of a choice effected among defined units in a defined relationship with each other. However, it would seem to follow from Shapiro's statements that such constant ensembles of relationships and units underlie every work of the plastic arts, while Porebski's paper tended to show that in each particular case the structuration of a painting is a purely individual act. In conformity with this position, Porebski also maintained that there is a sharp distinction between the comprehension of works of literature and works of art: in the first instance, a particular sign structure intervenes between the reader and the author; in the second, there is nothing possessing its own relatively constant laws between the viewer and the creator.

NON-LINGUISTIC SEMIOTICS

As long as we lack adequate descriptions of sign systems other than those of the natural languages, it seems obvious that the further development of semiotics must depend on simultaneous progress in two areas: (1) an elaboration of general semiotic categories and (2) a full description of non-linguistic sign systems (such as the systems of gestures) in pure and isolated form. Significantly, the proposals of the French delegation, read by C. Metz, calling for the description of the systems of gestures in different cultures and cultural situations, received unanimous applause.

THE GENERATIVE APPROACH

Linguistic structuralism has produced numerous theoretical formulations closely associated with the name of N. Chomsky, which have profoundly influenced the development of many other disciplines. Underlying them is the same approach as that of the most productive current of structural linguistics, represented by R. Jakobson, which shifts the attention of the investigator from the object to be interpreted to the set of rules which led to its creation. The polemics conducted by the proponents of this new approach are directed against certain statements of the extreme formalist wings of American and Western European structuralism. Efforts to draw up a generative grammar and to construct a general model of language have encouraged analogous efforts in other sciences of sign systems, such as poetics. At the Kazimierz meeting, these trends were evident in the very titles of the communications of J. Lévy, I. Revzin, A. Jolkovsky, and inspired, to some extent, certain comments concerning the narrative, particularly those of C. Brémond. In linguistics, where they have been influential for some time, these trends were most directly expressed in the paper of S. K. Shaumian.

STYLISTICS

It seems that in disciplines concerned with the arts, the areas most in need of a generative reformulation and at the same time offering the greatest possibilities for achieving it are those which are closest to the natural languages. Revzin's comments on this subject were the most explicit. He showed that a given stylistic version of a text can be presented with the help of an additional system of rules superimposed on the linguistic text (the latter having been worked out previously). But the fact that stylistics and versification are particularly suited to the generative approach may have yet another explanation. Before we can construct a model based on a particular reality which will not be completely trivial, we must have obtained beforehand a good deal of independent information about this reality. Moreover, it is precisely with regard to stylistics and versification (at least as far as some languages are concerned) that we possess sufficient preliminary information of this kind.

SEMIOTIC UNIVERSALS

Semiotics encourages a particular type of intellectual orientation of great value: the predisposition to look for the universal principles which govern the functioning of sign systems, and which constitute an innate characteristic of all human creations. This orientation has strongly marked the search – closely associated with the name of R. Jakobson – for the universals underlying the formal and semantic structure of language, a search which has greatly contributed to reviving interest in the nature of the relationship between the structure of natural languages and the structure of such artificial languages as logic and mathematics. No less than three reports by linguists and logicians were devoted to this problem: those by M. Bierwisch, E. Padoutcheva and R. Suszko. And the same problems were brought up on many other occasions during formal and informal discussions at Kazimierz, particularly in relation to the search for a set of universal semantic units common to all languages, particularly in the papers of M. Meltshuk and A. Jolkovsky, and of A. Wierzbicka and A. Boguslawski.

MYTHOLOGY

The search for universals was particularly evident in another field of recognized importance for cultural anthropology: the study of myths and of their social functions. To be sure only one paper, that of V. Ivanov and V. Toporov, dealt specifically with this subject, but it was a paper remarkable for the wealth of problems it raised concerning method, theory and history. Its authors carried out an internal reconstruction of Belo-russian mythology, and presented it against a broad comparative background, which revealed its high degree of universality. They also analyzed its semiotic structure, social function and historical transformations. The volume of the authors on which their paper was based can be ranked with the work of C. Lévi-Strauss and V. Propp, because of its revelation of universal features in the social thought of man, and because of the method of internal reconstruction used.

PSYCHO-LINGUISTICS

The search for universals necessarily brings out the antithesis of innate *vs.* acquired; we tend to consider innate phenomena (such as man's glotto-poetic faculty) as universals. The dividing line between biology and cultural anthropology is no longer as distinct as it seemed to be at the beginning of the century. One problem received particular attention: the functioning of the human brain. This was not surprising, since an understanding of the functioning of the brain can confirm and explain not only the semantic structure of the various sign-systems, but also the physical structure of the substance carrying the signification. In his speech, the speech-psychologist E. Weigl showed how, starting from experimental studies relating to aphasic behavior, a whole series of linguistic categories could be shown to find their basis in psychological reality. His paper was representative of the kind of research which in the future may bring about an understanding of many problems in the interpretation of sign structures which are today still obscure.

METHODOLOGICAL DIVERSITY

The conference revealed the existence of a number of different traditions of semiotic thought and of several dynamic centers of activity, notably in France, the Soviet Union and the United States. Despite an evident diversity in the choice of problems and in intellectual traditions, and despite the frequently inadequate diffusion of research results (still too compartmentalized), numerous possibilities for close cooperation and understanding became apparent. The participants of the meeting unanimously decided to inaugurate various forms of systematic cooperation, including collaboration in joint research projects (on gestures, for example).

It was decided to hold a new meeting in Warsaw in 1967, at which arrangements for the creation of an International Association of Semiotics could be finalized.

6

L'OBJECTIVITÉ DE LA CONNAISSANCE À LA LUMIÈRE DE LA SOCIOLOGIE DE LA CONNAISSANCE ET DE L'ANALYSE DU LANGAGE

ADAM SCHAFF

Depuis quelques dizaines d'années, la plupart des théoriciens qui abordent le problème du facteur subjectif dans la connaissance humaine le font soit à partir de la sociologie de la connaissance, soit à partir de l'analyse du langage dans la connaissance. Ainsi, malgré une tradition philosophique séculaire qui liait ce problème à l'individu et à la subjectivité individuelle, le facteur subjectif, dans la connaissance, s'analyse aujourd'hui à partir des conditionnements SOCIAUX. En effet, la sociologie de la connaissance comme l'analyse du langage, sans perdre de vue le fait évident que le sujet connaissant est toujours un individu concret, considèrent celui-ci comme un être socialement formé et conditionné (c'est dans ce sens que nous parlons de l'individu social par opposition à l'individu autonome), et ces deux approches se rencontrent sur le plan commun des conditionnements sociaux de la connaissance humaine. On ne peut contester le caractère social de ces deux analyses, dont l'une concerne les influences exercées par les intérêts d'un groupe social sur la vision que l'individu a de la réalité, tandis que l'autre se rapporte aux influences du langage socialement formé sur la pensée individuelle, à commencer par la perception et l'articulation du monde qu'impose un système linguistique donné.

Ce qui nous intéresse, c'est non seulement l'approche d'un même problème à partir de deux points de départ génétiquement indépendants, mais encore l'analyse de ses implications philosophiques qui fournissent précisément à la philosophie contemporaine l'un de ses thèmes principaux. Il me semble utile d'étudier tant les points de jonction de la sociologie de la connaissance et de l'analyse du langage sur le plan de l'objectivité de la connaissance, que leurs influences réciproques et leurs corrélations; problème qui, me semble-t-il, a été passé jusqu'ici sous silence. L'analyse de ces rapports permettra de mieux comprendre le problème même de l'objectivité de la connaissance, mais aussi d'approfondir l'analyse sociologique du problème grâce à l'implication de son aspect linguistique, et réciproquement l'analyse linguistique grâce à l'implication de son aspect social.

Aussi notre analyse aura-t-elle pour point de départ notre remarque initiale sur la concordance des démarches de la sociologie de la connaissance et de l'étude de la fonction du langage dans la connaissance; démarches qui, les unes et les autres, visent à dégager le facteur subjectif dans la connaissance, à l'aide de perspectives et d'appareils conceptuels différents.

Il ne s'agit pas seulement d'affirmer le fait – et de concrétiser la thèse générale – que le facteur subjectif existe bien dans la connaissance, mais surtout, étant donné notre point de vue, de démontrer et d'analyser les racines SOCIALES de cette subjectivité. Or, le résultat obtenu sera inattendu car il s'avérera que le subjectif, traditionnellement identifié à la caractéristique du sujet individuel, se transporte sur le plan du social, traditionnellement opposé à l'individuel et au subjectif. Qui plus est, en inférant les conclusions de ces observations et de ces analyses, on finit par constater, à l'encontre des apparences, que le subjectif n'est pas le point de départ du processus cognitif, mais – au contraire – le résultat complexe d'influences sociales dont il est, en un certain sens, le produit.

Il me semble inutile d'insister sur la puissante impulsion que ces deux modes d'approche donnent à la problématique philosophique de l'objectivité et de la subjectivité du processus cognitif. Spécifions qu'objectivité et subjectivité et les différentes conceptions du processus cognitif qu'autorisent ces deux caractéristiques de la connaissance, se révéleront non pas opposées, comme le veut la tradition, mais complémentaires: si l'on ne comprend pas la dialectique de leurs rapports mutuels, il est impossible de comprendre le processus de la connaissance. De surcroît, ces impulsions nouvelles ne sont pas nées de la pensée proprement philosophique, mais bien plutôt de celle des sciences exactes. Tout ceci constitue un complexe de problèmes passionnants en raison de leur importance scientifique et des perspectives qu'ils ouvrent. Leur portée et leur complexité m'interdisent de prétendre les analyser ici à fond et encore moins de démêler toutes leurs implications. Je me propose plutôt de poser le problème dans sa généralité en insistant sur quelques-uns de ses aspects et implications qui suggèrent au moins une réponse partielle à certaines des questions soulevées.

Commençons par caractériser les différences et les ressemblances entre les deux nouvelles approches du facteur subjectif dans la connaissance.

La sociologie de la connaissance (je me limite ici au courant qui mène de Marx à Mannheim) formule la question fondamentale de la possibilité de la connaissance objective et du caractère de la vérité dans les sciences sociales. D'où l'importance primordiale de cette branche des sciences humaines, car faire progresser la science, c'est d'abord apercevoir un problème et savoir le formuler; la recherche de la solution ne vient qu'après – en dépit des apparences – une solution qui d'ailleurs, à l'exception des raisonnements déductifs, n'est jamais complète ni définitive et qui, en tout cas, autorise souvent des variantes plus ou moins concurrentes.

La question posée par la sociologie de la connaissance au sujet de l'objectivité de la connaissance dans les sciences sociales est en rapport étroit avec la théorie de la connaissance et, surtout, avec la théorie de l'idéologie. Il en est du moins ainsi chez Marx comme chez Mannheim. Quand une théorie (en admettant que celle-ci est fondée sur certains matériaux empiriques et qu'elle prétend au statut de la généralisation théorique) affirme que les faits de conscience (et la connaissance est un fait de conscience) dépendent de faits extérieurs à celle-ci, non seulement dans la mesure où ces derniers (la réalité objective) sont la source extérieure de la connaissance humaine, mais aussi dans la mesure où ils conditionnent le MODE de cette connaissance (l'OBJET sur lequel notre connaissance se porte et la MANIÈRE dont nous le connaissons) nous mettons implicitement en doute l'objectivité de la connaissance, du moins dans une certaine acception du mot 'objectivité'.

La réalité sociale objective qui conditionne notre connaissance n'est pas seulement faite des groupes humains définis liés par des rapports réciproques définis et possédant des intérêts communs définis; elle est faite aussi des opinions qui expriment ces intérêts et façonnent en forme d'idéologie les stéréotypes sociaux et, par conséquent, les attitudes et les comportements réels des hommes. En prenant conscience de ce fait, nous légitimons non seulement la question du caractère de la connaissance dans les sciences sociales, mais aussi celle, plus fondamentale, de la possibilité d'une connaissance objective dans ce domaine. De ce fait, cependant, la sociologie de la connaissance se trouve unie étroitement, non seulement à la théorie de l'idéologie, mais encore à la théorie de la société et de son évolution en général, et finalement à la problématique gnoséologique. Et ce rapport s'établit à un double titre: premièrement, parce que les conclusions de la sociologie de la connaissance possèdent un caractère philosophique; deuxièmement, parce que cette science emprunte (manifestement ou tacitement) ses prémisses les plus générales à une philosophie déterminée. L'omission de ce dernier aspect donne leur caractère partiel à de nombreuses critiques de la sociologie de la connaissance de Mannheim.

La position de Marx est de ce point de vue relativement simple, ou en tout cas, conséquente. La société constitue selon lui une certaine unité dont on peut cependant distinguer les divers éléments, facteurs et aspects, en fonction de la manière d'appréhender cette unité et des questions formulées à son endroit. Ce qui est particulièrement intéressant dans cette conception, c'est la différenciation des éléments matériels de cette unité qui a pour nom 'la société', ainsi que des éléments qui forment ce que nous appelons la vie spirituelle, ou encore la conscience sociale (sans vouloir prendre position dans le débat sur leur 'essence' philosophique).

La valeur de cette différenciation devient évidente quand nous nous intéressons à la DYNAMIQUE de la société – ce que nous nommons en d'autres termes la vie sociale.

En effet, dans ce cas, nous nous interrogeons en premier lieu sur le sources de cette dynamique, c'est-à-dire sur les forces qui mettent la société en mouvement. Alors surgit aussitôt le problème des corrélations entre les côtés matériel et spirituel de la vie sociale et de leur interdépendance. Pour des raisons évidentes, ce problème a toujours passionné et continue à passionner tous les représentants des sciences sociales, et des solutions diverses ont été proposées. Cependant, dans toute la tradition prémarxienne, l'accent principal était mis sur la primauté du facteur de la conscience humaine, du facteur spirituel. Le matérialisme historique a été le premier à formuler une solution qui, sans nier le rôle de la conscience humaine dans le développement de la société, et même en le mettant en relief, souligne les corrélations et l'interdépendance de ce que Marx appelle la base matérielle de la société et sa superstructure. Toutefois, il met l'accent sur le rôle particulier et l'importance de cette base matérielle, car de son développement dépend en dernier ressort le mouvement de cette unité complexe qu'est la société. C'est précisément sur ce plan et dans ce contexte que Marx a donné une formulation théorique à l'idée du conditionnement de la conscience humaine par des facteurs extérieurs à la conscience; c'est également la raison pour laquelle il a appelé ce domaine la "superstructure", cette image renforçant l'idée de sa dépendance.

Abstraction faite de toutes les autres difficultés soulevées par cette doctrine (et elles sont nombreuses, malgré ses apparences de simplicité et de clarté), arrêtons-nous au problème de la structure et de la composition de la base matérielle qui est le facteur déterminant du développement de la conscience sociale. L'analyse démontre non seulement la complexité de la base, mais encore le fait qu'il n'y a pas, entre elle et la superstructure, de ligne de démarcation nette, puisque des éléments de la superstructure existent dans la base.

D'après Marx, la base matérielle de la société est conceptuellement identique au mode de production. Elle est donc une unité spécifique des moyens de production (les matières premières + les outils + les hommes dotés des capacités techniques requises) et des relations de production. A l'issue d'une analyse plus serrée, il s'avère que les relations de production, c'est-à-dire les rapports qui s'établissent entre les hommes impliqués dans la production, constituent un domaine si compliqué et si étendu qu'il englobe une partie considérable de la vie sociale et qu'aucun de ses éléments ne se trouve en dehors de celle-ci. Les relations de production sont donc le fondement des rapports de propriété, avec leur système de lois et d'institutions juridiques; de la division de la société en classes qui est étroitement liée au système des rapports de propriété; de l'homme socialement défini, avec ses conceptions qui, ou bien défendent, ou bien attaquent le système social existant, formant ainsi des idéologies sociales définies. Mais la superstructure entre ainsi dans la composition de la base et ne constitue pas uniquement un épiphénomène du fondement matériel de la société; elle peut donc exercer son action sur lui. C'est là incontestablement une complication théorique, mais elle prouve seulement qu'il est interdit d'interpréter la théorie du matérialisme historique en dissociant ses élements, c'est-à-dire en tant que théorie qui concevrait la société non pas comme un tout, mais comme la somme d'éléments ou de domaines distincts de la vie sociale, même agissant les uns sur les autres.

Ce n'est pas ici qu'il nous incombe de pénétrer dans les arcanes et les complications théoriques du matérialisme historique. Ce qui nous intéresse, c'est de savoir comment se présente, à la lumière de cette théorie, le problème du conditionnement social de la connaissance humaine. Or, il découle clairement de ce qui a été dit ci-dessus que Marx admet non seulement que la conscience dépend des facteurs extérieurs (expression conséquente du matérialisme dans le domaine de la théorie de la connaissance), mais aussi – et c'est ce qui est pour nous le plus important – que certaines branches de la connaissance, considérée comme une forme qualifiée de la conscience, dépendent de la réalité sociale. Cette dépendance est extrêmement compliquée, mais ce qui nous retiendra surtout, c'est l'influence que les intérêts de classe (existant sous la forme de relations économiques et sociales objectives, mais aussi sous la forme de manifestations subjectives dont la principale est l'idéologie sociale) exercent sur la connaissance, c'est-à-dire sur la perception du monde et sur sa formulation articulée. Je ne discute pas ici quel domaine de la connaissance est concerné et s'il est possible de défendre théoriquement la thèse selon laquelle ce domaine ne peut avoir pour objet que la réalité sociale. La question qui nous préoccupe est la suivante: la connaissance ainsi conditionnée (en laissant ouverte la question de sa portée et de son étendue) peut-elle être objective? En d'autres termes: la connaissance ainsi conditionnée peut-elle être qualifiée de scientifique et son résultat considéré comme une vérité objective?

Dans le contexte des préoccupations théoriques actuelles, on constate avec intérêt que l'auteur de la sociologie de la connaissance, Marx, ne se heurta sur ce point à aucune difficulté; pourtant, un esprit philosophique aussi subtil aurait dû immédiatement soulever le problème. S'il ne s'y est pas arrêté, c'est que Marx a ajouté une autre prémisse aux raisonnements que nous avons essayé de reconstruire ci-dessus, notamment la thèse sur la différenciation des intérêts des diverses classes sociales. C'est en raison de cette différenciation que certaines classes ont intérêt à pousser l'évolution de la société, tandis que d'autres ont intérêt à maintenir l'état existant, ou à freiner les transformations en voie de s'accomplir. Or, la connaissance n'est déformée que dans le cas où elle est conditionnée par les intérêts des classes 'descendantes', c'est-à-dire des classes intéressées au maintien de l'état de choses existant, et menacées par sa suppression. Quand la connaissance est conditionnée par les intérêts des classes 'ascendantes', révolutionnaires, lesquels sont conformes aux transformations sociales en voie de s'accomplir, il n'y a pas déformation de la connaissance. Et c'est à ce point de sa réflexion que Marx cesse de s'intéresser au problème des conditionnements sociaux de la connaissance et au problème de sa déformation.

Incontestablement il s'agit là d'un aspect du problème plus large du conditionnement social de la conscience humaine et du processus de la connaissance; mais cet aspect est à lui seul très important, du moins dans la perspective de la sociologie de la connaissance. Comme nous l'avons vu, Marx, ne nourrit dans ce contexte aucun doute sur la possibilité de la connaissance objective. Remarquons, car ceci sera important par la suite, qu'il laisse ouverte la question de la vérité absolue et relative; d'après ce qu'en dit Engels (en particulier dans l'*Anti-Dühring*), il y a lieu de supposer que Marx parlait de la connaissance dans les catégories de vérités relatives. Mais il ne doutait pas que la connaissance déformée par les intérêts des classes rétrogrades est fausse, tandis que la connaissance conditionnée par les intérêts des classes progressistes est vraie, parce qu'elle ne subit pas de déformation. Ceci concerne également les opinions des savants qui représentent les différentes classes. Le conditionnement social de la connaissance, en tant que tel, n'est donc pas un obstacle à son objectivité, tout dépend de la classe qui entre en jeu – progressiste ou rétrograde – et du rapport de ses intérêts avec les tendances objectives de l'évolution sociale.

La sociologie de la connaissance de Mannheim se réfère consciemment et ouvertement à l'inspiration marxienne. Mais ce qu'elle a de nouveau et d'original, à mon avis, c'est le caractère beaucoup plus radical du point de vue de Mannheim sur l'objectivité de la connaissance dans les sciences sociales. Je néglige ici, comme secondaire, le caractère plus détaillé de l'analyse de Mannheim et sa terminologie moderne.

D'après Mannheim, toute connaissance, dans le domaine des phénomènes sociaux, est conditionnée par les intérêts des groupes sociaux définis auxquels appartiennent (dans les diverses acceptions de ce terme) l'observateur et le chercheur; elle est le résultat d'un angle de vue défini. Par conséquent, chaque connaissance dans le domaine des phénomènes sociaux est partiale, et donc partielle. Aucun penseur, aucune théorie ne peut prétendre à la connaissance et à la vérité objectives.

Le plus important pour nous, c'est la conclusion finale, non seulement surprenante, mais embarrassante. Il en résulte en effet, irréfutablement, que puisqu'aucune théorie dans le domaine des sciences sociales ne représente la connaissance et la vérité objectives (en accord avec la théorie marxienne, Mannheim reproche uniquement à Marx de ne pas avoir étendu ses conclusions à son propre point de vue), la vérité objective est en général impensable dans les sciences sociales. Mais cela revient à dire qu'il est impossible de pratiquer les sciences sociales. Car là où la vérité objective, qui est partout ailleurs de rigueur, est remplacée par la menue monnaie des vérités subjectives particulières, en fonction de l'angle de vue choisi et de la perspective, il ne peut être question d'une connaissance scientifique. Conséquence à tout le moins embarrassante pour le sociologue de la connaissance qui, s'il admet ce relativisme, détruit la valeur scientifique de ses propres assertions: il se trouve aux prises avec les mêmes difficultés que les partisans du scepticisme radical. Aussi, rien d'étonnant si Mannheim, se débattant dans son propre filet, essaie d'en sortir par la notion de "conversion des perspectives" et en absolvant l'intelligentsia, en tant que groupe social, du péché universel de la "connaissance limitée par l'angle de vue". Évidemment, ces subterfuges sont vains et n'ont d'autre effet que de briser l'homogénéité de la doctrine.

Cependant, dans ce cas comme dans le précédent, il ne nous appartient pas de procéder à une analyse détaillée de la sociologie de la connaissance de Mannheim ou d'en donner une appréciation générale. Nous retiendrons seulement le point de vue de Mannheim sur le problème de l'objectivité de la connaissance dans les sciences sociales, qui – comme nous l'avons vu – fait toute l'originalité de sa sociologie de la connaissance.

Marx a énoncé et discuté scientifiquement la thèse du conditionnement social de la connaissance par l'intérêt social. Il en inféra, quant à l'objectivité de la connaissance dans les sciences sociales, cette conclusion que le facteur social conditionnant la connaissance PEUT causer, dans des conditions définies, la déformation de ce processus. La thèse de Mannheim sur les conditionnements sociaux de la connaissance est analogue à la thèse marxienne, mais il en infère, au sujet de l'objectivité de la connaissance, une conclusion plus radicale: puisque la connaissance des phénomènes sociaux est socialement conditionnée, elle DOIT déformer l'image de la réalité. Pourquoi ces conclusions différentes, si elles ont été déduites de prémisses semblables?

Or, le fond du problème, c'est que les prémisses ne sont pas identiques, car Mannheim admet tacitement un principe supplémentaire, qui devient prémisse nouvelle dans son raisonnement, et qui mène finalement à une conclusion différente, à savoir que la valeur de vérité n'est prédicable qu'aux vérités absolues, tandis que les vérités dites relatives sont fausses.

C'est là un principe épistémologique très important qu'on ne remarque pas d'ordinaire, probablement parce qu'il n'a pas été formulé expressément par Mannheim. Mais quand on analyse une doctrine, on a le droit et le devoir non seulement d'étudier son homogénéité et sa logique, mais aussi de déduire les conclusions que l'auteur n'a pas lui-même tirées des prémisses qui légitiment cette démarche, ou de découvrir les prémisses tacitement admises (que l'admission soit consciente ou non) si le raisonnement déductif nous suggère leur existence. Une analyse ainsi conduite nous fait constater que la sociologie de la connaissance de Mannheim a pour base certaines prémisses épistémologiques importantes, tacitement impliquées.

En effet, comment l'auteur est-il autorisé à passer du jugement sur le conditionnement social de la connaissance au jugement qui refuse à la connaissance la valeur de la vérité objective, si ce n'est par une prémisse supplémentaire selon laquelle un jugement n'est vrai que lorsqu'il l'est D'UNE MANIÈRE ABSOLUE? S'il n'avait pas admis cette prémisse, rien ne l'aurait empêché d'affirmer qu'un jugement déterminé particulier, donc partiel, possède la valeur d'une vérité objective, bien que relative.

Nous n'entrerons pas ici dans les détails compliqués de la théorie de la vérité en général ni des corrélations entre vérité absolue et vérité relative. Il suffit de rappeler que le principe épistémologique tacite de la théorie de Mannheim était sciemment et expressément formulé par les diverses versions du positivisme, son expression probablement la plus éminente se trouvant dans l'ouvrage de K. Twardowski: *Des vérités dites relatives* [*O tak zwanych prawdach wzglednych*]. Rappelons également que l'argument principal des adversaires du positivisme consistait à démontrer la conséquence de ses thèses; puisque – hormis les tautologies – la vérité absolue n'est donnée dans aucun acte de connaissance, il s'ensuit que l'humanité tout au long de son évolution s'est fondée et se fonde uniquement sur des erreurs, que tel fut également le développement de la science.

L'unique conclusion légitime inférée de la sociologie de la connaissance selon Mannheim serait donc que la connaissance des phénomènes sociaux est toujours socialement conditionnée et, par conséquent, n'est jamais entièrement impartiale. La tentative de Mannheim pour rendre cette thèse radicale, qui aboutit à refuser la valeur de vérité objective à la connaissance des phénomènes sociaux, est liée à l'implication tacite de la thèse identifiant la vérité objective et la vérité absolue. Et c'est pourquoi cet essai est un échec.

Or, la théorie de la relativité linguistique reprend la thèse du relativisme, inférée du conditionnement social de la connaissance. Elle le fait cependant sur une base bien plus large (elle ne se limite pas à la connaissance des phénomènes sociaux, mais concerne en bloc tout le plan noologique, pour employer un terme cher à Mannheim) et – il faut l'admettre – avec un esprit plus conséquent et une force d'argumentation plus puissante.

A partir de Herder et de Wilhelm von Humboldt au moins, la théorie du langage reprend à maintes reprises la thèse selon laquelle le système d'une langue donnée (donc, non seulement son lexique, mais aussi sa syntaxe) influence le mode de perception et d'articulation du monde chez les membres de la communauté linguistique qui la parlent et par conséquent influence leur mode de pensée. Nous pensons comme nous parlons, affirmait Wilhelm von Humboldt, impliquant manifestement –

et j'y souscris entièrement – que la pensée conceptuelle est toujours verbale. Cette conception revit aujourd'hui sous la forme du néo-humboldtisme que représente la théorie dite du champ (Jost Trier, Porzig, Weisgerber et d'autres). Indépendamment de cette filiation historique directe, la même idée réapparaît sur la base de l'ethnolinguistique, et formulée dans des termes beaucoup plus radicaux, dans l'hypothèse dite de Sapir-Whorf qui énonce la relativité de la pensée dans un groupe social par rapport au système linguistique historiquement formé par ce groupe. Il s'agit là du fameux réseau de concepts que le langage – d'après la conception de Jost Trier – projette sur la réalité (le conventionnalisme, en particulier le conventionnalisme dit radical de K. Adjukiewicz exprime une pensée analogue, bien que sans rapports génétiques avec la thèse de Trier).

Je renonce à exposer et à analyser ici les différentes théories et conceptions élaborées autour de cette idée, d'autant que j'ai présenté en détail l'historique du problème dans un livre intitulé *Langage et connaissance*. Supposons donc connues ces analyses sur lesquelles nous pensons pouvoir actuellement nous fonder et essayons d'extrapoler l'essentiel – du point de vue qui nous intéresse – de ces diverses théories qui admettent l'influence du langage sur la pensée et sur la connaissance humaine. Ma démarche consistera plutôt en une interprétation, ce qui me délivrera de la nécessité de me référer aux formulations concrètes de tel ou tel auteur, et me permettra de mettre en relief leur idée fondamentale, même si celle-ci n'a pas été exprimée en toutes lettres, mais seulement impliquée par leurs raisonnements. Je m'expose ainsi au danger de subjectivisme que représente ce genre d'interprétation, mais j'accepte le risque et le juge nécessaire.

Cette idée reprise par plusieurs théories du langage, depuis Herder jusqu'à la théorie du champ et l'hypothèse de Sapir-Whorf, idée qui entre directement dans la sphère de nos préoccupations actuelles, nous pouvons la formuler ainsi: le langage, produit social qui reflète une réalité sociale donnée, influence le mode de pensée des hommes dans la mesure où il influence leur perception et leur articulation du monde et, par conséquent, son interprétation mentale.

Cette formulation de l'idée essentielle des courants ici examinés de la théorie du langage en donne une interprétation modérée. Premièrement, en employant le mot 'influence', j'ai considérablement tempéré la tendance de ces courants en général et des courants contemporains représentés par la théorie du champ et l'hypothèse de Sapir-Whorf dans lesquels les mots employés sont bien plus radicaux, comme par exemple:

'définit la manière de penser'. Deuxièmement, toujours dans le sens d'une interprétation 'bienveillante', j'ai mis en relief la conception du langage en tant que produit social qui 'reflète' la réalité sociale donnée, dans une acception particulière du mot 'reflète'. Cette conception, exprimée par W. von Humboldt au moins sous une forme embryonnaire et par l'hypothèse de Sapir-Whorf, est très importante pour l'interprétation de la doctrine en général et pour les réflexions particulières qui s'en inspirent.

Il est difficile de ne pas souscrire à l'idée du relativisme linguistique, formulée dans ces termes. Si nous sommes incapables de penser autrement qu'à l'aide d'une langue – ce que même les partisans de la version modérée de l'intuitionnisme cognitif ne nient pas – il est compréhensible que le système de la langue dans laquelle nous pensons influence nos contenus et nos modes de pensée. Nous sommes donc obligés d'admettre que le langage peut imposer à notre pensée des limites naturelles: en d'autres termes, si une langue est trop pauvre pour qu'on puisse penser dans son cadre des contenus définis (par exemple, dans la langue d'une tribu des indigènes d'Australie, il est impossible d'exprimer et de penser la théorie de la relativité d'Einstein ou la théorie de la perception eidétique de Husserl), il est indispensable d'enrichir adéquatement cette langue. Nous sommes ainsi amenés à constater qu'il faut rapporter la pensée à un système linguistique défini, à construire la catégorie du relativisme linguistique, mais en attribuant une acception définie au mot 'relativisme'.

Ce relativisme en effet ne s'associe pas avec le subjectivisme, comme ce fut ordinairement le cas dans l'histoire du courant de pensée qui nous occupe; il possède un déterminant social. Car, non seulement "nous pensons comme nous parlons", mais encore "nous parlons comme nous pensons". Il n'y a pas là cercle vicieux, comme pourrait le faire croire une interprétation littérale et superficielle de ces deux énonciations. Mais si la pensée est déterminée par le système de la langue dans laquelle nous pensons, le système de la langue est d'autre part la cristallisation et l'indice des acquis historiques de la pensée humaine, saisie à l'échelle sociale. En effet, le lexique d'une langue, avec son système de significations, contient entre autres une conception et une classification (articulation) définies des phénomènes de la réalité. Mais la syntaxe constitue également un certain 'reflet' du monde. Lexique et syntaxe sont le résultat du développement historique des sociétés humaines respectives, de leur pratique concrète (dans son acception sociale), ainsi que de sa catégorisation mentale. Dans ces rapports d'interdépendance et d'interaction du langage et de la pensée, il n'y a pas d' 'antécédents' et de 'conséquents', de causes et d'effets distincts, actualisés soit sous la forme du langage, soit sous la forme de la pensée; il n'y a plus qu'une unité organique de ces deux éléments, dans laquelle les différents 'aspects' ne peuvent être dissociés que par voie d'abstraction, ce qui ne réduit pas l'importance de ces 'aspects', ni ne leur enlève leur valeur d'objectivité.

Sur la base d'une telle conception nous n'éprouvons aucune difficulté à concilier deux thèses qui admettent l'existence, d'une part, d'éléments communs à tous les systèmes linguistiques (et dans ce sens universels), fait aisément explicable, ne serait-ce qu'en recourant à la communauté biologique du genre humain, et, d'autre part, d'éléments qui différencient les systèmes linguistiques (et dans ce sens différentiels), fait tout aussi facile à comprendre, le conditionnement étant dû à des milieux naturels et sociaux différents, donc à des différences dans la pratique sociale.

Ce sont précisément ces éléments différenciant les systèmes linguistiques qui nous autorisent, sur la base de la thèse initiale énonçant l'unité du langage et de la pensée, à admettre le relativisme linguistique en tant que nécessité de rapporter notre pensée et notre connaissance de la réalité au système défini qu'est le système de la langue dans laquelle nous pensons. Même si l'on n'a pas étudié ni décrit empiriquement le caractère et le rôle cognitif de ces LINGUISTIC DIFFERENTIALS (le postulat et le programme d'études de von Humboldt attendent encore leurs réalisateurs; et les recherches entreprises sous l'impulsion de l'hypothèse de Sapir-Whorf peuvent être considérées comme un échec en raison des principes défectueux du programme, et de sa réalisation plus défectueuse encore) l'hypothèse théorique demeure valable jusqu'au moment de son éventuelle infirmation.

Cependant, nous l'avons déjà dit, ce relativisme est d'un genre très particulier, car il possède aussi bien une genèse sociale qu'un caractère social. Si le langage est la cristallisation de la connaissance humaine, comprise en tant que pratique concrète avec ses corrélats mentaux, il est évident qu'il ne peut s'agir que de la connaissance considérée à l'échelle sociale. Et ce, pour deux raisons: premièrement, le langage en tant que moyen de communication intersubjective ne se situe pas et ne peut pas se situer au seul niveau de l'individu; deuxièmement, le langage qui se forme socialement, c'est-à-dire dans la pratique sociale, devient dans l'éducation sociale le moyen de transmission de la connaissance socialement accumulée, de génération en génération.

Saisie dans ces termes, la question devient relativement simple. Le langage est un produit SOCIAL, au double sens du mot 'produit'; cependant, ce produit socialement façonné 'crée' à son tour dès qu'il est constitué en un système: il 'crée' dans la mesure où il conditionne la pensée humaine, processus inconcevable sans le langage et qui – au contraire – se réalise toujours dans UNE CERTAINE langue. Ainsi donc, le langage est dans un sens le facteur, et, dans un autre sens, la condition et même le déterminant de la pensée. Tels sont les modes universels et constants du fonctionnement du langage, ce qui constitue un caractère particulièrement important dans le contexte de notre problème.

Revenons à la sociologie de la connaissance et comparons son point de vue sur l'objectivité de la connaissance à celui du relativisme linguistique.

Ce qui frappe, c'est l'universalité des thèses du relativisme linguistique par rapport à celles de la sociologie de la connaissance. Tandis que cette dernière restreint son analyse aux énoncés portant sur des sujets relatifs aux phénomènes sociaux – plus exactement aux énoncés portant sur des sujets dans lesquels des intérêts de groupes interfèrent – et que, d'autre part, elle ramène les conditionnements définis des opinions à des groupes d'hommes définis, la théorie du relativisme linguistique, basée sur l'analyse de la fonction du langage dans la connaissance, a par contre une portée universelle sur les deux plans mentionnés ci-dessus. Cette théorie concerne non pas certains phénomènes de la réalité, mais TOUS les phénomènes, TOUTE la réalité (son articulation et sa perception, conditionnées par l'appareil conceptuel lié au système linguistique donné); de même, elle porte non pas sur des groupes humains choisis dans le cadre de la communauté donnée, donc de la communauté linguistique donnée (par exemple, le conditionnement des opinions par les intérêts de classe dans le cadre d'une nation donnée parlant une langue commune), mais sur la TOTALITÉ de la communauté linguistique donnée. L'universalisme de ce second plan de conditionnements de la connaissance par des facteurs extra-individuels est cependant relatif; certes, à l'opposé des groupes d'intérêts qui se manifestent dans le contexte de la sociologie de la connaissance, nous avons alors affaire à la totalité d'un groupe ethnique que sa propre expérience historique influence, par l'intermédiaire de la langue; mais il est tout aussi vrai que le conditionnement de la connaissance, dû par exemple aux intérêts de classe, est dans un sens plus universel, que la langue n'est pas pour lui une barrière, et qu'il agit à une échelle supranationale et supralinguistique. Tout en tenant compte de cette réserve, on voit néanmoins dans quel sens nous parlons de l'universalisme de la théorie du relativisme linguistique par rapport à la sociologie de la connaissance: cette théorie se rapporte à TOUS les membres du groupe linguistique donné, et concerne la TOTALITÉ de leur perspective cognitive.

Néanmoins, bien qu'elle soit plus radicale par ses conclusions et plus large par sa portée, la théorie du relativisme linguistique n'englobe nullement la sociologie de la connaissance. La sociologie de la connaissance fonctionne certes sur la base d'une langue définie et subit donc les conditionnements propres à celle-ci; cependant les questions qui l'intéressent relèvent non pas de la sphère linguistique, mais des intérêts sociaux des hommes, dans la mesure où ils conditionnent leurs opinions, leurs attitudes et leurs comportements. Il est vrai que ces deux théories ont en commun la thèse du conditionnement social de la connaissance humaine, ce qui évidemment a une incidence sur le problème de la valeur de vérité de cette connaissance; mais elles diffèrent par leur caractère, car elles analysent et généralisent l'influence de facteurs DIFFÉRENTS qui ont une autre genèse et exercent une action différente.

Ceci explique également pourquoi la théorie du relativisme linguistique se heurte à d'autres difficultés (et les surmonte d'une autre manière) que ne le fait la sociologie de la connaissance, laquelle, comme nous l'avons vu ci-dessus, parvient sur la base de ses propres prémisses à des conclusions auto-destructrices.

Formulons à l'égard de la théorie de la relativité linguistique la question posée ci-dessus à propos de la sociologie de la connaissance: en acceptant cette théorie, n'impliquons-nous pas l'impossibilité d'obtenir dans la connaissance humaine des vérités objectives? Pour répondre à cette question, nous pouvons sommairement reprendre le raisonnement que nous avons développé à propos de la sociologie de la connaissance: à condition de ne pas avoir formulé des prémisses supplémentaires, en particulier de ne pas avoir identifié la vérité objective à la vérité absolue, nous n'impliquons rien de tel. En effet la thèse du conditionnement de la connaissance humaine par différents facteurs (par exemple les facteurs relevant de la structure physiologique de l'appareil perceptif ou de l'influence du milieu social, etc.) n'oblige pas à nier de ce fait l'objectivité de cette connaissance. Sans doute faut-il admettre que la connaissance n'est dans ce cas ni pleine, ni définitive, donc qu'elle n'est pas absolue; et admettre également que la connaissance subit des déformations (dans une acception définie du terme 'déformation'); mais il ne s'ensuit nullement que la connaissance soit une pure construction de l'esprit connaissant et que disparaisse la relation cognitive spécifique du sujet et de l'objet, laquelle permet de qualifier la connaissance d''objective'. Rien ne légitime qu'on nie la possibilité d'atteindre des vérités objectives dans la connaissance pour l'unique raison que notre appareil sensoriel ne permet pas de percevoir les rayons ultraviolets, ou de saisir la réalité comme le fait un appareil de radioscopie; nous n'enlevons pas à notre connaissance sensitive la valeur d'objectivité, parce que nous lui refusons le caractère de la vérité absolue. Pourquoi en serait-il autrement dans le cas de l'ingérence, dans notre perception de la réalité, de restrictions de nature non pas physiologique, mais sociale, lesquelles façonnent l'instrument de connaissance qu'est le langage d'une manière différente, mais pourtant bien semblable à la manière dont la structure physiologique héréditaire de l'homme modèle ses sens?

Comme nous l'avons vu, la sociologie de la connaissance va bien trop loin en identifiant la vérité objective à la vérité absolue, ce qui est la source de ses difficultés théoriques. Celles-ci se rattachent en particulier à la négation (inférée de ses thèses complétées par une prémisse supplémentaire) de l'objectivité de la connaissance et de la vérité, donc à la négation de la science portant sur les phénomènes sociaux. La théorie du relativisme linguistique est plus prudente et, par conséquent, ne se heurte pas à des difficultés aussi difficiles à surmonter, bien que certains problèmes qu'elle laisse ouverts, puissent, interprétés d'une manière définie, mener à des conséquences théoriques semblables à celles de la sociologie de la connaissance.

Ce que nous entendons par cette dernière remarque peut être clairement saisi sur l'exemple d'une théorie apparentée par son objet et son esprit au relativisme, et qui infère elle aussi des conclusions radicales, aboutissant à des conséquences destructrices pour la science; je veux dire la théorie logico-linguistique du CONVENTIONNALISME dit RADICAL, qui fut formulée par K. Ajdukiewicz.

Faisons ici abstraction du motif du conventionnalisme, puisqu'il n'apparaît pas dans la théorie du relativisme linguistique présentée par les linguistes. Ce qui unit le conventionnalisme radical au relativisme linguistique, c'est la thèse commune aux termes de laquelle l'"appareil conceptuel" (K. Adjukiewicz), ou le "réseau de concepts" (J. Trier), est contenu dans la langue donnée et désigne la vision du monde des hommes qui parlent (et donc pensent) dans cette langue. Le conventionnalisme radical fit cependant un pas de plus, et particulièrement malchanceux, en affirmant que les langues peuvent être non seulement différentes dans leurs réseaux conceptuels, mais en outre pleines et fermées, c'est-à-dire différer les unes des autres au point de ne posséder aucun élément commun et d'être 'impénétrables', à la traduction. C'est tomber dans un relativisme radicalement interprété, avec toutes les difficultés qui en découlent pour la théorie de la connaissance. Nous n'avons plus affaire à la thèse modérée (et conforme à l'expérience) que le système de la langue DANS LAQUELLE NOUS PENSONS influence NOTRE MODE DE PENSÉE, mais à une thèse extrême qui affirme l'existence possible de systèmes linguistiques 'fermés', engendrant des visions du monde non seulement différentes, mais encore intraduisibles l'une dans l'autre. Or, dès cet instant, nous ne pouvons qu'aboutir à une catastrophe cognitive: si nous inférons logiquement à partir de cette thèse, nous devons non seulement conclure à la multiplicité des vérités, dont chacune n'a cours que sur le territoire où règne la langue donnée, mais encore dans la mesure où l'on nie la possibilité d'une vérité objective obligatoire pour tout le monde, admettre la subjectivité de la vérité et, par conséquent, l'impossibilité d'une science universellement acceptée. Le relativisme poussé à l'extrême donne inévitablement naissance au subjectivisme et rend la science objective difficile à défendre – difficulté analogue à celle que rencontre la sociologie de la connaissance quand elle est interprétée d'une certaine manière.

Au fond, ce n'est pas vraiment le conventionnalisme radical que nous voulons mettre en cause puisque ce courant date déjà, que ses discussions sont en grande partie périmées et que l'auteur lui-même a fini par renier sa thèse fondamentale sur la possibilité de construire des langues pleines et fermées. Ce qui nous intéresse plutôt, ce sont certaines analogies que l'on peut retrouver, cachées sous les réticences de la théorie du relativisme linguistique.

Certaines variantes de ce courant, et des plus importantes, gravitent autour des mêmes thèses que le conventionnalisme radical. Je pense en particulier à l'hypothèse de Sapir-Whorf, notamment dans la version qu'en a donnée Whorf lui-même. Non seulement elle affirme l'existence de différences essentielles dans les modes et les contenus de pensée des hommes, lorsque leurs langues appartiennent à des systèmes radicalement différents – telles, par exemple, les langues de la zone européenne et la langue des Hopi, tribu amérindienne – mais elle ajoute parfois, bien que sans en tirer toutes les conséquences, qu'il s'agit là de visions du monde qualitativement différentes et intraduisibles l'une dans l'autre. Nous sommes donc en présence d'une assertion semblable à l'hypothèse de l'existence de langues pleines et fermées, bien que la genèse de ces deux conceptions soit totalement différente. Or, dès que ce complément est introduit dans la théorie du relativisme linguistique (ce qui est un danger permanent), les ennuis traditionnels se manifestent dans le domaine de la théorie de la connaissance en général et, dans le domaine de la théorie de la vérité en particulier: l'extrémisme de la thèse relativiste entraîne inévitablement le pluralisme de la vérité, ce qui nie la possibilité d'une vérité et d'une science universellement acceptées. Et pourtant, comme dans le cas de la sociologie de la connaissance, cette conséquence n'est nullement nécessaire: une thèse modérée et fondée sur l'expérience, concevant le relativisme linguistique comme l'influence du système linguistique sur la pensée, n'implique nullement que le langage détermine d'une manière exclusive les modes de pensée, ni que cet état de choses puisse mener à des visions du monde totalement différentes et intraduisibles l'une dans l'autre.

Cependant, une analyse plus détaillée de ces questions réclame quelques considérations théoriques sur la vérité. Le problème qui nous intéresse, dans le contexte donné, c'est en premier lieu de savoir si la connaissance objective est possible (ou si la connaissance opère avec des vérités objectives) quand des facteurs extérieurs à ce processus s'insèrent dans la connaissance, lui attribuant une forme définie. Bien que les problèmes de l'objectivité de la connaissance et de l'objectivité de la vérité ne soient pas identiques, ils sont cependant suffisamment proches et liés pour que nous puissions légitimement nous limiter à l'un d'entre eux dans nos considérations. Or, aborder le problème sous l'aspect de la vérité objective simplifie dans une certaine mesure notre tâche, puisqu'elle nous délivre de la nécessité de procéder à des définitions concernant la connaissance; nous examinerons donc la possibilité d'atteindre la vérité objective à l'issue du processus cognitif, lequel est conditionné par des intérêts de groupes (sociologie de la connaissance) et par l'influence du langage (relativisme linguistique).

Constatons d'abord que si l'on admet la définition classique de la vérité, il y a pléonasme à parler de la vérité OBJECTIVE. La vérité, selon cette définition, est EX DEFINITIONE objective, en tout cas dans une certaine acception du mot 'objectif'.

Si par 'vérité' nous entendons un jugement vrai (ou une proposition vraie qui est l'expression d'un tel jugement), nous affirmons cette vérité quand nous jugeons qu'une chose est telle et telle, et que la chose est réellement telle que nous l'avons jugée. Mais si par 'objectivité', nous entendons une relation entre le sujet et l'objet, dans le processus de la connaissance, telle que l'objet existe en dehors et indépendamment de tout sujet connaissant, étant de surcroît la source extérieure des sensations du sujet, la définition de la vérité contient alors également en elle l'attribut de l'objectivité, au sens ci-dessus mentionné. En effet, une relation d'adéquation ne peut s'établir entre le jugement et la réalité que si ces deux termes sont en même temps unis par la relation de l'objectivité. Cependant ce rapport n'est pas réversible, c'est-à-dire que la relation de l'objectivité dans le processus de la connaissance n'implique pas que la connaissance soit vraie; celle-ci peut être fausse, ne serait-ce que du fait des illusions des sens, etc.

Ainsi donc, si nous parlons de 'vérité objective', et nous le faisons souvent, ce n'est pas parce que nous supposons qu'il existe une vérité non objective, ou carrément subjective (nous aurions dans ce cas affaire à une évidente CONTRADICTIO IN ADIECTO), mais parce que nous voulons souligner (bien que ce soit un pléonasme, mais nullement évident pour tout le monde) que la relation de la vérité contient également en elle la relation de l'objectivité. Il s'agit là d'un fait philosophiquement très important, d'où la tendance à le souligner en recourant à une dénomination adéquatement distincte, bien qu'inexacte.

Il faut être conscient du fait qu'en parlant de la vérité objective, nous parlons en réalité, bien que dans des termes maladroits et pléonastiques, du vrai par opposition au faux. Ceci est important pour une analyse correcte de la division des vérités en vérités absolues et en vérités relatives.

Nous n'entrerons pas ici dans les subtilités des différentes acceptions des termes 'vérité absolue' et 'vérité relative'. La littérature, d'ailleurs, est plus qu'abondante sur ce sujet. Je voudrais simplement souligner qu'il ne s'agit pas là d'une division typologique des vérités, s'ajoutant à la division en vérités objectives et autres vérités. Une vérité peut être absolue, une autre relative, mais dans les deux cas nous avons affaire à une vérité, c'est-à-dire à un jugement vrai, ou à une proposition vraie. Et il importe peu que nous employions alors tout simplement le mot 'vérité', ou que nous disions avec une certaine emphase, et inexactement, 'une vérité objective'. Cette vérité objective peut être absolue, c'est-à-dire pleine, complète et donc définitive, immuable (comme toutes les tautologies dans la logique et les mathématiques); elle peut également être (et elle est dans la plupart des cas) incomplète, partielle et donc variable, car elle s'enrichit à mesure que progresse la connaissance. Ceci est évident, aussi longtemps du moins que nous acceptons la division des vérités en absolues et relatives, et que nous n'attribuons pas la valeur de vérité aux seuls jugements (ou propositions) ayant le caractère de vérités absolues, en rangeant les vérités dites relatives dans la catégorie des jugements faux. Or nous savons que cette dernière position est possible, qu'elle a même été adoptée avec toutes ses conséquences (par K. Twardowski entre autres) parmi les écoles positivistes.

Indépendamment de la critique qu'on peut faire d'une position qui, au nom d'une fiction logique, oblige à la tâche ingrate de nier l'histoire réelle de la science et le progrès réel de la connaissance humaine (puisque tant l'un que l'autre doivent être alors rangés dans la catégorie des jugements faux, de sorte que la théorie de la gravitation de Newton, par exemple, ne différerait guère de n'importe quel jugement faux d'un ignorant), nous devons admettre que cette position n'est pas dans tous les cas sciemment et nettement formulée. Or, c'est seulement quand elle est formulée en termes explicites qu'on peut soumettre à une discussion serrée l'affirmation que seul un jugement ayant valeur de vérité absolue est une vérité (ou une vérité objective). Au contraire, quand cette identification se produit sur la base d'une prémisse tacitement impliquée et non pas d'une décision consciente prise dans un débat philosophique, il est légitime de supposer que celui qui prend cette position ne se rend pas compte, tout simplement, de la complexité du problème et des rapports réel entre l'attribut de l'objectivité de la vérité et les attributs de sa nature absolue ou relative.

Dans ce contexte, comment le problème de la vérité d'un jugement (proposition) se présente-t-il lorsque son caractère partial, fragmentaire, étroit, ou lorsque l'interférence de conditionnements sociaux dans la connaissance (tels que l'influence des intérêts de groupes ou du langage) nous font mettre en doute l'objectivité de ce processus?

Il est évident qu'une pareille connaissance n'est ni une vérité absolue, ni une somme de vérités absolues. Par contre, on ne peut lui refuser la nature d'une vérité relative (si l'on admet l'existence de cette catégorie), car, ne serait-ce que d'un certain point de vue, ne serait-ce que dans un certain fragment, elle contient ce que nous appelons, dans la terminologie philosophique spécifique, un 'reflet' de la réalité.

C'est précisément dans ce contexte qu'il est possible et qu'il convient de poser le problème du facteur subjectif dans la connaissance: celui du rôle actif du langage, ou plus généralement celui des conditionnements sociaux de la connaissance humaine, par rapport à son objectivité et à sa valeur de vérité.

Analysons en premier lieu le rapport des facteurs qui semblent s'interposer comme des obstacles sur la voie de l'objectivité de la connaissance et, par conséquent, de sa vérité (la relation de la vérité impliquant, comme nous l'avons démontré ci-dessus, la relation de l'objectivité cognitive): le rapport du facteur subjectif dans la connaissance et du facteur des conditionnements sociaux, parmi lesquels figure le rôle actif du langage dans le processus cognitif.

Quand nous parlons du facteur subjectif dans la connaissance, nous entendons, dans le sens le plus général, l'apport du sujet connaissant à ce processus, autrement dit, le rôle actif du sujet dans le processus cognitif. Ce qui peut recouvrir des réalités très diverses: l'influence sur la connaissance de la structure psychologique du sujet et, par conséquent, de son appareil perceptif; l'action des conditionnements sociaux (par exemple les intérêts de groupe) sur l'attitude de l'individu; l'incidence du langage sur l'articulation du monde par l'individu pensant dans une langue donnée, etc.

On peut donc comprendre le 'facteur subjectif' dans deux acceptions au moins:

(*a*) Comme l'influence de facteurs 'purement' subjectifs sur la connaissance. C'est en ce sens que la littérature classique du sujet concevait le problème, ramenant celui-ci au subjectivisme, c'est-à-dire au point de vue selon lequel l'esprit connaissant 'crée' l'objet de la connaissance, cet objet étant le produit ou la construction d'une 'pure' subjectivité.

(*b*) Comme le conditionnement de la connaissance individuelle par des facteurs sociaux, tels que les intérêts du groupe, la langue, etc., qui façonnent les attitudes cognitives du sujet. Dans ce cas, le sujet connaissant possède également une fonction active dans le processus de la connaissance, y introduisant ses préférences et ses partis pris, sa façon propre d'articuler le monde et de le percevoir, etc., le tout résultant d'influences sociales déterminées. La subjectivité est dans ce cas liée au rôle actif du sujet, mais elle est d'un autre type que dans le premier cas: ses sources ne sont pas individuelles, mais sociales, si bien qu'elle est caractéristique de l'individu donné comme de tous les membres de sa classe (classes sociales, groupes ethniques parlant la langue donnée, etc.).

Mais le problème ne se réduit pas à la distinction des différentes acceptions du mot 'subjectif'; en l'approfondissant nous sommes amenés à penser que la subjectivité dite 'pure' est une fiction.

En effet, si nous parlons du facteur subjectif dans la connaissance en entendant par là l'influence des conditionnements sociaux sur l'attitude cognitive de l'individu (comme les intérêts du groupe ou le langage), la ligne de démarcation entre le 'subjectif' et 'l'objectif' dans le processus cognitif s'efface. Car ledit facteur subjectif est nettement d'origine sociale, il est donc 'extérieur', objectif, par rapport à l'individu; par contre, le conditionnement social objectif se manifeste toujours comme une composante des attitudes individuelles, c'est-à-dire subjectivement.

De telles vues s'approfondissent si l'on fait intervenir la thèse, banale du point de vue du marxisme, mais combien féconde du point de vue de la science, selon laquelle l'individu ou sujet connaissant, est un PRODUIT social, qu'il est à certains point de vue ce qu'est la société, de même que la société est, à certains points de vue, ce que lui permettent d'être les individus qui la composent. Si l'on écarte les subtilités d'interprétation (s'agit-il de l'individu humain concret, ou de 'l'essence' de l'homme?), la célèbre thèse marxienne qui affirme que l'individu est l'ensemble des rapports sociaux, jette sur ce problème une nouvelle lumière. Aujourd'hui que règnent la psychologie sociale et l'anthropologie culturelle, il est impossible de nier le bien-fondé de cette thèse, même si ces deux sciences parlent un autre langage et soulignent la dépendance de l'individu par rapport à la culture. Après tout, ce n'est pas l'expression, mais le fond du problème qui importe, et il garde là son actualité.

Il s'ensuit que la conception de l'individu comme être 'autonome', c'est-à-dire indépendant de tout conditionnement et toute détermination sociale, ainsi que, par conséquent, la conception de la 'pure' subjectivité de la connaissance individuelle relèvent d'une spéculation métaphysique qui s'effondre dès que l'on confronte ses thèses brillantes, mais creuses, avec ce qu'on sait concrètement de l'homme. C'est là le point faible tant de l'existentialisme que du personnalisme, doctrines qui fondent leurs raisonnements sur la prémisse de l'existence réelle de sujets 'autonomes'. Il suffit de rejeter cette prémisse manifestement idéaliste pour que l'édifice artistiquement élevé sur ces fondations s'écroule comme un château de cartes.

La conception de l'antinomie 'individu-société' ne manque pas non plus d'en être influencée. Je ne veux pas dire qu'on puisse nier le problème de la relation entre l'individu et la société, donc les différences entre les deux termes de cette relation; mais par une saisie du lieu interne de ces deux termes, de leur interdépendance et de leur interaction, nous sommes amenés à concevoir différemment les rapports et les antinomies qui s'établissent entre eux. L'individu n'est plus un sujet totalement étranger et opposé à la société; au contraire, il apparaît comme un produit social, par lequel la société en quelque sorte se manifeste. L'individu appréhendé comme l'ensemble des rapports sociaux, comme le produit et l'émanation de la société, peut conserver sa subjectivité propre et son autonomie, mais l'individu n'est pas une pure 'subjectivité', ni un être 'absolument' autonome. En même temps que se révèle cette fluidité des limites entre l'individuel et le social, on voit se dessiner autrement la relation du subjectif et de l'objectif.

Une question se pose alors: pourquoi la conception traditionnelle du problème diffère-t-elle à ce point de la nôtre, et quelle est l'origine de la notion couramment répandue qu'une ligne nette et précise sépare le subjectif – ce qui relève du sujet – et l'objectif – ce qui relève de la nature et de la société?

La faute en est d'abord à un certain modèle traditionnel de la relation cognitive, lequel est mécaniste dans son essence, bien que nous n'en soyons pas conscients. Notamment, on admet en général que cette relation a deux termes: le sujet et l'objet – ce qui est juste – mais on présuppose en même temps, généralement d'une manière tacite – ce qui est déjà une erreur – que c'est une relation unilatérale dans laquelle seul l'objet agit sur le sujet. Si, selon ce modèle, le sujet n'est pas un miroir qui reflète l'image de l'objet (comparaison courante au 19e siècle), il est tout au plus un appareil qui perçoit et transforme en sons ou en images les ondes venues de l'extérieur (comparaison du 20e siècle, de l'époque de la radio et de la télévision). Dans ces deux comparaisons différentes, l'erreur héritée de la conception mécaniste du processus cognitif est manifeste et se formule de la même façon: le sujet est un membre PASSIF de la relation cognitive.

C'est là en réalité le centre de gravité des préoccupations scientifiques contemporaines concernant le facteur subjectif dans la connaissance, le centre de gravité de la révolte gnoséologique contemporaine contre la domination du modèle mécaniste de la connaissance. En effet, il suffit d'alléguer l'auto-conscience (conscience du moi) dans le domaine de la sociologie de la connaissance et de l'analyse du langage, ainsi que les progrès de la psychologie sociale, de l'anthropologie de la culture, etc., pour comprendre ce que ce modèle a de faux et pour rejeter la fiction du sujet qui, élément passif du processus de la connaissance, ne ferait que 'refléter' la réalité objective, au profit de la conception d'un rôle ACTIF du sujet dans la connaissance.

L'assertion qui servira de point de départ à nos considérations est la suivante: le sujet n'est JAMAIS un élément passif dans la connaissance, mais joue TOUJOURS un rôle actif; il introduit toujours dans la connaissance son APPORT et, partant, quelque chose de subjectif. Le point essentiel est de bien saisir la nature de cette 'subjectivité' (nous avons essayé de nous en expliquer) et, tout en modifiant la théorie du reflet qui est le seul soutien de la définition classique de la vérité (donc, du réalisme dans la théorie de la connaissance et du matérialisme dans l'ontologie), de ne pas infirmer la thèse sur l'existence objective de l'objet. En effet, si le modèle mécaniste de la relation cognitive est dangereux parce que le rôle actif du sujet est éventuellement nié, son modèle activiste peut amener par contre (et il le fait souvent, ne serait-ce que par réaction psychologique) à nier l'existence objective de l'objet par un idéalisme subjectif qui transforme l'objet, d'une manière ou d'une autre, en un produit, une construction de l'esprit connaissant.

Cette dernière position, erronée elle aussi, en contradiction avec l'expérience, et due au modèle mécaniste, trouve, dans la plupart des cas, son origine dans la confusion des différents plans de l'analyse gnoséologique et, partant, dans la confusion des complexes de questions qui y sont liés.

Au premier niveau de l'analyse gnoséologique, nous nous interrogeons sur L'IMAGE DU MONDE dans l'esprit connaissant, et nous corrigeons à juste titre les représentations mécanistes périmées qui saisissent le processus de la connaissance comme une variante définie de la théorie du reflet, notamment la variante qui – indépendamment des déclarations verbales – fait du sujet un élément passif de la relation cognitive. La théorie contemporaine de la connaissance relègue une pareille conception au rang des vieilleries, elle met en relief le rôle actif au sujet dans la connaissance, lié au conditionnement indubitable de son mode de perception du monde par la culture (au sens large) qui englobe l'influence du langage, des intérêts de classe, etc. La théorie marxiste de la connaissance doit elle aussi tenir compte de ce point de vue et l'assimiler adéquatement, modifiant entre autres la théorie léninienne dite du reflet (j'ai analysé ce problème dans mon livre *Langage et connaissance*).

Le second niveau de l'analyse gnoséologique soulève des questions différentes, relatives à L'OBJECTIVITÉ de l'existence du monde, c'est-à-dire à l'existence de celui-ci non pas en tant que produit de l'esprit connaissant, mais indépendamment et en dehors de tout esprit connaissant. La réponse à cette question ne préjuge nullement d'une position matérialiste. La réponse affirmative peut aussi bien être dictée par les points de vue de l'idéalisme objectif; elle n'est donc pas une condition suffisante du matérialisme philosophique, bien qu'elle en soit incontestablement la condition nécessaire.

Cependant, quel que soit le système philosophique dont nous partions, la probité nécessaire à l'analyse nous oblige à ne pas confondre les deux plans que nous venons de dégager. Les questions portant sur L'IMAGE du monde (problème du rôle actif du sujet dans le processus de la connaissance) n'ont rien à voir avec les questions à L'OBJECTIVITÉ DE L'EXISTENCE du monde. Admettre le rôle actif du sujet dans le processus de la connaissance et, partant, la mutabilité de l'image du monde, c'est nier que la connaissance ait valeur de vérité absolue. Mais ceci n'infirme aucunement la thèse de l'existence objective du monde et, par conséquent, de l'objectivité de la vérité. Cette constatation est très importante pour le marxiste qui, tout en défendant les fondements du matérialisme dont relève également la thèse de l'existence objective du monde, peut admettre – sans le moindre préjudice pour sa position matérialiste – tout l'acquis des sciences consacrées à l'homme. Cet acquis l'incite à modifier les conceptions traditionnelles de la théorie du reflet et à introduire le facteur subjectif dans l'image du monde. Il peut en même temps défendre la thèse de l'objectivité du monde, c'est-à-dire la thèse matérialiste, contre ceux qui, parce qu'ils confondent les deux plans de l'analyse, considèrent l'affirmation du rôle actif du sujet dans la connaissance comme une prémisse de la conclusion qui nie l'existence objective de l'objet de la connaissance. Répétons une fois de plus qu'admettre la relativité de la vérité n'équivaut pas à nier son objectivité. Celui qui prétend le contraire, non seulement se rapproche des positions de l'idéalisme subjectif, mais encore part d'un raisonnement erroné.

Il convient de tirer de ces considérations gnoséologiques quelques conclusions qui seront le point de départ de nouvelles réflexions.

Le processus cognitif qui engendre la connaissance véritable, est à la fois objectif et subjectif, mais à des titres différents. Objectif dans la mesure où l'objet, l'un des deux termes de la relation cognitive, qui est une partie de la réalité du monde, existe en dehors et indépendamment de tout esprit connaissant et constitute le facteur extérieur de la connaissance. Subjectif dans la mesure où le sujet, second terme de la relation cognitive, possède une fonction active, et, loin d'être le récepteur passif des excitants, introduit toujours dans la connaissance ses propriétés individuelles qui sont subjectives précisément en ce sens, bien qu'elles soient sociales par leur genèse (ceci concerne même la structure psychophysique héréditaire). D'une certaine façon, la connaissance est toujours subjective, et comme cette subjectivité est liée au conditionnement social qui est variable, la connaissance est également variable. On peut donc également concevoir la connaissance comme un processus consistant à SURMONTER LA SUBJECTIVITÉ. Or, puisqu'on ne peut surmonter la subjectivité de la connaissance qu'à l'aide de la connaissance, laquelle est socialement conditionnée et maintient sa subjectivité, nous sommes ici en présence d'un processus infini.

Ces phénomènes trouvent aussi leur expression dans les termes de la théorie de la vérité. La connaissance à laquelle on parvient à l'issue du processus cognitif possède la valeur des vérités relatives. Ceci, entre autres raisons, parce que la connaissance est subjective, du fait des conditionnements sociaux de ce processus, et que, procédant à partir d'une certaine perspective, elle est liée à un point de vue défini, et donc limitée, partielle et incomplète. (Bien entendu, ce n'est pas l'unique cause de relativité des vérités obtenues, car l'infinité du monde et son mouvement perpétuel agissent dans le même sens et empêchent d'inclure la connaissance de l'univers dans telle ou telle somme de vérités absolues.)

En constatant la relativité des vérités auxquelles atteint la connaissance, nous leur refusons la valeur de l'absoluité, mais sans nier pour autant l'objectivité de la connaissance, car il s'agit là d'un autre problème. Ainsi donc, la connaissance qui, de par la relativité des vérités qu'elle contient, est un processus infini, possède un caractère objectif. D'autre part, parce qu'elle est relative et qu'elle est un processus, elle est une progression vers le parfait. En surmontant à l'infini sa relativité, c'est-à-dire en surmontant la subjectivité qu'elle comporte, la connaissance devient un processus au cours duquel l'homme accumule le savoir et approche de la vérité absolue qui est, certes, inaccessible, comme le LIMES d'une série infinie dans les mathématiques, mais qui borne cependant le processus réel de l'accroissement de la somme de nos connaissances. Et c'est ce qui est décisif du point de vue de la connaissance humaine et de la science humaine. C'est, entre autres, parce qu'il l'a compris, que le marxisme diffère du néo-kantisme qui accepte lui aussi la conception de la connaissance comme un processus, mais la prive de ses contenus réels en rejetant la thèse de l'accumulation du savoir, donc de la vérité en tant que processus.

Après cette tentative de généralisation du problème de l'objectivité de la connaissance et de l'objectivité de la vérité, revenons à notre problème capital en le présentant dans la perspective de la relation entre la science et l'idéologie. C'est là un autre mode d'appréhension du problème de l'objectivité de la connaissance et du facteur subjectif, et cette forme d'analyse permet en même temps une approche nouvelle d'une question par ailleurs traditionnelle.

Le problème des rapports réciproques entre la science et l'idéologie a fait l'objet au cours des dernières années de nombreux débats qui, dans la majorité des cas, opposaient rigoureusement ces deux domaines. La science (plus exactement le type idéal, au sens wébérien, de la science) était conçue comme un recueil de propositions vraies, de caractère attributif. L'idéologie, par contre, était comprise comme le recueil des opinions (et des attitudes correspondantes) qui, sur la base d'un système défini de valeurs, désignent les objectifs des activités sociales des hommes; elle était donc présentée dans ces discussions comme un domaine auquel il est impossible de rapporter la valeur de vérité (les propositions descriptives sont vraies ou fausses, par contre les propositions normatives ne peuvent être déduites des premières et, partant, soumises à une qualification de ce genre) et que caractérise la subjectivité (au sens du conditionnement social des différentes opinions). Il s'ensuit que non seulement la science et l'idéologie s'opposent, mais encore qu'il faudrait épurer la science de tout élément d'idéologie ou, pour le moins, isoler l'idéologie dans le ghetto du non-scientifique.

Je voudrais proposer une nouvelle argumentation dérivée de notre analyse de l'objectivité de la connaissance, pour soutenir les diverses critiques formulées contre le point de vue ci-dessus évoqué qui nie tout lien organique entre la science et l'idéologie, même sous la forme de sciences idéologiques et d'idéologies scientifiques.

Commençons par la fétichisation de cette science idéale qui devrait se composer de propositions 'purement' objectives. Si l'on peut user d'un subterfuge à l'égard des prétentions de la sociologie de la connaissance qui démontre comment le conditionnement dû aux intérêts des groupes infirme la 'pure' objectivité de la connaissance, en affirmant que les domaines de la connaissance soumis à ce conditionnement ne sont pas des sciences, il est impossible de recourir à cette feinte dans le cas des prétentions universalistes de l'analyse du langage. Comment en effet la réflexion scientifique pourrait-elle s'exercer, en quelque domaine que ce soit, en dehors du langage et sans le langage? Or, celui-ci apporte avec lui le conditionnement social de la connaissance, sous un autre forme certes que le conditionnement des intérêts sociaux, mais très semblable. Pour reprendre l'image employée par l'un des représentants de la théorie du champ qui compare une langue donnée à une paire de chaussures, il est certes possible, dans le domaine de la connaissance, de quitter ses chaussures, à la condition expresse d'emprunter aussitôt d'autres chaussures; sur ce terrain, il n'est pas question de se mouvoir sans chaussures. La question est donc réglée: on peut encore aujourd'hui discuter sur la portée et le caractère du conditionnement de la connaissance par le langage, par son appareil conceptuel; mais seul un ignorant peut nier le rôle actif du langage dans ce processus.

Ainsi, ne serait-ce qu'à la lumière de l'analyse du langage, le mythe de la 'pure' objectivité des propositions de la science s'effondre. La connaissance scientifique est elle aussi une œuvre humaine, donc imparfaite, qui n'opère pas uniquement avec des vérités absolues (ce qui rendrait le progrès des sciences impossible et inutile) et que la subjectivité teinte de ses couleurs. S'il y a une parcelle de vérité dans la thèse, apparemment très convaincante et logique, qui affirme que notre articulation du monde et sa perception dépendent du système de la langue dans laquelle nous pensons (nous possédons sur ce plan certaines preuves fournies par l'ethnolinguistique et la psycholinguistique, bien que les études requises en soient encore à leurs balbutiements), dans ce cas, il est évident que la science ne peut être un domaine 'purement' objectif et que la ligne de démarcation soi-disant très nette entre la science et l'idéologie s'estompe et se complique.

C'est ce que nous constatons lorsque nous ne posons pas *a priori* l'existence d'une telle ligne de démarcation, cette implication revenant à admettre à titre de prémisse ce qui devrait être prouvé; on peut facilement inférer cette ligne de démarcation de définitions adéquatement construites de la science et de l'idéologie. Cette implication *a priori* était généralement présente dans les discussions des dernières années; après quoi on s'étonnait de ne pas obtenir les résultats désirés, sans comprendre que le point de départ était erroné. Il suffit de rejeter ce subterfuge ou ce malentendu pour qu'il apparaisse aussi illégitime d'opposer dans des termes absolus la science et l'idéologie que d'essayer de délimiter ces deux domaines d'une manière précise et rigoureuse.

En effet, si non seulement les propositions de l'idéologie, mais aussi celles de la science, contiennent un facteur subjectif (et elles le contiennent dans la mesure au moins où le langage teinte de subjectivité la connaissance, QUELLE QU'ELLE SOIT), quelle peut être alors la différence entre la science et l'idéologie, si ce n'est une différence quantitative?

On signale parfois comme différence fondamentale le fait que participent à l'idéologie des propositions normatives et valorisantes qu'il est logiquement impossible de déduire des propositions attributives (descriptives). Abstraction faite du problème litigieux de la possibilité ou de l'impossibilité de déduire les propositions normatives des propositions attributives (j'ai ailleurs essayé de prouver qu'il était erroné de vouloir ramener l'inférence des propositions au seul schéma formel du raisonnement logique, en omettant dans l'analyse l'inférence GÉNÉTIQUE), il semble utile de démontrer la fausseté de cette différenciation prétendue rigoureuse. Il est pour le moins surprenant qu'on ne remarque pas l'analogie existant entre le statut des propositions normatives qui énoncent des contenus sociaux (et font partie de l'idéologie) et le statut des propositions normatives qui énoncent des contenus naturels (et font partie, par exemple, de la technique ou de la médecine). Le type d'inférence des propositions normatives, relatives par exemple au mode de traitement d'une infection du sang, à partir de propositions descriptives au sujet du fonctionnement des microbes ou de la structure du sang, etc., est le même que le type d'inférence des propositions normatives au sujet du renversement du capitalisme et de l'édification du socialisme, à partir de propositions descriptives portant sur l'accumulation du capital, la loi de la valeur et de la plus-value, etc. Abstraction faite, je le répète, de la notion erronée que le problème de l'inférence des propositions normatives est de nature uniquement formelle et logique, il est aisé de constater les difficultés qui découlent de la comparaison ci-dessus. En effet, personne ne discutera cette assertion, que le raisonnement sur la nécessité de la révolution socialiste relève du domaine de l'idéologie. Mais, si cette conclusion ne devait se fonder que sur le caractère normatif de telles propositions, et sur une conception adéquate du rapport de ces propositions aux propositions descriptives, que conviendrait-il alors de faire à propos de la médecine et de ses recommandations relatives au traitement de l'infection du sang, ou à propos de la technique et de ses recommandations relatives aux procédés de construction d'un pont? Qui donc souscrirait à la thèse que ces dernières propositions relèvent de l'idéologie, ou qu'elles sont de type idéologique? En conséquence, on ne peut pas accepter un traitement discriminatif des problèmes sociaux comme idéologie se basant seulement sur la constatation du type de propositions.

Ainsi donc, cet argument ne vaut pas. Mais, de ce fait, nous avons supprimé l'unique facteur distinguant l'idéologie de la science, puisque nous avons infirmé la thèse que les propositions de la science possèdent un caractère 'purement' objectif, à l'opposé des propositions de l'idéologie que caractérise au moins une 'touche' de subjectivité.

En effet, si les différences entre science et idéologie se réduisent à la teneur en facteur subjectif (et celle-ci, à la lumière du rôle actif du langage dans la connaissance, possède un caractère quantitatif), qu'est-ce qui nous empêche de nier qu'il y ait entre elles une différence qualitative quelconque, voire d'affirmer qu'il existe des sciences idéologiques (c'est-à-dire des sciences qui possèdent indirectement une signification idéologique, dans la mesure où elles sont liées au conditionnement non seulement linguistique, mais aussi social), ainsi que des idéologies scientifiques (c'est-à-dire des idéologies qui génétiquement découlent de la connaissance scientifique des lois de l'évolution sociale, de même que les indications thérapeutiques de la médecine proviennent génétiquement de la connaissance scientifique des lois du fonctionnement de l'organisme humain). Contre la thèse qui oppose fondamentalement la science et l'idéologie, nous avançons une thèse qui admet non seulement le rapport des propositions de la science et de l'idéologie, mais même – dans certains cas – leur identité. Ceci à cause du rôle du langage qui n'est pas seulement le moyen de transmission des conditionnements sociaux de la connaissance, mais aussi le support, utilisant les mêmes ressources physiques (les sons), des concepts et des stéréotypes qui composent chaque idéologie. J'expose ailleurs ce problème avec plus de détail.

De cette manière, le langage s'immisce par différentes voies dans les rapports mutuels de la science et de l'idéologie. Et l'analyse du langage et de ses fonctions nous fait découvrir dans la problématique de la science et de l'idéologie une nouvelle modalité du problème de l'objectivité de la science et de son élément subjectif. Nous acquérons également une nouvelle perspective qui nous permet de considérer le problème de la subjectivité, et des façons de la surmonter, dans le contexte du développement de la science humaine et de la théorie de la vérité.

Comment ce problème se précise-t-il à la lumière de la sociologie de la connaissance et de l'analyse du langage?

Il faut l'analyser dans le contexte de la théorie de la vérité. Une proposition est vraie – rappelons-le – quand sa valeur de vérité implique la relation de l'objectivité. Il y a lieu de ne pas identifier la vérité à la vérité absolue; les vérités dites relatives possèdent également la valeur de vérité et impliquent donc la relation de l'objectivité. Étant donné qu'elle se compose de vérités relatives, la connaissance est un processus qui tend vers la vérité absolue. Cependant, puisque l'objet de la connaissance est infini, le processus d'accumulation des vérités relatives est également infini. Ce dernier consiste en définitive à surmonter continuellement et perpétuellement les restrictions et la partialité des vérités obtenues. Mais de quelle façon?

La sociologie de la connaissance examine ce problème du point de vue du conditionnement social de la connaissance individuelle, conditionnement attribuable aux intérêts du groupe auquel l'individu appartient et qui limite la vision de celui-ci à un angle de vue spécifique, ou à une perspective définie. Comment peut-on triompher de ces restrictions?

La version la plus représentative de la sociologie de la connaissance – la théorie de Mannheim – recourt à l'idée de la 'conversion des perspectives', c'est-à-dire qu'elle prétend se soustraire à la domination d'une perspective DONNÉE en tenant compte des autres perspectives, connues par ailleurs de celui qui procède à cette 'conversion'. Un peu comme un peintre qui, connaissant les principes de la perspective picturale, est capable d'échapper à la suggestion de la forme donnée comme représentation prétendument unique de l'objet. Comme on le sait, Mannheim considère que la couche sociale la mieux préparée à cette 'conversion' est l'intelligentsia, qui échapperait, selon lui, au principe universel du conditionnement social.

Il n'est pas difficile de démontrer, et on l'a fait maintes fois, que cette tentative désespérée de protéger les sciences sociales contre les effets du relativisme équivaut à une faillite théorique. En effet, s'il existe un groupe social qui ne tombe pas sous la loi des conditionnements sociaux et, partant, de l'idéologie, toute la théorie de l'idéologie, sur laquelle est fondée le système intellectuel de Mannheim, s'écroule. Par contre, s'il est prouvé qu'un tel groupe social n'existe pas – preuve qu'on peut administrer à la lumière des faits (l'intelligentsia est le centre d'où l'idéologie rayonne sur la société, et non pas un groupe échappant à l'idéologie) ainsi qu'à la lumière des prémisses théoriques de la sociologie de la connaissance de Mannheim – la conception que Mannheim se fait de l'intelligentsia doit être considérée comme une échappatoire, qui d'ailleurs ne sauve pas l'auteur de la faillite.

Néanmoins, cette conception contient un élément rationnel qui mérite qu'on s'y arrête.

En tant que couche sociale, l'intelligentsia n'échappe nullement à la loi du conditionnement social. Par contre, elle possède la conscience de ce conditionnement à un degré plus considérable que les autres couches de la société. Et cette conscience à elle seule est précieuse. En effet, dès qu'on procède à une réflexion sur la connaissance – dont la connaissance de soi – et qu'on prend conscience des limites de ce processus et de ses éventuelles déformations, il est licite d'espérer qu'on pourra beaucoup mieux surmonter ces obstacles. Car c'est dans cette réflexion consciente que réside la source de la tolérance, au sens le plus large de ce mot. Cette tolérance agit alors également sur le phénomène de la 'conversion des perspectives' cognitives, c'est-à-dire qu'elle nous incite à admettre qu'il est faux et nuisible de penser que les écoles de la pensée se partagent strictement, les unes menant uniquement à la vérité, et les autres uniquement à l'erreur. Nous savons, au contraire, que la connaissance est toujours limitée d'une manière ou d'une autre, voire déformée, et que notre adversaire peut donc également avoir en partie raison. Il suffit d'intégrer ce principe dans notre mode de pensée pour non seulement rejeter le fanatisme au bénéfice de la tolérance, mais aussi pour se libérer de la domination d'une seule perspective cognitive et savoir mieux s'affranchir de ses restrictions. Ceci constitue d'ailleurs l'unique garantie du progrès de la connaissance et son unique voie réelle.

Or, l'intelligentsia est mieux préparée que les autres groupes sociaux à avoir cette conscience, éventuellement à l'accepter. Non que l'intelligentsia échappe aux conditionnements sociaux; mais elle possède la formation théorique qui lui permet de prendre conscience de ces conditionnements et, par conséquent, d'en surmonter les effets. Non qu'elle résiste à l'influence de l'idéologie, ce qui est impossible puisqu'elle vit et agit au sein de la société; mais elle sait mieux que d'autres se rendre compte de l'influence de l'idéologie sur la connaissance. Sans doute la faculté de vaincre les effets du conditionnement social dans le domaine de la connaissance n'est-elle pas le monopole de l'intelligentsia. Elle dérive de la pratique sociale qui élève constamment la science à un niveau supérieur, découvrant de ce chef les infirmités des étapes antérieures. Néanmoins, l'intelligentsia assume dans ce processus un rôle particulièrement important.

En surmontant les vérités relatives, l'homme ne parvient pas à la vérité absolue, il ne fait qu'atteindre à une vérité relative d'un rang supérieur. Ce processus ne confère pas à l'intelligentsia la qualité de couche sociale libérée des conditionnements sociaux et des influences de l'idéologie, mais il lui donne un pouvoir particulier et un rôle social qui est souvent négligé, bien que la fonction qu'assume cette couche sociale dans la création des sciences soit ordinairement reconnue.

C'est dans d'autres termes que se présente le problème du facteur subjectif quand on l'envisage du point de vue du rôle actif du langage dans la connaissance. Personne jusqu'ici n'est parvenu à penser sans le langage, même l'intelligentsia. De ce chef, par l'intermédiaire du langage, la connaissance est constamment soumise à l'action de conditionnements sociaux que nous sommes incapables de surmonter. Car si la réflexion consciente peut aussi dans ce domaine avoir quelques effets correcteurs (en permettant, par exemple, de prendre conscience du rôle des hypostases, ou du rapport par le langage des concepts et des stéréotypes, etc.) il reste impossible d'avancer sans avoir aux pieds les 'chaussures' d'une langue ou d'une autre.

Cette conclusion pessimiste n'est-elle pas, elle aussi, dictée par un faux point de départ, à savoir que quiconque espère libérer entièrement la connaissance de l'emprise du langage, ne peut que subir un échec? Celui qui ne se lance pas à la poursuite de la vérité absolue, mais désire obtenir des vérités relatives plus parfaites, peut garder son optimisme, même dans ce problème du rôle du langage dans la connaissance.

Cet optimisme est justifié par deux raisons au moins. La première concerne la possibilité de neutraliser l'influence du langage sur la connaissance grâce à l'analyse de celui-ci et à la compréhension de ses fonctions, depuis les questions primaires, telles que la confusion de la langue et les moyens de la combattre, jusqu'aux problèmes compliqués tels que les hypostases, l'influence du langage sur la formation de l'idéologie et sur les activités humaines, etc.

La deuxième raison porte sur les fonctions du langage dans la formation de la culture, et sur la neutralisation des effets de la diversité des cultures grâce à l'uniformisation du langage. En ce qui concerne ce dernier objectif, il y a lieu de mentionner les effets positifs de la connaissance de différentes langues, c'est-à-dire l'influence uniformisante du polyglottisme au niveau des cultures, ainsi que la perspective d'un langage commun pour toute l'humanité, qui existerait indépendamment des langues nationales.

Cette solution est loin d'être radicale et absolue, elle n'est que relative. Mais nous savons déjà que seules les solutions relatives sont réelles et spécifiquement humaines. En tout cas, cette conscience renforce la conviction que l'action du facteur subjectif n'infirme pas l'objectivité de la connaissance, ni la possibilité de perfectionner ce processus et d'élever à des niveaux supérieurs les vérités relatives qui forment la connaissance objective. Et c'est précisément ce qui importe.

7

DISTINCTIVELY HUMAN SEMIOTIC

RULON WELLS

I. INTRODUCTION

(1) Semiotic has two groups of affinities. It is connected, on the one hand, with communication, and, on the other, with meaning. Looking one way, it places in the center of its vision a relation between (at least) two people, or two minds, or two organisms, one of which communicates to – or with – the other. Looking the other way, it concentrates on such facts as intention, intentionality, symbolic systems and symbolic forms, *Weltanschauung*. The new interest in the "expansion of consciousness" (psychedelic phenomena) would fall under this latter purview, as would the old interest (Bergson) in dispensing with symbols. The kinds of symbolism studied by Freud and Jung belong here. So does esthetics and the criticism of art and literature.

The two groups of affinities are far from incompatible – language, for instance, plays a large part in both groups – but their focus is different. Using Karl Bühler's categories, we may say that the first group of facts belongs to the *Appellfunktion*, the second to the *Ausdrucksfunktion*; Bühler's third category, *Darstellungsfunktion*, is shared by both groups.

In this paper I will focus on the first group of affinities. And moreover I will limit my consideration to questions that would concern the natural scientist. So (for instance) the doctrine of Charles Peirce that the whole world is one vast representamen of God's purpose (*Collected Papers*, vol. 5, section 119) would fall outside of my present scope.

(2) Peirce is famous for his work on semiotic, but his best known contribution is among his less tenable ones. This is his classification of signs into icons, indices, and symbols. The classification suffers from two basic faults.

(*a*) It is not what it purports to be, a classification of signs, but rather a classification of aspects of signs. The utility of the trichotomy is greatly increased if we think of a sign not as being an icon, or an index, or a symbol, but as having iconic, indexical, or symbolic aspects. For then we may find more than one aspect in a sign, and we may recognize differences of degree. We will be free to describe a sign as, say, predominantly iconic but with a discernible symbolic component.

(*b*) The trichotomy presupposes Peirce's categories; this renders it scientifically unsuitable because of their idealism. Peirce attempts, as part of his idealism, to generalize the concept of mind so that it applies to phenomena that would ordinarily be considered nonmental; this attempt doesn't affect his account of the iconic or indexical natures very much, but it permeates and infects what he says of the symbol. Since the Greeks we have contrasted nature and convention; the basis of a Peircean symbol is 'law', which is rather like traditional convention except for the generalization involved in the concept of law. Peircean 'law' includes convention (or law of man), law of nature, and law of logic or any sort of a priori necessity. Now post-Peircean experience has shown that what we need is not a general notion of LAW so much as a notion of conceptual SYSTEM.

If Peirce's notion of symbol is original but fruitless, his notion of icon is as old as Plato's (the sign IMITATES the signified). It is with his notion of index that Peirce is at once novel and fruitful. Historically speaking, this notion may reflect Peirce's interest in the realism of Scotus, for "*hic et nunc* is the phrase perpetually in the mouth of Duns Scotus" (*Collected Papers*, vol. 1, section 458); but in any case Peirce saw as no one before him had done that indication (pointing, ostension, *deixis*) is a mode of signification as indispensable as it is irreducible. (Beginning with Kant, it had been commonplace in the idealistic tradition to distinguish two factors in experience – sensibility and thought (Kant), the "that" and the "what" (Bradley) – but not to subject SIGNS to this distinction, at least not in any emphatic and thematic way.) AFTER Peirce, the insight was taken up – or, more likely, rediscovered – by Bertrand Russell, who has repeatedly stressed the role of "emphatic particular" (subsequently relabeled "egocentric particulars") as the only true proper names. In Russell's work, incidentally, we see the divergence between philosophy and empirical science, for much of it is concerned with questions that are logically and epistemologically prior to questions treatable by empirical science, such as the question whether experience is fundamentally private or fundamentally public and shareable.

(3) Charles Morris's very useable and useful trichotomy has a Peircean basis. Morris divides semiotic into syntactics, semantics, and pragmatics. The basis of division is that when there is signification, there is (*a*) a sign, which has (*b*) a meaning, or an object, and which has this meaning or this object for (*c*) an interpreter of the sign. (Peirce speaks not of an interpreter but of an "interpretant", which is an interpretation or thought in the mind of the interpreter. Morris's modification, which treats as the third term in semiosis not a state or thought of the interpreter but the interpreter himself, is one of the departures from Peirce's framework that have made Morris's framework useable.) Syntax is conceived of as treating of signs in abstraction from their objects and their interpreters (users); semantics takes signs and objects into account, but disregards users; pragmatics takes all three terms or factors into account.

However sceptical one may be about the feasibility of these abstractions, something like them has actually been done in practice. Perhaps, though, what has been done in practice is not to abstract perfectly, but to focus. For example, semantics might not ignore users altogether, but might consider only those facts in which differences between different kinds of users (such as between speaker and hearer) are irrelevant. In this focusing, the focus (or, in *Gestalt* terms, the figure) is the content, and the communicants between which the content passes stand in the background of attention.

Wilfrid Sellars showed that Morris's trichotomy should be split, or bifurcated, by the distinction between pure and applied semiotic. His point is an important one, but as it has not been developed in subsequent years – not even by Sellars himself – it will not concern us here.

(4) Much recent work in semiotic concerns the means of communication, especially including studies of what we may call (using a term suggested by Shannon's word "transducer") transduction, namely, the replacing of one means by another, for instance speech by writing, or speech by the electrical pulses of a telephone wire. So far as this recent work concerns the means, or the 'how' of communication, it belongs to syntactics, but to semantics so far as it concerns the 'what', or the content. Studies of 'zoosemiotics' (Sebeok, 1963, p. 465; 1965, p. 1014, n. 2)[1] have both a syntactical and a semantical side, as do studies (Ruesch, Mahl) of human nonverbal communication. The phenomenon

[1] In order to keep my list of references as short as possible, I will assume three recent books to be at hand and will not repeat bibliographical information given in them: Osgood and Sebeok (1965), Saporta (1961), and Fodor and Katz (1964).

of feedback is an example of something that belongs to pragmatics, since by its very nature it concerns users. (Feedback consists in something's functioning simultaneously, or in quick alternating succession, as speaker and as hearer.)

(5) A curious, rather unpredictable phenomenon of the past few years has been the renewed interest in the question: Is man unique? Do human beings differ in kind and in essence or only in degree and in inessentials from machines and from brute animals? These questions obviously have their semiotical aspects. In the absence of any other natural unifying principle by which to organize a survey of recent semiotic, I shall concentrate on such questions as these and make them my focus in the present paper.

Within semiotic, these questions have been posed with special reference to language, both because languages are among the more complicated semiotic systems and because of impressive recent advances in linguistics. Many of these advances have come from Noam Chomsky and his associates, who have referred to their school of thought as "the transformational approach" (hereinafter TRA) (Chomsky, 1958, in Fodor and Katz, p. 211 sq.). TRA has accompanied its technical linguistic findings by a philosophy of language and of linguistics, a philosophy of science, a *Weltanschauung*, and a psycholinguistic doctrine. Advocates of TRA claim that all these things go together, hand in hand, in no accidental fashion; but it will be my chief aim in Part III of this paper to combat their claim and to argue that the technical findings do not entail, or even particularly favor, the accompanying philosophy.

II. BEHAVIORISM

(6) Behaviorism as actually promulgated was quite different from what one would expect from the name. Behaviorism, the successor to functionalism, began as a twofold rejection of introspectionism. It denied (*a*) that introspecta are the proper object of psychology and (*b*) that they can explain behavior. In the writings of TRA, where (bad) behaviorism is contrasted with (good) mentalism, a cardinal point that unites the new mentalism with behaviorism and separates it from the old mentalism has been overlooked. This is the negative point that introspecta are of no value in explaining behavior. The 'constructs' postulated by the new mentalism are not introspected.

As a positive alternative to introspectionism, behaviorism proposed behavior as the proper object of psychology, and this is what the etymology of the name would lead us to expect. But the first behaviorists went on to propose a number of factual theses. It is this bundle (Wells, 1963, p. 48-49) of theses which for fifty years the word 'behaviorism' has, in actual usage, denoted.

Behaviorists differed somewhat in their 'nothing-buttism' as to whether introspecta are nothing but physical states. But there was and has continued to be general agreement that innate constitution plays a very small part in human nature, and conditioning (learning) a very large part. That is, as regards the nature-nurture issue, they assigned a small role to nature, and a large role to nurture.

Did human nature differ from brute animal nature? Whatever their answer, they seem pretty steadily to have attempted an assimilation: to construe man as being like brute, or differing from brute only in degree, so far as they could.

Behaviorism is an attempt at reduction. To speak only of its semiotic aspect, it attempts to reduce all signification, or semiosis, to 'response'. It denies the claim made by, for example, Cassirer (*Essay on Man,* p. 51, 1st ed. and p. 32, 2nd ed.) that "Symbols [. . .] cannot be reduced to mere signals. Signals and symbols belong to two different universes of discourse: [. . .] the physical world of being [and . . .] the human world of meaning."

Historically considered, behaviorism is an astonishing episode, because it largely consisted of repeating, in a different key, the theme of associationism. The reductive principles that associationism applied to introspecta, behaviorism applied to molar behavior. And associationism was only thirty years dead when its melody was heard again, transposed into the new key. Associationism did and behaviorism did not view responses as copies of their stimuli, but this difference is minor, because it is a difference in content, not in form. Moreover, the principle of conditioned stimulation hinges on the *pars-pro-toto* principle that something experienced concurrently with a stimulus can come to function as a stimulus of the same response. Thus behaviorism, like associationism, is a variety of the theory that the sign is a SURROGATE for what it signifies (Wells, 1954, p. 237 *sq.*; Saporta, p. 272, column A). Norbert Wiener (*Cybernetics*, p. 150) deems it an important difference between the two varieties that "Locke considers ideas and Pavlov patterns of action", meaning that behaviorism more than associationism is concerned with the modifiability of responses (this is its emphasis on nurture, mentioned above). Without wishing to deny the difference or to deny that it is important, I would say that since it was not because it treated responses as unmodifiable that associationism failed, the point of difference cannot be used to justify the behavioristic enterprise when the associationistic enterprise had proved a failure.

In what we may call a funeral-elegy on associationism, William James has this to say (at the end of his *Principles of Psychology,* published in 1890): "I must therefore end this chapter on the genesis of our mental structure by reaffirming my conviction that the so-called Experience-philosophy has failed to prove its point. No more if we take ancestral experiences into account than if we limit ourselves to those of the individual after birth, can we believe that the couplings of terms within the mind are simple copies of corresponding couplings impressed upon it by the environment." (Vol. 2, p. 688, cf. p. 676). How like this sounds to some judgments of Chomsky in *Cartesian Linguistics*. A further parallel between associationism and behaviorism is this: starting from the *prima facie* fact that 'couplings of terms' have two grounds, contiguity and resemblance, associationism tried to make contiguity fundamental and to reduce resemblance to it; but even among associationists, the reduction was widely thought to be unsuccessful. In the behavioristic theory of conditioning, contiguity (of the conditioned stimulus and the unconditioned stimulus) is taken as fundamental from the outset, and the phenomenon of resemblance between stimuli is a problem which is handled by the theory of 'stimulus generalization'; 'handled', but not handled adequately, and history repeated itself when it turned out that not even two grounds, contiguity and simple resemblance, were sufficient to describe associations (or conditionings). What psychologists needed in 1890, and still need in 1967, is to have a sophisticated, sensitive account of resemblance put at their disposal. (Cf. Section 9, below.)

What James called "the Experience-philosophy" is briefly stated by Locke in these words: "Let us then suppose the mind to be [. . .] white paper, void of all characters, without any ideas: – How comes it to be furnished? [. . .] To this I answer, in one word, from EXPERIENCE." (*Essay* . . ., 2.1.2). Leibniz, in a passage (*New Essays*, preface, p. 46-47) quoted by J. Katz (*Philosophy of Language*, p. 244), proposes to modify Locke's metaphor. For the sake of his modification he introduces an auxiliary modification, quite unobjectionable, by speaking not of a piece of paper but of a block of marble. Then, and here is his modification, instead of supposing the marble perfectly uniform in grain, color, lack of veins, etc. (which would be analogous to the uniform whiteness of

Locke's paper), he supposes that the task of a sculptor working with the marble is to expose the veins by cutting away from the block all the marble that is between them and the original surface. Leibniz means by his modified metaphor to suggest that the mind is not equally passive or receptive toward all impressions, but is more receptive to some than to others.

(7) That is, the mind has an innate character. But nothing like Leibniz's innatism is tenable today, because Leibniz, like all thinkers before Kant, failed to do justice to the differences between a concept (terms, idea) and a proposition (judgment).[2] A far more usable version of in-

[2] The irreducibility of the proposition to its parts (concepts) is discussed at greater length in Section 10.

Several authors in Ryle *et al.* (1957) make this point. Ryle (pp. 6-7) cites Bradley and Frege; Pears (p. 42) cites Bradley, and notes Bradley's influence upon Russell. Quine (1951, p. 40, 43, and 1953, p. 39, 42) cites Frege, and notes Frege's influence upon Russell. Undoubtedly both influences were major. Quine is biased in implying that Frege originated the insight; his originality lay rather in being the first to import it into symbolic logic. Frege himself, in an unpublished paper (shown me in a photograph copy by James M. Bartlett, and listed as N° 26 on p. 90 of Bartlett's *Funktion und Gegenstand*, published in 1961 by M. Weiss of München) cites Wundt's *Logik* (1880). Both Frege and Wundt use the chemical analogy that subject and predicate need each other like atoms in a molecule. As Frege develops the analogy, a predicate by itself is "unsaturated". In Frege's published work, the point is clearly made in *Grundlagen der Arithmetik* (1884, § 60, 62).

Focusing on the proposition and regarding the concept (or term) and the inference as subordinate to the proposition is a step that can be traced back to Kant. The clearest single passage is in the *Critique of Pure Reason* (pp. 67-69 of the first edition, pp. 92-94 of the second). Kant's treatment is plausible only because he stresses judgments of possibility (called "problematic" judgments), for then he can say: a concept is a concept only as it is capable of entering into at least a problematic judgment. We see this viewpoint reflected in Peirce, *Collected Papers*, vol. 5, section 547, p. 387.

The thesis of Kant, Bradley, Frege *et al.*, is taken up by Russell in two ways: (*a*) his doctrine that all knowledge is knowledge of propositions appears in one of his earliest books (1900, p. 51, § 22, and p. 164, § 100); (*b*) as Quine (*l.c.*) points out, Russell's conception of incomplete symbols – which contribute to the meaning of a sentence but don't have meaning in isolation – presupposes this thesis.

The thesis is prominent in Wittgenstein's *Tractatus*, both in a 'metaphysical' version which is stated at the outset ("The world is the totality of facts, not of things") and in a 'linguistic' version (these labels are mine), § 3.3: "... Only in the context of a proposition has a name meaning." Norman Malcolm (*Philosophical Review*, 60, p. 336, n. 3) shows how closely § 3.3 resembles Frege, *Grundlagen*, § 62. Here as everywhere in the *Tractatus* it is clear that "to the great works of Frege and the writings of my friend Bertrand Russell I owe in large measure the stimulation of my thoughts" (Preface, end).

The traditional and the Kantian thesis agree in distinguishing concepts (or terms) from propositions, and disagree only about their relative importance. But the doc-

natism is that of Charles Peirce, which, since it is so little known, is worth a fairly full exposition here. Peirce ascribes various innate powers to the human mind, but the one we are now concerned with is GUESSING ABILITY.

Peirce recognizes three kinds of reasoning: deduction, induction, and retroduction (which he also calls abduction). This trichotomy, like his trichotomy of signs, ultimately derives from his three categories, but the derivation is irrelevant here. Deduction may be left out of account at present; it is his sharp distinction between induction and retroduction that concerns us, particularly because of his contention that these two quite distinct operations of the mind are generally confounded. Retroduction is what nowadays is commonly called hypothesis, or, more accurately, hypothesis-formation. Peirce was by no means the first to discuss the method of hypothesis and verification, but he was the first to give a 'topic' of hypothesis, *i.e.*, to place hypothesis in a structurred relation to other reasoning operations of the mind. Among various other tasks this involved distinguishing between (*a*) advancing a hypothesis and testing (verifying, confirming or disconfirming) it, and (*b*) advancing a hypothesis and making an induction. (Testing a hypothesis consists partly of deduction and partly of observation; observation is neither deduction, induction, nor hypothesis, because it is not an operation of reasoning.)

Retroduction is for Peirce a kind of REASONING; his view is shared by those recent writers who have investigated a 'logic of discovery'. The difficulty in describing retroduction is to keep it a kind of reasoning, and yet to keep it distinct from deduction. Now if it were infallible and automatic, it would be deduction. But the opposite of automatic deduc-

---

trine has been put forward from time to time that no such distinction is necessary; we find it expressed in the *Cratylus*, 385*c* (it is not Plato's own view), and it is revived by Ogden and Richards (1938, pp. 257-260). It is worth mentioning here because it seems to be also the view of some (or all?) behaviorists, *e.g.*, C. E. Osgood.

What is at issue can be expressed in traditional grammatical and logical terms as follows. Words are classified as categorematic and syncategorematic; words of the former sort have meaning by themselves, words of the latter sort have no such meaning and have merely an auxiliary function in the sentence. Words are classified under parts of speech; on one common view, it takes at least two categorematic words, of different parts of speech, to make a full, proper sentence. But on the view of Ogden and Richards, categorematic words are all of the same part of speech, and a single such word is sufficient to constitute a full, proper sentence. They recognize that a sentence has a different function from a single word, but they invoke their concept of emotive meaning and find the uniqueness of the sentence in its emotive function.

tion would seem to be random trial and error, mere groping. Yes, but this is the EXTREME opposite; and the genius in Peirce's solution of the difficulty lies in his finding a way between these two 'horns of the dilemma'; and a way which it not a narrow path but a wide and generous plain. Between the two extremes of necessity and chance there is a continuous latitude; and from this it follows that whereas success in deduction is dichotomous – a deductive method is either valid or invalid – in retroduction it admits of degrees. All these degrees are in between utter chance, or chaos, and necessity, or perfect order. Peirce's insight into the gradient nature of retroduction is the application to logic of the same idea as appears in his tychistic account of the laws of nature as imperfectly, or vaguely, regular. (Cf. *Collected Papers*, vol. 6, sections 90 and 399 on the semi-regularity – he himself does not use this term – of the Milky Way.)

Since success in retroduction admits of degrees, we may rate retroductive methods by binary comparison. One retroductive method is better than another if it yields results less like what chance would yield. In order to get a determinate result, we may think of the limiting value in the mathematical sense and specify that the results which determine success are results 'in the long run'. As the process of binary comparison is what Chomsky (*Syntactic Structures*, p. 51) calls "evaluation", we may say that Peirce offers a model for an evaluation procedure of retroductive methods. Thus he lays the foundation for dealing with discovery-procedures.

Peirce has another suggestion, pertaining to human beings' guessing ability. Even if there is no automatic (deductive) method for generating hypotheses, still there is room for retroductive reasonableness in two ways.

(*a*) Hypotheses that occur to us spontaneously, thanks to our innate guessing ability, can be collected and reflected upon, the reflection including comparative assessments, before we begin testing any of them. This reflective consideration will include attempting to learn the lessons of the history of science. Comparative reflection may issue in setting up a hierarchy, a preferred order, of testing a set of hypotheses. (What must be one of the first studies ever published on the strategy of research was published by Peirce in 1879, and is reprinted in *Collected Papers*, vol. 7, sections 139-157. Given a set of rival hypotheses, Peirce proposes to weight each by (*a*) its judged likelihood of being true, and (*b*) the cost of testing it.)

(*b*) Even if there is no general method for generating hypotheses, there may be limited methods, even automatic (and so, in a broad sense, deductive) methods. In particular, given a hypothesis, modifications of it – variations upon the theme – may be systematically worked out. Peirce's most striking and most fully discussed example is Kepler. (*Collected Papers*, vol. 1, sections 71-74: "greatest piece of retroductive reasoning ever performed"; vol 2, sections 96-97; vol. 5, section 362, and added note of 1893; Wiener-Young, p. 357, n. 39 to p. 288.) That planetary motion should be circular about the sun is no doubt a more natural idea than that it should be elliptical with the sun as one focus; but (according to Peirce) Kepler, starting from the natural idea and finding it untenable, undertook to modify it in systematic ways, and that is how he arrived at his elliptical hypothesis. The leading idea behind systematic modification is that, even if the modified hypothesis is not true, it may be in the neighborhood of the truth, or may contain a significant element of truth.

Peirce has an explanation for human beings' guessing ability, namely that it arose Darwinianly by natural selection.[3] We may easily leave aside this explanation, if we please, as also his attempt to treat the guessing ability as an instinct. (In keeping with his prevailing attempt to generalize, Peirce made a further attempt to assimilate habit to instinct.) If by instinct we mean, simply, any potentiality (or disposition or propensity) for response which is not an acquired, or learned, potentiality, then we will need to introduce the distinction between ontogeny and phylogeny, and to specify whether the acquisition we are concerned with is acquisition on the part of an individual or of a kind (a species, or the like). At the present day the disagreement between behaviorists and self-styled "mentalists" concerns individuals, not kinds; and Peirce's view of guessing ability is that it is an instinct as far as human individuals are concerned. This could be admitted without admitting any assumption about human evolution or about the inheritance of acquired characters.

(8) I mentioned Peirce's theory of guessing ability because it lends itself so beautifully to some current views on language-learning ability. Peirce

[3] An interesting essay of Peirce's on guessing was published by P. Weiss in *Hound and Horn*, 2 (April-June 1929); 267-282, and, in part, was reprinted in *Collected Papers*, vol. 7, sections 36-48. The editor dates is *ca.* 1907.

Here is a list of some places (cited by volume and section – not page – of *Collected Papers*) where Peirce presents his theory of guessing. Except for 2.753-4 (published in 1883), they all, like the "Guessing" article, belong to the years 1901-1908. 2.753-4, 755; 5.591, 603-4; 6.476-7, 491, 500 near end, 529-31; 7.220, 672.

says that if we did not have this guessing ability, then only by the most improbable chance would mankind have arrived at the laws of nature as quickly as it did. This resembles the argument that the language-learning child could not be mere trial and error arrive in the time that it does at a mastery of language, because the number of trials to be made would be so fantastically large.[4]

It is obvious that one can conceive other innate dispositions besides guessing ability. Basically, the sole argument for supposing such and such an ability or disposition to be innate is the indirect argument that it cannot be accounted for as acquired. And our indirect argument may take either the *a posteriori* form of trying to account for the disposition as acquired, and failing, or what may be called the *a priori* form of showing that acquisition would take more time than is available. Arguments of the latter form have been advanced by TRA.

(9) The first thing we should do in discussing behaviorism is to make provision for recognizing varieties of it, treating it as a family or genus of systems rather than as an indivisible and monolithic system. Even if in fact its 'bundle' of propositions has held together tightly over the past fifty years, we want to be prepared to consider possible systems that are as yet unrealized. In the matter of innate potentialities, for instance, there is room for wide variation as to what primary potentialities are postulated, what variations in degree or of other sorts they admit, and in what ways secondary potentialities can be derived from primary ones.

Again (cf. Section 6), behavior theory posits relations of similarity between various stimuli, and between various responses. To the best of my knowledge, no behavioristic treatment yet put forward has dealt in an adequate way with similarity, doing justice to such *a priori* truths as that similarity is similarity in a respect, that within certain respects there are different degrees of similarity, that similarities and dissimilarities may weigh against each other (A may be judged very similar to B

[4] Miller, in Miller, Galanter, and Pribram (1960), pp. 145-148, seems to be the primary source for this argument in the eyes of recent writers. This place is cited by Miller and Chomsky (1963, p. 430), Miller (in Osgood and Sebeok 1965, p. 299), and Diebold (1964, p. 231). The basic argument is that whatever process is under discussion (learning a first language, interpreting a given sentence, etc.) takes less than the minimum time demanded by model M; from which it follows that M is factually inadequate. The argument is logically sound, but this has no bearing on whether the premisses are themselves factually correct. Damerau (1966, p. 71) for example, indicates conditions under which the minimum would drop considerably below Miller's estimate.

in some respects and very dissimilar in other respects), etc. It is not surprising if, when behavioral theory comes to attempt a treatment of language, and tries construing mastery of a language-rule as a kind of stimulus-generalization, it should founder on its inadequate treatment of similarity. We want, therefore, to be conceptually prepared for a behavior theory, even if not yet existent, that had an adequate treatment. I may add that such treatment would necessarily include recognition of higher-level similarities.

A point (rather generally neglected) that not only behavior theory, but linguistics and every science should keep in mind is this. It is a point of strategy. Even if simplicity of some sort is the ultimate aim of every scientific theory, it may be that this aim is most efficiently achieved if it is not made the immediate aim. It may be the case – and I would argue that it often is – that in theory construction the most efficient strategy is to have two stages. In the earlier stage, simplicity is given little attention and the focus is on adequacy. The second stage takes the adequate theory as its input and aims to replace it by an equally adequate but simpler theory. Adequacy and simplicity being independent properties, and each of them being hard to find, separating the search into two parts is likely to be the most efficient strategy of procedure.

The separation has the incidental benefit of aiding collaboration with other sciences. One sees that in behavior theory, speaking broadly, simplicity has been the prime goal and adequacy has been given second place. The criticisms that have been brought against it – both those by psychologists and those brought by nonpsychologists, including linguists, have attacked the adequacy, not the simplicity, of behavioral theories. What has happened is that behavior theory has inverted the logical order of these two goals and tried to enter stage two from the outset. In Section 14 some considerations will be presented that partly justify this overweening preoccupation with simplicity, but the fact remains that an adequate theory of human behavior is still a desideratum.

Collaboration between sciences is often compared with bridge-building, and this analogy will be of some service to us here. One thinks particularly of those bridges whose construction proceeds simultaneously from piers at each end, the coupling of the two halves taking place in the middle. In the psycholinguistic bridge, one can imagine that each collaborating science would supply some facts for the other to take account of, but at least in the last few years the dependency has been rather asymmetrical, in that linguistics has given more facts than it has received. A point that TRA has urged with special vigor is that no psychological theory can claim adequacy that does not explain these facts. But defenders of TRA have muddied the waters by confounding linguistics with logic (and with the science of *a priori* truth in general), construing 'linguistics' so generously that the science of necessary truth becomes swallowed up in it. No useful and legitimate purpose is served by this terminological legerdemain; and accepting it we would need to reintroduce within linguistics the distinction formerly expressed by contrasting linguistics with logic, etc. Let us then stick with the traditional terminology. Using terms traditionally we may say that behavior theory, to be adequate, must explain the facts of logic as well as the facts of linguistics; must explain, that is, not the TRUTHS of logic, but the fact that human beings understand some of these truths.

(10) One basic logical truth that many human beings understand is that every sentence must have at least two components in its expression, the logical subject and the logical predicate. The logical subject and logical predicate are functionally distinct, although the signs used to express them are not always intrinsically distinct (*e.g.*, sometimes the functional difference is marked only by a difference in word order). There may be more components than two, but there must be at least two. All human beings who understand this truth will, when they turn their attention to facts of natural languages, apply it by interpreting every language in such a way that this truth is conformed to. Any sentence that appears to have only one functional part will either (*a*) be treated as elliptical, or (*b*) be viewed (like the 'one-word sentences' of child language) as not really a sentence after all, but only a signal, or (*c*) be broken up into functional parts even if the expression as such cannot be broken up into expressional parts. (Much as, in a syllabary, each atomic expression is functionally bipartite, doing the same work as two letters in an alphabet would do.)

Our examination has shown us that the proposition, "Every sentence of every language has at least a subject and a predicate", is not an empirical proposition – in particular, it is not an inductive generalization; it is a stipulation, true *a priori,* and stipulated on the basis of an understanding of logic. Linguistics applies logical truth, just as science in general applies mathematical truths, but the truths so applied remain logical, or mathematical, and do not through application become linguistic or otherwise natural-scientific.

An otherwise telling critique by Fodor of a certain behavioristic attempt fails to get to the bottom of the matter, and fails for confusion of logic with linguistics. It is established by logic, not by the natural (empirical) science of linguistics, that the functional relation between subject and predicate cannot be reduced or assimilated to the logical relation of conjunction. Yet that is just what Mowrer tries to do, in the attempt criticized by Fodor.[5] The logical point not made clear by Fodor is the following.

In the matter of complex versus simple stimuli and responses, the only operation by which behavior theory (so far) has allowed complication to be effected is 'addition', or 'summation'. When we inquire what work the concept of 'addition' does, we find that it is to be reduced to logical conjunction thus: "R is a response to S" means, roughly: "When S occurs, then R occurs" (S and R, it is to be recalled, are events). And "R is a response to $S_1 + S_2$" means: "When S_1 occurs and S_2 occurs, then R occurs". Similarly, "$R_1 + R_2$ is a response to S" means: "When S occurs, then R_1 occurs and R_2 occurs". (Since conjunction is built into S-R theory under the rubric of addition, and negation is built in under the rubric of inhibition, and since all truth-functions can be built out of conjunction and negation, S-R theory does have at its disposal a means of accounting for human beings' understanding of the truth-functional part of logic.) But whereas 'molecular' sentences (to use the terminology of *Principia mathematica*), functioning as stimuli or as responses, can be construed as built (by addition and inhibition) out of component stimuli or responses, 'atomic' sentences cannot. This is the truth that Mowrer failed to grasp, and that Fodor failed to press in his critique.

As regards the higher mental processess, behavior theory, like its ancestor associationism, is in the stage of insight that ended with Hume. It has never caught up with the insight first sharpened and made fundamental by Kant, that judgment cannot be reduced to conception. And if TRA, seeking a forbear in the seventeenth century, wishes to move forward and not backward, it must make it very clear that whatever other affinities may be found, useable hints for an innatistic, mentalistic psychology cannot be found in Descartes and Leibniz and their like unless purged of this particular error. Descartes was less deeply plunged in the error than Leibniz, but even in Descartes the anticipation of Kant's insight is no more than an occasional spark, soon extinguished.

(11) From the field of logic I have singled out one very basic, very elementary truth. It is only a sample. Let me now consider a sample

[5] (1964). He refers to Mowrer (1960).

truth of mathematics: "Every integer has a successor". Every educated normal human being knows this truth, and knows at least one language or other notational system that provides a distinct name for each integer.

Now the knowledge of this truth entails (among other consequences) being able, in principle, to respond to an infinity of distinct stimuli with distinct responses. There will still be this double infinity, in principle, if we simplify the discussion by considering that all the stimuli are of the interrogative form, "What is the next integer after x?", and that all the responses are of the declarative form, "y is the next integer after x". The qualification 'in principle' raises questions which I will take up in Section 22, apropos of the distinction proposed by TRA between competence and performance.

The kind of knowledge illustrated by the present example is often characterized as knowledge of rules, as contrasted with knowledge of individual truths. TRA has focused attention on LINGUISTIC rules, but this is a mistake, because it suggests that language is somehow distinctive or unique in the problems it poses for behavior theory. In raising the problem of knowledge of infinite rules, I deliberately chose an arithmetical example to correct this misleading suggestion. It might even be argued that a logical example would be still better, because infinity is essentially involved in the logical word 'every', but the argument would involve questions in the philosophy of mathematics that are of marginal relevance to behavior theory. The problem for behavior theory is to predict each distinct response when it is given as a datum which of the infinitely many stimuli is offered.

(12) I have given two examples of facts based on *a priori* truths that an adequate behavior theory must explain. Now I will give two empirical facts.

In those linguistic changes called analogical, the model for change is not always, or even usually, more frequent than that which is displaced by the change. No simple one-man-one-vote principle it at work; just as in the influence of dialects upon one another the influence is some positive function of prestige, so in analogical change one item may have more weight than two or more items with which it is in contest.

When the less frequent item furnishes the model for the more frequent, we attempt to find the reason in the structure of the system to which the items belong. There has been relatively little success in doing this in any way exact enough to make prediction possible. To find such structures is the task of the linguist, but in the meanwhile the psychologist should be aware of the facts and not try to distort them. In particular, he should not try to excuse himself from predicting the difficult cases on the ground that they fall within his allowable range of error.

A perusal of Osgood and Sebeok (1954), of Saporta (1961), and of Diebold (1964) does not disclose any recent work on analogy except the very vague suggestions in Osgood and Sebeok, p. 151, purporting to draw deductions from a paper of 1949 by Osgood, in which frequency and similarity are proposed as determining factors. Diebold (p. 254) notes the importance of the topic but does not add any recent references. We see from the work reported in Miller (1951, p. 194-195) that the favored psychological approach is experimental. I offer the suggestion that psychologists should give some effort to working theoretically on linguistic data already at hand. The experimental setups so far devised do not catch the higher-level linguistic structures that, according to the linguists' hypothesis, are responsible for those analogical changes where the less frequent dominates the more frequent.

(13) Bloomfield stressed the phenomenon of "displaced speech", and recognized that it made difficulties for behavior theory. The mediating-response variety of behavior theory made attempts to provide for it, which, however, proved to be spurious. (If the only difference between mediating responses and overt responses is that the former are unobservable, then mediating-response theory will posit one-to-one correspondence between mediating and overt responses, and will then suffer the inadequacy exposed by Fodor (1965). As to whether mediating and overt responses correspond one-to-one, I cannot shake off the impression that mediating-response theory tries to have it both ways.) There is no question that much verbal response does show the influence of stimuli that are near in space or in time to the speaker; basically this is the positive, valid point that Skinner makes in his book *Verbal behavior*. But there is also no question that much verbal response does NOT show such influence, and this is a linguistic fact that psychologists have shown a marked tendency to ignore.

(14) To judge of the success of behavior theory in building its half of the psycholinguistic bridge, we must consider its standards. What is its aim?

Behavior theory is not deterministic, even in principle; it is probabilistic. This means that, as compared with any exact model, it does not even aspire to do any more than to approximate it. But it is usual in the human sciences to have two-part models of the following sort: one part of such a model is exact and precise; the other part accounts for discrepancies between the exact part of the model and the variable, erratic, fallible behavior of the human beings which the total model is intended to describe. Such two-part models are not confined to the human sciences – Michael Scriven in a *jeu d'esprit* has found the essence of physical laws in their inaccuracy –, and the theory of "errors of observation" was first developed in physical science. But Part II is more important in the human sciences.

In what way can a two-part model of human behavior be represented within behavior theory? Only by a representation which ignores the distinction of the two parts, in other words by a one-part representation.

To get a concrete example, let us consider how this representation would work out in the case of Chomsky's two-part model of language. In Part I, a language is an infinite corpus: in Part II, finitude (limitation) enters in through his distinction between competence (which is infinite) and performance (which is finite). (I am only speaking of his model of LANGUAGE; no model of SPEECH-PRODUCTION is under discussion at present.) This distinction has some important consequences which Chomsky has not yet discussed, but only two of these will concern us here. (*a*) In the infinite language, sentences come in pairs (because every sentence has a negation), but this is not in general true of that subset of the language that is at some time or other actually spoken and heard (actually performed, we might say), for the reason that, by and large, people utter truths rather than falsehoods, and they make relevant utterances more than irrelevant ones. The performed subset, then, has a bias. (*b*) This bias is responsible for various statistical properties of the performed subset. And thus it is that statistical properties of speech embody some but not all properties of the infinite language.

Now, the statistical study of speech being adapted to a one-part rather than a two-part model, it is natural that behavior theory, likewise having a one-part structure, should find statistical facts particularly amenable. STATISTICAL LINGUISTICS, LIKE BEHAVIOR THEORY, IS INTERESTED IN WHAT A SPEAKER WOULD SAY (and in what a hearer would have occasion to interpret) RATHER THAN IN WHAT HE COULD SAY. And both behavior theory and statistical linguistics can be thought of in two different ways, which call for very different judgments of their success. Thought of in one way, their aim is basically the same as that of linguistic theory, *viz.* to furnish an explanatory model for language; so thought of, they come off embarrassingly second best in competition with a two-part model.

But there is another way of thinking of them, which takes them as offering not models but projections (like a Mercator projection) or perspectives. Taken in the second way, they might be compared with a photograph under infra-red light or under x-ray. Nobody expects an x-ray photograph of a thorax to look as the dissected thorax would look, but still it has several advantages; for one thing, it abstracts in useful ways, and for another, x-raying is much easier than dissection. The techniques of behavior theory, of statistical linguistics, of information theory (for example in Shannon's concept of "orders of approximation"), of factor analysis (for example, Osgood's "semantic differential") may prove to be quite successful if we think of them not as models but as projections.

Moreover, the question how these techniques might be improved will receive a different answer depending on which way we think of them. It is easy to think of ways in which behavior theory, taken as a model, might be improved in respect of realism. A student of the higher mental processes would think at once of three welcome enrichments: (*a*) various innate dispositions, such as concept-forming ability, guessing ability, etc., (*b*) a mechanism for retaining (instead of immediately discharging) responses, and (*c*) recognition of variations in state so that a particular organism will have, within limits, a variable nature; the variations in state currently provided by drive-reduction, etc., do not seem to be sufficient. But would these enrichments be worth their cost? It might be that the enhancement of predictive power is not of the same order as enhancement of the framework, in which case the cost would be too high for behavior theory regarded as a projection, even if not too high for behavior theory regarded as a model.

III. THE TRANSFORMATIONAL APPROACH

(15) I shall now list a number of points in which Chomsky and his associates in the Transformational approach (TRA) have taken backward steps in psycholinguistics.

Instead of either a fairly meticulous characterization of behaviorism or else a provision (such as I have given) for 'untying the bundle' and thus dealing with modifications, TRA works with a series of equations and identifications.

(16) For instance, an affinity is alleged (Katz, 1966, p. 247) between

the "taxonomic approach" in linguistics and behaviorism in psychology, on the ground that both oppose theory. But the sole specifiable common feature is the negative one that both try to replace inferred entities by "logical constructions" (in Russell's sense). At least three significant features of difference can be specified.

(*a*) The so-called taxonomic approach (alias "Descriptive Linguistics") aimed to describe the linguistic facts in a way that was explanatorily neutral, *i.e.*, that did not favor, or presuppose, any one explanatory theory over others. Behaviorism, *per contra*, had for its thesis the theory that all – or some – behavioral facts could be explained by a fairly simple S-R model.

(*b*) Although Bloomfield (*a*) played a major part in founding Descriptive Linguistics and (*b*) espoused behaviorism of some stamp and (*c*) said that linguistics *qua* linquistics should not espouse *any* psychological school of thought, this singular personal collocation of opinions is insignificant in establishing an inner affinity. Bloomfield, not *qua* descriptive linguist but *qua* behaviorist, rejected mentalistic explanations, but only on the ground that they were tautological. If someone were to make it plausible that non-tautological mentalistic explanations are possible, the sole ground that Bloomfield gives for rejecting would not apply against them.

(*c*) The primary object of Descriptive Linguistics (as this school of thought actually did its work in the nineteen thirties, forties, and fifties) was language; the primary object of behaviorism has always been speech, not language. TRA has often (like most schools of linguistic thought) stressed the importance of distinguishing facts, problems, and theories of speech (Saussure: *la parole*) from facts, problems, and theories of language (Saussure: *la langue*). The Descriptive Linguistics Approach (DLA) could easily be applied to speech, but the behavioristic approach could not be extended to language, because the conception of language as a set of habits presupposes a one-part model. Thinking of the essence of behaviorism as determined by what people who have called themselves, or have been willing to be called, behaviorists over the past fifty years have been willing to modify and what they have clung to as central, I would think that adherence to a one-part model was essential to behaviorism.

(17) We are given to understand that TRA sides with mentalism. But on inspection we see that alongside of features – such as the admission of non-behavioral 'constructs' to explain behavior–shared with full-fledged

mentalism, TRA psychology has features shared with behaviorism, such as refusal to use introspected contents as explainers.

(18) TRA, distinguishing speech from language, has concentrated too exclusively on language. It may make sense for a research program to concentrate and specialize in one area for some limited period of time, but it doesn't make sense to deny the existence or value of other areas. TRA has deprecated a number of recent contributions to speech theory – statistical linguistics, information theory, the theory of finite state models – not by denying their existence, but by denying their value, that is their relevance for language theory.

(19) A very general fault of TRA is that it fails to make its points with proper generality. Too often it is like Aristotle's geometer who (*Posterior Analytics*, 1.4 : 73*b* 32) proves that every isosceles triangle has the sum of its angles equal to two right angles; the fault is that equality to two right angles is not "a commensurately universal [see 73*a* 26 for a definition of this term] attribute of isosceles; it is of wider application" (Oxford translation). Too often TRA makes points about language which are true of language but not commensurately universal with it; such statements have the misleading effect of exaggerating the importance of language. I have already discussed (Section 8) the example of language-learning ability, which should be subsumed under guessing ability and (Section 11) the understanding of recursive rules; a third instance is that TRA speaks as though language were THE distinctively human ability, whereas it is, at most, an ability upon whose exercise a number of other distinctively human abilities depend for THEIR exercise.

(20) Here is another case where commensurate universality is neglected. I get the impression from TRA writers that behaviorism failed because the human mind cannot be reduced to stimulus and response. But reductionism in general has failed, and the proper point to make is not that behaviorism failed because of its particular candidate for reduction, but because it is a reductionism.

(21) Nor is any scientific value gained by claiming[6] that man's linguistic powers are 'essentially different' from those of brutes. Within certain limited domains, claims of this sort can be given a precise sense,

[6] Miller (in Osgood and Sebeok), p. 298; Chomsky (in Fodor and Katz), p. 88, n. 35.

as for instance (in Chomsky's *Three Models*) that phrase structure grammars are essentially more powerful than finite state grammars. Now if the claim were to be made that man's intellect is essentially more powerful than that of any brute, it would turn out that the precise claim was the same as before. The difference between (self-embedding) phrase-structure grammars and finite state grammars is that the former employ recursive rules; and the argument about man is this: Man (as language-user) can employ recursive rules; no brute can employ recursive rules; therefore man is essentially different from brutes. (The defense of these premisses involves the distinction between competence and performance, to which I will come shortly.) But to paraphrase the difference stated in the premisses is to go gratuitously beyond them, with these ensuing disadvantages: (*a*) (again by disregard of the commensurate universal) it is suggested that this constitutes the whole difference between man and brute, and the essence of human nature, (*b*) the question whether it is worth while applying the behavioristic model to an organism whose competence includes recursive rules is not touched.

The old issue whether the difference between brutes and man is one of degree or of kind cannot be considered a scientific question until criteria for settling it are put forward. It would be excessive to demand conclusive settlement, but we must have something more than, *e.g.*, a mere statement that understanding versus lack of understanding of recursive rules constitutes a difference of kind.

Philosophical clarification is needed to settle the question whether 'different in degree' and 'different in kind' are mutually incompatible. (Of course 'different ONLY in degree' and 'different in kind' are incompatible.) Samuel Butler [7] came to the reasoned conclusion that dogs and cats had language like ours but more limited. In his judgment, the fact that human language is articulated into nouns and verbs whereas brute language is not was not a difference in kind.

(22) The question is complicated by the contrast of competence with performance. Man feels himself to be infinite in some sense and finite in some sense, and the task confronts the analytic thinker of reconciling these two senses by sufficiently clarifying them. Chomsky's distinction (mentioned in Section 14 and 21) between competence and performance may be regarded as contributing toward this clarification. Linguistic competence is infinite, in the respect that he who understands a lan-

[7] Reprinted from his *Collected Essays* (Shrewsbury edition), vol. 2 (1925), by Black.

guage – any natural language – is able in principle to utter and to interpret infinitely many distinct utterances of that language. If he doesn't have that ability in practice, that is because his 'performance' is finite. (The suggestion has been made that limitations upon performance may be described, more specifically, as limitations upon memory.)

The reason why this is a complication is that if we can apply the contrast to man, why should we not apply it to the brutes? To posit an infinite competence which we then cut back by an infinite incompetence (the limitations upon performance) to yield, as net result, a finite performance is rather like the proposal of the White Knight, quoted by Eddington:

> "For I was thinking of a plan
> To dye my whiskers green,
> Then hide them with so large a fan
> That they could not be seen."

It can easily be supposed that brutes have an infinite competence for using recursive rules, but that competence is rendered null by their having such severely limited memories that they forget to apply these rules, or that they immediately get bewildered in making the attempt. The supposition may be gratuitous, but it is hardly less so in the case of man. I can think of just two reasons that someone might give for its not being gratuitous in the case of man. (*a*) We feel ourselves to have infinite competence, and don't feel that brutes have infinite competence. (*b*) We do understand recursive rules, and every recursive rule determines (generates) an infinite set, therefore we understand infinite sets. Argument (*a*) (which I have not seen advanced by TRA) deserves consideration in philosophy, but has no footing in empirical science. Argument (*b*) is my attempt to state, in a forceful way, the chief – rather, the sole – argument advanced by TRA in support of man's infinite competence. A careful exposé of the equivocations involved in this argument is more than I can undertake at present; I must content myself with the brief comment that if from its conclusion one were to draw the further conclusion that we can, in principle, produce an infinite set, then he would either be begging the question or making his further conclusion true by stipulating the meanings of the key expressions 'can' and 'in principle'.

(23) TRA hopes to help build the psycholinguistic bridge by establishing language universals. But it has so emphasized universals and so deprecated differences between one language and another, and one dialect

and another, that (unwittingly) it has taken a static view of language.

Indeed, this has been so from the beginning. A tendency to dichotomize, to see in black and white, to ignore all intermediate possibilities, has been a persistent flaw in TRA so far. It first manifested itself in its position on discovery procedures, but the manifestation that concerns us here is the attempt (in Part I of the theory, concerned with competence) to conceive a language as sharply defined. The attempt is made at two places in the theory: (*a*) agreement between all 'fluent' users of a language is emphasized, and the differences between them minimized; (*b*) it is proposed that there must be a sharp, clearcut borderline between what is allowed by the language and what is not.

It would be admissible, and even commendable to conceive each language sharply provided that vagueness and uncertainty were admitted indirectly. Fitting an abstract model to the empirical facts of language is comparable to measurement in physical science, *i.e.*, to assigning an abstract number to the empirical data. As Felix Klein puts its, "an axiom, instead of being a careful formulation of determinate facts of intuition, is a 'postulate by means of which I introduce exact statements into an inexact situation' " (the embedding paraphrase is Nagel's [8]). There are infinitely many abstract models that will equally well fit a given finite body of empirical data, so the choice between them cannot be made on empirical grounds.

Chomsky hopes that the choice can be narrowed down to one best model by imposing two further requirements: (*a*) simplicity and (*b*) the requirement that all languages have the same "deep structure". I will not pause to consider the likelihood that imposing these requirements would have the desired effect, because, assuming for the time being that it would, I want to call attention to a definite disadvantage of this effect: it would make an explanation of linguistic change impossible.

The only account of linguistic change that makes sense is a uniformitarian one, and a uniformitarian account must be one according to which linguistic change in our language takes place before our very eyes (and ears) without our being aware of it; or, at most, we are aware of changes that seem to us insignificant, and unconnected with the great changes of which history assures us. Now – I reserve the argument for another paper – the only way in which this can happen is that there be a synchronic reflection of diachronic diversity (in other words, of change); somewhat as, in the differential calculus, a differential is an instantaneous reflection of a differentiable time-function. The synchronic

[8] Klein (1870), quoted in Nagel (1939), p. 209.

reflection of diachronic diversity will be synchronic diversity of that special sort called ambiguity; and a linguistic framework that fails to describe users as being in a sitaution with many ambiguities will not be able to describe language change.

An attempt of the sort that Chomsky seems to envision serves the purpose of the synchronic linguist, and defeats the purpose of the diachronic linguist. This is why I said at the beginning of this section that TRA is (unwittingly) static. It talks much of explanation, but the explanations that it has in mind are not diachronic explanations. It emphasizes its differences from Descriptive Linguistics, but overlooks the resemblance that it confines its attention to synchronic states of languages, with no attention to diachrony and dynamics. Not that it must always do this; the 'bundle' of features that make up TRA as it has hitherto been preached could be untied, and those features that make it inherently unable to deal with linguistic change discarded.

(24) Affine with the lack of 'commensurate universality' whereby TRA exaggerates the importance of language is its persistent suggestion that what distinguishes man from brute is a certain infinite power of understanding roles. So far as this suggestion is retracted, or neutralized, by the external imposition of a finite 'performance', I have discussed it in section 22. But, apart from that, there are many human qualities that do not involve this alleged infinity, and even within language distinctively human powers are involved that do not involve the infinite. Chomsky has tended to dismiss as 'trivial' every linguistic problem that does not involve the infinite; he has made the mathematical distinction between finite and infinite his central concern. Presentation of an argument against this must wait for another occasion, but meanwhile I raise the question whether the mathematical infinite offers a sufficient and satisfactory ground for characterizing the hominity of Homo, or even the sapience of Homo Sapiens.

REFERENCES

Black, M., ed.,
1962 *The Importance of Language* (Englewood Cliffs, N.J., Prentice-Hall).

Damerau, F. J.,
1966 *The Role of Markov Models in Linguistic Theory* (New Haven, Conn., Yale University) (Ph.D. Dissertation).

Diebold, A. R., Jr.,
1964 In: Osgood and Sebeok, pp. 205-291.

Fodor, J. A.,
1965 "Could Meaning be an p_m?", *Journal of Verbal Learning and Verbal*

Behavior, 4 (1965), 73-81.

Fodor, J. A. and J. J. Katz,
1964 *The Structure of Language: Readings in the Philosophy of Language* (Englewood Cliffs, N.J., Prentice-Hall).

Katz, J. J.,
1966 *The Philosophy of Language* (New York, Harper and Row).

Miller, G. A.,
1957 *Language and Communication* (New York, McGraw-Hill).

Miller, G. A., E. Galanter and K. Pribram,
1960 *Plans and the Structure of Behavior* (New York, Holt).

Miller, G. A. and N. Chomsky,
1963 "Finitary Models of Language Users", pp. 421-491 in: R. D. Luce, R. R. Bush and E. Galanter (eds.), *Handbook of Mathematical Psychology*, Vol. 2 (New York, John Wiley).

Mowrer, O.,
1960 *Learning Theory and the Symbolic Process* (New York, John Wiley).

Nagel, E.,
1939 "The Formation of Modern Conceptions of Formal Logic in the Development of Geometry", *Osiris*, 7, 142-224.

Ogden, C. K. and I. A. Richards,
1938 *The Meaning of Meaning*, 5th ed. (New York, Harcourt Brace).

Osgood, C. E. and T. A. Sebeok (eds.),
1964 *Psycholinguistics: A Survey of Theory and Research Problems*, 2nd ed. including A. R. Diebold, "A Survey of Psycholinguistic Research 1954-1964", and G. A. Miller, "The Psycholinguists" (reprinted from *Encounter*, 23, [1964], 29-37).

Quine, W. V.,
1951 "Two Dogmas of Empiricism", *Philosophical Review*, 60, 20-43. Reprinted in Quine (1953), pp. 20-46.
1953 *From a Logical Point of View* (Cambridge, Mass., Harvard University Press).

Russell, B.,
1900 *A Critical Exposition of the Philosophy of Leibniz* (Cambridge University Press).

Ryle, G. *et al.*,
1957 *The Revolution in Philosophy* (London, Macmillan).

Saporta, S., ed.,
1961 *Psycholinguistics: A Book of Readings* (New York, Holt, Rinehart and Winston).

Sebeok, T. A.,
1963 "Review of Three Books on Animal Communication", *Language*, 39, 448-466.
1965 "Animal Communication", *Science*, 147 (3661), 1006-1114.

Sellars, W.,
1950 "Language, Rules, and Behavior", pp. 289-315, in: S. Hook (ed.), *John Dewey: Philosopher of Science and Freedom* (New York, The Dial Press).

Wells, R.,
1954 "Meaning and Use", *Word*, 10, 235-250. Reprinted in Saporta, 269-283.
1963 "Some Neglected Opportunities in Descriptive Linguistics", *Anthropological Linguistics*, 5, 39-49.

Wiener, P. P. and F. H. Young, eds.,
1952 *Studies in the Philosophy of Charles S. Peirce* (Cambridge, Mass., Harvard University Press).

8

SOCIOLOGIE DE LA CULTURE ET SÉMIOTIQUE

STEFAN ZOLKIEWSKI

(1) Tous les faits de culture, aussi bien les produits de l'homme que les œuvres de la nature intégrées dans la culture et remplissant des fonctions symboliques, sont objet de réflexion sociologique. Le besoin de celle-ci se justifie par les avantages que présente la connaissance de la relation entre le style de l'ensemble des mœurs d'une société donnée et les rapports sociaux qui lui sont propres. Cela semble constituer la problématique classique de toute sociologie de la culture ou de ses domaines particuliers, tels que l'étiquette, l'éducation des jeunes, l'utilisation des loisirs, la littérature ou l'art, la magie ou la mythologie. C'est de cette manière que Lévi-Strauss semble avoir posé le problème dans *Tristes tropiques* en intitulant l'un des chapitres: "La société des indigènes et son style". L'auteur y affirme que, pour comprendre un style, il importe de dépasser les limites de l'analyse stylistique. Il faut être en mesure de répondre à quoi sert un fait de style marqué et décrit en fonction des caractères stylistiques qu'il offre.[1] Ayant décrit les rapports sociaux d'une tribu et les structures formelles du style de ses arts plastiques, il en arrive à la conclusion que les arts servent à résoudre, sous une forme transposée dans la sphère des phantasmes, les contradictions de nature sociale propres à cette collectivité. Lévi-Strauss interprète les arts graphiques de la tribu étudiée comme la projection de la vision "d'une société qui cherche, avec une passion inassouvie, le moyen d'exprimer symboliquement les institutions qu'elle pourrait avoir, si ses intérêts et ses superstitions ne l'en empêchaient".[2]

Le schéma de compréhension que nous venons de décrire est effectivement un schéma-type et se reproduit, avec ses éléments essentiels, ses

[1] *Cf.* S. Zolkiewski, "Notes on the Relationship between Style and Culture", in: *Poetics*, II (La Haye, 1966).

[2] C. Lévi-Strauss, *Tristes tropiques* (Paris, 1955), pp. 199, 202, 203.

relations et ses modes de démarche investigatrice, dans toute analyse portant sur les différentes sociologies de la culture. Ce qui y est particulièrement significatif et qui mérite une réflexion méthodologique, c'est qu'on s'y réfère à la conscience en tant que sphère médiatrice entre les rapports sociaux (ou plutôt une situation historique précise qui les traduit) d'une part, et le style d'un objet culturel donné, de l'autre, ce style – comme nous le pensons à titre d'hypothèse – devant traduire la réaction signifiante de l'auteur à cette situation historique. Ce schéma suppose, cela va sans dire, notre connaissance de la structure des rapports sociaux donnés et, par conséquent, des propriétés structurelles de la situation historique elle-même. D'un autre côté, se trouve présupposée également la connaissance, antérieure et indépendante de toute autre considération, de la structure du fait culturel qui nous intéresse et dont on a décrit les caractères stylistiques. Or, pour arriver à comprendre le style des faits culturels envisagés et à saisir les relations entre ses traits spécifiques et les rapports sociaux précis, on est amené à s'interroger sur la fonction que remplit la catégorie des faits de culture donnés. L'hypothèse que nous assumerons en vue de l'interprétation sera fondée sur la correspondance à découvrir et à démontrer entre la structure du fait étudié et celle de la situation historique constituant le second terme du rapport. Ainsi, dans l'exemple de Lévi-Strauss que nous avons évoqué, l'art graphique de la tribu en question aura pour structure celle du phantasme d'un changement déterminé de l'ensemble des rapports sociaux au sein de cette tribu. Le fait est que la structure de l'objet culturel étudié et celle de la situation historique donnée ne sont guère directement comparables. C'est dans la structure de la conscience (dans notre cas, il s'agira, en premier lieu, de celle du phantasme en général, et, en second lieu, de celle d'un phantasme précis), c'est-à-dire en somme, de la sphère de médiation, que l'on découvre l'homologie latente des structures du fait culturel étudié et de la situation historique donnée. C'est donc dans la structure de la conscience que l'on découvre le principe et la règle de cette correspondance symbolique entre certains caractères structurels d'un fait et ceux d'une situation. Il reste encore à savoir comment pénétrer dans cette sphère de médiation.

(2) La relation qu'on vient de discuter en termes de correspondance symbolique a été, on s'en souvient, évoquée d'abord en tant que réaction signifiante s'exprimant dans une œuvre face à une situation donnée. Cette dernière formulation nous mettrait cependant d'emblée sur la voie des relations génétiques et non symboliques. Nous n'avons pas l'inten-

tion de soulever ici ce problème ardu et particulier; il suffira de remarquer que toute constatation de caractère génétique ne peut se faire qu'à partir d'un enregistrement préalable des correspondances symboliques.[3] L'établissement des relations génétiques constitue, méthodologiquement, une démarche subséquente qui n'entre pas, de ce fait, dans la contexture des problèmes qui nous préoccupent ici. Cette réserve faite, on peut revenir à la question déjà posée: comment la sphère de la conscience et de sa structure s'offre-t-elle à nous? Selon Wilhelm Dilthey la structure de la conscience se présenterait à nous en tant que structure de la conception que se fait du monde une personnalité créatrice donnée. Cette structure prendrait forme en tant qu'expression de la manière dont la personnalité en question vit la combinaison spécifique des valeurs spirituelles d'une époque et d'une société historique données. C'est de cette manière que se manifesterait par exemple, une personnalité baroque ou romantique. Suivant ce concept, la triple typologie des éléments constitutifs de la personnalité (connaissance, émotion, volonté) devrait correspondre à la typologie fondamentale des conceptions du monde proposée par Dilthey (naturalisme, idéalisme de la liberté, idéalisme objectif).[4] Et l'œuvre étudiée en tant qu'expression d'une personnalité créatrice devrait, à son tour, traduire la structure de la conception du monde propre à son auteur. Cette hypothèse présente deux inconvénients: d'une part, elle attribue arbitrairement certaines propriétés structurales de l'œuvre (telles que modèle de la composition, choix des personnages et des sujets à traiter) à un seul type de conception du monde, en tant que moyens de son expression, et, d'autre part, elle fait correspondre les caractéristiques structurales de cette conception du monde à un mode spécifique de réaction signifiante, suscitée par telle structure précise d'une situation historique déterminée. Ainsi, par exemple, la combinaison des valeurs propre à la culture romantique, constitue une situation historique. Le mode de réaction propre à un homme de l'époque romantique, qu'on pourrait appeler 'pan-poétisme', serait alors rapporté en tant que structure de cette réaction signifiante, à l' 'idéalisme de la liberté', considéré comme type correspondant de conception du monde. C'est aux composantes structurales qu'on rapportera, nécessairement, les propriétés structurales de certaines œuvres de poètes romantiques.[5]

[3] Cf. par exemple M. Godelier, "Système, structure et contradiction dans *Le capital*", *Temps modernes*, 246 (novembre 1966), pp. 838-845.

[4] *Cf.* W. Dilthey, *Théorie des conceptions du monde* (Paris, 1946), pp. 93-152.

[5] Une bonne revue des résultats des investigations s'inspirant de Dilthey se trouve

Cette démarche de pensée se retrouve, en principe, chez les représentants des orientations méthodologiques différentes de celles de Dilthey et de son école, qui, tout en leur étant postérieures, y apportent des modifications appropriées. Ainsi, à la place de la conception idéaliste des structures diversifiées de la personnalité spirituelle et d'une typologie des conceptions du monde rendant compte de cette différenciation, Lukacs introduit la typologie marxiste des classes sociales et de la conscience de classe qui leur est propre en tant qu' "expression mentale de la structure économique objective" ou, mieux encore, en tant que "sens, devenu conscient, de la situation historique de la classe".[6] Le centre d'intérêt, on le voit, s'est déplacé de la conscience individuelle vers la conscience collective. Une autre modification de ce raisonnement se retrouve dans la théorie de Goldmann qui se sert de la notion d' "attitudes globales de l'homme envers les problèmes fondamentaux que posent les relations humaines et les rapports entre les hommes et la nature".[7] Ces attitudes globales, l'auteur les appelle également "visions du monde", sans en proposer une typologie toute faite, car il espère y arriver à force d'études monographiques plus détaillées.

Nous n'entendons pas présenter ici le répertoire complet de ces théories. On peut toutefois, à titre d'exemple d'une approche différente, mentionner Karl Mannheim pour qui les structures de la conscience se laissent différencier suivant une typologie fondée sur les variations du rapport 'utopique' ou 'idéologique' entre ces structures et la situation existentielle d'un groupe. Il s'agit de différents types de 'dépassement' de cette situation existentielle.[8]

On pourrait multiplier les exemples. Ce qui leur est commun, c'est l'absence d'un langage universellement admis propre à décrire la structure du fait culturel étudié et celle de la situation historique, autrement dit, la structure des rapports sociaux, homologues à cette situation précise et dont on veut établir, par une approche sociologique, les relations avec l'objet culturel considéré. Pour remédier à cette absence de langage de description, l'on nous propose d'adapter un langage tiers, un langage qui sert déjà à la description de la sphère médiatrice qu'est la conscience. Ce langage se fonderait sur une typologie, arbitrairement établie, des 'conceptions' ou 'visions' du monde, sur le rapport, 'idéologique ou

dans le travail de Z. Lempicki, *Renesans, Oswiecenie, Romantyzm* (Varsovie, 1923) (2e éd. 1966).

[6] G. Lukacs, *Histoire et conscience de classe* (Paris, 1960), pp. 67-107.

[7] L. Goldmann, *Recherches dialectiques* (Paris, 1959), p. 108.

[8] K. Mannheim, *Idéologie et utopie* (Paris, 1956), *passim*.

utopique', de la conscience à la situation existentielle d'un groupe, sur "des significations de la situation historique objective d'une classe".

(3) On n'y perçoit guère d'effort tendant à trouver un langage commun pour la description structurale de phénomènes aussi hétérogènes que les faits de culture et les situations historiques. Et cependant on aurait pu espérer qu'à force de descriptions analytiques, en une seule langue, de structures aussi hétérogènes, l'on arriverait à proposer une typologie dépourvue d'arbitraire. Ce qui est gênant, c'est que l'arbitraire conduit souvent à supposer l'existence de relations nécessaires là où la réflexion empirique d'un historien ou d'un sociologue n'en trouve point. Des homologies prétendument constantes entre les caractères structuraux d'un fait de culture (une œuvre littéraire, par exemple) et ceux d'une 'conception' ou d'une 'vision' du monde ne nous paraissent ni nécessaires, ni stables. S'il en est ainsi, une constatation s'impose, à savoir que la 'capacité de charge', en idées et en signification, des structures culturelles discernables est non seulement plus grande, mais d'une nature différente de celle qui se laisse déduire à partir du classement fondé sur la typologie adoptée. L'inadéquation partielle d'une telle typologie à l'application qui en est faite limite les possibilités de poursuivre les recherches sociologiques portant sur les relations entre les faits culturels et les rapports sociaux donnés. Le champ d'investigation se trouve ainsi limité chaque fois, soit aux phénomènes d'idéologie, soit au sens des situations de classe ou aux intérêts de classe, soit enfin à une catégorie d'attitudes humaines considérées comme globales, etc.

Serait-il donc impossible de trouver un langage commun, propre à la description, à l'analyse structurale des différents faits de culture et des différentes situations historiques, pour pouvoir ensuite, à partir de cette analyse et non de présuppositions arbitraires, parvenir à formuler une hypothèse relative à la typologie de la sphère médiatrice, celle de la conscience? Les psychologues suggèrent que 'la conscience', loin être une simple 'fonction' de l'être humain, en est l'organisation même, dans la mesure où il est constitué pour être tout à la fois OBJET et SUJET. Si nombre de chercheurs contestent la notion même de conscience, ils le font sans tenir compte de la 'STRUCTURATION MÊME DE L'ÊTRE CONSCIENT qui constitue sa réalité'. Ceux d'entre les psychologues qui sont partisans de la notion de 'conscience' croient que l'être conscient s'objective et se réfléchit dans le modèle de son monde.

"La conscience est dès lors, pour un individu vivant et spécifiquement humain, la possibilité pour le sujet de se constituer lui-même en objet pour soi et pour autrui. C'est la construction d'un MODÈLE du monde qui est non seulement sa tâche mais son être." Et, d'une manière plus explicite encore: "Nous pouvons concentrer dans une formule schématique la complexité structurale de la conscience en disant que ÊTRE CONSCIENT C'EST DISPOSER D'UN MODÈLE PERSONNEL DU MONDE."[9]

Si le problème de la conscience, considérée comme sphère médiatrice, constitue le problème central de la sociologie des faits de culture, il ne faut pas oublier qu'il s'agit, du moins dans notre schéma, de la conscience collective, alors que tout ce que nous avons pu citer jusqu'ici ne concernait que la conscience individuelle et les modèles personnels du monde. Toutefois il n'y a pas contradiction entre les deux emplois de la notion de conscience. Lukacs, par exemple, parle conséquemment de la conscience du collectif. Mais, tout en construisant son concept de conscience en tant que limite de classe, il écrit: "En rapportant la conscience à la totalité de la société, on découvre les pensées et les sentiments que les hommes AURAIENT EUS, dans une situation vitale déterminée, S'ILS AVAIENT ÉTÉ CAPABLES DE SAISIR PARFAITEMENT cette situation et les intérêts qui en découlaient tant par rapport à l'action immédiate que par rapport à la structure conforme à ces intérêts, de toute la société; on découvre donc les pensées, etc., qui sont conformes à leur situation objective."[10]

Il s'agit, dans ce cas, des manifestations individuelles de la conscience (pensées, sentiments) et de leur structuration dans le cadre d'un modèle personnel du monde. C'est que, pour construire ce modèle du monde, l'on n'analyse pas la situation de l'individu, mais bien la situation objective du groupe. Et ceci se justifie par rapport à la thèse sociologique selon laquelle "dans aucune société, le nombre de telles situations n'est illimité. Même si leur typologie est élaborée grâce à des recherches de détail approfondies, on aboutit à quelques types fondamentaux clairement distincts les uns des autres et dont le caractère essentiel est déterminé par la typologie de la position des hommes dans le processus de production. Or, la réaction rationnelle adéquate qui doit, de cette façon, être ADJUGÉE à une situation typique déterminée dans le processus de production, c'est la conscience de classe."[10]

La différence se ramène à celle qui existe entre un modèle individuel du monde et le modèle-type. Ce dernier est une construction mettant en relief ce qui, d'un point de vue déterminé, est semblable dans différents modèles personnels du monde. Dans les études sociologiques, cette construction est utile parce que, précisément, elle permet de saisir les

[9] H. Ey, *La conscience* (Paris, 1963), pp. 4, 5, 37, 39.
[10] G. Lukacs, *op. cit.*, pp. 72-73.

relations nécessaires, se reproduisant dans des régularités saisissables.[11]

(4) Nous dépasserions la cadre limité de ces réflexions, si nous voulions motiver notre conviction selon laquelle, dans le contexte des études de sociologie de la culture, il faut parler d'un modèle du monde qui ait le caractère de classe. Une thèse plus large suffit à nos besoins, à savoir que, d'une manière générale, la structuration de la sphère médiatrice, c'est-à-dire de la conscience, s'identifie à la construction des modèles du monde. Dès lors, une nouvelle question se pose: quelles sont les règles auxquelles une telle démarche devrait obéir?

Prenons un exemple bien simple. L'ensemble des moyens de régulation de la circulation peut être considéré comme un système de signes.[12] Tout système sémiotique dans sa totalité est la description d'un modèle déterminé du monde.[13] Les comportements d'un chauffeur modelés par le décodage et par l'actualisation du système des signes de circulation sur une voie publique peuvent être, à leur tour, interprétés par quelqu'un qui les comprend comme une structure significative, codée au moyen des règles du système des comportements signifiants propres à tous ceux qui circulent sur les voies publiques, conformément aux règles admises dans notre civilisation. On dispose là de la possibilité d'analyser et la structure du produit (par exemple celle des règles verbalisées de la circulation) et la structure d'une situation (en l'occurrence celle du chauffeur dont les comportements sont également modelés et signifiants). Cela nous offre encore la possibilité d'établir la correspondance entre les deux structures décrites.

La conscience de celui qui ne fait que jouer le rôle de sujet se déplaçant conformément aux règles de la circulation, se laisse décrire comme un modèle du monde relativement simple, un modèle où sont définis le mouvement et l'absence de mouvement, les sens de circulation, les points cardinaux, l'avancement et le recul, etc. Il s'agit d'un modèle du monde qui se définit par l'actualisation du système des règles de la circulation, par les composantes du système et leurs relations réciproques, par les règles de transformation, par toute une 'grammaire' de la circulation. Il est clair que sur le plan du réel il ne nous est pas possible de

[11] L. Goldmann, *Pour une sociologie du roman* (Paris, 1964), pp. 72-73.

[12] A. A. Zaliznjak, "Regulirovanie uličnogo dviženija kak znakovaja sistema" [La régulation de la circulation en tant que système de signes], in: *Simpozium po strukturnomu izučeniju znakovyh sistem* (Moscou, 1962), p. 72.

[13] V. V. Ivanov et V. N. Toporov, *Slavjanskie jazykovye modelirujuščie semiotičeskie sistemy* [Les systèmes sémiotiques des langues slaves en tant que modèles] (Moscou, 1965), pp. 6-8 *et passim*.

prendre seul un tel réalisateur à l'état pur et de l'abstraire des règles de la circulation, les gens jouant des rôles sociaux multiples et étant, en plus, des individualités. Les mêmes réserves s'appliquent dès lors aux modèles du monde et, partant, à la description de la conscience.

Selon les sémioticiens soviétiques V. V. Ivanov et V. N. Toporov que nous venons de citer, dans l'expression 'modèle du monde', il faut entendre par 'monde', d'un côté, le milieu et, de l'autre, le système donné (l'homme, par exemple), dans leur interaction. Ce système (l'homme, la machine ou l'animal), en interaction avec le milieu qui l'entoure, transforme les informations qu'il a reçues sur le monde et sur lui-même. Le système décode généralement les informations qui lui parviennent. Ce traitement peut avoir pour objet soit des données élémentaires telles qu'elles sont perçues par des récepteurs déterminés, soit des données secondaires qui, elles, résultent de l'expression des données élémentaires à l'aide d'un code défini (lorsque ce qu'on perçoit ne signifie pas soi-même mais quelque chose d'autre). Dans le premier cas, nous avons affaire à une sorte de 'jeu avec la nature', dans le second, nous devons admettre l'existence d'un informateur – participant de l'acte de communication – de celui-là même qui a codé l'information reçue et l'a traitée (décodée) à l'aide du système donné. Si ce système est un homme, la frontière, changeante d'ailleurs, entre les deux cas, est fixée, comme nos auteurs l'affirment, par toute la collectivité. Marquons le premier cas (ce jeu avec la nature) par le symbole L et le second, par le symbole S. Or, le modèle du monde, dans la mesure où il est façonné par une collectivité donnée, comportera tous les systèmes sémiotiques renfermés dans les limites de S.

Par modèle M du monde U, on peut comprendre, écrivent les deux auteurs, l'image de U dans S. Dans les limites de S, le modèle MU peut revêtir différentes formes sémiotiques. Les unes peuvent s'expliciter dans la conscience d'une collectivité déterminée (formes religieuses, sociales), les autres peuvent faire partie du tréfonds du subconscient collectif (par exemple, la sémantique d'une langue naturelle). Le modèle du monde se révèle être également un programme des comportements valable pour l'individu et la collectivité, car il détermine le choix des actes par lesquels on agit sur le monde, ainsi que les règles qui régissent ces actes et leur motivation. Le modèle du monde, d'un autre côté, peut être actualisé soit dans différents comportements humains, soit dans divers résultats de ces comportements (textes, institutions sociales, produits de culture matérielle, etc.).

Étant donné les fonctions qu'ils remplissent, les modèles du monde sont contrôlés par les collectivités. Un individu ou toute une collectivité peuvent se servir de différents modèles. Entre ceux-ci peut intervenir tout un jeu d'interactions réciproques. Dans *La pensée sauvage*, Lévi-Strauss a donné une description caractérisant l'une des deux formules fondamentales, selon laquelle l'homme modèle le monde pris dans sa totalité.

Ce qui revêt pour nous une importance particulière, ce sont les systèmes sémiotiques universels, propres à décrire un modèle du monde dans sa totalité la plus riche. De tels systèmes sont la littérature, la poésie, la mythologie, l'art en général. "L'histoire de la culture peut, dans une large mesure, être décrite comme transmission, dans le temps, des systèmes de signes servant au contrôle des comportements." [14]

(5) Notre propos n'est pas de nous prononcer ici, de façon définitive, sur le problème philosophique et psychologique de la conscience. Celle-ci nous intéresse uniquement en tant que sphère médiatrice, comme un concept important de la sociologie des faits de culture, comme un instrument d'investigation propre à établir les relations entre les faits de culture remplissant, en principe, des fonctions symboliques, et les rapports sociaux, tels qu'ils se manifestent à travers les situations historiques précises. En parlant des faits de culture, nous pensons, il est vrai, non seulement aux produits de l'homme, mais presque toujours aux résultats des techniques sociales au sens large du terme. Un tel fait sera, par exemple, la parole quand c'est la langue qui est cette technique sociale.[15] Une telle technique obéit à des règles de système sémiotique. Ainsi, la création d'un fait de culture n'est-elle que l'actualisation d'une combinaison quelconque de ces règles. Ceci n'exclut ni les exceptions aux règles, ni les modifications du système, ni l'innovation créatrice. L'activité créatrice, si elle n'est pas un choix opéré à partir d'un répertoire idéal, se laisse au moins comprendre par rapport aux composantes de celui-ci.

La conscience humaine réagit à la situation historique et les faits de culture doivent être interprétés comme l'expression de cette réaction signifiante. Celle-ci s'opère, on l'a vu, dans la structure de la conscience individuelle. Une analyse exhaustive de cette structure demanderait

[14] V. V. Ivanov, "Rol' semiotiki v kibernetičeskom issledovanii čeloveka i kollektiva" [Le rôle de la sémiotique dans l'étude cybernétique de l'homme et de la collectivité], p. 79 in: *Logičeskaja struktura naučnogo znanija* (Moscou, 1965).

[15] Cf. E. Coseriu, *Sincronía, diacronía e historia* (Montevideo, 1958). C'est dans un sens très proche que Lévi-Strauss, au lieu de parler des "techniques sociales", utilise le terme de "pratiques", qu'il y a lieu de distinguer de "praxis".

l'emploi de toute une gamme des méthodes psychologiques, celles en premier lieu de la psychologie du subconscient, de la psychanalyse, etc. Le premier pas de cette démarche investigatrice, cependant, et qui intéresse particulièrement le sociologue de la culture, consiste dans la construction du modèle du monde dont la description constitue le système sémiotique donné, et, partant, une technique sociale donnée, à l'intérieur de laquelle se situe la réaction signifiante humaine aux situations historiques. Car ce modèle du monde est une description de la conscience de celui qui réagit suivant les règles de cette technique et réalise en même temps, tout en le modifiant souvent, un système des comportements que la société contrôle.

Une telle conception d'analyse ne répond pas, cela est évident, à la question de savoir ce qu'exprime, en fait de sens individuel de la réaction signifiante, un objet culturel donné. Elle n'indique, en réalité, que ce qu'il signifie.

Or, dans tout fait de culture, il y a lieu de distinguer son aspect d'expression individuelle, expression de personnalité, qui nous intéresse du point de vue psychologique, et son aspect de signification, résultat de l'actualisation des systèmes sémiotiques fonctionnant au niveau social et qui présente un intérêt sociologique.

C'est dans cet esprit qu'il faut interpréter les thèses bien connues du jeune Marx. Celui-ci souligne que "la conscience ne peut jamais être aux chose que l'être conscient, et l'être des hommes est leur véritable processus vital". Dans un passage supprimé, il s'exprime en termes plus nets encore: "Mon rapport à mon milieu est ma conscience". D'un autre côté cependant, il précise davantage comment cette conscience est DONNÉE: "le langage est la conscience pratique existant également pour d'autres hommes, donc existant aussi pour moi-même, réelle".[16] Nous parlons pour la simple raison que nous nous servons du langage, qui est une technique sociale constamment réinventée au fil du discours. C'est à travers le système de la langue que nous saisissons et décrivons la structure concrète des énoncés particuliers, donnés en tant que structures propres au système. Il semble bien, au regard de son texte, que Marx pense à toutes les formes de la communication et non aux langues naturelles seules: le postulat d'une approche descriptive de la conscience au moyen de l'analyse sémiotique, en vue d'élaborer les matériaux

[16] Cf. K. Marx et F. Engels, *Dziela*, Vol. III (Varsovie, 1961), pp. 27, 32 (Édition française [Paris, Éditions Sociales, 1961], "Études philosophiques", L'idéologie allemande.) Les citations viennent des *Œuvres complètes* de K. Marx, tome VI (Paris, 1937), pp. 157-168.

nécessaires aux recherches sociologiques ultérieures, semble correspondre, par conséquent, à ses intentions implicites.

La suite de notre raisonnement appelle une mise au point méthodologique supplémentaire dont l'argumentation dépasserait le cadre du présent article. Les sociologues de la culture que nous avons cités (de Dilthey à Goldmann) considèrent les faits de culture comme des symboles et non comme des signes. Là réside une différence important entre deux conceptions méthodologiques. Selon eux, les symboles, non-conventionnels et non arbitraires, devraient être interprétés comme l'expression des intentions humaines se rapportant au sens, et évoluant sur le fond des redondances mythiques, rituelles, inconographiques, etc. Il semble, de plus, que les symboles, pour eux, ne peuvent pas se constituer en systèmes sémiotiques, ce qui veut dire que leur signification ne dépend ni de leur fonction ni de la place qu'ils tiennent au sein du système. En plus, du point de vue de la préparation des données en vue des analyses sociologiques utilisables dans l'étude de la relation entre des faits de culture donnés et des rapports sociaux déterminés, il convient de souligner qu'une telle conception considère les symboles comme des STRUCTURES situées en dehors du système. Or, il importe de retenir que de telles structures symboliques ne sont pas susceptibles de fonctionner, alors que les systèmes de signes – les recherches linguistiques l'ont bien montré – fonctionnent effectivement sur le plan de la réalité sociale. Aussi, leurs conditionnements sociaux se laissent-ils constater empiriquement. Nous pensons que l'interprétation des faits de culture comme symboles foncièrement distincts des signes est à rejeter. Les raisons de ce refus méthodologique sont magistralement exposées chez A. J. Greimas;[17] on les retrouvera également dans la polémique de Lévi-Strauss avec les partisans de l'herméneutique.[18]

Les chercheurs critiqués par les deux sémioticiens considèrent certains faits, perceptibles sur ce fond de redondance, comme des faits *sui generis,* comme des symboles. Quant à nous qui proposons l'interprétation sémiotique des faits de culture de quelque nature qu'ils soient, nous nous devons de définir la méthode permettant la transformation de ces faits en signes. En effet, seuls les signes, considérés comme ÉLÉMENTS D'UN SYSTÈME DÉTERMINÉ, sont susceptibles d'analyse sémiotique qui permette de construire les modèles du monde qui nous intéressent.

Le principe général de cette transformation, Lévi-Strauss le formule ainsi: "Sans mettre en cause l'incontestable primat des infrastructures,

[17] A. J. Greimas, *Sémantique structurale* (Paris, 1966), pp. 55-60.

[18] Cf., par exemple, *Esprit*, 11 (1963), pp. 545-652.

nous croyons qu'entre PRAXIS et pratiques s'intercale toujours un médiateur qui est le schéma conceptuel par l'opération duquel une matière et une forme, dépourvues l'une et l'autre d'existence indépendante, s'accomplissent comme structures, c'est-à-dire comme êtres empiriques et intelligibles ... La dialectique des superstructures consiste, comme celle du langage, à poser des UNITÉS CONSTITUTIVES qui ne peuvent jouer ce rôle qu'à condition d'être définies de façon non-équivoque, c'est-à-dire, en les contrastant par paires, pour ensuite, au moyen de ces unités, élaborer un système, lequel jouera enfin le rôle d'opérateur synthétique entre l'idée et le fait, transformant ce dernier en SIGNE".[19] Les faits de culture, leurs composantes et leurs relations, nous sont donnés immédiatement comme faits. S'ils ne se laissent pas tous transformer en signes, c'est que notre pensée est plus riche en significations que ne l'est le monde. La condition essentielle de cette transformation réside, comme il résulte de la mise au point méthodologique que nous venons de citer, dans l'interprétation, par voie de rapprochements successifs, d'un fait de culture donné en tant que structure précise, dont les unités constitutives sont celles d'un système sémiotique déterminé.

(6) Le lecteur occidental, connaissant mieux les études sémiotiques des chercheurs occidentaux, y trouvera facilement lui-même les exemples de travaux, français en premier lieu, dont il aura besoin. Comme, par contre, il connaît beaucoup moins bien, en raison de la barrière linguistique, les résultats marquants des travaux des chercheurs soviétiques, nous nous proposons de nous y arrêter un moment. Ces travaux se trouvent dans différents volumes d'études de linguistique structurale, publiés par les soins de l'Institut des Études Slaves de l'Académie des Sciences de l'U.R.S.S., dans un périodique de l'Université de Tartu intitulé *Semiotikè* et dirigé par Ju. Lotman, enfin dans les monographies de chercheurs tels que V. Propp, M. M. Bahtin, P. Bogatyrev, V. V. Ivanov, N. V. Toporov, S. K. Šaumjan, et de nombreux jeunes sémioticiens. En dehors des langages naturels et artificiels, ces travaux concernent particulièrement l'interprétation sémiotique de la mythologie slave, de la littérature, du folklore et du cinéma. Mais ce sont surtout les résultats obtenus dans l'interprétation sémiotiques de textes litéraires qui caractérisent, par leur haute tenue, les travaux des chercheurs soviétiques.

[19] C. Lévi-Strauss, *La pensée sauvage* (Paris, 1962), pp. 173-174. Nous traitons plus à fond ce problème méthodologique dans notre "Contribution au problème de l'analyse structurale", in *To honor Roman Jakobson* (La Haye, Mouton).

La sémiotique recouvre un vaste domaine de problèmes théoriques. Le sociologue de la culture sera particulièrement intéressé par certains de ses résultats et, en premier lieu, par la construction des modèles du monde dont les systèmes sémiotiques particuliers fonctionnant socialement dans une culture historiquement donnée constituent la description. Les chercheurs soviétiques déjà cités, tel Zaliznjak, construisent des modèles simples, relatifs par exemple à la régulation de la circulation routière, interprétée comme un système de signes. Un tel modèle du monde correspondrait à la 'conscience', artificiellement détachée du rôle social d'un individu participant à la circulation en tant que telle, soumise à des règles (dans notre civilisation). Il existe également des exemples de tentatives plus complexes qui consistent à construire des modèles du monde encodés dans des œuvres poétiques. Ainsi, Ju. J. Levin nous présente un exemple intéressant: l'étude objective du plan d'un texte poétique. Jusqu'à présent, l'analyse d'un texte consistait à mettre en relief les unités constitutives assez larges "exprimant la vision du monde" du poète. Une telle approche ne manquait pas d'être subjective et provoquait inéluctablement la superposition du modèle du monde du chercheur à celui du poète. Ce subjectivisme se laisse surmonter grâce à l'analyse textuelle portant sur ses étages inférieurs – comme dit Levin – comportant des mots et des syntagmes. Au modèle du monde du poète ne se superpose alors que le modèle linguistique du chercheur, ce modèle pouvant toutefois être considéré comme généralement admis. Levin construit des vocabulaires personnels de deux poètes, ceux de Pasternak et de Mandelštam, vocabulaires contrastant l'un par rapport à l'autre sous des aspects déterminés. Il admet que le développement d'un vocabulaire personnel se laisse interpréter comme une sorte de cosmogonie, comme une "création du monde" par le poète, comme une "genèse" de son modèle du monde. A travers l'étude, dans les textes de Pasternak, des champs sémantiques, des comparaisons, des attributs, l'auteur réussit à esquisser les caractères distinctifs qu'offre le modèle du monde propre au poète.[20]

Plus complexes encore sont les problèmes que se pose M. Bahtin et plus complets sont les résultats auxquels il aboutit. On peut les dégager de deux vastes monographies dues à sa plume, l'une portant sur les *Problèmes de la poétique de Dostoïevski,* l'autre sur *L'œuvre de François Rabelais*. L'auteur y reconstitue un système sémiotique spécifique,

[20] Ju. J. Levin, "O nekotoryh certah plana soderzanija v poeticeskih tekstah" [A propos de certains traits du plan du contenu dans les textes poétiques], pp. 199-215 in: *Strukturnaja tipologija jazykov* (Moscou, 1966).

celui des "signes carnavalesques" fonctionnant dans la culture populaire du rire médiéval, système hérité, avec des modifications, par les siècles postérieurs et se retrouvant jusque dans l'œuvre de Dostoïevski. Les signes de ce système sont répartis dans une substance sémiotique très diverse, dans des comportements verbalisés et non-verbalisés, tels une révolte carnavalesque des foules sur les places du marché des villes médiévales, des coutumes carnavalesques propres au Moyen Age, des gestes de farces foraines et telles enfin certaines images d'une littérature dite carnavalesque dont *Gargantua* et *Pantagruel* sont deux œuvres maîtresses. L'analyse sémiotique y explore tout aussi bien les produits (œuvre littéraire) que les situations (une gaie révolte carnavalesque contre l'idéologie officielle et sa "gravité"). Bahtin y retrouve la signification et du produit et de la situation donnés. Dans une substance sémiotique aussi diverse que celle qu'il soumet à son analyse, il reconnaît un même système de signes et en déchiffre le code. Il en formule les règles dans le métalangage de son étude historique, tout en construisant un modèle du monde très complexe, adéquat à la conscience historique d'un révolté enjoué qui s'insurge contre le "monde officiel". Cette conscience se trouve définie à travers la description de la structure et du fonctionnement social du système sémiotique étudié. "Un rire véritable, dit-il, ambivalent et universel, ne rejette pas la gravité; il la purifie et la complète. Il la purifie du dogmatisme, de l'étroitesse d'esprit, de l'encroûtement, du fanatisme et des jugements péremptoires, de ce par quoi elle inspire de la peur, de son côté redoutable, de son didactisme, de sa naïveté et de ses illusions, de sa platitude, de ses parti-pris exclusifs et de son dessèchement stupide. Le rire empêche la gravité de se figer et de se détacher de la totalité inachevée de l'existence. Il renouvelle cette totalité ambivalente." [21]

Nous ne faisons ici que signaler le riche contenu de l'œuvre remarquable de Bahtin.[22] Ce chercheur met lui-même à profit, sur le plan de la recherche sociologique, les résultats de ses analyses sémiotiques. En effet, il nous fait voir les conditions sociales historiques dans lesquelles fonctionne le système sémiotique des comportements verbalisés et non-verbalisés qu'il étudie. Il analyse les fonctions et le fonctionnement sociaux de ce système dans des conditions décrites. Enfin, il établit

[21] M. M. Bahtin, *Tvorčestvo Fransua Rable* [L'œuvre de François Rabelais] (Moscou, 1965), p. 134.

[22] Un autre aspect – la théorie de la narration contenue dans les travaux de Bahtin – est présenté par J. Kristeva, "Bakhtine, le mot, le dialogue et le roman", dans *Critique*, 239 (avril 1967), pp. 438-465; aussi dans *Recherches pour une sémanalyse* (Paris, Éd. du Seuil, 1969).

les rapports entre les transformations du système étudié et celles des conditions sociales historiques, et explicite les relations génétiques – celles de motivation, etc. – entre la structure et le fonctionnement du système sémiotique étudié, d'une part, et les conditions sociales déterminées, de l'autre.

(7) Que donne, en définitive, le recours à l'analyse sémiotique dans la sociologie de la culture?

(*a*) Au lieu de partir d'une hypothèse, arbitrairement adoptée et rétrécissant le champ d'investigation, qui a pour objet la structure de la conscience considérée comme sphère de médiation, nous pensons pouvoir proposer une méthode permettant d'établir les correspondances structurales entre un fait de culture et la situation historique. On a pu se rendre compte qu'une substance sémiotique différente peut nous mettre en présence d'un même système de signes décrivant le modèle du monde. Cette constatation constitue le critère même de l'homologie structurale d'un fait de culture et d'une situation historique donnés. La règle de cette homologie se définit à partir du résultat de l'analyse sémiotique. On voit alors qu'une œuvre peut être soit le reflet de la situation, soit sa négation, soit, enfin, le rêve de la modification de celle-ci, etc.

(*b*) L'interprétation sémiotique concerne donc et les faits de culture et les comportements qui relèvent des techniques sociales constituant la situation historique à laquelle, à titre d'hypothèse, on rapporte le fait étudié. On arrive ainsi à trouver un langage commun de description de faits hétérogènes – faits de culture et situations historiques – que l'on décrivait jusque-là dans des langages différents, non comparables.

(c) Ceci nous permet de saisir et de connaître la culture, d'en déchiffrer les codes sous-jacents. Mais la connaissance de ces codes facilite, à son tour, la compréhension de la signification d'une culture, ou de ses composantes, pour l'homme lui-même.

(*d*) Construits de cette façon et confirmés par la documentation historique comme ayant fonctionné socialement, les systèmes sémiotiques d'une culture donnée sont des faits sociaux, des techniques sociales. Détachés d'un fait de culture créé individuellement, ils constituent le résultat sélectif d'un répertoire socio-culturel idéal et représentent la sphère du collectif dans l'œuvre individuelle. Ils ne nous disent pas dans quelle mesure cette dernière exprime la personnalité de l'auteur, mais nous éclairent sur ce qu'elle signifie socialement.[23]

[23] Cf. par exemple, R. Barthes, *Le degré zéro de l'écriture* (Paris, 1965), pp. 9-76.

(*e*) Cette conception théorique se propose de fournir les prémisses d'une solution nouvelle du problème que constitue le rapport entre la conscience personnelle des créateurs et la conscience de classe ou de groupe; elle offre la possibilité d'établir, sous forme d'une affirmation non-équivoque, le fait que tel créateur est représentatif d'une classe ou d'un groupe social. En effet, le système sémiotique au moyen duquel un individu donné s'exprime est un système social, une technique sociale déterminée fonctionnant socialement et propre, comme telle, à la collectivité donnée dans une situation historique précise.

Une tâche importante de la sociologie de la culture consiste donc dans l'étude des relations des systèmes sémiotiques d'une culture donnée avec les rapports sociaux de la collectivité dont relève cette culture. Des assertions portant sur les références sociales d'un système sémiotique, on peut conclure à celles du fait de culture étudié qui est la structure concrète, *hic et nunc*, des éléments significatifs de ce système.[24] Ainsi c'est d'une manière directe que se trouve socialement articulé le système des conduites carnavalesques verbalisées et non-verbalisées de la culture populaire du rire, alors que ceci ne nous éclaire qu'indirectement sur les références sociales des aspects définis par l'œuvre de Rabelais.

(8) Il faut pourtant insister sur le fait que les études sémiotiques ne sauraient être identifiées avec la sociologie. Ainsi que l'affirme R. Barthes, la sémiotique traite des représentations collectives, alors que la sociologie a pour tâche de systématiser les conduites en relation avec les conditions sociales.[25] L'analyse sémiotique n'est pour la sociologie qu'une technique auxiliaire parmi d'autres, ses résultats fournissant des données à la recherche sociologique proprement dite. En plus, le domaine de ses applications est, selon nous, limité, pour la simple raison que tous les faits ne se laissent pas transformer en signes. Cette réserve limitative concerne également le domaine de tout phénomène anomique intéressant particulièrement la sociologie de la culture.[26]

Il convient d'examiner le problème à la lumière de l'étude particulièrement éclairante de R. Barthes, présentée dans son *Système de la mode*. L'auteur ne s'y intéresse guère au vêtement réel; son analyse ne porte que sur ce qu'il appelle le "vêtement écrit" tel qu'il apparaît à travers les commentaires sur la mode publiés par les revues et magazines

[24] A. J. Greimas, "Structure et histoire", *Temps modernes*, 246 (novembre 1966), p. 822.

[25] R. Barthes, *Système de la mode* (Paris, 1967), pp. 19-20.

[26] Cf. J. Duvignaud, *Sociologie de l'art* (Paris, 1967), pp. 45-51.

spécialisés. On peut évidemment décrire aussi le système de la mode du vêtement réel, comme Bogatyriev l'avait fait dans les années vingt pour les systèmes relativement stables du folklore vestimentaire (costumes populaires régionaux). Nous pensons cependant que pour un sociologue de la culture les résultats de l'analyse de Barthes égalent en intérêt ceux de Bogatyriev. C'est qu'il peut, par exemple, désirer étudier la diffusion réelle des modèles déterminés de la mode; or, pour le faire, il doit savoir ce qui, dans la mode de la société considérée, en est le caractère marquant, distinctif, constituant un des critères de typologie des modèles de cette mode. Sans les résultats d'une analyse sémiotique préalable, toute tentative de classification, indispensable pourtant à la sociologie de la culture, sera entachée de dilettantisme. Or, c'est ce qui se rencontre fréquemment dans la sociologie de l'art. La classification des faits esthétiques, indispensable pour les études sociologiques, doit se référer à leur signification. Prenons pour exemple un sociologue qui étudie les choix préférentiels d'une collectivité donnée dans le domaine du cinéma; comment pourra-t-il classer les films faisant l'objet du choix sans une analyse sémiotique préalable et des films eux-mêmes et des comportements du public à leur égard?

Ceux qui prétendent se passer des interprétations et des analyses sémiotiques finissent par appliquer des typologies donnant prise aux plus vives critiques. En fait, la sociologie contemporaine de la culture élude les problèmes que posent le contenu, la signification et la valeur des faits de culture; elle se contente des approches quantitatives visant les convergences statistiques. Or, dans la sociologie de la culture et surtout dans celle des faits de culture ayant des fonctions symboliques (art, mythologie, religion, etc.), le point de vue quantitatif est nettement insuffisant. Nous pensons que les études sémiotiques, pour peu que l'on veuille en exploiter les résultats en leur posant des problèmes spécifiques de la sociologie de la culture, frayent le chemin à la recherche scientifique portant sur la qualité, la signification et le contenu des données propres à ce domaine particulier de la sociologie.

Nous avons essayé, au cours de ces réflexions, de faire apparaître – à la lumière des résultats d'ores et déjà obtenus dans la sémiotique appliquée à l'interprétation des faits sociaux – la manière de résoudre, mieux que jusqu'ici, le problème de la conscience considérée comme sphère de médiation, qui constitue un des points critiques dans la problématique classique de la sociologie de la culture.

II

LINGUISTICS

*

LINGUISTIQUE

9

THÉORIE ET DESCRIPTION SÉMANTIQUES EN HONGRIE ET EN UNION SOVIÉTIQUE *

MAURICE COYAUD

I. INTRODUCTION

Les recherches en théorie et description sémantiques, en Hongrie et en Union Soviétique sont, par leur orientation, assez bien partagées; elles reflètent curieusement les divergences que l'on peut constater dans les recherches sémantiques en France et aux États-Unis. Pour simplifier, disons que la tendance aux investigations théoriques s'observe davantage aux États-Unis et en Hongrie, et que la tendance aux descriptions de détail, appliquées à des domaines concrets des langues naturelles, s'observe davantage en France et en Union Soviétique. Cette opposition entre théorie et description n'implique pas une disjonction de droit entre les termes; les deux sont d'ailleurs plus ou moins mêlés, ou, plus souvent, juxtaposés, dans plusieurs travaux dont nous donnerons des exemples. Mais on constate en gros une séparation entre un courant porté vers les spéculations de caractère général, et un courant essentiellement descriptiviste. La répartition par pays correspond assez bien à cette divergence de méthode. Nous allons d'abord l'illustrer par quelques brefs exemples pour la France et les États-Unis.

Les travaux de Fodor et Katz, leur critique par Bolinger (reprenant des thèmes de Ziff), les recherches de Weinreich, témoignent de la vitalité des investigations théoriques aux États-Unis. Il n'est pas indifférent de noter que les Hongrois Abraham et Kiefer commencent leur livre par une critique de Fodor et Katz. L'article de ces derniers (publié en 1963 dans *Language,* et traduit en français dans les *Cahiers de Lexicologie,* 2 [1966]) a suscité de nombreuses critiques; c'est une

* L'analyse de M. Coyaud porte sur la sémantique au sens strict du terme et ne considère pas ses prolongements sémiotiques, importants en Union Soviétique et en France. (Note de la rédaction.)

preuve que, malgré ses défauts, l'article incriminé marque une date dans l'histoire de la sémantique: une offensive résolue du mentalisme contre le mécanisme bloomfieldien, encore virulent et actif, et représenté avec une belle originalité par les activités de Zellig Harris, par exemple. 'Mentalisme' a longtemps sonné comme un reproche aux oreilles des linguistes: c'était ce qu'il fallait éviter à tout prix. Il serait vain, toutefois, de vouloir rétablir des procédures entièrement coupées de la réalité linguistique et souvent arbitraires, d'autant plus que la recherche d'une voie moyenne n'est pas inconcevable.

En France, les sémanticiens persévèrent, pour la plupart, dans des recherches descriptives. On traite de préférence des problèmes limités, sous l'angle des "champs morpho-sémantiques" (Guiraud), ou sous un angle lexicologique non lié à la morphologie, en travaillant sur des corpus circonscrits: description sémantique du vocabulaire de l'habitation, des animaux domestiques, des sièges (Pottier), de la mode (Greimas, Barthes), du vocabulaire politique et social enfin (Dubois). Le choix de ce dernier champ est relativement favorable, car il est, pour une bonne part, organisé en fonction de relations d'antonymie d'origine affective. Mais, en général, on s'attache plutôt à décrire des champs de lexique correspondant à des êtres concrets, afin de tirer des propriétés physiques des objets dénotés par les mots étudiés. A cet égard, on tirera profit de l'examen des codes ou langages documentaires destinés aux recherches sur des objets ou des textes, à l'origine archéologiques (poteries, outils de l'âge de bronze, cylindres babyloniens), ensuite, plus récents (architecture religieuse et civile en France), élaborés depuis une dizaine d'années (références dans Coyaud, 1966). Les recherches en théorie sémantique ne sont pas pour autant absentes en France (il suffit de citer le "modèle actantiel", que Greimas applique à divers niveaux de l'analyse du discours), mais elles ne retiennent encore l'attention que de peu de chercheurs. Inversement, les recherches descriptives ne sont pas absentes aux États-Unis (surtout dans les travaux d'ethnolinguistique). Enfin, il nous paraît peu raisonnable de laisser subsister le hiatus profond que Weinreich (1963) voyait entre théorie et description sémantiques. Les travaux de cet auteur montrent d'ailleurs comment le passage entre les deux peut être ménagé: bien que partant de la logique fonctionnelle, il ne s'en sert que comme d'un cadre et s'efforce d'y intégrer des éléments réels, élaborés par des descriptions. La recherche portant sur des modèles mathématiques est également susceptible de combler le hiatus, à condition qu'elle ne se contente pas d'être un jeu d'esthète. A cet égard, le cube utilisé par Conklin pour représenter le système des pronoms personnels de l'hanunòo semble adéquat. A un niveau supérieur de l'analyse sémantique (analyse des mythes), le prisme que Lévi-Strauss (*Du miel aux cendres,* p. 281) utilise pour représenter les relations entre des instruments de musique et des types de discours et d'appels est moins convaincant.

II. HONGRIE: LA VOIE THÉORIQUE

On considérera successivement les travaux d'Antal, Kiefer et Abraham.

Antal (1964) suit la définition de Morris: le sens (*meaning*) d'un signe est conçu comme identique aux règles déterminant l'usage de ce signe; le contenu (*content*) reflète la relation entre le signe linguistique et la réalité; la compréhension (*understanding*) se refère au contenu et non au sens. Antal vise à bien délimiter les domaines de la linguistique et de la logique: si tout jugement est une phrase, toute phrase n'est pas un jugement; le problème du contenu n'est pas du domaine de la linguistique. Le sens, lui, est hypothétique, et doit être postulé: quoiqu'il soit une partie de la réalité objective, il ne peut pas être appréhendé directement. Toujours selon Antal, le sens doit cependant être postulé, faute de quoi nous serions incapables d'expliquer comment une connexion est établie entre un signe linguistique et la réalité (sa dénotation).

Kiefer (1966) juge les thèses d'Antal comme représentatives de la méthode inductive, au détriment des méthodes déductives que lui, Kiefer, considère comme mieux appropriées (on en verra des exemples dans son article de 1965 et dans son livre, publié en collaboration avec Abraham). Il fait une distinction entre la sémantique générale (représentée par Antal, à la frontière entre la linguistique, la philosophie, la psychologie) et, d'autre part, la sémantique formelle ou structurale, représentée par Kiefer naturellement, à la suite de Bar-Hillel, Lambek, Ajdukiewiez, Carnap et Curry. Kiefer s'oppose encore à Antal sur la définition du sens (qui devrait, d'après lui, reposer sur le critère d'ensembles de catégories mutuellement exclusives; voir plus loin la notion de compatibilité), et sur celle du morphème qu'il "serait vain de définir comme la plus petite unité de langage porteuse de sens". Citant Chomsky, Kiefer pense qu'il est impossible de définir les unités linguistiques par elles-mêmes: elles ne peuvent être définies qu'à l'intérieur d'un système bien défini. Kiefer refuse donc d'accepter que le sens soit simplement postulé (si jamais le sens est une unité purement linguistique) et il le définira dans son système. Il est vrai qu'Antal lui-même admet que le sens n'est rien d'autre qu'une forme, et peut être étudié à travers la forme des phrases. Nous souscrivons volontiers à la deuxième proposition; mais la première est obscure.

Abraham et Kiefer essayent de préciser les rapports entre grammaire et sémantique, proposent deux modèles de sémantique formelle (l'un pour la production, l'autre pour la reconnaissance des énoncés), et examinent enfin quelques problèmes pratiques: tel est le plan général de leur ouvrage. Voyons maintenant quelques points de détail.

Les auteurs partent d'une critique de la théorie de Fodor et Katz. De l'extérieur, cette théorie est critiquable parce qu'elle limite son domaine à la phrase, alors que l'unité 'discours' est préférable dans de nombreux cas; de ce fait, bien des questions intéressantes sont négligées par Fodor et Katz: classification des phrases sémantiquement anormales mais grammaticalement correctes, divergence et convergence (paraphrase, etc.), interprétation de phrases grammaticalement incorrectes mais tout à fait compréhensibles.

Il est curieux que les auteurs reprochent à Fodor et Katz cette dernière 'lacune', puisqu'eux-mêmes postulent (p. 8) que seules les phrases grammaticalement bien formées peuvent avoir un sens.[1] Considérée de l'intérieur, la théorie de Fodor et Katz est critiquable sur les points suivants: les notions de base (sens, contenu, signification) ne sont pas définies, la théorie n'est pas formelle, les 'distinguishers' ne peuvent pas être soumis à un traitement formel (voir à ce sujet les remarques de Bolinger); enfin, leur définition de la sémantique comme "la linguistique moins la grammaire" est cavalière, et semble suggérer que grammaire et sémantique sont sans rapports, ce qui est faux.

Les auteurs définissent une base grammaticale pour une théorie sémantique en s'appuyant sur Chomsky ("Formal Properties of Grammar", pp. 326-419 in: *Handbook of Mathematical Psychology* [New York, 1963]). Ils définissent le sens (*meaning*) en partant de la notion de compatibilité: deux mots *a* et *b* sont COMPATIBLES si, et seulement si, il existe une règle de réécriture où les matrices correspondant aux mots *a* et *b* se trouvent l'une près de l'autre, sur le côté gauche de cette règle. Par exemple *liquide* et *souliers* sont incompatibles parce qu'il n'y aura aucune règle applicable aux matrices correspondant aux mots *liquide* et *souliers* (p. 35). On voit par là que la réflexion ne se situe pas sur le plan de la combinatoire (puisqu'on peut bien trouver des énoncés

[1] Mais Abraham et Kiefer souscrivent peut-être à la distinction d'Antal entre *meaning, content* et *understanding*; la contradiction disparaît alors.

comme "les souliers sont dans le liquide" ou "les souliers mouillés"), mais seulement sur le plan des traits distinctifs de contenu, dont l'énumération est liée au SENS d'un terme par une relation d'équivalence, définie à partir de la compatibilité, mais non réductible à elle: "deux mots *a* et *b* sont dits équivalents si (a, y) et (b, y) sont VRAIS[2] en même temps". Sur la base de l'équivalence, on peut définir une partition de l'ensemble des mots: (X, y) où X contient tous les mots compatibles avec *y*; *y* est l'ÉLÉMENT GÉNÉRATEUR, X est la PORTÉE SÉMANTIQUE de *y* (p. 36). Le sens de chaque unité est établi au moyen d'une matrice. Le sens d'une phrase résulte de la combinaison des matrices de ses unités (p. 37). Nous simplifions trop, sans doute, l'exposé d'Abraham et Kiefer, mais on a l'impression à la lecture d'être victime d'un tour de passe-passe; en effet, comment sont faites les matrices correspondant au(x) sens de chacune des unités? Prenons l'exemple donné par les auteurs: "si deux éléments générateurs *y, z* ont la même portée sémantique, ils sont sémantiquement similaires; par exemple *vert* et *rouge* sont équivalents (au moins par rapport à un de leurs sens) parce que à chaque fois que l'on trouve *vert* il peut être remplacé par *rouge* et vice-versa" (p. 36). Formule étonnante en soi; mais admettons cette remplaçabilité en fonction de la PORTÉE "couleur"; sur quoi sera dès lors fondée la différence? sur des longueurs d'ondes? sur des catégories perceptives? sur la co-occurence dans des corpus? De tout cela, aucun mot, et, contrairement à ce que les auteurs affirment p. 38, nous sommes loin d'avoir défini le SENS.

Les fonctions assignées par Abraham et Kiefer à la théorie sémantique sont ambitieuses:

(1) Déterminer si une phrase grammaticalement correcte a un sens ou non (autrement dit, est-elle anormale?)

(2) Si elle est pourvue de sens, est-elle polysémique?

(3) Déterminer si deux phrases données ont des significations communes, et combien.

(4) Est-il possible de détecter une relation sémantique entre deux phrases à syntaxe différente?

(5) Préciser les "propriétés logiques" des phrases: (*a*) analytiques (la définition), (*b*) contradictoires (et on revient à la première question), et (*c*) synthétiques.

[2] Souligné par nous.

(6) Caractériser entièrement les propriétés sémantiques d'un phrase et de ses éléments.

(7) Préciser les limites au-delà desquelles une phrase anormale n'est plus compréhensible.

(8) Établir les relations entre phrases telles qu'elles apparaissent séquentiellement dans le discours.

Les auteurs admettent que leur ouvrage ne donne pas les réponses à ces problèmes, qu'il n'en aborde qu'un petit nombre en détail. Les tâches assignées à la théorie sémantique ne sont pas indépendantes; on voit bien, par exemple, que les tâches 1, 5 *b* et 7 sont liées: de même 3 n'est qu'un cas particulier de 8.

Voilà pour le programme. Ce qui est présenté ensuite par Abraham et Kiefer comme début de mise en œuvre du programme mérite un examen attentif. Sans doute, il s'agit de "modèles valant seulement pour une partie de l'anglais" (p. 74), mais s'ils sont bons, ils devraient permettre une extension à la langue entière. Nous laissons au lecteur le soin de répondre à cette question, s'il a le courage d'arriver au bout de ce petit livre ardu. Notre scepticisme ne devrait pas le décourager.

III. UNION SOVIÉTIQUE: LA TENDANCE DESCRIPTIVISTE

Les travaux du groupe de Zolkovskij à Moscou (Institut Pédagogique) sont consacrés à la description sémantique du russe en fonction d'une analyse conceptuelle. Celle-ci pèche, dans le fond, par apriorisme, mais elle est souvent fondée sur des propriétés formelles. Lorsque l'intuition faiblit, des critères distributionnels sont utilisés. L'analyse qui suit est fondée en grande partie sur l'exposé critique publié à Budapest par Apresjan et Babickij (1966). Les chercheurs de l'Institut Pédagogique de Moscou (MGPI) partent de l'hypothèse que l'acte de parole est fondé sur des opérations intellectuelles préalables, mettant en jeu les unités d'une 'langue sémantique' ou conceptuelle qu'il s'agit précisément de décrire, à partir de sa manifestation dans la langue russe. L'activité linguistique est définie comme une traduction du langage conceptuel vers la langue naturelle (ici, le russe). Le langage conceptuel est plus simple, et formé d'unités moins nombreuses que la langue naturelle, mais a des possibilités combinatoires plus grandes. Prenons par exemple deux phrases: *éto zastavljaet menja ujti* 'cela me contraint à partir' et *ja vynužden ujti iz-za étogo* 'je suis forcé de partir à cause de cela'.

Elles sont réductibles à une formule simple qui conserve l'essentiel du sens: *cause* (*cela, partir* [*moi*]). Le langage conceptuel a ses unités élémentaires et sa syntaxe (par parenthèses). On retrouve ici la formalisation de la logique des fonctions, appliquée ailleurs, des théories sémantiques (Weinreich, par exemple) ou des langages documentaires.

Les travaux de lexicologie, effectués dans la perspective du langage conceptuel, concernent des domaines assez divers: forces, volonté, propriété, notions fondamentales, temps, relations logiques. Donnons quelques détails.

Zolkovskij définit le BUT comme les choses désirées par un personnage A. Il se distingue du RÊVE et des autres désirs en ce que A le réalise par lui-même, utilisant les RESSOURCES dont il dispose. A ce niveau de généralité, on ne peut s'empêcher de considérer que ces recherches sont bien triviales. Mais il faut bien constituer les bases d'un système; et pour cela les chercheurs du MGPI s'en tiennent consciencieusement à un "portrait de la réalité" selon les approximations de la "physique naïve". Mais là où il est impossible de faire intervenir cette "physique naïve", comme pour définir des notions générales telles que le BUT, on ne voit plus bien à quel critère stable se raccrocher.

La procédure consiste en trois étapes: établir les listes (*a*) des concepts élémentaires, (*b*) des concepts intermédiaires (combinés), (*c*) des mots russes définis au moyen des unités sémantiques précédentes.

Dans son article, Zolkovskij décrit environ 150 mots russes du lexique de l'activité intellectuelle: cause, but, moyen, aide, préparation, etc. Cet auteur mentionne brièvement deux 'lois' de la situation décrite:

(1) Le principe de l'activité raisonnable (à partir d'une série d'événements contingents, A obtient la réalisation de ce pour quoi il dispose d'une grande quantité de ressources);

(2) Une propriété de la force (son effet est équivalent au changement survenu).

Zolkovskij utilise un certain nombre de notions de base, non définies, correspondant à 23 mots ("ensemble, objet, propriété, relation, temps, espace, non, et, ou, nécessaire, suffisant, vrai", etc.), à l'aide desquelles il définit environ 50 expressions intermédiaires, comportant entre autres des notions qui ne sont pas exprimées en russe par des mots isolés ("aucun, autre, seulement, contingent, précède, coïncide, se relier à quelque chose, causer", etc.). Les plus importantes sont les notions de *put'* 'chemin', *nužno* 'il est nécessaire que', *kauzacija* 'causalité' (cas particulier de la 'dépendance', la *kauzacija* en est la réalisation). L'article contient les analyses sémantiques de quatre catégories de mots:

(1) but, plan, rôle, total;
(2) aide, utilisation, ressources;
(3) force, pression, *preodolenie* 'le fait de dépasser';
(4) *rassčityvat'* 'calculer', 'espérer, attendre'.

Voici des exemples: A *prenebregaet* B 'A néglige B' $\equiv$ A part de l'idée que le rôle de B dans P est très petit': A *ignoriruet* B 'A ignore B' $\equiv$ le désir d'A de considérer que le rôle de B est petit entraîne (*kauziruet*) A à négliger B.

Les articles de N. N. Leont'eva sur les mots exprimant des idées de temps, et de V. Ju. Rozencveig sur le lexique de la propriété, sont construits de façon analogue. L'emploi de références à une "physique naïve", à la notion de "vraisemblance", se mêle fâcheusement à l'emploi d'un recours à la "norme". Le lexique de la propriété met en jeu le couple fondamental "homme-valeur". La description n'est pas complète. L'auteur ne décrit pas les mots "créancier, crédit, louer, affermer, succession, perdre, gaspiller, épargner, amasser, économiser, dépenser, payer, donner en héritage, revenu, avare, cupide, généreux, gaspillage, profit, patron", ni les deux mots fondamentaux *sobstvennost'* et *imuščestvo* 'propriété, possession'. Par contre, Rozencveig décrit les mots "voler, devoir, prêter, emprunter, rendre, compenser" etc.

Ju. A. Mušanov décrit les mots exprimant des relations logiques et des modalités: "ou, certes (*že*), mais (*a, no*), même, seulement, et, encore, déjà". Les mots *že, a, no,* comportent à la fois des éléments logiques et des éléments modaux, principalement la notion d'attente. La particule *že* signifie que (*a*) le savoir du sujet ne coïncide pas avec celui de l'observateur, (*b*) l'observateur en fait part au sujet, (*c*) ce dernier reçoit cette information comme un fait inattendu. Le mot *daže* 'même', signifie 'plus que ce à quoi on s'attendait'; *tol'ko* 'seulement', signifie 'moins que ce à quoi on s'attendait'. Le facteur attente joue encore dans l'emploi de *ešče* 'encore' et *uže* 'déjà', et permet d'expliquer pourquoi des énoncés comme *ešče pozdno* 'encore tard' et *uže rano* 'déjà tôt' sont impossibles.

Ju. K. Sčeglov examine de son côté le problème de la "mise en valeur" ou d' "accent logique" en relation avec les premières étapes de l'analyse et les dernières étapes de la synthèse automatique des phrases. Mais ce problème a une importance plus générale: l'accent logique joue le rôle d'un opérateur montrant dans quelle direction il convient de développer la signification d'une situation déterminée. L'ordre des mots est le moyen essentiel de découvrir cet accent logique, au cours de l'analyse de textes écrits (où l'intonation disparaît). Par exemple: *ja napisal pis'mo* et *pis'mo napisal ja*, diffèrent parce que l'accent est mis dans la première phrase sur *pis'mo* et dans la deuxième sur *ja*, 'la lettre que j'ai écrite' s'oppose à 'c'est moi qui ai écrit la lettre'. Les éléments d'une phrase comme *komitet po premijam možet vvesti vas v svoj sostav* 'le comité des prix peut vous intégrer pour les débats', peuvent être disposés de 12 façons différentes suivant la partie de l'énoncé que l'on veut mettre en valeur. Sčeglov propose des règles transformationnelles pour l'identification du "sujet logique", c'est-à-dire de la partie mise en valeur. Apresjan conteste qu'elles soient formalisables.

Si chez Zolkovskij et Sčeglov l'unité de contexte considérée est la proposition isolée, par contre le contexte utilisé par Martem'janov est le texte entier. Ce dernier auteur se propose apparemment de décrire des récits, conçus comme successions d'états de systèmes déterminés. Le développement de l'action est dû aux chocs se produisant entre les éléments animés du système (ses héros) les uns contre les autres, et contre des éléments inanimés. L' 'âme du héros' est formellement décrite au moyen de (*a*) un registre des formes, (*b*) un registre des situations, (*c*) une table de compréhension, (*d*) un algorithme de compréhension, (*e*) un algorithme de réaction, (*f*) un algorithme de direction. A chaque pas du développement, on inscrit dans le registre des situations l'une des six situations possibles de l' 'âme' (l'une équilibrée, les autres déséquilibrées). Si la situation est en équilibre, le héros doit continuer à se conduire comme auparavant, en se conformant à l'algorithme de réaction. Celui-ci, en cas de déséquilibre, doit chercher une voie pour rétablir l'équilibre. Dans les deux cas, cet algorithme choisit des actions en fonction de renseignements contenus dans la table de compréhension et le registre des formes. La table de compréhension reflète (*a*) le savoir du héros, sous forme de lois du type "si A voit B, alors A s'efforce de comprendre B", (*b*) son caractère (négatif, positif . . .), (*c*) ses aptitudes (capacité ou non d'appliquer ses efforts pour réaliser la loi).

Le registre des formes contient deux formes de perception (où est toujours conservée la description de la situation personnelle) et deux formes de représentation. L'algorithme de compréhension, ayant calculé la forme de perception, élabore la forme de représentation en fonction des données de la table de compréhension et remplit la mémoire correspondante dans le registre des formes. C'est ce qui permet de déterminer la valeur qui sera décrite au moment suivant dans le registre des situations. Ici, l'exposé manque malheureusement d'exemples, ce qui rend difficile de porter un jugement sur le fonctionnement du système dans son ensemble.

IV. CONCLUSION

L'importance des recherches en description sémantique effectuées en Union Soviétique est notable, mais les travaux purement théoriques et de forme déductive ne sont pas pour autant inexistants: il suffit de citer le modèle applicatif transformationnel de Šaumjan et Soboleva. Par contre, en Hongrie, les recherches en théorie sémantique se développent, semble-t-il, bien loin de la réalité empirique des langues.[3] Il faudrait pourtant s'efforcer de garder (pour reprendre une image de Bossuet) fermement les deux bouts de la chaîne, et ne se perdre ni dans les détails des descriptions particulières, ni dans les nuages de systèmes déductifs sans fondements empiriques. Telle était la leçon qui se dégageait des travaux du regretté Uriel Weinreich.

RÉFÉRENCES

Abraham, S. and F. Kiefer,
1966 *A Theory of Structural Semantics* (La Haye, Mouton).

Antal, L.,
1963 *Questions of Meaning* (La Haye, Mouton).
1964 *Content, Meaning and Understanding* (La Haye, Mouton).

Apresjan, N. Ju. D. and K. I. Babickij,
1966 "Raboty LMP MGPIIA po semantike" [Travaux de sémantique du LMP et de l'Institut Pédagogique d'État de Moscou], *Computational Linguistics* (Budapest), 5.

Barthes, R.,
1967 *Le système de la mode* (Paris, Éd. du Seuil).

Bolinger, D.,
1965 "The Atomization of Meaning", *Language*, 41 (4), 555-573.

Conklin, H.,
1962 "Lexicographical Treatment of Folk Taxonomies", in: *Problems in Lexicography*, 119-141 – publ. 21. *International Journal of American Linguistics* 28, 2.

Coyaud, M.,
1966 *Introduction à l'étude des langages documentaires* (Paris, Klincksieck).
1967 *L'analyse automatique des documents* (Paris, Mouton).

Dubois, J.,
1963 *Le vocabulaire politique et social en France de 1869 à 1870* (Paris, Larousse).

Fodor, J. A. and J. J. Katz,
1963 "Structure of a Semantic Theory", *Language*, 39, 170-210.

[3] On doit néanmoins mentionner les travaux de Sipoczy sur la polysémie, qui font pendant à ceux de Ljaxuti et Černjavski à Moscou et dont l'orientation pratique stimule les recherches descriptives (dans une direction analogue, cf. Coyaud, 1967, 2e partie).

Greimas, A. J.,
1966 *Sémantique structurale* (Paris, Larousse).
La mode en 1830: Essai de description de vocabulaire vestimentaire d'après les journaux de mode de l'époque (Paris, Faculté des Lettres) (thèse dactylographiée).
Guiraud, P.,
1966 "De la grive au maquereau: Le champ morpho-sémantique des noms de l'animal tacheté", *Français moderne,* 34, 4.
Katz, J.,
1964 "Mentalism in Linguistics", *Language,* 40, 124-137.
Kiefer, F.,
1965 "Some Questions of Semantic Theory", *Computational Linguistics* (Budapest), 4.
1966 "Compte-rendu d'Antal: *Content, Meaning and Understanding*", *Computational Linguistics* (Budapest), 5.
Mounin, G.,
1965*a* "Un champ sémantique: la dénomination des animaux domestiques", *La Linguistique,* 1 (1).
1965*b* "Essai sur la structuration du lexique de l'habitation", *Cahiers de Lexicologie,* 5 (1).
Pottier, B.,
1963 *Recherches sur l'analyse sémantique en linguistique et en traduction mécanique* (Nancy, Université de Nancy) (polycopié).
Šaumjan, S. K. and P. A. Soboleva,
1963 *Applikativnaja poroždajuščaja model' isčislenija transformacij v russkom jazyke* [Un modèle créateur d'application du calcul des transformations dans la langue russe] (Moscou, Izdat. ANSSSR).
Sipoczy, G.,
1965 "The Analysis of Prepositional Constructions", *Computational Linguistics* (Budapest), 4.
Todorov, T.,
1966 "Recherches sémantiques", *Langages,* 1 (1).
Weinreich, U.,
1963*a* "On the Semantic Structure of Language", in: *Universals of Language* (Cambridge, Mass., MIT Press).
1963*b* "Lexicology", in *Current Trends in Linguistics,* Vol. 1: *Soviet and East European Linguistics* (The Hague, Mouton).
Ziff, P.,
1960 *Semantic Analysis* (Cambridge, Mass., MIT Press).
Žolkovskij, A. K., N. N. Leont'eva and Ju. S. Martemjanov,
1961 "O principial'nom ispol'zovanii smysla pri mašinnom perevode" [De l'utilisation de principe du sens dans la traduction automatique], in: *Sbornik Mašinnyj perevod* (Moscou, Institut Točnoj Mehaniki Vyčislitel'noj Tehniki ANSSSR).

10

THE SEMIC MATRICES OF MEANING

PIERRE GUIRAUD

The possibility of a quantitative approach to the problem of sense outlined in the following article, is one which has been suggested innumerable times in those sciences which are based on a model of the sign (e.g., *linguistics and logic). The controversy between partisans of the quantitative or statistical method and those who accept the qualitative or semantic one remains unresolved.*

If the 1930's, influenced by logic, favored the first method, recent years have evinced a preference for the second. Nevertheless, the problem remains. Generative grammar eliminates the question when it proposes calculations of syntactical transformations and mathematically organizes the generation of 'signified' structures as if they were 'signifying' structures without ever formulating the problem of sense.

Semiotics is an heir to this situation, again seriously raising the dilemma, to organize as signifiers, the signified in systems which it studies. The complementarity of the two approaches (quantitative, qualitative) is essential. One cannot overemphasize the fundamental importance of the first method, more concretely and more specifically in the realm of semiotics, that is, the importance of mathematical and logical procedures for articulating the signifying of the corresponding signified material.

M. Guiraud's text, while strictly in the realm of linguistics, is of considerable interest to semiotics because of the methodological and theoretical problems which it raises: (1) The homology of the signifier/signified. (2) The acceptance of the notion of 'sense' (a) *as a function of a statistical factor (word frequency),* (b) *as semic content on the one hand, and sense, in its fullest meaning, on the other, and* (c) *as an "orientation of the word towards words, as a relationship with the semic properties which it does not possess". Semiotics, still in its formative stages, can render more flexible the qualitative models which it has hitherto used, by these and other propositions of quantitative linguistics. With this article we initiate the regular publication of studies involving the application of quantitative models, thereby working towards the rigorous axiomatization of semiotic systems. (Editor's note.)*

The semiotic banner rallies a number of hypotheses and studies which have been carried out in the area of documentation, classification, lexicographical indexing, and lexicological description; all have in common the ambition of reducing signs to a small number of basic elements, the combinations of which would account for the total lexicon.

These speculations are not new; from the time of Aristotle to that of Leibniz, they have not ceased to haunt science and its taxonomies. However, today they have the originality of finding a new and particularly fertile model in phonemics. From this latter – by analogy and extrapolation – can be imagined different types of systems of semiotic units in structural oppositions.

In this perspective, I should like to summarize the conclusions of fifteen years of research in quantitative lexicology, conclusions which bring together – and confirm – the postulates of structural semantics.[1]

The comparison does seem instructive, and for several reasons. On the one hand, the two areas of research start out from entirely opposite points of view. Structural semantics (in its various forms) is qualitative in that it is interested in the semic content of the signs, in terms, for example, of 'animality', 'humanity', 'masculinity', 'femininity'. My own research, in contrast, has been quantitative to the extent that the basic elements of the systems are taken independently of all meaning and defined only according to their number and the mathematical rules of their combinations.

In this regard, I would like to point out two articles by A. J. Greimas, published in *Le français moderne,* in which he questions statistical

[1] This article constitutes a digest of several previously published papers. For facts and details, lacking in this summary, the reader is referred to the following: "Le substrat informationnel de la sémantisation", *Bulletin de la Société de Linguistique de Paris* (1954), 119-133; "Diacritical and Statistical Models for Languages in Relation to the Computer" [1962], in: D. Hymes (ed.), *The Use of Computers in Anthropology* (The Hague, Mouton, 1965); "Structure aléatoire de la double articulation", *Bulletin de la Société de Linguistique de Paris* (1963), 135-155; "Les structures élémentaires de la signification", *Bulletin de la Société de Linguistique de Paris* (1965), 97-114; "Sens et information", in: Faculté des Lettres de Strasbourg (ed.), *Statistique et analyse linguistique* (Paris, P.U.F., 1966), pp. 51-55. A summary of these observations is also found in my book, *Les structures étymologiques du lexique français* (Paris, Larousse, 1967), pp. 170-188.

analysis as I have practiced it; his is a polemic discussion in favor of the qualitative approach; as far as I am concerned these contests regarding the superiority of the quantitative or qualitative in the human sciences are pointless. The two points of view are complementary, and one of the great problems of our culture lies precisely in the relationships between the qualitative and quantitative. The interest of this discussion, in my opinion, lies not in the dispute over the superiority of one or the other method, but in the fact that both lead to identical conclusions.

Even more interesting – and this will be my second point – is the fact that the two areas of research were carried out independently of one another at the beginning, and – at least as far as I was concerned – without one's knowledge of the progress of the other.

Finally – a third (but no less significant) point – the approaches are entirely different. While structural semantics postulates at the beginning the existence of discrete semic structures which it tries to reconstruct, I, conversely, 'found' these structures on my road in the course of a study on the informational function of words.

There again the points of departure and the ways followed are different, which makes even more significant a meeting at the end. Therefore, I should like here to follow this road by retracing its stages.

My research has grown from an old study by Zipf on the rank-frequency distribution. It involves, as we know, a quantitative analysis of vocabulary in which the words of a text – or a group of texts – are ranked by order of frequency, so that the product of the rank by the frequency has a constant value. From this equation, $r\ fr^{a} = \text{Constant}$, Mandelbrot was the first to give a coherent interpretation by showing that if the words were coded by the aid of a system of a small number of discrete coding elements allowing the formation of code signs, the most economical utilization of such a system corresponds to a frequency distribution of the type discovered by Zipf.

During the same time, I myself had established a relationship between the frequency of words and the number of phonemes of which they are constituted; very simply, the number of phonemes is proportional to the logarithm (negative) of the probability, and thus to the informational content, of the word. It appeared to me, then, that one could dispense with Mandelbrot's mental coding by substituting phonemes for his hypothetical codemes; Zipf's distribution would flow from a simple economy in the distribution of sounds.

This hypothesis was, in its time, rejected by Mandelbrot, who took it up again later when, strangely enough, I abandoned it myself in favor of a mentalistic model related to the code that he had at first conceived.

But one must first understand the nature and the origin of Zipf's distribution, which is very general, since the author showed its existence in phenomena as diverse as the distribution of revenue, populations, outlets of commercial enterprises, and so on. In fact, it is only a property of discrete (*i.e.*, discontinuous) substance. Any time one enumerates definite entities by combinations of a system of discrete elements (phonemes, money, individuals, stores) one finds this same distribution. Since 'words' are produced by combinations of a limited number of phonemes, it can be shown that the number of these combinations in each class of 1, 2, 3, *k* phonemes constitutes a datum of the system; that, by corollary, the frequency of each word is determined by the number of phonemes which constitute it; that there is, then, a relationship between the number of words affected by a given frequency, a relationship from which comes Zipf's distribution.

Although justified by observation, the hypothesis has, however, something very unsatisfactory about it. It postulates, in fact, that the frequency of words and, consequently, their use in speech, would be determined by their phonic form, while everything tells us, intuitively, that it is the nature of the referent – and thus the sense of the word – which determines its use.

Thus, we are faced with a contradiction: on the one hand, the statistical distribution of words CORRESPONDS to their phonic structure, as we are able to observe it objectively; on the other hand, everything postulates that this distribution must be DETERMINED by their meaning.

Only one hypothesis can resolve this contradiction: assuming that the signified is of the same discrete nature as the signifier, that concepts are the product of the combinations of a system of semic elements analogous to the phonemic system, one would thus have a 'homology' between the two systems so that Zipf's distribution would be PRODUCED by the structure of the signified but would be REFLECTED in that of the signifier.

From this hypothesis, we then imagine that the concepts are the result of the combinatons of a system of discrete semic unts, the number of which determines the frequency of the word; if the probability of a seme is equal to p, that of a word of 1, 2, 3, n semes is equal to p, p^2, p^3, p^n.

From the probability of the word, objective in character and directly observable, one can then deduce the number n of semes which constitute it according to the formula $\frac{-\log p}{s}$ = Constant.

From such a hypothesis, in addition, there should result a certain number of relationships between the frequency of words and their 'senses'; this means admitting that a relationship exists between the 'senses' and our hypothetical semes.

But then we come up against the very notion of 'sense', so vague, so ambiguous, so debated, and so debatable. In such uncertainty, we must accept – at least provisionally – the traditional definition of sense as conceived by the dictionaries and which, for each word, distinguishes 1, 2, 3, *n* senses. At least it is an objective criterion in spite of its arbitrary nature and the objections it might raise.

In any case, it is possible to establish, on an objective basis, the existence of relationships between the frequency of words and the number of their different senses as traditional dictionaries distinguish them. There, again, the road was opened up by Zipf with the equation $s/\sqrt{f}$ = Constant, establishing that the number *s* of senses of a word is proportional to the square root of its frequency. Subsequently, I myself have shown the existence of another distribution, based on the number of words having 1, 2, 3, *s* different meanings, in the dictionary: it shows that for each category (words having 1 sense, 2 senses, 3 senses, and so forth) the number of words decreases while the number of senses increases, the result being that for a sample of 1000 words there are 600 words having one sense, 180 words having 2 senses, 100 words having 3 senses, etc., the distribution following the form $NS^{1.70}$ = Constant.

But let us here digress. If we no longer consider the number of different senses but the number of morphological derivatives (prefixes, suffixes, compounds) corresponding to the various words, we observe an identical distribution. It follows then that the semantic derivation and the morphological derivation obey the same law. Finally, this double distribution corresponds to Willis' law which defines the number of genera (botanical and entomological) having 1, 2, 3, *n* species. The result is that derivatives (semantic as well as morphological) are nothing more than species of genera constituted by root-words; this supposes that in all these cases the type indicators constitute a system of discrete elements, the combinations of which define the species.

Let us close the digression with this problem, which I have developed elsewhere, and return to the hypothesis of a semic system. It rests on three observations: (*a*) the senses-frequency distribution according to which the number of senses of a word is proportional to the square root of its relative frequency ($s/\sqrt{p}$ = Constant); (b) the number-senses distribution or distribution of the words having the same number of senses and being such that the number of words in each category diminishes with the number of senses according to a formula of the $NS^{1.70}$ = Constant type; (*c*) the semes-frequency distribution according to which the information content of a word (defined by its frequency) is proportional to the number of semes which enter into its composition – a distribution of the type $\frac{-\log p}{s} = \text{Constant}$.

Contrary to the first two – which correspond to facts directly observable and objectively verifiable – this last distribution is hypothetical. This said, one can postulate that it is homologous to the phonemes-frequency distribution, which is directly observable.

The problem is to construct a model integrating all of this data, taking into consideration the values observed for the three parameters which are the frequency, the number of senses, and the number of semes. Such a model can be constructed effectively by using a semic system analogous to the phonological system.

While the senses-frequency relationship is universal and extremely stable, until now it has not been possible to find the model which justifies these RELATIONSHIPS between the frequency of a word and the number of its meanings. It is because this relationship is secondary; there is a direct relation between frequency and semic content (distribution *c*), but the semic content of a word is an entirely different thing from its sense.

In fact, the senses of a word, as they are conceived by traditional dictionaries, are syntagmatic properties; they are the possibilities available for the word to enter into relationships with other words. If one considers the approximately sixty senses of the verb *tirer* as they are enumerated and classified by a dictionary such as the *Littré,* one ascertains that *tirer* means "to displace an object in the direction of the subject", which is the SEMIC CONTENT of the word. As for the different 'senses', such as *tirer un chariot, tirer de l'eau, tirer les cheveux, tirer un revenu,* these are types of pulling which are dependent on the nature of the object being pulled.

The traditional concept of 'sense' merges two distinct notions: on the one hand the semic content, on the other hand the senses, properly so called, which are rendered possible by this semic content.

When the linguists tell us that "words have no meanings, they have only uses", they are right and wrong at the same time. Words have a content and it is this content which determines their senses by delimiting their uses. So, it is this semic content which determines the frequency of the word, and since it brings about uses in discourse (the sense) the result is that the relationship between frequency and number of senses is indirect. Now, if one supposes that this semic content is of a discrete nature and that concepts are the product of the combinations of a certain number of semes, one can see that the probability of the word diminishes with the number of semes (distribution *c*). Thus *dog* is much less frequent than *animal* because of the fact that it is more marked semically, in that it includes, for example, the semes 'mammalian', 'quadrupedal', which are not included in *animal.*

The sense on the other hand is an orientation of the word toward other words, having semic properties which it does not have: thus one would say, "this animal is a dog", since *animal* does not possess the seme 'dog'. On the contrary, one would not say: "This dog is an animal", for *animal* is already included in *dog*.

Hence, the relationship number of semes/number of senses is indirect; in so far as the number of senses is directly determined by the number of semes that the word does not possess; and in a closed system, the number of semes absent obviously depends on the number of semes present.

If the frequency diminishes with the semantic content, and the number of sense does likewise, then the number of senses increases with the frequency; and this is what is expressed by Zipf's senses-frequency equation $s/\sqrt{p}$ = Constant. But this relationship is indirect and can be explained only by a semic system which integrates our three equations. Thus we have an objective confirmation of the Saussurian postulate on the negative nature of any linguistic value.

As the basis of such a system, we can postulate a group of elementary semic units, the combinations of which produce concepts; 32 semes constitute the optimum value of such a system and form the closest correspondence to the values observed for the distribution of senses. We shall suppose now that these 32 semes are opposed in binary pairs in such a way that only one member of the pair may appear in a single *significatum,* the latter not being able to be at one and the same time 'animate' and 'inanimate', 'actor' and 'process', and so on.

We have thus 16 binary semes (or bisemes) which we are going to combine in such a way that one biseme cannot enter twice in the same combination. We will accordingly obtain 16 monosemic combinations (words), 120 bisemic combinations, 550 trisemic combinations, and so forth. It is a well-known matrix that using our 16 bisemes gives rise to the 64,000 combinations which constitute our hypothetical lexicon.

These lexical units must in addition be associated in syntagms, each one of which constitutes a 'sense'. But there again we must set up rules for combinations, for the sense supposes that certain syntagms are permitted, others excluded.

One can, once again and to simplify the calculations, suppose the existence of a binary system which opposes, for example, a category of the substances (subject) to a category of the processes (verb), constituted in two distinct paradigms and not interchangeable. Our 16 semic categories then furnish us with 8 categories. We get a semio-taxic system in which the number of relations (and thus of senses) for each sign is determined by the number of semes which constitute it. From these facts one can construct a model which corresponds very exactly – in its form as well as in its values – to the distribution of the number of words having the same number of senses, as we have observed it. For these distributions and for the construction of this model, let me refer the reader to the articles already mentioned. What I simply wanted to show here is that the statistical distribution of words and their senses postulates the existence of a discrete semic system which is homologous to the phonemic system.

What we have here is a hypothesis rejoining the speculations of structural semantics, at the same time bringing to it objective data which it lacks. Also, such a hypothesis provides an answer to questions which had remained, until now, incompletely resolved. For example, the observation that the linguistic systems at their various levels have a redundancy rate of about 50% is verified.

It is easy to show that redundancy is the element which generates the senses, and that, in addition, this rate of 50% is the most economical possible. But from that point one must imagine a kind of 'principle of the least effort', an 'economy of speech' which would determine the use of the signs. One must say that the idea of this natural harmony which regulates stars and words is quite difficult to conceive of.

In return, the matrix we have constructed includes within its own structure a redundancy of 50%. The rule which opposes the semes by pairs in such a way that a *significatum* cannot be at one and the same time 'animate' and 'inanimate', 'masculine' and 'feminine', and so forth, introduces, *de facto,* a redundancy of 50% into the system. Thus, the 'economy' comes from the logical structure of the language and no longer from a 'principle of the least effort', understood as a sort of mysterious power, part of the 'forces of life'.

Let me be clear here that if we have constructed our system on a binary basis it is for practical reasons, since it is the simplest. But one can imagine other types, including mixed types.

However, simple observation shows that binary pairs like 'black/white', 'man/woman', etc., occupy a large place in meaning, and this intuition is confirmed by the redundancy rate of about 50%. In addition, redundancy is a condition of sense and enters into its statistical definition. If, in fact, the sense is a relationship, it implies restraints which necessarily cause a deficit of information.

Sense is a specification within a genus. Thus, within the genus 'flower', the features 'red', 'blue', 'yellow' can constitute species. But linguistic communication postulates that each species indicator be common to a certain number of individuals to the exclusion of others. If there were one color per flower and one flower per color, one would have the maximum of senses, a redundancy equal to 1, and no information. If all flowers could have all colors, one would have the maximum of information but no sense, since colors cannot, in this case, constitute a specific feature appropriate for identifying flowers. It is an essential trait of language that it assumes the double function of transmitting, at one and the same time, both information and sense. And the sense, or the power of specification of the sign, diminishes as the information increases.

The system functions between two limits: maximum information and no specification/maximum specification and no information. It is redundancy then which measures this power of specification we call sense. And a rate of redundancy of 50% (and thus 50% information) corresponds to a greater economy of the system. But there again one must be careful not to see in this property the result of some mysterious finality. It comes from the structure of the system which – as in our model – opposes the syntagmatic categories in binary pairs.

Another type of problem arises: the reader may question why 32 semes, wondering that all of our concepts could be constructed with such a small number of elements. Let me point out first that if 32 phonemes allow construction of all the signifiers which the language needs there is no reason why one cannot construct as many *significata* with 32 semes.

But 32 is obviously a hypothetical number. However, if our model is exact, it constitutes an approximation from which reality would not deviate very much. As we have seen, the combinations of 16 bisemes constitute a body of 64,000 signs and this figure doubles for each new bisemic unit. We can see then that the base of the system will not deviate far from 30. We can see also that this value corresponds to the number of phonemes and explains the homology between the system of the signifiers and that of the signified.

We could continue this analogy by asking ourselves if there may not exist a subsemic substratum parallel to the pertinent features of phonemics. Here we are still in the realm of fiction where nothing can be verified at the present stage. This said, it is not impossible to imagine that our 32 semes could be constructed by using variations of five elementary signals, for example, five sensorial channels, a, b, c, d, e, from which one could construct the semes a, b, c, d, e; ab, ac, ad . . .; abc, abd, etc. The number of these combinations is 32. One can foresee, then, a system in which all of the concepts would be constructed from a basis of 32 semic units (or 40 or 50), defined by the combinations of 5 elementary signals (or 6 or 7). And this brings us back, once again, to the phonemic model.

But it is time to cease these speculations without mixing them with the facts and observations which have already been objectively established. The postulates and hypotheses which these observations imply are still open to research, but it is not absurd to imagine (among other models) a discontinuous thought constructed on the logical matrices of combinations of a digital semic system.

This hypothesis, as well as the observations and the models which are the foundation of it, confirm the postulates of qualitative semiotics. Only when the existence and the form of these matrices have been established can one hope to establish their content.

11

VALEUR ET LIMITES D'UNE SÉMANTIQUE LEXICALE *

ALAIN REY

Le contenu présumable d'un ouvrage intitulé: *Sémantique française,* qu'est-ce donc? Naïvement, dirait-on, un exposé des règles sémantiques du français, en tant que cette 'grammaire' présente des traits supplémentaires par rapport à des universaux, ou du moins des caractères distinctifs par rapport à la sémantique d'autres langues. Il est clair que ce programme suppose une théorie sémantique portant sur les langues naturelles, explicitée sous la forme d'un ensemble ordonné de règles portant sur des objets repérables et distincts. Si une telle théorie a fait récemment l'objet de recherches importantes, sa construction n'en est qu'à ses débuts. Il faut donc que SÉMANTIQUE FRANÇAISE signifie autre chose, et moins.

La pensée occidentale, depuis les Grecs jusqu'au 19e siècle, a élaboré plusieurs théories du signe linguistique. Leur structure et leur articulation ressortit à cette archéologie sémiotique [1] où l'objet exhumé, élément d'un ensemble à décrire, est un TEXTE qui renvoie tout à la fois à lui-même par essence, au monde par intention, aux autres énoncés en ce qu'il procède de ce MÊME et de cet AUTRE. Une pensée linguistique déchiffrable s'y manifeste vivement, obscurément sans doute, d'Aristote à nos contemporains. Susceptible de diverses lectures – songeons à celles, complémentaires, que Chomsky et Foucault ont faites de la *Grammaire de Port-Royal* [2] – à chaque moment de son expression, cette pensée privilégie, exclusivement jusqu'au 17e siècle, partiellement ensuite, un objet évident et fictif, doublement contraignant: le MOT. Signe linguistique instrumental, reflet sensible, tracé ou proféré, des unités que

* A propos de la parution du *Précis de sémantique française* de O. Ducháček (Brno, Universita J. E. Purkynê, 1967).

[1] L'expression est empruntée à M. Foucault, *Les mots et les choses: Une archéologie des sciences humaines* (Paris, Gallimard, 1966).

[2] N. Chomsky, *Cartesian Linguistics* (New York-London, Harper and Row, 1966).

la pensée abstraite doit évoquer pour exorciser l'INFORME du phénomène, c'est le mot qui porte à l'homme – à sa bouche, à sa main – l'outil conceptuel. Dès lors, qu'il s'agisse d'un modèle illusoire, fondé sur le besoin d'une transparence, sur le renvoi incessant d'une forme opératoire à une auto-affirmation mentale importe peu. Le 'concept' détermine la priorité d'une métaphysique du signe construite expressément pour hypostasier le signifié. A cette implication grossièrement représentable:

(signifiant) ← [SIGNIFIÉ]

nous tendons à substituer un graphe presque vide:

. . . signifiant ↔ signifié ↔ signifiant ↔ . . .

modèle ouvert, tout entier à construire, et qui ne fait que rendre une élaboration possible. Cet article tend à montrer, dans un domaine strictement limité, l'insuffisance et les dangers du premier modèle.[3]

Par une sorte de revanche sournoise, le signe linguistique global expulsé de l'écriture avant même les premiers alphabets, investit la pensée. L'espace du langage est d'abord vu dans sa dimension verticale. Les nécessités de l'analyse conduisent au découpage implicite de l'énoncé – explicité ailleurs si brillamment: Pānini travaillait dès le 4e siècle avant l'ère chrétienne – qui serpente à ras de terre, négligé, charriant les mots dressés vers l'Idée. Cette vision antique du langage est lexicologique parce que le mot est le lieu sémantique NATUREL, c'est-à-dire culturel là et alors. Que le langage analyse ou se contente de parler,[4] ce sera dans et par les mots. Ramus, en 1587, conçoit la syntaxe comme "le bâtiment des mots entre eux par leurs propriétés".[5] Et si Aldrovandi avec tous les naturalistes de la Renaissance, se donne la tâche de déchiffrer ensemble le récit du monde avec celui des hommes,[6] cela suppose une théorie de la puissance du lexique *per se,* et l'impossibilité pour le locuteur ou le scripteur de ne pas se conformer aux similitudes que le mot cristallise.

Pourtant, depuis Descartes, la sémiotisation reconnue de la métaphysique suscite une linguistique du fonctionnement, de la syntaxe créatrice. Quand le signe est partout, l'originalité langagière est dans l'ordre, dans cette successivité analysante et synthétisante du discours, et surtout

Foucault, *op. cit.* Voir J.-C. Chevalier, "La grammaire générale de Port-Royal et la critique moderne", *Langages*, 7 (1967).

[3] Voir les travaux de J. Derrida (et notamment *De la grammatologie* [Paris, Éd. de Minuit, 1967]).

[4] Ceci, inspiré des analyses de Foucault, *op. cit.*, pp. 32-59.

[5] *Grammaire* de Pierre de La Ramée *revue et enrichie en plusieurs endroits* (. . .) (Paris, D. du Val, 1587).

[6] Foucault, *op. cit.*, p. 55.

dans le pouvoir qui la crée. C'est le règne de la grammaire universelle, qui s'organise aux structures spatialisées de la rhétorique: figures, tropes, où se retrouve la souveraineté lexicale. A ce moment, le mot est devenu nom: toute affirmation passant par le verbe *être* (seul 'verbe substantif'), tout enchaînement de rapports requérant des parcelles dont la vertu est dirigée vers les autres maillons de la chaîne (les mots 'grammaticaux'), la verticalité, désignation ou sens, s'exerce par les noms seuls.

On connaît le repli indispensable du 19e siècle sur des positions formelles, l'éclatement de la grammaire générale en descriptions particulières comparées, la réhabilitation du verbe en tant qu'unité lexicale fondamentale. Malgré les synthèses humboldtiennes, la sémantique divorce alors de la linguistique. Mais presque en même temps, la logique fait peau neuve, avec Boole (*An Investigation of the Laws of Thought,* 1854), Peirce ou Frege. Grâce à eux, l'épistémologie sémantique s'élabore autour de langues simplifiées, rigoureuses. La primauté logique revient à la syntaxe, et pour longtemps: prudence devant la verticalité métaphysique du signe isolé, et mise en parenthèse du signifié.

Mais la sémantique naïve de l'unité 'naturelle' s'est épanouie dans un objet socio-culturel considérable: le dictionnaire. Je vois en lui un précurseur anarchique. Plié par l'arbitraire alphabétique à un ORDRE EXPLICITE, il contient dès le 17e siècle ce recours à l'opacité du signe qui fondera l'histoire des langues et s'en sert génialement pour analyser, par une distribution artificielle des signifiants, le contenu en tant que forme. L'aspect pragmatique, incomplet, redondant de l'analyse ne doit pas laisser sous-estimer plus longtemps l'importance de cette expérience. Plus précisément, les fondateurs de la sémantique lexicale en tant qu'activité définie, en France Darmesteter et Bréal,[7] procèdent directement de la lexicographie littréenne. On peut même penser qu'ils sont en retrait sur elle. En effet, la Sémantique de Michel Bréal – apprenti sorcier terminologique, comme Auguste Comte avec sa Sociologie – ne fait guère que poursuivre, avec bon sens et finesse, les analyses d'un Du Marsais. Certes, la généralité instantanée de la "linguistique cartésienne" a cédé la place au particularisme historique, et le langage à une langue. Mais le "signifié transcendantal" [8] s'y porte à merveille, alors même que l'opacité reconnue du signifiant permet de joindre à SÉMANTIQUE le nom d'une langue particulière.

7 A. Darmesteter, *La vie des mots étudiée dans leur significations* (Paris, Delagrave, 1888). M. Bréal, *Essai de sémantique (science des significations)* (Paris, Hachette, 1897).

8 Selon l'expression de Derrida, *op. cit.*, p. 33.

SÉMANTIQUE FRANÇAISE, étude psychologique de signifiés isolés, arrachés du système et accrochés par cent artifices à l'ensemble des signifiants. Cette glose (imprécise) donne l'image des premiers traités, manuels ou 'précis' de sémantique d'une langue naturelle. Ces *Vies des mots* qui fleurissent vers 1900 sont des descriptions partielles et vagues. Les notions de sens et d'intention (compréhension) y sont utilisées sans rigueur et alternativement confondues avec celles de signification et d'extension; celle d'implication, sous la forme réciproque de la synonymie, et d'analycité, y apparaissent implicitement.

Naturellement, de Bréal et Darmesteter aux ouvrages similaires plus récents, la linguistique ayant changé, la sémantique lexicale n'est pas restée absolument immobile. Mais ces changements n'ont affecté ni les présupposés métaphysiques, ni le modèle d'objet décrit, ni le fondement des méthodes. Dans ces ouvrages pédagogiques le mot SÉMANTIQUE recouvre un psychologisme irréductible et désuet parfois masqué sous le terme de LOGIQUE.

Cependant, la leçon de Saussure a été entendue: en intention au moins, synchronie et diachronie sont soigneusement distinguées. Par contre, la nécessité de deux linguistiques complémentaires, une de la langue, de la compétence, l'autre du discours, si elle est parfois ressentie, n'est guère satisfaite: dans le domaine lexicologique, la confusion entre l'occurrence et l'unité (*token* – *type*) est fréquente. On utilise parfois sur le même plan la forme lexicale isolée et le mot en contexte. Bally par exemple écrivait en 1921 (*Traité de stylistique française*,[9] III, 1, t. I, p. 141 *sqq.*):

"Le procédé décrit [. . .] sous le nom d'ÉQUIVALENCE EN CONTEXTE a montré comment cette comparaison de termes différents dans la forme se réalise dans la pratique; comparez par exemple 'Le LÉGITIME propriétaire' = 'celui qui a le droit de posséder' où l'adjectif LÉGITIME peut être considéré comme synonyme de la locution verbale *avoir le droit de*, ou même du substantif *droit*."

L'équivalence entre deux énoncés (reliés par une transformation complexe) fonde ici la pseudo-équivalence de deux faits de langue, au mépris, certainement conscient et volontaire, chez un auteur de cette classe, des règles qui les définissent. Ici, l'aspect métaphysique de l'enseignement saussurien (la fameuse "image verbale") l'emporte sur l'apport méthodologique.

[9] C. Bally, *Traité de stylistique française*, 2e éd. (Heidelberg, Carl Winters Universitätsbuchhandlung, 1921) (Indogermanische Bibliothek, zweite Abteilung, III. Band, II. Teil).

Si l'opposition entre langue et discours s'est répandue, celle des niveaux logiques (usage et mention), si essentielle, est rarement mise en œuvre. S. Ullmann, par exemple, écrit dans son *Précis de sémantique française*[10] (p. 95):

"L'absurdité d'une telle thèse [la thèse phénoméniste des logiciens: autant de contextes, autant de sens] est si évidente qu'il est presqu'inutile de la réfuter. Qu'on pense seulement à l'existence des dictionnaires [. . .] ou encore au chaos qui résulterait si les mots [. . .] étaient complètement à la merci du contexte."

Du fait de la distinction entre *meaning* et *content*, la thèse visée cesse d'être absurde. Puis, les deux arguments se situent sur deux plans différents, le premier concernant non le lexique en fonction, mais le lexique autonymique, en mention. L'opposition entre unités lexicales fonctionnelles et unités mentionnées, pour lesquelles on peut à juste titre envisager un contenu analysable (intension logique), rend compte de bien des confits de méthode.[11] En fait, cette distinction est implicite chez les meilleurs sémanticiens traditionnels,[12] mais alors identifiée à l'opposition langue-parole, virtuel-actuel, et finalement système-fonction, à laquelle elle se superpose en partie, sans coïncidence.

Quant à l'argument du chaos, il ne vaut – mais alors il est irréfutable – que si l'on se place dans l'optique des sémanticiens de l'unité lexicale. La sémantique de la phrase renverse le problème. L'absence de chaos sémantique dans l'énoncé, c'est-à-dire l'existence d'une communication inter-humaine non ambiguë et fonctionnelle, dépend de compatibilités exprimables par des règles de sélection et de l'intervention du contexte au sens large, autant et plus que des configurations sémiques isolables sur lesquelles s'exercent ces facteurs.

De ce point de vue, la sémantique lexicologique traditionnelle est désarmée. Il est inutile de pratiquer une analyse componentielle sur des configurations sémiques isolées, signifiantes au niveau de la mention seulement (celui du dictionnaire), alors que les éléments dégagés ne peuvent être que des traits pertinents au plan du fonctionnement syntactique, sinon de simples artefacts: les travaux des sémanticiens français

[10] S. Ullmann, *Précis de sémantique française* (Paris, P.U.F.-Berne, A. Francke, 1952).

[11] Voir J. Rey-Debove, "Autonymie et métalangue", *Cahiers de lexicologie*, 11 (1967).

[12] Par exemple, chez S. Ullmann lui-même *(op. cit.*, p. 96) et chez les auteurs qu'il cite, tels A. Meillet ("Le caractère concret du mot", in: *Linguistique historique et linguistique générale*, II [Paris, Klincksieck, 1958]) et V. Bröndal ("La constitution du mot", in: *Essais de linguistique générale* [Copenhague, Munksgaard, 1943]).

le montrent amplement.[13] Si l'on se tient au plan de la langue – et probablement encore de la mention – il faut recourir à des corrélations quantitatives qui suggèrent d'ailleurs l'existence d'éléments ultimes peu nombreux.[14]

Cependant, l'analyse sémique de l'énoncé se heurte à d'immenses difficultés, dont la moindre n'est pas l'intervention menaçante d'éléments extra-linguistiques (ou para-linguistiques) de plus en plus SIGNIFIANTS, à mesure qu'on se rapproche du modèle réel de communication. C'est là qu'une sémiotique de la communication linguistique doit absorber sémantique lexicale, syntaxe sémantique, stylistique, et les transformer. Elle ne saurait être indépendante du modèle théorique des logiciens où sémantique, syntaxe et pragmatique se conditionnent mutuellement.[15]

En attendant ces perspectives, la sémantique des petites unités du niveau lexical (niveau indéfinissable LINGUISTIQUEMENT) peut et doit recourir aux techniques de l'analyse structurale, aux modèles génératifs comme aux simulations des langues logiques. Ce qui se produit dans les recherches théoriques, mais non pas dans les ouvrages pratiques qui nous occupent.

En rappelant que dans ce type d'ouvrages, SÉMANTIQUE se lit LEXICOLOGIE DES CONTENUS, et l'adjectif qui suit: ILLUSTRÉE PAR DES EXEMPLES EN (français, anglais . . .) et non pas: DE LA LANGUE (française, anglaise . . .), il n'y a évidemment pas lieu de les proscrire dans leur principe. L'unité lexicale, entre morphème et phrase minimale, occupe toutes les places fonctionnelles. D'où la méfiance justifiée des linguistes fonctionnalistes à son égard.[16] Mais que l'on considère les facteurs sociaux et culturels de la communication linguistique, ou ses aspects psychologiques (peu importe à cet égard qu'il s'agisse d'une psychologie mentaliste et métaphysique, d'une théorie du comportement ou d'une psychologie génétique) et le mot s'impose de nouveau. Enfin, la linguistique, même hors la lexicographie, est incapable d'expliciter les processus mis en œuvre intuitivement sans recourir au concept de mot (et d'ailleurs à

[13] Voir notamment A. J. Greimas, *Sémantique structurale* (Paris, Larousse, 1966); B. Pottier, "Vers une sémantique moderne", *Travaux de linguistique et de littérature* 2, 1 (1964).

[14] P. Guiraud, "Les structures élémentaires de la signification", *Bulletin de la Société de Linguistique de Paris*, 60, 1 (1965), 97-114; "Sens et information", in: *Statistique et analyse linguistique* (Paris, P.U.F., 1966), pp. 51-55.

[15] Voir L. Apostel, "Syntaxe, sémantique et pragmatique", in: *Logique et connaissance scientifique* (Paris, Gallimard, Encyclopédie de la Pléiade, 1967).

[16] Notamment A. Martinet, "Le mot", *Diogène*, 51 (1965).

celui de concept). C'est vrai de la pédagogie, de la traduction 'naturelle'. Ce n'est pas un hasard si un livre titré *Problèmes théoriques de la traduction*[17] est un remarquable manuel de lexicologie.

La lexicologie suppose, face au corpus théorique que représentent les énoncés d'une langue, parfois étalé sur des siècles, des opérations qui dégagent un stock d'unités formelles (*forms*) codées (*minimum*) et libres (*free*).[18] La reconnaissance de l'identité diachronique des unités suppose évidemment une typologie implicite des contenus. Dans ce contexte, les erreurs de l'étymologie formelle correspondaient simplement à des contradictions choquantes entre cette typologie intuitive, jamais absente, et les unités issues de l'analyse des régularités phonétiques et morphologiques. Cette situation inconfortable est illustrée par le divorce entre la théorie et l'activité appliquée des lexicographes ou des traducteurs, des dialectologues, etc. Littré, Darmesteter, plus tard Gilliéron, s'emploient à accorder ce qu'ils perçoivent des contenus avec ce qu'ils savent des formes. L'absence d'une sémantique scientifique conduit enfin à une deuxième expulsion du sens hors de la linguistique, quand celle-ci, grâce aux écoles de Prague, de Copenhague ou d'Amérique, appréhende la *Gestalt* des signifiants. Mais, simultanément, la sémantique lexicale intuitive alimentait les travaux de Whorf ou de Sapir comme ceux de Trier et de Wartburg, travaux fonctionnels ou historiques. La constatation de relations entre des unités pragmatiques y a été qualifiée prématurément de structuralisme.

Pour le français, les 'sémantiques' qui décrivent son lexique s'inspirent souvent de cette dernière tendance, ainsi que des tentative postsaussuriennes pour fonder une typologie universelle des relations entre le signifiant stable et le ou les signifiés en évolution qui sont censés lui correspondre (Meillet, Carnoy, G. Stern). Ces tentatives répondent, à cent ans de distance, à celle de Bopp sur les variations historiques des formes. Faute de bases solides, elle ne pouvaient avoir la même importance. Mais le travail d'un Carnoy, les aperçus d'un Meillet ont eu une valeur prospective évidente. Le premier surtout mériterait de sortir de l'oubli injuste où il est plongé,[19] ne serait-ce que pour avoir nettement posé les limites de sa sémantique: science de la langue au niveau descriptif, concernant des contenus qui font "partie intégrante du stock

[17] G. Mounin, *Problèmes théoriques de la traduction* (Paris, Gallimard, 1963).
[18] Pour reprendre la célèbre définition de L. Bloomfield.
[19] A. Carnoy, *La science du mot, traité de sémantique* (Louvain, Universitas, 1927).

de significations admises dans une communauté et consacrées [. . .] par l'habitude d'un nombre suffisant de membres du groupe" (chap. 1), mais science de la parole au niveau génétique.

Carnoy pose ainsi les prémisses d'une sociosémantique et d'une psychosémantique lexicales dialectiquement reliées. La prise en considération de la motivation en termes d' 'acceptabilité' du signe, la définition de la phrase simple comme unité psychologique – sous l'influence directe de Wundt –, l'analyse des contenus lexicaux en 'notes' dont une constitue le noyau sémique, les autres, secondaires ou virtuelles, assignant une valeur précise à 'connotation', ces éléments de métalangue permettent l'élaboration d'une sémantique de l'intuition remarquablement cohérente. Le classement des évolutions de sens qui s'en inspire s'oppose à l'étiologie sommaire de Meillet (langue-histoire-société; cf., dans le livre d'O. Ducháček, langue-psychologie-"facteurs externes") par un fonctionnalisme délibéré. Carnoy utilise la rhétorique psychologique traditionnelle et ses grands types dynamiques (extension-restriction-déplacement) dont les fondements sont trop confus pour qu'on puisse parler à leur propos de classification logique. Si la distribution des 'notes' sémantiques représente une esquisse d'analyse componentielle, tout le système de Carnoy souffre de ses présupposés métaphysiques. L'hypothèse d'un concept partagé par tous les communicants et susceptible de rapports stables – mais évolutifs – avec un signifiant isolable au niveau lexical, lui est indispensable. A partir de quoi, la sémantique lexicale traditionnelle divise le signifié en éléments rationnels et affectifs, ce qui peut correspondre à des fonctions distinctes dans le processus de communication, dont il n'est guère question (et dont on ne voit pas quelle psychologie pouvait rendre compte avant 1920), mais non dans le modèle de compétence linguistique. On établit des champs sémantiques par un découpage arbitraire (= conceptuel) sans en vérifier la pertinence par l'observation des énoncés (se servir de dictionnaires, dans ce cas, est plus fallacieux encore que de se fier à l'intuition). On rapproche des formes isolées de tout contexte, on recherche les incarnations du 'concept' ou les désignations d'une 'chose' sans poser les conditions élémentaires d'une analyse psychosociologique de l'énoncé (ambiguïtés, levées d'ambiguïtés, incompatibilités, etc.) On pense introduire le structuralisme en concevant un lexique formé de réseaux définis par la position d'unités dans un espace neutre et immobile (et ceci provient peut-être du fameux jeu d'échecs saussurien, où l'on voit trop l'espace rigidement organisé de l'échiquier, pas assez la dynamique du jeu, la compétence des joueurs).

Certes, quand les options sont clairement définies, et les méthodes prudentes, on peut aboutir à des ouvrages clairs et de grande valeur pédagogique, au prix d'un certain schématisme. En ce qui concerne l'ensemble du lexique français, on peut donner comme modèle, après le *Traité de stylistique* de Bally, l'excellent manuel de S. Ullmann.[20] Cet ouvrage peut servir à caractériser le "manuel de sémantique lexicale appliquée à une langue". C'est, comme les dictionnaires, une application du discours didactique métalinguistique à la description objective (ce qui l'oppose aux ouvrages normatifs, très nombreux en français) de l'unité lexicale.

Ici, une parenthèse sémiotique. Discours didactique et description objective ne signifient nullement discours neutre. Libre aux analystes du code poétique de reléguer contrastivement la langue 'commune', 'dénotative', 'didactique', 'scientifique', etc., à un degré zéro. Cette neutralisation est justifiée méthodologiquement. En fait, tout discours observable, de la note de service au poème et au texte publicitaire, renvoie à un ensemble complexe de niveaux sémiotiques: il n'y a pas de discours plat. La fonction du code didactique est au moins de connoter le didactisme. Dans nos sociétés en proie à la pédagogie, le connaissance scientifique investit autant de puissances libidinales que l'art ou la religion. Comment soutenir que le livre de classe parle pour l'écolier une langue purement dénotative, innocente, affectivement muette? Ceci dit, très généralement, et notre manuel replacé dans la totalité de ses significations virtuelles, de quoi se compose-t-il?

La grande majorité de son texte se situe en métalangue, le reste étant constitué par des fragments de discours mentionné: les exemples. A la différence des grammaires et des dictionnaires, ces fragments sont le plus souvent des unités lexicales et des syntagmes lexicalisés, plus comparables aux entrées du dictionnaire qu'à ses exemples. C'est de l'ambiguïté de l'entrée que participe le mot-exemple à propos duquel s'exerce ici l'énonciation didactique. A la fois représentant présumé d'un stochastique (la classe des énoncés où la forme lexicale fonctionne), unité formelle manifestant une structure morphologique, et forme d'une contenu parfois considéré comme une entité discrète, le mot-exemple manifeste la plus grande indétermination. Pour le récupérer en tant que signe fonctionnel, il faut se livrer à des opérations que peut seule déterminer une théorie. Celle-ci, en grande partie implicite, ce qui en rend la critique difficile, a ses fondement dans la logique aristotélicienne

[20] Cf. *supra* note 10.

et la psychologie mentaliste. Au 19e siècle, de telles théories ont présidé à l'élaboration d'un pur artefact, le 'mot' panchronique de la *Vie des mots* ou du *Dictionnaire* de Littré, détruit par Saussure.

Il est notable que nos modernes *Précis de sémantique française* soient articulés sur les deux axes saussuriens. Chez Ullmann, une partie théorique définit l'objet d'étude (I: "Orientations générales"); comme la partie méthodologique, elle se situe en seconde métalangue – ou plus exactement, en métamétalangue – et décrit les outils conceptuels de l'analyse linguistique, c'est-à-dire le code de la première métalangue. Il est légitime de trouver dans cette tranche méthodologique, destinée à articuler la métalangue sur l'objet à décrire, des exemples panchroniques, puisque cette métalangue englobe toute la description, y compris la description diachronique. Il en est ainsi chez Ullmann dans la partie III ("Le mot français"), et partiellement en IV et V, qui concernent la motivation, la nature du sens lexical. L'étude synchronique précède l'étude diachronique; elle concerne les relations entre une forme et les contenus (polysémie-homonymie) ou entre un contenu et les formes (synonymie), et plus généralement entre les paradigmes formels en relation sémantique (synonymes, antonymes, inclusions . . .). L'isolement des contenus lexicaux aboutissant à un appauvrissement extrême des structures sémiques observables dans la communication (et dans les énoncés qui en résultent), il faut faire intervenir au plan du lexique certains traits provenant implicitement des modèles d'énonciation: c'est l'examen des "connotations", des "valeurs affectives" du mot (VI, chez S. Ullmann); ces considérations interfèrent avec celles qui concernent la motivation et oscillent entre le plan interindividuel de l'échange (psychologique) et le plan social du système. La même articulation préside à la partie diachronique qui expose les raisons psycho-sociales des changements de sens, et leur mécanisme rhétorique. Enfin, opportunément, le *Précis* de S. Ullmann se termine par des considérations structurales qui dialectisent l'opposition fonctionnement-évolution et introduisent une brève appréciation des "tendances" et des "dominantes" sémantiques du système lexical français.

Si ce modèle révèle des ambiguïtés et une limitation – d'ailleurs délibérée – du domaine traité, sa mise en œuvre est cohérente et l'information transmise pertinente.[21] Il ne pouvait guère être question, vers 1960, d'élaborer pédagogiquement le problème des contenus lexicaux sans recourir à un modèle de ce type, issu des descriptions diachroniques

[21] Indépendamment de la réalisation individuelle, qui bénéficie de la culture linguistique de S. Ullmann et de ses rares dons pédagogiques.

du temps de Bréal, revues par Carnoy, et corrigées et complétées par Saussure et ses successeurs.

Vingt ans ont passé depuis ce livre, pendant lesquels la sémantique théorique, alors exsangue, a repris des couleurs. T. Todorov s'est récemment chargé de dire les apports de la linguistique moderne à l'analyse du contenu.[22] Il suffit de rappeler qu'on ne peut plus guère admettre une théorie implicite du signifié global hypostasié, et une analyse entièrement intuitive – quel que soit le talent de l'analyste –, après les travaux de Ziff, Weinreich, Katz en Amérique, Lyons et les logiciens anglais, Dubois, Greimas, Guiraud ou Pottier en France, Apresjan ou Revzin en U.R.S.S., sans parler des polonais, hongrois, etc. La lexicologie sémantique doit intégrer les distinctions méthodologiques de la glossématique, les données de la théorie de l'information et de la logique formelle (quitte à les adapter critiquement), elle doit s'articuler sur une théorie sémantique générale et admettre sa future inclusion dans une sémiotique de la communication linguistique et para-linguistique. Certes, les exigences du didactisme, face au bouillonnement théorique (les réactions constructives de Weinreich, de Abraham et Kiefer à Katz-Fodor, la défense de l'onomasiologie par Heger et Baldinger, etc.[23]), requièrent un certain recul et un peu de méfiance devant le modernisme à tout prix.

Cependant, on s'étonne qu'un ouvrage publié en 1967 (celui de O. Ducháček) puisse ignorer tout de ces travaux (et d'autres plus anciens) ou ne leur rendre qu'un hommage occasionnel, immotivé. Un exemple au hasard: emprunter à Mathesius ou à Budagov une définition exactement bloomfieldienne du mot (pp. 16-17) sans pourtant mentionner Bloomfield, n'est pas seulement une injustice, mais un renversement de perspective. Dire (p. 18) que "la forme du mot (le signifiant) a deux côtés: matériel (l'ensemble des sons, éventuellement un groupe de lettres) et formel" sans faire la plus petite allusion à la glossématique, et nommément à Hjelmslev, ceci quand le livre fourmille de références bibliographiques moins prestigieuses, relève du tour de passe-passe. Dans la revue des opinions sur le problème du sens lexical, le modèle d'Ogden-Richards, qui distingue concept et référent, est bien assimilé, mais celui de Heger, qui le modifie en introduisant les niveaux distincts du signifié

[22] T. Todorov, "Recherches sémantiques", *Langages*, 1 (1966).

[23] U. Weinreich, in: T. A. Sebeok (ed.), *Current Trends in Linguistics*, Vol. III (The Hague, Mouton, 1966). S. Abraham and F. Kiefer, *A Theory of Structural Semantics* (The Hague, Mouton, 1966). K. Heger, "Les bases méthodologiques [...] du classement par concepts", *Travaux de linguistique et de littérature*, 3, 1 (1965). K. Baldinger, "Sémantique et structures conceptuelles", *Cahiers de lexicologie*, 8 (1966).

lié au signifiant, du ou des sémèmes analysables et enfin du ou des concepts extra-linguistiques, ce schéma trapézoïdal (non plus triangulaire) est mentionné sans qu'on puisse voir une trace de son utilisation dans l'ouvrage. On peut certes le rejeter: encore faudrait-il l'avoir critiqué. Il en est de même pour les positions d'Apresjan ou de Coseriu (p. 22, p. 15), indûment mêlées à des références de valeur moindre; encore une fois, si le jugement donné ici est discutable, il faudrait une discussion.

En outre, le modèle décrit plus haut (à propos d'Ullmann) n'est efficace qu'à condition de lui appliquer les précautions de méthodes et la modestie (= limitation épistémologique) qui garantissent sa valeur pédagogique. Celle-ci dépend d'une conformité à un modèle d'utilisation, correspondant à la lecture textuelle ou à la CONSULTATION, lecture sévèrement sélective selon des règles communes à l'émetteur et au récepteur. Un tel modèle socio-culturel est étudiable sémiotiquement: il met en cause des considérations linguistiques, sociologiques, économiques même. Il n'est pas inutile de noter que l'adéquation entre le message didactique en tant que résultat d'une énonciation et ses lectures (décodages), passe par un modèle microéconomique d'offre et de demande. En économie de marché, la rétribution de l' 'émetteur' (et la plus-value capitaliste de son travail) correspond exactement à la conformité du message au modèle dynamique, mais défini avant le message, de l'utilisation (= tirage du livre).

C'est à l'intérieur d'un tel modèle qu'il faut apprécier un ouvrage pédagogique, un dictionnaire, une grammaire scolaire, un manuel ou un précis de langue (dans le domaine qui nous occupe). Bien indexé, clairement présenté, très riche en exemples, le *Précis* d'O. Ducháček rendra aux étudiants tchèques spécialistes du français de très nombreux services. Matériellement, il est bien conforme au modèle d'utilisation auquel il se destine (notons que la fonction pédagogique de la métalangue, puisque l'ouvrage est rédigé en français, vient ajouter à l'efficacité de l'information sur le lexique de la langue objet).[24] Les critiques formulées quant aux bases théoriques (seconde métalangue) perdent, à l'intérieur d'un tel modèle, de leur importance. Mais il reste que la valeur de ce type de texte dépend des relations entre première métalangue et "exemples" (énoncés, fragments d'énoncés et mots-exemples). Ces mots-exemples, dans un livre destiné à des utilisateurs dont il faut améliorer

[24] Quelques incertitudes d'expression et de nombreuses coquilles typographiques, compréhensibles vu les difficultés de la composition dans une langue étrangère aux typographes, sont cependant à regretter.

la compétence, devraient être plus rares que dans le *Précis* d'Ullmann, qui était surtout destiné aux francophones. En effet, leur indétermination (critiquable théoriquement) les rend pédagogiquement dangereux: ils supposent une remise en contexte perpétuelle, et donc une compétence linguistique développée. En ce qui concerne la relation métalangue-langue objet exemplifiée, la pertinence d'une étude fonctionnelle des contenus dépend de la compatibilité des énoncés ou unités lexicales cités avec un modèle de communication (implicite, dans ce type d'ouvrages). Donner comme un des critères d'appartenance à un "champ linguistique" (p. 33) l'identité du préfixe, et illustrer ce réquisit par les mots *soulever* et... *soulier* (< lat. *sub/telaris*) est tout à fait aberrant (il ne s'agit évidemment que d'une ressemblance phonique, comme dans *souper-soupir*, illustrant correctement ce cas). Considérer que *sangsue* ou même *portefaix* sont "motivés", "transparents", au même titre que *rouge-gorge* (p. 39) suppose non seulement une attitude intuitive différente de la norme, quant au fonctionnement actuel de ces unités, mais un refus de considérer les repères formels (*sue* n'est pas plus identifiable à *suc*(*e*), que *pue, pus* à *puce*; *faix* ne fonctionne pas librement: il est pratiquement limité *à sous le faix* précédé d'un petit paradigme verbal: il n'existe pas de transformation * *je porte un faix – je suis portefaix*). De même, les paragraphes sur les doublets (p. 44) ou le contenu de l'analyse des polysémies (p. 78) dont les exemples sont fonctionnellement incompatibles, ne peuvent rendre compte que d'évolutions et ne devraient pas prendre place dans une partie intitulée "structures du lexique" alors que la seconde partie est consacrée aux "changements de sens".

Ainsi, même la distinction méthodologique synchronie-diachronie qui articule le livre est neutralisée dans le traitement métalinguistique de l'objet. Quant aux concepts de relation dialectique entre les signes et le référent, de structure morphosémantique, de champ, de niveau de communication, ils n'apparaissent guère que dans les parties méthodologiques. Ils ne fonctionnent pas en première métalangue, où interviennent surtout l'hypothèse du signifié pur, les notions vagues de contenu notionnel et affectif (que Carnoy avait pourtant tenté de préciser), les typologies un peu hétéroclites.[25] Bien entendu, des outils méthodo-

[25] Ainsi, p. 42 (11,6): "Sous l'angle temporel, on peut distinguer:
1) les mots disparaissants, et parmi eux les mots (*a*) archaïques [...] (*b*) historiques désignant des réalités qui ont cessé d'exister [...]
2) couramment employées
3) nouveaux (néologismes) [...]
4) à la mode dont on se sert par trop souvent, mais seulement pendant un certain laps de temps."

logiques grossiers peuvent être utilisés avec habileté. Il s'agit ici, non de juger un ouvrage particulier, mais de commenter un type de travail indûment appelé *Sémantique*, qui, en 1967, devrait utiliser les instruments de méthode disponibles (ne pas se contenter d'en signaler l'existence) et limiter strictement ses prétentions. Dans la même situation pédagogique, un bref ouvrage d'H. Mitterand, prudemment titré *Les mots français*,[26] remplit parfaitement ces conditions. Refusant de séparer l'étude des structures formelles (chap. III et IV) de celle des structures présumées des contenus lexicaux (chap. V), insistant sur le caractère grammatical de la morphologie (p. 120), ne négligeant ni l'aspect quantitatif (chap. I, notamment à propos des travaux suggestifs de P. Guiraud) ni l'aspect formel des problèmes sémantiques (distributions; substitutions), l'auteur donne à la sémantique lexicale les appuis indispensables à son développement, et utilise les moyens méthodologiques les plus adéquats. Son programme lui permet, sans aucune obscurité théorisante (ni recours à la formalisation), de réduire le recours à l'intuition et d'éviter de durcir les oppositions de méthode (signifiant/ signifié; diachronie/synchronie; énonciation/énoncé), ce qui est le meilleur moyen de les respecter.[27]

Ces remarques critiques n'ont nullement pour objet une condamnation de la sémantique lexicale pédagogique, mais plutôt de souhaiter qu'elle s'intègre à une description lexicologique. Cette description, dont l'objet même est encore étranger à la linguistique théorique, tiendrait compte des structures formelles et de leurs relations avec le peu qu'on sait des structures sémantiques (qu'il ne lui appartient pas d'accroître). La description pragmatique suppose un modèle d'unité lexicale approprié à la langue naturelle objet, et donc des éléments comparatifs et une analyse du contenu tenant compte des contextes minimaux. Il lui faudrait aussi proposer une définition du lexique (langue) et de ses sous-ensembles, opposés aux vocabulaires (discours). Ceci pose le problème du fonctionnement dans le temps, de la culture où la langue fonctionne (découpage des *realia*), des modèles de communication dans les groupes sociaux concernés: autant expliciter, même sommairement, ces questions. Les comparaisons diachroniques, par exemple, que présentent tous les manuels de 'sémantique', n'ont de sens qu'à l'intérieur de mo-

[26] H. Mitterand, *Les mots français*, Collection *Que sais-je?*, n° 270 (Paris, P.U.F., 1963).

[27] En fait, les implications sémantiques des travaux de lexicologues, portant sur la morphologie, sont parfois plus importantes pour la sémantique française que les explications des sémanticiens (ou présumés tels). Voir notamment les travaux de J. Dubois et L. Guilbert, sur la morphologie française.

dèles de communications analogues. Enfin, les lois (générales) d'évolution sémantique des formes lexicales, si tant est qu'on puisse tenter déjà de les décrire, ne peuvent par être étudiées dans une seule langue naturelle.

Loin de présenter une adaptation, forcément déformée et incomplète, des travaux théoriques, ces manuels de lexicologie (qui auraient intérêt à abandonner le nom trop général de SÉMANTIQUE) devraient les utiliser pour délimiter leur objet, expliciter leurs hypothèses et leurs méthodes, enfin s'orienter vers l'étude de la compétence lexicale, seul garant possible de leur valeur didactique.

12

LA LANGUE DE LA LOGIQUE MATHÉMATIQUE COMME MODÈLE SÉMANTIQUE POUR LA LANGUE NATURELLE

ELENA V. PADUČEVA

1. TROIS ASPECTS DU PROBLÈME DE LA TRADUCTION DE LA LANGUE NATURELLE DANS LA LANGUE LOGIQUE

Une des tâches de la sémiotique consiste à décrire le système des correspondances sémantiques entre la langue naturelle et la langue de la logique mathématique. Ces correspondances seraient assez bien représentées comme constituant autant de règles de traduction de la langue naturelle dans la langue de la logique mathématique, et de la langue de la logique mathématique dans la langue naturelle. Trois aspects de cette traduction nous semblent susciter un intérêt particulier.

Le premier aspect pourrait être appelé LOGIQUE. On sait que le problème de la formalisation de la preuve mathématique a amené la logique mathématique à construire des langues formalisées particulières. Pourtant il est impossible de se servir des langues formalisées sans établir leur rapport aux langues naturelles; on ne peut pas décrire l'interprétation mathématique de la langue formalisée sans avoir recours à la langue naturelle du raisonnement mathématique. Aussi n'est-il pas étonnant que presque tous les exposés de logique mathématique commencent par l'analyse des correspondances entre la langue formalisée et la langue naturelle (cf. par exemple [1][1]). D'autre part, on pourrait considérer le symbolisme utilisé pour la construction des langues logiques comme étant le résultat, dans une large mesure, de la généralisation et de la systématisation des procédés d'expression des concepts logiques qui existent déjà dans la langue naturelle (cf. sur ce sujet par exemple [2]). Même pour les études ultérieures des types de raisonnement, c'est-à-dire pour la formalisation des aspects de la réflexion qui ne sont pas encore fixés par les langues formalisées exis-

[1] Les chiffres indiqués entre crochets carrés renvoient à la bibliographie, p. 186.

tantes, il n'est pas inutile d'étudier les moyens logiques de la langue naturelle. Aussi l'intérêt des logiciens pour la langue naturelle n'a-t-il rien d'exceptionnel: d'après E. Beth [3] l'étude des langues naturelles entre normalement dans les préoccupations de la logique mathématique moderne.

Le second aspect du problème de la traduction pourrait être dit TECHNIQUE. L'apparition des ordinateurs a permis la réalisation mécanique des algorithmes de la déduction logique (cf. par exemple [4]). Mais la machine se sert de langues formalisées, et, pour qu'elle puisse réaliser directement des transformations logiques dans des textes, une traduction de la langue naturelle dans la langue logique, et vice-versa, est nécessaire.

Enfin, le troisième aspect de la traduction qui sera pour nous le seul important, pourrait être appelé LINGUISTIQUE. Bien que les langues logiques aient été construites pour formaliser les rapports d'inférence logique des propositions, elles pourraient être utilisées sur un autre plan pour une meilleure explicitation, et plus univoque, du sens des propositions. C'est ainsi que la traduction des langues logiques dans des langues naturelles et vice-versa nous paraît un moyen efficace non seulement d'analyse logique, mais aussi d'analyse sémantique des langues naturelles; élucider le sens logique de telle ou telle construction linguistique, ce n'est souvent rien de plus qu'expliciter son sens ordinaire.[2]

La description sémantique de la langue naturelle suppose inévitablement l'existence d'une autre langue opérant avec des notions plus simples et plus rigoureusement définies, laquelle serait le modèle sémantique de la langue naturelle décrite. La langue logique, en particulier, pourrait assumer le rôle d'un tel modèle. Pour vérifier l'adéquation du modèle sémantique, il faudrait voir si ce modèle fournit quelques prévisions utiles concernant la structure signifiante de la proposition de la langue naturelle, s'il dévoile quelques faits se rapportant au sens de la proposition qui ne pourraient être dévoilés autrement. Par rapport au modèle envisagé nous pourrons répondre affirmativement. Prenons par exemple des concepts abstraits comme prédicat, quantificateur, négation, connection, qui apparaissent lorsqu'on compare la langue naturelle avec la langue de la logique mathématique; il est possible de démontrer que chacun d'eux contribue à la clarification de quelques aspects ambigus du sens de la proposition.

Toute application d'une théorie scientifique exige des efforts et des

[2] Les travaux consacrés aux problèmes de la traduction de la langue naturelle dans la langue de la logique mathématique sont jusqu'à présent peu nombreux; cf. pourtant [7], [8], [2], [9], [10], [11], [12].

recherches particulières, et dans le cas présent de l'application de la théorie des langues formalisées à l'analyse de la langue naturelle, un développement spécifique des langues formalisées dans le sens qui convient. En effet dans de nombreux cas le recours à la langue logique sert plutôt à poser un problème sémantique qu'à le résoudre. Ainsi la confrontation de la langue naturelle avec la langue du calcul des prédicats suppose que dans la langue naturelle il existe des mots et des expressions correspondant aux quantificateurs, aux prédicats, aux connections, etc.; pourtant la théorie logique ne donne pas une liste des prédicats, par exemple, et la constitution de cette liste est un des problèmes de l'application.

En définitive, l'utilité de la logique pour la description sémantique de la langue naturelle se réduit aux points suivants: (1) les langues logiques sont des sources de renseignement hypothétiques au sujet des catégories syntaxiques et sémantiques des symboles qui devraient être en principe suffisants pour exprimer une proposition ou une série de propositions successives (une théorie scientifique); pour quelques catégories de symboles (pour les constantes logiques, par exemple les quantificateurs et les connections) le sens est nettement défini; (2) la familiarisation avec les calculs logiques découvre au linguiste quelques équivalences de sens non-évidentes entre les propositions; ceci concerne soit les équipotences des calculs logiques, soit les correspondances régulières, établies par les logiciens, entre les langues formalisées et les langues naturelles (cf. [12]).

Il est évident que les faits de la langue naturelle ne peuvent pas tous être interprétés si l'on emploie comme modèle sémantique les langues de la logique mathématique: dans la mesure où les langues logiques ont été construites pour les besoins de la mathématique, elles n'expriment que la totalité des sens usuels dans la mathématique et les autres sciences exactes. Pourtant, il est nécessaire dans un premier temps, de cerner un fragment maximum de la langue naturelle pour lequel la langue de la logique mathématique serait un modèle sémantique suffisant, et d'accéder dans un second temps à la construction d'autres modèles destinés à l'explication d'autres fragments linguistiques.

Nous sommes fondés à considérer que les langues logiques sont un moyen suffisant pour exposer toute théorie scientifique, et non pas seulement la mathématique (cf. à ce titre [5]). Évidemment cette hypothèse ne peut être démontrée, mais on pourrait donner quelques arguments à son appui. En effet, toute théorie est, en fin de compte, une série d'affirmations à propos des objets et de leurs propriétés et relations; or, pour traiter ce genre de matière, les langues logiques sont parfaitement suffisantes. Un argument plus subtil est fourni par le fait que la langue logique peut exprimer la théorie des ensembles, or celle-ci possède des possibilités d'expression suffisamment puissantes.

L'analyse sémantique au moyen de la traduction suppose que les langues sont traduisibles l'une dans l'autre. Pourtant il faudrait souscrire à l'étude [15] selon laquelle il n'y a de traductibilité pour aucune paire de langues tant qu'il n'existe pas de contacts et de processus réels de traduction au cours desquels s'effectue une sorte d'adaptation réciproque de ces langues et qui réalise les équivalences sémantiques. En ce qui concerne les théories mathématiques, leur traduction de la langue naturelle dans la langue formalisée est parfois réalisée pratiquement par des gens qui sont en somme bilingues. Dans ce cas, même si la langue courante fait partie des relations de traductibilité de ce type, ce n'est qu'indirectement, en vertu de ses rapports avec le langage de la science qui, lui-même, est une partie de la langue courante.

L'objet immédiat de notre étude sera la langue de la géométrie élémentaire (scolaire). Ce choix nous semble pertinent pour la raison suivante: d'une part, la langue de la géométrie est en rapport direct avec les langues formalisées des théories mathématiques; d'autre part la langue de la géométrie est celle d'une science très ancienne, et par là même elle est, plus qu'aucune autre, liée à la langue courante parlée.

La confrontation sémantique des langues naturelles avec les langues logiques sera ainsi décrite: d'abord nous cernerons le fragment de la langue naturelle composé de propositions dont la correspondance avec les langues logiques serait la plus simple (ce serait une sorte de NOYAU LOGIQUE de la langue naturelle); ensuite, nous tâcherons de réduire le plus grand nombre possible de propositions de la langue naturelle à ce noyau à l'aide de transformations synonymiques qui seraient des règles d'introduction (d'élimination) de mots et de constructions syntaxiques complémentaires inexistantes dans la langue logique. Les mots et les constructions du noyau correspondraient dans ce cas aux concepts initiaux, et tous les autres seraient définis sur cette base.[3]

Plus formalisé, ce programme pourrait être représenté ainsi: on aborde

[3] Il existe une relation indéniable entre le programme ici décrit d'analyse logico-sémantique et les idées de la grammaire transformationnelle. En fait, la "structure profonde de la proposition" ne peut pas être établie sans une analyse logique (dont il est question dans le travail [6] d'après lequel le concept de structure profonde de la proposition remonte aux idées des logiciens du 17e siècle). On pourrait même aller plus loin: pour l'instant, à défaut de meilleures hypothèses, la structure profonde de la proposition peut être conçue comme un enregistrement de la proposition dans la langue logique du type des calculs des prédicats, complétée par quelques renseignements concernant les éléments lexicaux, par exemple, leurs définitions explicites.

une langue logique, à savoir une variante des calculs des prédicats appliqués (de 1er ordre), dont le vocabulaire comprend une partie restreinte de la géométrie scolaire (cette langue est dite logico-informationnelle ou, en abrégé, LLI; pour plus de détails cf. [7]). La traduction d'une proposition dans la LLI représenterait sa STRUCTURE SÉMANTIQUE: toutes les propositions auxquelles correspond une seule et même formule de la LLI auront un seul et même sens. Les formules différentes de la LLI ont en principe des sens différents; font exception les formules dites d'équivalence sémantique. La relation d'équivalence sémantique est plus forte que la relation d'équipotence dans les calculs des prédicats et conserve sans les changer (par rapport à certaines représentations intuitives) non seulement la vérité de la formule, mais aussi son sens.

La correspondance entre les formules de la LLI et les propositions de la langue naturelle peut être établie à l'aide d'une LANGUE TRANSITOIRE. Chaque formule de la langue transitoire est la représentation de la STRUCTURE SYNTAXIQUE d'une proposition. La langue transitoire se compose de toutes les formules de la LLI, de même que des formules obtenues à partir de la LLI à l'aide des transformations synonymiques. Chaque transformation introduit une construction ou une catégorie syntaxique qui manque à la LLI mais qui est caractéristique de la langue naturelle. En même temps, chaque transformation est une définition d'une construction linguistique, au moyen des constructions plus élémentaires faisant partie de la LLI. La correspondance entre les formules de la langue transitoire et les propositions est relativement simple (bien que pas toujours univoque) et définissable par un décodage tenant compte du contexte. Aucune des transformations n'est obligatoire.

Il s'ensuit que la tâche principale de l'analyse sémantique serait de décrire les transformations synonymiques.

L'une des difficultés majeures qu'on affronte lors d'une analyse sémantique au moyen d'une langue formalisée, est le problème de la plurivocité artificielle. Examinons la proposition suivante: *Les amis de Pierre et de Jean sont arrivés.* Dans la plupart des cas cette proposition de la langue russe n'est pas reçue comme plurivoque; or, pour la traduire dans une langue comme le calcul des prédicats, il faudrait préciser qui, en réalité est, arrivé: l'ami de Pierre et l'ami de Jean; les amis de Pierre et les amis de Jean; les personnes qui sont à la fois les amis de Pierre et de Jean, etc. On pourrait considérer qu'une langue formalisée est un modèle adéquat pour une langue naturelle donnée, uniquement si, dans aucune proposition, il n'introduit une telle sorte de plurivocité artificielle. La LLI ne satisfait pas à cette exigence; il n'est pas sûr non plus qu'une langue formalisée puisse jamais y satisfaire.[4] Il serait donc probablement nécessaire de construire, non pas une langue, mais une série de langues dans laquelle chaque langue successive réduirait quelques-unes des ambiguïtés inévitables dans la langue précédente (de telles constructions semblent être envisagées dans certaines langues documentaires).

II. LES TRANSFORMATIONS FONDAMENTALES DE LA TRADUCTION DE LA LANGUE NATURELLE DANS LA LANGUE LOGIQUE, ET VICE-VERSA

Procédons maintenent à la description de la LLI et des transformations synonymiques.

L'alphabet de la LLI est composé des symboles des catégories sémantico-syntaxiques suivantes:

1) DOMAINES OBJECTAUX DES VARIABLES, c'est-à-dire les noms des classes d'objets, par exemple pt (point), ens (ensemble), trg (triangle), o (objet).

2) INDEX (ou VARIABLES proprement dites), c'est-à-dire symboles qui servent à distinguer et à identifier les objets d'une seule et même classe par exemple: a, b, c, ..., α, β, γ, ..., etc. La variable (objectale) serait une expression du type Xα, où X est le domaine objectal, et α l'index. Exemples de variables: pt_a, ens_m, etc.

3) PRÉDICATS (qui ont pour arguments les variables), c'est-à-dire les noms des propriétés des objets et des relations entre les objets. Pour chaque prédicat est donné le nombre de ses arguments. Exemples de prédicats: — $_1$EGL —$_2$ (x est égal à y); — $_1$ENTR —$_2$, —$_3$ (x est situé entre y et z); — $_1$DR (x est l'angle droit), etc.

4) CONNEXIONS ET QUANTIFICATEURS LOGIQUES, c'est-à-dire symboles qui servent à exprimer les rapports entre les propositions, la négation de la proposition, de même que l'universalité et l'existence: & (conjonction, "et"), V (disjonction, "ou"), $\rightarrow$ (implication, "si... alors"), $\equiv$ (équivalence, "si et seulement si"), $\neg$ (négation, "il n'est pas vrai que"); $\forall$ (quantificateur universel, "pour chaque... il est vrai que"), $\exists$ (quantificateur d'existence, "il existe... tel que"), $\exists_1$ (quantificateur numérique, "il existe un seul... tel que") et d'autres quantificateurs numériques.

[4] Des difficultés analogues apparaissent lors de la traduction d'une langue naturelle dans une autre. Il est toujours possible de trouver une traduction UNIVOQUE d'une phrase dans une langue (naturelle) en une autre (cf. l'étude de Jakobson [13]). Mais il est plus difficile de trouver une traduction qui serait plurivoque comme l'est la proposition de la langue de départ (cf. l'exemple cité par Jespersen [14] concernant les difficultés d'expression à propos du fait que la langue anglaise ne peut désigner de façon univoque le nombre du substantif: *L'héritage est laissé à son enfant ou ses enfants*).

5) SYMBOLES AUXILIAIRES qui expriment la structure syntaxique de la formule, c'est-à-dire la sphère d'action des connexions et des quantificateurs de même que la liaison des prédicats avec leurs arguments, les petites parenthèses et la virgule.

Voici quelques exemples de traduction de la langue naturelle dans la LLI:

1. PROPOSITION DE LA LANGUE NATURELLE: Tous les angles droits sont égaux entre eux.
FORMULE: $\forall$ agl_a $\forall$ agl_b ((agl_aDR) & (agl_bDR)) $\rightarrow$ (agl_aEGL agl_b)).
TRADUCTION LITTÉRALE DE LA FORMULE: Pour chaque angle *a* et pour chaque angle *b*, il est vrai que si l'angle *a* est droit, et l'angle *b* est aussi droit, alors l'angle *a* est égal à l'angle *b*.

2. PROPOSITION DE DÉPART: Dans le triangle isocèle la bissectrice de l'angle du sommet est à la fois médiane et hauteur.
FORMULE: $\forall$ trgα ((trgα ISO) $\rightarrow$ $\forall$ obj_x ((obj_x AGLS trgα) $\rightarrow$ $\forall$ obj_y ((obj_y BIS obj_y) $\rightarrow$ ((obj_x MED trgα) & (obj_x HAUT trgα))).
TRADUCTION LITTÉRALE DE LA FORMULE: Chaque triangle α est tel que s'il est isocèle et si l'objet *x* est son angle au sommet, alors pour chaque objet *y* il est vrai que s'il est la bissectrice de l'objet *x*, alors il est la médiane et la hauteur du triangle α.

Les langues formalisées utilisent parfois d'autres catégories de symboles. Par exemple, outre les variables on pourrait employer des constantes pour désigner des objets; outre les opérateurs qui transforment les variables objectales en propositions (de prédicats) et les propositions en propositions (de quantificateurs et de connexions), on emploie des opérateurs qui, par exemple, transforment le nom en un autre nom ou la proposition en nom (les foncteurs), etc. Pourtant, on pourrait se passer des constantes et des foncteurs (cf. *infra*, les transformations III et VIII qui sont des règles d'introduction de ces symboles).

Une langue logique en effet ne devrait pas être minimale puisqu'on souhaite établir un compromis rationnel entre le caractère élémentaire de la syntaxe de la langue logique d'une part, et la complexité des règles qui régissent le rapport entre ses formules et la langue naturelle. Dans la langue logique que nous examinons ici en particulier, il existe des domaines objectaux des variables, bien qu'il soit possible de les exprimer par des prédicats; de même à côté des quantificateurs ordinaires d'universalité et d'existence, on connaît aussi des quantificateurs numériques, par exemple, "il existe précisément deux x tels que ...", qu'on pourrait remplacer par des expressions descriptives.

Nous procéderons ici à l'énumération des transformations qui élargissent la LLI jusqu'à en faire une langue transitoire.

I. Introduction de quantificateurs restrictifs c'est-à-dire des quantificateurs qui exercent une restriction sur le domaine de la variable (autrement dit, introduction de constructions déterminatives à la place des constructions avec implication et conjonction):

(1) ∀ trgα ((trgαEQLAT) → (trgαEQAGL)) ⇒ ∀ trgα(EQLAT) (trgαEQAGL)

Si chaque triangle est tel qu'il est équilatéral, alors il est équiangle ⇒ Chaque triangle équilatéral est tel qu'il est équiangle:

(2) ∃trgα (trgαISO) & (trgαRECT) ⇒ ∃trgα(ISO) (trgαRECT)

Il existe un triangle tel qu'il est isocèle et rectangle ⇒ il existe un triangle isocèle qui est rectangle.

II. Introduction de quantificateurs intérieurs (autrement dit, introduction des mots *chaque* et *quelque* remplaçant les expressions "*pour chaque*..." et "*il existe*..."):

(1) $\forall pt_a\ \exists dr_a\ (pt_a$ APN $dr_a) \Rightarrow (\forall\ pt_a$ APN $\exists\ dr_a)$

Pour chaque point *a* il existe une droite *a* telle que le point *a* appartient à la droite *a* ⇒ Chaque point appartient à quelque droite.

III. Élimination du quantificateur universel dans les contextes où la variable est libre ou bien assume le rôle d'une constante ou d'une fonction (autrement dit, introduction de groupes nominaux n'ayant de relation ni syntaxique ni anaphorique avec les quantificateurs):

(1) $\forall agl_b$ (DR) $(\forall\ agl_a$ (OB) PLGR $agl_b) \Rightarrow (\forall\ agl_a$ (OB) PLGR agl_b (DR))

Pour chaque angle droit *b* il est vrai que chaque angle obtus est plus grand que lui ⇒ Chaque angle obtus est plus grand que l'angle droit.

(2) $\forall obj_x$ (MIL segα) $(obj_x$ EDQIST obj_y (BT segα), obj_z (BT segα)) ⇒ $(obj_x$ (MIL segα) EDQDIST obj_y (BT segα), obj_z (BT segα))

Pour chaque objet étant le milieu du segment α, il est vrai qu'il est équidistant des extrémités du segment ⇒ L'objet qui est le milieu du segment α est équidistant des extrémités du segment α.

(3) ∀trgα (EQLAT) (trgα EQAGL) → (trgα (EQLAT) (EQAGL)

Pour chaque triangle équilatéral il est vrai qu'il est équiangle ⇒ Le triangle équilatéral est équiangle.

IV. Introduction de la négation intérieure (autrement dit, introduction d'une particule de négation à la place de l'expression "*il n'est pas vrai que*"):

(1) $\neg$ (agl$_a$ (DR) PLGR agl$_b$ (OB)) $\Rightarrow$ (agl$_a$ (DR) $\overline{\text{PLGR}}$ agl$_b$ (OB))

Il n'est pas vrai que l'angle droit est plus grand que l'angle obtus $\Rightarrow$ L'angle droit n'est pas plus grand que l'angle obtus.

V. Introduction de conjonction intérieure et de disjonction intérieure (autrement dit, introduction des constructions coordinatives et elliptiques):

((obj$_x$ (BIS trgα (EQLAT)) MED trgα) & (obj$_x$ HAUT trgα)) $\Rightarrow$ (obj$_x$ (BIS trgα (EQLAT)) [MED trgα . HAUT trgα]) $\Rightarrow$ (obj$_x$ (BIS trg (EQLAT)) [MED . HAUT] trgα)

L'objet qui est la bissectrice du triangle équilatéral est la médiane du triangle et la hauteur du triangle $\alpha \Rightarrow \ldots \Rightarrow$ L'objet qui est la bissectrice du triangle équilatéral α est sa médiane et sa hauteur.

VI. Substitution du prédicat direct par un prédicat converse, du prédicat à deux arguments par un prédicat à un argument, couple etc. (autrement dit, introduction de constructions complémentaires non prévues dans la LLI et qui expriment le rapport du prédicat avec ses arguments):

(1) (pt$_a$ APPART ens$_m$) $\rightarrow$ (ens$_m$ $\overline{\text{APPART}}$ pt$_a$)

Le point *a* appartient à l'ensemble *m* $\Rightarrow$ L'ensemble *m* contient le point *a*.

(2) ($\forall$ agl$_a$ (DR) EG A agl$_b$ (DR)) $\Rightarrow$ ([$\forall$ agl$_a$ (DR) . $\forall$ agl$_b$ (DR)] EGL)

Chaque angle droit *a* est égal à chaque angle droit b $\Rightarrow$ Chaque angle droit *a* et chaque angle droit *b* sont égaux.

VII. Introduction de procédés supplémentaires, non prévus dans la LLI pour l'identification et la distinction de différents objets (notamment, introduction de pronoms et élimination des index redondants); introduction d'adjectifs numéraux:

(1) ((plgα QR) $\rightarrow$ (plgα [LSG . RCT])) $\Rightarrow$ ((plg QR $\rightarrow$ ($\square$ [LSG . RCT]))

Si le polygone α est un carré, alors le polygone α est (en même temps) un losange et un rectangle $\Rightarrow$ Si un polygone est un carré il est (en même temps) losange et rectangle.

(2) ([agl$_a$ (DR) . agl$_b$ (DR)] EGL) $\rightarrow$ (2 agl (DR) EGL)

L'angle droit *a* et l'angle droit *b* sont égaux entre eux $\Rightarrow$ Deux angles droits sont égaux entre eux.

VIII. Introduction de termes à la base des foncteurs univoques ou plurivoques (autrement dit, introduction de noms d'objets, dans lesquels un prédicat est le mot principal):

(1) ($\forall$ obj_x (SOM trgα) BT $\exists$ obj_y (CT trgα)) $\Rightarrow$ (<$\forall$ SOM_x trgα > BT < $\exists$ CT_y trgα >)

Chaque objet qui est le sommet du triangle est l'extrémité d'un certain objet qui est le côté de ce triangle = Chaque sommet de triangle est l'extrémité d'un de ses côtés.

Parmi les transformations il faudrait mentionner les changements dans l'ordre linéaire des symboles. Il existe des transformations plus particulières dont nous ne traitons pas ici.

On peut supposer que les transformations décrites ci-dessus sont suffisantes pour qu'on puisse obtenir, lors de la traduction de la LLI, des propositions qui s'approchent du style de celles qu'on trouve dans les textes géométriques réels. On peut supposer que le nombre des transformations faisant partie de la génération des propositions peut servir comme critère de la complexité de la structure sémantique.

L'énumération des transformations synonymiques démontre que notre modèle fournit (à l'aide des règles d'introduction) une définition de quelques constructions syntaxiques de la langue naturelle, notamment des constructions déterminatives, des constructions exigeant le génitif, des constructions coordinatrices, de propositions négatives. Il fournit aussi la définition de quelques catégories de mots: les indéfinis (*chaque*, *tout*, *quelque*, *certain*), les démonstratifs, les personnels de la 3e personne, les adjectifs numéraux, les particules négatives; et celles de quelques catégories grammaticales, en particulier, du pluriel (cf. sur ce sujet [16]). Dans le chapitre suivant nous procéderons à la description détaillée d'une des applications possibles du modèle sémantique donné ci-dessus.

3. Exemple d'application du modèle sémantique: analyse des propositions négatives.

La linguistique russe admet la distinction des propositions négatives en deux catégories: négation générale et négation particulière (cf. A. M. Peškovskij [17]): une proposition ayant une particule négative (*ne* en russe) devant le prédicat serait l'exemple du type de négation dite générale, tandis qu'une proposition dans laquelle la particule négative est placée devant un autre mot serait l'exemple de la négation particulière. On considère que dans le cas de la négation générale tout l'énoncé est nié, alors que dans la négation particulière une certaine partie seulement est niée.

Essayons maintenant de traduire ces postulats dans une langue plus exacte, celle que nous offre notre modèle sémantique. Dans la LLI, à la proposition négative correspond une formule qui contient le symbole $\neg$ *il n'est pas vrai que.* Par conséquent lorsque nous traduisons une proposition russe à négation générale, le signe $\neg$ doit être placé au début même de la formule; dans le cas d'une proposition à négation particulière il doit être mis après l'une quelconque de ses parties qui n'est pas niée. Nous appellerons cette distinction des propositions négatives, d'après la position de $\neg$ dans la formule correspondante, une distinction SÉMANTIQUE, alors que la distinction d'après la position de la particule négative dans la proposition même sera appelée FORMELLE. Il apparaît que la distinction sémantique et la distinction formelle, contrairement à l'étude [17], ne coïncident pas. Quatre combinaisons sont possibles au total: (*a*) les propositions sont généralement négatives (négation générale) du point de vue formel et du point de vue sémantique; (*b*) les propositions sont généralement négatives du point de vue sémantique et particulièrement négatives (négation particulière) du point de vue formel; (*c*) les propositions sont particulièrement négatives du point de vue sémantique et généralement négatives du point de vue formel; (*d*) les propositions sont particulièrement négatives du point de vue sémantique et formel. En voici quelques exemples (à la place d'une traduction dans la LLI nous donnons une paraphrase métalinguistique du noyau logique):

a) (1) La poule n'est pas un oiseau $\Leftarrow$ Il n'est pas vrai que la poule est un oiseau.

b) (2) Non chaque triangle isocèle est équilatéral[5] $\Leftarrow$ Il n'est pas vrai que chaque triangle isocèle est équilatéral; (3) Il est non très occupé $\Leftarrow$ Il n'est pas vrai qu'il est très occupé; (4) Le point A est non à distance égale des points B et C $\Leftarrow$ Il n'est pas vrai que le point A est à distance égale des points B et C; (5) Il s'est écoulé pas beaucoup d'eau $\Leftarrow$ Il n'est pas vrai que beaucoup d'eau s'est écoulée; (6) Il est l'élève non pas le plus doué de la classe $\Leftarrow$ Il n'est pas vrai qu'il est l'élève le plus doué de la classe; (7) Il se tait non pas parce qu'il est fatigué $\Leftarrow$ Il n'est pas vrai qu'il se tait parce qu'il est fatigué; (8) Il lit non pas seulement des romans noirs $\Leftarrow$ Il n'est pas vrai qu'il lit uniquement des romans noirs; (9) Il dort non pas dans le hangar $\Leftarrow$ Il n'est pas vrai qu'il dort dans le hangar; (10) Personne ne l'aidera $\Leftarrow$ Il n'est pas vrai que quelqu'un l'aidera.

c) (11) Un homme n'est pas rentré $\Leftarrow$ Il existe un homme pour lequel

[5] Nous ne donnons pas les exemples russes, mais seulement leur traduction littérale en français; le caractère littéral de cette traduction permettra de voir la structure syntaxique des propositions russes.

il n'est pas vrai qu'il est rentré; (12) Beaucoup d'entre nous n'aiment pas faire des rapports ⇐ Pour beaucoup d'entre nous il n'est pas vrai qu'ils aiment faire des rapports.

d) (13) On accepte des personnes ne sachant pas nager ⇐ On accepte des personnes pour lesquelles il n'est pas vrai qu'elles savent nager.

Ainsi, la traduction dans la LLI offre la possibilité de préciser la classification des propositions négatives en russe. En outre, cette traduction sert à éclaircir un problème aussi compliqué dans la langue russe que le problème de la place de la particule négative dans les propositions à négation générale.[6] Il est évident qu'elle est associée au mot qui correspond au sommet syntaxique de la formule dans la transcription de la proposition en LLI, quelles que soient les fonction syntaxiques de ces mots dans les propositions réelles. Dans les propositions (2)-(9), la particule négative est associée au mot qui est l'équivalent soit du quantificateur /(2), (5), 10/, soit de la connexion (7), soit du prédicat d'un type supérieur /(3), (4), (6)/.

La traduction dans la LLI donne la possibilité de réduire, en les présentant dans une forme plus explicite, les ambiguïtés sémantiques relatives à ce qu'on appelle un accent logique. Par exemple, la proposition (14): *Il est arrivé lundi* peut avoir deux acceptions différentes suivant la place de l'accent logique, et à chaque acception correspond un type de négation: (14') *Il est non arrivé lundi*; (14") *Il est arrivé non lundi.* Ces acceptions peuvent être exprimées dans la langue logique: à la première acception correspondrait une formule élémentaire (sémantiquement indécomposable) avec le prédicat à deux arguments *est arrivé* qui aurait comme arguments le sujet de l'action et le temps; à la seconde acception correspondrait la formule dans laquelle le complément circonstanciel de temps est un prédicat de type supérieur du prédicat à un argument *est arrivé.* Ainsi, dans un contexte donné, il est possible de réduire la notion vague et compliquée d'accent logique à un concept plus simple. De pareilles réductions sont possibles également dans d'autres contextes.

RÉFÉRENCES

[1] Church, A., *Introduction to Mathematical Logic* (Princeton, N. J., Princeton University Press, 1956), vol. I.

[2] Quine, W. O., "Logic as a Source of Syntactical Insight", in: Jakobson, R. (ed.),

[6] Remarquons que souvent il est impossible de traduire en russe le français ou l'anglais sans changer la place de la particule négative: (1) Il *ne comprenait pas* tout → On *ne vse* ponimal; (2) I *didn't* often *see* him → Ja *ne často* ego videl; (3) It *won't help* me much → Eto *ne sil'no mne* pomožet.

Structure of Language and its Mathematical Aspects (Providence, R. I., American Mathematical Society, 1961).

[3] Beth, E. W., "The Relationship between Formalized Languages and Natural Languages", pp. 66-81 in: *Form and Strategy in Science* (Dordrecht, Reidel, 1964).

[4] Šanin, N. A., G. B. Davydov, S. J. Maslov, G. E. Minc, B. P. Orevkov et A. O. Slisenko. *Algoritm mašinnogo poiska estestvennogo logičeskogo vyvoda v isčislenii vyskazyvanij* [L'algorithme de la recherche mécanique de la conclusion logique naturelle dans le calcul des énoncés] (Moscou-Léningrad, Nauka, 1965).

[5] Quine, W. O., *Word and Object* (New York-London, Wiley, 1960).

[6] Chomsky, N., *Cartesian Linguistics* (New York-London, Harper and Row, 1966).

[7] Padučeva, E. V., "Semantičeskij analiz estestvennogo jazyka pri perevode na jazyki matematičeskoj logiki" [Analyse sémantique de la langue naturelle lors de la traduction de la logique mathématique dans la langue], in: *Trudy III Vsesojuznoj konferencii po informacionnopoiskovym sistemam i avtomatizirovannoj obrabotke informacii* [Travaux de la troisième conférence de l'U.R.S.S. sur les systèmes informationnels et le traitement automatique de l'information] (Moscou, Izd-vo Vinith 1967), vol. II.

[8] Cappell, S., "A Programmed Formalizer for a Fragment of English", in: *National Bureau of Standard Report* (1964), N 8 171.

[9] Charney, E. K., "On Semantic Interpretation of Linguistic Entities that Function Structurally", in: *Papers of the 1st International Conference on MT and Applied Linguistic Analysis* (Teddington, 1961).

[10] Darlington, J. L., "Translating Ordinary Language into Functional Logic", *Quarterly Progress Report of the Massachussetts Institute of Technology*, 69 (1963), 165-168.

[11] Krulee, G. K., D. J. Kuch, D. M. Landi, and D. M. Manelski, "Natural Language Inputs for a Problem Solving System", *Behavioral Science*, 3 (1964), 281-288.

[12] Reichenbach, H., *Elements of Symbolic Logic* (New York, Macmillan, 1947).

[13] Jakobson, R., "On Linguistic Aspects of Translation", in: Brower, R. A. (ed.), *On Translation* (Cambridge, Mass., Harvard University Press, 1959).

[14] Jespersen, O., *The Philosophy of Grammar* (London, George Allen and Unwin-New York, H. Holt, 1953).

[15] Rabin, C., "The Linguistics of Translation", in: Booth, A. D. (ed.), *Aspects of Translation* (London, Secker and Warburg, 1958).

[16] Padučeva, E. V., "Dva podhoda k semantičeskomu analizu kategorii čisla" [Deux approches de l'analyse sémantique de la catégorie du nombre], in: *To honor Roman Jakobson* (The Hague-Paris, Mouton, 1967).

[17] Peškovskij, A. M., *Russkij sintaksis v naučnom osveščenii* [La syntaxe russe à la lumière de la science], 7e éd. (Moscou, Učpedgiz, 1957).

III

DISCOURSE ANALYSIS

*

ANALYSE DES DISCOURS

13

GENERAL THEORY OF SYSTEMS: APPLICATION TO PSYCHOLOGY *

LUDWIG VON BERTALANFFY

I. DEFINITION

General systems theory is intended to elaborate properties, principles and laws that are characteristic of 'systems' in general, irrespective of their particular kind, the nature of their component elements, and the relations or 'forces' between them. A 'system' is defined as a complex of elements in interaction, these interactions being of an ordered (non-random) nature. Being concerned with formal characteristics of entities called systems, general systems theory is interdisciplinary, that is, can be employed for phenomena investigated in different traditional branches of scientific research. It is not limited to material systems but applies to any 'whole' consisting of interacting 'components'. General systems theory can be developed in various mathematical languages, in vernacular language, or can be computerized.

* In accordance with a resolution of the General Conference of Unesco at its thirteenth session, the Secretariat was authorized to "undertake in 1965-1966, in collaboration with competent national and international institutions and organizations, both governmental and non-governmental, and with the help of a consultative committee and other consultants and experts in different disciplines belonging to different schools of thought and representing the principal cultural and ideological orientations in the world, the first part of the Study on the Main Trends of Research in the field of the social and human sciences". The first part of the Study covers demography, social and cultural anthropology, sociology, economics, psychology, linguistics and political science. The study was carried on into 1967, and the final report on it will appear in 1968.

Selected auxiliary contributions from specialists in the various disciplines for use in the preparation of the Study are being published in *Social Science Information*. These contributions will form part of a volume to be published by Unesco in 1968.

This article uses material from the author's presentation "General System Theory and Psychiatry", in: S. Arieti (ed.), *American Handbook of Psychiatry*, Vol. 3 (1966).

II. REASONS FOR THE PRESENT INTEREST IN GENERAL SYSTEMS THEORY

Psychology in the first half of the 20th century was dominated by a general conception which may be epitomized as the ROBOT MODEL of human behavior. Notwithstanding the great differences of theories such as psychoanalysis, classical and neobehaviorism, learning theories, computer models of the brain and behavior, etc., they shared certain presuppositions. Among these was the concept of the psychophysical organism as being essentially REACTIVE, that is, behavior is essentially to be considered as a response, innate or learned, to stimuli (S-R scheme). Similarly, the same idea was basic in the consideration of psychological and behavioral phenomena as re-establishment of a disturbed equilibrium (homeostasis), as reduction of tensions arising from unsatisfied drives (Freud), as gratification of needs (Hull), as operant conditioning (Skinner), etc. The needs, drives, tensions, etc., in question were essentially BIOLOGICAL, seemingly higher processes in man being secondary and eventually reducible to primary biological factors such as hunger, sex and survival. For this reason machines, animals, infants and the mentally disturbed can provide adequate models for the study and explanation of human behavior and psychology: machines because behavioral phenomena eventually are to be explained in terms of machine-like structures of the nervous system; animals because of the identity of principles in animal and human behavior, and the better amenability of the first to experimental investigation; infants because in these – as well as in pathological cases – the primary factors are better recognizable than in the normal adult. Scientific investigation was aimed at the detection of elementary entities (sense impressions, reflexes, conditioning processes, drives, factors, etc.) juxtaposition of which would provide explanation of complex behavior.

For a variety of reasons the robot model proved to be unsatisfactory. The trend toward a new orientation was expressed in many different ways, such as developmental psychology as genetic epistemology (Piaget) or as progressive differentiation (Werner); various neo-Freudian developments (*e.g.*, Roger's client-centered therapy, Schachtel's emphasis on activity in cognitive processes); ego psychology; the so-called New Look in perception; self-realization (Goldstein, Maslow); personality theories (*e.g.*, Murray, Allport); phenomenological and existentialist approaches; sociological concepts of man (Sorokin), and others. Although these developments were most diversified in intent and content, they seem to have one common denominator: namely, to take man not as a reactive automaton or robot but as an ACTIVE PERSONALITY SYSTEM. If so, general systems theory may provide a general conceptual framework.

III. SOME SYSTEM-THEORETICAL CONCEPTS IN PSYCHOLOGY

As is apparent from the above, the bearing of general systems theory in psychology is not in the way of some startling new discovery. Rather it turned out that basic preconceptions or categories of psychological theory and research which were taken for granted in a positivistic-mechanistic-behavioristic approach, were found to be insufficient. This was part of a much broader reorientation. For essentially similar problems appeared in biology (the 'organismic' conception); in the social sciences (question of supra-individual organizations); in applied fields (*e.g.*, technology of man-machine systems as compared with physical technology); even in physics (multi-variable interactions in 'organized complexity' *vis-à-vis* linear Newtonian causality and unorganized complexity in statistical phenomena; Weaver, 1948), etc. In any of these developments, problems circumscribed by notions such as wholeness, organization, goal-directedness, hierarchical order, regulation, etc., appeared as central; that is, characteristics which were not only bypassed, but *a priori* excluded in the classical mechanistic universe. The answer to this quest is a general 'science of systems', admittedly in its first beginnings at present.

The present review cannot give any systematic presentation. Only by way of example, some system-theoretical notions in their application to psychology will be indicated; for more detailed study the reader is referred to the work quoted.

Organism and personality

In contrast to physical forces like gravity or electricity, the phenomena of life are found only in INDIVIDUALIZED ENTITIES called organisms. Any organism is a system, that is, a dynamic order of parts and processes standing in mutual interaction (Bertalanffy, 1928, 1960). Similarly, psychological phenomena are found only in individualized entities which in man are called personalities. "Whatever else personality may be, it has the properties of a system" (Allport, 1961).

The 'molar' concept of the psychophysical organism as system contrasts with its conception as an aggregate of 'molecular' units such as reflexes, sensations, brain centers, drives, reinforced responses, traits, factors, etc. Psychopathology clearly shows that mental dysfunction is a SYSTEM DISTURBANCE rather than loss of single functions. Even in localized traumas (*e.g.*, cortical lesions), the ensuing effect is impairment of the total action system, particularly with respect to higher and hence more demanding functions. Conversely, the system has considerable regulative capacities (Bethe, Lashley, Goldstein, etc.).

Closed and open systems

A living organism is an open system, *i.e.*, a system maintained in import and export, building-up and breaking-down of material components; in contrast to closed systems of conventional physics without exchange of matter with environment. Some characteristics of open systems are:

(1) Closed systems MUST (according to the second principle of thermodynamics) eventually reach a state of EQUILIBRIUM where the system remains constant in time and (macroscopic) processes come to a stop. Open systems MAY (certain conditions presupposed) attain a STEADY STATE; in this the system also remains constant in time, but processes are going on and the system never comes to 'rest'.

(2) The state of equilibrium eventually reached in closed systems is determined by the initial conditions. In contrast, if a time-independent, steady state is reached in an open system, this state is independent of the initial conditions, and only depends on the system conditions (such as rates of transport and reactions, etc.). This property of open systems is called EQUIFINALITY, and accounts for many regulations in living systems. Many regulative processes take place in such a way that the same final state or 'goal' is reached from different initial conditions, in different ways after indefinite disturbances, etc. Because such behavior is impossible in closed systems and conventional machines, equifinality appeared to be a vitalistic feature, violating physical laws; but it is a necessary consequence of steady state in open systems.

(3) Closed systems develop toward states of maximum entropy, that is, states of increasing probability and disorder. In contrast, in the living world – as in individual development and in evolution – a transition toward states of higher order ("anamorphosis") is found which seemingly contradicts physical law as expressed by the second principle of thermodynamics. The apparent contradiction disappears in the generalization of thermodynamics to include open systems (so-called irre-

versible thermodynamics). For in open systems, there is not only production of entropy due to irreversible processes, but also transport of entropy, for example if matter with high free energy content is introduced into the system. The balance of entropy production and transport may then well be negative, that is, open systems may exhibit anti-entropic processes and develop toward states of higher order, differentiation and organization.

The active organism

Even without external stimuli, the organism is not a passive but an intrinsically active system. Modern research has shown that autonomous activity of the nervous system, resting in the system itself, is to be considered primary. In evolution and development, reactive mechanisms (reflexes, feedback circuits) appear to be super-imposed upon primitive, rhythmic-locomotor activities. A stimulus (*i.e.*, a change in external conditions) does not CAUSE a process in an otherwise inert system; it only modifies processes in an autonomously active system (Bertalanffy, 1937).

The living organism maintains a disequilibrium called the steady state of an open system and thus is able to dispense existing potentials or 'tensions' in spontaneous activity or in response to releasing stimuli. Autonomous activity is the most primitive form of behavior (*e.g.*, Bertalanffy, 1960; Carmichael, 1954; Herrick, 1956; Holst, 1937; Werner, 1957). It is found in brain function (Hebb, 1949) and in psychological processes. The discovery of activating systems in the brain stem (Magoun, 1958) has emphasized this fact in recent years. Natural behavior encompasses innumerable activities beyond the S-R scheme, from exploring, play, rituals in animals to economic, intellectual, aesthetic, religious, etc., pursuits to self-realization and creativity in man. The behavior of any organism under natural circumstances, of the child and adult goes far beyond reduction of tensions or gratification of needs in innumerable activities (*e.g.*, Allport, 1961; Berlyne, 1960; Piaget, 1959; Schachtel, 1959). All such behavior is performed for its own sake, deriving gratification (function pleasure, after K. Bühler) from the performance itself.

Homeostasis

From the above follows that the concept of homeostasis – frequently applied in psychology – covers animal behavior only partly, and an essential portion of human behavior not at all. Its limitations have been aptly summarized by Ch. Bühler (1959): "In the fundamental psychoanalytic model, there is only one basic tendency, that is toward *need gratification* or *tension reduction* [. . .] Present-day biological theories emphasize the 'spontaneity' of the organism's activity which is due to its built-in energy. The organism's autonomous functioning, its 'drive to perform certain movements' is emphasized by Bertalanffy [. . .]. These concepts represent *a complete revision of the original homeostasis principle* which emphasized exclusively the tendency toward equilibrium." (Italics partly ours.)

In general, the homeostasis scheme is not applicable (*a*) to dynamic regulations, *i.e.*, regulations not based upon fixed mechanisms but within a system functioning as a whole (*e.g.*, regulative processes after brain lesions); (*b*) to spontaneous activities, (*c*) to processes whose goal is not reduction but building up of tensions, (*d*) to processes of growth, development, creation and the like. We may also say that homeostasis is inappropriate as an explanatory principle for those human activities which are NON-UTILITARIAN, not serving the primary needs of self-preservation and survival and their derivatives – as is indeed the case with many 'cultural' manifestations. This is so because they are symbolic rather than biological values. (Bertalanffy, 1956, 1964). But even living nature is by no means merely utilitarian (Bertalanffy, 1960).

The homeostasis model is applicable in psychopathology inasmuch as non-homeostatic functions decline in mental patients. Thus K. Menninger (1963) was able to describe the progress of mental disease as a series of defense mechanisms, settling down at ever lower homeostatic levels until mere preservation of physiological life is left. Arieti's (1959) concept of progressive teleologic regression in schizophrenia is similar.

Differentiation

"Differentiation is transformation from a more general and homogeneous to a more special and heterogeneous condition" (Conklin, after Cowdry, 1955). "Wherever development occurs it proceeds from a state of relative globality and lack of differentiation to a state of increasing differentiation, articulation, and hierarchic order" (Werner, 1957).

The principle of differentiation is ubiquitous in biology, the evolution and development of the nervous system, behavior, psychology and culture. Mental functions generally progress from a "syncretic" state (Werner, 1957) where percepts, motivation, feeling, imagery, symbols, concepts, etc., are an amorphous unity, toward an ever clearer distinction of these functions. In animal and a good deal of human behavior, there is a perceptual-emotive-motivational unity; perceived objects without emotional-motivational undertones are a late achievement of mature civilized man. The origins of language are obscure; but so far as we can form an idea it seems that "holophrastic" (Humboldt, Werner) language and thought, that is, utterances and thoughts with a broad aura of associations, preceded separation of meanings and articulate speech. Myth was the prolific chaos out of which language, magic, art, science, medicine, mores, morals, religion, etc., differentiated (Cassirer, 1953-57).

In psychopathology and schizophrenia, primitive states may reappear by way of regression and in bizarre manifestations; bizarre because of arbitrary combinations of archaic elements among themselves and with more sophisticated thought processes; while the experience of the child, the savage and non-Westerner, though primitive, nevertheless forms an organized universe. This leads to the next group of concepts to be considered.

Centralization and related concepts

"Organisms ARE not machines; but they can to a certain extent BECOME machines, congeal into machines. Never completely, however; for a thoroughly mechanized organism would be incapable of reacting to the incessantly changing conditions of the outside world" (Bertalanffy, 1960). The PRINCIPLE OF PROGRESSIVE MECHANIZATION expresses the transition from undifferentiated wholeness to higher function, made possible by specialization and "division of labor"; it also implies loss of potentialities in the components and of regulability in the whole.

Mechanization frequently leads to establishment of 'leading parts', that is, components dominating the behavior of the system. Such centers may exert 'trigger causality', *i.e.*, in contradistinction to the principle, *causa aequat effectum*, a small change in a leading part may, by way of AMPLIFICATION MECHANISMS, cause large changes in the total system. In such way, a HIERARCHIC ORDER of parts or processes may be established.

In the brain as well as in mental function, centralization and hierarchic order are achieved by STRATIFICATION (Rothacker, 1947; Lersch, 1960 and others); that is, superimposition of higher 'layers' which take the role of leading parts. Particulars and disputed points are beyond the present survey. One will agree, however, that in gross oversimplification three major layers and evolutionary steps can be distinguished. These are, in the brain, the paleencephalon in lower vertebrates; the neencephalon (cortex) evolving from reptiles to mammals; and certain 'highest' centers, especially the motoric speech (Broca's) region and the large association areas superimposed in man.

In some way parallel is stratification in the mental system which can be roughly circumscribed as the domains of instincts, drives, emotions, the primeval 'depth personality'; of conscious perception and voluntary action; and of the symbolic activities characteristic of man. However, none of the available formulations, *e.g.*, Freud's id, ego and superego and those of the German stratification theorists, is unobjectionable. The neuro-physiological meaning of a small portion of processes being 'conscious' is completely unknown. The Freudian unconscious or id certainly comprises only limited aspects and already pre-Freudian authors have given a much more comprehensive survey of unconscious functions (Whyte, 1960). These and related problems certainly are far from clarification.

Boundaries

Any system as an entity which can be investigated in its own right, must have boundaries, either spatial or dynamic. Strictly speaking, spatial boundaries exist only in naive observation, and all boundaries are ultimately dynamic. One cannot exactly draw the boundaries of an atom (with valences sticking out, as it were, to attract other atoms); of a stone (aggregate of molecules and atoms which mostly consists of empty space, with particles in planetary distances); or of an organism (continually exchanging matter with environment).

In psychology, the most important is the EGO BOUNDARY, the distinction between self and external world, subject and objects. This distinction – with the subsidiary categories of space, time, number, causality, etc. – is slowly established in evolution and development. It differentiates from an original adualistic state (Piaget, 1959) in the human infant via phantasmic and paleologic universes (Arieti, 1964) and is probably not completely established before the "I", "Thou" and "it" are named, *i.e.,* symbolic processes intervene. The latter make for the "world-openness" of man; that is, man's universe widely transcends biological bondage and even the limitations of the senses.

Symbolic activities

"Except for the immediate satisfaction of biological needs, man lives in a world not of things but of symbols" (Bertalanffy, 1956). We may also say that the various symbolic universes which distinguish human cultures from animal societies are part, and easily the most important part, of man's behavior system. It can be justly questioned whether man is a rational animal; but he certainly is a symbol-creating and symbol-dominated being throughout. For the same reason, human striving is more than self-realization; it is directed toward objective goals and realization of values (Frankl, 1959, 1960) which means nothing else than symbolic entities which in a way may become detached from their creators (Bertalanffy, 1956, 1964). It is precisely for symbolic functions that "motives in animals will not be an adequate model for motives in man" (Allport, 1961) and that human personality is not finished at the age of three or so, as Freud's instinct theory assumed.

This is the ultimate reason why human behavior and psychology cannot be reduced to biologistic notions like restoration of homeostasis, conflict of biological drives, unsatisfactory mother-infant relationships and the like.

General systems theory and cybernetics

Within the framework here outlined, Cybernetics is concerned with an important but not inclusive subclass of systems. The basic element of cybernetics is the FEEDBACK SCHEME (Fig. 1), that is, in a system responding to disturbance from outside, part of the output is monitored back to the input so as to control the system's function, either to maintain a desired state or to guide the system toward a goal. Both in technology and in living nature, feedback systems can be of any degree of complexity, but can always be analyzed into feedback loops according to the scheme.

FIGURE 1

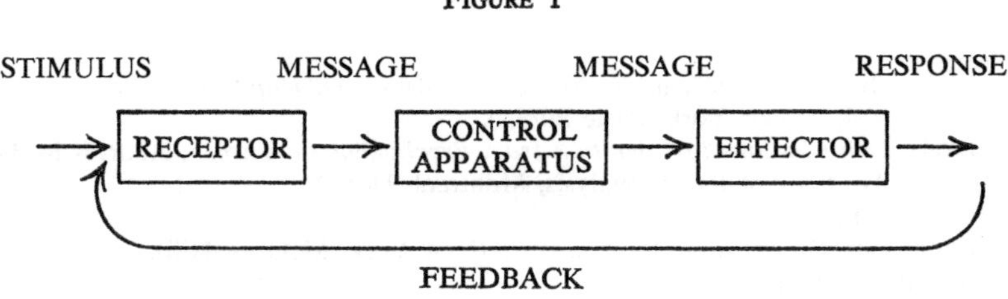

The differences between cybernetics and general systems can be seen by inspection of the diagram. Feedback regulation is by way of linear and unidirectional (although circular) causality; regulation in general (and especially open) systems by way of multivariable interaction. Regulations of the first kind are based upon preestablished arrangements ('structures' in a broad sense), of the second upon dynamic interaction. Feedback arrangements are systems closed with respect to energy and matter, although open to information; to open systems, generalized principles of kinetics and thermodynamics apply. As a rule, feedback circuits are superimposed on, and develop from, primary regulations as secondary regulative mechanisms.

Regulations effectuated by feedback mechanisms are commonly subsumed under the concept of HOMEOSTASIS, already discussed. Dynamic and homeostatic regulation are two allied but different models, applicable to different but sometimes also to the same phenomena. Homeostasis essentially is a SYNCHRONIC principle, that is, refers to the maintenance of constancy in a certain time section. There are, however, also developmental or DIACHRONIC principles. It is an empirical rule that living, evolutionary, psychological, social, etc., systems tend toward increasing differentiation and organization (Bertalanffy, 1929; Kaplan, 1965; Miller, 1965). Such anti-entropic processes are, according to irreversible thermodynamics, permitted in open systems, but the latter presently does not contain a law indicating their direction. (The attempt known as Prigogine's theorem, stating that open systems tend towards states with minimum entropy production, holds only under rather restrictive conditions.) Possibly a future integration of irreversible thermodynamics and information theory will permit deeper understanding of the fundamental problem of 'anamorphosis'.

REFERENCES

Allport, G.,
1961 *Pattern of Growth in Personality* (New York, Holt, Rinehart and Winston).

Arieti, S.,
1959 "Schizophrenia", in: S. Arieti (ed.), *American Handbook of Psychiatry*, Vol. I (New York, Basic Books).
1964 *Contributions to Cognition from Psychoanalytic Theory*, Address to the Academy of Psychoanalysis, Montreal, Dec. 26.

Berlyne, D. E.,
1960 *Conflict, Arousal and Curiosity* (New York, McGraw-Hill).

Bertalanffy, L. von,

1928 *Kritische Theorie der Formbildung* (Berlin, Bornträger). English translation: *Modern Theories of Development* (New York, Harper Torchbooks, 1962).
1929 "Vorschlag zweier sehr allgemeiner biologischer Gesetze" (= *Studien über theoretische Biologie*, 3), *Biologisches Zentralblatt*, 49, 83-111.
1937 *Das Gefüge des Lebens* (Leipzig, Teubner).
1956 "A Biologist Looks at Human Nature", *The Scientific Monthly*, 82, 33-41. Reprinted in: R. Daniel (ed.), *Contemporary Readings in Psychology* (Boston, Houghton Mifflin, 1959), and also in: S. Beck and H. Molish (eds.), *Reflexes to Intelligence: A Reader in Clinical Psychology* (Glencoe, Ill., The Free Press, 1959).
1960 *Problems of Life* (New York, Harper Torchbooks).
1964 "On the Definition of the Symbol", pp. 26-72 in: J. Royce (ed.), *Psychology and the Symbol: An Interdisciplinary Symposium* (New York, Random House).

Bühler, K.,
1959 "Theoretical Observations about Life's Basic Tendencies", *American Journal of Psychotherapy*, 13, 561-581.

Carmichael, L. (ed.),
1954 *Manual of Child Psychology*, 2nd ed. (New York, Wiley).

Cassirer, E.,
1953-57 *The Philosophy of Symbolic Forms*, 3 vol. (New Haven, Yale University Press).

Cowdry, E.,
1955 *Cancer Cells*, 2nd ed. (Philadelphia, W. B. Saunders).

Frankl, V.,
1959 "Das homöostatische Prinzip und die dynamische Psychologie", *Zeitschrift für Psychotherapie und medizinische Psychologie*, 9, 41-47.
1960 "Irrwege seelenärztlichen Denkens (Monadologismus, Potentialismus und Kaleidoskopismus)", *Der Nervenarzt*, 31, 385-392.

Hebb, D.,
1949 *The Organization of Behavior* (New York, Wiley).

Herrick, C.,
1956 *The Evolution of Human Nature* (New York, Harper Torchbooks).

Holst, E. von,
1937 "Vom Wesen der Ordnung im Zentralnervensystem", *Naturwissenschaften*, 25, 635-631, 641-647.

Kaplan, B.,
1965 *Meditations on Genesis*, Lecture to the Boston Psychoanalytic Society, Feb. 24.

Koestler, A.,
1967 *The Ghost in the Machine* (London, Hutchinson).

Lersch, P. and H. Thomas (eds.),
1960 *Persönlichkeitsforschung und Persönlichkeitstheorie*, Handbuch der Psychologie, Vol. 4(Göttingen, Hogrefe).

Magoun, H.,
1958 *The Waking Brain* (Springfield, Ill., Charles C. Thomas).

Menninger, K., M. Mayman and P. Pruyser,
1963 *The Vital Balance* (New York, Viking Press).

Miller, J. G.,
1965 "Living Systems", *Behavioral Science*, 10, 193-237, 337-411.

Piaget, J.,
1959 *The Construction of Reality in the Child* (New York, Basic Books).

Rothacker, E.,
1947 *Die Schichten der Persönlichkeit*, 3rd ed. (Leipzig, Barth).
Schachtel, E. G.,
1959 *Metamorphosis* (New York, Basic Books).
Sorokin, P. A.,
1966 *Sociological Theories of Today* (New York, Harper and Row).
Weaver, W.,
1948 "Science and Complexity", *American Scientist*, 36, 4, 536-544.
Werner, H.,
1957 *Comparative Psychology of Mental Development* (1940), revised ed. (New York, International Universities Press).
Whyte, L.,
1960 *The Unconscious before Freud* (New York, Basic Books).

INTRODUCTIVE LITERATURE ON GENERAL SYSTEMS THEORY AND ITS APPLICATION TO THE SCIENCES OF MAN

Allport, G.,
1955 *Becoming: Basic Consideration for a Psychology of Personality* (New Haven, Yale University Press, 1955). (Psychological theory from a viewpoint close to general systems theory.)
1960 "The Open System in Personality Theory", *Journal of Abnormal and Social Psychology*, 61, 301-310. Reprinted in *Personality and Social Encounter* (Boston, Beacon Press).
Berk, R. J. C.,
1965 "Some Results of Modern Brain Research Supporting Psychoanalytical Theories", *Fortschritte der Psychoanalyse*, 3, in press.
Bertalanffy, L. von,
1950 "An Outline of General System Theory", *British Journal for the Philosophy of Science*, 1, 134-165. (General systems in elementary mathematical consideration.)
1953 *Biophysik des Fliessgleichgewichts*, transl. by W. Westphal (Braunschweig, Vieweg) (Theory of open systems; bibliography).
1962 "General System Theory: A Critical Review", *General Systems*, 7, 1-20. (Survey of the field, principles, application, relations of general systems theory and cybernetics, bibliography, etc.)
1964 "The Mind-Body Problem: A New View", *Psychosomatic Medicine*, 24, 29-45. (The psychophysical problem from a system-theoretical viewpoint.)
1964 "Basic Concepts in Quantitative Biology of Metabolism", pp. 5-38 in: A. Locker and O. Kinne (eds.), *Quantitative Biology of Metabolism* (Heide-Holst, Boyens), (*Helgoländer Wissenschaftliche Meeresuntersuchungen*, 9). (Chapter on open systems with bibliography of recent work.)
1966 "General System Theory and Psychiatry", in: S. Arieti (ed.), *American Handbook of Psychiatry*, Vol. 3 (New York, Basic Books).
General Systems,
1956 *Yearbooks of the Society for General Systems Research*, ed. by L. von Bertalanffy and A. Rapoport (Bedford, Mass., P.O. Box 208, Society for General Systems Research), 11 vol. since 1956. (Best introduction into General Systems theory: principles, elaboration, application to various fields).

Gray, W., N. D. Rizzo and F. J. Duhl, (eds.),
1967 *General Systems and Psychiatry* (New York, Little, Brown, in press).

Hall, A.,
1962 *A Methodology for Systems Engineering* (Princeton, N.J., van Nostrand). (Textbook of applied systems research; possible application to the sciences of man.)

Hearn, G.,
1958 *Theory Building in Social Work* (Toronto, University of Toronto Press).

Lektorsky, V. A. and V. N. Sadovsky,
1960 "On Principles of System Research (related to L. Bertalanffy's general system theory)", *General Systems*, 5, 171-179. (Evaluation of general system theory from the Soviet viewpoint.)

Maccia, E., G. Maccia, J. Andros and K. Thompson,
1965 *Graph Theory as it Relates to General Systems Theory* (Columbus, Ohio, Ohio State University, Educational Theory Center), occasional paper 65-182, mimeo.
1965 *Set Theory as it Relates to General Systems Theory* (Columbus, Ohio, Ohio State University, Educational Theory Center), occasional paper 65-184, mimeo.
1966 *An Integration of Set Theory, Information Theory, and Graph Theory with General Systems Theory; Variables* (Columbus, Ohio, Ohio State University, Educational Theory Center), occasional paper 65-158, mimeo. (Axiomatization leading to SIGGS theory, *i.e.*, integration of set, information, graph, and General Systems theories).

Menninger, K.,
1954 "The Psychological Aspects of the Organism under Stress", *Journal of the American Psychoanalytic Association*, 2, 67-106, 230-310. Reprinted in *General Systems*, 2 (1957), 142-172. (Equilibrium concept of mental disease.)
1963 *The Vital Balance* (New York, Viking Press). (Theory of mental illness from organismic and system-theoretic viewpoint.)

Metzger, W.,
1965 "Über Modellvorstellungen in der Psychologie", *Studium Generale*, 18, 346-352. (Evaluation of model concepts.)

Morchio, R.,
1959 "Gli organismi biologici come sistemi aperti stazionari nel modello teorico di L. von Bertalanffy", *Nuovo Cimento*, 12, ser. X, Supplement 1, 100-119.

Systems Symposia at Case Institute of Technology,
1961-64 *Systems: Research and Design* (Proceedings, I), ed. by D. P. Eckman. *Views on General Systems Theory* (Proceedings, II), ed. by M. D. Mesarovic (New York, Wiley). (Systems engineering.)

Zerbst, E.,
1963 "Untersuchung zur Veränderung energetischer Fliessgleichgewichte bei physiologischen Anpassungsvorgangen, I, II", *Pflügers Archiv für d. gesamte Physiologie*, 277, 434-445, 446-457. (Computerization of systems problems.)

14

L'IMPORTANCE DU JUGEMENT D'IMPORTANCE DANS LE LANGAGE DES SCIENCES SOCIALES

JEAN-PAUL BOONS

1. INTRODUCTION

1.1 L'analyse qu'on va lire est extraite d'un travail de recherche [1] qui envisage sous l'angle de la sémantique, une partie de la terminologie utilisée dans cinq rapports scientifiques. Ces rapports, choisis comme échantillon parmi un ensemble de travaux (enquête multidisciplinaire effectuée dans la commune de Plozévet [Finistère]), traitent des réalités sociales de cette commune au point de vue respectivement de l'état des techniques, des systèmes de parenté, de la géographie humaine, de la psycho-sociologie et de la diffusion de l'information.

Le vocabulaire étudié consiste en 25 groupes de mots appartenant à un radical commun, ou lexème,[2] situés à la frontière du technique et du banal,[3] tels que *structure, rôle, représentation,* et, objet du présent article, le lexème *importance* (comprenant les mots *importance, important,* et *importer* – au sens de 'il importe de').

[1] Cette recherche a été effectuée dans le cadre de la convention no 62 FR 003 passée avec la Délégation Générale à la Recherche Scientifique et Technique sous la responsabilité de M. Georges Friedmann. Il en existe une publication ronéotypée: J.-P. Boons et J. J. Brochier, *L'analyse terminologique du langage des sciences sociales,* présentation de Roland Barthes, Centre d'Études des Communications de Masse (Paris, 1965-66).

[2] On n'admettra que dans les limites de cet article cette assimilation approximative de la notion de lexème à celle de radical.

[3] En fait, le projet initial de la recherche était d'étudier le vocabulaire à proprement parler scientifique ou technique, sous l'angle des différences d'acception inter-rapports, donc interdisciplinaires. On comprend l'intérêt de telles études pour l'unification de la terminologie dans les sciences sociales. Ce projet s'est révélé irréalisable étant donné le corpus choisi: les dépouillements ont montré que chaque item du vocabulaire technique tend à n'apparaître que dans un seul rapport. Nous nous sommes dès lors rabattus sur un vocabulaire plus banal, mais dont les occurrences apparaissent un nombre suffisant de fois dans deux rapports au moins.

Les occurrences de ces lexèmes, relevées dans les cinq rapports avec leur contexte immédiat, constituent le corpus de départ. Les occurrences ont été définies de manière intuitive, à partir de leur contexte. Un corps de définitions a donc été créé sur lequel sont distribuées les occurrences. Ainsi, les 239 occurrences rencontrées du lexème *importance* sont regroupées en 17 définitions, qui ne sont pas pure et simple énumération non structurée, mais combinatoire d'éléments considérés comme unités de signification minimale, et provisoirement indécomposables. L'analyse qui va suivre est donc componentielle. Utilisant la terminologie de A. J. Greimas,[4] nous appellerons 'sémèmes' les définitions, et 'sèmes' les unités de base, susceptibles chacune d'apparaître dans plusieurs sémèmes.

Soit l'énoncé: *la carotte, une des primeurs les plus importantes de Plozévet*. On donnera comme définition à cet emploi du lexème *importance* la formule sémémique suivante:

QUANTIFICATION DIRECTE (ÉCHELLE MÉTRIQUE) + QUANTIFICATION INDIRECTE, FONCTION REMPLIE DANS UN SYSTÈME (ESTIMATION).

On considérera que quatre sèmes, groupés par deux, interviennent dans cette formule:

— Il y a QUANTIFICATION DIRECTE parce que l'objet qualifié d'*important* peut être lui-même directement mesuré; et ce à l'aide d'une échelle métrique, disons le poids, capable de mesurer également les valeurs des récoltes des différentes primeurs.

— L'*importance* de la carotte, nous semble-t-il, se mesure en outre à la FONCTION qu'elle occupe dans le SYSTÈME de production des primeurs. La QUANTIFICATION en ce sens est bien INDIRECTE: l'objet de la mesure peut être considéré comme l'ensemble des bouleversements qu'apporterait la suppression de la culture de la carotte dans l'économie plozévetienne; la mesure supposable s'effectue par une ESTIMATION: les bouleversements qu'amèneraient la suppression d'une autre primeur sont ESTIMÉS d'un rang moins élevé que s'il s'agissait de la carotte: l'échelle est donc ordinale.

On ne prétendra pas avoir ainsi épuisé la signification du lexème *importance* dans l'exemple cité, mais seulement avoir indiqué, de manière intuitive, ce que cet emploi dénote. La nature même du corpus nous a amené à assimiler la dénotation à la définition opérationnelle, soit au concept de l'ensemble des opérations matérielles auxquelles est supposé se livrer le chercheur, sur son terrain ou sur ses résultats,

[4] *Sémantique structurale, recherches de méthodes* (Paris, Larousse, 1966).

impliquées par l'usage du lexème, et les relations qu'il entretient avec son contexte. La connotation est dès lors ce qui reste quand la dénotation a été extraite; c'est le halo d'images associées, propre au lexème. L'analyse qui suit vise à montrer que *importance* dénote, dans les rapports étudiés, un processus de QUANTIFICATION, de mesure des phénomènes sociaux, tout en laissant plus ou moins dans l'ombre l'objet exact de cette mesure, et la ou les échelles adoptées. Ce lexème entraîne ainsi dans la plupart de ses emplois, une connotation de qualification, inévitable dans la langue, mais parfaitement illusoire, pensons-nous, pour ce qui est de l'objet du discours, du référent, dans ce cas-ci sociologique.

Dire d'un objet qu'il "est important", qu'il "a de l'importance", revient à supposer une ou plusieurs échelles de grandeur implicites, où la valeur accordée à l'objet considéré comme *important* est supérieure à celle qu'on reconnaît à un autre, ou à d'autres objets sous-entendus, ou à la valeur de leur moyenne, réelle ou imaginaire. Il découle du caractère implicite des échelles que c'est au lecteur à induire leur nature, à partir du contexte. Certains emplois sembleront évidents. D'autres le sont moins. On verra que même quand l'échelle est évidente, la substitution du lexème *importance* au nom de cette échelle, introduit une sorte de flou, laissant supposer que d'autres variables, non précisées, ont été envisagées. On jugera si l'usage fort fréquent de ce lexème n'équivaut pas, dans ses emplois non triviaux, à l'esquive d'un problème méthodologique, celui de la mesure dans les sciences sociales. Dans l'affirmative, il faudrait en accuser, non les auteurs des rapports, mais le langage, en majeure partie non technique, de ces sciences.

Un des principaux résultats obtenus est la révélation d'un obstacle sérieux à l'unification terminologique: d'une manière générale, les différents emplois d'un lexème, loin d'être spécifiques à un auteur ou une discipline – pratiquement, ici, à un rapport –, tendent à être utilisés par tous. Autrement dit, les différences d'acceptation intra-rapports tendent à masquer les différences inter-rapports. C'est le cas pour *importance*. Des tendances préférentielles dans l'emploi n'ont pu être décelées. Les exemples qui suivent sont extraits indifféremment des cinq rapports, comme s'ils formaient tous un texte d'une seule volée.

1.2 *Classification sémique adoptée et présentation des résultats*

On trouvera au tableau 1 les deux point de vue adoptés dans le classement des sèmes, points de vue qui, en se combinant, produisent les sémèmes simples dont les formules sont indiquées dans les cases: les colonnes définissent le mode de quantification, déterminé par l'objet susceptible d'être mesuré; les rangées, le type d'échelle de mesure adopté. Colonnes et rangées – les sèmes –, seront explicités au fur et à mesure de leur apparition dans l'exposé des résultats. Ceux-ci sont présentés selon l'ordre des colonnes, et des rangées à l'intérieur des colonnes. Les sémèmes sont illustrés chacun par un exemple extrait du corpus. Les sémèmes simples sont définis les premiers. Les sémèmes complexes (*i.e.* opérant la conjonction de plusieurs cases du tableau) trouvent leur commentaire après celui des classes auxquelles appartiennent les sémèmes simples qu'ils combinent

TABLEAU 1

QUANTIFICATION / ÉCHELLE	D = DIRECTE	I = INDIRECTE			
		1 = LIAISON CAUSE-EFFET	2 = FONCTION DANS UN SYSTÈME	3 = CARACTÈRE INTÉRESSANT	4 = VALEUR INDICIELLE
a = FRÉQUENCE	D a	I 1 a			
b = ÉCHELLE MÉTRIQUE	D b	I 1 b			
c = ESTIMATION (ÉCHELLE ORDINALE)	D c	I 1 c	I 2	I 3	I 4

2. RÉSULTATS

2.1 *D = Quantification directe*

2.11 *Sémèmes simples.*

— Da = FRÉQUENCE

Importance, dans ce cas, établit une comparaison, le plus souvent implicite, entre des nombres. La mesure est donc absolue, et l'opération de mesure consiste à compter.

(1) *Les groupes les mieux représentés sont, par ordre d'importance . . .*

Importance dénote ici le nombre d'individus par groupe.

— Db = ÉCHELLE MÉTRIQUE

Importance, ici, compare les mesures physiques des objets, suivant une ou plusieurs variables. La mesure est relative à l'unité de mesure adoptée, et l'opération de mesure passe par la médiation d'un instrument.

(2) *L'organisation des pêches varie avec l'importance du bateau.*

La variable considérée est le tonnage. La substitution de *tonnage* à *importance* dans l'énoncé ne modifierait pas la dénotation. On sent pourtant comment la connotation s'en trouverait modifiée: *importance du bateau* suggère l'intervention possible d'autres facteurs, même si on ne voit pas clairement lesquels.

(3) *Les instruments aratoires de moindre importance que la moissonneuse-batteuse.*

Deux variables, manifestement, interviennent: la taille et le prix. Faisons remarquer ici cette propriété du lexème *importance,* qui est – contrairement à des lexèmes tels que *nombre, largeur, voltage,* etc. – de désigner simultanément plusieurs variables. Il y a ainsi suggestion d'une multidimensionnalité non définie. On en trouvera ci-dessous de nombreux autres exemples.

— Dc = ESTIMATION

Nous rangeons sous ce sème tous les cas où la qualification d'*importance* suppose une ESTIMATION effectuée par une personne ou une collectivité, consistant à ranger les objets à juger suivant une valeur adoptée. L'échelle de mesure peut donc être considérée ici comme ordinale. L'instrument de mesure est le juge lui-même.

Remarquons que l'ESTIMATION peut se fonder partiellement sur une échelle numérique objective, comme par exemple, dans l'exemple ci-dessous, le revenu professionnel; mais qu'en dernière analyse elle consiste en l'appréciation globale du juge, parce que d'autres critères, plus ou moins implicites, comme la valeur professionnelle, le degré de prestige de la profession, sont susceptibles d'entrer en ligne de compte, et que ces critères, il faut bien qu'un sujet en fasse l'amalgame pour qu'ils aboutissent à l'ESTIMATION définitive.

(4) *Il apparaît que ceux qui sont restés au bourg ne bénéficient pas d'une promotion d'égale importance* [*comparés à ceux qui ont quitté Plozévet*] *dans la hiérarchie professionnelle.*

2.12 *Sémèmes complexes.*

— Da + Db = FRÉQUENCE + ÉCHELLE MÉTRIQUE

(5) *Une agglomération d'une importance suffisante pour constituer un petit bourg.*

Plusieurs variables interviennent, telles que nombre de maisons, nombre d'habitants, superficie, etc.

— Db + Dc = ÉCHELLE MÉTRIQUE + ESTIMATION

(6) *Ce bénéfice pour le petit propriétaire est important.*

Le bénéfice est financièrement *important,* et le fait de son existence est ESTIMÉ *important* par le petit propriétaire.

— Da + Db + Dc = FRÉQUENCE + ÉCHELLE MÉTRIQUE + ESTIMATION

(7) *Les achats d'équipement de peu d'importance.*

Les objets achetés sont peu *importants* en nombre, en taille et en prix, et aux yeux de l'acheteur.

2.2. *I = Quantification indirecte*

2.21 *Sémèmes simples.*

— I 1 = LIAISON CAUSE-EFFET

L'*importance* de l'objet est mesurée à la grandeur de ses conséquences.

— I 1 a = FRÉQUENCE

(8) *L'influence de la famille montre la grande importance de la famille dans la décision du riche.*

L'*importance* de la famille est mesurée d'après la distribution de fréquence des réponses du riche à un questionnaire, mesure directe de l'influence.

— I 1 b = ÉCHELLE MÉTRIQUE

(9) *L'élevage des porcs a une grande importance dans le budget familial.*

— I 1 c = ESTIMATION

(10) *La richesse en terres ne paraît pas au riche une condition importante pour être un cultivateur modèle.*

Ce n'est pas l'*importance* de la superficie possédée qui est ESTIMÉE, mais la pondération, nécessairement INDIRECTE, de la variable indépendante "superficie possédée", ou plutôt, de sa corrélation, jugée faible par le riche, avec la variable dépendante, "valeur du cultivateur".

— I 2 = FONCTION REMPLIE DANS UN SYSTÈME

L'objet qualifié d'*important* est ici élément d'une structure. Cette *importance* se mesure à l'ampleur des modifications que sa suppression supposée amènerait dans la structure. Dans tous les exemples rencontrés, cette mesure est une ESTIMATION.

(11) *Le courtier a perdu son importance de jadis.*

— I 3 = CARACTÈRE INTÉRESSANT

Important qualifie ici tout objet présentant un caractère intéressant du point de vue scientifique. Lui accorder ou non de l'*importance*, par exemple par le nombre de lignes ou de pages qui lui seront consacrées, entraîne comme conséquence la plus ou moins grande qualité du travail scientifique. Cette ESTIMATION éventuelle de la qualité du travail fournirait donc une QUANTIFICATION INDIRECTE de l'objet *important*.

(12) *Les petits faits, sans plus d'importance pour le géographe que les toitures d'école et les agrandissements du cimetière.*

(13) *Les critères qui nous semblent avoir le plus d'importance.*

On peut aussi considérer que l'importance du critère est mesurée indirectement, sur les résultats numériques, par son degré de signification statistique, que celui-ci ait été l'objet d'une mesure précise (calcul effectif d'un test), ou plutôt, comme le laisse entendre l'expression "qui nous semblent avoir", d'une ESTIMATION subjective. L'emploi se définirait donc par le sémème I 1 c + I 3.

— I 4 = VALEUR INDICIELLE

L'objet important est ici l'INDICE d'un phénomène social présentant un CARACTÈRE INTÉRESSANT. Le non traitement de ce phénomène entraînerait la mauvaise qualité du travail scientifique. La QUANTIFICATION de l'objet serait donc INDIRECTE au second degré. Notons que la distinction I 3/I 4 n'est pas toujours évidente; c'est une question de nuances plutôt que de différence tranchée.

(14) *Les femmes mariées conservent leur nom de jeune fille, et ceci est très important.*

2.22 *Sémèmes complexes.*

— I 1 c + I 3 = LIAISON CAUSE-EFFET (ESTIMATION) + CARACTÈRE INTÉRESSANT.

(15) *Il faut attacher une grande importance aux mesures permettant la construction de chemins.*

— I 2 + I 3 = FONCTION REMPLIE DANS UN SYSTÈME + CARACTÈRE INTÉRESSANT.

(16) *Quand on sait l'importance du partage confessionnel en Bretagne.*

2.3. *D + I = Quantification directe + Quantification indirecte*

— D a + I 2 = FRÉQUENCE + FONCTION REMPLIE DANS UN SYSTÈME

(17) *Certains informateurs, tout en soulignant la fréquence des mariages entre cousins germains, et sans bien voir l'importance des mariages obliques dans le système matrimonial.*

Il peut s'agir ici et du nombre de mariages obliques et de la position nodale que, même relativement peu nombreux, ils occuperaient dans l'ensemble du système matrimonial. On notera que l'effet d'antonymie existant entre les emplois de *fréquence* et d'*importance* tend à placer l'accent dénotatif sur le sémème simple I 2.

— D b + I 2 = ÉCHELLE MÉTRIQUE + FONCTION DANS UN SYSTÈME

(18) *La carotte, une des primeurs les plus importantes de Plozévet.*

C'est l'exemple étudié dans l'introduction.

D a + I 4 = FRÉQUENCE + VALEUR INDICIELLE

(19) *Nous avons choisi le menu des jours de fête, non pour son importance propre dans l'alimentation, mais parce qu'il était révélateur de la mentalité des habitants.*

L'expression *importance propre* dénote seulement en fait D a = FRÉQUENCE. Elle suggère cependant un autre type d'*importance*, 'non propre', qui se mesure au CARACTÈRE INTÉRESSANT de ce qu'elle 'révèle', c'est-à-dire de ce dont elle est l'INDICE.

3. DISCUSSION

On dira que cette analyse de la notion d'importance en termes de quantification s'appliquerait aussi bien à de nombreuses autres notions, comme la beauté, l'honorabilité, la minutie, la scientificité, etc., bref à toute notion répondant à la définition: "qualité de ce qui est *y*", *y* désignant un adjectif. L'existence du comparatif ('plus *y* que', 'moins *y* que'), des adverbes ('très *y*', 'peu *y*') fait que tout emploi d'un adjectif suppose une quantification plus ou moins implicite. Dire d'une peinture qu'elle est belle, d'une personne qu'elle est honorable, c'est sous-entendre qu'elles sont plus (ou moins) belles, plus (ou moins) honorables que telle autre. Bref, l'emploi de notions de ce type fait intervenir du point de vue sémantique l'axe de la quantification, et notre analyse du lexème *importance* ne lui serait pas spécifique; elle serait valable pour l'ensemble de ces notions, des lexèmes qui les supportent, et, plus généralement, pour l'usage de l'adjectif en français.

Cette objection a son poids. Notre analyse déborde effectivement le lexème qui lui a servi de point de départ. Nous pensons toutefois qu'elle s'y applique tout particulièrement, dans la mesure où, contrairement à celles des autres notions, ses significations possibles lui sont entièrement réductibles. On peut résumer l'analyse en disant qu'*importance* est le lexème neutre, le 'passe-partout' de la quantification. Ce que les autres notions dérivées d'adjectifs signifient grâce à la grammaire du français, *importance* le signifie en outre sémantiquement, de lui-même. C'est cette position privilégiée qui, comme on l'a vu, lui permet de se référer simultanément à plusieurs échelles de mesure, et qui plus est, de natures différentes. La beauté, comme l'honorabilité, la minutie, se réfère à une échelle ordinale où l'instance jugeante est elle-même l'instrument de mesure; la hauteur, le poids, la densité, le tonnage, etc., à des échelles métriques. *Importance* peut se référer à chacune de ces échelles, mais tant qu'il s'agit de n'en désigner qu'une, un autre lexème peut généralement lui être substitué. Lui seul par contre permet d'en désigner plusieurs à la fois. C'est là sa fonction la plus originale dans la langue. C'est aussi la raison pour laquelle il est parfois si difficile d'éviter son emploi, sans recourir à des longueurs, fortement redondantes pour un contexte donné.

Cette suggestion d'une multidimensionnalité non précisée abandonne donc au lecteur – ou au sémanticien – le soin de préciser l'objet mesuré et la nature des échelles. Quand celles-ci sont manifestement métriques ou fréquentielles, il se produit comme un effet de perspective (exemples

(1), (2), (3) et (5)): l'évidence permet d'identifier la ou les premières variables impliquées par le contexte, la ou les opérations de mesure sous-entendues; l'emploi du lexème *importance,* au lieu et place de ces variables, ne fait que suggérer une série d'autres variables, de plus en plus lointaines et imprécises. On signifiera qu'un fleuve est large, profond, de débit élevé, en le qualifiant d'important. L'expression est ainsi, pour un même contenu, plus ramassée, et donc l'information plus grande. Mais on risque aussi de suggérer plus qu'on ne le voulait: l'*importance* du fleuve suggérera un halo de sens où seront évoqués, par exemple, les conséquences historiques, industrielles, démographiques du fleuve, pour la région traversée.

D'où la tendance fréquente, pour annuler ce halo, à spécifier la nature de l'*importance,* en parlant par exemple d' 'importance numérique', d' 'importance réelle' (par opposition à la fréquence), etc. On procédera même par soustraction, laissant *importance* suggérer toutes les dimensions imaginables sauf une qui, elle, est précisée, comme dans l'énoncé:

> (20) *Bourg important, mais non bourg actif, le bourg de Plozévet . . .*

Parfois le halo est tel que l'énoncé reste ambigu:

> (21) *L'importance des passages du commerçant ambulant donne la mesure de son insertion dans le processus de changement.*

S'agit-il du nombre pur et simple de passages (D a), de l'*importance* plus grande accordée à tel commerçant ambulant plutôt qu'à tel autre par sa clientèle (I 1 c), ou des deux? On a considéré que le seul opérateur reliant les sèmes en sémèmes était une conjonction (donc un produit logique, et non une somme, comme tendrait à le suggérer le signe '+', adopté ici pour de pures raisons de commodité). Peut-être serait-il bon d'introduire dans l'analyse le récepteur du message et de traduire les ambiguïtés sémantiques par l'introduction d'opérateurs de disjonction et de réunion.

L'ambiguïté croît encore quand les échelles ne sont manifestement ni métriques, ni fréquentielles, et que l'*importance* accordée à un objet ne peut s'évaluer que par la médiation d'une instance jugeante, hypothétiquement chargée de ranger les objets en termes de plus et de moins. Il est presque toujours possible de trouver une ou plusieurs échelles, métriques ou fréquentielles, sur lesquelles faire reposer finalement l'ESTIMATION définitive: ainsi, le revenu professionnel dans l'exemple (4), le rendement de l'exploitation à l'hectare en (10), le nombre de conversations tenues par les Plozévetiens, jadis et aujourd'hui, au sujet du courtier en (11), etc. Inversement, dans les exemples les plus simples, comme en (2), il est possible aussi de coiffer le processus de mesure par une ESTIMATION, où l'instance jugeante serait soit le rédacteur, soit un actant spécifié (ainsi, manifestement, le petit propriétaire en (16)).

Ces difficultés auxquelles se heurte l'analyse ne proviennent-elles pas de ce qu'elle a franchi les frontières de la sémantique à proprement parler linguistique, en assimilant les dénotations à des définitions opérationnelles, en tenant compte d'un référent supposé? Comme, pour le lexème *importance,* ces définitions ne sont pas données dans le corpus, n'est-il pas normal que des indécisions, qu'un certain flou se manifestent, expliquant que dans l'énoncé (4), par exemple, *importance* puisse se définir aussi bien par D b + D c que par D c, ou que, d'une manière générale, la distinction I 3/I 4 se révèle douteuse? Ne nous sommes-nous pas livrés à une recherche indéfinie de fort hasardeuses opérations, de mesure, non impliquées par le corpus, et auxquelles personne ne pense, ni l'auteur en le rédigeant, ni le lecteur qui le parcourt de manière cursive?

En fait, rien n'est plus simple que d'éviter ces interrogations sur la nature des mesures impliquées. Il suffit de déterminer un nouveau sème: HAUTE VALEUR OBTENUE LORS D'UN PROCESSUS DE QUANTIFICATION NON PRÉCISÉ. Pour des raisons de brièveté, on pourrait aussi bien l'appeler 'IMPORTANCE'. Il formerait à lui seul le sémème définissant l'emploi unique du lexème *importance.* Cette solution à première vue tautologique d'une définition identique au terme défini n'a que l'apparence de l'absurdité: elle est quasi inévitable dans tout modèle sémantique, et peu gênante lorsque la définition identique ne s'attache qu'à un emploi possible d'un lexème en possédant par ailleurs plusieurs, et s'attache aussi à des emplois d'autres lexèmes, perdant du coup son caractère tautologique. Ainsi la tautologie vraie est indéfiniment reculée, grâce aux relations que le modèle sémantique attribue aux lexèmes, sèmes et sémèmes. Si par contre la définition identique ne s'applique qu'à l'emploi unique d'un seul lexème, le couple isolé ainsi formé par le terme et sa définition ne fait que traduire le refus par le sémanticien d'analyser ce que le terme, dans son contexte, 'veut dire'. Mais s'il accepte l'analyse, il est ramené, tout au moins pour ce qui est d'*importance*, à un certain arbitraire. Celui-ci apparaît moins dans la création des sèmes et sémèmes, que dans l'attribution de telle occurrence particulière à tel emploi du lexème.

Aussi bien cet article ne se veut pas une analyse définitive. Il vise seulement à montrer la complexité des significations dénotées, l'arbitraire de leur limitation à un nombre déterminé (ici, trois au maximum) de dimensions de la mesure, les ambiguïtés amenées par une connotation trop riche. S'il est vrai que le lexème *importance* suggère une quantification sans en spécifier les échelles, ni leur nombre, si toujours une estimation finale est attribuée à un juge non défini, on peut choisir la stratégie qui consiste à adopter la définition identique ci-dessus: c'est déplacer la frontière de la linguistique et de la psycho-linguistique, et considérer le présent article comme une recherche intuitive relevant de cette dernière discipline, où l'unique sujet serait à tout instant confondu avec le chercheur.

On peut aussi s'étonner d'avoir relevé dans cinq rapports prétendant à une certaine scientificité un si grand nombre d'occurrences d'*importance*, ne pas conseiller trop vite d'en bannir l'usage, et reconnaître ses propriétés remarquables, critères de son utilité dans la langue écrite courante, de caractère littéraire, celle qui, en somme, est la langue des rapports étudiés.

15

POURQUOI DES DICTIONNAIRES ? *

JEAN DUBOIS

Définir l'objet 'dictionnaire' comme un texte fini, se placer devant cet énoncé une fois achevé pour en reprendre la problématique, pour déterminer la relative spécificité et la relative universalité des moyens mis en œuvre dans sa construction, pour reprendre sur ce point la dialectique de l'objet d'énoncé et de la forme du discours dans laquelle il est inséré, évaluer l'impact du contexte historique sur cet objet et sur cette forme et justifier l'insertion de l'histoire dans une description fonctionnelle, tenter une approche des relations de la connotation et de la dénotation dans un vocabulaire – celui de la psychanalyse – qui, d'une manière privilégiée joue, de cette double face de la signification, tout cela est dans le projet de l'article de Pontalis, et nous incite à ce dialogue toujours inachevé des linguistes avec les autres chercheurs, qui vise à définir l'objet de la linguistique par rapport à tout ce qu'il n'est pas.

I. LA DÉFINITION LINGUISTIQUE DU DICTIONNAIRE

Le dictionnaire est une forme de communication, un énoncé spécifique, organisé selon un système de règles formelles, propre à fournir une documentation scientifique qui, à un niveau de spécialisation précisée, vise à être exhaustive et que cette réorganisation rend particulièrement accessible aux non-spécialistes.

En tant que FORME DE COMMUNICATION, il implique d'abord une définition de l'objet de l'énoncé, c'est-à-dire du savoir humain qui sera communiqué et formera le contenu de cet énoncé clos, homogène, struc-

* Cet article constitue une contribution au débat qui a été ouvert avec "Les mots du psychanalyste", de J.-B. Pontalis (p. 251). Cf. dans le même débat, "Psychoanalytic Terms and Some Problems of Semiotics", d'Albert E. Scheflen (p. 267) (Note de la rédaction).

turé: la spécificité de L'OBJET a pour conséquence une certaine specificité de la FORME du contenu. – Le dictionnaire relève aussi de la dialectique de l'émetteur et du récepteur: ainsi les informateurs supposent toujours chez les informés une structure sémiotique et un savoir communs. Tout dictionnaire implique la prise en considération d'un certain nombre d'universaux, qui fondent la possibilité de communiquer, et des références à un système culturel, qui rendent le jeu des connotations le moins ambigu possible. – Les lecteurs donnent à l'énoncé formalisé qui leur est présenté une interprétation sémantique dont les auteurs voudraient qu'elle soit dépourvue de toute ambiguïté. Sont alors posés les problèmes qui surgissent de la relation entre d'une part le BRUIT, inhérent aux règles formelles, aux interférences et aux recouvrements des savoirs respectifs, etc., et de l'autre la REDONDANCE qu'il faudra optimaliser. – Le dictionnaire doit être d'abord envisagé dans le cadre des rapports entre l'émetteur, les récepteurs et le canal; il relève d'une technique d'information documentaire.

En tant que FORME SPÉCIFIQUE D'ÉNONCÉ RAPPORTÉ, le dictionnaire implique l'établissement d'une métalangue descriptive qui donne aux énoncés analysés le statut d'énoncé rapporté lexicographique. Cette métalangue emprunte ses règles syntaxiques à la structure de la langue commune; mais elle se donne en quelque sorte un modèle économique des règles génératives et transformationnelles, qui vise à réduire les ambiguïtés: la SYNTAXE d'un dictionnaire est l' 'universal' de la métalangue documentaire. Celle-ci emprunte son LEXIQUE aux unités significatives des énoncés analysés: c'est lui qui présente à chaque niveau où il est envisagé un aspect de spécificité irréductible. – Comme ÉNONCÉ, le dictionnaire possède une combinatoire fermée qui peut se définir comme un type de grammaire formelle: la constance de la transformation nominale, la réduction du système verbal à l'opposition accompli/non-accompli, la suppression des déterminations référentielles, un statut qui rapproche les 'définitions' des 'sentences', etc., en sont les principales caractéristiques, indépendantes de l'objet communiqué. – Les auteurs d'un dictionnaire instituent donc un certain rapport entre eux et un énoncé 'objectivé': cette 'dépersonnalisation', ou si l'on veut cette distance maximale mise entre l'énonciation et l'énoncé produit, est en effet le facteur essentiel qui facilite l' 'échange' et qui fonde les principes de cette grammaire spécifique. – Mais pour assurer que l'énoncé produit est en réalité la formalisation des énoncés d'un autre (ici ceux de Freud), les auteurs d'un dictionnaire n'en sentent que davantage le besoin de 'modaliser' secondairement cet énoncé, de le marquer de leur propre énonciation; c'est alors l'occasion des commentaires qui introduisent, après la 'définition', des sous-énoncés directs ou indirects et qui réduisent en quelque sorte la distance entre la formalisation impersonnelle et les lecteurs. Le commentaire joue alors le rôle des exemples dans un dictionnaire de langue, ceux-ci étant les réalisations d'une définition qui se présente, en dernière analyse, comme une concaténation de symboles. – L'énoncé que constitute le dictionnaire est donc à rapporter à la technique du DISCOURS DIDACTIQUE.

Énoncé formalisé, le dictionnaire est une RECONSTRUCTION faite selon une GRILLE ARBITRAIRE. Certes les règles que l'on impose ainsi à la forme du discours didactique et à sa présentation alphabétique sont un moyen technique de faciliter la SORTIE de la documentation dans la mesure où L'ENTRÉE est déterminée par une combinatoire graphique. Mais ces règles s'imposent aussi aux auteurs du dictionnaire quand ceux-ci choisissent les unités significatives dans les énoncés analysés. Le 'vocabulaire de la psychanalyse' est une réarchitecture du système freudien. Il ne faudrait pas que la grammaire formelle qui est imposée aux définitions fasse oublier que cette restructuration dépend aussi des deux facteurs très différents que sont, du côté de l'énonciation, le système sémiotique idiolectique de chacun des auteurs et, du côté de l'énoncé, la présentation alphabétique. Le dictionnaire est donc une reconstruction et il n'est pas n'importe quelle reconstruction. Il existe un jeu complexe entre l'arbitraire alphabétique, l'énoncé clos que constitue le corpus de référence, et le système des lexicographes: disons que la STRATÉGIE ADOPTÉE PAR LES AUTEURS dépend de ces divers facteurs. Ainsi la formalisation spécifique de cet énoncé didactique en détermine aussi le contenu.

Le dictionnaire implique encore dans sa conception une MÉTHODE D'ANALYSE LINGUISTIQUE, dans la mesure où il se présente comme une succession ordonnée, selon la grille alphabétique, d'unités lexicales (mots ou syntagmes lexicalisés). Ceci suppose que le discours rapporté peut être représenté par des UNITÉS SIGNIFICATIVES, elles mêmes isomorphes des concepts qui forment le système de Freud ou la structure notionnelle de la psychanalyse. – Sans que cela soit jamais dit d'une manière explicite, les auteurs d'un dictionnaire conceptuel font prévaloir dans leur analyse linguistique l'axe paradigmatique sur l'axe syntagmatique: les termes sont essentiellement déterminés par leurs rapports de substitution (et/ou d'opposition) à l'intérieur d'ensembles qui sont définis les uns relativement aux autres (activité/passivité; *acting-out*/ passage à l'acte) selon la logique des classes (exclusion/inclusion en particulier). Les co-occurrences sont, quant à elles, minimisées et elles se retrouveront seulement soit dans les définitions, dans la mesure où celles-ci reproduisent une réduction syntagmatique du discours, soit dans les systèmes de renvois où s'enchevêtrent classes paradigmatiques et classes syntagmatiques. Les auteurs du dictionnaire rejettent enfin la structure grammaticale dans le non-significatif, dans ce qui ne peut être l'énonciation de l'auteur; la grammaire se confond avec les règles institutionnalisées qui donnent forme au discours. Les lexicographes admettent cette ancienne opposition entre la liberté lexicale, représentée par l'identification des mots aux sémantèmes, et la nécessité grammaticale. Est-il besoin de dire que la linguistique a depuis longtemps remis en question cette opposition trop simplificatrice: dans la cadre même des deux axes R. Jakobson a développé d'une manière magistrale la dialectique de la métaphore (paradigmatique) et de la métonymie (syntagmatique). – Un dictionnaire de langue doit tenir compte des théories linguistiques qui se sont efforcées de définir les unités minimales de signification (morphèmes ou monèmes selon les terminologies); et tout linguiste se pose la question de la relation des générateurs (morphèmes grammaticaux ou lexicaux) et des traits pertinents sémiques dont ils sont la représentation, comme de la relation entre ces unités minimales et les syntagmes constitutifs du discours considérés comme représentatifs de la structure propre d'une œuvre (ce qu'indique le choix de termes comme 'principe d'abstinence', 'accomplissement de désir', etc.).

Le dictionnaire combine enfin deux types de modèles, l'un FONCTIONNEL permet de rendre compte d'un discours synchronique, l'autre HISTORIQUE permet d'expliquer la constitution de ce discours, soit en faisant intervenir des facteurs extra-linguistiques (micro-groupe social ou familial, impact des événements, etc.), soit les facteurs du développement même du discours: on dit alors que le code (vocabulaire de la psychanalyse), constitué à un moment donné par Freud, engendre en quelque sorte ses sous-codes. Mais la présentation de cette histoire, de ce développement que décrit la succession des modèles, est soumise aux lois formelles de la grammaire du dictionnaire. Or il existe une CONTRADICTION entre l'idée même de SYSTÈME et de mutation des structures conceptuelles et la FRAGMENTATION, sinon la parcellarisation, qu'offrent les historiques multipliés, les commentaires génétiques ou situationnels, rendus obligatoires par l'ordre alphabétique. Autant le dictionnaire semble offrir un cadre où peut s'ajuster une description synchronique, autant la vue de l'histoire qu'il donne est celle d'un système où chaque concept (chaque unité significative) aurait sa genèse spécifique, comme si la notion même de système qui présidait à l'organisation d'un énoncé didactique était détruite quand en est abordée l'histoire. Et il faut alors que dans un mouvement contraire les auteurs par une reprise de l'unité significative dans une suite de commentaires ressaisissent la génération des modèles historiques: la concision des définitions synchroniques s'oppose à la longueur et à la nécessaire diffusion des commentaires explicatifs. – Mais cette formation historique du vocabulaire de la psychanalyse est aussi déterminée par l'attitude des autres au regard de l'énoncé freudien; le commentaire devient alors la présentation des affrontements là où l'impact des autres systèmes peut être saisi. – Tout modèle historique est une histoire des INTERFÉRENCES et le dictionnaire les prend aux points nodaux qui sont la clef des évolutions.

1. *Le découpage des unités significatives minimales*

II. LA REPRÉSENTATION D'UN SYSTÈME DANS UN DICTIONNAIRE

La segmentation de l'énoncé ou de l'ensemble des énoncés considérés comme formant un tout, fonctionnant synchroniquement pour les lecteurs contemporains, précède nécessairement la réarchitecture alphabétique du dictionnaire. Or il n'est que de confronter les entrées du vocabulaire de la psychanalyse au vocabulaire de la philosophie de Lalande, ou d'en comparer les entrées à celles d'un dictionnaire de langue commune, pour apercevoir une différence majeure qui pourrait être le résultat d'une PROCÉDURE DE SEGMENTATION DIFFÉRENTE. Mais il ne s'agit pas seulement d'une différence dans la méthode de découpage, la première (vocabulaire de la psychanalyse) prenant pour base l'analyse sémiotique d'un système, et la seconde (dictionnaire de langue) partant d'une distribution des unités linguistiques dans un ensemble d'énoncés de contenus variés. En réalité dans les dictionnaires de langue sont offerts des morphèmes et une combinatoire ouverte; les termes donnés comme entrées jouent le rôle de générateurs permettant, grâce aux règles de grammaire qui président aux combinaisons, la production de phrases inédites. Dans les dictionnaires d'énoncés comme le 'vocabulaire de la psychanalyse' les unités de base ne peuvent être que des SYNTAGMES CONSTITUÉS; ce sont alors soit des mots dans l'acception traditionnelle du terme (*abréaction, agressivité*) soit des syntagmes nominaux (*accomplissement de désir, acte manqué, action spécifique*); or dans les deux cas il s'agit de combinaisons élémentaires, les mots étant réalisés selon les règles d'une combinatoire stabilisée avec des morphèmes racines et des morphèmes conjoints, les syntagmes nominaux étant eux-mêmes issus de la transformation de phrases élémentaires. Il ne s'agit donc pas d'une différence dans le découpage qui consisterait dans le premier cas à porter son attention vers les seuls morphèmes constituants et dans le second cas à choisir délibérément des unités conceptuelles. LE DICTIONNAIRE DE LANGUE EST GÉNÉRATIF; il est une architecture de symboles graphiques, qui sont les termes nécessaires pour accéder aux suites terminales que sont les performances à partir des concaténations de symboles, il tente une représentation de la langue en ne se référant à aucun système idiolectique constitué. LE DICTIONNAIRE D'UNE SCIENCE, D'UNE OEUVRE OU D'UN HOMME, représente un énoncé réalisé; il est PROPOSITIONNEL: les unités de base sont toujours des phrases minimales transformées, chacune étant une affirmation, une 'proposition". Dans *l'accomplissement de désir,* le linguiste voit la réalisation d'une double transformation nominale de "*désir qui s'accomplit*" où le non-accompli du verbe se traduit dans la suffixation *-issement* et où le complément du nom est le sujet de la phrase "[le] *désir s'accomplit*", elle-même transformation passive d'une phrase active à sujet zéro et dont l'objet (*désir*) est sans déterminant (article). Les deux dictionnaires supposent donc un établissement de classes, mais l'un de morphèmes et l'autre de syntagmes, avec lesquels le second donne des moyens de constituer le 'discours' rapporté grâce aux propositions offertes aux lecteurs sous la forme de 'groupes de mots'. Le dictionnaire de langue n'envisage pas nécessairement le champ d'application; il est POUVOIR D'EXPRESSION. Le vocabulaire de la psychanalyse ne peut séparer le CHAMP D'APPLICATION (la thématique réordonnée); il est POUVOIR DE RECONSTITUER UNE EXPRESSION. Si l'on voulait user d'une métaphore empruntée à la linguistique elle-même, on dirait que le dictionnaire de langue représente le non-accompli alors que le vocabulaire de Freud, ici identifié à celui de la psychanalyse, est un accompli. La détermination des unités de base n'est pas la même selon qu'il s'agit d'un discours clos, d'un énoncé fini, et selon qu'il s'agit de la structure qui rend compte de toute énonciation potentielle. Cette spécificité à laquelle se heurtent les auteurs est due à la convergence de plusieurs facteurs: le premier, et le plus important, tient au caractère irréductible de l'énoncé clos considéré comme une totalité. En ce cas les unités significatives dégagées se réfèrent toutes à l'énoncé produit qui est ainsi le point de départ de l'analyse et en même temps l'objet dénoté, tandis que dans un dictionnaire de langue, les générateurs et les denotata sont toujours distincts.

2. *Mots pivots et mots satellites*

Dans un dictionnaire de langue les morphèmes choisis comme entrées du dictionnaire servent de pivots aux syntagmes verbaux ou aux syntagmes nominaux, compte tenu des règles appliquées aux transformations de la phrase minimale: ainsi sous *accomplir* se trouve *accomplissement.* Dans un dictionnaire où les unités significatives, les syntagmes constitués, servent d'entrées, la question se pose de savoir quel terme devra servir de pivot, c'est-à-dire d'entrée, et quel terme sera satellite, c'est-à-dire sera considéré comme subordonné. Ainsi dans *acte manqué* le terme pivot est *acte,* dans *accomplissement de désir* le terme pivot choisi est *accomplissement.* Or on constate que les auteurs ne prennent pas en considération pour l'établissement des pivots les règles que suivrait l'auteur d'un dictionnaire de langue: ainsi pour *règle d'abstinence,* c'est le deuxième terme qui est le pivot, alors que pour *accomplissement de désir* c'est le premier qui est choisi. Mais il n'est pas de choix qui ne soit en définitive fondé sur une certaine stratégie; on peut essayer de retrouver ce qui, linguistiquement, explique cette divergence. Il faut, pour cela, revenir à la proposition dont le syntagme nominal est la transformation: dans *accomplissement de désir* ([le] *désir s'accomplit*) le pivot de la proposition est le verbe, dans *règle d'abstinence* (*l'abstinence est une règle*) le pivot est le verbe *être* qui implique un rapport entre *abstinence* et *règle.* Ce qui conduit ou paraît conduire les auteurs d'un dictionnaire d'énoncé (un vocabulaire), c'est donc la considération de la proposition et de son articulation: suivant les cas le pivot sera le verbe (transformé), dans d'autres cas le syntagme nominal sujet. Les règles qui président à la réarchitecture d'un vocabulaire sont donc fondamentalement différentes de celles qui déterminent le choix des entrées dans un dictionnaire de langue: il s'agit en la circonstance d'une différence dans l'objet analysé.

3. *Les classes d'équivalence*

Tout dictionnaire est en quelque sorte une TAXINOMIE. Le dictionnaire d'une science trouve ainsi dans la classification scientifique, dans sa nomenclature, les données des classes, des sous-ensembles, etc., qui seront ordonnées ensuite selon la grille alphabétique. Le dictionnaire de langue, considérant implicitement le lexique comme une structure dont les termes peuvent être définis au moyen d'un système de relations, ordonne les morphèmes retenus selon la combinatoire graphique. Mais les classes d'équivalence retenues pour un vocabulaire tel que celui de la psychanalyse (et cela vaudrait pour une lexique de Baudelaire, de Leibniz, etc.) sont fondées sur des propositions: ce sont donc des classes dont l'établissement dépend de méthodes d'analyse du discours (comme Harris a pu les déterminer dans son article "Discourse Analysis").

Il n'est pas étonnant de voir alors appliquer à ces ensembles de propositions la même logique des classes qui est aussi celle de la métalangue des définitions de morphèmes: ainsi on considère la classe des propositions A et la classe A^{-1}, la classe des propositions affirmatives (ACTIVITÉ) et celle des propositions inverses (PASSIVITÉ), la classe des propositions incluantes et celle des propositions incluses (ainsi *passage à l'acte* est l'ensemble dont *l'acting out* est un sous-ensemble), etc.

Toute CLASSE DE PROPOSITIONS est définie par l'ensemble des propositions qui l'environnent. Tandis qu'un dictionnaire de langue s'applique à définir la totalité des patterns de distributions d'un morphème (pour un verbe les parties diagnostiques des environnements sont définies par l'opposition animé/non-animé des sujets ou des compléments d'objet), le dictionnaire d'énoncés clos indique l'ensemble des PRÉDICATS SUBSTITUABLES: *une abréaction est spontanée, massive, secondaire,* si l'on examine le détail de l'article *abréaction* du vocabulaire de la psychanalyse. Puisque *abréaction* est incluse dans *réaction,* on lui substituera ce terme dans la classe des oppositions conjointes: *cette 'réaction' peut être constituée par des réflexes volontaires ou involontaires,* etc.

Plus intéressante encore est l'opposition faite entre deux types de propositions: celle où la phrase passive est sans complément d'agent: "le désir s'accomplit", *accomplissement de désir,* et celle où il y a un complément d'agent, *accomplissement de désir par le rêve*; il s'agit là en effet de l'opposition d'une phrase active avec un sujet (*le rêve accomplit un désir*) et de la phrase active syntagme à sujet zéro, impliquant seulement la classe de tous les sujets possibles (*X accomplit un désir*). On voit alors se dégager un des principes de l'analyse des propositions; l'unité propositionnelle retenue implique une autre classe dont les réalisations spécifiques seront données dans le détail du commentaire (*rêve, symptôme, fantasme*). Lorsque deux propositions appartiennent à la même classe et que la partie diagnostique de leurs environnements est limitée à l'opposition de deux types de propositions, le commentaire indique la procédure: "*wishful* est plutôt employé quand il s'agit de *souhaits,* de *projets,* de *désirs* à propos desquels *la référence à l'inconscient* n'est pas essentielle". Il est évident que le dictionnaire d'une œuvre ne sera l'image exacte du système dont il veut donner l'architecture que dans la mesure où les auteurs auront conscience qu'il s'agit pour eux d'établir des ensembles de propositions et qu'ils sauront que, pour les définir, ils usent essentiellement de la logique des classes. Quand il s'agit d'une œuvre empirique, les oublis, les oppositions défaillantes, etc., seront nombreux. De même que la syntaxe commune était en quelque sorte l'universel de la métalangue de définition, de même la TAXINOMIE scientifique et les principes qui la fondent sont la base universelle de l'établissement d'un dictionnaire d'une œuvre; la différence entre les dictionnaires tient seulement au contenu des classes (mots, denotata, propositions).

4. *Recouvrements et redondance lexicographique*

C'est la définition des classes de propositions ou de morphèmes qui nous met sur la voie des qualités spécifiques de la reconstruction lexicographique. Si le dictionnaire est un instrument privilégié d'information puisque ses entrées ne présupposent pas la connaissance du système, la description 'alphabétique' possède des propriétés intéressantes sur le plan de la communication. Si l'on examine de près les définitions établies par Pontalis et Laplanche avec la métalangue descriptive et les commentaires (ou les exemples) par lesquels ils visent à préciser les classes de propositions environnantes ou les parties diagnostiques des classes de sujets ou d'objets, on s'aperçoit très vite que le dictionnaire a sur ce point un TAUX considérable DE REDONDANCE. Si l'on définit en effet la proposition A (*accomplissement de désir*) par les propositions environnantes (B, C, D) et par les propositions substitutives E, F (*fantasme, wishful thinking*), il est naturel de trouver par exemple aux entrées E et F une définition qui se réfère soit explicitement, soit implicitement (par des renvois) à l'entrée A ici indiquée. Il existe donc dans le dictionnaire, pris dans sa totalité, un taux très élevé de redondance. Mais loin d'en faire grief aux lexicographes, disons que c'est justement cette redondance qui donne sa valeur au type de reconstruction présentée par un dictionnaire. Lorsqu'on cherche à diminuer le taux de redondance par une multiplication des renvois, on diminue la lisibilité d'un dictionnaire et ses qualités d'outil informatif. Quand nous indiquions plus haut qu'il est d'abord une forme de communication, nous impliquions qu'il tire certaines de ses qualités des modes d'analyse et de présentation qu'il implique. L'énoncé ainsi segmenté présente de continuels RECOUVREMENTS: l'*overlapping* est élevé à la hauteur d'un principe fondamental. Inversement le nombre des entrées est limité puisque chacune d'entre elles n'est qu'une seule fois une adresse du dictionnaire: supposons *acte manqué,* s'il est normalement traité à *acte,* il ne le sera pas à *manqué.* Or autant le renvoi est naturel quand il va d'une entrée à l'autre, autant il est une gêne quand il apparaît dans la définition ou qu'il mutile le commentaire. C'est ce jeu subtil d'une augmentation de la redondance dans l'énumération des environnements significatifs et sa diminution dans celle des entrées qui fait de l'ordonnancement alphabétique une technique privilégiée d'information.

5. *Système conceptuel et champ d'application*

La formalisation de l'énoncé didactique spécifique que constitue le dictionnaire tend à faire prévaloir une MÉTHODOLOGIE UNIQUE, en instituant une description fondée sur des 'OPÉRATEURS' UNIVERSELS. La SPÉCIFICITÉ est alors celle du CHAMP D'APPLICATION: mais ce dernier, dans la mesure où il est le lieu de saisie du système, agit sur l'ensemble conceptuel. On pourrait emprunter une comparaison à la méthode linguistique en disant que le système conceptuel de la psychanalyse est en quelque sorte la LANGUE qui est appréhendée dans la PAROLE de Freud, discours qui tire sa spécificité d'un champ d'application lui-même délimité par le système conceptuel. Langue et parole sont inséparables dans l'analyse hypothético-déductive, et il existe une dialectique entre le système qui tend à l'universalité et le champ d'application qui donne à l'énoncé sa spécificité. C'est un des problèmes de la description lexicographique que de distinguer pour le récepteur le système et le champ d'application. Si l'on considère une proposition comme 'le désir s'accomplit', la classe des agents appartient encore au système, mais l'utilisation d'un 'terme' particulier comme complément d'agent (dans *le rêve, le fantasme,* etc.) tient à la fois du système et du champ d'application. La difficulté ne peut être résolue que par deux procédures: dans un dictionnaire de langue l' 'exemple' est une réalisation de l'arbre génératif d'une phrase à travers un champ d'application (*abattre*: *les bûcherons abattent des arbres*), ce dernier étant aussi étendu que l'ensemble des activités humaines possibles. Dans un 'vocabulaire' le champ d'application est en partie dans le commentaire où la 'proposition' est réalisée au moyen de règles de projection dans ce champ d'application. Mais il est certain que, comme le souligne Pontalis, c'est dans l' 'encyclopédie' que sera le mieux résolu le problème, puisque la description du champ se substituera pour un moment au système.

Dans une autre perspective il s'agit aussi des relations entre le SYSTÈME CONCEPTUEL et la STRUCTURE THÉMATIQUE, et le dictionnaire comme n'importe quelle description d'énoncé doit les envisager: les interrelations n'impliquent pas la confusion des plans; et ce n'est pas le moindre mérite des auteurs de ce dictionnaire que de s'être penchés à leur tour sur ce problème à travers le champ d'application qu'a constitué pour eux, à un moment donné, la confection du 'vocabulaire de la psychanalyse'.

6. *Dénotation et connotation*

Universalité et spécificité s'opposent aussi sur un autre plan de la description. La taxinomie scientifique structurée peut être représentée d'autant plus facilement dans le métalangage lexicographique que le système des denotata auquel elle renvoie a une forte structuration. Lorsque la désignation est univoque et non ambiguë, les définitions peuvent opérer avec un petit nombre de traits pertinents, sans recouvrements. Plus un système est dénotatif (ainsi les terminologies chimique, physiques, celles des sciences naturelles, de la géologie, etc.), plus sa représentation par la métalangue descriptive tend à l'universalité. Il en est tout à fait autrement lorsque les connotations (les valeurs qui renvoient à l'attitude du sujet en face de l'énoncé, des systèmes culturels, etc.) impliquent une variation de la signification du terme dans des limites définies, c'est-à-dire de sa place dans le système. Certes on peut imaginer une métalangue qui tiendrait compte pour la définition de deux parties distinctes, l'une qui traduirait la dénotation et l'autre la connotation, la seconde qui tendrait vers zéro dans les systèmes de sciences de la nature, mais ne serait jamais nulle dans les sciences humaines. Si le problème reçoit ainsi une solution dans le cadre d'une méthodologie 'universelle', la connotation se révèle plus difficilement traduisible lorsqu'elle renvoie simultanément à deux types de valeurs. C'est le cas lorsqu'il y a MÉTAPHORISATION D'UN LANGAGE: celle-ci exprime un jeu entre deux références, l'une implicite vers un système d'objets dénotés, l'autre explicite vers un système sémio-culturel différent; une métaphore biologique renvoie d'une part à l'objet dénoté et d'autre part à un savoir organisé en système. Cette métaphorisation du métalangage scientifique a un objet, celui de créer un système de rapports qui permet de repérer plus aisément un terme dans une structure. C'est là la première visée de la métaphorisation, mais Pontalis est justement en droit de marquer que la métaphore connotante tient une autre place dans le langage de la psychanalyse. Certes puisqu'elle est partie intégrante d'un métalangage, elle peut être représentée par la métalangue descriptive; mais cette représentation est rendue complexe par le fait qu'il existe plusieurs systèmes auxquels les métaphores renvoient (biologie, économie politique), etc.), et que d'autre part il existe un jeu entre des divers systèmes de métaphores. La représentation des connotations, pour en être rendue plus complexe, n'en serait pas moins dépendante d'une méthode linguistique si n'intervenait pas une dernière fonction, la plus importante dans le langage psychanalytique. Les métaphores y sont à la fois partie intégrante de la langue qui sert à décrire l'objet de la psychanalyse et cet objet lui-même. Autrement dit ce qui nous semble ici spécifique (et cette spécificité était appréhendée sous un autre angle par Pontalis), c'est que la MÉTAPHORE Y EST À LA FOIS CONNOTANTE ET DÉNOTANTE. Et si nous avions sur un autre point à caractériser la langue de la psychanalyse, nous retiendrions ce trait particulier. Il est évident que la traduction du système n'échappe pas encore à la méthode d'analyse linguistique, mais la définition ne peut plus se réduire au schéma simple d'une division entre partie dénotative et partie connotative puisqu'il y a possibilité de substitution. Il y a là une difficulté, non un problème irréductible.

N'est-ce pas d'ailleurs une difficulté du même ordre que l'on rencontre lorsque l'on constate des interférences entre plusieurs métalangages scientifiques: la métalangue mathématique et celle de la logique sont l'objet d'emprunts continuels.

7. *Représentation des modèles historiques*

La forme alphabétique du dictionnaire est peu propre à la représentation des deux types de modèles historiques, (*a*) les MODÈLES successifs DES ÉNONCÉS DE FREUD, considérés comme une génération de structures propositionnelles, (*b*) les MODÈLES successifs des ÉNONCÉS PSYCHANALYTIQUES AU 19e ET AU 20e SIÈCLE considérés par les auteurs comme des structures propositionnelles engendrées aussi par le modèle initial. Dans la perspective où se sont placés les auteurs du *Vocabulaire de la psychanalyse*, la représentation historique était simplifiée puisque Freud était le créateur du système conceptuel et de sa terminologie; on retrouve donc pour chaque unité propositionnelle significative, utilisée comme entrée du dictionnaire, le même problème que celui qui a reçu sa solution dans la description du modèle fonctionnel. Aussi les difficultés qui naissent de l'évolution des structures sont consécutives à la représentation des TRANSFERTS, au sens linguistique du terme, c'est-à-dire des substitutions terminologiques; et on peut dire qu'en ce cas, comme pour l'évolution d'un système phonologique, le déplacement intéresse un ensemble de termes correliés; d'autre part il faut représenter les interférences entre les systèmes, c'est-à-dire celles qui proviennent soit du contact avec d'autres sciences humaines voisines, soit de l'attitude de ceux qui ont intégré ce système, les psychanalystes. Mais les auteurs se donnent comme une hypothèse décisive (c'est-à-dire déterminant leurs 'décisions') que le modèle freudien est à la fois l'objet et la visée; et cette attitude leur permet plus facilement une projection de la dimension historique sur l'espace bidimensionnel que constitue un dictionnaire.

Est-ce à dire que ce 'vocabulaire' puisse alors servir de modèle à d'autres descriptions du même type? Car ce n'est pas la spécificité de la psychanalyse qui est alors un obstacle à cette généralisation, c'est bien plutôt le présupposé théorique, en l'espèce très justifié, des auteurs: tout compte fait, on pourrait se demander s'il y a dans ce dictionnaire une réelle dimension historique. Aussi le modèle qui pourrait être proposé est-il plus complexe dans sa réalisation pratique. Le vocabulaire psychanalytique est un exemple possible de la représentation d'une succession de structures d'énoncés issus d'une structure initiale, cette dernière engendrant les autres systèmes par une dynamique interne; les recouvrements successifs du commentaire d'un article à l'autre sont des effets de la redondance lexicographique. En revanche quand les interférences sont telles qu'elles modifient le projet initial, on doit considérer que les indications données sur ces interférences sont des sortes de renvois à la description d'autres systèmes: on pourrait comparer ceci aux indications qu'un dictionnaire de langue peut donner sur l'histoire d'un mot, l'étymologie renvoie par exemple à la description des autres langues (latin, anglais, etc.) tout en indiquant le lieu et le moment de l'impact.

Ces remarques sur les dictionnaires ne prétendent pas épuiser l'ensemble des problèmes qui intéressent cet énoncé didactique; elles sont dans le prolongement des réflexions et des recherches que suscite le développement de cet aspect de la communication scientifique. En insistant sur les différences qui existent entre des dictionnaires qui visent à la description d'une SYSTÈME LINGUISTIQUE GÉNÉRATIF ou d'un SYSTÈME D'ÉNONCÉS GÉNÉRÉS, nous avons en quelque sorte posé les deux formes polaires, celles qui sont les plus distantes et se définissent le mieux l'une rapport à l'autre, permettant ainsi de situer un ensemble de problèmes. Mail il ne faudrait pas croire que cette présentation binaire recouvre la totalité des formes: dans la mesure où les sciences humaines sont sciences de l'homme et sciences du sujet, elles ne trouvent leur représentation diverse que dans des formes souvent très variées dont nous n'avons qu'esquissé les principes. Là encore la spécificité ne doit pas nous cacher que toute description d'une langue comme d'un langage, repose sur une série d'universaux qui ont leur réalisation dans la métalangue descriptive du dictionnaire.

16

LES MOTS ET LES CHOSES

JOHN C. GREENE

In this book M. Foucault presents a highly original interpretation of the development of Western thought from the 16th century to the present time, basing his conclusions on an extended analysis of writings on language, natural history, political economy, and (to a lesser extent) philosophy and literature.[1] In his view, the cultural development of the West since 1500 has been determined by two successive transformations of the Western *epistemê,* the first of which occurred in the 17th century, the second in the opening decades of the 19th century. By the *epistemê* of a culture at a given time M. Foucault means primarily its way of conceiving the relation between words and things. Hence the title of his book.

In the thought of the 16th century, says M. Foucault, words and things formed a seamless web of words-things interpreted by means of a doctrine of resemblances. The microcosm mirrored the macrocosm, plants bore signatures indicating their medicinal virtues, words resembled the things they signified, money was valuable according to the amount of metal it contained. To describe a plant or animal meant not simply to delineate its physical appearance but to assemble the wealth of legend, commentary, and literary allusion surrounding it. Thus, to know was not to see or to demonstrate, but rather to interpret. Commentary, not discourse or science, was the natural expression of the prevailing *epistemê.*

In the 17th century, for reasons which M. Foucault does not explain, this *epistemê* broke down, giving way to a new conception of the relation between words and things. Words became separated from things and took on the function of representing them. Discourse supplanted commentary, and inquiry became analytical, seeking on the one hand

[1] M. Foucault, *Les mots et les choses* (Paris, Librairie Gallimard, 1966).

to resolve the objects of knowledge into their constituent elements and on the other to represent the relations and combinations of these elements in equivalent systems of signs. In mathematics and physics this took the form of a search for a universal arithmetic, in the manner of Descartes. In non-quantitative fields it led to efforts to represent the elements of things and their combinations in a tableau. "Projet d'une science générale de l'ordre; théorie des signes analysant la représentation; disposition en tableaux ordonnés des identités et des différences; ainsi s'est constitué à l'âge classique un espace d'empiricité qui n'avait pas existé jusqu'à la fin de la Renaissance et qui sera voué à disparaître dès le début du XIXe siècle."

This new epistemological disposition, says M. Foucault, gave rise to three new fields of empirical inquiry – natural history, *grammaire générale*, and *analyse des richesses* – each of which reflected the *epistemê* that had given it birth. Natural history was dominated by taxonomy and the concept of the chain of being; economic inquiry became the study of monetary signs representing exchangeable values; *grammaire générale* took as its object discourse, understood as a succession of verbal signs. Science was conceived as *une langue bien faite*. Ideology, conceived as a general theory of representation, and the *encyclopédie raisonnée,* aimed at displaying the order and connection of all human knowledge, were the logical outcome of the classic *epistemê.*

This *epistemê* dominated Western thought to the end of the eighteenth century, M. Foucault continues. About that time it underwent dissolution, and a new *epistemê* made its appearance. Functional analysis supplanted the search for universal systems of representation, giving birth to three new fields of positive inquiry: biology, political economy, and comparative philology. Rejecting a taxonomy based on the superficial characters of animals, Georges Cuvier re-established zoological classification on the hidden system of functional relationships that enabled organisms to meet the conditions of existence. In the process, the 18th century idea of the continuity of the *scala naturae* yielded to a recognition of discontinuities between the four major *embranchements* of animal structure dictated by the conditions of existence. Life, with its imperious necessities, took the place of being. A deep gulf now separated the organic from the inorganic in a way that would have been inconceivable in the 18th century.

Meanwhile the study of language and the study of economic activity were undergoing similar transformations. Ricardo found the source of value in something not fully representable by a system of signs, namely labor. Bopp discovered the basis of language in a kind of *energeia*, or power of speech, that eluded systematic representation. At the same time historicity invaded Western thought in all its aspects. To know a subject was not to be able to represent its elements and their combinations in a correlative system of signs, but rather to study its development according to laws springing from internal necessities. Henceforth there would no longer be an ordered tableau of visible things arranged according to the principle of identity and difference, but rather "les choses, avec leur organisation propre, leurs secrètes nervures, l'espace qui les articule, le temps qui les produit; et puis la représentation, pure succession temporelle, où elles s'annoncent toujours partiellement à une subjectivité, à une conscience, à l'effort singulier d'une connaissance, à l'individu 'psychologique' qui sur le fond de sa propre histoire, ou à partir de la tradition qu'on lui a transmise, essaie de savoir."

The rest of M. Foucault's book is devoted to an exposition of the consequences of this *événement archéologique* that ended the age of *grammaire générale, analyse des richesses,* and natural history and ushered in the age of comparative philology, political economy, and biology. The most important of these consequences, says M. Foucault, was the emergence of man as an empirico-transcendental being, both knower and object of positive knowledge, whose finitude was borne in on him by his increasing knowledge of life, labor, and language in their temporal dimension. With the emergence of man arose also *les sciences humaines* – psychology, sociology, and linguistics – borrowing their concepts respectively from biology (functions and norms), political economy (conflicts and rules), and comparative philology (signification and system of signs). These studies, says M. Foucault, are not sciences in the sense that biology, political economy, and comparative philology are, but they are nevertheless domains of positive knowledge of man, constituted irrefragably within the modern *epistemê*. The object of *les sciences humaines* is not life, production, or language but the being who represents these things to himself. In them man regards himself as an emergent historically reality. Beyond them lie psychoanalysis and ethnology, both of which study "not man himself, as he may appear in the human sciences, but the region which renders possible knowledge concerning man". Finally, one might add, there is M. Foucault's cultural archaeology, which, like Auguste Comte's sociology, constitutes the *connaissance positive* of the whole historical development and anticipates the shape of things to come, when the modern *epistemê* will yield to a new way of conceiving the relation of words and things.

Such, in barest outline, is the argument of *Les mots et les choses*. But a brief summary can give little idea of the boldness of interpretation, the wealth of historical illustration, the subtlety of analysis, and the felicity of style that distinguish this work of four hundred pages. It contains, for example, a challenging interpretation of Cervantes' *Don Quixote* as marking a transition from the 16th to the 17th century *epistemê*, of the marquis de Sade's *Justine* and *Juliette* as signaling an equivalent transition to the modern *epistemê*, and of Nietzsche as the prophet of an *epistemê* as yet unborn. Philosophical and literary movements are explained in terms of changes in the epistemological outlook of Western culture. The final chapters discuss the development and future prospects of *les sciences humaines*. To review such a book adequately one would need to be at once a historian of linguistics, of economics, of natural science, of philosophy, and of literature. The present reviewer makes no pretense to such universal knowledge. His competence is limited to an acquaintance with developments in natural history since the seventeenth century and a much slighter familiarity with the evolution of social thought during the same period. It may be worthwhile, nevertheless, to evaluate M. Foucault's performance from these points of view, leaving it to others learned in the history of philosophy, literature, political economy, and linguistics, to evaluate his contribution in these fields.

"Dans une culture et à un moment donné, il n'y a jamais qu'une *epistemê*, qui définit les conditions de possibilité de tout savoir." In these words M. Foucault states his basic thesis, from which he draws the conclusion that cultural history at its deepest level is the history of transformations in *epistemê*. It is thus a kind of cultural archaeology. The historian must dig below the surface manifestations of formal philosophy, science, literature, and social thought to the substratum of epistemological disposition which makes possible these cultural phenomena and determines their form and limits. In like manner, the development of thought is not to be explained by the gradual accumulation of hitherto unknown facts, nor the influence of individual writers, nor the effects of political upheavals and new social and economic problems, nor the influence of general movements such as Enlightenment and Romanticism, nor the progress of rationality and objectivity. All of these, says M. Foucault, doubtless have some influence on human opinions, but they are themselves surface phenomena compared to those *événements archéologiques* which determine the possibility and form of knowing. Thus, in effect, M. Foucault claims to have discovered a method of historical inquiry far more profound than those usually employed in cultural and intellectual history. This is a bold claim, which, if valid, must have important consequences for the study of the history of science, the history of literature and philosophy, and cultural history generally. It will be well, then, to examine M. Foucault's argument closely to see how solidly he has laid the foundations of his method of historical analysis.

The starting point of such an evaluation must be M. Foucault's delineation of three successive *epistemê*: 16th century, classical, and modern. Is it true, for example, that the science of natural history in the 17th and 18th centuries was made possible and determined in its general form and particular manifestations by an epistemological disposition toward arranging the objects of knowledge in ordered tableaux of identities and differences? At first glance it seems that systematic natural history from the time of Ray and Tournefort to that of Linnaeus and Brisson answers closely to this general description. Natural history, as these men conceived it, was largely a matter of naming, classifying, and describing the mineral, vegetable, and animal productions of the earth. Linnaeus' *Systema naturae* was designed to present the whole of these three kingdoms of nature in systematic array, each object having its proper name and description and each its proper place with respect to every other object in nature. (It is not true, however, that Linnaeus' thought was dominated by the idea of continuity, as in the concept of the *scala naturae*. He preferred to represent the various groups of plants by analogy to a geographical map, the distances between the various circles indicating the extent of the gaps separating the groups. Discontinuity, rather than continuity, was the impression conveyed by his "genealogico-geographical" method of representing the natural orders.)

But if Linnaeus illustrates M. Foucault's *epistemê* of 18th century thought fairly well, Buffon does not fit the pattern at all, and Buffon was no less a giant in eighteenth century natural history than Linnaeus. Buffon came to natural history from natural philosophy, steeped in the works of Descartes, Leibnitz and Newton. From the opening essay of his *Histoire naturelle, générale et particulière* throughout the succeeding volumes he rejected and condemned the idea that the function of the natural historian was to arrange the productions of nature in a neat pattern of species, genera, orders, and classes, giving each species its name and place in a static system of nature. Instead, said Buffon, the visible characters of plants and animals must be understood and explained by reference to the operations of a hidden system of laws, elements, and forces discoverable by a search for uniformities in the way visible nature presents itself (e.g., in the presence or absence of certain organs). Indeed, the conceptual approach to natural history which M. Foucault ascribes to Cuvier and to nineteenth century biology generally was already present in Buffon, and in a more radical form than Cuvier was willing to accept. It was Buffon and his collaborator Daubenton who made comparative anatomy an integral part of natural history, and it was Buffon who drew from Daubenton's researches the conclusion that *organisation* was the distinctive feature of living beings and that the various patterns of organization exhibited in different animals from the lowest to the highest were only so many different ways of performing the same essential functions.

It was Buffon, again, who sketched out the concept of the conditions of existence, both internal and external. And whereas Cuvier confined himself largely to an analysis of the internal conditions of existence (the adaptation of organ to organ), regarding the external conditions of existence simply as final causes, Buffon recognized the interaction between internal organization and external circumstances as an efficient cause of the modification of species in time and the evolution of families of animals related by descent. Finally, it was Buffon who first attempted to portray the history of the earth and its productions from its first separation from the sun as a molten mass to the eventual emergence of the first men, "naked in mind as well as in body, exposed to the injuries of every element, victims to the rapacity of ferocious animals, which they were unable to combat, penetrated with the common sentiment of terror."

It seems strange, then, that M. Foucault should regard Georges Cuvier as the inaugurator of the scientific revolution that transformed natural history into biology. Cuvier himself acknowledged his profound debt to Buffon, both for insight into the importance of comparative anatomy and for the conception of the temporal history of the earth and its organic productions. At the same time, however, Cuvier rejected in fear and trembling Buffon's implicit invitation to pass over from natural history in the Linnaean sense to a dynamic kind of natural history that would seek to know the causes of things, to interpret the uniformities of visible nature by reference to the operations of a hidden system of laws, elements, and forces operating relentlessly and uniformly throughout long periods of time. It was Cuvier who defined natural history as *nommer, classer et décrire* and who conceived the system of nature as "a great catalogue in which all created beings have suitable names, may be recognized by distinctive characters, and be arranged in divisions and subdivisions, themselves named and characterized, in which they may be found." And it was Lamarck, not Cuvier, who accepted Buffon's invitation to seek the explanation of visible nature in terms of temporal process, who emphasized the gap between inorganic and organic nature, and who coined the word *biology* to denominate the science that would, above all, seek to discover the causes, laws, and direction of organic change. It seems very fashionable nowadays to represent Lamarck as an 18th century naturalist dominated by antiquated notions of a chain of being and a plastic nature, at best a competent taxonomist, at worst a woolly-headed speculator who was never a 'true' evolutionist. M. Foucault is in good company. But the fact is that Lamarck did conceive of a new science called *biology*, dedicated to the investigation of the laws and causes of organic change, and that he made this conception the basis of all his zoological writing, including his taxonomy. (The first volume of the *Philosophie zoologique* is devoted largely to taxonomic problems.) And it is also a fact that Cuvier, for all his great accomplishments in comparative anatomy, zoology, and paleontology, was afraid of the revolutionary developments that were occurring in the natural sciences in his day. He was afraid of geological uniformitarianism, afraid of any notion of the mutability of species other than extinction, afraid of evidence suggesting man's antiquity and his consanguinity with the apes. The whole weight of his enormous prestige was thrown on the side of a static concept of nature and natural history at a time when that concept was tottering to its demise. To represent his writings as the expression of a new *epistemê* on the strength of his advocacy of the principle of the correlation of parts in anatomy and the principle of the subordination of characters in taxonomy is to misconceive the nature of the revolution that was taking place in natural history in the early nineteenth century. There was a revolution in natural history in Cuvier's time, but Cuvier was on the side of the old order, not of the revolution.

If the foregoing assessment of the roles of Linnaeus, Buffon, Cuvier and Lamarck in the development of natural history is correct, what does it prove with respect to M. Foucault's thesis concerning the *epistemê* of the 18th and 19th centuries? Certainly it does not prove that his analysis is completely invalid. Undoubtedly the pattern he discerns in the thought of the 18th century was really there to some degree. (Professor Charles Gillispie has some interesting remarks on the 18th century concept of science as *une langue bien faite* in his *Edge of Objectivity.*) But was it universal? Was it fundamental? Did it provide "the possibility of all knowing?" Did it determine the shape of thought, the issues for debate, the limits of speculation? All this seems doubtful. One could argue, as the present reviewer has elsewhere, that the fundamental presupposition of eighteenth century natural history was a static view of nature, in which all of the basic structures of nature were regarded as permanent and wisely designed to serve certain ends in the economy of nature, and that this set of presuppositions dictated a correlative concept of natural history as simply *nommer, classer et décrire.* But even this pattern does not fit everyone. Buffon, in particular, drawing on certain concepts in 17th century physics and cosmology, proposed an alternative concept of nature and natural history that was eventually to overthrow the static presuppositions of the dominant tradition. Thus, it appears that the 'archaeological' quest for the presuppositions of thought in a given period may turn up various patterns of intellectual disposition that seem fundamental in many respects. But none so far discovered seems to fit all the thinkers and writers of a period or to provide a key to understanding the configuration of thought in every field of culture in that period. Perhaps one should be content to have discovered a heretofore unsuspected pattern that seems to have been widely influential, but, admittedly, the temptation to try to show that it dominated every aspect of thought is all but irresistible. The generalizing tendency is inherently imperialistic.

Thus far attention has been directed to M. Foucault's delineation of the *epistemê* of Western culture in three successive epochs, but little has been said as to the causes of the transformations of the *epistemê* from epoch to epoch. Unfortunately, M. Foucault does not wrestle with this problem. He recognizes that the problem exists, but says that it is too early to attempt a solution. The best he can do is to present certain transitional figures in whom the passage from one *epistemê* to the next is apparent in some degree. Thus, in the writings of A. L. de Jussieu, Adam Smith and Sir William Jones there is an adumbration of the transformation that became manifest in the writings of Cuvier, Ricardo and Bopp. But M. Foucault is not an advocate of the great man theory of history. He is committed to the view that the *epistemê* determines the thoughts of men, not men the changes in *epistemê.* Likewise, he rejects the progress of rationality, Romanticism, the French Revolution, and the like as causes of transformations in epistemological outlook. Instead, he regards them as effects of those transformations. In the last analysis changes of *epistemê* are *événements énigmatiques,* the cause of which is as mysterious as the cause of the successive revolutions invoked by Cuvier to explain the transformations of the earth's flora and fauna. Moreover, it is difficult to conceive how any purely intellectual cause can be discovered for epistemological change within M. Foucault's conceptual framework. Everything intellectual is determined in advance by the prevailing *epistemê.* As to non-intellectual causes, such as class conflict and libidinal energy, M. Foucault does not seem inclined to invoke these either, but his discussion of these matters is too brief to enable one to guess his thoughts with any degree of certainty.

The problem of causation with respect to successive intellectual transformations is a difficult one for all cultural historians who postulate an all-embracing *epistemê*, paradigm, or world view that shapes the thought of a given period. In his *Structure of Scientific Revolutions,* Professor Thomas Kuhn seeks the causes of successive alterations in the paradigm of science in certain internal contradictions which give rise to a crisis in the paradigm and constitute the occasion (one can scarcely say the cause) of a new paradigm which is incompatible and incommensurable with the paradigm it supplants. This is not very satisfactory (Buffon threw down a bold challenge to the static paradigm of natural history at the very moment when Linnaeus was promulgating it; the scientific revolution that culminated in Darwin's *Origin of Species* developed largely outside of the dominant static paradigm, not within it), but it at least provides some explanation of intellectual change in the realm of science. In *The Edge of Objectivity,* Professor Charles Gillispie postulates a trend toward the increasing objectivization of nature and natural science and a concomitant romantic reaction toward subjectivity and a concept of nature as flux and becoming. This leads Professor Gillispie to an evaluation of Cuvier and Lamarck not very different from M. Foucault's in some respects, but M. Foucault is insistent that Western cultural history is not to be understood as a process of growing rationality and objectivity. In the end, M. Foucault, like Cuvier, is content to describe successive transformations, leaving the question of their causes enveloped in mystery. It is to be hoped that he will eventually expound his views on this subject. In the meantime, he has placed the world of scholarship deeply in his debt by his sensitive portrayal of three great epochs in the history of Western thought.

17

SYMPTOMS, DIAGNOSIS, AND CONCEPTS OF DISEASE: SOME COMMENTS ON THE SEMIOTICS OF PATIENT-PHYSICIAN COMMUNICATION

PETER F. OSTWALD

Diagnosis is a form of pattern recognition. It starts with symptoms and signs (messages) that are interpreted according to certain rules about syndromes (concepts) of disease. In a previous paper,[1] I described medical semiotics in the traditional context of patient-physician relationships were interpretation of signs and symptoms is akin to the breaking and deciphering of intricate code systems.

Obviously a great deal of communication about disease also occurs outside the specialized network of a patient-physician interaction. Indeed, it may safely be said that many of the most significant communications about disease take place before a physician arrives on the scene, and these preliminary semiotic maneuvers may even determine when the doctor is to be called and in what manner the information about disease is presented to him. Diagnostic work begins on a subjective level the moment the patient feels sick. Symptoms inform him that "something is wrong", which leads to the speculation: "I wonder what I should do about it." When recognition of a change in one's health is coupled with plans for doing something about it, this amounts to a more definitive diagnosis. The next step is communicating one's symptoms to a relative, spouse, friend, or medically trained person, who then asks questions or does some amount of examination in an effort to form him own objective diagnosis.

Each time someone renders a diagnosis about himself to another person, reference must be made to a concept of disease. This may be a highly sophisticated concept, as when the diagnostician is a disease specialist, or it may be a very simple concept, as when a child tells

[1] P. F. Ostwald, "How the Patient Communicates about Disease with the Doctor", in: T. A. Sebeok, A. S. Hayes and M. C. Bateson (eds.), *Approaches to Semiotics* (The Hague, Mouton, 1964).

you what ails him. The logical processes are probably similar to those found in all forms of language communication, in that messages cannot be interpreted unless there is a conceptual matrix available, and this matrix may vary somewhat from person to person as well as between cultures. One cannot understand words unless it is known to what these refer.[2] Similarly, one cannot make a diagnosis without having concepts of disease.

I do not mean to imply that disease concepts are necessarily consciously-held intellectual entities. On the contrary, the diagnosis "I am sick" is most often made intuitively, on the basis of sensations and feelings that are extremely difficult to put into words. The ability to recognize disease states is undoubtedly an adaptive mechanism which protects our health and keeps us alive. Decisions about disease and diagnosis have to be made efficiently, and I therefore assume the number of basic disease concepts to be rather small, probably on the order of "seven plus or minus two".[3] Menninger postulates only five levels of "disorganization",[4] and I believe that life as we know it would have disappeared long ago had we to cope with as great an array of disease concepts as our contemporary medical nosology[5] seems to suggest. An excellent recent article by King[6] points out that while progress in medicine consists largely in increased precision, the existence of highly technical and precise diagnostic categories does not mean that they must all be used.

DISEASE AS INTERFERENCE WITH BODILY FUNCTION

Perhaps the most commonly held disease concept is that of a specific malfunction affecting a part or parts of the body. This may be structural damage, for example fracture of a bone, in which case one thinks of the disease as being an organic one, even though its effect – *i.e.*, inability to move the afflicted limb with appropriate strength – is a functional

[2] E. H. Lenneberg, *Biological Foundations of Language* (New York, Wiley, 1967).
[3] G. A. Miller, *The Psychology of Communication* (New York, Basic Books, 1967).
[4] K. Menninger, *The Vital Balance: The Life Process in Mental Health and Illness* (New York, Viking Press, 1963).
[5] E. T. Thompson and A. C. Hayden (eds.), *Standard Nomenclature of Diseases and Operations*, 5th ed. (New York, McGraw-Hill, 1961).
[6] L. King, "What is a Diagnosis?", *Journal of the American Medical Association*, 202, 8 (1967), 714-717.

impairment. The old pseudo-dichotomy between organic and functional diseases is gradually being phased out of medical education as physicians are taught to think in terms of integrated organ-SYSTEMS instead of isolated single organs. For instance, to learn about the function of the heart one sees it as part of the circulatory or cardio-vascular system rather than simply as a pump detached from other parts of the body.

While structure and function are always intimately related, the organic point of view often has a more immediate appeal because one can more easily inspect, visualize and concretize the body's architecture than its movements. Children point to "where it hurts". Oriental ladies use a sculptured model of the body to locate their complaints. The first thing most medical students do is dissect a corpse. This may have unfortunate consequences if the student doesn't simultaneously see muscles, joints, and other organ-systems in action. He is impressed with the simplicity of structure in the absence of function (in spite of the all-too-frequent complaint that anatomy courses are difficult), and risks the psychological attitude of seeing his first patient as being dead.

But once the organically-minded student approaches the anatomy of the nervous system he is bound to make a great discovery. Many structural displacements take place during growth and development because nervous innervations of body segments are laid down very early in embryonal life. As parts of the body mature, their nerves are pulled along to places distant from the original sites. This accounts for the possibility of pain being referred to spots far removed from the source of the irritation. It also means that anyone not familiar with neural distributions produces ludicrously inaccurate symptoms when for some reason the source of the disease lies outside the body.

For example, a young lady whose not altogether perfect fiancé ran his car into a tree after a long and guilty petting session decided she would rather sue him for damage to her health than proceed with their engagement. Her claim that the accident produced leg paralysis was easily disproved by a neurologist's finding of an anesthesia which went up exactly to the level of her miniskirt. This is a socially understandable but neurophysiologically improbable line of demarcation.

Yet even in such clearly hysterical situations the paralyzing effects of psychological conflict can have structural consequences. As 'sick' limbs are no longer used for walking or weight-bearing, their bones become weak, the muscles grow flabby, and the immobilized joints stiffen. Soon what started out as a 'merely functional' disorder turns out to have very obvious and disabling organic pathology. Any one-sided treatment attempts which overlook the patient's somatopsychic unity are doomed to fail.

Disease concepts which limit themselves to isolated body parts have certain administrative advantages. This was beautifully illustrated by a recent *New Yorker* caricature of a doctor's waiting room, one wall of which features a large illustration of the human body. Signs indicate which doctor the patient is to consult. Head complaints go to Dr. X., neck pains to Dr. Y., chest problems to Dr. Z., and so forth. The joke isn't very funny when you consider that patients and doctors are really victimized by such impersonal diagnostic procedures.

Isolated symptoms – the itch here, the lump there, the tender spot over here – may be among the most difficult and nightmarish problems to interpret. Certain very ominous conditions produce only minimal or quixotic signs; on the other hand, fear and anxiety can interfere to such a degree that the patient is unable to give a comprehensive account of himself. The very IDEA that part of his body is not functioning properly and may have to be removed is intensely frightening. This accounts for some of the paradoxical reactions to treatment seen when, much to everyone's dismay, the patient gets worse instead of better after his disease has been 'successfully' treated.

Mr. J. was admitted to the hospital for surgical removal of a femoral bone spur – *i.e.*, a bit of excess bone tissue slowly growing on the thigh bone. Except for a fear of cancer the patient disclosed no reason for wanting the operation done at this time. The surgeon focussed his attention mostly on X-rays of the affected region.

The operation took only 20 minutes and was easily accomplished under spinal anesthesia. The wound began to heal well, and everyone was pleased with the results. But on the second postoperative day the patient complained of a "peculiar odor". He mentioned to the intern that someone on the ward seemed to be engaged in "suspicious experiments" and was probably employed by the FBI. The intern joked about this and prescribed a mild sedative. The next day the patient was quite agitated, demanded to see the hospital director, and shouted angrily that a plot against him was being hatched by "communists". A psychiatric consultation revealed the patient to be responding to hallucinatory accusative voices, and antipsychotic medication was prescribed to bring an incipient paranoid schizophrenic disorganization under control. A careful history subsequently revealed that for years the patient had been an extremely shy and socially withdrawn person. He harbored a bizarre quasi-delusional view of his own body, including the bone spur which the surgeon unwittingly agreed to amputate.

Now that surgeons are able to remove organs from one person and transplant them into the bodies of others, new and heretofore unknown diseases will undoubtedly make their appearance. This will raise important issues for social scientists. For example, what compensation procedures are to be followed when the eye you lose in an accident is not your own? Or how is the language of love to be interpreted when the heart that beats in your chest was removed from an executed murderer?

DISEASE AS DISTURBANCE IN SOCIAL COMMUNICATION

Many doctors view the brain as an organ of the body, which is correct on an anatomical basis since this vital structure is enclosed inside the skull and is fed by the body's own blood supply. But from a functional viewpoint one surely must concede that brains interconnect people and their social environments. The idea of brain as mediator between man's outer and inner space has been well formulated by Shands.[7] The cerebral portals of sensory input – vision, hearing, and smell – are well designed to receive long distance signals from the world, and neuronal cable extensions bring internal signals like vibration, movement, touch, and taste to the brain.

For healthy functioning, the human organism is as dependent on information from the external environment as he is on his own internal, self-generated signals. Whether we locate 'trouble' inside or external to the body surface seems to be a matter of early imprinting, childhood experience, training, education, and social conditioning. During the first year of life[8] affectionate interactions between infant and mother critically influence the growth of that mental capacity (called ego) which makes decisions about the location of disturbance. Take the infant's cry: it is simultaneously a semiotic event for the mother, who is depended upon socially for nurturance, and a physiological event for the infants, who breathes, coughs, swallows, and moves according to innate, genetically-determined programs.[9] Throughout subsequent growth and development there is this interplay between physiological and social

[7] H. C. Shands, "Outline of a General Theory of Human Communication: Implications of Normal and Pathological Schizogenesis", in: L. Thayer (ed.), *Communication Concepts and Perspectives* (Washington D.C., Spartan Books, 1967). Also published in *Social Science Information*, 7,4, 55-94.

[8] R. A. Spitz, *The First Year of Life* (New York, International Universities Press, 1965).

[9] J. A. Lind (ed.), *Newborn Infant Cry* (Uppsala, Almquist & Wiksell, 1965) (*Acta paediatrica Scandinavica*, supplement 163).

reverberations to the child's signals, of which acoustically-mediated ones are of special interest since these may belong to the realm of language.

This is not the place to branch off into a detailed discussion of normal language development, which I shall simply schematize (Table 1). We must assume that the growing child's auditory system is at a certain optimal level of functional capacity before he can perceive the presence of spoken language in his environment. Furthermore, he must have the neurological capacity, or "language acquisition device",[10] to establish rules about how sounds can be used communicatively. Finally, he needs

TABLE 1. *Schematic representation of critical factors in language acquisition*

Endogenous	*Exogenous*
Genetic program for building a cerebral language acquisition device	Uterine environment compatible with fetal development
Intact, normally-growing brain tissues	Non-traumatic, nutritionally correct infant care
Auditory system capable of receiving and processing speech sounds	Exposure to human speech behavior in childhood
Organization and maturation of the ego	Emotional ties to significant persons
Development of intellectual functions	Educational opportunities
Neuro-motor equipment for speech-production	Socialization experiences

the ability to control his speech-output apparatus in such a way as to make himself understandable. Each step requires appropriate possibilities for linguistic feed-forward and feed-back in the child's social environment. A deficit in one of these developmental steps can throw subsequent maturations out of order, and in a typical clinical history one often finds several deficits simultaneously derailing the child's progress.

Roberta J. is 16 years old when her father requests "help for her speech". There obviously is a severe disturbance in communicative behavior. The girl emits words in a garbled, often completely incomprehensible fashion, especially when she becomes excited. Distinctive features of many consonants are either absent or scrambled, and the vowels often have an unnatural, "foreign" sound-quality. Only intonation and stress patterns are well preserved, giving listeners the impression that the patient can produce the suprasegmental features of speech but is unable to fill in the discriminative segmentals. A brain disorder is immediately suspected, and the family is indeed prepared for this diagnosis, since the child was long ago enrolled

[10] D. McNeill, "Developmental Psycholinguistics", in: F. Smith and G. Miller (eds.), *The Genesis of Language* (Cambridge, Mass., M.I.T. Press, 1966).

in a special school where organic causation of mental retardation is taken for granted. Our neurological evaluation reveals no localizable lesion to which the girl's language dysfunctions can be attributed, but her resting electroencephalogram shows a generalized dysrhythmia indicating delayed brain maturation, and electrical responses evoked by sensory stimulation show similarly immature patterns.

Closer evaluation of social aspects of the case brings into focus certain additional features which undoubtedly played a crucial role in bringing about this unfortunate disability. First there is the problem of Roberta's father. He was born in the United States, but speaks the American language imperfectly. This results in part from his loyalty to a family and subculture which is Peruvian. His own parents migrated to California and married here, but continued to speak mostly in their native tongue. Roberta's father does not care much for verbal discourse; he is a man of action, a mechanic who functions more successfully on the level of doing things than talking about them. His marriage to Roberta's mother was chaotic. She neglected the home, and even after having a child spent most of her time in local bars. The baby girl was abandoned in infancy, and by the time public intervention became available the now badly starved, depressed, and sick little patient could only be cared for in a hospital. After the parents were divorced, Roberta's father tried to obtain custody of his child, but the court insisted there be an adequate mother in the home. He therefore went to Peru for the specific purpose of finding a new wife as stepmother for his daughter. Two babies born since then have been well cared for and show normal speech and behavior development. Roberta's mother in the meantime has given birth to some more babies which are said also to be mentally retarded, but we don't know whether this is a genetic problem, or results from the mother's neglectfulness, or both.

Why is Roberta referred for treatment now, after all these problematical years? The precipitating stress is quite obvious, though many hours of interviewing her father and stepmother were needed to elicit the information: Roberta has a boy friend, also a retarded youngster. One day in school the teacher found him and Roberta "playing house" in the bathroom, and this intervention prevented copulation. Suddenly Roberta's parents are threatened by her maturation in addition to her retardation. She can no longer be confined to her room (where social isolation actually fosters her retardation). But can she be trusted in the sexually threatening environment at school? This is the dilemma which drives Roberta's father to seek professional advice, the justification for which has to be rationalized as a request (symptom!) for speech therapy.

DISEASE AS DISSATISFACTION

People are vulnerable to the diagnostic process itself, since diagnosis is a way of saying something is wrong with you, and raises questions like: "What is going to happen?", "How will this disorder progress?", and, most broadly: "What is my future?" In other words, diagnosis implies prognosis. This can be observed in American schools where certain youngsters are identified as being "slow learners" while others are singled out as "fast learners". This labelling process (diagnosis) has the effect of coaxing the teacher to expect more from the fast and less from the slow students, a self-fulfilling prophecy. The same process is found in homes where a mother's favoritism raises one child's self-esteem above that of the less fortunate siblings. The selected youngsters then reinforce the maternal attitudes by promoting themselves through accomplishments or punishing themselves with failures.

Disease diagnosis has the almost inevitable effect of reducing self-esteem. No matter how carefully formulated or tactfully presented, the doctor's words are heard as judgments, even dire or ominous predictions.

A teenager faints during his high school graduation exercises. His mother takes him to a doctor who says: "This is clearly a case of epilepsy". The diagnosis is felt as a damning personal critism. Having always seen herself as descended from a noble family, the boy's mother suddenly perceives her heredity to be "tainted" (in spite of negative family history for seizure disorders). She scolds her daughters for teasing the epileptic boy into having fits. She flies to Europe to double-check the family tree. None of her children are able to marry for fear of passing the dreaded condition on to another victim.

This is an extreme example, of course. But to a lesser degree the same process can be observed when a correct interpretation (diagnosis of behavior) is made in psychotherapy. The patient feels he has lost something. He never sees himself as quite the same person again. He is forced to realize and accept a certain 'fault' or 'weakness', and feels unhappy even though the new knowledge protects against self-damaging behavior. For example, a nymphomaniac's sexual promiscuity is lessened after learning that this behavior is a self-defeating compulsion to find an affectionately satisfying relationship. But this insight, as it reduces the search for conquests, may also enhance loneliness and accentuate guilt. In cultures that encourage independence and reward aggressiveness, any tendencies toward dependence and passivity are especially difficult to accept.

Clinicians try to offset the depressive effects of their diagnosis. In some medical offices an air of informality prevails which ennables the doctor to tell his patient about favorable outcomes of similar diseases afflicting other patients he has cared for. This is supposed to increase the patient's confidence in his doctor, and it may work. But one should be sparing with such bedside manners, since what doctors say and do is interpreted by patients in terms of their personal past experiences with authority figures. Usually it is better to delay giving unpleasant news until the professional relationship is strong enough for the patient to tolerate the diagnostic stress. Any explicit guarantees as to 'cure' or 'improvement' are risky, since failure to achieve the hoped-for results can disappoint and thus additionally hurt the patient.

On the other hand, patients may be dissatisfied with the doctor's uncertainty. Not knowing the complexity of the diagnostic process, they expect quick and unambiguous answers. But diagnoses change as the doctor learns more about the case. Such is especially true when problems stem from hidden lesions which are only uncovered after extensive surgical probing, or where lengthy psychotherapeutic exploration is required to solve complicated neurotic conflicts. Sometimes a diagnosis is inadequate even at the autopsy table, where the cause of death may elude the most skillful pathologist.

DISEASE AS TOTAL COLLAPSE

Diagnosis of an imminent danger of total collapse can ordinarily be made by lay people, and the physician's presence tends more to reassure the bystanders than to reverse the patient's pathology. Symptoms are often indicative of a drastic change in or interruption of basic biological rhythms, and this is readily brought into awareness. Again, the interpretation of the symptom depends on the receiver's disease concepts. For instance, there are persons who immediately diagnose any cardiac arrhythmia – sudden slowing, speeding up, or momentary cessation of the heartbeat – as critically dangerous for their health. Others wait a moment and when the heart has resumed its regularity conclude they are not in mortal danger. Experiments with operant conditioning of the heart rate show that this can be learned better when subjects do not figure out what it is they are controlling.[11] I think human beings would be in very serious trouble if they had to consciously monitor their own vital functions.

Yet when automatic self-regulating devices built into the human physiology fail to continue functioning, emergency intervention from the outside is mandatory. Modern resuscitation techniques can take care

[11] B. J. Engel and S. P. Hansen, "Operant Conditioning of Heart Rate Slowing", *Journal of Neurophysiology*, 3 (1966), 176-187.

of many problems, like paralysis of respiration (pressure chambers), fibrillation of the heart (electric pace-makers), or urinary stoppage (kidney dialysis). When no machinery is available, the patient has to be linked up to a normally-functioning human being. For example, when breathing stops, you hook up the afflicted person by mouth-to-mouth contact with a healthy breather whose own rhythmic ventilation now temporarily takes over. Should the heart also stop, it is necessary to stimulate a pumping action through rhythmic pressure on the chest or by directly squeezing the afflicted organ. Sudden gushing forth of rhythmically propelled blood, either externally through a wound or internally through a ruptured artery, is another semiotic phenomenon that indicates great danger. Blanching, speeding up of the pulse, and weakness rapidly going on to a state of shock are semiotic clues that the body is attempting to adjust to the dangerous lowering of its blood supply.

The brain's innate rhythmicity may be interrupted in such ways as to cause collapse, which is reversible when the rhythm quickly returns to normal. In our terminology such a major seizure is called '*grand mal*'. The patient may have a premonitory sense of doom or some similarly unpleasant or uncanny 'aura'. He may make a tell-tale noise, lose consciousness, fall down, and have a convulsion. Incontinence and marked respiratory slowing can be observed. This is usually followed by deep sleep and a period of amnesia. The cerebral dysrhythmia can be detected only indirectly, by means of an electroencephalogram. Other detectors of ominous change in internal rhythmicity are also employed in the intensive care units of modern hospitals, for instance electrocardiographic devices. When there are undesirable changes, the device automatically institutes certain physiologically corrective actions. On-line computers enable much of the watchfulness previously exerted by nurses and interns to be delegated to machinery. Patients who crave a more personal approach are sometimes upset by this and complain, or develop compensatory (deliroid) symptoms of social deprivation.

The time of crisis seldom permits clearly-formulated, logical communication about diagnosis between patient and physician.[12] Excruciating pain or intense panic negates any extended complex verbal formulations. Thus doctors usually make only brief diagnostic statements and act quickly, above all to bring the acute problem under control.

[12] P. Ostwald, *People in Crisis: Dialogues about Psychiatry in the General Hospital* (New York, Science House, in press).

A struggling, fighting, confused hippie is brought to the emergency room by friends who observed him trying to gouge out his eyes. Whether this is a paranoid panic, hysterical play-acting, an attempt to make trouble, or a drug-induced delirium cannot immediately be clarified. The doctor loses no words. He immediately states "acute schizophrenic reaction" in full confidence that this diagnosis will galvanize the staff into action and legitimize the hospital's care-taking potentials for this patient. His diagnosis serves as a password enabling the patient to be quickly admitted to a treatment ward.

Even after a total collapse is successfully dealt with, there remain possibilities of certain irreversible changes, especially in the brain. Depending on the patient's age, his general intelligence, and the type of damage sustained, there may be limits to what he understands about the diagnosis. For example, a nominal aphasia may preclude the patient's grasping intellectually what the doctor is trying to say. Some clinical studies presently being conducted also suggest that chronic use of psychedelic drugs like LSD may lead to impairment of linguistic skills.

On the other hand, improvement in the clinical condition can also proceed to a betterment in diagnostic comprehension. Recovery from a nervous breakdown may bring with it a certain positive insight, with increased self-understanding and greater tolerance for discussing the problem with the doctor. Certain drugs simultaneously bring about well-being and increased communicability. Amphetamines, for example, produce an internally felt euphoria and an externally manifest increase in word-production and speech fluency.[13] Surgical repair along cosmetic lines can have similar effects. For instance, a skillfully corrected harelip at once improves a youngster's appearance and makes his phonetic behavior more efficient for speech communication.

SUMMARY

Diagnostic processes bear certain resemblances to language processes in general. 'Symptoms and signs' are the perceived facts, and whoever renders a diagnosis interprets these according to disease concepts. This labelling or pattern recognition called diagnosis is obviously not limited to patient-physician interactions, but reflects a general adaptational capacity that preserves health. Symptoms are most easily attributed to the malfunction of part of the body, and this attitude is reinforced by

[13] D. Rockwell and P. Ostwald, "Amphetamine Use and Abuse in Psychiatric Patients", *Archives of General Psychiatry*, 18 (1968), 612-616.

certain social attitudes toward disease as well as the way physicians start their training with dissection.

The human brain and nervous system handle information originating both within the body and external to it, in the social environment. Therefore hurtful external influences, especially when these interfere with maturation of essential neurophysiological processes, may bring about disease. End-state diagnosis may reflect the cumulative effects of sequences of pathological stresses and distortions.

To the extent that diagnostic thinking leads to the concern that something can be done about the disease, a diagnosis also implies a prognosis. After-effects of diagnosis are especially noticeable when the immediate well-being of the patient, his family, or the community is in danger. Thus in emergency situations a diagnosis has to be brief and easily understood in terms of appropriate actions to be taken to reverse the disease. How explicitly this can ultimately be formulated depends, among other things, on the degree of the patient's recovery. Diagnosis can even worsen the disease by lowering the patient's self-esteem, thus promoting a feeling of dissatisfaction. As improvement or recovery takes place, the diagnosis may have to be reformulated several times in terms that not only accurately reflect the patient's changing condition but also take account of any growth or decrement in his language functions.

18

LES MOTS DU PSYCHANALYSTE

JEAN-BERTRAND PONTALIS

L'actualité des problèmes soulevés par J.-B. Pontalis et l'expérience acquise par l'auteur 'sur le terrain' nous font considérer son texte comme particulièrement propre à provoquer une discussion intéressant toutes les sciences de l'homme. Peut-être pourrait-on formuler déjà quelques-unes des questions à débattre:

(1) La description du 'vocabulaire' d'une science quelconque doit-elle être identifiée avec une analyse sémiotique de cette science ou de sa terminologie? (2) Les différentes terminologies sont-elles comparables? – Leur description relève-t-elle d'une méthodologie unique? – Quels en seraient les principes? (3) Le langage psychanalytique possède-t-il une spécificité irréductible? – En quoi consiste-t-elle? (4) Convient-il de conserver cette spécificité, telle, par exemple, qu'elle se manifeste au niveau des dénominations métaphoriques? – Ou faut-il chercher à promouvoir une terminologie, sinon commune aux sciences de l'homme, du moins dépourvue de connotations?

Dans les cadres de cette discussion s'inscrivent les textes de J. Dubois, "Pourquoi des dictionnaires?" (p. 216) et d'Albert E. Scheften, "Psychoanalytic Terms and Some Problems of Semiotics" (p. 267) (Note de la rédaction).

LA MÉTHODE

Nous venons d'achever, Jean Laplanche et moi-même, un *Vocabulaire de la psychanalyse*: [1] cet ouvrage se différencie aussi bien d'un LEXIQUE, qui se bornerait à fixer le ou les sens des termes propres à la psych-

[1] Presses Universitaires de France, 1967. C'est au Professeur Daniel Lagache que revient l'idée initiale de cet ouvrage dont il a assumé la direction et bien voulu suivre de très près l'élaboration.

analyse, que d'une ENCYCLOPÉDIE qui aurait l'ambition de recenser, à travers une 'littérature' d'un volume considérable,[2] les différents usages des concepts psychanalytiques. Il se propose d'analyser l'appareil notionnel de la psychanalyse, à savoir l'ensemble des concepts qu'elle a progressivement élaborés pour rendre compte sur son 'terrain' d'une méthode et de découvertes spécifiques. S'il se présente néanmoins sous forme d'un vocabulaire, ce n'est bien entendu pas seulement parce que les concepts y sont classés dans l'ordre alphabétique et y font l'objet de définitions précises, mais parce que l'attention portée aux termes, ou, si l'on veut, aux ÉLÉMENTS du discours freudien, a constitué le fil conducteur de l'entreprise. Cette méthode nous paraissait particulièrement justifiée pour plusieurs raisons, sur lesquelles je vais revenir et dont la principale est sans doute celle-ci: schématiquement, les exposés de la théorie psychanalytique oscillent entre deux modes de présentation, ou entre deux modèles: le modèle historique et le modèle hypothético-déductif. Le choix, plus ou moins explicite, qui s'opère entre eux, impliquant d'emblée une certaine prise de position sur le statut même qu'il conviendrait d'accorder à la théorie. La référence au premier modèle signifie qu'on tient pour essentielle la prise en considération de l'évolution de la théorie de Freud et de ses successeurs, les modifications, voire les profonds remaniements qu'elle a subis résultant des découvertes de l'expérience: ce serait – pour nous en tenir aux exemples les plus connus – la découverte qu'il existe des mécanismes de défense inconscients qui aurait conduit Freud à renoncer à l'assimilation première de l'inconscient et du refoulé et fourni ainsi le motif majeur de l'élaboration d'une nouvelle conception de l'appareil psychique; ce serait la généralité et l'importance des effets des comportements agressifs, réels ou fantasmatiques, envers autrui et envers soi-même, qui auraient exigé que le premier dualisme pulsionnel (pulsions sexuelles - pulsions d'auto-conservation) cède la place au nouveau dualisme des pulsions de vie et des pulsions de mort. On ne saurait alors 'démonter' l'appareil conceptuel de la psychanalyse, mais tout au plus retracer, dans son ensemble, l'histoire de la doctrine en ne manquant pas de souligner, en chacun de ses temps, son étroite dépendance à l'endroit des problèmes qu'engendre l'extension de l'expérience clinique et technique. Coexiste avec cette démarche l'exposé d'intention dogmatique, destiné, lui, à présenter la théorie psychanalytique comme un tout cohérent (ou devenu tel), achevé, allant de l'énoncé des principes qui

[2] Cf. A. Grinstein, *Index of Psychoanalytic Writings* (New York, International University Press, 1956). (Neuf volumes parus.)

sont supposés régler le fonctionnement de l'appareil psychique jusqu'à leur application dans le champ, considéré comme plus concret, de la psychopathologie ou de la cure. Comme une présentation systématique de ce type ne peut qu'achopper sur des contradictions, elle vire à l'éclectisme – cet échec du dogmatisme.

En fait, ces deux méthodes apparemment opposées convergent au moins en ceci qu'elles laissent l'une et l'autre échapper ce qui définit la psychanalyse comme PRAXIS, à savoir comme une expérience instituée par l'ordre du discours et dont les développements qu'elle connaît ou les démentis qu'elle apporte ne sont saisissables que par référence à celui-ci. Aussi bien est-il frappant de constater que Freud n'a pu se satisfaire ni de l'exposé de type historique ni de l'exposé systématique et qu'il n'a cessé de faire alterner les deux, soit dans des ouvrages distincts, soit même au cours du même ouvrage (*Au-delà du principe de plaisir,* par exemple).

J'ai insisté ailleurs [3] sur cette difficulté et sur la nécessité de la dépasser en un temps où nous avions la possibilité de saisir l'ENSEMBLE de l'œuvre. La méthode suivie dans le *Vocabulaire de la psychanalyse* constitue une voie de solution: certes elle est loin de satisfaire à l'exigence d'une histoire structurale de la pensée freudienne mais elle en est un premier temps. Qu'on nous permette de citer ici les lignes de l'avant-propos où les auteurs tentent de la résumer:

Chaque terme est l'objet d'une définition et d'un commentaire. La DÉFINITION tente de ramasser l'acception de la notion, telle qu'elle ressort de son usage rigoureux dans la théorie psychanalytique. Le COMMENTAIRE représente la partie critique et l'essentiel de notre étude. La méthode que nous y appliquons pourrait être définie par trois termes: histoire, structure et problématique. Histoire: sans nous astreindre à un ordre de présentation rigoureusement chronologique, nous avons voulu, pour chaque concept, indiquer ses origines et les principales étapes de son évolution. Une telle recherche de l'origine n'a pas, selon nous, un intérêt de simple érudition: on est frappé de voir les concepts fondamentaux s'éclairer, retrouver leurs arêtes vives, leurs contours, leurs articulations réciproques, lorsqu'on les confronte à nouveau aux expériences qui leur ont donné naissance, et aux problèmes qui ont jalonné et infléchi leur évolution.

Cette recherche historique, si elle est présentée isolément pour chaque concept, renvoie évidemment à l'histoire de l'ensemble de la pensée psychanalytique. Elle ne peut donc manquer de prendre en considération la situation de tel élément par rapport à la structure où il se situe. Parfois, cette fonction semble facile à repérer, elle est explicitement reconnue dans la

[3] Dans mes "Réflexions sur le vocabulaire de la psychanalyse", d'abord publiées in: *Archives Européennes de Sociologie*, 4, 2 (1963), 283-308, et reprises dans mon livre *Après Freud* (Paris, Julliard, 1965) (collection *Les temps modernes*).

littérature psychanalytique. Mais souvent, les correspondances, les oppositions, les relations, si indispensables soient-elles pour saisir un concept dans son originalité, ne sont qu'implicites: pour prendre des exemples particulièrement éloquents, l'opposition entre 'pulsion' et 'instinct', nécessaire à l'intelligence de la théorie psychanalytique, n'est nulle part formulée chez Freud; l'opposition entre 'choix d'objet par étayage' et 'choix d'objet narcissique', si elle est reprise par la plupart des auteurs, n'est pas mise en relation avec ce qui l'éclaire chez Freud: l''étayage' des 'pulsions sexuelles' sur les fonctions d''auto-conservation', l'articulation entre 'narcissisme' et 'auto-érotisme', qui seule permet de situer ces deux notions, a rapidement perdu sa netteté première, et ceci chez Freud lui-même. Certains phénomènes structuraux, enfin, sont beaucoup plus déconcertants: il n'est pas exceptionnel, dans la théorie psychanalytique, que la fonction de certains concepts ou groupes de concepts se trouve, à une étape ultérieure, transférée à d'autres éléments du système. Seule une interprétation peut permettre de retrouver, à travers de telles permutations, certaines structures permanentes de la pensée et de l'expérience psychanalytiques.

POSITION DU PROBLÈME

La question que nous nous proposons d'examiner ici pourrait s'énoncer ainsi: le *Vocabulaire de la psychanalyse* peut-il servir de référence, voire de modèle,[4] à des tentatives similaires qu'entreprendraient des chercheurs d'autres disciplines ou bien le secteur du langage dont il traite présente-t-il des traits trop particuliers pour que toute transposition, ou même toute comparaison utile, soit possible?

A première vue, c'est cette seconde réponse qui s'impose au psychanalyste. Celui-ci est en effet d'abord sensible (mais sans doute en serait-il de même pour tout autre spécialiste) à ce qui singularise son domaine d'investigation. On pourrait regrouper ainsi les divers traits qui, en première approximation, justifient aux yeux du psychanalyste le sentiment de sa différence.

(1) Le langage psychanalytique est, à quelques exceptions près, l'œuvre d'un seul penseur: Freud. Ce ne serait donc qu'à l'interieur du 'discours' freundien que les éléments de celui-ci pourraient révéler leur véritable fonction.

(2) Le langage psychanalytique présente souvent un caractère métaphorique, marqué d'anthropomorphisme (exemples: ça, surmoi) ou de références explicites à des registres non psychologiques (neuro-physio-

[4] Parler ici de modèle n'implique bien entendu de notre part aucun jugement de valeur sur le produit.... Il s'agit seulement d'apprécier une méthode et son éventuelle généralisation.

logie, biologie, mythologie). Ce caractère métaphorique prend en psychanalyse une valeur particulière, irréductible à celle qu'offre l'emploi d'images venant simplement ILLUSTRER des notions.

(3) La diversité des registres utilisés ne serait pas alors à comprendre comme simple diversité de modèles opératoires. Elle marque l'impossibilité d'un langage unifié étant donné la nature même de l'objet à appréhender.

(4) Si l'on pose que cet objet est l'inconscient et si l'on tient, comme Freud l'a établi dès la *Traumdeutung*, que celui-ci, aussi bien dans sa logique que dans son efficacité, obéit à des lois très distantes de celles qui régissent le langage du concept, toute entreprise axée précisément sur un tel langage et destinée par principe à demeurer dans cette sphère d'intelligibilité n'est-elle pas d'emblée frappée d'une relative impuissance ou, à tout le moins, confrontée à une contradiction fondamentale?

(5) Si on doit à la fois soutenir que "la théorie psychanalytique de Freud a un objet propre qu'elle ne saurait partager avec aucune autre théorie" [5] et que cet objet ne coïncide avec aucun secteur de notre savoir, ce statut, qui reste à définir et sur lequel l'ensemble des psychanalystes serait fort loin d'être d'accord, ne peut manquer de retentir aussi sur le statut du langage psychanalytique. On peut être tenté soit d'accentuer la technicité de celui-ci, de marquer son étroite dépendance à l'endroit de la psychopathologie ou de la situation thérapeutique, soit, à l'inverse, de mettre en évidence la fécondité des concepts freudiens – ceci, dans leur définition même – au delà de leur lieu d'origine.

(6) Enfin, et ce trait peut difficilement être tenu pour contingent, la langue psychanalytique a diffusé pour une grande part dans la langue commune, avec les effets en retour qu'un tel processus peut comporter.

CRÉÉ PAR FREUD

Affirmer que le langage psychanalytique a été créé par Freud peut paraître excessif à deux égards:

(1) Il existe des apports conceptuels ultérieurs qui sont incontestables (notamment ceux de l'école kleinienne). Soit, mais ils apparaissent comme dérivés des apports freudiens, ils ne prennent leur sens qu'une fois établie leur relation avec ceux-ci. Par exemple, la distinction, fondamentale chez Melanie Klein, entre 'bon' et 'mauvais' objet est une

[5] C. Stein, "L'inconscient et la société", in H. Ey (ed.), *L'inconscient* (*VI*e *Colloque de Bonneval*) (Paris, Desclée de Brouwer, 1966), p. 360.

implication de certaines vues de Freud sur l'introjection et la projection. De même, on ne trouvera pas chez Freud le terme d'OBJET PARTIEL, dont les analystes contemporains font une de leurs références majeures, mais la thèse des pulsions partielles visant des buts spécifiques est celle-là même des *Trois essais* et une étude particulière sera plus tard consacrée aux transformations de l'objet 'anal'. On peut, je crois sans sacrifier au culte de la personnalité, soutenir que qualifier Freud de FONDATEUR de la psychanalyse doit être entendu au sens plein: les successeurs, surtout ceux de la première génération, ont pu enrichir le champ clinique, d'autres ont su ouvrir de nouveaux domaines d'investigation (psychanalyse des enfants, des psychotiques, ethnologie, etc.); mais, pour ce qui est d'instituer les notions, tout vient de Freud.

(2) On ne saurait parler de création d'un langage. On a souvent souligné à juste titre (même si les implications critiques qu'on croyait pouvoir tirer de ce fait nous paraissent peu fondées) les très nombreux emprunts de Freud au langage scientifique de son temps. Mais la recherche des antécédents conceptuels, le souci d'établir une continuité entre Freud et ses contemporains risque de masquer l'originalité des emplois freudiens: un même mot peut, selon la théorie, remplir des fonctions très différentes. Ici les exemples se présentent nombreux: on a assurément parlé d'inconscient avant Freud mais c'était soit pour désigner, de façon toute négative, des phénomènes ou des processus privés de l'attribut conscience (non-conscients) soit pour évoquer une force obscure, archaïque, abyssale qui venait émerger dans nos passions. Chercher à rapprocher une telle 'idée' de la notion freudienne d'inconscient – 'système' fonctionnant selon ses lois propres et engendrant des 'formulations' repérables, 'lieu psychique' ayant son mode d'organisation – ne peut que perpétuer les plus graves confusions.[6] On en dirait autant de la notion de MOI en comparant l'usage qu'en font les philosophes ou la psychologie classique et sa signification en psychanalyse (où, quelle que soit la théorie qu'on en a, le moi désigne toujours une INSTANCE de la personnalité); à cette réserve près, cependant, mais qui ne fait que rendre plus nécessaire le dégagement d'un sens SPÉCIFIQUE: le sens que reçoit la notion en psychanalyse n'implique pas qu'il soit sans relation avec la problématique philosophique du moi et du je (une

[6] Qu'entre autres résultats, a dissipées – on aimerait pouvoir écrire définitivement – le colloque de Bonneval (1960) sur l'inconscient. Cf. H. Ey (ed.), *op. cit.* Voir particulièrement la remarque de J. Lacan (p. 159): "Dire que l'inconscient pour Freud N'EST PAS ce qu'on appelle ainsi ailleurs n'y ajouterait que peu, si l'on n'entendait pas ce que nous voulons dire: que l'inconscient d'avant Freud N'EST PAS purement et simplement".

telle filiation est même expressément indiquée chez Freud), mais ce n'est qu'une fois pleinement reconnue, dans toute sa complexité, la problématique freudienne du *Ich* qu'une telle mise en relation peut trouver sa légitimité – et sa fécondité.

Insérer la conception psychanalytique de l'inconscient dans une tradition, insister sur le sens 'technique' du terme de moi, les intentions que présentifient ces deux exemples peuvent paraître s'opposer; mais, qu'il y ait souci d'établir une filiation ou, à l'inverse, de différencier et d'isoler, la même conclusion s'impose: il faut d'abord retrouver la valeur d'emploi des notions en psychanalyse. Retrouver, écrivons-nous, car cette valeur, ce sens, sont souvent perdus, pour les psychanalystes eux-mêmes.

Inconscient, moi, ce sont là, fera-t-on sans doute remarquer, des termes 'non scientifiques', où nous n'avons pas de peine à reconnaître l'équivoque – féconde ou regrettable – dont ils sont chargés par nature. Mais elle est au moins aussi présente dans les notions que Freud emprunte à telle ou telle discipline scientifique. Soit, par exemple, le principe de constance dont la formulation même pour Freud comporte toujours cette ambiguïté: la tendance à la réduction absolue des excitations (tendance au zéro) et la tendance à la constance (homéostase) sont considérées comme équivalentes; si on suit attentivement l'usage que fait Freud de ce principe, en mettant à jour les imprécisions et les contradictions de ses divers énoncés,[7] on s'aperçoit que dans la transposition, dans le transfert, qu'elle subit en passant de la physique à la psychanalyse, la loi de constance voit sa fonction théorique se modifier: elle n'est pas retrouvée, dans une de ses applications particulières, comme venant régler l'ensemble du fonctionnement du psychisme humain, mais elle est mise en opposition avec une autre loi, réglant le fonctionnement des processus inconscients (opposition du processus secondaire et du processus primaire, de l'énergie liée et de l'énergie libre). L'emploi d'un même concept, l'homonymie, loin de garantir une identité de signification, masque ici un glissement de sens.

Une conclusion analogue pourrait être tirée de l'examen d'une notion marquée cette fois de signification biologique, comme celle de DÉFENSE, dont on sait qu'elle a servi à Freud à traduire en termes de conflit l'idée d'un clivage (*Spaltung*) de la personnalité, présente chez ses contem-

[7] Nous ne pouvons ici que renvoyer le lecteur à l'article "Principe de constance" du *Vocabulaire de la psychanalyse*, où nous avons tenté non seulement de faire ressortir les contradictions attachées à l'usage psychanalytique du principe de constance mais aussi de montrer à quelle exigence théorique, implicite chez Freud, correspondait le maintien de ces contradictions.

porains (Breuer, Janet). L'expérience proprement psychanalytique impose une véritable PERVERSION de la notion originelle dans le travail qu'elle lui fait subir.

Une enquête qui serait menée de façon plus systématique que celle dont les résultats constituent notre *Vocabulaire* (à savoir qui porterait non seulement sur les concepts qui ont une fonction théorique explicite mais saurait repérer dans quel détour du texte freudien il est fait recours à tel terme) ne manquerait pas de confirmer ce principe général qui veut que la structure d'ensemble de l'œuvre remanie les éléments qui la constituent, c'est là évidence admise mais souvent et paradoxalement négligée quand on entreprend de fixer le sens d'un concept, tant le souci de la réduction à un dénominateur commun ou celui, symétrique, de l'émiettement en une multiplicité de significations (sens A, sens B, etc.), paraît alors s'imposer.

CARACTÈRE MÉTAPHORIQUE

La philosophie, surtout la philosophie contemporaine, recourt volontiers à des images. Sartre décrit l' 'éclatement' de la conscience vers ses objets, Bergson rend sensible sa conception de la durée par des termes comme dilatation et contraction, etc. Comme on dit, de telles images sont 'parlantes'. Schématiquement, on peut dire qu'elles sont destinées soit à illustrer un concept que sa complexité ou son originalité (dans l'exemple cité à l'instant, 'éclatement', rend compte de l'interprétation sartrienne de l'intentionnalité) rendent difficiles à saisir, soit à indiquer qu'il est fait référence à un domaine d'opérations mentales pour lesquelles une formulation conceptuelle adéquate s'avère, au moins au stade actuel de l'élaboration, impossible. C'est le: "tout se passe comme si"..

En psychanalyse, le recours au langage métaphorique me paraît avoir une tout autre portée en fonction du champ d'expérience envisagé.

(1) L'exemple le plus manifeste nous est fourni par les notions mises en jeu dans ce qu'on appelle la théorie de la personnalité dite deuxième topique: ça, moi, surmoi, moi idéal, idéal du moi. Il est classique de dénoncer, parfois même chez les psychanalystes, leur caractère anthropomorphique: une théorie épurée de tout chosisme, voire de tout animisme, devrait définir ces instances d'une façon plus recevable, à savoir dans les termes d'une psychologie scientifique. Mieux vaudrait, soutient-on alors, parler d'une pluralité de systèmes de motivations et, par exemple, décrire le surmoi comme un ensemble hétérogène de motiva-

tions transmises par les parents et les éducateurs – préceptes, exigences sociales et morales. De même le ça n'aurait pas la dignité conceptuelle souhaitable: dans ce terme hérité de Nietzsche via Groddeck était venu se déposer, se condenser le décentrement opéré par Freud – le moi détrôné; mais ce qui avait incontestablement eu valeur d'image-choc pourrait désormais s'effacer au bénéfice du 'pulsionnel', hâtivement identifié au biologique par tout un courant de la psychanalyse. En fait tout ce qu'on a pu constater ces dernières décennies qui allait dans le sens d'une reformulation plus conforme aux idéaux de l'objectivisme non seulement efface l'originalité des notions freudiennes (le *Trieb* confondu avec l'instinct, le surmoi identifié au pôle éthique de la personnalité ayant ici valeur d'exemple) mais méconnaît radicalement cette donnée fondamentale: les catégories qui régissent effectivement la constitution et le fonctionnement de l'individu humain sont fort distantes de celles qu'aussi bien l'observation objective du comportement que l'analyse du vécu mettent à jour. Le surmoi, avant d'être un concept 'chosifié', est bien une 'chose opérant au dedans'; si le psychanalyste parle de moi idéal et de l'idéal du moi comme de FORMATIONS concrètes qu'il peut rencontrer et différencier comme telles, ce n'est pas parce qu'il serait victime d'une pensée objectivante mais parce que la personnalité se différencie par une série d'identification. Toute tentative de définition qui, sous prétexte de faciliter la communication scientifique, trahirait cette dimension de l'expérience psychanalytique, est d'emblée irrecevable.

(2) Cette première constation trouve sa raison d'être dans le type de RÉALITÉ qui est par excellence l'objet de l'investigation psychanalytique. Freud l'a désignée comme 'réalité psychique', expression qu'il faut selon nous entendre dans son sens plein: la réalité psychique, ce n'est pas seulement ce qui pour le chercheur, à savoir ici le psychanalyste, constituerait son champ propre de réalité – pouvant fort bien être le 'subjectif', l'imaginaire –, c'est ce qui pour le sujet prend valeur de réalité.[8] Il y a là véritablement de la part de Freud, comme l'attestent les détours de sa réflexion sur le fantasme, la mise en œuvre d'une catégorie nouvelle.[9]

[8] "Faut-il reconnaître aux désirs inconscients une RÉALITÉ? Je ne saurais dire. Naturellement il faut la refuser à toutes les pensées de transition et de liaison. Lorsqu'on se trouve en présence des désirs inconscients ramenés à leur expression la dernière et la plus vraie, on est bien forcé de dire que la RÉALITÉ PSYCHIQUE est une forme d'existence particulière qui ne saurait être confondue avec la réalité MATÉRIELLE". S. Freud, *Die Traumdeutung, Gesammelte Werke*, II-III, p. 625.

[9] Cf. J. Laplanche et J.-B. Pontalis, "Fantasme originaire, fantasmes des origines,

Si, comme nous le pensons, cette notion de réalité psychique est fondamentale en psychanalyse, en tant qu'elle désigne le désir inconscient et son agencement en une fantasmatique, on en aperçoit aussitôt les implications quant au langage qui cherchera à la signifier; dans la mesure où celui-ci demeure lui-même enfermé dans l'alternative réalité-illusion, il oscille entre deux visées, paraissant pécher tantôt par excès d'objectivisme, tantôt par excès d'imaginaire, voire de fantasmagorique. Aussi les psychanalystes semblent-ils toujours placer leurs mots entre guillemets, parlant de 'libido', de 'régression', d' 'investissement'. Une telle difficulté se rencontre dans l'ensemble du langage psychanalytique; elle se fait bien entendu plus sensible quand on envisage des processus qui font la trame même de l'expérience analytique mais dont le statut théorique se laisse malaisément définir. Soit, par exemple, la notion d'incorporation, où les psychanalystes voient le prototype corporel, la matrice, de l'identification. Mais si l'on insiste sur 'corporel', d'une part on risque de valoriser indûment un organe (la bouche), une fonction (l'ingestion de nourriture), un stade (oral), alors que d'autres zones érogènes (la peau par exemple), d'autres fonctions (comme la vision) peuvent servir de support à l'incorporation et que, même si l'oralité en constitue le modèle, elle n'est nullement limitée au stade oral; d'autre part on risque de l'assimiler à un processus 'objectif' et de méconnaître l'essentiel, à savoir sa dimension fantasmatique et les significations qui lui sont attachées (à la fois destruction de l'objet et conservation au-dedans de soi, assimilation de ses qualités, etc.). Mais, à l'inverse, définir l'incorporation comme un processus 'purement' fantasmatique reviendrait à y voir le simple corrélat imaginaire de l'intériorisation, tenue, elle, pour un processus appartenant au registre du 'mental'. Et c'est alors non seulement l'originalité de la notion d'incorporation qui est perdue mais son articulation avec des notions relevant du même champ d'opérations (introjection, intériorisation, identification).

La difficulté rencontrée là par le psychanalyste pour rendre sensibles

---

origines du fantasme", *Les Temps Modernes*, 215 (1964), 1833-1868. Nous tentons de montrer dans cet article:

(1) Comment Freud, qui n'a, si l'on peut dire, à sa disposition que les catégories de réalité et d'imaginaire, se voit comme contraint de promouvoir sous une forme occultée cette troisième catégorie, notamment en faisant appel à des explications phylogénétiques (ce qui se présente comme réalité PSYCHIQUE a été réalité de FAIT);

(2) Comment on peut éclairer la catégorie de réalité psychique en la rapprochant de celle que la pensée contemporaine désigne comme étant celle du structural;

(3) Comment, néanmoins, si elle est sans cesse retrouvée et reperdue par Freud, ce n'est pas seulement par l'effet d'une carence de l'outil conceptuel mais du fait d'une relation particulière avec le réel et l'imaginaire.

aux non-psychanalystes des notions qui font pour lui partie de son expérience quotidienne ne tient nullement à ce que celle-ci serait insaisissable dans son 'vécu', relèverait d'une saisie intuitive plutôt que du discours, etc. C'est le statut de la réalité en cause qui fait problème, et ceci pour le psychanalyste lui-même.

Encore s'agit-il, dans l'exemple brièvement évoqué ici, de définir des concepts, de les délimiter et de mettre en évidence leurs interrelations. La difficulté s'accroit quand on cherche à signifier, dans un langage qui demeure, lui, voué au concept et ignore les ressources de la poésie, une réalité que sa nature même rend rétive à toute saisie conceptuelle: fantasmes saisis dans leur constitution, mouvements transférentiels, etc.

DIVERSITÉ DES REGISTRES

On a souvent souligné le peu de cohérence de la terminologie psychanalytique, la diversité de ses emprunts: à la neurophysiologie et à une psychologie vieillie (ex.: trace mnésique), à la mythologie (narcissisme, complexe d'Œdipe, Eros) ou à la langue commune dans ce qu'elle offre d'évocateur (censure, ça). On a davantage négligé le fait que Freud considérait cette apparente diversité comme essentielle à la perspective psychanalytique. Il tenait qu'on ne pouvait donner une idée complète d'un processus que si on l'envisageait selon trois points de vue: ÉCONOMIQUE (évaluation de la quantité d'énergie en jeu, à savoir de l'intensité et de la variation des investissements), DYNAMIQUE (rapport des forces intervenant dans le conflit psychique), TOPIQUE (détermination des lieux psychiques). Or ces trois points de vue font nécessairement intervenir des concepts appartenant à des registres différents. Différence de registre, ou de modèle, dont on peut retrouver les effets au sein d'une même notion. Soit, par exemple, le refoulement. Si je mets l'accent sur ce sur quoi il porte, sur son OBJET: représentations (*Vorstellungen*), souvenirs décomposés en 'traces mnésiques', fantasmes, je suis dans le registre du 'signifiant' et je puis donner une interprétation de type linguistique du mécanisme (définition du refoulement comme métaphore);[10] si j'invoque principalement la FINALITÉ du processus, à savoir l'évitement du déplaisir, je me réfère à une notion, toute marquée de biologisme, celle de DÉFENSE et c'est alors le modèle d'un organisme luttant contre l'agression externe ou interne que je mets en jeu. Seulement cette ambiguïté est essentielle à la notion de refoulement, ce n'est

[10] Cf. l'étude de J. Laplanche et S. Leclaire, "L'inconscient: une étude psychanalytique" in: H. Ey (ed.), *op. cit.*, p. 95-130.

qu'en la maintenant qu'on peut dégager pleinement sa problématique: le modèle biologique (le 'moi' constitué imaginairement comme un organisme) ne saurait être ici évacué au profit du modèle linguistique. Une investigation soucieuse de repérer les termes dans des contextes théoriques différents n'a donc pas seulement pour effet d'épurer les notions; elle met aussi en évidence leur emboîtement, comme l'atteste – nous ne pouvons ici que signaler cet exemple – l'usage par Freud d'un même terme (*Bindung*) pour rendre compte aussi bien de la 'liaison' de l'énergie, de celle qui s'effectue entre les représentations, de celle qu'opère le moi, une telle homologie s'expliquant en dernière analyse par la présence d'un second terme (*Entbindung*) avec lequel la *Bindung* forme un véritable 'couple d'opposés'.

On voit alors à quel point il est nécessaire de résister à la tentation d'unifier le vocabulaire psychanalytique. La non-cohérence relative a souvent valeur d'index. C'est là, selon nous, qu'il faut trouver le motif de la répugnance avouée de Freud envers la philosophie; répugnance qui peut surprendre quand on connaît son goût evident pour la pensée spéculative. Ce qu'il reprochait à la philosophie, ce n'est pas qu'elle sache aller au delà de l'expérience immédiate ou contrôlable, c'est qu'elle tende par une sorte de logique naturelle, vers le système.[11]

LANGAGE DU CONCEPT ET LANGAGE DE L'INCONSCIENT

L'expérience psychanalytique se déploie tout entière dans le langage mais elle est en son fond contestation du langage conceptuel. D'un analysé qui s'applique à lui-même des concepts psychanalytiques, on dira qu'il résiste, qu'il parle pour que *ça* ne parle pas . . . La contestation du langage conceptuel est ici d'autant plus radicale qu'elle n'est pas opérée au nom d'un autre ordre – celui d'une 'logique affective', d'un projet existentiel ou d'une conscience transcendantale – mais d'un autre langage. L'opposition fondamentale entre le processus primaire et le processus secondaire, que Freud met en relation avec les deux modes de circulation de l'énergie psychique (libre et liée), est en effet assimilable à deux types de fonctionnement, ou à deux 'états' du langage, qu'on ne retrouve jamais à l'état pur, l'un où il serait totalement livré au glissement du sens, l'autre qui le rapprocherait d'un code comportant des liaisons stables entre signifiants et signifiés.

[11] Cf. Sur ce point le témoignage de Lou Andreas Salomé: "Il était nécessaire de combattre à fond ce besoin propre aux penseurs: trouver dans les choses une unité dernière", in: *The Freud Journal of Lou Andreas Salomé* (London, Hogarth Press, 1965), p. 104.

Il en résulte pour la psychanalyse, en tant qu'elle vise à être une science et non pas seulement un art d'interprétation, un paradoxe par rapport aux sciences de l'homme. On peut assurément retrouver en chacune d'elles un écart entre l'appareil notionnel qu'elle met en jeu et l'ordre des phénomènes dont elle entend rendre compte, mais l'élaboration scientifique ne consiste-t-elle pas à réduire progressivement cet écart, c'est-à-dire à assurer aux concepts une meillure PRISE sur le réel? La méthode psychanalytique ne cadre pas avec un tel modèle épistémologique: l'appropriation de ses concepts par le psychanalyste ne lui garantit aucunement – bien au contraire, diront certains – une meilleure écoute, une interprétation plus efficace. Ce qui est attendu de lui, c'est non seulement qu'il n'applique pas sur le 'matériel' sa grille théorique et consente à se laisser dérouter (exigence valable pour tout chercheur) mais qu'il suspende les règles qui commandent l'observation scientifique traditionnelle: son attention doit être 'également flottante', à savoir ne privilégier aucun élément du discours, et c'est là le pendant, note Freud, de la règle de libre association formulée à l'analysé. Mais une telle recommandation n'est nullement à comprendre comme une invite à communiquer, sur un mode empathique, d'inconscient à inconscient; elle est destinée à rendre possible l'accès aux structures inconscientes, par la médiation d'éléments souvent d'apparence insignifiante – échappant au compréhensible, désancrés – et le repérage de 'points nodaux' où viennent se recouper plusieurs chaînes associatives.

On ne saurait assurément appliquer une telle méthode à la lecture de Freud, ce qui reviendrait à ANALYSER Freud. C'est en effet bien plutôt son lecteur que toute grande œuvre place en position d'analysé (ce qu'oublient trop souvent ceux qui entreprennent la psychanalyse des œuvres littéraires) et *a fortiori* celle qui a pour raison d'être de faire passer dans le domaine du sens un sens jusque-là fermé (un non-sens). On peut néanmoins lire Freud sans tout méconnaître de la méthode psychanalytique et se montrer particulièrement attentif au parcours, au 'destin', de tel élément de la théorie qui, apparemment disparu, ou refoulé, continue à opérer sous un autre nom et à une autre place. C'est là ce que négligent les disciples qui exposent la théorie par secteurs et font par exemple de la seconde topique un ensemble autonome, sans voir qu'elle trouve un double contrepoids dans la théorie du narcissisme (moi comme instance imaginaire) et celle de la pulsion de mort (dernier avatar du désir inconscient). Dans la mesure où le principe d'un *Vocabulaire* nous conduisait presque nécessairement à décomposer la théorie freudienne et, par là, à en découvrir l'agencement, on peut soutenir qu'il existe une sorte d'HOMOLOGIE entre la méthode qui s'est progressivement imposée à nous et la méthode d'investigation psychanalytique.

LE CHAMP DE LA PSYCHANALYSE

Même si on reconnaît de plus en plus à la psychanalyse le statut d'une science,[12] sa situation dans la communauté scientifique reste difficile à déterminer. On peut définir sa méthode, insister sur le caractère contrôlé et quasi expérimental de la 'situation', délimiter son objet, mais comment assigner à cet objet un secteur donné dans la classification contemporaine du savoir? Il y a une psychologie psychanalytique mais on peut aussi parler légitimement d'une ethnologie psychanalytique, même si elle est peu connue, d'une esthétique psychanalytique, même si elle reste à faire, etc. Bien plus, il paraît toujours plus difficile à de nombreux penseurs contemporains de localiser les conséquences des découvertes freudiennes dont il n'est plus besoin de souligner à quel point elles bouleversent des catégories philosophiques traditionnelles (conscience, sujet, corps, désir, etc.).

Dans notre *Vocabulaire*, nous avons, dans une certaine mesure, tourné la difficulté, en refusant d'envisager l'ensemble des apports psychanalytiques. Par exemple nous traitons des mécanismes du rêve, non du rêve lui-même, du choix d'objet non de l'amour, du sentiment de culpabilité non de la délinquance. Ce qui nous retient c'est, écrivons-nous, "non pas tout ce que veut expliquer la psychanalyse mais plutôt ce qui lui sert à expliquer". Mais, même à l'intérieur d'un champ ainsi intentionnellement limité, nous ne pouvions manquer de rencontrer, au moins de façon implicite, le problème suivant: quel est le champ légitime d'application des concepts définis? Ce n'est pas là un problème qui concernerait seulement la communication entre psychanalystes et les autres spécialistes; il est présent au sein de la recherche psychanalytique elle-même.

On a pu en effet (et particulièrement dans l'école dite de l'*Ego psychology*), tenter d'intégrer les acquis psychanalytiques dans une psychologie générale. Un tel projet aboutit incontestablement à une subversion de notions aussi fondamentales en psychanalyse que celles d'inconscient et de sexualité au profit de la psychologie de l'apprentissage (frustration par la réalité, maîtrise des instincts par le moi, etc.) et d'une psychologie génétique centrée sur la notion de maturation.

[12] Cf. D. Lagache, "Psychoanalysis as an Exact Science", in: *Psychoanalysis and General Psychology* (New York, International University Press, 1966), pp. 400-434.

On a pu à l'inverse poser que SEULES les conditions de la situation psychanalytique permettent, non seulement l'observation, mais la formation de certains phénomènes (émergence de souvenirs, fantasmes) ou le déploiement de certains processus (transfert). Il n'y aurait pas, par exemple, de théorie psychanalytique de la mémoire en général; ce qui est présenté comme tel ne concernerait que les processus de refoulement (et de fixation des traces mnésiques) et du retour du refoulé. De même le transfert ne serait pas saisissable hors de sa relation à la règle qui fonde la cure (tout dire, ne rien faire). Dans une telle perspective, on est conduit à insérer les données de la psychanalyse dans un champ toujours plus spécifié.

Le psychanalyste n'est nullement condammé à rester enfermé dans cette alternative. Il lui faut assurément d'abord ressaisir, dans le temps de leur origine et dans leur étrangeté, les notions qu'il manie, mais, cette condition une fois remplie, il peut s'engager dans la confrontation nécessaire avec les spécialistes d'autres disciplines. Ici encore l'homonymie est trompeuse: ce n'est pas par exemple parce que les éthologistes parlent d'agressivité tout comme les psychanalystes qu'ils ont alors en vue les mêmes comportements. Combien de colloques interdisciplinaires sont ainsi, dès le départ, faute d'un démêlage conceptuel préalable, voués à aggraver une confusion des langues qu'ils se donnaient précisément pour tâche de dissiper!

LA DIFFUSION

La diffusion de nombreux termes psychanalytiques dans la langue commune n'a, à cet égard, qu'obscurci la situation. Non seulement parce qu'il y a eu vulgarisation et abâtardissement des notions, comme c'est le cas pour la plupart des sciences, surtout quand elles intéressent directement l'homme et, plus encore, quand elles concernent un domaine – disons: le dévoilement de ses propres déterminants – auquel il prétend, par position et de plein droit, avoir un accès privilégié. Il suffirait alors au spécialiste de redresser des notions gauchies, distordues par la 'représentation sociale'. Mais la question ne se pose pas de la même manière pour le psychanalyste et pour le physicien que n'affectent guère, à juste titre, les sottises ou les à peu près du profane. En revanche, ce qu'on fait de sa science concerne le psychanalyste; les 'déformations' de la psychanalyse sont partie intégrante de celle-ci, tout comme, à une autre échelle, le marxisme ne peut méconnaître, dans l'analyse des formations et des luttes sociales contemporaines, le fait et les conséquences de son propre avènement. Chacun sait que, pour une large part, les travaux marxistes portent sur le destin des concepts marxistes...

Que la psychanalyse ait pu, au temps de la guerre froide, être dénoncée comme une expression éminente de l'*American way of life,* peut apparaître comme un fait contingent, facile à récuser comme tel. Mais cela n'entraîne nullement qu'elle ne comporte pas pour autant dans sa théorie des traits proprement idéologiques.[13] Certains sont évidents et ont été, parfois hâtivement, désignés (conception biologisante des pulsions, autonomie du moi, etc.); d'autres ne peuvent être mis en lumière qu'au terme d'une analyse minutieuse des concepts et des modèles utilisés, analyse destinée à déterminer rigoureusement l'objet spécifique de la psychanalyse.

Nous avons tenté de donner un aperçu de ce qui pouvait, du fait de son objet, singulariser notre entreprise. Nous ne souhaitons pas, au moins pour l'instant, puisqu'elle doit ouvrir un débat, répondre à la question posée au début de cet article: une telle tentative est-elle transposable dans d'autres secteurs du savoir? Je me bornerai, en conclusion, à la formuler autrement: selon quels critères différencier, dans un champ théorique, un 'langage'? On accordera sans doute, même si c'est à regret, qu'un *Vocabulaire de la sociologie,* par exemple, pourrait difficilement être autre chose qu'un catalogue d'emplois selon les écoles, voire selon les auteurs. Un *Vocabulaire du marxisme* paraîtrait une entreprise théoriquement mieux assurée: il y a le 'fondateur', ce qu'on a appelé une 'coupure épistémologique' et un appareil notionnel qui forme un tout analysable. Mais nous prenons là un exemple particulièrement massif et dont d'ailleurs certains pourront contester la validité. Comment déterminer une structure théorique? Où fixer ses limites? Sartre n'a-t-il pas défini sa propre philosophie comme une simple variante – idéologique – de la "seule philosophie de notre temps" (le marxisme)? Mais si nous ne réussissons pas à différencier des ensembles théoriques comme systèmes, au sens où l'on dit d'une langue qu'elle est un système, alors tout Vocabulaire est impossible: ou bien il tend à se confondre avec le discours de l'époque – et il devrait laisser la place à une histoire de la pensée – ou bien il se volatilise dans la diversité des œuvres, et c'est bien assez de les lire.

[13] Cf. sur ce point les indications de M. Tort: "A propos du concept freudien de *représentant*", *Cahiers pour l'Analyse*, 5 (1966), 37-63.

19

PSYCHOANALYTIC TERMS AND SOME PROBLEMS OF SEMIOTICS *

ALBERT E. SCHEFLEN

ON THE GENERALIZABILITY OF PSYCHOANALYTIC CONCEPTS

Choosing one aspect of the complex issues

A primary difficulty in discussing psychoanalytic theory from any standpoint is the incredibly broad range of fields and frameworks that the discipline embraces. Psychoanalysis encompasses theory about man's normal and abnormal behavior, about his ongoing actions and his development, about what his problems are and about how they are to be treated. The field of psychoanalytic theory is not confined to concepts but tackles as well issues of culture, social organization and, to some extent, physiological functioning. Theory does not rest on a single, unified framework but rather on a half-dozen quite different thought models. As Pontalis points out, Freud offered three frames of reference in his metapsychology, but there are several others in common usage.

Of necessity, then, Pontalis must begin his dictionary of psychoanalytic terms with a broad explanatory introduction. He must also do as he has done in composing it – place each term in certain historical contexts. Thus he takes a major step in developing a semiotic framework. He has to raise a lot of issues, for there are a lot that are relevant to psychoanalytic concepts and their usage. This I think he has done splendidly and I admire his willingness to take on such complexity.

When I am asked, however, to discuss the issues I am up against the same problem. To deal with them at all I would need to compose

* Cet article constitue une contribution du débat que nous avons ouvert avec "Les mots du psychanalyste", de J.-B. Pontalis (p. 251). Cf. dans le même débat, "Pourquoi des dictionnaires?", de J. Dubois (p. 216) (Note de la rédaction).

a document almost as broad as Pontalis' dictionary. But Pontalis and Laplanche HAVE TO be extensive to follow the primary rule of meaning and cover at least the major contexts; I can select, fortunately, a single issue. What I shall talk about is the generalizability of psychoanalytic constructs – the generalizability to other levels and areas of science. THIS ASPECT I WILL DISCUSS, BUT NOT PRIMARILY TO EVOLVE A CRITIQUE OF PSYCHOANALYTIC TERMINOLOGY; RATHER TO MAKE A SEMIOTIC POINT.

Focusing the issue of generalizability

It seems to be a predictable behavior of researchers to generalize any idea to a great many fields without necessarily taking care to follow the rules of extrapolation. Any new finding of physiology and chemistry, for instance, is quickly used by its advocates to explain mental illness, normal behavior, social problems and what not. This has repeatedly been a problem with some psychoanalytic advocates, beginning with Freud himself. Accordingly there have been advanced psychoanalytic explanations of every conceivable phenomenon. I once, for instance, heard a psychoanalyst argue that he could solve the cold war problems if he could get the Soviet leaders onto his psychoanalytic couch. And it is quite characteristic in America for psychodynamicists to explain social organization, political and economic problems, history and so forth in reductionistic terms, *i.e.*, as a consequence of some individual's motives or psychopathology. A particular application of this practise – psychologizing about the motives of another person – is a kind of *ad hominem* bad manners that has put psychoanalysis in a bad light in American academia.

So I wish to distinguish the naïve, zealous or manipulative usage of generalization from its disciplined usage by psychoanalytic thinkers who have knowledge of logic or research operations. Two areas of potential generalizability for psychoanalytic theory, then, remain problematical. First, is the behavior of a PATIENT, in the psychoanalytic situation, representative enough of usual individual behavior, so that inferences made from behind the couch can be used to explain human psychodynamics in general? Second, are psychoanalytic concepts of the individual useful in explaining non-organismic processes, *e.g.*, social process and communication, cultural evolution and behavioral form?

The generalizability of psychoanalytic inferences to personality in general

There is in psychological theory of any type a kind of heuristic individual – one that behaves the same way, because of personality or genetic characteristics, no matter what situation he enters. There is some relative truth to the idea. Some schizophrenic patients, apparently unrelated to their surroundings, behave much the same way no matter what is happening around them, and obsessional patients may repeat, when alone, the same patterns of activity again and again. In addition, any individual will have particular styles and a proclivity for certain situations and responses, so in any overview of his experience there will be remarkable consistency. Such reliabilities of behavior are, of course, abstractable as personality.

But generally, human behavior is context specific. Particular programs of action and moods and mentalistic preoccupations for a given situation are more or less prescribed by tradition. So we can expect that the psychoanalytic situation will elicit or at least reinforce or emphasize CERTAIN behavioral patterns at the expense of others.

The psychoanalytic situation is, in fact, a very special one in at least three ways: (1) the patient is in or tends to come into a particular social relationship with the analyst, *i.e.*, 'transference' in which he is inordinately suggestible, influenceable, dependent and so on; (2) the patient-subject is, relatively speaking, deprived of usual interactional cues and responses on which a person normally counts for calibrating his behavior to a context; and (3) he is specifically taught to select certain modes of behavior. He and his analyst may, of course, prefer particular topics of lexical CONTENT: dreams, history, sexuality or aggression, relations to women and the like. But more important, I believe, the patient uses a particular MODE of action. He learns to break up the usual adherence to behavioral patterns that require him to screen out the many intrusions that ordinarily impinge on purposive action. Instead, the intrusion becomes the focus of his attention and verbalization.

The usefulness of this procedure is not what is in question. The practice obviously admits to scrutiny of certain problems, issues and intentions that are normally not reviewed or reality-tested. The point is that it is not the normal, expected or socially adaptive mode of acting in a human transaction to admit to verbalization all intrusions of fantasy and perception. And experience indicates that a selection in fact occurs toward at least the following shifts in emphasis in psychoanalysis: (1) more child-like modes of relating and acting, (2) use of behavioral programs culturally prescribed for dyadic relationships, *e.g.*, nursing and courtship, (3) fragmentation of cognitive continuity (which is apparently what 'affect' is), and so on.

Psychoanalysis – being a so-called 'black-box' science – depends upon inferences about what goes on within the organism from observing his behavior. Inevitably, then, inferences and the generalizations that derive from behavior are shaped by the nature of the behavior and context.

We can insist, then, that inference about 'couch' behavior are not automatically and uncritically generalizable to all human behavior. But can we therefore swing to the opposite pole and argue that they are not generalizable at all? I think not. In the first place – to set the record straight – the organism will use the same cognitive or ego processes to manage any situation. What may differ with context is the quality of responses and the integration of behaviors. In the second place, the psychoanalyst does not, I think, base his theories only on the data he sees in the psychoanalytic session.

Consider the following hypothetical idea. Suppose that behavior in the psychoanalytic context has in some ways an INVERSE relationship to behavior that occurs elsewhere, that the behavior of the session is, to a point, behavior that does NOT usually occur. What may be the basis of psychoanalytic inference is a CONTRAST between these and more usual human activity. The psychoanalyst is not foolish enough to think his patient lies down everywhere he goes and starts revealing fragments of unusual cognition. The analyst lives in the usual programs of action in his world and he can put together in contrast the behavior he observes from the couch with his knowledge – explicit or not – of life situations. In addition, though the mode of behavior in analysis may be scrambled or "de-programmed', the lexication is ABOUT what is happening in the patient's extra-psychoanalytic world.

Such contrasting appears to be a characteristic activity of psychoanalysts and it is unfair to assume that they have only special types of behavior as a basis for their inferences. It might be argued, in fact, that they have a favorable opportunity to examine behavior and relate its occurrences to variations in situations. In any event, the question of generalizability cannot be answered with any finality. We can only say that specific questions would require further research. WHAT aspects are generalizable for WHAT situations in WHAT kind of people? We can argue against any black and white assertion that psychoanalytic findings are wholly generalizable or not generalizable.

Generalizability to all types of people

So much for the issue of the generalizability of psychoanalytic inferences from the psychoanalytic situation to other situations. What about the generalizability of constructs from the types of patients that come to psychoanalysis to other types of people? Are psychoanalytic patients like other people?

Some years ago the critic of psychoanalysis would have answered unequivocally, "Of course not. Psychoanalysis is about insane and neurotic people who are very different." So far as diagnostic type is concerned the distinction is not evident to clinicians in LONG-TERM THERAPY SITUATIONS. The kind of middle-class patient that usually comes to analysis is little different from the people we meet in business or at a party. He has some area of difficulty, like the rest of us, and may differ mainly in his determination to correct it and his commendable tendency to take some responsibility for it. Even the psychotic patient, as he becomes trained in the psychoanalytic procedure and dependent on the relationship, acts more and more like a socially viable neurotic patient when he is in a session.

The difference, however, does become more evident when we consider CATEGORIES of people and recognize that the psychoanalytic patient is usually a member of one cultural category. THE QUESTION IS WHETHER THE MIDDLE-CLASS WESTERN EUROPEAN'S BEHAVIOR, DEVIANT OR NOT IN HIS OWN GROUP, IS REPRESENTATIVE OF THE PEOPLE OF OTHER CLASSES AND OTHER ETHNIC TRADITIONS. It is these comparisons, across ethnic and class categories, that the analyst is least able to deal with. He lacks the cross-cultural and cross-class samples and he usually lacks personal experiences in other traditions.

Nearly all psychological theorists, psychoanalytic or otherwise, have an abiding delusion by which they try to make this problem go away. They imagine that people are the same no matter what border or breed has separated them. They may rationalize this illusion on genetic grounds or on the basis that human experience is universal. It is true, of course, that all cultural divisions of people eat, sleep, walk, speak and mate. But the form of these behaviors varies greatly. Even the affective and cognitive activities are culturally relative. The progress so far made in the social sciences at delineating the differences in human behavior by category have been almost unadopted in the psychological sciences, so psychoanalytic constructs and criteria about normality and abnormality, maturity and immaturity, aggression and passivity, masculinity and femininity and so on, remain purely ethnocentric value judgments. This may account for the popularity of the constructs in some cultures and not in others.

Accordingly, we are left with the conclusion that psychoanalytic constructs are at present ethnically and class bound, relevant to middle-class, Western populations, especially Jewish and Protestant. It is not clear at this point in our knowledge how relevant they are to people of other backgrounds.

The generalizability of psychoanalytic constructs to groups and constructs

While inferences about psychoanalytic patients may have varying applicability to other people in other situations, they have no proper employment in systems that are not organismic. Two misapplications have plagued psychoanalytic theorists.

(1) SOCIAL-LEVEL REDUCTIONISM. A group can be seen in either of two ways: at the social level as an entity, at the organismic level as a collection of people. At the lower level only a psychological concept is applicable. A member of a group can be said to feel, think, 'have' an ego, process information, be narcissistic, and so on. A group as an entity cannot have these qualities or perform organismic behaviors. Members can act concertedly, to be sure, and also there may be analogies between the qualities of a social organization and an organism, but we cannot mix up these levels of organization. In accordance with this fallacy we hear of 'group min' or 'group ego', 'collective unconscious', 'group psychodynamics' and so on.

The basic difficulty is the belief that a group is no more than a collection of individuals – that is, a social reductionism. Clarification of levels of organization solves this problem, demanding the recognition that a group has organization of its own and operates on a basis of mores, rules, and ethics OF RELATIONSHIP. In Freud's day the principle was not explicit and he did not have the advantage of it, but modern constructs of psychoanalysis need reworking to delineate the levels.

(2) THE PERSONIFICATION OF CONSTRUCTS. A construct itself is sometimes concretized and given organismic attributes. An ego is said to have an ego, to think and do things, be 'sick' and so on. It is well known

that psychoanalytic theorists have had a tendency to concretize and personalize 'THE' ego, 'THE' id, 'THE' introjects, etc. But recently we have become self-conscious about these matters and the authors of the dictionary have already elaborated on them.

THE PROBLEMS OF PSYCHOANALYTIC LANGUAGE IN RELATION TO SEMIOTICS

I have made what, from one point of view, is a critique of psychoanalytic concepts, so far as their generalizability is concerned. But the particular aspects I emphasized have relevancy to the task of making a glossary and to the methods of semiotics in general. The psychoanalyst's problems in making constructs and using them are not different in principle from those of other sciences. These are compounded in meta-scientific activity (like making a dictionary) when the terms are terms about terms. Some of these issues I will now speak about.

To apply the semiotic principle in behavioral research is no mean task. The rule is that THE MEANING OF AN EVENT IS DETERMINED BY STUDYING ITS RELATIONS TO THE CONTEXTS IN WHICH IT OCCURS. Operationally this means that we might take an action – a gesture, a phoneme, a whole transaction or trend – and study the situations in which it characteristically occurs: the necessary conditions of its appearance, if you wish. We might then determine systematically the effect it has when it appears. In our research, for instance, we do not study speech alone, but all modalities of behavior, for all are communicative. We study them in relation to each other, between the interactants, and in respect to the occasion and physical circumstances. There is not a single context for an event, but many, and a future research task for semiotics is to gain an integrated picture of various types of context.

The opportunity to go about research in this way has, in my opinion, provided the breakthrough to modern semiotics. We can proceed in a concept of levels of integration – from a micro-unit of behavior to a larger unit, to a still larger unit until we have visualized a system of behavior. Then the meaning of any element is derived from seeing its role in this larger picture, the larger picture being its contexts.

We could not proceed like this from a Platonic dichotomy or an Aristotelian concept of member and class. The members of a class have only a heuristic or abstracted relationship to each other and do not come together into a natural system. In other words, in an Aristotelian model we had to go from an item of behavior to AN ABSTRACTION ABOUT THAT ITEM, to a mentalistic manipulation.

It is obvious that a symbol of a thing is of a different order than the thing itself. Scientific terms, like words in general, are of this abstracted order. Their usage is behavior, it is true, but behavior of a different logical order than other behavior. Language behavior, then, represents or symbolizes events. It is behavior ABOUT BEHAVIOR, or what Bateson might have called 'metabehavior'.

Functionally, then, speaking can be a commentary on behavior in general (including a commentary about speaking itself). It acts to cue imagery. Since words are coded (that is, they stand for a standard set of images by common convention) each participant already must have a good idea, a set of images of what is being talked or written about, or he could not understand the language. True, a listener without experience in a scene may derive some image of what is being described from situations that are hopefully analogous, but the speech itself does not depict the scene. Words are rarely iconic – they do not depict, by their own shape, some other form.

Separating terms from the referents they represent

The development of a representational code like language has great practical advantages for man. He can refer to things that are not there or are currently in progress. But the use of this option can also get him into difficulty. Words and terms are cues; they cue images or the thing represented. So any accurate conveyance of information depends upon all users having a good memory of the events represented. This requires that they have had first-hand experience with them. People who have never been there are bound to have difficulties with terms about the experience, and this difficulty is likely to increase if the referents are unusual situations like the psychoanalytic one.

The psychoanalyst, then, does have a point when he remonstrates that he cannot tell you about his terms unless you have seen the psychoanalytic situation or been a party to it. But this is a general limitation of special contexts: the experimental situation in any science, the problem of trying to explain sexual intercourse to a child, or an American academician conversing with a French scholar.

It is a characteristic of language that it has these limitations. It is a shortcoming of behavioral research in general that its workers have often been content to study an event from subjects' language about the event.

The fact is that words can come to have a relative independency from their referents. They can be used not only to depict, but to obscure, manipulate, retain secrets and so on. They can be used as things in their own right and personalized as mentioned above. They can be verbalized and are then behaviors that can determine other behavior. They can be used far from the situations in which they had original meaning.

Difficulties in meta-research

In research in language behavior and the use of terms this causes a particular difficulty. In defining terms in a dictionary, one starts with behaviors that are already once removed from their original contexts. In some cases the difficulties are compounded. In psychoanalysis, for instance, a metapsychology (a discussion of frameworks) has already been developed by Freud. Pontalis and Laplanche, in writing about this metapsychology, have here to deal with meta-meta-concepts.

Pontalis works with one aspect of this problem, examining the usage of terms in psychoanalysis in relation to the history of the science. The history of a science, however, also has a context that it relevant to the meaning of its terms. For example, since Freud's day there has been progressive movement away from the simplistic genetic determinism of the last century. Accordingly, we have attributed more and more relevance in the child's development to his family relationships, cultural traditions and other factors. Thus the implications of a construct like libido theory or psychosexual development have shifted. In fact, a term has multiple contexts that determine its meaning. Among these are the behavior it refers to, the context of the processes used in abstracting, the contexts of changing thought, and the contexts of current usage.

In short, a behavior, captured in an abstraction, originally had contexts that give them another order of meaning. So one meaning of 'narcissism', for instance, will be defined by situations in which a psychoanalyst uses the term in, say, writing a paper or talking to a colleague. This is the data Pontalis has to work with. But in conversation a less formal usage can occur. The word 'ego' has several different meanings in psychoanalysis, but analysts in a discussion rarely find it difficult to know which one is intended.

On research method in semiotics

In a research situation that is fortuitous for semiotics, the total behavior is observable – the language behavior AND the other communicational behavior that accompanies it. Movement and facial expression, paralanguage, intonation pattern, posture and touch can be studied. The contexts are visualizable as well: the physical arrangements, occasion, social organization and so on. We can analyze, then, any behavioral item in successive levels of context and pin down precisely what its appearance does.

In research into the meaning of a scientific term, the tradition has been to more or less systematically analyze the occurrence of the term in written papers or books or to ask disciplinarians in the field for definitions. Pontalis and Laplanche have gone further, examining larger contexts of psychoanalysis such as the history of the movement. But we may want to take two further steps to achieve a precise definition of both referent and usage. To specify clearly what a term refers to we will need to depict the situation in which the behavior occurs that occasioned the construct, including the doctrines and assumptions of the men who formulated it. For analysis of the usage of the word, we may wish also to observe the term being used in a group of researchers or practitioners. Their nonlexical activities may convey information about its contexts of usage that these men are not conscious of and cannot verbalize.

IV

ANTHROPOLOGY

*

ANTHROPOLOGIE

20

SEMIOTICS AND THE FUNCTION OF CULTURE

ZYGMUNT BAUMAN

When modern social scientists speak about the 'function' of a cultural pattern, norm, custom, or institution, they usually have in mind the satisfying of some individual or collective needs. To decide therefore what THE function of a sociocultural phenomenon is, means to find some need of a supra-individual whole (T. Parsons, partly also A. R. Radcliffe-Brown) or of a human individual (B. Malinowski) which is met by this phenomenon. The notion of 'need', however, by no means belongs to the class of concepts defined through social sciences in a more or less unified way. Still, regardless of notorious disagreements, the common point does exist in assigning the meaning of 'need' within the substantial-energetic realm:

(1) There is a material system (society, community, human organism) which can remain a system so long as some of its vital variables do not step over certain thresholds;

(2) Only inside the space determined by these critical points is there possible some sort of metabolism, on which the very existence of the system depends;

(3) Thus we can speak reasonably of a 'need of the system' only in relating the concept to those actions which help to keep the system from impinging its critical parameters. Provided that this analytical framework is accepted (and it is accepted, explicitly or tacitly, as an *a priori* background of all current definitions of any importance), the cultural phenomena become related immediately and directly to the realm of energy circulation, their functions being interpreted in this context.

The permanently ordered systems, perpetuating their own structure (and there neutralizing deterministic environmental pressures) exist, however, through two interacting processes, mutually dependent and complementary. The first process consists in 'assimilating' the environment, *e.g.*, in ordering it in a way more and more favorable from the point of view of systemic parameters, the second in 'accommodating' the structure of the system itself, *e.g.*, in its continuous re-structuring in order to meet the changing pattern of opportunities. The common denominator of both vital processes – of the very existence of any 'self-organizing' system is a continuous effort to shift from a relatively more uniform and amorphic state to a more heterogeneous (*e.g.*, more 'structured') state. The degree of 'structuralization' of a pattern can be measured by ascertaining the probability of some events and the improbability of some others. Thus, from the point of view of information theory (according to which the transfer of information functions to decrease the level of systemic indeterminacy), the higher the degree of 'structuralization', the richer the informative content of the system.

We can interpret culture as the specifically human form of the abovementioned interrelated processes, one being the assimilatory structuralization directed toward the external environment of human individuals, and the other the accommodative structuralization of the human organism. Looked at in this way, culture, while it is the peculiar trait of humanity, may nevertheless be interpreted as an elaborated form of structuralizing processes developed in lower, precultural animal species: in all species the living process of an organism is based on an isomorphic relationship between behavioral pattern and the structure of what was selected from the external word as the 'environment' of the organism. In all species, the 'signs' the organism is able to distinguish form the axis of symmetry of the two interacting isomorphic structures. In all species the movement toward 'higher' organizational patterns consists of acquiring (philogenetically or ontogenetically) new abilities to distinguish further meaningful oppositions, and correlating them with some new, functionally differentiated behavioral oppositions. On the other hand, the specifically human, cultural way of meeting this task of 'active adaptation' has some apparently specific qualities. According to Piaget, one of the factors decisive in this connection is 'intelligence', *e.g.*, the capability of mentally 'objectivizing' the world. This new faculty is in its turn closely connected with a specifically human aptitude for construction and use of language, an artificial code with 'double articulation' (A. Martinet). The linguistic signs – the bearers of information concerning the structure of extralinguistic reality – can be subjected to transformations and modeling in their own, autonomous sphere, without destroying the 'material' reality they are concerned with. Thus mental structures begin to take on some degree of autonomy as 'reality' structures. Human beings gain a unique aptitude for 'mental experiment'; they can visualize as actual those structures which are only possible or desired. Because of this mental equipment, humans are able to transform, consciously and deliberately, what is amorphous and unpredictable in an ordered, structured, *e.g.*, heterogeneous and predictable system. Exploiting intensively the cognitive aspect of information, culture elaborates particularly its steering, controlling faculty. Reshaping the world into a structure which did not before exist independently, human beings impose limits on an unlimited world and restrict the multitude of abstract possibilities. But in doing this, they also limit, indirectly and unintentionally, the range of those personality structures which can be considered successfully accommodated to a human world structured in just this way. In this frame of reference the assimilatory-accommodative function of culture emerges as a dialectic unity of control and orientation, directed both 'outside' and 'inside'.

I have already mentioned the traditional interpretation of the function of cultural phenomena – which viewed as the human way of adaptation to the environment emphasized the passive, conservative side of the cultural process. The role of the independent variable, of the stimuli-set, was ascribed one-sidedly to environment only, leaving to culture the role of a repetitive response-set built into re-active, not pro-active, organisms.

Now, the function disclosed by a semiotic approach to culture differs from the traditional contention exactly in the same way as a dialectic, assimilatory-accommodative process, based on a double, but internally isomorphic direction differs from passive adjustment. Viewed in semiotic perspective, the cultural function appears to consist in REDUCING THE INDETERMINACY OF THE HUMAN WORLD. This function is implemented, first by reducing the probability of some events, and thereby substantially increasing the predictability of the human environment; and, second, by information transfer, that is, by an interpretation of the signals from actual environmental structures. The desirable selection of appropriate behavioral patterns may thus be achieved. The relative autonomy of the mental, conceptual sphere which mediates relationships between the organism and its environment presupposes eventual inconsistency between the two (cognitive and controlling) aspects of culture function; but, ideally, a 'well functioning' culture is one in which the continuous correlation between the twin aspects is preserved.

Any assertion concerning the function of an event is incomplete unless we make clear within which frame of reference this function is performed. One of the frames of reference in which functions of culture can be analyzed is that of global population (society), distinguishable from other populations by peculiarity of restrictions imposed by it on the indeterminateness of the world. In this frame we can analyze the societal implements of the assimilatory-accommodative process, that is, the correlation between the structure of the society and the structure of opportunities included in the 'outer' environment, the volume of societally available technology (*e.g.*, differentiation of the accumulated stock of the patterns of behavior toward nature), and knowledge (*e.g.*, the stock of discernible meaningful oppositions) concerning actual and possible worlds ('knowledge' in this sense also includes art and ideology). We will be concerned then with the manner of ordering, of assimilating, that part of the natural world which was chosen as the environment of a given society (landscape transformations, thermostatic intermediary space of dwellings neutralizing weather phenomena, and so on). From the standpoint, however, of the second frame of reference – that of a human individual – what was heretofore looked upon as the accommodative, internal aspect of culture becomes the subject matter of assimilatory efforts. The environment of human individuals is composed primarily of other human beings, who mediate access to the goods the individual must possess to satisfy even his most personal needs. Thus the accommodation of a human individual consists mainly in the gradual achievement of a more or less isomorphic relationship between the structure of individual behavior and the structure of opportunities determined by the way the human environment is organized.

If we now combine both analytical approaches, that is, the societal and the individual, we can see that culture does two things simultaneously. It orders and structures the 'life space' of the individual, and is also the means for a mutual adjustment of the order of individual behavior and the order of this space. Seen from the perspective of the single human being, culture is no more than an elaboration of the basically adaptive propensity of all living organisms to associate particular behavioral patterns with particular stimuli. What is different in the case of *Homo sapiens* is that the role of stimuli is played predominantly by artificial, conventional signs, which are themselves cultural products. With human beings, the structure of the environment and individual structure are not two independent systems of variables; at least they do not have to be. Both are manageable by the same set of structuring tools.

Apart from the function of DISCOVERING the semiotic structure of reality (the most important one in animals), human culture develops – to an extent unknown elsewhere – the function of 'marking' reality with signs, which exists among animals in a very modest germinal form for example in territorial behavior, 'pecking order' in birds, stratification of monkey populations, and so forth.

In the case of the 'natural' elements of human environment, the problem is one mainly of discovering the meaning of 'potential signs', those based principally on causal relationships. As far, however, as the elements produced by humans are concerned, their very existence – not merely their existence 'for humans' – depends upon marking reality with signs. The differentiations significant from the point of view of availability of goods are in human society much more numerous than 'natural' differentiation of the human bodies; what is, however, most important is that they are completely uncorrelated with the natural differentiation of human beings. To furnish them with an effective controlling power one must introduce into social reality a multitude of signs which have to be artificially created. Just as a spear lengthens the short human arm, so the differentiation of attire and ornament, movements and etiquette, habitat and food complement in different ways the semiotic poverty of the human body. For some of these differentiations, their informative-controlling function is the only *raison d'être*. The others perform a double function – their semiotic role interfering with their need-satisfying one – which makes their unambiguous analysis impossible and requires application of two mutually independent frames of reference, as in the cases of nutrition, clothing, or dwelling. However, as Lévi-Strauss indicated in his inaugural address in 1960, tools, garments, or dishes, if seen not just against the background of one single culture, but in the framework of the total human capacity to make cultural choices, can also be looked upon as the poles of some meaningful oppositions thereby indicating selection actually made among the *universum* of potential choices. Thus the semiotic approach to culture is applicable even to this kind of problem.

The diacritical, or differentiating, function of culture finds its expression on two planes. Paradigmatically, it consists in selecting among mutually exchangeable, and thus alternative, events or phenomena. Syntagmatically, it operates in the time dimension – in dividing cyclically repeatable time units into parts differentiated by their semantic content. Using the terms introduced by T. Milewski, we can speak of 'distinctional' and 'delimitational' functions respectively. As examples of cultural elements performing distinctional functions we can point to, among others, the class, generational, occupational, ethnic, regional, and ecological differentiation of garment, behavioral patterns and symbolic equipment of the human body and its surroundings. Among cultural elements with predominantly delimitational functions the most salient are *rites de passage*, rituals connected with promotion or ennoblement (in the framework of the life cycle), carnival festivities, harvest feasts, and the like (in the annual cycle), and so on. These 'interludes' are usually inversions of patterns obligatory in 'normal' time (*i.e.*, they are in a 'privative' opposition), particularly when they delimit repetitive cycles. That is why, together with their delimiting function, they also perform a distinctional one; that is, while defining inversion of everyday customary pattern as something 'abnormal' and exceptional, they by the same token define what is normal. Semiotically, they belong to the same category as those phenomena which are defined in a given society as deviational or delinquent. They are, to some extent, deviations institutionalized and incorporated into a cultural system through their paramount semiotic role.

I have already mentioned the double character of the relationship between cultural signs and social structure. This relationship is at the same time creative and reflexive; the cultural signs simultaneously 'structurize' the situation in which interaction of human individuals or groups takes place, and render its latent, predetermined structure accessible to the senses. Signs, however, differ from one another according to the relative intensity of their different aspects. Moreover, preponderance of, respectively, the creative or reflexive element is a factor differentiating totalities of the sociocultural systems. Both considerations justify analytical distinctions of two ideal types of constructs:

(1) Signs which are primary in relation to their position in the social structure (S_p); and

(2) Signs which are secondary or derivative in relation to social position (S_d). By 'social position' I mean in this context the place occupied by a human individual in a set of interhuman links, *e.g.*, in the system of mutual dependencies, or in the social structure; this place determines to what extent and under what conditions the goods yielded and distributed in the course of social processes are available to the incumbent.

Now, if between a position P, occupied by an individual in time t, and a class of signs S_1, S_2, . . . S_n, there exists the relationship

(1) $$P^t \rightarrow /S_1, \quad S_2 \ldots S_n/^{t+}$$

I shall identify the above-mentioned class of signs by the symbol S_d. If, however, the relationship under analysis takes a different shape,

(2) $$/S_1, S_2, \ldots S_n/^{t+} \rightarrow P^t$$

I shall use the symbol S_p to designate this class. In other words, the two constructs – the 'primary' and 'derivative' signs – may be introduced through the following definition:

(3) $$S_p{}^{t-} \rightarrow P^t \rightarrow S_d{}^{t+}$$

In case (1), the acquisition and use of signs in their semiotic role is available solely to the current incumbents of position P. Thus S_d signs perform primarily, if not exclusively, a reflexive, informative function; they warn other human beings what the structure of a situation they are confronted with is, and induce them to select an adequate pattern of behavior. S_d signs therefore help the incumbent of position P to protect himself by an appropiate organization of the variety of potential impacts of his environment (provided, of course, that the environment is composed of beings to whom the language in which the signs are coded is sufficiently intelligible). In case (2), the situation is reversed. The path to position P leads through the acquisition of S_p signs on the assumption that these signs are somehow, in an institutionalized way, available to those individuals who are not yet incumbents of position P.

Our two constructs are to some extent correlatives of another distinction widely used by sociologists – that of 'ascribed' versus 'achieved' position or status. Any ascribed status always implies a class of S_d signs which may be used solely by incumbents of this status. Among the relationships of which status is composed there is also a peculiar social relation (we may call it 'private ownership of signs') preventing non-incumbents from acquiring and/or using elements of the S_d class. In a society in which ascribed statuses prevail there is always a marked tendency toward monopolistic ownership of all kinds of cultural signs, and also toward assigning to all cultural elements the role of status-indicating signs. The notorious propensity of estate- and caste-type societies, either slave or feudal, to subject unequivocally all kinds of cultural elements – including attire, houses, furniture, arms, transport, and etiquette – to ascribed statuses is a well-known example of both tendencies. If there were also, in such societies, signs belonging to the S_p class, their modification was allowed only inside limits determined by the semiotic, differentiating function of S_d. (By the way, these peculiarities of the semiotic function of cultural elements in a 'closed' society explain to some extent the cognitive premises of the medieval understanding of development as 'perfection inside a type'.) Any transgressions of this rule, stemming from progressing market relations and 'signs trade', were treated with horror and abhorrence as expressions of spurious mores.

The correspondence between our constructs and the concepts of ascribed and achieved status is nevertheless not complete, since statuses rightly considered to be achieved also correlate with signs which belong, undoubtedly, to the S_d class. In general, a sign S belongs to the S_d in relation to a position (status) P, if S and P correspond unequivocally. Only then does the perception of S allow the conclusion, with a probability factor of 1, that the individual equipped with sign S also occupies position P. This absolute correspondence is attainable usually through forcible elimination of non-incumbents by the class of people who are permitted to manipulate S. All kinds of 'closed' military and paramilitary organizations with their uniforms and distinctions provide a good modern example. Nobody can become an army officer just by buying an adequate uniform. Because of this restriction, however, we can assume with confidence that any individual bearing the proper designations is indeed an army officer. In other words, S_d class signs are excluded from free circulation. Among conditions which must be met to permit their use there is included that of being an incumbent of the appropriate position. This is the decisive, distinctive, or even defining, feature of the S_d class.

Wherever signs of the S_d class are on no condition accessible to individuals who are not incumbents of corresponding positions, any sign of this class can perform successfully its semiotic, informative function throughout a practically unlimited period of time, provided the social structure remains unchanged. If the monopoly is really observed, the derivative signs do not 'get old', nor do they 'wear out' their semiotic qualities. There is nothing in their semiotic situation to stimulate change, substituting new signs for the old ones; in other words, the semiotic stimuli of change are absent. In fact, the semiotic function impedes further cultural changes by setting rigid limits upon acceptable innovation, and by broadening the range of cultural items considered to be rejectable deviations. If, on the other hand, 'monopolistic ownership' of signs is for some reason withering away, the number of persons who acquire attractive signs will outgrow, quickly and surely, the absorptive capacity of the corresponding position. Unlike S_d signs, signs belonging to S_p class sooner or later lose the very creative, structuring power which previously made them attractive; they lose it, either because they have become too broadly dispersed and too easily accessible, or because, instead of being indicators of something rare and peculiar, they have become 'norms'. The changeable, dynamic character of S_p signs is firmly rooted, therefore, in the sociosemiotic condition of their class. As long as social differentiation persists, the demand for differentiating signs is always present; but because of the universal availability of signs (universal in the sense that "being an incumbent of position corresponding with given signs" is not a condition necessary to becoming the possessor of this sign) no particular sign can perform its semiotic function for too long a time. Thus the S_p class of signs is the focus of cultural development.

The widely acknowledged classification of historically known cultures into stagnant and dynamic can now be reformulated into the following typology:

(1) Sociocultural systems, in which rights to signs are derivative from social position;

(2) Sociocultural systems, in which social position is derivative from possession of signs.

Doing this, we in fact assert hypothetically that the degree of dynamics of any sociocultural system is, among other things, a function of the relationship between a cultural system and the social structure it ministers; namely, it is a function of the relative ratio of signs of the S_d and S_p class. Enforcement of a monopoly on this or that cultural item, artificial restrictions imposed on circulation of cultural elements, always lead to cultural stagnation. Conversely, "democratization" of cultural goods, possibly unlimited access to signs, is in itself a powerful factor of cultural change (contrary to opinions that 'uniformistic' trends, concomitant to any culture's becoming a 'mass' one, are factors of cultural stagnation).

When a cultural system becomes more 'democratic', two closely-knit processes take place:

(1) Continuous absorption of new element-signs by the 'norm' of the mass culture;

(2) Continuous supply of new element-signs replacing those absorbed and deprived of their differentiating power. The dialectic interaction of these two processes implies two consequences: a rise of the median 'cultural level', and a broadening of the range of available cultural signs. The natural tendency of a democratic culture is its 'openness', in opposition to the 'closing up' propensity of a cultural system based predominantly on S_d signs.

The further consequence of a democratic culture is a tendency toward what may be called 'proliferation of codes'. The richness of cultural signs outgrows the systematizing and expressive capacity of any single code. The initial code ramifies, giving birth to a multitude of 'professional' codes, which minister information flow inside relatively restricted aggregates of human personalities (in one of their many roles). But the users of any 'professional' code also participate through their multifarious social bonds in groups which use other, similarly specialistic codes. That is why a need is felt for a 'universal' code of the medieval Latin type (let me warn against pushing this metaphor too far), into which information expressed in all other codes can be transferred and so made generally intelligible. Maybe the feeling so often expressed by students of the passing scene, that modern culture is 'asystemic' and 'amorphic' is caused by the fact that this kind of universal code is still lacking. Some societies have attempted to assign this role to monetary signs and their material correlatives. So far these attempts have nowhere achieved anything like complete success; perhaps they cannot because of the notorious lack of isomorphism between a pecuniary system and the majority of 'professional' codes, which, unlike monetary codes, are mostly synergetic (in the Benedict-Maslow sense). Instead, we now face the spontaneous growth of a very imperfect substitute for a 'universal code': a 'quiz-like culture' composed of crumbs of inconsistent codes and of signs cut off from their proper structures and thus deprived of their initial meaning, so that they can be treated one-dimensionally. In spite of all the shortcomings of this 'quiz-like code', all contemporaries in some way participate in it, regardless of the heights of mastery they have achieved in their 'professional code'. Quiz-like dilettantism is an inevitable attribute of the proliferation of codes in an epoch when information has been promoted to the role of the most significant of cultural signs.

The sociocreative power of signs, causing a permanent incompleteness of the social condition the human individual faces, makes each person responsible for determining his own social position. Hence 'individuation drive' is a universal motivational necessity (which, because it is universal, leads towards socially levelling effects). Individuation drive is known in all types of societies. In those systems, however, in which predominantly derivative signs limit the range of freedom of creative signs, this drive is expressed in a 'perfection inside the type' tendency. We then have manneristic perfectionism instead of innovations; the ingenuity of innovators expends itself in the casuistries of exegetes. The more important conversely creative signs are, the broader is the socio-cultural tolerance toward innovation.

Many psychologists (for example, D. E. Berlyne, K. C. Montgomery, M. Glanzer) have for many years been verifying empirically that novel, unusual, unexpected stimuli have high motivational force for all living organisms. If what is new in a novel stimulus does not deviate too far from what is already known, motivation is positive and finds its expression in so-called 'exploratory behavior'. If, on the other hand, the structure of the stimulus is too different from what was customary (and therefore expected), there will be negative motivation resulting in anxiety and escape. This phenomenon is quite intelligible in the light of knowledge already accumulated about the ordering and structuring role played by information in the relations between an organism and its environment. Drive psychologists explain it, introducing in the process some hypothetical variables such as "innate approach tendency" (E. B. Holt), "adience" (D. E. Berlyne), and "lack of the match between the chronic motivation level and the acute activation level induced by transient stimulation" (S. S. Fox).

The fact that the motivational influence of the novel stimulus depends upon the intensity of its 'unusuality' nevertheless justifies the following hypotheses:

(1) A 'novel' stimulus induces in living organisms an ambivalent positive-negative attitude which may be analyzed as a combination of two attitudes, positive and negative, formed in response to two simultaneously acting stimuli of similar character;

(2) If so, then the interaction of the two opposite attitudes may be represented graphically by using the same pattern employed by J. Dollard and N. E. Miller in the construction of an analytical model of simultaneous 'rewarding' and 'punishing' reinforcements:

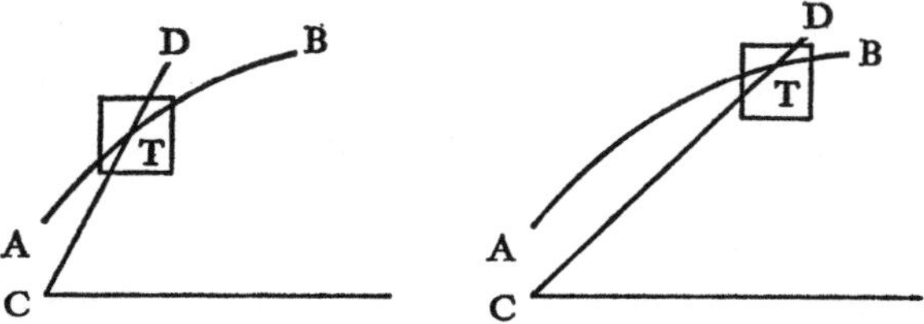

In both drawings the horizontal axis represents the scale of relative 'novelty' of a new stimulus; the curve AB = intensity of positive motivation (impulsion); and CD = intensity of the negative motivation (repulsion). The T fields denote the space in which impulsion and repulsion are more or less equal and the ambiguity of feelings and behavior is particularly intensive. The curve AB, representing intensity of impulsion as a function of stimulus novelty, is in both drawings the same. We can assume that the influence exerted on its shape by sociocultural factors is negligible. If this shape does fluctuate, the fluctuations are influenced rather by idiosyncratic factors, like personality traits, the momentary state of the organism, and so on, which are not submitted directly to pressures of a societal character. Conversely, the line which represents intensity of repulsion as a function of stimulus novelty has in both cases a different slope. This relation, closely connected with type of punishment for deviant behavior, depends apparently upon the sociocultural context in which action takes place. The differences between the two drawings analytically represent the psychocultural factors underlying the notorious divergence between stagnant (position priority) and dynamic (sign priority) cultures.

The foregoing considerations demand closer attention to the role of T fields. The two rectangles represent the realms of cultural taboo, superimposed usually over psychological phenomena of attitudinal ambivalence (*cf.* E. R. Leach). The convergence between anthropological descriptions of taboo phenomena and psychological descriptions of ambivalence is indeed striking. The human attitude toward taboo is an intricate mixture of interest and fear, reverence and abhorrence, impulsion and repulsion. The cultural prohibition of objects which arouse attitudes of this kind, enforced and safeguarded by socially controlled removal of these objects to the margin of the accepted cultural field is, from the functional point of view, tantamount to drawing the effective borderlines of unpunishable innovation. Taboos provide landmarks in relation to the field inside which the natural human impulse toward novelty is not acted against. Semiotically then, they perform the function of delimiting signs of permissible cultural variations.

The difference between both drawings consists, in the final analysis, in the shifting position of the T fields on the AB curves. This position depends upon how indulgent toward innovations the given cultural system is. The further to the right the T field falls, the more favorable are conditions for cultural development.

This shift depends, however, on factors located outside the cultural system as such. Whether the cultural signs are creative or derivative in relation to social positions depends upon the relationship between culture, as a semiotic system, and social structure, as an opportunity pattern expressed in the cultural information. Whenever we initiate analysis of cultural stagnation or dynamism, we always arrive at sociocultural problems. Because of the brevity of this paper, however, I could not pay these problems the attention they deserve.

REFERENCES

Maslow, A. H.,
1964 "Synergy in the Society and in the Individual", *Journal of Individual Psychology*.

Berlyne, D. E.,
1950 "Novelty and Curiosity as Determinants of Exploratory Behaviour", *British Journal of Psychology*.

Dollard, J. and N. E. Miller,
1951 *Personality and Psychotherapy* (New York, McGraw-Hill).

Glanzer, M.,
1951 "Stimulus Satiation: An Explanation of Spontaneous Alternation and Related Phenomena", *Psychological Review*.

Holt, E. B.,
1931 *Animal Drive and the Learning Process* (New York, Holt).

Leach, E. R.,
1961 *Rethinking Anthropology* (London, Athlone Press).

Malinowski, B.,
1944 *A Scientific Theory of Culture* (Chapel Hill, N.C., University of North Carolina).

Milewski, T.,
1965 *Jezykoznawstwo* (Warsaw, PWN).

Montgomery, K. C.,
1953 "Exploratory Behaviour as a Function of Similarity of Stimulus Situations", *Journal of Comparative and Physiological Psychology*.

Parsons, T.,
1951 *The Social System* (Glencoe, Ill., Free Press).

Radcliffe-Brown, A. R.,
1962 *Structure and Function in Primitive Society* (London, Cohen and West).

À PROPOS DE *THE FOREST OF SYMBOLS: ASPECTS OF NDEMBU RITUAL** PAR V. TURNER

GENEVIÈVE CALAME-GRIAULE

Cet ouvrage est un recueil d'articles éparpillés dans diverses revues et réunis par l'auteur sous un titre inspiré du fameux sonnet des "Correspondances" de Baudelaire. Il est évident que la forme même du livre nuit un peu à son homogénéité, et amène certaines redites inévitables, dont l'auteur se justifie d'ailleurs tout de suite: "Where the same material appears in different articles, it is almost always to illustrate different aspects of theory or to raise new problems" (p. 1).

Le livre est divisé en deux parties, l'une contenant essentiellement des développements théoriques sur le symbolisme et la magie ndembu, l'autre des données plus spécifiquement descriptives. En fait, théorie et description se chevauchent et se recoupent, et la distinction apparaît comme un peu artificielle. Dans la seconde partie est inclus un long développement sur les rites de circoncision, description inédite qui constitue un des apports les plus importants de l'ouvrage. L'ordre chronologique suivi dans chaque section rend perceptible le développement des idées de l'auteur au fur et à mesure de l'acquisition des documents.

Les Ndembu, au nombre d'environ 18.000, vivent au Nord-Ouest de la Zambie (ex-Rhodésie du Nord), et forment avec les Kosa le groupe dit Lunda, le long de la rivière Lunga (une carte aurait été la bienvenue). Ce groupe de chasseurs-cultivateurs, qui cultivent le manioc, vivant en petits villages très mobiles, selon une organisation matrilinéaire et virilocale, constitue en Zambie un des rares refuges des croyances et pratiques traditionnelles. La patiente enquête de V. Turner, poursuivie au cours de deux ans et demi de séjour sur le terrain, nous donne une passionnante analyse de leur société.

L'auteur en effet sait faire voir, et sa méthode d'observation rigoureuse et scrupuleuse nous fait pénétrer dans la société ndembu où nous

* Ithaca, N.Y., Cornell University Press, 1967. 405 pp.

suivons le déroulement des rites auxquels il a lui-même assisté; la présentation personnelle des informateurs, la définition des relations établies entre eux et l'ethnologue, introduit le facteur humain et psychologique dans l'enquête. L'observation phénoménologique décrit la pratique, l'enquête théorique définit la norme. V. Turner ne se contente pas de confronter les deux en notant les déviations de l'une par rapport à l'autre, mais s'efforce de mettre en évidence les données structurales et les facteurs d'explication. Considérant qu'à l'intérieur du système social, envisagé comme "total", un certain nombre de faits présentent une "interdépendance dynamique" (p. 261), il entreprend d'en démontrer les connections, explicites ou implicites. Ainsi, dans la description des rites de circoncision (*Mukanda*) interviennent l'analyse du contexte social dans lequel il se produit, l'observation directe des rites et leur interprétation par les "spécialistes" ndembu. C'est à partir de cet ensemble de données que sera proposée l'interprétation "totale" du rite, conçu essentiellement comme un changement de statut social et psychologique pour les enfants,[1] mais aussi comme assurant le maintien des structures traditionnelles, le rétablissement de l'équilibre social perturbé par un trop grand nombre de garçons incirconcis, en même temps (et d'une façon apparemment contradictoire) que la poursuite d'intérêts individuels et égoïstes tels que l'accroissement de prestige pour les officiants. Ainsi est mise en évidence l'opposition entre contexte rituel, visant à l'unification, et contexte social, générateur de conflits: "The ritual force field is characterized by a cooperative atmosphere, the vicinage force fields are typified by a competitive atmosphere" (p. 277).

Assurément il ne faut pas chercher dans ce livre une description complète de la société ndembu. V. Turner lui a déjà consacré plusieurs ouvrages auxquels il faut se reporter si l'on veut connaître, par exemple, l'organisation villageoise ou le système de parenté. Ce que cherche à mettre en évidence *The Forest of Symbols,* c'est le fonctionnement de la pensée symbolique ndembu s'exerçant à travers certains 'aspects' de leur rituel. Peu importe alors dans quel contexte sont choisis ces 'aspects': initiatique, magique, médical .... L'important est de suivre le lien sym-

[1] "Prolonged attachment to mother and to the women's sphere is symbolized in the fact that the foreskin is compared to the *labia majora.* When the foreskin is removed by circoncision, the effeminacy of the child is symbolically removed with it. The physical operation itself is symbolic of a change of social status" (p. 268). Cette remarque, fondamentale pour la signification de la circoncision en Afrique, rejoint celles faites vingt ans plus tôt par Marcel Griaule à propos des Dogon (*Dieu d'eau* [Paris, Éditions du Chêne, 1948]; nouvelle édition [Paris, Fayard, 1966], pp. 146-152) et qu'on aurait souhaité voir citer comme une des premières mentions de cet aspect du problème.

bolique établissant le système des ' correspondances' entre les éléments apparemment disparates de la réalité.

Depuis une vingtaine d'années, l'attention des anthropologues est de plus en plus attirée par l'importance de cette démarche symbolisante de la pensée archaïque, fonctionnant avec une remarquable continuité à travers les différences de culture, et répondant au besoin de l'esprit humain de découvrir un ordre et une logique dans l'univers, tout en utilisant le réseau des correspondances pour agir sur lui. Le point de départ de cette pensée symbolique est l'observation patiente de la réalité matérielle dont sont dégagés des détails morphologiques considérés comme "ayant une fonction significante dans un système".[2] Nous savons depuis le *Dieu d'eau* de Marcel Griaule, et tous les travaux qui l'ont suivi, que la pensée africaine est très riche dans ce domaine; l'analyse que nous en trouvons ici est particulièrement fine.

Ce réseau des correspondances apparaît bien dans l'analyse consacrée à la médecine lunda, dans laquelle les thérapeutiques appliquées aux différentes sortes de maladies tiennent compte des propriétés symboliques des plantes ou des gestes qu'elles utilisent, les mettent en rapport avec les manifestations et symptômes physiques, et finalement replacent l'ensemble dans une vaste classification de la réalité en termes d'une division tripartite des couleurs auxquelles sont associées des séries de significations (p. 303).

Mais l'auteur refuse de limiter l'interprétation symbolique à celle qui apparaît dans la conscience des usagers eux-mêmes, et replace le rituel observé dans l'ensemble du contexte culturel et dans ce qu'il appelle son "cadre signifiant" (p. 26): "I consider it legitimate to include within the total meaning of a dominant ritual symbol, aspects of behavior associated with it which the actors themselves are unable to interpret, and indeed of which they may be unaware if they are asked to interpret the symbol outside its activity context" (p. 27). Cette démarche, qui nous paraît d'une grande importance méthodologique, le conduit à expliquer des contradictions apparemment aberrantes entre la signification 'claire' d'un symbole et celle qui peut être dégagée des conduites rituelles. Un bon exemple est fourni à cet égard par l' 'arbre à lait', qui par son latex blanc est un symbole clair de féminité maternelle et du matrilignage, donc de la continuité même de la société ndembu, mais que les rites qui ont lieu autour de lui au moment de l'initiation des jeunes filles rattachent à l'expression inconsciente des conflits entre jeunes filles et femmes adultes, ou entre la mère de la novice et les

[2] C. Lévi-Strauss, *La pensée sauvage* (Paris, Plon, 1962), p. 73.

autres femmes du groupe (pp. 20-25). Ces considérations amènent V. Turner à formuler trois propriétés fondamentales du symbole rituel: condensation, unification de signifiés disparates et polarisation de signification (p. 28).

Il est difficile dans le cadre d'un compte-rendu de donner un aperçu de la richesse de ce livre, richesse qui tient aussi bien à la documentation qu'à son interprétation et à l'intérêt des vues théoriques et méthodologiques. Sa lecture ne nous laisse qu'un regret: l'absence de références linguistiques précises qui, étant donné le manque de documents sur cette langue, auraient pu permettre une meilleure analyse des textes et des relations étymologiques établis par les Ndembu eux-mêmes entre certains termes, conférant encore une dimension de plus à l'ouvrage.

THE "WIFE" WHO "GOES OUT" LIKE A MAN: REINTERPRETATION OF A CLACKAMAS CHINOOK MYTH*

DELL H. HYMES

I shall take up in turn the background of the paper; its methodological significance; a synopsis of the myth in question; the first interpretation of the myth; a reinterpretation of the myth; some further implications of the reinterpretation including application of mode of analysis developed by Lévi-Strauss; and make a concluding remark.

BACKGROUND

Melville Jacobs has given us one of the handful of major contributions to our knowledge and understanding of the literatures of the Indians of North America. The quality of the texts he so fortunately rescued a few months before the death of the last capable informant, and the quality of the insight and interpretation he has provided for them, make his series of monographs of Clackamas Chinook outstanding (Jacobs, 1958, 1959a, 1959b, 1960). Perhaps no one can appreciate his contribution more than one who, like myself, also works with Chinookan materials. The field of Chinookan studies has engaged the energies of Franz Boas and Edward Sapir; within it Jacobs' accomplishment is the richest for oral literature, one which redounds to the value of the rest.

In the study of written literatures the work of interpretation is never complete. Major texts are regarded, not as closed, but as open to new insight and understanding. The case should be the same for aboriginal

* An earlier version of this paper was read at the annual meeting of the American Folklore Society, Denver, Colorado, November 21, 1965. I wish to thank Alan Dundes, John L. Fischer, Archie Green, David Mandelbaum, Warren Roberts, John Szwed, and Francis Lee Utley for comments. The myth is discussed briefly also in my general review of Jacobs' Clackamas Chinook work (Hymes, 1965b, pp. 337-338).

literatures. The significance of a body of work such as the Clackamas series will increase as others come to it and keep it vital by building on the basic contribution. Indeed, a secondary literature on Clackamas has already begun (Scharbach, 1962). This paper adds to it by reinterpreting a particular Clackamas myth, "Seal and her younger brother dwelt there", published in *Clackamas Chinook Texts*, Part II (Jacob, 1959a, pp. 340-341, 37 in the collection), and first interpreted in *People are coming soon* (Jacobs, 1960, pp. 238-242).

Jacobs himself has remarked that the Clackamas myths are susceptible of a plurality of interpretations (personal communication). In keeping with that spirit, I wish to avoid appearance of personal criticism that recurrent use of personal names and pronouns can suggest, and so shall generally refer simply to the "first interpretation" and the "second interpretation".

My title calls attention to an actor in the myth, the significance of whose role is a central difference between the two interpretations. The Chinookan idiom on which the title is based is explained in note 2 below; it is adapted to identify her because she is given no name in the myth itself.

METHODOLOGICAL REMARKS

The two interpretations are alike in being philological in basis and structural in aim. Since the narrator of the myth, and all other participants in Clackamas culture, are dead, we cannot collect other variants, interrogate, experiment. Access to the form and meaning of the myth is only through a finite corpus of words; but both Jacobs and I believe it possible to bring to bear a body of knowledge and method that enables one to discern in the words a valid structure.

In practice the two interpretations differ. The first can be said to plunge to the heart of what is taken as the psycho-social core of the myth, and to view its structure as unfolding from that vantage point. The second does not discover an import for the myth until a series of lines of evidence as to its structure have been assembled.

The first interpretation might thus be said to practice philology in the spirit of Leo Spitzer's "philological circle" (Spitzer, 1948, pp. 18-20), but that would not accurately distinguish it from the second. Either approach can hope to find a motivational core from which the whole might be satisfactorily viewed, and both should enjoin what good philological practice always entails: close reading of the verbal action as it develops sentence by sentence in the original text, and interpretation based on using cumulatively all there is to use, as to the significance of details, and as to the situation which implicitly poses the question to which the text is to be regarded as a strategic or stylized answer (Burke, 1957, p. 3). The effective difference lies in the greater temptation to the first approach to take a shortcut, to assume that a purportedly universal theory, be it psycho-analytical (as in the present case), dialectical, or whatever, can go straight to the heart of a myth before having considered its place in a genre structurally defined and functionally integrated in ways perhaps particular to the culture in question.

In sum, the second interpretation undertakes philology in the spirit of the structural ethnography developed by Goodenough (1956, 1957), Conklin (1964), Frake (1962), and others (for discussion of other implications of such ethnography, *cf.* Hymes, 1964a, 1964b, 1965). One is asked to regard the study of a verbal genre as of a kind with the ethnographic study of kinship, residence rules, diagnosis of disease, firewood, or wedding ceremonies. One assumes that there is a native system to be discovered; that what is identified as the same genre, *e.g.*, "myth", ethnologically (cross-culturally) may differ significantly in structural characteristics and functional role ethnographically (within individual cultures); that one thus must formulate a theory of the special case, defining a genre in terms of features and relationships valid for the individual culture; and that the meanings and uses of individual texts are to be interpreted in the light of the formal features and relations found for the native genre.

Put otherwise, one assumes that persons growing up in the community in question acquire a grasp of the structures and functions of the genre, such that they are able to judge instances as appropriate or inappropriate, not only in terms of overt formal features ("surface structure"), but also in terms of underlying relations ("deep structure"). One assumes that the structural analysis of a genre, like other structural ethnography, is in principle predictive (*cf.* Goodenough, 1957). That such an approach is correct, that participants in a culture do in fact have the ability to use an implicit knowledge of genre structure, is attested by the assimilation of new materials, either through innovation (I take the Kathlamet Chinook "Myth of the sun" to be a late Chinookan instance) or diffusion (*cf.* Dundes, 1963). The point seems obvious, but it is important to stress it, because the nature of the usual emphasis in folklore research upon the traditional has cost heavily. (I pass by the question as to whether the object of folkloristic study should be defined as traditional material at all; for one aspect of the question see Hymes, 1962.)

Folklorists have commonly identified their object of study, traditional material as a matter of texts, not of underlying rules. The frequent consequence has been that the very material which would decisively test a structural analysis has been disregarded. The occurrence of a reworked European tale in an Indian pueblo (say, "Beowulf") may evoke amusement, or embarrassment, if one thinks of one's goal as autochthonous texts. If one thinks of one's goal as natively valid rules, such a case may be an invaluable opportunity to verify the principles of the native genre through an instance of their productivity. In one striking case, a collector discovered that some of his tapes represented songs his informant had herself composed to keep him working with her. The songs had seemed perfectly in keeping with all the others obtained from her; only when a later check found them to have no counterparts in other collections from the region was their status suspected. Confronted with the discrepancy, the informant confessed. Because the material (as text) was "non-traditional", the collector destroyed it. What he destroyed was from the standpoint of a structural ethnography the most valuable portion of his work; spontaneous evidence of the productivity of the rules of the genre. (I am indebted for this example to my colleague, Kenneth Goldstein.)

In short, if structural analysis of myth, and of folklore generally, is to keep pace with ethnographic and linguistic theory, it must attempt to achieve what Chomsky (1964, pp. 923-925) has recently called "descriptive adequacy"; that is, to give a correct account of the implicit knowledge of the members of the culture competent in the genre, and to specify the observed texts in terms of underlying formal regularities.

The highest level of adequacy designated by Chomsky would be that of "explanatory adequacy". Adapted to the study of folklore, the notion would call for a concern with the capacities of persons to acquire a productive, theory-like grasp of genres, and to employ that grasp, that implicit sense of rules and appropriateness in judging performances and instances, in adapting them to social and personal needs, and in handling novel materials. In the sphere of linguistics Chomsky, Lenneberg and others consider explanatory adequacy to involve innate, species-specific capacities of human beings, which entail quite specific universals of grammatical structure. In the sphere of folklore the capacities are no doubt derived from innate abilities, and the work of Lévi-Strauss would seem to point directly to what some of them might be; such innate abilities, however, are almost certainly not specific to folklore. My concern here is first of all with "descriptive adequacy", that is, with the culturally specific form taken by general capacities with respect to folkloristic genres through participation in a given community. It is at the level of "descriptive adequacy" that the study of folklore can now most profitably join with the recent parallel developments in structural linguistics and structural ethnography. (The concept of descriptive adequacy in linguistics is quite analogous to Goodenough's formulation [1957] of the criterion for adequate ethnographic description; *cf.* Hymes, 1964, pp. 10, 16-17, and especially 30-31.)

SYNOPSIS OF THE MYTH

Of the myth Jacobs (1960, p. 238) says aptly: "A remarkable quantity of expressive content is compacted in this short horror drama of an unnamed woman who comes to Seal woman's younger brother."

This myth has a short prologue and three short scenes. The prologue introduces the actors as compresent in one setting. I present the myth in the form of a revised translation which differs from that in Jacobs (1959a, pp. 340-341) in its division into segments and in some points of verbal detail. The revised division into segments defines sharply the structure of the content (prologue, first scene, second scene, climax, denouement), but it has not been made in terms of content alone. Rather, considerations of content have been integrated with what are taken to be formal segment markers, that is, recurrent initial and final elements. The segment initial and segment final elements of the prologue and first two scenes have identical or partially identical form: "They lived there", "Don't say that!". The climax and denouement are marked most saliently by final elements of parallel content: "She screamed", "She wept", "She kept saying that", "The girl wept".

Points of verbal detail are revised partly in the light of grammatical and lexical analysis, aided by Wishram data. Such points are supported in footnotes. Other revisions are for the sake of following the Clackamas text as exactly as possible in form.

A later re-reading of the translation (ignoring the footnotes) may integrate the structures and effects analyzed separately in the paper.

Seal (and) her younger brother lived there [1]

[1] The prefix *ɫ-* in "they lived there" already implies more than two present.

«They lived there, Seal, her daughter, her younger brother. I do not know when it was, but now a woman got to Seal's younger brother.

«They lived there. They would go outside in the evening.[2] The girl would say, she would tell her mother: "Mother! There is something different about my uncle's wife. It sounds like a man when she 'goes out'."[3] "Don't say that! [She is] your uncle's [4] wife!"

«They lived there like that for a long time. They would 'go out' [5] in the evening. And then she would tell her: "Mother! There is something different about my uncle's wife. When she 'goes out', it sounds like a man." "Don't say that!"

«Her uncle and his wife would 'lie together' in bed.[6] Some time afterwards the two of them 'lay' close to the fire, they 'lay' close beside each other.[7] I do not know what time of night it was, but something dripped on her face. She shook her mother. She told her: "Mother! Something

[2] Literally so: *-y(a)* 'to go', *ƛáxuix* 'outside'; *xabixix* is better 'evening' as contrasted with *-pul* 'night' later on.

[3] The text and translation require clarification here. Although the first scene is discussed in terms of the sound of the "wife" 's urination, the translation contains no reference to a sound. Furthermore, the Clackamas verb in question, *-ba-y(a)*, does not refer to urination, but to going out. As to the sound, the text contains an untranslated element *ƛ'a*. In Wishram Chinook there is a particle *ƛ'alalala* ... 'the sound of water dripping, or as when it comes out of a hose'. The use of the recursively repeatable element *-la* for repetition of a sound is attested in Kathlamet Chinook, leaving Wishram and Clackamas *ƛ'a* presumably as equivalent in meaning. As to the "going out", the verb in question is attested as an idiom for urination among both the Kathlamet and Wishram (groups to the west and east, respectively, of the Clackamas). The text thus combines a euphemistic verb and an onomatopoetic particle, literally "a-dripping-sound some-man's-like she-'goes out' ". (A corroborative instance from our own society: in families with a boy and girl, mothers in bed may tell which of their children has gotten up during the night precisely from this auditory clue. I owe the observation to Archie Green.)

As adapted from the Chinookan expression, the title of the paper indicates the two features singled out by the first interpretation as crucial to the actor found focus of the myth: questionable sexual identity, and the clue disclosing it.

[4] "Uncle" has expanded prefix *iwí* (instead of *wi-*), perhaps for emphasis.

[5] With distributive plural suffix *-w*.

[6] The theme is *-x-kwš-it* 'to be in bed', used in this construction as a euphemism analogous to English 'go to bed'. Here *-kwš* is preceded by *ga-*, apparently as an intensifier. In Wishram *ga-* and *da-* appear before other stem elements marking direction, and contribute the sense of 'fast motion'. 'In bed' as a location is here marked explicitly (*wi-lxámit-ba*). Hence the choice of "lie together" in quotation marks as translation.

[7] Same theme as in note 6, but without intensifying *ga-*. In the second occurrence *-š-gm-* indicates close beside each other (or beside some implied object with dual prefix *š-*), not beside "it" (the fire) as in the first translation. Such a form would have *-a-gm*, in concord with the prefix of *wa-tuł* 'fire'.

dripped on my face." "Hm . . . Don't say that. Your uncle [and his wife] are 'going'." [8]

«Presently then again she heard something dripping down. She told her: "Mother! Something is dripping, I hear something." "Don't say that, Your uncle [and his wife] are 'going'."

«The girl got up, she fixed the fire, she lit pitch, she looked where the two were lying.[9] Oh! Oh! She raised her light to it.[10] In his bed her uncle's neck was cut.[11] He was dead. She screamed.

«She told her mother: "I told you something was dripping. You told me: "Don't say that. They are 'going'." I had told you [12] there was something different about my uncle's wife. When she 'goes out', it sounds like a man when she urinates. You told me: 'Don't say that!'." She wept.

«Seal said: "Younger brother! My younger brother! They [his house posts] are valuable standing there.[13] My younger brother!" She kept saying that.[14]

«But the girl herself wept. She said: "I tried in vain to tell you. My uncle's wife sounds like a man when she urinates, not like a woman. You told me: 'Don't say that!' Oh! Oh! my uncle!" The girl wept.

«Now I remember only that far." [15]

FIRST INTERPRETATION

Most aspects of the myth are noticed in the interpretative discussion

[8] The form *š-x-l-ú-yə-m* seems literally to contain *-y(a)* 'to come, go', and continuative suffix *-m*, so that in virtue of *u-* 'direction away', it means 'those two are going together', an apparent analogue to the English sexual idiom 'to come'. The concrete idiom heightens the scene.

[9] Literally, either 'she saw it *(i-)*', presumably the bed *(wi-lxamit)*, or 'she saw him (her uncle) where the two were lying down at.'

[10] Perhaps to be translated as 'she looked at it thus' with accompanying gesture to indicate the raising of the light. In Wishram *iwi* may mean "thus" and the verb stem *-q'wma* suggests a diminutive form of *-quma* 'to look'. (The form *-q'wma* is not itself attested in Wishram.)

[11] In his *(ya-)* bed, not merely 'the' bed.

[12] A change of tense is signalled by *n- . . . t-*.

[13] The verb in the reference indicates that long objects stand in a line. The noun is paralleled in Wishram by a form meaning 'a hardwood arrow forepiece, now also one of copper', or 'ornaments of tin, funnel-shaped, tied to belt, saddle'. Presumably the Clackamas expression characterizes the value of the house posts in terms of ornamentation by objects of some such sort.

[14] With intransitive *-kim*, continuative-repetitive *-niɬ*, perfective *-čk*.

[15] A similar phrase occurs in a few other places in the collection. Notice the absence of a concluding formula, *e.g., k'ani k'ani.*

(Jacobs, 1960, pp. 238-242), but the focus of attention can be said to be upon three themes. These are the implications of (1) transvestitism and "the horror reaction to homosexuals" (Jacobs, 1960, p. 239), (2) the "wife" and the "society's tense feelings about females" (including the girl) (Jacobs, 1960, p. 241), (3) tensions, and norms of conduct, among in-laws. The analysis concludes: "The myth is, in short, a drama whose nightmarish horror theme, murder of one's own kin by a sexually aberrant person who is an in-law, causes profound fear and revulsion as well as deep sympathy. The tension around in-laws is basic to the plot. Several implied moral lessons (one should not marry a wife in such a manner; one should not speak disparagingly of in-laws and others' sexual intimacy; one should heed one's daughter) somewhat relieve the awfulness of conflict with dangerous in-laws" (Jacobs, 1960, p. 242).

In terms of narrative action the fabric of the myth is said to be woven about the man and his shocking death (Jacobs, 1960, p. 239). The death itself is taken as motivated by the humiliation caused the "wife", who must avenge herself on a family whose daughter has cast aspersions upon her manner of urinating, that is (it is inferred) upon her sexuality (Jacobs, 1960, pp. 241-242).

Form of the myth

On this view of the basis of the plot one might expect murder to be followed by steps for revenge, as indeed commonly would have been the case in the aboriginal culture and as occurs in some other Clackamas myths (*e.g.*, "Black Bear and Grizzly Woman and their sons"). The absence of any indication of such steps in the final scene is suggested as one reason for thinking the present form of the myth to be truncated.

Significance of actors

Little is said in the myth about any of the four actors (as is typical of Clackamas literature). Their nature and significance, on which the meaning of the myth turns, must be largely inferred from the action which symbolically manifests them in the text, from an understanding of the culture, and from assumptions with which one approaches all these. Having observed (1960, p. 241) that "The drama provides no clear-cut delineations of characters", the first interpretation proceeds to find the significance of the three actors through their identification with social roles: "Seal is nothing more than mother and the older sister of the murdered man. He is only a rich gentleman who marries in a manner which occurred solely in the Myth Age and which symbolizes tensions between in-laws. The daughter is no more than a girl who possesses insight as to other girls, but she is not mature enough to know when to keep from saying things that might cause trouble with in-laws" (Jacobs, 1960, p. 241). The expressions "nothing more", "only", "no more" are in keeping with a view which subordinates all three actors in importance.

Seal's relative insignificance is further indicated in expressions such as "Seal does little more than . . ." (Jacobs, 1960, p. 241) and "all that Seal does in the myth as recorded is to . . ." (Jacobs, 1960, p. 241), as well as in the explanation, regarding the myth's Clackamas title, that "The only reason for naming Seal is to provide a convenient labeling of the myth" (Jacobs, 1960, p. 239).

The statement that the fabric of the myth is woven about the husband and his murder claims little place for him other than as a silent victim.

Seal's daughter receives more attention, but, as the preceding quotation has shown: essentially as a type labelled "youngest smartest", expressing underlying social tensions. Commenting on the girl as "youngest smartest", Jacobs suggests: "Chinooks appear to have thought, in effect, 'Set a young thief to catch an old thief! Both are feminine!' The society's tense feelings about females receive nice expression in this plot" (Jacobs, 1960, p. 241). With regard to her place in the narrative action, the daughter is regarded as having immaturely elicited the murder. Her conduct in the last scene is not discussed, except in the context of the speculation as to the absence of steps for revenge: "The daughter offers only, 'I warned you but you would not listen to me'" (Jacobs, 1960, p. 241).

The "wife" is interpreted most pointedly in terms of the projection of tensions and fears found to underlie the myth. The view of her and her importance is shown in the continuation of the passage about delineation of characters: "The murderess is both an anxiety-causing in-law and a female who hates. Such hate is symbolized by the murder. The cause of the hate is pointed to by the device of having her masquerade so as to appear feminine, while the sound of her urinating reveals masculinity" (Jacobs, 1960, p. 241). (The sexual identification intended in the passage is unclear to me: the "wife" is referred to both as a female and as masquerading so as to appear feminine. Perhaps a hermaphrodite is envisaged.)

Clearly the "wife" is found to be the most significant actor. Of the rest, the girl seems to be most important, judging from the comment about her. The husband's role as victim might claim the next place for him. Seal is clearly considered less important than the "wife" and the girl, perhaps least important of all. This relative order of significance is confirmed by the order in which the actors are taken up in the passages quoted above; the discussion seems to proceed from least (Seal) to most significant (the "wife").

The first interpretation of the myth may be summarized as follows. The myth is in theme based on tensions concerning females and in-laws, expressed in terms of ambiguous and insulted sexuality. In plot its conflict is based on relations between in-laws; its climax is caused by the girl's rude speech to an in-law; and its denouement is incomplete from absence of steps towards revenge against in-laws. In significance the actors are first of all the "wife", then the girl, the husband, and Seal. Together these strands form a consistent whole; indeed, to a great extent they mutually imply each other.

SECOND INTERPRETATION

The volume containing the first interpretation is self-sufficient, containing a plot summary with each analysis. Having read it, if one goes back to the Clackamas text, one is somewhat surprised. Each scene is actually a confrontation between Seal and the girl; the "wife" barely appears on stage, and has no lines whatever. Interpersonal tension is portrayed, not with regard to an in-law, but between two consanguineal relatives, a mother and daughter.

Such a discrepancy between interpretation and manifest verbal action gives pause. It need not, of course, be decisive. Myths have latent meanings not immediately given in surface structure. It ought to be possible, however, to specify the nature of the connection between the underlying and the manifest dimension of a myth; and it ought to be possible to do this in a way consistent with the nature of such connections in other myths of the same culture. To do this for the first interpretation does not seem possible. Rather, the various lines of evidence available combine to support a different interpretation of the focus of the myth, one for which the discrepancy with manifest structure does not arise, and one which is consistent with a provisional theory of the structuring of much of Chinookan myth as a whole.

Among the lines of evidence are the naming of actors in titles and myths; the structure of myth titles; the relation of myth titles to the body of a myth; the comparative evidence as to the tale type in question; verbal detail, particularly with regard to what is actually presented in Clackamas, over expression of emotion, and a thread of imagery. In the use of the evidence there is a fundamental assumption; that genre embodies a coherent treatment of features and relations, so that the parallels, contrasts and covariation as between myths can be brought to bear.

In developing the second interpretation it will be best to reverse the order adopted for presenting the first, and to begin with questions of structure having to do with the nature of the actors, their roles and their relative import. Most of the evidence will be introduced in this connection. We shall then be able to reconsider the form of the myth, and some new dimensions of its underlying theme.

Titles and named actors

For the first interpretation, titles are to be explained by a need for unmistakable identification of each myth; a particular title is chosen solely with an eye to mnemonic use and convenience of reference (Jacobs, 1959b, p. 258, 260; 1960, p. 239). It is suggested that Seal is named in the title of the present myth because she is its only named actor, and because, there being no other myths in which she occurs that bear her name, no confusion could arise.

Such an approach assumes that facts as to names and titles are adventitiously, not structurally, related to myths. One may indeed expect what is found to be important in a myth to be named and represented in its title. Thus Jacobs raises the question as to why the man, who with his murder is found to form the myth's fabric, is not named. If Seal is named and takes pride of place in the title, although an actor of no particular importance, then significance of role, so it would seem, can have nothing to do with the matter. A name is only a convenient peg on which to hang a story, the title only a convenient tag by which to recall it.

In contrast, I maintain that names and titles are structurally motivated, and give evidence of underlying relations implicitly grasped by the makers of the literature. To claim descriptive adequacy, an analysis must formulate a hypothesis that accounts for the facts as to a myth's names and titles. Such facts can disconfirm an interpretation.

This basis for this approach to Chinookan myths was developed first with regard to Kathlamet Chinook. The first insight had to do with the stem *-k'ani*, which occurs in the formal close of many Clackamas and Kathlamet myths, and which regularly occurs in Kathlamet myth titles together with the name of an actor. The aboriginal range of meaning of *-k'ani* is variously translated into English as 'myth character; nature; customary traits, habits, ways'. In effect, "the title of a myth singles out from the set of supernatural dramatis personae one or two whose ways, innate nature (*-k'ani*), perhaps ultimate contribution to mankind, are to be defined by being exhibited in the action of the myth. The titled actor need not be the initiator of the myth's action, nor the protagonist. Often enough, the initiator or protagonist is an anonymous human [. . .] The title directs attention to the moral rather than to the action, protagonist, or scene. In general, the telling of myths was an act of pedagogy, of cultural indoctrination, and it is in terms of this goal that the titles were selected" (Hymes, 1959, p. 143). Generally the first or only named actor of two is the focus of the myth's attention.

If the Clackamas title: "Seal Woman and her younger brother dwelt there" is taken seriously in the way just indicated, the first interpretation is turned on its head. What had seemed the least important figure (Seal) becomes most important. Can such an interpretation actually be sustained? In point of fact, the title can be shown to be motivated in relation to the myth. Such a hypothesis makes coherent sense of the manifest structure of the myth, and of its place in a series of myths, leading to a new understanding of its theme. To show this we must reconsider the evidence as to the nature of the plot.

The plot: The girl's culpability

We have seen that on the first interpretation the conflict central to the plot is one between in-laws, expressed by a climax (murder) caused by the girl's rude speech with regard to the "wife". In point of fact, the girl does not cause the murder.

Notice first that the girl's culpability must be localized in the first scene. In the second scene, the murder is already under way, if not complete. What she says is in response to evidence of the murder (the dripping); it cannot be its cause.

Notice second that the mother's response in both the first and second scenes is of closely parallel form. She replies: "*åk'waška*!" (Do not say that), followed by a phrase which begins with specification of "your uncle". (In the first scene it is "your-uncle his-wife", in the second "your-uncle those-two-are-copulating-together".) The structural parallels suggest that both scenes make the same point, and that the focus of concern as to propriety in speech is in each case, not the "wife", but the uncle.

With regard to the first scene, the girl's culpability turns on the inference that her statements are heard by the "wife", and so provoke her to murder. If not heard, the statements could hardly provoke. Yet there is no evidence that the statements are heard by anyone ("wife" or uncle) other than the mother to whom they are explicitly addressed. That the audience for the girl's warnings is specifically the mother is indicated further by her remonstrance at the end of the myth: "I tried to tell YOU [my emphasis – D.H.] but in vain [. . .] You said to me . . .".

The text requires no inference other than that the mother shushes the daughter because one is not supposed to speak in such a way about matters related to one's uncle's private life. As noted, this is in fact what the mother does say: "Don't say that! Your uncle + X!" There is not for example, a premonitory "Your uncle's wife will hear you", let alone a warning as to consequences of speaking so. In this connection consider the pattern of a myth and a tale in which a younger person is indeed warned not to say something, because bad consequences will befall ("Kušaydi and his older brother", Jacobs, 1959a, pp. 354-355; "A boy made bad weather", Jacobs, 1959a, p. 456). The identical shushing word (åk'waška!) is used as is used by Seal, AND the bad consequences (which do occur) are stated in the warning. This partial identity and partial contrast indicate that bad consequences are NOT implicit in Seal's response.

Other facts are also at variance with interpretation of the girl as culprit. The motivation of the murder is not expressed in the text. The first interpretation comments that Clackamas would have rationalized the situation by blaming the girl (Jacobs, 1960, p. 241). Not only is there no reason to consider that the girl COULD have caused the murder, as we have seen, but also there is no reason to consider that the girl NEED have caused the murder.

First, murders are not necessarily motivated in Clackamas myths. They may be taken as expressions of the intrinsic character of an actor. Jacobs in fact observes that the "wife" acts as do dangerous, self-appointed wives who murder in other Clackamas myths (Jacobs, 1960, p. 241).

Second, the "wife" is in origin not a murderous transvestite or homosexual, but a trickster. The only known Northwest Coast parallel to the present myth consists of eight Tlingit, Haida and Tsimshian versions involving the well known figure of Raven (equivalent to Coyote in the Chinookan area). Boas (1916, p. 692) comments as follows: "This tale occurs in a number of distinct forms. In the Tlingit group it leads up to the tale of how Raven kills the seal and eats it – an incident which is treated independently among the southern tribes." Boas notes that the Haida versions conclude with an account of how the true character of Raven is discovered (*e.g.*, by his tail or gait; cf. Clackamas sound of urination). A Tlingit version concluding with the killing of the husband (Seal) is abstracted as follows (Boas, 1916, p. 394): "Raven goes to visit the chief of the Seals. He assumes the shape of a woman and transforms a mink into a child. The chief's son marries her [Raven]. The man goes out hunting, and on returning washes himself in the house. One day when he goes out, Raven pinches the child and makes it cry. The man hears it and returns at once. The woman remarks that this is an evil omen. At night she presses Mink on his mouth, and suffocates him; then she cries and wants him buried behind a point of land. She wails at the grave. Another man wants to marry her, and sees her sitting by the body and pecking at it. Then the people catch Raven, smoke him, and make him black." References are given also by Thompson (1928, p. 304, nº 109). Clearly the source of the story is a typical trickster tale in which the trickster assumes woman's form to seduce a victim. (The distribution of a cognate form of the story in the Eastern Woodlands suggests that the tale is an old one; there are possible parallels in Indic and Japanese traditions. I am indebted to Alan Dundes for these observations.)

Whether the "wife" in the Clackamas myth is still essentially a trickster, or has been assimilated implicitly to the role of ogre, "she" is entirely capable in Clackamas terms of compassing the death of her husband. No provocation is needed, and none is expressed.

Finally, the assignment of the girl to the "youngest smartest" type is justified precisely because she acts as do her parallels in other Chinookan myths, who sense that someone is a trickster and/or a danger. (Some of Jacobs' comments are to this effect.) It is contradictory and unparalleled to have "youngest smartest" responsible for tragedy in virtue of the very trait for which she is prized. In general, the girl's place in the myth simply is not that of a young person whose conduct has brought on catastrophe. When the Clackamas wish to make such a point in a story, they leave no doubt of it, as in "A boy made bad weather" (cited above), and other "Tales of transitional times" about children in the same collection.

The plot: Seal's culpability

It is not the girl, but Seal, whom the myth treats as culpable. Let us consider the most closely analogous myth in the Clackamas collection, that of "Crawfish and her older sister (Seal)" (Jacobs, 1959a, pp. 376-379, nº 43). There are a younger and an older woman; the younger woman is troublesome by talking too much about the wrong things: she brings a disaster upon herself and her sister by doing so; she weeps; there is a speech of remonstrance. The differences, however, are instructive. Most important, the speech of remonstrance is made by, rather than to, Seal; and it is quite clear that the actor who receives the speech of remonstrance is taken as being in the wrong. If in the one case it is Crawfish, then in the myth being analyzed, it is Seal.

Recall also the significance of the structure of titles. The myths under consideration are the only two whose titles focus on Seal and a younger woman. The myth whose title is "Crawfish and her older sister" clearly exhibits the consequences of acting as did Crawfish. "Seal and her younger brother dwelt there" must be taken as exhibiting the consequences of acting as did Seal. (Furthermore, the second person identified in each title is one who suffers from the behavior of the named actor.)

The interpretation of the plot along these lines becomes especially clear when we see the situation of "Seal and her younger brother dwelt there" as part of a group of such situations in Clackamas myths. The trio of consanguineal relationships among actors, mother: mother's younger brother: mother's daughter, is in fact not isolated, but one of the recurrent patterns of relationship in Clackamas. It is found in three other myths, or a total of four of the forty-nine known to us. Let us consider the pertinent parts of the three additional myths in turn.

(1) "Grizzly Bear and Black Bear run away with the two girls" (Jacobs, 1958, pp. 130-141, nº 14). The pertinent part (pp. 132-134) shows the trio and a dangerous spouse as well, this time a male (Grizzly). The wife he has obtained has borne two children, first a girl, then a boy. Five times the mother and her daughter go root-digging. Four times the girl urges her mother to hurry back home, but the mother will not do so; when they do return, the girl strikes her Grizzly brother and is stopped by the mother. The fifth time the girl forces the mother to

return earlier, and proves (by forcing a still uneaten toe from the young Grizzly's mouth) that the Grizzlies, the younger one taking the lead, have killed and eaten the mother's five younger brothers, as each came in turn.

The myth as a whole has to do with complex relations between Grizzly nature and human identity, and the portion dealing with the consanguineal trio is not expressed in the title. The situation itself, however, is quite fully parallel to that of the Seal myth. The roles of the consanguineal trio relative to each other are quite the same, and there is no doubt but that the girl is correct in attempting to avert calamity, nor that the mother, by failing to respond, bears a responsibility for the deaths of her younger brothers. Indeed, as a direct parallel, this portion of the Grizzly myth might be said to clinch matters. There is something to be learned, however, by considering other myths as well.

(2) "Cock Robin, his older sister and his sister's daughter" (Jacobs, 1959a, pp. 301-310, n° 31). The pertinent part (31A) shows only the consanguineal trio. The older sister instructs Cock Robin to bake roots for his niece (her daughter) when she cries; when the girl cries, he misrepeats the instruction to himself and bakes her instead, burning her to death. His sister returns to find him crying. He explains that he had done as told. She explains the actual instructions, and he replies that he had not comprehended.

Here the roles of the consanguineal trio relative to each other are changed. It is the younger brother who does not respond adequately to what is told, the older sister and mother who gives the information for dealing with a situation, and the daughter who suffers consequences. Such a change is extremely telling, however, for the structure of the title changes accordingly. The overt order, as between this myth and that of Seal, differs: here, younger brother, older sister, daughter; there, older sister, (daughter), younger brother. (The first sentence of the Seal myth introduces the actors with the daughter between the other two.) The functional order is the same:

Culpable actor: advising actor: victim

Thus, the two myths so far considered show one an exact parallel and one an exact covariation in support of the second interpretation of the role of Seal.

A SEMANTIC FIELD OF MYTH SITUATIONS AND ACTORS

The remaining myth having a situation involving the same consanguineal trio opens up a larger series, one which is in effect a small semantic field, or typology, of Clackamas myth situations and actors.

(3) The myth is "Blue Jay and his older sister" (Jacobs, 1959a, pp. 366-369, nº 41). Jacobs describes the latter part of the myth (which is a series of similar episodes) as garbled (the myth having been the first dictation taken from his informant), but the initial episode (41A), which is the only one showing the consanguineal trio as a whole, is clear. His elder sister speaks to Blue Jay in jest. He responds as if the statement were an instruction, and copulates in the sweathouse with a corpse. The girl (his niece) hears him laughing and tells her mother. (Copulation is associated with laughter among the Indians of the areas.) Her mother considers the information, gives it a polite explanation, and cautions the girl not to go to the place ("*åk'wašga*"). The girl, noticing a foot sticking out from the sweathouse, goes to it anyway, pulls and when the foot comes off, takes it to her mother. Blue Jay's older sister now runs, discloses the corpse inside the sweathouse, and tells Blue Jay to put it back, which he does.

The roles of the consanguineal trio relative to each other are the same as in the previous myth of Cock Robin, except for one notable fact: no injury is done to any of them (in particular, not to the girl). This myth might thus seem to count against, or be an exception to, the analysis given so far. The fact is that it, together with the other myths just discussed, is not an exception, but takes its place as a part of a larger set.

The existence of such a set was discovered by use of the method described by Lévi-Strauss (1963a, p. 16):

"(1) define the phenomenon under study as a relation between two or more terms, real or supposed;

(2) construct a table of possible permutations between these terms;

(3) take this table as the general object of analysis".

The two terms from which the series is generated must obviously be defined in a way appropriate to the myth of Seal and her younger brother with which we have begun. If we consider the myth from the standpoint of Seal, she is seen to uphold a social norm (as to propriety of speech) at thc expense of heeding and making adequate response to her daughter's attempts to inform her. Generalizing, we may say that the opposition is one between maintenance of formal expectations, general social roles, proprieties, on the one hand, and the heeding of or appropriate response to information about a particular empirical situation, on the other. If we summarize the two terms of the relation as the maintenance of two types of rationality, that of SOCIAL NORM, and that of EMPIRICAL SITUATION, each term can readily be seen as capable of two values. FOR SOCIAL NORM, the values are (+) *Upheld*, and (—) *Violated*. FOR EMPIRICAL SITUATION, the values are (+) *Adequate response*, and (—) *Inadequate response*. The possible permutations give rise to a series:

	1	2	3	4
SOCIAL NORM	+	+	—	—
EMPIRICAL SITUATION	+	—	+	—

Of the myths containing the consanguineal trio in question, the first three (those of Seal, Grizzly, Cock Robin) are all of the type 2 (+ —). The case with regard to Seal has just been stated above. In the Grizzly myth the mother persists in her responsibility to provide food (replying to the girl: "Go dig roots!", and: "We will be bringing nothing back" (if we return now) (Jacobs, 1953, p. 132, 133). The urging of her daughter, and the daughter's strange behavior on returning home, give her plenty of indication that something is wrong; but until actually forced by the daughter, she will not give up root-digging to return in time to encounter the physical evidence which (by convention of the myth) is the only way she can be told exactly what is wrong. (A situation of the general type [+ —] also occurs with regard to the headsman at the end of the myth [Jacobs, 1958, pp. 140-141], when he disastrously ignores his children's warning of the changing nature of the wife who has come to him.) In the Cock Robin myth Cock Robin perseveres in following his sister's instructions but without having understood what the particular instructions are and at the expense of the obvious consequences to be anticipated by so persevering. (The text makes clear that the misunderstanding of two similar words (more similar morphonemically even than phonemically) is involved: *a-m-(a)-a-l-či-ya* 'you(*m*) will (*a . . . ya*) bake (*či*) it ((*a*)) for (*l*) her (*a*)': *a-m-(a)-u-ši-ya* 'you (*m*) will (*a. . . . ya*) bake (*ši*) her ((*a*))'.

In the myth of "Blue Jay and his older sister", there is no question of Blue Jay upholding social norms. Throughout Clackamas mythology he is variously cruel, thievish, stupid, a buffoon, and the like. Given that he also (as in all the episodes of the myth in question) responds incorrectly to what he is told to do at the expense of the obvious empirical consequences, the myth focussed upon him as first named character must be taken as being of type 4 (— —). (The situation is somewhat different as between this myth and the last. Cock Robin mistakes an actual word, and his sister explains to him what had actually been said; Blue Jay mistakes the import of words actually used [in the Clackamas version], as indicated by his sister's use of the introductory expression "*wiska pu*" and her admonishing use of "*dnuči*" [not ever]; she explains to him how what was said should have been taken. In this respect Blue Jay violates a social norm as to speech.) "Skunk was a married man" (Jacobs, 1958, pp. 179-180, nº 19) is a similar case. Skunk does not hunt as he should. When he does, he mistakes one homonym in his wife's complaint for another, and brings back, not BREAST of deer, but his own pulled teeth.

Other instances of type 4 (— —) are found in "She deceived herself with milt" (Jacobs, 1959a, pp. 348-350, nº 39) and "Kušaydi", (Jacobs, 1959a, pp. 350-365, nº 40). In the first a woman persists in insulting another woman whose (magically obtained) husband she has stolen, despite warning to desist, and in consequence she loses the husband. In the latter part of the second myth (Jacobs, 1959a, pp. 365*sq.*) the murderous hero Kušaydi insists upon eating something against which he has been warned by both his older brother and the woman preparing it; he dies in consequence, and his older brother pronounces that it shall be so for all killers. In both cases, thus, a person who has not observed social norms (mate-stealing, murder) fails to heed sufficient warning and suffers the consequences. (The case is the same with Fire's great grandsons at the end of the myth of "Fire and his son's son" [Jacobs, 1959, p. 129] and with Grizzly in the myth of "Grizzly Bear and Black Bear ran away with the two girls". The actors in question participate in murder, fail to heed warnings, and die in consequence.)

Type 1 (+ +) is not common in the Clackamas collection. I suspect that myths told aboriginally by males might have had more examples of male heroes to whom the type would apply. We find it here in "Coyote and his son's son and their wives" (Jacobs, 1958, pp. 19-20, nº 2), wherein Coyote acts to maintain social propriety and heeds his grandson's information and advice (not without some intervening humor before the correct outcome for the cultural period is laid down). In "Black Bear and Grizzly Woman and their sons" (Jacobs, 1958, pp. 143-156, nº 16) Black Bear's sons behave, especially the named hero Wasgúkmayli, responsibly, heed their mother's advice, and later Crane's, and succeed both in avenging her and outwitting Grizzly Woman. In "Greyback Louse" (Jacobs, 1959a, pp. 334-340, nº 36) the youngest Grizzly behaves well toward Meadow Lark, heeds her advice, and succeeds in outwitting and transforming Greyback Louse so that she shall not kill people, only bite them.

Type 3 (— +) is represented by the title character of "Crawfish and her older sister" (Jacobs, 1959a, pp. 376-379, nº 43). While Crawfish misbehaves, she does respond properly to the consequent situation and her sister's instructions. The outcome is that the relation between the two is dissolved (at which Crawfish weeps), but without personal tragedy; each takes on its appropriate nature for the cultural period that is to come, and that of Crawfish is positively valued, as beneficial to mankind. (The second portion of the Cock Robin myth might invite the same interpretation, given its outcome with regard to him, which is quite parallel to that of Crawfish; but as he has both misbehaved [stealing fish and not sharing food with his siblings] and ignored opportunity to behave correctly, the outcome is rather a matter of "just desserts" [— —], modulated from incipient death by burning [cf. the fate of Grizzly] to transformation depriving him forever of what he had misappropriated.)

In "Seal took them to the ocean" the protagonist Seal Hunter has behaved meanly to his elder brother, but during the course of the adventures underwater consistently heeds Seal's advice, so that he and his fellows survive each test. They do not, however, return wealthy from their encounter with the supernatural, but poor (Jacobs, 1958, p. 226); later they become transformed. Notice that the otherwise puzzling outcome (Jacobs, p. 290, nº 226) of the one brother, Seal Hunter, being poor, fits his place as protagonist in the semantic field being analysed (— +).

In other myths the people at the end of "Tongue" (Jacobs, 1959, pp. 369-375, nº 52) and the wife (Sun) at the end of "The Basket Ogress took the child" (Jacobs, 1959a, pp. 388-409, nº 46) fit the type. Misbehavior (insult in the one case, disobeying instructions in the other) is complemented by effort at correction ("Tongue") and positive deeds ("The Basket Ogress took the child"), with the result a mixed outcome in which actors are separated and transformed into the identities they will have in the cultural period.

A set of situations belonging to this type occur when a series of girls come to obtain a husband (improper behavior) and are killed except for the fifth and last, who receives and follows the advice of Meadow-

Lark, and so saves herself ("Snake Tail and her son's sons" [Jacobs, 1958, pp. 194-199, nº 24]; "Awl and her son's son" [Jacobs, 1958, pp. 226-241, nº 27]. In each the youngest girl weeps at the fate of her older sisters, but also puts an end to the danger (pronouncing that snakes will not kill people in the cultural period to come in the one case, returning Awl from temporary identity as a dangerous being to status as an inanimate object again in the other).

The contrasting values of the four types can be rather clearly seen. When social norm is observed, and when advice and circumstances are properly heeded, events come out as they should for the actors concerned and for the future state of the world (the cultural period in which the people will have come) (Type 1, + +). When social norm is observed at the expense of heeding an empirical situation, the result is death and even tragedy (Type 2, + —). When social norm is violated, but advice and circumstances are properly responded to, the outcome is mixed (Type 3, — +). There is an ingredient of misfortune but it is not unrelieved. When social norm has not been observed, the consequences of not heeding advice and circumstances are effectively "just desserts" (Type 4, — —).

SECOND INTERPRETATION (RESUMED)

Significance of actors

The manifest action of the myth, and a view of the structural role of titles, led to the hypothesis that the myth expressed first of all the nature (*-k'ani*), not of someone acting like the "wife", but of someone acting like Seal. Analysis of the place of the main actors in a larger series of myths and myth situations has confirmed the hypothesis. The leading theme of the myth is the conduct of Seal. The behavior of the girl is not a device to express the horror of an ambiguously sexed and hateful "female" in-law, but rather, an ambiguous "female" is a device to express the failure of a proper woman to relate to a danger threatening one she should protect. The myth uses a stock villain to dramatize a relationship subtler than villainy. The female figure whose nature is focussed upon in the title and disclosed in the action is not one who is feared for her violation of social norms but one who is too fearful in her keeping of them.

The girl shares the stage with Seal, and as primary protagonist and most expressively characterized actor, ranks almost equal to her. (Her significance will be brought out further in the sections immediately following.) Although largely passive, the younger brother is important for the relationship identified in the title, and as object of the mourning of both Seal and the girl. He is the one whose fate exemplifies the nature of the actor the title first names. Notice, on this account, that he is presumably not homosexual. The trickster origin of the "wife" indicates that her female form is the result of transformation, not transvestitism or hermaphroditism, and that the urinating with the sound of a man is simply a clue to essential identity parallel to such clues in other North Coast analogues. It is indeed a difficulty with the first interpretation that a horror reaction to homosexuals should implicate the younger brother and uncle who is the object of the women's great concern. On the second interpretation the difficulty disappears, together with any significance of the "wife" as a focus of homosexual fears. The horror of the second scene is not the copulation, nor the murder (which is committed off stage, and never stated as occurring), but its discovery, and the retrospective realization of what has preceded its discovery, the enormous disparity between the reality of danger and Seal's response. As observed, the "wife" is significant only as a means of dramatizing the relations among the other three via the husband, as is shown by the fact that the denouement is one, not of revenge toward "her", but of grief for him. In the myth as we have it, "she" is least important, a mechanical villain.

Dialectics of actors

A further richness of this short myth can be found by utilizing a second method demonstrated by Lévi-Strauss. It is that in which a myth is understood in terms of a progression from an initial proposition through a succession of mediating terms (Lévi-Strauss, 1963b, p. 224). I am not able to provide an analysis precisely comparable to those achieved by Lévi-Strauss, but if one asks, what in the present myth answers to the form of the method, further insight emerges.

An initial opposition is given in the title of the myth. It is Seal: younger brother. A development of the initial pair in the form of a triad is given in the introductory sentence of the myth, which presents Seal, her daughter, her younger brother, in that order.

Several aspects of the relationship suggest themselves. Seal and her younger brother are both adult, but the one is female, socially responsible (as elder sibling and mother), and sexually experienced, while the other is male, not yet socially responsible (as younger sibling and bachelor), and as yet sexually inexperienced, although eligible for such experience. The girl is female, like her mother, but sexually inexperienced, like her uncle. She is, I would suggest, attentive both to the claims of social responsibility, such as her mother should show toward her (the mother's) younger brother, and of sexual maturity, such as her uncle embarks upon. Hence she may be seen as an appropriate potential mediator between what Seal and Seal's younger brother respectively express.

As we know, the girl's efforts are to fail. The myth develops in two scenes which present now the girl and her mother as the opposing terms. Between them in each are posed middle terms which are not so much mediational as ambivalent, ambiguous, susceptible of interpretation in the light of either of two prior concerns. The first is the "wife", presented as a bundle of two features: a socially proper role, that of "your uncle's wife", and a behaviorally incongruous fact, that of urinating with a sound like that of a man. The second is the dripping from the uncle's bed. As a result of marital copulation, it is socially proper, and not to be noticed. As a signal of danger, it is, as it proves to be, evidence of a murder. In each case the mother explains away in terms of social propriety what the girl has seized upon as experiential fact.

The final scene has also a triad, but perhaps only in narrative form. The girl remonstrates and mourns, then her mother mourns, then again the girl. Structurally there seems no middle term, unless it is the death to which each woman responds in character, but independently. Having remonstrated, the girl ends weeping alone; the mother ends repeating a formula.[16] The dialogue is dissolved, and with it the possibility of resolution of the opposition of the underlying terms.

In outline form, we have:

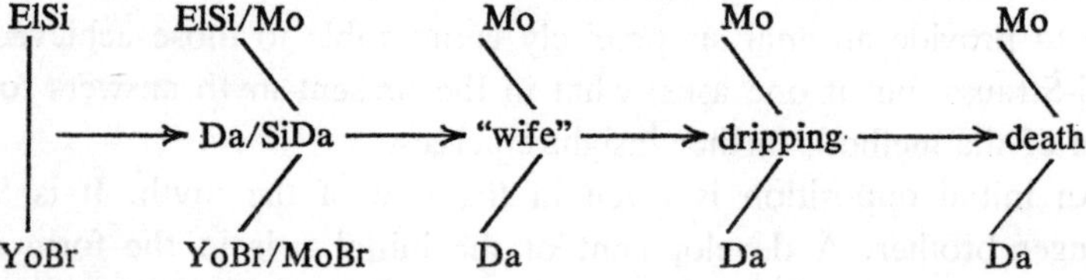

16 Notice that hitherto the speech acts of the two acts had been designated by the inherently transitive stem- *-lxam* (rendered always 'told' in the revised translation). The mother's words in the denouement are introduced and concluded, and the last words of the girl are introduced, with the inherently intransitive verb stem *-kim* (always rendered 'said'). Choice of verb stem thus marks the final isolation of each speaker, speaking without addressee.

Given this formal development, what are we to make of it? In one sense, of course, it is another way of stating the place of the myth in the semantic field indicated above. In another sense, the dialectical form draws attention to implications of the myth which are matters not only of a place in a larger series, but also of individual qualities of imagery, tone, and expressive detail. In general, the structure and theme of the myth are as has been stated. In particular, they are something more.

Imagery

If the imagery of the myth had not been attended to before, the position of the dripping, correlative to that of the actors, would demand attention to it. In point of fact, three strands of imagery are interwoven in this brief narrative. The first is one of light: darkness in a relation like that of figure to ground. All the dramatized action takes place at night (they 'go out' at night to urinate; of the second scene the narrator remarks, before mentioning copulation: "I do not know what time of night it was . . . .") Darkness is to be presumed. As the climax is realized, the visual setting changes correlatively: the girl rises, fixes the fire, and lights pitch. When she looks by that light into her uncle's bed to discover the dripping from it to be his blood, the moment is quite literally one of truth, and light the appropriate symbol of its acquisition.

The second strand of imagery sets off the two main actors in terms of experience of wetness, on the one hand, and of speech exclusively, on the other. Each major scene involves the girl in experience of something having a liquid aspect: the "wife" 's urination; the uncle's blood; her own tears. These sensory experiences are specific to the girl. The mother hushes report of the first two, and speaks, as against the girl's tears, in the last scene. Seal's relationship to speech is patently symbolic of social propriety. I suggest that the girl's relationship to wetness expresses a different mode of experience, one in part at least sexual. (Compare, too, the concreteness of the girl's experience of urination, copulation and ejaculation as against the euphemistic expression of each in ordinary Clackamas terms.)

The third strand of imagery focusses on the girl. She HEARS the urination. She then hears, but first FEELS, what drips down (on her face). At the climax she SEES blood. In the denouement she herself PRODUCES tears. I suggest that this sequence of modes of sensory experience (hearing, feeling, seeing, weeping) progresses from the more passive and remote to the more active and immediate (indeed, internally caused).

Quite literally, in bringing light into the darkness, the girl has been brought to a knowledge of blood and death. The final weeping represents full assumption of the mode of experience symbolized.

Tone and expressive detail

The tone and expressive detail of the narration confirm the imagery in pointing to a special concern with the figure of the girl, contrasted to that of the mother. Her effort to prevent tragedy is heightened in the second scene by the detail that not only does she warn her mother verbally, but first shakes her. The intensification of the confrontation between the two is heightened on the mother's side by the fact that she does not immediately respond with "*åk'waška!*", as in the first scene, but with "*m̂* . . .", as if hesitating or considering before deciding how to interpret the information as to dripping, and by the modulation of the hushing word here occurring without exclamation mark.

The denouement, one of the finest in Clackamas literature is, within its terse conventions not only well prepared for, but also highly dramatized as a contrast between the girl and mother that reaches into the verbal particulars of the lament of each. Seal exclaims: "Younger brother! My younger brother! They [his house posts] are valuable standing there. My younger brother!" The myth adds: "She kept saying that". There is a touch of personal feeling in the directness of the first word, the uninflective vocative (*awi*), before the inflected term of reference (correspondingly used also by the girl). The statement as to the house posts may heighten the scene, showing the death to have been that of a rich and important man (as Jacobs observes); it also suggests that concern for social position dominates. We know from another myth (Jacobs, 1959a, p. 408) that a formal lament was proper at the death of someone. With Seal we seem to have here almost exclusively that, although repeated and repeated, in an implicit state of shock.

In its brevity and social reference Seal's lament sets in relief the extended laments of the girl which enclose it. Her first lament is the myth's longest speech, and an unusually long speech for any Clackamas myth. Its emotion is indicated in part by the adding of explicit reference to the urination like a man. (The precise words for "man-like" and "she urinated" are added here to the expression for "go out" with a sound like *ƛ' a* found in the first scene. Jacobs translates the two occurrences of the former addition "exactly (like)" and "just (like)" to convey that the use of the explicit term is forcefully expressive.)

The girl mingles remonstrance with remorse, throws back "*åk'-waška*" at her mother, and weeps. After Seal's lament, it is said: "But the girl herself wept". She repeats her remorse in heightened form, adding "in vain" (*kinwa*), and ends with the kinship term preceded by a particle openly stating her emotion: "*áná* my uncle! *áná* my uncle!" (In Wishram the particle is glossed as expressing "grief, pain, pity, remorse".) Jacobs has observed that direct linguistic statement of grief is rare in Clackamas literature. Notice moreover that the use of the particle is modulated; first it is doubly stressed, then singly (Jacobs translates: "Oh! Oh!", then: "Oh!"), as if the words are descending into the tears that follow. It is only the girl who weeps, and it is with her weeping that the myth ends.

It is difficult to imagine a reading that does not find the denouement, like the scenes leading to the climax, a fabric woven about a character contrast between mother and girl, a contrast of which the girl is implicitly the heroine.

The role of women and the form of the myth

The myth, in short, has something more of significance as to feeling about women than its disclosure of Seal. To be sure, the girl is in part Cassandra in the first scene, part Greek chorus in the last. Her role fits the part of "youngest smartest", and represents as well the "immobilism", as Jacobs terms it (Jacobs, 1959b, pp. 169-172) prescribed for Clackamas women – the expectation that women are not to take the lead and, although not passive, are to act through men if men in the correct social relationship are present. The girl can be seen to act properly by not going to the uncle herself, but trying to act through the only proper intermediary available to her, her mother, the uncle's older sister. Her discovery of the murder, when all has failed, may still be assigned to the "youngest smartest" role. The ending of that climax, however, on her scream, and the expressive detail and tone of the denouement suggest something more, something which is equally pointed to by the way the strands of imagery are woven about her. Over against the structural significance of Seal, there emerges something of an individual quality in the role of the girl. She seems the voice of a concern for personal loyalty as against social propriety; sensory experience as against verbal convention; personal feeling as against formal experience of grief; of an existential situation.

Was this concern aboriginal? We cannot be sure. Two points, however, can be made. First, it would be foolish to assume that a uniform literary criticism and interpretation of myth prevailed among the Clackamas, or among any other "primitive" or "tribal" community. Indeed, the persistence of interpretative differences between men and women can be documented even today. I first heard a rather wide-spread plot as to how Coyote tricks a girl into intercourse from a man, who enjoyed telling it to me as a man's story at the expense of women. Later a woman mentioned it as a story her grandmother had told her to warn her against men.

An aboriginal male audience may well have had a special interest in the myth in its original form, an interest perhaps including a horror reaction to homosexuals. The myth as we have it titled and told now is testimony to the special interests of women. I myself see no reason to think that as much of the myth as we have does not tell something about the aboriginal society's feelings about females; only it does so, not from a male, but from a female standpoint.

Second, as reinterpreted as a confrontation between women, from the standpoint of women, the present myth makes sense in terms both of its history and its form. It has reached us through a line of women. (Jacobs' informant, Mrs. Howard, had her knowledge of myths from her mother-in-law and her mother's mother ["Seal and her younger brother dwelt there" from the former][17].) I find that transmission reflected in the detail of the handling of female actors which is often more salient and moving than the handling of male actors; in the large proportion of myths which involve significant female actors; in the recurrent use of the rather matrilineal trio of Mo, MoDa, MoBr; and in the remembrance in some cases of only that portion of myths having to do with female actors. This last point applies to "Duck was a married woman" (Jacobs, 1958b, pp. 184-185, n° 21) and "Robin and her younger sister" (Jacobs, 1959a, p. 380, n° 44); and I believe it applies to "Seal and her younger brother dwelt there".

The selective retention and phrasing of tradition under acculturation by a sequence of women is reflected in the form of the present myth, not only quantitatively (how much is retained), but also qualitatively.[18]

[17] Hymes (1965, p. 338) inadvertently substitutes mother's mother as the source.

[18] I have not succeeded in phrasing in English the exact effect the myth conveys to me. One component of that effect is that I feel there may somehow be something implicitly expressive of the acculturation situation in the contrast so thoroughly drawn between convention and experience – as if the mother accepts, or stands for the acceptance of, the strange newcomers, the whites (called *k'ani* for their marvel-

The present form of the myth is not as such incomplete; rather, it has remarkable unity. In terms of the structural analysis of the title's focus upon Seal, and of the place of that focus in a larger semantic field, the text is a complete expression. In terms of the dialectics, imagery, and expressive detail woven about the girl, the text is not only a whole, but an expression whose unity is complex and effective.

The relation of the form of the myth to women, and a girl's personal experience, has been further supported by the work of Michael Silverstein with a Wishram speaker, Mrs. Ida White, at Yakima reservation, Washington, in August 1968. Mrs. White volunteered a related story. The setting is different, involving a brother who disguises himself as a girl to revenge his twin sister against the husband who had beaten her to death, but the scene in which the murdered man's niece experiences dripping underneath his bed is the same. When Mrs. White reached this point, she lapsed into Wishram (having spoken hitherto in English), for the word 'blood' and the girl's encounter with it. This point of the myth would seem to have been for her inseparable from its original verbal form, the most powerfully carried over. The change suggests that this point of the myth was for her inseparable from its original verbal form, or at least that here the myth awoke most strongly her own experience of, and identification with, it.

I take the possibility of explaining the form of the myth as strong support for the interpretation offered here.[19]

CONCLUDING REMARK

The second interpretation gives the myth something of an Oedipal ring. It is perhaps ironic that the Oedipal theme, which the author of the first interpretation is quick to catch in his work with Clackamas literature, here is merely mentioned in passing (Jacobs, 1960, p. 239), whereas its pursuit might have led to a quite different understanding. Again, Seal

ous customs, and *kuxnipčk*, 'they come up from the water', as ones with whom one can enter into conventional reciprocal relationships (*i.e.*, trade), and as if the girl stands for a realization that the strange ways are not only different but dangerous and will destroy them (by destroying their men, who were the main casualty of the acculturation process). But all this is speculative.

19 Cf. Burke (1950, p. 162): "The ability to treat of form is always the major test of a critical method." Burke makes the point in reference to another case in which the conclusion of a work had been regarded as without motivation in relation to the test.

Woman is discussed elsewhere in a tenor quite compatible with the second interpretation, indeed in a way that would seem almost to imply it. Discussing the occurrence of Seal in three myths, Jacobs finds no commonality, but commends on her role in the myth in question here as that of "a woman who followed etiquette in being so circumspect and uncomprehending about perils in an in-law relationship that she did not act in time to save the life of her younger brother, whose wife decapitated him. The delineation was of a well-mannered and weak or frightened woman" (Jacobs, 1958, p. 161).

In a similar context Seal is referred to as "a woman who was so cautious about in-laws' feelings that she failed to act in time to save her brother's life" (Jacobs, 1958, p. 162).

I had worked through my reinterpretation in relation to the text, before coming to these passages. Obviously the statements apply brilliantly to the myth as reinterpreted here. Equally clearly, they were lost sight of in the actual formal interpretation of the myth in the volume devoted to such interpretation (Jacobs, 1960, pp. 238-242), if indeed they do not contradict it.

The methodological point would seem to be this. Despite the richness a sociopsychological perspective provides, prior reliance upon its insights can override and even conceal the import of a myth. Focus first on what is essentially at best a latent content can lead interpretation far from actual dramatic poignancy and skill.

This is not to say that structural analysis is infallible. An a priori structural approach may be as mistaken as an a priori sociopsychological one. Both may mistake the relation between the underlying form ('deep structure') and the overt form ('surface structure') of a myth. In the present case a 'typological' or 'morphological' approach might readily find an instance of a relation INTERDICTION: INTERDICTION VIOLATED. Some such relation is indeed present in overt form, but, as has been shown, to infer that the violator of the interdiction is the culpable party, responsible for the consequences that follow, would be an error. It would be the very error made by the first interpretation.[20]

[20] Here we can see justification for speaking of 'surface' and 'deep' structure. Just as in syntax the nouns occupying the roles of subject and object in surface structure may have the opposite roles in deep structure (as with a passive sentence in English), so in a myth actors occupying the roles of 'admonisher', or 'advisor', and 'violator', in surface structure can be seen to have the opposite roles in deep structure. More precisely perhaps, the girl appears as violator, her mother as admonisher, with respect to maintenance of social norms, but as advisor and violator, respectively, with regard to empirical situation. The same overt relation thus could be taken as serving two different underlying relations.

Focus first on what is at best a part of overt form, and failure to distinguish it from under lying form, can also lead interpretation astray.

In sum, a structural analysis of the features and relationships of a myth must be made, and must be made in terms specific to the genre in the culture in question.

REFERENCES

Boas, F.,
1916 "Tsimshian Mythology", *Bureau of American Ethnology, Annual report* 31 (Washington, The Smithsonian Institution), 29-979.

Burke, K.,
1950 *A Rhetoric of Motives* (New York, Prentice-Hall).
1957 "The Philosophy of Literary Form", in: *Studies in Symbolic Action* (New York, Vintage Books). (First published, Baton Rouge, Louisiana State University Press, 1941.)

Chomsky, N.,
1964 "The Logical Basis of Linguistic Theory", pp. 914-978 in: H. Lunt (ed.), *Proceedings of the Ninth International Congress of Linguists* (The Hague, Mouton).

Conklin, H. C.,
1964 "Ethnogenealogical Method", pp. 25-56 in: W. H. Goodenough (ed.), *Explorations in Cultural Anthropology* (New York, McGraw-Hill).

Dundes, A.,
1963 "Structural Typology of North American Indian Folktales", *Southwestern Journal of Anthropology*, 19, 121-130.

Frake, C. O.,
1962 "The Ethnographic Study of Cognitive Systems", pp. 72-85 in: T. Gladwin and W. C. Sturtevant (eds.), *Anthropology and Human Behavior* (Washington, Anthropological Society of Washington).

Goodenough, W. H.,
1956 "Residence Rules", *Southwestern Journal of Anthropology*, 12, 22-37.
1957 "Cultural Anthropology and Linguistics", pp. 167-173 in: P. L. Garvin (ed.), *Report of the Seventh Annual Round Table Meeting on Linguistics and Language Study* (Washington, Georgetown University Press).

Hymes, D.,
1959 "Myth and Tale Titles of the Lower Chinook", *Journal of American Folklore*, 72, 139-145.
1962 "Review of T. P. Coffin (ed.), *Indian Tales of North America*", *American Anthropologist*, 64, 676-679.
1964a "Directions in (Ethno-) Linguistic Theory", *American Anthropologist*, 66, 6-56.
1964b "A Perspective for Linguistic Anthropology", pp. 92-107 in: S. Tax (ed.), *Horizons of Anthropology* (Chicago, Aldine).
1965a "Introduction", pp. 1-34 in: J. Gumperz and D. Hymes (eds.), "The Ethnography of Communication", *American Anthropologist*, 66 6, Part II.
1965b "The Methods and Tasks of Anthropological Philology" (illustrated with Clackamas Chinook), *Romance Philology*, 19, 325-340.

Jacobs, M.,

1958 *Clackamas Chinook Texts,* Part I (Bloomington Indiana University, Research Center in Anthropology, Folklore, and Linguistics [Publication 8]).

1959a *Clackamas Chinook Texts,* Part II (Bloomington, Indiana University, Research Center in Anthropology, Folklore, and Linguistics [Publication 11]).

1959b "The Content and Style of an Oral Literature: Clackamas Chinook Myths and Tales", *Viking Fund Publication in Anthropology,* 26 (New York, Wenner-Gren Foundation for Anthropological Research).

1960 *The People are Coming Soon: Analysis of Clackamas Chinook Myths and Tales* (Seattle, University of Washington Press).

Lévi-Strauss, C.,

1963 *Totemism* (Boston, Beacon Press). (First published, Paris, 1962.)

1963b "The Structural Study of Myth", pp. 206-231 in: *Structural Anthropology* (New York, Basic Books). (First published, *Journal of American Folklore* 78, 428-444.)

Scharbach, A.,

1962 "Aspects of Existentialism in Clackamas Chinook Myths", *Journal of American Folklore,* 75, 15-22.

Spitzer, L.,

1948 *Linguistics and Literary History: Essays in Stylistics* (Princeton, N.J., Princeton University Press).

Thompson, S.,

1929 *Tales of the North American Indians* (Cambridge, Mass., Harvard University Press).

23

À PROPOS DE *LA RELIGION ROMAINE ARCHAÏQUE* PAR G. DUMÉZIL*

VJAČESLAV IVANOV

Le livre de G. Dumézil, où l'auteur fait le bilan d'une série de ses remarquables travaux sur la mythologie comparée, est une synthèse fort réussie de ses reconstructions hardies sur la religion indo-européenne et des résultats d'une analyse minutieuse des sources écrites romaines. Toute nouvelle recherche prendra comme point de départ les découvertes et les hypothèses de G. Dumézil.

La question principale que pose G. Dumézil dans ses nombreux ouvrages est celle de la quantité d'éléments dont est composé le système mythologique romain archaïque et du rapport entre ces éléments. G. Dumézil suppose que ce système était ternaire, mais il nous semble que pour une étude structurale, l'opposition binaire Mars-Quirinus pourrait présenter un intérêt particulier. Dans cette opposition, Mars (dieu de la guerre) se trouve en corrélation avec Romulus (fils de Mars), alors que Quirinus (dieu paisible agraire) est en corrélation avec le groupe social (fratrie) représentant l'antithèse de Romulus (l'identification de Romulus et de Quirinus se produira ultérieurement) (cf. la distinction typologiquement semblable des fratries de la Guerre et de la Paix chez les tribus indiennes d'Amérique du Nord). Dumézil parle d'une manière suffisamment précise du caractère dualiste de cette opposition Mars-Quirinus (pp. 78-82, 157,[1]) mais l'interprète en accord avec sa conception générale de la triple fonction des dieux indo-européens. Pourtant, lui-même conclut (pp. 152-153) à l'authenticité des témoignages selon lesquels les prêtres étaient partagés en deux groupes: *Salii* de Mars et *Salii* de Quirinus. L'organisation dualiste rituelle se reflète également dans l'appellation *duumuiri sacrorum* (p. 576), dans

* Paris, Payot, 1966, 684 pp. (Bibliothèque historique: Les religions de l'humanité).

1 Les chiffres indiqués entre parenthèses renvoient aux pages du livre analysé.

l'existence de deux groupes rituels lors de la cérémonie *October Equus* dont Dumézil démontre l'archaïsme (pp. 227-228), et dans le rituel des Lupercales où l'on trouve la distinction entre deux "gentes" (pp. 341, 564-565, 591).

L'interprétation des Lupercales comme d'une cérémonie reflétant la distinction dualiste des fratries a déjà été ébauchée par l'un des précurseurs de l'anthropologie structurale moderne, l'ethnologue russe A. M. Zolotarev (mort pendant la deuxième guerre mondiale dans un camp de concentration en Russie). En 1941, Zolotarev termina un ouvrage *Organisation dualiste des peuples primitifs et origine des cosmogonies dualistes*,[2] dans lequel, parmi les sociétés archaïques dont l'organisation dualiste se reflète dans le mythe des jumeaux, il étudia en particulier la Rome antique,[3] lui consacrant un paragraphe spécial (le quatrième) dans le chapitre 12 de son livre.[4] Zolotarev trouvait une survivance de l'organisation dualiste dans le caractère binaire de toutes les fonctions romaines, s'accordant en cela (sans le savoir) avec le point de vue d'un autre précurseur de l'ethnologie structuraliste, Hocart, qui voyait les traces de l'antique "royauté dualiste" (*dual kingship*) dans l'existence à Rome de deux consuls et de deux "rois"-prêtres principaux (*Maximus Pontifex* et *Sacrificulus Rex*).[5] En principe, il n'y a pas lieu de considérer toute opposition binaire comme un reflet de l'organisation dualiste, qui "n'atteint qu'exceptionnellement le stade de l'institution",[6] mais, en ce qui concerne les rituels romains archaïques, cette supposition semble probable.

Selon l'hypothèse de Zolotarev, le mythe des Romains et des Sabines[7] reflète la division de la société en deux classes exogamiques. Dans cette division les Sabins jouaient le rôle de "donneurs de femmes" selon la terminologie de Lévi-Strauss. On peut voir la preuve de l'interdiction des mariages endogames dans l'Énéide où le riche Latinus a pour pres-

[2] "Dual'naja organizacija pervobytnyh narodov i proishoždenie dualističeskih kosmogonij" (publié dans le livre ci-dessous).

[3] A. M. Zolotarev, *Rodovoj stroj i pervobytnaja mitologija* [Organisation clanique et mythologie primitive] (Moscou, Izdatel'stvo Nauka, 1964), pp. 236, 291, 296.

[4] Dans l'édition, citée plus haut, du livre de Zolotarev, ce chapitre et les deux suivants sont omis comme exposant un point de vue non généralement admis.

[5] A. M. Hocart, *Kings and Councillors* (Cairo, Printing Office Paul Barbey, 1936), p. 165 (Egyptian University collection of works published by the Faculty of Arts, 12).

[6] C. Lévi-Strauss, *Les structures élémentaires de la parenté* (Paris, Presses Universitaires de France, 1949), p. 95.

[7] Il semble difficile de justifier le point de vue hypercritique de J. Poucet sur ce mythe dans *Recherches sur la légende sabine des origines de Rome* (= *Recueil des Travaux d'Histoire et de Philologie*, 4e série, fasc. 37, Université de Louvain, 1967).

cription de ne faire épouser à sa fille unique qu'un étranger (p. 483). On peut trouver également la manifestation de l'antagonisme entre les deux fratries (la romaine et la sabine) dans le récit de Tite-Live sur la vache sacrifiée à Diane (p. 399).

L'analyse de la mythologie romaine montre sans conteste le lien primitif de Quirinus avec la deuxième fratrie, celle des Sabins. Il est possible que, dans le nom même de Quirinus (qu'on fait remonter généralement à *co-uir* – 'avec les hommes') se reflète la fonction légendaire de ce deuxième groupe exogamique qui est de donner les femmes aux hommes. Les indications sur les liens de la divinité féminine principale – Junon – avec les Sabines présentent également un intérêt certain (p. 292).

En accord avec la théorie de Zolotarev qui développe les idées de Harris[8] et de Sternberg,[9] l'organisation dualiste romaine transparaît dans le culte des jumeaux. Les sources indo-européennes de ce culte romain[10] deviennent évidentes de nos jours grâce à l'analyse de l'origine des mythes sur les jumeaux grecs (p. 401) et védiques (p. 176) (dont le nom *Aśvin* dérivé de *aśva* 'cheval' (p. 278) pourrait être comparé avec le rituel dualiste romain *October Equus*) mais surtout grâce à la découverte dans l'antique mythologie italique d'un culte de jumeaux considérés comme des dieux (pp. 68-69, 252-253). Ce culte s'est le mieux conservé à Preneste, fondée par le neveu (matrilinéaire) des jumeaux divins, dont la légende rappelle une variante sur Romulus et Rémus, ainsi que le mythe des jumeaux védiques (p. 254). On peut rapprocher ce culte antique des jumeaux fondateurs de Rome (qui selon toute probabilité a été antérieur à l'apparition du nom de Romulus) de deux cultes romains attachés aux lieux et qui restent inexpliqués: ainsi on trouve des représentations de deux jeunes gens, les Pénates de Rome (*Di Penates Publici*) sous les traits des jumeaux Dioscures (p. 348), de même que des représentations des Lares de Rome par deux jeunes gens vêtus de peaux de chèvre et accompagnés d'un chien (p. 338). La combinaison de ces deux derniers attributs crée un lien entre la représentation des Lares de Rome et celle des Lupercales déjà citées, et où les

[8] R. Harris, *Boanerges* (Cambridge, Cambridge University Press, 1913).

[9] L. Ja. Sternberg, "Antičnyj kult bliznecov pri svete etnografii" [Le culte antique des jumeaux à la lumière de l'ethnographie], in: *Pervobytnaja religija v svete etnografii* [La religion primitive à la lumière de l'ethnographie] (Leningrad, Izdatel'stvo Instituta narodov Severa, 1936), p. 74 *sqq*., pp. 360-365.

[10] Cf. D. J. Ward, *The Rescue of Kudrun: A Dioscuric Myth* (Copenhague, Gyldendal, 1965) (= *Societas danica, indagationis antiquitatia et mediiaevi, Classica et mediaevalia*, XXVI).

deux groupes rituels de jeunes gens se trouvent en corrélation avec Romulus et Rémus (p. 341). Toute cette série de faits, que généralement on expose séparément (y compris dans la monographie de Dumézil), si on la considère dans son ensemble, peut permettre de reconstruire les mythes et les rites associés au culte préhistorique des jumeaux fondateurs de la ville; tout naturellement ce culte a pu être reporté sur les Pénates et les Lares de Rome.

L'opposition binaire Mars-Quirinus liée aux oppositions mythologiques citées plus haut, et à l'organisation dualiste, s'inscrit dans le système ternaire mis en évidence par G. Dumézil. La représentation spatiale de cette triade archaïque devient particulièrement nette grâce à l'opposition de Jupiter, associé au ciel et à l'atmosphère, et par là au "sommet de la montagne" (de la même façon, le dieu du tonnerre balto-slave est rattaché aux hommes et aux pierres, cf. *Lapis* comme le nom de Jupiter), de Mars qui se présente sous l'aspect d'un dieu terrestre dont le sanctuaire se trouve "dans un champ" (*in campo*), et non sur une colline (pp. 209, 212), et de Quirinus, dont le prêtre sacrifie au dieu des grains à l'autel "souterrain" (p. 162); à noter également le lien entre Quirinus et les divinités du monde souterrain (pp. 175-176). Transposée sur le plan social, ce n'est pas cette opposition ternaire qui ressort le plus, mais bien l'opposition binaire: Jupiter en corrélation avec les patriciens est opposé aux divinités ochthoniques en corrélation avec la plèbe.[11] On peut comparer ce fait avec, par exemple, l'opposition, également binaire, chez les Slaves de l'Est, du dieu du tonnerre Peroun (qui est aussi le dieu de la garde, *droujina*, du prince) dont l'effigie se trouvait sur une colline, et du "dieu du bétail" Veles.[12] On peut également retrouver le passage d'un système ternaire au système binaire dans le rituel *October Equus* à Rome, étudié par G. Dumézil avec une grande profondeur de vues. Ce rituel romain suppose la dualité de l'animal sacrificiel (cf. les deux visages de Janus: *bifrons*) alors que le rituel homologue de l'Inde védique comprend non seulement l'opposition notée à Rome entre la tête du cheval (qui apparaît également dans les rituels slaves semblables) et sa queue, mais aussi la représentation du caractère ternaire du cosmos à travers l'animal (cosmique) sacrificiel, qui joue un rôle analogue à celui de l'arbre cosmique à trois éléments

[11] Pour une analyse structurale des rapports entre les patriciens et les plébéiens (identifiés historiquement avec les clients) à Rome voir A. M. Hocart, *Caste* (London, Methuen, 1950), pp. 127-131.

[12] V. V. Ivanov et V. N. Toporov, *Slavjanskie jazykovye modelirujuščie semiotičeskie sistemy* [Systèmes sémiologiques modelants des langues slaves] (Moscou, Izdatel'stvo Nauka, 1965), p. 22.

(cf. l'identité des premiers éléments de l'appellation du rituel védique où l'on sacrifie un cheval *aśvamedha*, de l'arbre cosmique *Aśvattha*, et du pilier rituel pour lier le cheval destiné à l'immolation *aśvayūpa*).

Pour l'étude du problème de la tripartition du panthéon archaïque romain et de sa corrélation avec l'espace à trois éléments (arbre cosmique, animal cosmique), il est intéressant de considérer la symbolique romaine des couleurs dans laquelle, aux trois sortes de dieux, correspondent trois animaux de robe différente (p. 534), ce que Dumézil, à la suite de Bazanoff, compare au rituel hittite (p. 413). La comparaison, proposée par G. Dumézil, avec la symbolique trifonctionnelle des couleurs chez les Indo-Iraniens, est particulièrement importante pour le problème d'une corrélation possible entre ces couleurs symboliques et la différenciation des classes sociales (cf. le védique *varṇa* = 'couleur > caste'). La relation entre les animaux sacrificiels et les couleurs symboliques à Rome rappelle les systèmes de classification identiques dans l'Inde, la Chine, le Tibet, la Mésopotamie antique, l'Amérique Centrale et l'Amérique du Nord, où les couleurs et les animaux sont généralement en corrélation avec les points cardinaux; les systèmes de ce genre sont la plupart du temps à quatre éléments (avec un cinquième élément au centre).[13]

On pourrait reconstruire des systèmes semblables, à quatre ou cinq éléments, pour la plus haute époque de la religion romaine dans son développement, en se basant sur la découverte, par Dumézil, d'une conformité dans la succession ternaire "tête d'homme"/"tête de cheval" / "tête de bœuf", dans le rituel romain, et d'une hiérarchie identique dans un système indien antique à cinq éléments (p. 453), où l'homme assume le rôle de centre et la série des quatre animaux trouve de vastes parallèles typologiques dans toutes les cultures archaïques de l'Asie. De l'ancienneté des systèmes à quatre éléments à Rome témoigne le schéma rituel quadrilatéral *Roma quadrata*, pour lequel Dumézil indique une correspondance dans l'Inde védique (p. 629) ainsi que l'existence, à une époque archaïque, de quatre vestales (p. 561), ce qui concorde également avec la découverte par Dumézil d'une opposition entre la forme quadrilatérale du feu du ciel et la forme ronde du feu de la terre dans les rituels romains et védiques (pp. 309-311). Cette dernière cor-

[13] Cf. les ouvrages cités de A. M. Hocart et le texte de E. S. Semeka: "Opyt tipologičeskogo istolkovanija nekotoryh simbolov rannego cejlonskogo buddizma (IV-aja sessija po Drevnemu Vostoku)" [Essai d'une interprétation typologique de quelques symboles du bouddhisme primitif de Ceylan (IVe session sur l'Orient Antique)], in: *Tezisy dokladov* [Thèses des exposés] (Leningrad, Izdatel'stvo Nauka, 1968), pp. 89-90.

rélation correspond exactement à l'opposition chez les Grecs du symbole d'Hermès quadrilatéral τετράγωνος, et du foyer rond de la terre.[14] Ces schémas à quatre (ou cinq) éléments, fondés, en dernière analyse, sur la combinaison de deux oppositions binaires, ont apparemment joué un rôle non moindre que les schémas ternaires dont l'importance a été si bien dégagée par G. Dumézil.

Certaines oppositions binaires dans les rituels romains, telle l'opposition "droite" / "gauche" dans les divinations, ont acquis une signification particulière sous l'influence de la pratique rituelle étrusque qui elle-même reflétait les influences grecques et orientales (p. 652). Si l'on en juge d'après le foie étrusque en bronze dont la structure est analysée par G. Dumézil (pp. 618-620), le "modèle du monde" étrusque est typologiquement semblable aux cartes du monde des chamans (utilisées pour les divinations, comme le foie étrusque) et aux dessins analogues chez les différents peuples de Sibérie, de la région du Iénisséï, par exemple,[15] et dans les civilisations de l'Amérique pré-colombienne. L'analogie typologique se manifeste avant tout dans le fait que l'opposition "droite" /"gauche" coïncide avec l'opposition "soleil"/"lune"[16]: sur le modèle étrusque du foie, le soleil se trouve à droite, la lune à gauche, comme c'est généralement le cas sur les figurations chamaniques.[17]

Selon l'hypothèse de G. Dumézil (p. 620), sur la face concave du même modèle étrusque, l'opposition "droite"/"gauche" coïncide avec l'opposition "quadrilatère"/"cercle" dont nous avons déjà parlé; à noter la présence de la première opposition dans la liste des contraires des pythagoriciens,[18] dont la source est finalement mythologique.

[14] J.-P. Vernant, *Mythe et pensée chez les Grecs* (Paris, Maspero, 1965), pp. 99, 102, 122.

[15] V. V. Ivanov et V. N. Toporov, "K opisaniju nekotoryh ketskih semiotičeskih sistem" [Pour la description de quelques systèmes sémiologiques des Kets (Ostiaks de l'Iénisséï)], in: *Učenye zapiski Tartuskogo Gossudarstvennogo Universiteta: Trudy po znakovym systemam* [Notes scientifiques de l'Université d'État de Tartu: Travaux sur le système des signes], II (Tartu, Izdanie Universiteta, 1965), p. 140, table 4.

[16] Pour d'autres exemples de coïncidence de ces oppositions dans le système de classification symbolique, voir: R. Needham, "The Left Hand of the Mugwe: An Analytical Note on the Structure of Meru Symbolism", *Africa, Journal of the International Institute of African Languages and Cultures*, 30, 1 (1960), 25; M. J. Meggitt, "Male-Female Relationship in the Highlands of Australian New Guinea", *American Anthropologist*, 66, 4 (1964), partie 2, p. 219, tableau 1.

[17] Parmi les parallèles mexicains antiques, voir tout particulièrement le dessin où, à droite de l'arbre cosmique, se trouve le dieu du soleil: T. W. Danzel, *Mexico*, I (Hagen i. W. und Darmstadt, Folkwang-Verlag, 1922), tableau 26 (en haut).

[18] Cf. G. E. R. Lloyd, "Right and Left in Greek Philosophy", *Journal of Hellenic Studies* (published by The Council of the London Society for the Promotion of

Certaines conclusions de Dumézil, d'un caractère plus restreint, pourraient être renforcées et précisées à l'aide de parallèles typologiques et de la comparaison historique. Par exemple, la coutume romaine et védique de commencer et de terminer l'énumération rituelle des dieux par le nom du dieu du feu, et que Dumézil fait remonter à l'indo-européen (pp. 317-318), coïncide avec une utilisation analogue du feu au début et à la fin des énumérations des dieux de l'ancienne Russie.[19] Les formes archaïques populaires du nom de Mars, comportant une réduplication, qui figurent dans la fête populaire du printemps, où l'on chasse le "vieillard" Mamurius Veturius (pp. 216-217), rappellent par leur principe de construction (non par les détails phonétiques cependant) les noms à réduplication (du type du Mamurienda slovaque) qui se rapportent au personnage mythologique enterré au printemps chez les Slaves de l'Ouest et les Ukrainiens; cette cérémonie et le nom remontent sans doute à l'indo-européen. L'épithète de Venus Calua (p. 410) présente une analogie typologique avec la calvitie de Iarilo dans les cérémonies russes, et avec la calvitie du héros dans les scènes rituelles bulgares et les mystères tchèques anciens.[20] Le rituel *October Equus* (pp. 217-229) présente des affinités non seulement avec la cérémonie védique *aśvamedha*, mais également avec certains détails des cérémonies liées au culte de Iarovit chez les slaves baltiques et au culte biélorussien de Iarilo. L'étymologie du mot latin *hostia* (nom de la victime destinée à apaiser la colère des dieux, cf. *hostis* 'étranger possédant des droits égaux à ceux des romains' [21]) peut être étayée par l'utilisation dans la formule sacrée du mot apparenté louvite *kašši*, 'pour le régal'.[22] L'épithète de Jupiter – *Dapalis* (p. 187) – sémantiquement proche de *hostia*, s'ex-

Hellenic Studies), 82 (1962), 50-66; G. E. R. Lloyd, *Polarity and Analogy: Two Types of Argumentation in Early Greek Thought* (Cambridge, Cambridge University Press, 1968).

[19] Voir les textes dans le livre de E. V. Aničkov, *Jazyčestvo i drevnjaja Rus'* [Le paganisme et l'ancienne Russie] (Saint-Pétersbourg, Tipografija M. M. Stasjulevič, 1914), pp. 374, 377 (Zapiski Istoriko-filologičeskogo fakulteta Imperatorskogo Sankt-Petersburgskogo Universiteta, čast 117).

[20] R. Jakobson, "Medieval Mock Mystery (The Old Czech Unguentarius)", in: *Studia philologica et litteraria in honorem L. Spitzer* (Bern, Francke, 1958), p. 262.

[21] Sur la signification ancienne, cf. É. Benveniste: "Don et échange dans le vocabulaire indo-européen", *Problèmes de linguistique générale* (Paris, Gallimard, 1966), pp. 320-321 (Bibliothèque des Sciences Humaines).

[22] V. V. Ivanov, *Obščeindoevropejskaja, praslavjanskaja i anatolijskaja jazykovye systemy* [Systèmes linguistiques de l'indo-européen commun, du slavov et de l'anatolien] (Moscou, Izdatel'stvo Nauka, 1965), p. 39. (Sur les autres isoglosses latino-anatoliens dans le vocabulaire rituel, cf. *ibid.*, pp. 68, 98, 177, 290.)

plique comme un archaïsme par la comparaison avec le tokharien *A tāpal* – 'le manger, la nourriture'.[23]

La nouvelle appellation de la route (latin *iter*), commune pour les langues tokharienne, hittite et latine, formée à partir de la racine *i* – 'aller', aide à expliquer le changement du sens de *pons* – 'le pont < le chemin'; cf. *pontifex* – 'le prêtre', et le védique *pathikṛt* – 'le faiseur de chemins' (pp. 553-554 et 557); pour expliquer l'histoire de ces mots, il faut faire intervenir les parallèles existant dans les rituels chamaniques (toungouso-mandchous) de Sibérie, où l'arbre cosmique élevé par le chaman est communément appelé chemin (vers le ciel) – cf. aussi l'araucan *rewe* – 'arbre', 'échelle sacrée'.[24] Le rire obligatoire des jeunes gens aux Lupercales, resté inexpliqué par Dumézil "faute de parallèles chez d'autres peuples" (p. 69), s'éclaire par la comparaison avec le rire rituel dans différentes traditions folkloriques.[25] Les Lupercales peuvent également être rapprochées de la représentation du héros étrusco-latin et celte, vainqueur du monstre à trois têtes, chien ou loup (pp. 243-244, 645), et d'un mythe analogue de la Lydie sur Candaule.[26] Ainsi pourrait s'expliquer la dénomination des Lupercales (*Lupercalia*) et le sacrifice d'un chien pendant cette cérémonie.

Ces exemples, dont on pourrait facilement augmenter le nombre, montrent toute la richesse du matériel mis à jour par la parution du livre analysé, et dans lequel le développement rigoureux de l'auteur contribue à constituer une somme de tous les faits les plus inconstestables concernant la religion romaine archaïque.

[23] E. Fraenkel, "Zur tocharischen Grammatik", *Indogermanische Forschungen*, 50, 1 (1932), p. 7; W. Thomas, *Die tocharischen Verbaladjektive auf -l* (Berlin, Akademie-Verlag, 1952), pp. 57, 62.

[24] A. Métraux, *Religions et magies indiennes d'Amérique du Sud* (Paris, Gallimard, 1967), pp. 121-192 (Bibliothèque des Sciences Humaines).

[25] V. Ja. Propp, "Ritual'nyj smeh v folklore" [Le rire rituel dans le folklore] (= *Notes scientifiques de l'Université d'État de Leningrad*, 46) (Leningrad, Izdatel'stvo Leningradskogo Universiteta, 1939); Jakobson, *op. cit.*

[26] V. V. Ivanov, "Proishoždenie imieni Kuhulina" [Origine du nom de Cuchulainn], in: *Problemy sranitelnoj filologii* [Problèmes de philologie comparée] (Moscou-Leningrad, Izdatel'stvo Nauka, 1964), pp. 459-461.

24

MYTH MESSAGE IN METASEMIOTIC RESEARCH

BORIS L. OGIBENIN

Semiotics attempts to be the general science of communication; but before comprehensive generalizations on the nature of communication are made, all possible varieties of communication processes should be taken into account. In particular, it is possible to find in some specimens of myth or folklore material almost theoretical formulations of views on the nature of exchange of messages, whatever the signs used in the given variety of the communication process. These formulations may seem obscure to an outside observer; the task of careful research is therefore to discover the implicit metasemiotic statement expressed by means of, say, myth symbols (in the context of the general bulk of the mythic code used), and so to bring to light what they express about the nature and functional structure of the communication act, as well as about the conditions under which it operates.

In these notes I wish to emphasize the importance of the contribution made to the science of communication by the ancient Indians, through the myth symbols woven into a true myth whose structure is perfectly congruent with the most typical mythic structures in the Rigveda mythology. As a source I will use primarily this text (the Rigveda) which seems to provide a rich bulk of material for various semiotic researches.

The subject is not new: many authors have drawn attention to the mythological and ritualistic roots of linguistic thought in India.[1] Moreover, in ancient India the analogy between rite and grammar goes so far that the grammatical texts stand in an iconic (in Charles S. Peirce's sense) relation to the text describing the ritual, the composition of both kinds of texts being modelled on the *sutra* or "(collection of) aphorisms".[2]

[1] See L. Renou, "Les connexions entre le rituel et la grammaire en sanscrit", *Journal asiatique*, 233 (1941-1942) (1945).
[2] *Ibid.*, p. 112.

From their thorough scrutiny of Vedic mythological imagery covering the field of linguistic thought, L. Renou and those who followed him [3] have been able to deduce the general views of the ancient Indians on the nature of language and especially of sacral language. The additional task is now, however, to try to cast in a semiotic frame the ancient Indians' overall ideas referring to language. As irreproachable as are Renou's observations on the common origin of ritualistic and linguistic speculation, if one wishes to apply them to general semiotics, they must be further developed. Thus, when he says "Dans beaucoup de cas [. . .] il est visible que le point de départ [de la théorie grammaticale] est dans les textes religieux, la valeur grammaticale apparaissant comme une spécialisation à l'intérieur d'une acception rituelle mieux articulée",[4] his words can be understood, in accordance with semiotic terminology, as implying acceptance by the Indians of the thesis of the symbolic nature of both language and myth (or rite) and of the relevance of the clearly discursive symbolism of the rite as providing a model for language description. Similarly, when the creative power of speech (personified as goddess *Vāc*, Speech) is discussed, or speech is conceived of being identical with all-pervading reality (Brahma) – the latter manifesting itself in the human world only in part – we could infer, without bothering about any modernization, that in the first case the rich mythical image serves to allude to the signifying, or modelling, function of language, while in the second equation the *parole* as opposed to the *langue* is obviously implied.[5]

Yet even when mythology viewed as a collection of myths having a definite structure seems not to contain particularly metacommunicative statements, various mythological devices intended primarily for representing the world conception of myth-generating (by analogy with speech-generating) people refer to the nature of symbolic processes underlying any communication process.

In addition to the direct and intimate relation of the symbolism of speech to the symbolism of the creative powers – a relation which, as

[3] See L. Renou, "Les pouvoirs de la parole dans le Rigveda", *Études védiques et paninéennes*, I (Paris, De Boccard, 1955), and D. S. Ruegg, *Contributions à l'histoire de la philosophie linguistique indienne* (Paris, De Boccard, 1959), pp. 15-21.

[4] Renou, "Les connexions . . .", p. 160.

[5] Cf. the inference drawn by S. Al-George: "By assimilating the act of verbal expression with the world manifestation of an all-inclusive abstract entity, the premise has been set for an immanent structure of the language itself" ("The Semiosis of Zero According to Paṇini", *East and West*, 17, N.S. [1967], p. 120) which seems to me too hazardous, and somewhat obviates the real problem set forth by the Indian texts referred to (Rigveda X. 71; X. 125).

cast in the semiotic frame, seems to give us a clear idea about the nature of language – one observes that in the Rigveda there is, hidden behind the complex symbolism which apparently is wholly alien to the domain of linguistic thought, an implicit debate about the problems of human language and, more generally, about man's use of various sign systems for communication. What is more important, this symbolism, which I shall later elucidate, is of (at least) double nature: both the myth structure referred to and its symbolic content imply the same approach to the nature and structure of semiosis.

In this connection, attention may fittingly be drawn to the sacrifice myth in the Rigveda. Before recapitulating this myth, I wish to note that the myth of the Rigveda is frequently lacking in conventional time sequence; that is, the Vedic myth is constructed as a nonchronological succession of the units of the mythological system. Moreover, the plot-myths may be structurally reiterated by some other myth so that the structural affinity of both myths should always be present in the minds of the myth's tellers and their decoders respectively. The symbolic content of one myth is therefore often understood in connection with some other structurally related myth.[6]

The sacrifice myth in the Rigveda unfolds as follows. The sacrificial offering (mesocosmic level) is given by men (microcosmic level) to the gods (macrocosmic level) in order to propitiate them and to obtain in turn various blessings longed for by the Vedic man. Properly speaking, this is the basic myth. It constitutes, however, only a small part of the whole mythologic repertory of the Rigveda and its symbolism is revealed by comparing it with structurally similar myths.

The kernel of the symbolic structure of the Rigveda is constituted of the recurrent use of the cosmogonic symbolism which operates within the profuse imagery of the two opposed parts of the universe. The Vedic universe is assumed to be created whenever a deity succeeds in defeating adverse forces and in keeping both parts of the universe opposed, providing he behaves as a kind of support occupying the central position in the universe and as a mediator between the world of men and that of the gods.

The sacrifice myth is structurally similar to the essential cosmogonic myth, whose structure, owing to the importance of this myth in the symbolism of the Rigveda, is imposed on the symbolic matter of a great

[6] See B. Ogibenin, "Zamečanie o strukture mifa v Rigvede" [A note on the structure of myth in the Rigveda], in: *Trudy po znakovym systemam* [Works on semiotics], II (Tartu, 1965), p. 196.

number of apparently plotless myths: the Vedic sacrifice serves primarily to ensure the union between the opposed parts of the universe (see, for example, Rigveda I.1.4 or I.177.4).[7] The sacrifice is, moreover, performed, as already suggested, in order to obtain divine blessings: thus it is an operation of exchange. The myth structure (by its affinity with the prevalent structural type) and the symbolism of the myth proper conjoin to impress the essential message, that of exchange and interaction. Any act of exchange presupposes at least two actors – a giver and a receiver – and so does the Vedic sacrificial offering. To understand the semiotic nature of this exchange, it is worth remembering the perspicacious paper of Marcel Mauss, "Essai sur le don", so lucidly reviewed by C. Lévi-Strauss in the new edition of Mauss' contributions to sociology and anthropology; Lévi-Strauss suggests, specifically in connection with the exchange, that it is "une synthèse immédiatement donnée à, et par, la pensée symbolique" and that "l'échange /est/ comme tout autre forme de communication" endowed with the "caractère relationnel". Therefore, if any exchange is communication, we should seek for whatever further semiotic properties the exchange, as the basic principle of the Vedic sacrificial act, possesses.

To begin with, the sacrificial offering, if its structure reproduces the structure of the sign process, should operate with the same symbols (and any exchange does indeed so operate, according to Lévi-Strauss), the set of which is at the common disposal of both men and gods. In other words, there should be a code shared in common by both addresser and addressee. That this is the case is proved by two facts of diverse nature.

On the grounds that the main purpose of Vedic man was to acquire by means of sacred speech the things needed for the plentiful life, it has been properly observed that the symbolic structure of the Rigveda might be described on its supplicatory level by classifying the requests addressed by men to different deities.[8] The former and the latter are then conceived as addresser and addressee respectively. The value of this generally correct approach can be more strictly proved if one recognizes that here, too, a kind of feedback is working; that is, each deity or mythic figure must be presumed to act within a different sphere so that

[7] For more about the symbolism of the Vedic sacrifice in this aspect see B. L. Ogibenin, *Struktura mifologičeskih tekstov Rigvedy* [Structure of the mythological texts of the Rigveda] (Moscow, 1968), pp. 57-63.

[8] T. Elizarenkova, "An Approach to the Description of the Contents of the Rigveda" (to appear). I am much indebted to the author of this paper, which I was able to read before its publication and which inspired me to write the present notes.

a message, verbal or non-verbal, has to be not only appropriately addressed (as assumed by Elizarenkova), but also, in turn, correspondingly answered. In fact, a version of the cosmogonic myth in the Rigveda (known through the hymn Rigveda X. 90), recapitulating the theory of the Vedic sacrifice in its cosmogonic aspect, tells us that as the cosmos is fed and recurrently recreated by the sacrificial offering, so too the sacrificial inventory, necessary to produce the sacrifice, is regularly furnished anew through the transformations of the elements of the cosmos into the parts of the sacrifice.[9] (It is said of the sacrifice that "the spring was its melted butter, the summer its fuel, the autumn its oblation".) Thus the bipartite interaction is the proper ground of the sacrifice and is presumed to be the real *conditio sine qua non* of communication through the microcosm-macrocosm channel.

Furthermore, the addresser and the addressee interact on equal grounds, which adds to the truly dialogic nature of the sacrificial giving and receiving. É. Benveniste's observations on exchange in Indo-European society, to which Vedic society was obviously very near in many respects, convey clearly that, first, "to take" and "to give" are at the same time polar and correlative notions and that, second, the act of giving – whether the agents be human or divine – implies an obligatory and compensative return, which equals both sides.[10]

The symbolic nature of the exchange becomes apparent once more if attention is turned to the verbal texture of the Rigveda: the notion of giving on the part of the gods is presented through an extensive series of verbal roots whose primary meanings are quite different. Curiously enough though, these at first totally divergent meanings converge to one and the same semantic (or rather symbolic) value, that rendering the idea "to give". Here again is reaffirmed the relational and bipartite nature of the Vedic sacrifice viewed as a communicational device: each god gives only what he is asked to give, the verbal root describing his essential function in the respective myth accordingly changing its import. To give an example, *dar-* means nothing more than 'to pierce, to burst open', but it acquires the meaning 'to give' each time a myth about Indra, again a version of the cosmogonic myth, is refered to: Indra

[9] See P. Mus, "Du nouveau sur le Rigveda 10.90: Sociologie d'une grammaire", in: *Indological Studies in Honor of W. Norman Brown* (New Haven, Conn., American Oriental Society, 1962), p. 176. ("En fait, dans la perspective védique, les deux mouvements s'appellent, se commandant, s'informent et s'alimentent partout l'un à l'autre.")

[10] "Don et échange dans le vocabulaire indo-européen", in: É. Benveniste, *Problèmes de linguistique générale* (Paris, Gallimard, 1966), pp. 317, 319, 321-322.

bursts open the mountain where the cows, the most desired gift, are maliciously hidden, in that way giving them to man. The same is true of such various verbal roots as *rad-* 'to dig', *san-* 'to gain (in order to give)', *vas-* 'to shine', and so on.[11] These key words of each particular myth surrounding the figure of a deity consequently increase their symbolic value, coming to function as pure symbols.

The sacrifice myth is most truly paralleled structurally by the myth about the spoken word. The word, as I have already mentioned, has creative power and it is even said that the goddess *Vāc* (the personification of speech) embraces all living creatures, touching thus the very heavens and uniting them with the world of Vedic man. In addition, then, to a statement about the conative function of speech, recourse is made anew to cosmogonic symbolism, presumably not by chance: both the sacrifice whose myth is implied in the cosmogonic myth and the spoken word serve the purpose of communication.

Outside any structurally shaped myth, the symbolism of the spoken words of a laudatory poem conceived as a human gift to the gods addressed is very closely related to the symbolism of the sacrifice. Like the sacrifice, the spoken word is compared with a "car" mounting upwards to the gods, the poet himself (the addresser or the giver) being the driver of this car (just like a deity in other cases, which again implies the communicational parity of both addresser and addressee). The good poet ably governs this car, and one is not surprised to discover suddenly a metacommunicative statement which asserts that bad poets are those "whose horses, difficult to be yoked, were awkwardly yoked" (Rigveda X.44.7). The speaker's (or singer's) inability to produce a persuasive god-directed discourse is wittily compared to the clumsy behavior of a driver missing his goal because his horses gallop at cross purposes. Perhaps the more precise linguistic sense of this beautiful saying is a hint at the inconsistency which is provoked by a lack of the capacity to combine efficiently the units of the code to produce a decodable message. The realm of verbal technique encroaches once more, in this case very closely, upon that of the sacrificial offering: the poem and the sacrifice are both compared to a thread stretched by either the speaker or the officiant toward the abode of the gods. Again, very consistently, bad discourse as well as a badly produced ("stretched") sacrifice is labeled an "inferior web".

The hymn of a Vedic poet is obviously regarded as the verbal analog

[11] See L. Renou, "Langue et religion dans le Rigveda: Quelques remarques", *Die Sprache*, 1 (1949).

of the sacrificial offering and, considering that this part of the whole communicative act permits the operation of both the emotive (the wording of the hymn, filled with multiple references to the speaker) and the conative (*i.e.*, focused on the addressee) functions of the act, it is worth noting that quite often its verbal texture conceals a masterfully interwoven anagrammatic name of the deity whose gift is solicited. Thus, in the words of F. de Saussure, the first to discover this in the Rigveda, "pour qu'une prière ait un effet, il fallait que les syllabes mêmes du nom divin y fussent indissolublement mêlées: on rivait [. . .] le dieu au texte, ou bien si on introduisait à la fois le nom du dévot et le nom du dieu [may I add that this is frequent] on créait un lien entre eux que la divinité n'était [. . .] plus libre de repousser".[12] In this really sociological observation, it is the statement about the manifest relation between both participants of the communication process that is especially meaningful.

In attempting to summarize the nature of the communication performed through the sacrifice device during the sacrificer-deity interaction, let me say here that it is obvious that this interaction reproduces accurately enough, from the structural point of view, the verbal communication act with its basic constituents: the officiant addresses the respective deity by means of the sacrificial rite, using a set of symbols chosen out of a symbolic code which served in this society to establish contact with the supernatural addressee.

It should be remembered that this code had to be highly symbolic, the exchange, viewed as a variety of communication, being of a symbolic nature. The signs employed in the sacrifice message were certainly not susceptible to further division into smaller units to permit the production of either the message about message (metalingual function in an act of verbal communication) or such a message which had for its purpose to stress and to single out some aspects of the message itself (poetic function in the verbal communication). Such a message conveyed no detailed information (so its cognitive function was seemingly none), its primary and, perhaps, its unique inherent function being to establish a fruitful contact (phatic function), provided that the verbal message either accompanying or immediately following it was charged to fulfill the rest of the functions peculiar to the fully communicative message. As these functions, the verbal message, a hymn, emphasized both the addresser's and the addressee's roles in the communicative act. It served

[12] "Lettres de F. de Saussure à Antoine Meillet publiées par É. Benveniste", *Cahiers F. de Saussure,* 21 (1964), 114.

not infrequently to define more precisely the cognitive function of the sum total of the messages of various nature sent by men to the gods; it specified an aspect of the deity addressed which corresponded to the actual needs of the officiant; finally, such a verbal message, in conjunction with the nonverbal one, could so modify the latter that the nonverbal message acquired to some degree a heretofore unusual cognitive function.[13]

To conclude, the role played by the mechanism of the sacrifice as an additional communication device, and its role in giving access to naively formulated ideas about the nature of human communication as conceived by the ancient Indians, cannot be overestimated.

To state the twofold purpose of this short article (considered as an attempt to contribute to both semiotics and modern science dealing with Vedic mythology), I have to add that if, as in Louis Renou's view, the Rigveda is a monument of an extensive competition in poetic ability whose purpose was to obtain divine gifts, it is likewise true that it is testimony to the constant exercise of the human ability to communicate through various symbolic devices – this ability being cast for the generations to come in at least two ways as verbal and as nonverbal, given that the latter is likewise observable if conceived in a metasemiotic perspective.

[13] This specifying function of the verbal message owes certainly to the more discrete nature of the coding used in verbal language.

25

OUTLINE OF A GENERAL THEORY OF HUMAN COMMUNICATION *

HARLEY C. SHANDS

The paper below was written for the Second International Symposium on Communication Theory and Research, sponsored by the University of Missouri at Kansas City in 1966. The conference was planned by Lee Thayer, Director of the University's Center for the Advanced Study of Communication.

At the time of the conference, what was presented was a shorter version of the material, in 'spoken' rather than in 'written'. During the discussion following the presentation, it became apparent that certain ideas had not been made entirely clear. The question is open as to whether the difficulty was in the presentation or in the 'resistance' to new modes of formulation which appears routinely in response to innovative notions, whether the central idea is novel or erroneous. The pleasant fact is that it is 'true enough' to be reprinted, so that it seems of some importance to present the idea again in a prospective way, discussing it in the light of the retrospective disagreement found at the former time.

The problem involves a conflict between points of view, specifically those which can be called (1) 'objective' or scientific in the narrow sense in which the term is used by Hume and Carnap at widely different periods of intellectual history, and (2) communicative or semiotic in the mode developing rapidly through the twentieth century. In the most

* This paper is reprinted, with a new introduction added, from Lee Thayer (ed.), *Communication: Concepts and Perspectives* (Washington, Spartan Books, 1967), where it bears the title: *Outline of a General Theory of Human Communication: Implications of Normal and Pathological Schizogenesis*. The kind permission of the editor and publisher to reprint the article is gratefully acknowledged. The author wants also to express deep appreciation to the Commonwealth Fund for consistent support, both financial and emotional, over a long period of time. The paper is a greatly condensed version of a book entitled *Communication and Consciousness*, now in MS.

general terms the conflict is of ancient lineage; it is the conflict between an 'ontological' and an 'epistemological' point of view. The question which appears and reappears in human history is that of whether what we know is more a function of (1) what EXISTS, or more one of (2) HOW WE KNOW.

In the 20th century many physicists (whose discipline has traditionally been the most certain, the most solid of all human inquiries) have realized and announced that the second possibility, namely the epistemological or semiotic, is the more reliable one. In so doing, the physicist returns to the status of a 'natural philosopher'. Wigner [1] speaks of "two realities", making the point that "there exists only one concept the reality of which is not only a convenience but absolute: the content of my consciousness, including my sensations [. . .] there are two kinds of reality or existence; the existence of my consciousness and the reality or existence of everything else. This latter reality is not absolute but only relative." Thus a physicist of great repute puts it that epistemological "reality" is absolute, objective "reality" relative, a remarkable about-face from the common sense position.

If we accept the primacy of the epistemological point of view, we find ourselves immediately confronted with a myriad of implications. The most important of these is the contradiction of the common sense view that objective reality is out-there in some form simultaneously present throughout the universe. We are all aware from personal experience that the world changes as we grow older and either wiser or more foolish, but we have taught that this was simply human error of differing varieties. Now, in addition to the comments made by Wigner and other prominent physicists (including Schrödinger and Weisskopf), we can find the statement made by Kuhn from a study of scientific revolutions that each successive revolutionary view in science reveals "the truth" even while we realize that there will be a new truth in the near future. Truth itself becomes a concept in continuous evolutionary movement.

The anthropological-linguistic background for a contemporary consensus is provided by Sapir and Whorf in their work in the early part of the century. In sharp contrast to the widespread disagreement and distrust greeting the "Sapir-Whorf hypothesis" there is currently a remarkable popular acceptance of McLuhan's slogan, "the medium is the message" which appears to be mostly a restatement of the Sapir-Whorf

[1] E. P. Wigner, *Symmetries and Reflections* (Bloomington, Ind., Indiana University Press, 1967), p. 189.

hypothesis. Perhaps the fact that McLuhan's primary audience is composed of businessmen and advertising executives gives a partial explanation.[2] Another significant idea stated around the turn of the century which gets strong reinforcement in an epistemological rendering is the so-called "James-Lange theory", suggesting that the human being does not EXPRESS FEELING, he rather INTERPRETS from his own observation of his own body WHAT FEELINGS HE IS HAVING. The James-Lange notion is an interpretation of a communicational process involving feedback from one's own behavior. In still another indication of the increasing influence of the general approach, we can refer to Wittgenstein's later work suggesting that human knowing involves "language games" in which the principle of connection between those items in the same category (referred to by the same definition) is not identity but simply "family resemblance".[3]

These notions appear absurd from the point of view of Western common sense, which assumes that we are human objects surrounded by physical objects in a spatially homogeneous universe measured accurately by meter sticks and clock-ticks. In this commen sense view, all we need to do is to improve our instruments and we will get closer and closer to the truth. This assumption is based upon our naive experience in investigating the world we live in. We clear up astigmatic and myopic refractive errors in looking at objects by simply having the ophthalmologist measure the refractive error precisely and prescribe glasses.

I use the visual metaphor here because it is easy to widen it to make the point I want to emphasize. We can say that an emergent requirement in the contemporary period is to look not so much WITH, as AT, one's spectacles. The problem is that if we wish to look at spectacles objectively, assuming a refractive error, we have to look with spectacles as well, so that we are doomed to circularity in this instance as in others generally. To take another instance, there offers itself the case of the little clear discs we all see when we look at the sky under certain conditions. The technical name for these little discs (which are projections of red cells moving around in retinal capillaries) is *musca volans*, a 'flying fly'. The remarkable characteristic of the *musca volans* is that we see it only when we are NOT looking at it. When we look, we reorient the eye so that we focus the critical vision of the highly sophisticated macula upon what is out there, but since we are looking at a ghost the

[2] M. McLuhan, *The Gutenberg Galaxy* (Toronto, University of Toronto Press, 1962).

[3] L. Wittgenstein, *Philosophical Reflections* (New York, Macmillan, 1953).

origin of which is inside, we find ourselves in a hopeless deadlock. We cannot examine spectacles without putting spectacles on, and we cannot see what is in ourselves when we look, since we look 'yonder'. What this means is that self-observation is IN PRINCIPLE impossible without instrumental aids which inevitably alter what we see.

The ancient maxim coming down to us from ancient times is: "Know thyself" – an instruction of the widest generality. When we begin to examine the ways in which it is possible to know oneself, we find that we can know the self only as a party to a transaction or as a function of a context, as, in the simplest case, a FEEDING being, a MOVING being, and the like. To know oneself in the human sense requires that we understand the self as a party to a HUMAN transaction. Looking further, what can we know of these transactions? Obviously, only what is communicated to us, and, as we become more sophisticated, we realize that what is communicated has to be phrased in certain forms used in certain grammatical regularities. But the astonishing fact is that all such forms and all such grammar must be learned, and learned in a manner typical of one's own cultural system and of no other. So that when we say: "Know thyself", in any descriptive fashion, we must understand that we only know the self as a function of a socio-linguistic-educational context of continuous movement and great complexity.

The possibilities of knowing are so extraordinarily various that we can never hope to grasp more than a very small portion. To know in conscious terms requires that we be able at least to demonstrate our knowledge in verbal terms. Just as what we can see of the other side of the moon is only that which can be observed and transmitted through a television system, so what we can know in reliable terms is only that which can be formulated in coded form for recording and transmitting. It then follows that the significant implication of the mediation of language (or of the camera-plus-television apparatus) is that the great bulk of available information must be DISCARDED in favor of the relatively small portion which can be coded.

We take a further step then in realizing that what we know we have to know always as a function of PROCESS, through learning which allows us to internalize data bit by bit. The only wholes it is possible to 'grasp' are the wholes which we construct 'inside', so that in the most important sense an 'object' is only an object when we grasp it internally through the medium of the object-concept. At any given moment, we are involved with a series of aspects, each of which we take as a sign or symbol referring to an event or situation which we 'know' only by extrapolation. If, at any point along the line, we seek to examine the process of learning or the process of observing, we find a situation similar to that in which we look for the *musca volans* – what we were seeing disappears as we look at it directly.

When we examine this incredibly active, always partial process, we can get a new look at terms we use in trying to describe describing, or to know knowing. Take two terms traditionally employed, for example: EPISTEMOLOGY and UNDERSTANDING. EPISTEMOLOGY comes ultimately from the Greek root *epi* – which has various meanings centering around 'above', or 'anterior'. The second part of the root comes from a Greek verb, *histanai,* meaning 'stand'. Thus if we contrast EPISTEMOLOGY with UNDERSTANDING, we find that there is a comprehensive conflict: UNDERSTANDING contrasts with "over-standing" or "standing outside". How could both refer to a single process? We can suspect that the two are related as antitheses which are complementary in their function, as the ARTHO-SYMPATHETIC and the PARA-SYMPATHETIC systems of physiology act together in spite of their antithetical functions. Piaget puts the matter that to know requires first an ACCOMMODATION, which is to say a submission to a subject matter, then, after thoroughly internalizing the submissive behaviors, one can ASSIMILATE current events to patterns already learned by accommodation. We master problems by submitting to them, understand to 'stand over'.

We find many other examples of the method of comparison-and-contrast with each temporary 'stand' actually an illusion. We stand, as T. S. Eliot puts it, at the "still point of a turning world", or, in a metaphor more currently appropriate, we stand still as the television picture stands still while incessantly moving at a very high rate of speed. Knowledge is like "flicker-fusion", the method which allows us to see a sequence of still pictures as continuous movement – whole at the same time in the other direction we see incessant movement as a still picture. It is for this reason that the paper below opens with a quotation indicating that neural function has been for untold thousands of years the continuous result of a dialectical process emphasizing now integration, now analytical inquiry. Il would appear that as a semiotic point of view succeeds a purely analytical one, those interested in communicative process are following the lead of Mother Nature in her ancient pattern.

What we begin then to look for in biological problems is the nature of evolutionary movement, in the generic, the specific, and the ontogenetic sense. We begin to comprehend the ultimately transactional nature of the knowing process in which what we know is known as a pattern, but for the pattern to become manifest, it has to occur in some observable context. We turn the ancient dichotomy around in saying that the pattern is what matters, while the 'material' in which the pattern is manifest is irrelevant. We do not know 'objects', we know patterns; when the pattern is durable enough, we tend to say it is 'objectified' or that it has an objective status.

For the pattern to be manifest, it is required that it be manifested in some material, whether in the metal or simply in traces of ink on paper. This fact means that the two aspects of the process are transactionally related in obligate form. For a pattern to appear, it has to appear in some 'material' form, but if it is an abstract pattern, it can appear in any material. The *causa materialis*, to revert to the terminology of Aristotle, is essential but insignificant. We can say that the pattern as a 'universal' is entirely promiscuous, caring little or nothing about what 'partner' it is involved with but depending entirely upon some partner.

Reverting to a familiar kind of description in the psychological context, we are talking about the process of abstraction, the ability to take what Goldstein [4] has called an "abstract attitude". Goldstein's work with brain-injured soldiers indicates that whenever a sufficient insult to the cerebral hemispheres is suffered, the result is in impairment of the ability to separate pattern from context and to deal with the pattern in purely verbal processings. In the discussion quoted at the end of the paper as originally published, this question appears in the discussant's demand that the author specify "redundancy of what?" and "novelty of what?" in speaking of redundancy and of novelty.

To the author, this demand appears to be a "fallacy of misplaced concreteness", since it implies that the material, the objective, the ontological is necessarily primary. In replying, it was pointed out that the great glory of the human condition is that we are able to deal with "triangle" as a pattern without having to relate it as "triangle of what?" As Schrödinger [5] puts it in discussing the epistemological revolution in physics, the new idea is that it is "pure shape, nothing but shape" with which theoretical physics is concerned. Returning to the specific professional occupation of the author, the problem we see is that immediately evident in trying to estimate the "suitability" of a prospective patient for "insight psychotherapy". We say, in the now familiar catch-phrase, "Say what comes to mind", and if we hear "What comes to mind about

[4] K. Goldstein, *The Organism* (New York, American Book, 1939).

[5] E. Schrödinger, *Science and Humanism* (Cambridge, Cambridge University Press, 1951).

what?" we conclude that we are dealing with one unfamiliar with the assumption of an abstract attitude. If such a patient otherwise appears well-educated, we realize with a good deal of reliability that he will require at least an extensive period of training before he learns to "associate freely". Often enough, a patient begins and continues talking at random so that we know the instruction is not impossible, and that many persons do in fact have the well-developed ability to take an abstract attitude even in the intimate context of talking so as to reveal oneself.

Semiotics

The discipline concerned with pattern *qua* pattern in whatever manifestation or modality of significance is that appearing in our times (or actually reappearing in a new manifestation after having originally been named by John Locke) is SEMIOTICS,[6] the study of patterned communication – and we add, redundantly – "in all modalities". The enormous leap we can make when we grasp the interior structure of the problem is that whenever any pattern is common to more than one, through that fact it establishes communication between the two contexts. Through the common pattern, the two contexts are bound into a single category, and the name of the category is the name of what is held in common, or what occurs in common. We can return to Hegel's teaching that learning occurs in a dialectical process moving from thesis to antithesis to synthesis. When we examine the process carefully in the light of the preceding remarks, we find that the synthetic step is not in fact synthetic so much as it is communicative. The 'synthesis' which links the apparently contradictory views of Newton and of Einstein is that Newtonian physics is quite accurate as long as the velocity of light is considered to be infinite, as it can often be considered to be without great error. The synthesis is apparent when we state that the one system is a special case of the other, or that the two are contained within the same category of theory with the one more general than the other. In similar fashion we learn that 'ice' is a special case of 'water', appearing only under certain conditions and having its own characteristics.

This conclusion then suggests powerfully that 'human being' is a function of the symbolic-linguistic universe in which every specifically human aspect has its being. It means in the most important sense that

[6] T. A. Sebeok, A. S. Hayes and M. C. Bateson (eds.), *Approaches to Semiotics* (The Hague, Mouton, 1964).

a 'single human being' is internally contradictory. A 'single member of the species *Homo sapiens*' may occur but the term, HUMAN BEING, implies an active status and every instance of that active status we can observe or imagine has some reference to a human group. It is not human just to be-in-the-world, as the existentialists say, it is only human when one is being-in-a-human-world. In the "*Eigenwelt*" of the sophisticated human being, one is accompanied by a generalized partner, Mead's "generalized other", Freud's "Superego", the religious person's "conscience".

For these reasons, the notion of an 'individual' in any significant human sense is irrelevant. We can find a useful analogy in biological context when we compare a human being to a single nucleus in a syncytium, a continuous mass of protoplasm with many differentiated nuclei. Each nucleus has its own 'identity', but the separateness of the function of any nucleus is sharply limited by the common or shared environment. "We are involved in mankind", as Donne put it.

In traditional terms, human beings are individuals who 'have minds'. When we examine the usage, however, we find that often enough, we understand the 'mind' as 'having the person', since the 'mind' is what MAKES US DO the things we do. Looking at the problem in the context of linguistic usage, we find a very close resemblance between the 'mind' and the spirits with which the insane were once assumed to be possessed. The 'mind' as often used is like an incubus which takes over and controls the person, forcing him to do evil things against his will. The usage shows us the ancient human tendency to use agentification, that same usage appearing in myths in all primitive human societies. When we learn a more abstract attitude, it becomes possible to disperse with 'the mind' just as it is possible to dispense with 'the object'.

When we estimate the evolutionary progression of human kind, we often construe it in terms of executive capacity. We speak of human beings as 'tool-users', we speak of the linguistic system and the vast armamentarium of modern technology alike as 'instruments' in the same line of metaphor. In another line of explanation of human specificity we speak of the gradual perfecting of sensory function from the macrosomatic capacities of the mammals through the progressive elaboration of 'distance reception' in the primates to the astonishing capacities of mankind. Thus we perpetuate the traditional dichotomy between the 'motor' and the 'sensory' aspects of human behavior.

The fact that becomes increasingly clear as we increasingly learn new methods of sophisticated pattern-transformation is that what develops progressively in evolution is the method of using PATTERNS TO GOVERN BEHAVIOR PROGRAMMATICALLY. The step where we now find ourselves is that one in which through many sophisticated and ingenious methods we are able to abstract from some existing situation INSTRUCTIONS which can be parsimoniously and efficiently transmitted, preserved, symbolized, metamorphosized in an infinity of ingenious ways so that at some other time or place a 'reasonable facsimile' of the original can be 're-created' out of a different 'material' context from that of the original setting of the pattern.

In the contemporary phrase, we speak of 'data-processing', but this is in precise terms perhaps much less appropriate than to speak of 'pattern-processing'. To be sensed, 'data' have to be patterned in some transactional sense. Even so random or diffuse an event as heat only becomes of significance as it affects or is picked up by appropriately sensitive receptors; the meaning of the hot feeling is a function of the pattern in which it occurs, and this meaning is communicated to others, and to a considerable extent of the self, by the behavior which flows out of the pattern-sensing. Often one finds oneself snatching one's hand from a hot object before being aware of what is happening, and it is sometimes possible to observe one's own action and have time to realize "That is going to hurt", before getting the full brunt of the pain involved.

The basic process of living then is that of sharing patterns in various kinds of communicational interchange with aspects of one's environment, both 'physical' and 'social'. The major difference between lower animals and human beings is that of the development of patterned ways of preserving patterns out of context so that they can later significantly enter into contexts of the same sort again. It is perhaps the most startling realization of all that the basic genetic instructions which govern the repetitive organization of a mass of material into human form are very sophisticated 'abstractions'. The genetic material, consisting of 'words' composed of amino-acids in sequence, basically uses elemental 'letters' we symbolize as C, H, O, and N. A chromosome is quite analogous to a 'sentence' of several such 'words'. The notion of 'clonal selection' gives us a picture of the immunologically competent adult animal as a 'purged xenotypic dictionary', reacting to 'expurgate' all alien or illegitimate 'words'.[7] Thus, in our most modern and sophisticated methods of processing patterns, we are in fact simply discovering for 'con-

[7] F. M. Burnet, "The New Approach to Immunology", *New England Journal of Medicine*, 264 (1961), 24-34.

scious' use the most ancient patterns developed by a 'blind' nature millions of years ago. Indeed, if we suspect that the very beginning of life may have been the formation of a virus-like molecule somehow capable of reproducing itself, then life itself is the manifestation of the process of "abstracting" information and communicating instructions through endless metamorphoses in differing contexts.

H. C. S.

> "The most revolutionary of the insights to be derived from our recent experiences in physics, more revolutionary than the insights afforded by the discoveries of Galileo and Newton, or of Darwin [may well be] that it is impossible to transcend the human reference point."
>
> P. W. Bridgman

According to Bishop [1],[8] following Herrick [2] and Coghill [3], the evolution of nervous systems takes a kind of dialectical course, with new potentialities emerging repeatedly as improvements in ANALYTICAL methods set out on the background of an older pattern of INTEGRATIVE process. He notes that a subsequent synthetic step is MODULATION, in which the choice can be made as to whether to use the analytical or the integrative approach.

Adopting this paradigm as a model, it is then possible to wonder if we do not see something of the same process in historical perspective in relation to cultural process. To the older integrative techniques of faith dominant in a religious era, there has occurred as antithesis the analytical method of inquiry in science which has occupied an unchallenged priority in the modern world. The synthetic view which now appears to be emerging in increasingly influential fashion is that both the integrative religious methods which are so important in the formation of a social group, and the analytical scientific methods which allow us to break down observables into manageable portions, can be seen as variants of COMMUNICATIONAL methods. A broad understanding of communication includes the apparent antithesis as special cases, reciprocals employing different methods.

Both the religious and the scientific views claim access to a valid 'reality', and the consensual testimony of many witnesses in either case supports the view presented. The difficulty arises when participants on the one side or the other assert the claim of exclusiveness to the reality

[8] For numbers in brackets, see references p. 386.

which they believe in. In the modulating decision to look at the communicational process, we can avoid the necessity of implicit belief in either reality. We can follow the illustrious example of William James who, when perplexed by the necessity of choosing between a pluralistic and a monistic view of the universe, said that, in any case, the universe is "all one subject of discourse". With this as a slogan or motto, we can look to the matter of understanding communication as the basic goal of inquiry.

Borderline integrative fields

It is perhaps an important straw in the wind that the Nobel Prize Committee has in the nineteen-sixties bestowed a prize upon a group of workers who pioneered an integrative approach in the borderland between two previously well-established analytical fields of science. One of these workers, Jacques Monod [4] has been quoted in a statement referring to the problems of working in a novel field; he said: "When my thesis was accepted [. . .] my teachers, who were not at all ill-disposed to me, gave me to understand that I hadn't any future in the university because what I was doing was at the borderline between microbiology and biochemistry; it wasn't a discipline that could be labeled; it corresponded neither to a professorial chair nor to a course being given; hence, there was nothing for me to do at the university".

What Monod underscores in this comment is that professional recognition depends upon the establishment of a framework of academic status on the basis of a shared interest by a group composed of students and professor, with the status reinforced by the formal requirements of a course. The problem that Monod and his co-workers, Jacob and Lwoff, successfully solved is that of the CREATION of a discipline, by the combination of components previously thought to be in separate areas. This creation becomes then a transactionally meaningful integration across disciplinary lines.

The present discussion has the purpose of suggesting that perhaps the most important movement now observable is that of the creation of a massive new discipline combining elements of existing approaches throughout the arts and the sciences. This discipline threatens to make obsolete all previous theories in philosophy as it increasingly asserts its right to the status of a 'meta-discipline' under which all others can be subsumed as special cases with particular goals and methods. The field is generally concerned with COMMUNICATION, but in a way which makes it different from epistemology, semantics, symbolism, lexicography, linguistics, and the host of other subdisciplines in which there are already well-defined careers and courses. Perhaps the most important single influence in this approach is the philosophical revolution of the 20th century.

Philosophical revolution

The basis for all modern theory in communication can be found in approaches to physical problems in work reported at the end of the 19th and the beginning of the 20th century. This revolution, in which many separate workers were involved, concerns two general ideas by now well established in physical theory but still far from full development in the social and behavioral sciences. The one idea is that of the IRREVERSIBILITY of entropic process [5]; from an extension of this basic idea we get a clearer view of the unidirectional, entropic nature of all spoken language and all human communication. The other idea is the essential RELATIVITY [6] of all knowledge; this principle in its eventual elaborations requires taking into account not only the observation made, but also the framework of observation, the point of view and, finally, the conceptual system guiding the behavior of the investigator.

Combining these ideas and applying them to the processes by means of which human beings approach knowledge, we arrive at the now obvious idea that human beings can never bypass the COMMMUNICATIONAL PROCESS through which the putative universe is made to seem so concretely 'out there' to common sense. It has traditionally been easiest to think of the out-there as ultimately knowable in essentially static terms, but with modern instrumentation we find many instances in which the STATIC can be seen to be only the MOMENTARILY STABILIZED.

Modern evidence suggests that the neural communicational process is more like that of the television receiver than of the camera. The television picture, apparently still, exists in REAL TIME as a series of rapid scanning movements of various components sensitive to various electronic influences. This newly available model supersedes that in which we thought of a static storage system – like a filing cabinet or series of photographs in the brain. The apparently contradictory views are reconciled when we grasp the fact that the observer of the static photograph carries out a scanning process as he "sweeps a visual beam" across the photograph to transfer it to optical coding in a necessarily active process. When the relative motion between object and retina is deviated by some ingenious experimental arrangement which cancels the saccadic movement of the eye in scanning, the "solid object out there" disappears as the retinal cells become fatigued.

The notion of a static reality out-there is often reaffirmed as we get sudden insights in which a whole collection of data is organized into a single, apparently stable, whole, "in the twinkling of an eye". But when we examine this process in detail, we find that the sudden event is actually only the final event in a prolonged preparatory series, and the ultimate entitization is analogous in some ways to the sudden crystallization which can take place in a supersaturated solution, or the final increment which changes the load on the metaphorical camel's back beyond a threshold with a final straw.

New concepts of time

The newly reinforced demonstrations that the communicational process has to take place in real time, in a sequence of events, with the corresponding limitations of irreversibility and succession, have come to be reflexively applied back to their intellectual origins to alter the abstract notion of time. Where Newton postulates a kind of river of "absolute and true" status, flowing "equably without relation to anything external", the contemporary idea emphasizes that time is a function of its instrumental context. The communicational point of view thus denies the traditional notion which asserts the possibility of instantaneousness and simultaneity.

It is a fascinating idea that the development of instruments which allow us to measure time has the contradictory implication that the conception thus developed allows us in the early stages of investigation to deny the necessity of the instrumental interposition. As a characteristic example, Norse mythology tells of a messenger of the gods who races to the end of the world instantaneously, with the "speed of thought"; and the invention of clocks allows us, by imagining that the position of the hands is the same on clocks in different parts of the world, to imagine that events occur simultaneously. It required the insight of an Einstein to point out that all such notions are illegitimate in principle, since in experience it is inevitable that no event can be thought to be more closely related to any other event than that FINITE period (no matter how small) required by light to move from one locus to the other. This means that we have always to take into account the interposition of some communicational process between the two termini of interest.

When we take into account the theoretical implications of relativity theory, and the practical demonstrations of the technology of television and its analogue in retinal function, we understand that perception must involve seriation and sequencing. The picture observed on the screen is the momentary result (1) of an extraordinarily rapidly decaying process resulting from the scanning on the screen, plus (2) a similar process of scanning with rapid decay in the neural mechanisms of the retina. Out of this incredible transience we as observers get a view of stable pictures and slow change in action and facial expression. The most poetic implication of all our new knowledge can be put that we have to understand the universe in modern times as having the structure of a musical composition or of a sentence rather than that of a photograph.

The use of the now obsolete photographic model [7] in mathematical symbols and 'images' is the basis for the ideas of an ideal static universe: this idea recurs in variation after variation, in the timeless Heaven of the Christian, in the abstract universe of Platonic Ideas, and in the mathematical universe of the scientist – the latter described by Kepler in the terms that "geometry is a reflection of the mind of God"! [8] What Einstein's insight makes inevitable is the understanding that any such construction is an illusion, and we see it increasingly as a delusion based upon the nature not of the 'real world' but of the system of abstractions characteristic of standard Western European languages.

Twentieth-century developments in physics reinforce the philosophical view [9] that time's durational character must be considered primary. In this way, the recognition of the irreversibility of experience enters physical theory, although it is an idea familiar to poets in ancient times: "The moving finger writes, and having writ, moves on." Much of the subsequent development of communicational theory depends upon the general idea arrived at by Bolzmann in identifying PHYSICAL INFORMATION and NEGATIVE ENTROPY through a probability relationship. In this relation, the disorderliness of a system is seen to be equal to the amount of missing information. This extraordinary intellectual *tour de force* makes it clear that structure and orderliness are interchangeable ideas, and from the various developments following, the curtain was raised on the modern world of automation in a setting of linguistic [10, 11] and cultural [12] relativity. A remarkable recent instance of this kind of idea is to be found in Weisskopf's [13] comment upon the nature of atoms; he says: "Atoms can be broken by a very ordinary power, for example by lighting a match, but still they possess an intrinsic shape. They regenerate themselves whenever the original conditions are reestablished. What Newton ascribes to the 'First Creation' happens everywhere and at any time. We find well-defined shapes without persistence of the unit itself." Thus, every time the atom is broken and re-established in its proper shape, it utilizes different components to arrive at the same shape – which means that arrangement is primary, substance always secondary and derivative.

Relation and message

In the epistemological revolution of the 20th century we have come to understand that what IS is what CAN BE COMMUNICATED in some CODED form. What cannot be so managed remains unknown, and as we develop new means of reaching out into a presumably (but never certainly) existent universe, that universe will by token of the new messages achieve novel form, repetitively and perhaps endlessly. The revolutionary idea is most precise in its denial of the individual existence of any thing or object; the MUTUALITY OF PROCESS between the PUTATIVE object and the PUTATIVE subject is the new basis for understanding.

In this new conception we are primarily concerned with neither the 'out there' nor the 'in here', but the 'in between' which makes both possible. That is, to say it another way, the primary starting point is neither the 'subject' (as the idealists would have it, *e.g.*, Berkeley) nor the 'object' (as the materialists would aver, *e.g.*, Newton), but rather the relation traditionally understood as existing 'between'. To put it still another way, we learn that the primal event is the MESSAGE, and that 'source' and 'destination' are, like subject and object, only rationalizations RETROSPECTIVELY useful for explanatory purposes.

The full understanding of the problems involved requires taking into account that the structure of a linear discursive language does violence to basically transactional processes by necessitating that they be described in self-actional or in interactional form for purposes of dissemination and instruction. This structural linguistic limitation upon conscious communication means that the human being is necessarily split into (1) an aspect which functions at the level of physiological and biological function as a smoothly CONTINUOUS mechanism, while (2) at the linguistic-symbolic level functioning takes place in units of DISCONTINUOUS nature.

The social system trains its members persistently in the linguistic-symbolic system, and through this training introduces a schism between the 'animal' and the 'social' nature of the human being. To occupy his full position as a member, the human being must be rigorously trained to prefer the latter to the former. This process may be called 'schizogenesis' as it separates the biologically unified animal into aspects potentially in conflict. Through consistent training (with ideas of honor, patriotism, self-sacrifice, the Golden Rule, and many others) the human being's PRIMARY identification becomes that with his system: "Greater love hath no man than to sacrifice his life for a friend", "My only regret is that I have but one life to give for my country". This confrontation of the social with the 'instinctual' gives rise to conflict, and to the possibility of resolution of conflicts in either integrative or disintegrative form. From the former there come the elaborate edifices of civilization; from the latter the manifestations of 'character disorder' and 'mental illness'.

Abstraction

As a basic step in this process we can find evidence of a saltation universal in man, found in no other species. This saltation involves the use of SHAPE dissociated from PARTICULAR context for purposes of communication. The function thus common to all human beings is that of ABSTRACTION, which in etymological derivation implies a taking away, *i.e.,* a removal of form or pattern from its context of origin. The linguistic operation is one in which the separation of pattern is immediately accompanied by the combination of the abstracted pattern with a name, a pattern of SHAPED BREATH. By this maneuver the two, the shape and the name, come to independent existence as a shape-name complex as long as there is a group in which the combination finds CONSENSUAL RATIFICATION on a REPETITIVE basis.

It is important to note that one can decide that a communication has taken place only RETROSPECTIVELY. Then we say that a message passed from a source to a destination – but it is immediately apparent that this can only HAVE occurred. When the system behaves repetitively, we can say PREDICTIVELY that certain messages can be expected – but only if those messages (or others in certain regularly repetitive categories) have been repeatedly observed in transmission. The name can have meaning only when its significance has come to be shared by a process of repetitive indoctrination (of a NOVICE by a PRECEPTOR). Etymologically, INFORMATION refers to a process of internalization of shapes or patterns.

It will be noted then that a message can only be said to have occurred when it joins a source and a destination – but neither source nor destination has any meaning except in relation to the idea of a message. We therefore find that in human communication we have to deal with solipsistic systems characterized by circularity of process and by an inevitably internal definition of MEANING. The meaning of meaning is consensus, and the birth of meaning is in the social process allowing consensus to develop. Human communicational methods differ from those of all other animals in their artificiality, based upon the abstraction of pattern in naming, and thus by the necessarily shared meaning of the tokens used.

Novelty

The artificial-arbitrary nature of human modes of communication is most significant in the enormously amplified potentiality for NOVELTY in such a system. Where meaning is established by consensus, there is no limit to the possible variation. The demonstration of the difficulty in translating dead languages from remnants of script is well known; the Rosetta stone allowed the solution of the problem of Egyptian hieroglyphics after many decades of effort through the fact that the same inscription was written in different languages. In the opposite direction, the overwhelming degree of novelty is balanced in every social system by elaborate methods of training its members in the rules of the system and in the use of its own idiosyncratic tokens and symbols.

It is notable that the judgment of novelty depends upon purely INTRA-systemic considerations. The system can process information only when potentialities of sending and receiving are reciprocally developed in substantially all of the members. What is novel at any potential source is that which has no reciprocal at the potential destination. The result of learning is the development of ENSEMBLES OF MESSAGES substantially identical among all potential respondents; a DIALECT establishes a sub-grouping in which the locally identical ensemble of messages differs from that of the larger linguistic group. The solipsistic nature of the process is well seen in the practice of definition, since each word is there made equivalent to a series of already known words: we "raise ourselves by our bootstraps". The process is beautifully described in abstract form in the theoretical background of communication engineering. The central notion is that of INFORMATION, a 'dimensionless quantity' which is defined as the inverse of probability. This means that the information carried by any message is measured in terms of its unlikeliness. The ultimate of unlikeliness or improbability is the state of complete novelty, and therefore the absolutely novel would carry with it an infinite amount of information and would be totally unmanageable through ANY channel. The ultimate danger to any communication system is the danger of the improbable, of too much information. The system is therefore in principle oriented toward the early detection of novelty, with the purpose of reducing it to manageable proportions. Every human communication system must have built-in ('offensive') mechanisms for LEARNING, which means the storing of potential patterns of response for patterns to be encountered in its experience; any communication system has to have built-in ('defensive') mechanisms, as well, for the EXCLUSION of unduly great amounts of information. In many such systems the ultimate defensive operation is some version of a 'fuse' or 'circuit breaker' which disintegrates the systems to protect otherwise potentially vulnerable parts. Here we see the reciprocity of process in the potentiality of damage inherent in communicational channels (*cf.* contagion).

In any social system, teaching or indoctrination is accomplished through methods which expose the novice to graduated 'doses' of information. As human methods of investigation become more sophisticated, an increasing amount of effort is expended in the development of theories which reduce novelty by making statements which cover wider areas of the total field. Szent-Gyorgyi [14] says: "Our attempt to harmonize teaching with expanding – or rather exploding – knowledge would be hopeless should growth not entail simplification. [. . .] Science tends to generalize, and generalization means simplification". Scientific method has as perhaps its basic principle a learned attitude of doubting [15], with a reinforced tendency to look for the new, the "anomaly" [16], for the purpose of reducing the anomaly to regularity.

It is of some importance to emphasize the internal circularity of definition in these ideas. Information, defined as "anything that makes a difference", refers to any observation of any difference, but it implies that observer and observed are both aspects of a single observational system. Novelty is then anything for which the potential respondent is not prepared, to varying degrees. Where the potential respondent is completely unprepared, the novel event may be disastrous or traumatic; where the stress of novelty is tolerable, it imposes varying degrees of strain; where the novelty is purely 'phenomenal' within already established categories of expectation, the information may be positively pleasant or exciting.

Thinking

In his "Autobiographical Notes", actually having only to do with intellectual development (and thus indicating his intense preoccupation with the abstract), Einstein [17] has left some fascinating comments about the process of thinking. He speaks of an experience of "wonder" when coming into contact with the new and unexpected, saying: "This 'wondering' seems to occur when an experience comes into conflict with a world of concepts already fixed in us. Whenever such a conflict is experienced hard and intensively it reacts back upon our thought world in a decisive way. The development of this thought world is in a sense a continuous flight from 'wonder'."

Einstein describes with clarity the EVOLUTION of thinking:

"What, precisely, is 'thinking'? When, at the reception of sense-impressions, memory-pictures emerge, this is not yet 'thinking'. And when such pictures form series, each member of which calls forth another, this too is not yet 'thinking'. When, however, a certain picture turns up in many such series, then – precisely through such return – it becomes an orderly element for such series, in that it connects series which in themselves are unconnected. Such an element becomes an instrument, a concept. I think the transition from free association or 'dreaming' to thinking is characterized by the more or less dominating role which the concept plays in it. It is by no means necessary that a concept must be connected with a sensorily cognizable and reproducible sign (word); but when this is the case thinking becomes by means of that fact communicable" [17].

Here Einstein approaches the problem that, no matter how much thinking can be supposed to occur inwardly or introspectively, the significant criterion of investigation is that whatever is studied has to be made communicable in some way. In modern investigation we discover that in addition to the traditional method of studying dreams through verbal report, it becomes possible to make a different but related approach through instrumental technique using the electroencephalograph and the electrooculograph. Einstein makes it clear that only after the problem of communication has been solved is it possible to approach the problem of 'truth':

"With what right – the reader will ask – does this man operate so carelessly and primitively with ideas in such a problematic realm without making the least effort to prove anything? My defense: all our thinking is of this nature of a free play with concepts; the justification of this play lies in the measure of survey over the experience of the senses which we are able to achieve with its aid. The concept of 'truth' cannot yet be applied to such a structure; to my thinking this concept can come in question only when a far reaching agreement (CONVENTION) concerning the elements and rules of the game is already at hand" [17].

It is an aspect of the *Zeitgeist* that here Einstein speaks of a process which is essentially that discovered by Freud for the investigation of concept-formation and inquiry into meaning in the context of emotional disorder. It was noted above that the same time period is one in which a general preoccupation with a durational concept of time and with the concepts of entropy and irreversibility appear [5, 9].

If we take Einstein's notion into contemporary concerns with the linguistic process, we find that the same orientation appears in many different versions. Einstein describes the beginning of thought as that point at which a common "picture" is found in a series. If we replace the term 'picture' by the broader term 'pattern' we find a modern statement that the principal function of the human nervous system is that of PATTERN-RECOGNITION [18]. Through the establishment of categories identified by the presence of a common pattern, we arrive at the notion of a mathematical SET. In a linguistic context we find that a word refers not to an object, as it is often taught, but to a category (Vygotsky, Locke) [19]. When we begin to talk of knowing in public terms in an approach oriented toward determination of truth, we find that the NAMING is the KNOWING (Dewey and Bentley) [20], since it is only through naming that persons can refer to the same category without the direct behavior of pointing or grasping. Any verbal pattern is established as a CONvention acmong COMmunicants by a process of CONsensus.

Structure and development

When we approach any investigation of living systems, we find ourselves in a dilemma imposed by the relation of observation and description. The processes of description have to emphasize structure, since description in formal categories identified by words lends itself to static 'picturing'. On the other hand, when we use any method of observation, we find that not only is it impossible to observe without relative movement between sensory organ and that which is sensed, but that also there is a developmental process in which the repetitive observation of any system yields continuously greater increments of understanding for a long time. The ultimate in description is attained at a point at which a static statement yields, BY INTERPRETATION, a virtual movement [21] – whether that statement is the mathematical equation of the scientist or the artifact of the painter or poet.

For description, stasis is necessary – but for life and for observation, movement is necessary. These two requirements mean that understanding is necessarily a dialogue, a dialectical process involving conflict resolution not only from person to person but from description to observation as well. Any sensory event is based upon relative movement in the relevant context of the sensory ending (whether change in impact, pH, odor, or whatever). We can attempt to reintroduce a descriptive stability into this inevitably moving process through the use of a term such as TRANSACTION which implicitly recognizes the inherently circular nature of the relation of PERCIPIENT and PERCIPIENDUM; each has meaning only in relation to the other, just as HUSBAND and WIFE imply each to the other.

We have to remember therefore that description, since it requires a violation of process, is always to some extent a lie; but it is a necessary falsification because of the requirements of a discursive method of communication. We find the problem in one example clearly demonstrated in the balance sheet drawn up by an accountant which amounts to an artificially imposed equilibrium state only momentarily (if ever) relevant as a description of a business operation. But the comparison of balance sheets from two different periods of time allows an interpretation of movement and growth. The same artificial impression of movement is attained in the cinema.

Movement, change, novelty

In summary, it becomes possible to see that the basic implication in many forms of movement and change is that they are aspects of relative novelty. Any sensory device or organ is designed to register change in the context of sensitivity; by remaining in the same state, any such sensor sends a message of 'no change'. Change which passes the limits established by the degree of sensitivity of the device amounts to the signaling of a novel state in the context of sensitivity, and often, by beginning a chain of 'triggering', any such initial event leads to a succession and a widening of the message so begun. The basic message in any single nerve cell is simply that 'a change has occurred'.

Storage and use

In order for information to be continuously processed with maximal efficiency, it is necessary that there be in every system mechanisms which allow storage of data combined with others which allow the data to be used on demand. In USE, the emphasis is always upon a more-or-less approach, since natural processes occur in smoothly varying kinds of functions; for instance, the breathing rhythms have to process an oscillating cycle of inspiration and expiration, the metabolic process moves between phases of anabolism and catabolism. The necessary interconnection between process and description is well seen even in this example, since in describing a smooth cyclical change it is necessary to refer to a dichotomous, discontinuous verbal description. STORAGE processes necessarily emphasize stability, permanence, invariance.

The mechanisms involved are, in the contemporary idiom of the communication engineer, those of an ANALOGICAL coding in the continuous functions and of DIGITAL coding in the discontinuous processes of description. Efficient communicational systems are so arranged as to facilitate translation into analogical processes during performances and into digital processes for purposes of storage. The many different ways in which these intertranslations are made is a fascinating study in the neural mechanisms of the human being.

The nerve cell as a central element in the mentational processes of human beings demonstrates the summation process well. If we consider the nerve cell to be essentially a 'sensory' device responding to change in its context of sensitivity, we see that any such cell lives in a multidimensional context of influence from dendrites transmitting both excitatory and inhibitory influences, from the physiological processes of its metabolism, from the humoral agents brought to it through the blood stream and intercellular fluids, from the electrical fields in which it exists. At any time the summation of all these influences may result in a transthreshold change which then leads to a firing of a nerve impulse down its axon. By processes which ensure that any such firing be followed by a refractory period, even a maximal stimulation of the cell occurring continuously is changed into a discontinuous series of single nerve impulses. In many cells, the rate of frequency of discharge is proportional to the intensity of stimulation, so that 'more' becomes translated into 'higher frequency' as 'more competence' is often translated into 'higher dollars' in a job or business. In the other direction, by plotting the numbers of impulses on an appropriate graph, the discrete units can be pictured as a smooth curve, and by statistical methods, the units become a varying mathematical notion.

The enormous advantage for many purposes of a digital method of coding is seen in the modern world in the emphasis placed upon such coding methods in designing the fastest possible computers and in arranging the greatest possible degree of telecommunication of coded messages. Storage is more easily effected in various kinds of digital techniques in tape-recordings, punched cards, dictionaries, encyclopedias, and the like. The movement in the opposite direction is much less apparent, since the translation of the stored coded material into performance is a private and personal matter while the translation of experience into digital codes for storage and interpersonal communication is the focus of public educational efforts.

Comparison and mentation

We can approach the same general problem from another point of view by beginning with the comment made by Young that the human brain functions by making comparison. Bartlett points out that the easiest way for a human being to make a comparison is by the direct method in which the two items to be compared are immediately present. In this situation there is little need for sophisticated technique: the result is immediately and unambiguously evident. On the other hand, when it is desired to make a comparison between an event or object immediately present and one located at some distance in space or time (or in space-time), is necessary at least to store temporarily the data from the one in order to place it in juxtaposition to the other. This means that the datum has to be translated into some storable, transferable form. The principal device which human beings use for this purpose is that of a digital coding system using a standard which can be replicated endlessly and universally. Such a standard is the meter bar which forms the basis for the metric system of measurement; many different essentially identical replications made through reference to such a standard allow transportation of data to distant places and measurement in a digitalizing process potentially anywhere.

In another application of great importance, the method of experiment in scientific approaches holds every variable constant but the one in focus and thus strongly emphasizes change occurring in that one. The technique allows a kind of 'high-magnification' of this particular segment of the problem. Again by the written description of the whole experiment in precise detail, the methods of science allow endless replication and a potentially endless recourse to consensual validation in cases of doubt.

When we move from the technical to the human level, we find the same process involved in such operations as a jury trial or an election. As a whole the electorate obviously has a more-or-less attitude of approval or disapproval; this attitude equally obviously changes rapidly in response to temporary circumstances. The translation into political process involves several stages of digitalization: the election is decided by majority vote which makes the winner total winner; the election is held at a definite time and place and no other, forcing those who wish to participate to be there or lose the chance to vote; by legal process it is possible to make the term of office a precise one measured in months or years. The jury trial method takes a group and forces is to make a digital decision; by removing the decision from the judge, and by removing the sentencing from any member of the jury, the process dilutes responsibility in the same way that government by committee does.

We see the same alternation of process in relation to spoken and written speech. Persons speaking a foreign language often seem to be speaking in a continuous stream without rational breaks. It is only with a great deal of familiarity that one begins to see that the stream of language is one which can be translated at least in part into a discontinuous series of separable words. In the actual performance of speaking, the specifically verbal material is always contained in a context of a more-or-less coding system with many different kinetic and paralinguistic aspects. The speaker uses gestures as well as words; he speaks softly or loudly, with emphasis continuously varying. The spoken method emphasizes analogical processing – the same words can be spoken lovingly or with sarcasm, invitingly or threateningly. On the other hand, written language has no such markers as those so prominently accompanying spoken speech. The writer has an entirely different task from the speaker – so much so that the two, 'spoken' and 'written', have been referred to as different languages rather than as variants of the same language.

Malinowski [22] makes the point that in the primitive tribe speech functions as a mode of action; it is not separated from everyday life and is never without immediate applicability in whatever performances are being carried out. On the other hand he points out that written language becomes an "instrument of reflection", a method by means of which the human being can make a record for the purpose of repetitive investigation of the patterns in question. Through writing, it becomes possible in a most important way to "talk to oneself" – the reflection from a page of prose as first written by oneself is often most distressingly informative. For purposes of maximally effective communication the writer must introduce into his text the kinds of internal cues which allow the reader, by a process of interpretation, to reproduce an emotional state (characterized by more-or-less changes in various parts of the body). Both the scientist and the poet depend upon learned methods of responding to convey the message they wish to make common between author and reader.

Still another implication of major importance is that written techniques encourage analytical activity while spoken speech encourages a more synthetic blending of the respondents into a single system. It has been accurately said that "writing maketh an exact man", but it could be said in the opposite direction that speaking tends to make a FEELING man. In the contemporary world which so dominantly emphasizes analytical approaches to problems, it becomes a very great liability in the learned professions not to be well trained in the techniques of written language, although the great epic poet Homer was not only illiterate but also blind.

The alternation is well seen in lexicographical context in the transactional relation involving dictionaries and usage. By a mysterious process of consensual nature, the language is in constant flux with words and forms of expression coming into and falling out of common usage. The rapidity of change can be seen in noting that the 'birth-date' of the English language is often give as about 1500 A.D. – but the language of Shakespeare, some hundred or so years later, is obviously archaic to modern ears. Even the polite conversation of Victorian ladies and gentlemen now appears faintly ridiculous as we read the novels of that period. Thus usage continuously makes dictionaries obsolete, since in the time required to publish a dictionary the usage has already changed appreciably. Where it was once taught that there is a correct 'norm' of linguistic usage, more recent and more realistic observers tend to emphasize that usage makes normality, changing it over various periods of time.

Assimilation and differentiation

If "the brain works by making comparison" as Young [15] asserts, we can ask what kind of comparisons does it make? Again in digital answer, we can say that there exist the two polar possibilities that the brain can make a judgment of (1) similarity, or (2) difference. If we approach the problem through an introspective route, we find that the judgments upon which we generally depend are those made 'intuitively' or 'unconsciously' in terms of FEELING. If looking for the name of an acquaintance, two persons in conversation may go through a series testing one then another. On the way, there are likely to be comments such as:

"That's close but not quite right", until finally there appears a possibility that both respondents greet with: "That's it!" The signal involved is an inner feeling nearly indescribable, a 'feeling of familiarity'. The various partially correct answers are in a more-or-less system; the finally correct answer appears to be in a yes-or-no-system. The ultimate of the 'intuitive' experience is the dramatic experience of conviction, the "Eureka!" of Archimedes. The difficulty about this kind of experience is that it is notoriously unreliable in public terms, no matter how convincing in private terms. The personal decision has to be ratified by an eventual consensus of informed respondents if the immediacy of the intuitive response is to be translated into publicly affirmed doctrine. It can be noted, in the latter instance, that many such publicly affirmed 'certainties" appear in later periods to have been to some extent at least delusional. The point of perhaps central importance is that the truth of any idea is always to be assessed in an analogical system rather than in the system of true or false, yes or no, all or none.

We return to a newer understanding of the meaning of the term, communication. By derivation, the word comes from the roots, *cum,* Latin for 'with', *munis*, Latin meaning 'bound' or 'under obligation'; and the suffix meaning generally 'the act of making'. The implication is that the meaning of a word is, like the meaning of an election, a matter of consensual selection of an obligation, whether ruler or meaning. The whole word then implies that the process involves putting more than one under a shared obligation: what can be communicated is always a function of a forced sharing. For any word or symbol to have meaning, it must be shared by the members of the relevant linguistic-symbolic system. The meaning of meaning is therefore basically CONSENSUS, and the process of teaching on the one side and learning on the other is simply one of coming to share more comprehensively a series of messages framed in verbal signs.

But this is not the end of the circularity involved. We find whenever we use a word that we are not referring to a thing, but rather (1) to a form or shape, and (2) to a category established by the form or shape in question. If we look to early instances of language learning, we find this well shown in the tendency of the small child to speak of all four-footed beasts as "bow-wow" or of all persons wearing pants as a "dada"; the child next door can further illustrate a basic process in category-formation by referring to all four-footed beasts as "moo-cow". The name used depends upon the first example of the category named to the child and used as a basis for the classification of all subsequent exemplifications of the shape abstracted from the primal member.

The importance of this method is that it relies upon a basic determination of similarity in two or more objects or events. Communication begins with the comprehension of similarity. To refer again to the description given by Einstein in the quotation above, he says: "When a certain picture turns up in many such series [. . .] it becomes an ordering element." This statement needs only the qualification that the "certain picture" is susceptible to a process of differentiation and change in learning. The crude picture of a four-footed beast, identified by the outline of shape, is subjected at once to a consensual effort on the part of a series of preceptors to encourage more precision. The two children are encouraged to make a differentiation on the basis of size, for example: the comparison is made, with the comment that the big one is the moo-cow, the little one the bow-wow.

The basic operation is the construction of a SET on the basis of a characteristic demonstrated by all the members of that set. The characteristic common to all tends to be most importantly related to the first member of the set. When it becomes possible to describe a whole collection of objects having a common shape, then it is possible to make à structural decision on the basis of a concept. The concept, by describing the characteristic formally, turns the series into a static idea: the triangle, for instance, is learned by abstracting from a series of events, but it can be formally described in purely static terms. The directed, conscious effort of the teacher begins with an effort to establish a differentiation within the overly large category established in the child's first insight. The dual nature of the linguistic-symbolic process is therefore evident in (1) the formation of categories on the basis of similarity of some abstracted shape, and (2) the differentiation of categories by the establishment of many subsequent subcategories (*cf.* genus, species, subspecies).

Adaptation and emotion

The assimilation of a subsequent event or object to a category already established is likely to be initially easy or pleasant and subsequently comes to be taken for granted. What is different is that which attracts or demands attention, and the awareness of difference is often or regularly unpleasant or disagreeable. For these reasons, we can say in jumping to the level of adult human functioning that what is UNEXPECTED tends to be more consciously apparent. Extrapolating a long way, we can then wonder if the function of consciousness is not primarily that of examining experience with a view to determining difference. The circular nature of the process is well seen again in the fact that with appropriate training the human being searches for means of finding similarities in apparent difference, and difference in apparent similarity.

Authorities in the study of thinking, for instance, Bartlett [23], have commented upon this dual and circular process, noting that the function of establishing differences is always easier to train in the human being. Most of our schooling is oriented toward the means of deriving reliable measures for differentiation. On the other hand, no positive demonstration of similarity can ever be accepted as proof in unambiguous terms; the result of positive affirmation is simply that of improving probabilities. The searcher after similarity must therefore resign himself to an inexorable and unavoidable state of ambiguity and uncertainty. Not for him the clear and logical relaxation of negation and differentiation!

But again to note the circularity of process, it is only from the ascertaining of similarity that new ideas and creative solutions to ancient problems eventually emerge. The establishment of new categories on the basis of hitherto unobserved similarities of shape or pattern is the creative act. Like the baby's initial explorations, however, what then immediately occurs is that all those feeling in any way like teachers begin to attempt to show the formulator of novel categories that he is in error. The consensual approach is that of fostering differentiation to the purpose of furthering conformity among those using the same linguistic system. In paradoxical fashion, the discovery of a novel similarity is a threat to the whole system, since it implies that all the members of that system may have to learn the new relation.

In statistical terms, it is easy to see that the vast numbers of new similarities generated by all kinds of people in all kinds of situations are canceled out by the pressure of the group. The greater effort by far is that expended in negative selection of novel assimilations: the number of theories which live is only a small portion of those imagined, just as the number of spermatozoa which fertilize an ovum is an infinitesimally small proportion of the number elaborated in all the seminal tubules of all the males in the world. The processes of linguistic evolution and those of scientific revolution and evolution appear to have a shape similar to processes of biological evolution. The two steps are (1) the elaboration of variants, and (2) the rigorous culling of these variants so that most are discarded and the few selected are vigorously reinforced, affirmed, or multiplied. (Many are called but few are chosen.) A further similarity is seen in the consideration that for any survival at all, the favorable mutation or variation must be communicated – at the biological level by genetic transfer, at the social level by consensual acceptance. The poet Gray said: "Full many a gem of purest ray serene / The dark unfathomed caves of ocean bear", and the example of the long continued obscurity of Mendel's fundamental (but inadequately communicated) contribution to genetics is by now thoroughly familiar.

The process of discovery can be described in just these terms. The discoverer finds a novel similarity, often with a feeling of delight as he experiences an assimilation which obliterates a prior differentiation. The emotional concomitant is not too dissimilar to that experienced when one discovers that a human acquaintance thought to be neutral or antagonistic is in fact affectionate. In general, the more sudden the discovery of similarity in apparent dissimilarity, the more intense is the feeling of pleasure – the eventual denouement is the more intense the longer the previous state of tension.

The dual unit

When we look at the nature of any communication system in a sense implying reversibility, such that source can become destination and destination source, as discourse or conversation proceeds, we find the essential item is THAT WHICH IS HELD IN COMMON. The passage of a message from one side to the other of such a communication system takes place through the mutuality of preparedness referring to the message. Complex communication systems are characterized by shared ensembles of messages, and the degree to which communication can take place is a function of the amount of sharing. Where the overlap in ensembles of messages is 75 % as against 25 % in another system, the possibilities of communication are much larger in the former than in the latter. In order to promote communication in a less than adequate system, attention must be paid primarily to widening the overlap in ensembles of messages. The process can be mostly undertaken by one or the other member of the pair, but in general there is a tendency for mutuality when either member of the pair seeks to learn the message system of the other; not only does intercourse breed learning, but it also breeds reciprocal relatedness.

The AMOUNT of information is determined not by any absolute criterion but by the degree of improbability involved. Because of this fact, the addition of information is an addition at a logarithmic level which amounts to a multiplication at the level of ordinary arithmetic. If an item with a probability of .2 is understood in conjunction with another item with a probability of .3, the joint probability is .06 rather than .5, as it would be if the operation were a simple addition. For this reason the passage of information greatly accelerates relative movement in the two potential halves of a communication system, and tendencies toward assimilation and differentiation are rapidly made manifest.

It is notable that every communication system tends to go through an extended process of development moving toward an end point of asymptotic nature. The point of origin theoretically is the point of total dissimilarity, where the correspondence between ensembles of messages is in principle zero; the point of eventual termination is that at which there is a complete similarity of message ensembles, a point designatable by the figure one. The communication system therefore exists entirely between the dissimilarity of zero and the identity of one. In fact, neither end point is possible, since at the former there can be no communication because there can be no passage of a message; at the latter communication is impossible because everything is already known in a system identical with itself. The system exists practically between NOVELTY and REDUNDANCY. The growth of a child to adult status is therefore partially describable as a movement along the axis from a point nearer zero to a point nearer one in relation to other respondents in his system.

It is perhaps important to note that techniques of investigation in science are in fact describable as HALF of a communication system of this form. The goal of the physical scientist is to know the probabilities and the shapes of his universe well enough so that there is less and less likelihood of surprise as he elicits messages from the physical universe through his technical and instrumental methods of approach. The difference between such a system and the characteristic human one is that the universe does not 'answer back' to the scientist except in terms of the kind of questions posed by the instrumentality involved. Where one may make a proposition to a girl friend and receive either a positive answer, a slap in the face, or a panicky flight, the universe as approached by the scientist either says "yes" or "no"; it does not change the 'rules' by an unexpected response. It is notable that many different modes of approach in human affairs are oriented toward the evocation of a yes-or-no answer (*cf.* the judicial process and the truth-tables of the logician) whereas the reciprocal processes of human relatedness always yield answers which retrospectively change the questions which were asked in the first place.

Of great interest in the context of biological evolution is the fact that immunological processes operate on a basis similar to that of the scientific instrument or logical inquiry while the elaborate development of a central nervous system operates on the basis of a full communication system. That is to say, encounter with a pathogenic organism is likely to yield a YES or NO answer as disease either develops or does not. The development of a disease is a 'no' answer to the question immunity, and the freedom from disease is a possible 'yes', although the question is not possible to determine with certainty because of the various other change factors involved. Here again the 'no' is unambiguous, the 'yes' ambiguous. The etymological derivation of immunity (from *in*, implying 'not', *munis*, implying 'bound') suggests the state of freedom, of not being bound. But the close relation of the term to the term 'communication' suggests the basic similarity that the immune person is 'not bound' because he is prepared with a potential supply of neutralizing forms (antibodies) with which to confront the potentially dangerous infecting shapes (antigens). In one sense, as 'trained' to produce the reciprocal forms, the immune person can be seen to be informed, as the originally external form has been introduced in such a way as to produce a reciprocal.

To put this basic difference in still another way, we can refer to the perfection of human ways of thinking in logical data-processing to the stage at which Piaget [24] speaks of "reflective thinking". Piaget especially emphasizes that reflective thinking involves both a reciprocity and a reversibility. The difference between (1) scientific observation, and (2) human communication, and the difference between (1) the immunological system of defense, and (2) a symbolic communication system, are both rather precisely described by saying that in either case the main characteristic of the former is reciprocity, while the main characteristics of the latter are both reciprocity and reversibility. Whereas in each of the former instances it is often useful to think in linear terms, in the latter two it is essential to understand that circularity is the rule.

To return to the biological substratum of the process of communication, it is notable that the development of the central nervous system has recently been shown to emphasize the reciprocity and reversibility of the two halves of the brain. Sperry's work [25] shows that the function of the great cerebral commissures is that of facilitating the passage of information between the two halves of the brain so that every item registered in one half of the brain is immediately transferred across the midline to be identically registered on the other side. For this reason it becomes possible in many ways to carry out certain operations with one side of the body which have been learned on the other side and simply transferred across the midline. In another interesting neurophysiological experiment [26], it was possible to train one side of an animal's brain while the other side was inhibited; the 'ignorant' side was then subsequently shown to be 'taught' with extraordinary rapidity by a single reinforced trial, whereas the other side had originally had to be trained through a long process of repetitive reinforcement. The implication appears to be that what is learned with difficulty by one side of a communication system may be transferred to the other side in vastly accelerated fashion once a wide-open channel is found or established.

To make a radically speculative extension of this notion, it is of some interest that HANDEDNESS appears to be specially developed in human beings, and the learning of language appears to be skewed by this development so that the human brain in relation to language is again made asymmetrical. In order for the human being to find a truly reversible communication system at the level of linguistic-symbolic interchange, he has to reestablish symmetry by finding his fellow in the outside world. For this reason it appears not so totally fanciful to return to the idea expressed by Plato that a human being is only half a unit. The other half is always some other with whom significant communication may be established.

Stages in phylogenetic development

The contemporary ideas of communication allow us to see the processes of all life as basically identical, in that all involve the input of increased organization. Through sensory modalities we sample various of the potential aspects of a universe through methods allowing us to organize an internal informational system which refers to the external universe in terms of expectations. The development of finer methods of analysis allows us to break this external universe into smaller and smaller bits for internalization. In this way we internalize the organization which characterizes the universe and build up, inside, models allowing us to maintain contact.

In the supposedly 'organic' sphere we find an essentially similar process. There the animal organism maintains its steady state by using the energy stored by plants through the photosynthetic process; but this method is simply one in which the plant derives 'negentropy' from the sunlight and stores it as a higher level of organization in its component substances. The animal then "sucks orderliness from its environment" [27] through the degradation of these substances with the "abstraction" of the orderliness or organization in a manner similar to that of the abstraction of pattern. In both the informational and the organic context, the maintenance of a steady state is an economically wasteful process of continuously negating entropic decay by the continuous input of orderliness. Thus, in the most important sense, the informational rendering can be seen to be the more general one, and all physiological processes can be seen to be based upon informational interchange.

In the lowest organisms, the communicational process is applicable only to the immediate surround. With increasing complexity, the organism comes to be in contact with an increasingly broader field. Predictive and anticipatory mechanisms, such as those which allow formation of an internal milieu as a buffer between the organism and the environment, develop at the physiological level. As sensory systems grow more competent they tend to reach further and further out into both temporal and spatial distance, *i.e.*, into the space-time continuum. When one considers that any event is as far in the future as methods of movement of information will allow it to be sampled, the equivalence of the two is obvious. In the evolutionary movement toward man, it has been noted that the principal advantages depend upon the progressive perfecting of the 'distance receptors'. Through the development of hearing, events can be apprehended in the time necessary for sound to travel between that event and the persons hearing; vision allows a similar kind of sampling but at the speed of the passage of light. Walking takes place at a basic rate of about 3 miles an hour, hearing at Mach 1, in the vicinity of 760 miles an hour, and seeing at 186,00 miles per second. Information can be transmitted progressively more rapidly as distance-reception becomes established.

Communication in aquatic forms of life is limited by the resistance of the medium. In lower forms of terrestrial animal life, the dominant sensory modality appears to be that of smell, with insects relying principally upon olfactory information. The sense of smell is highly developed in mammals, allowing them to follow traces left by prey, or to avoid predators signaled by olfactory information brought by the wind. In the primates there develops the increasing sophistication of the distance receptors which takes so important a leap between primate and man.

In primates, it is evident that SOCIAL ORGANIZATION becomes a powerful method of biological survival, and primate groups show high degrees of sophistication in sociological and technical developments. A considerable use is made in these groups of significant CALLING to warn, attract, threaten, and the like. In man there appears a novel mutation: the capacity to use significant FORMS which REFER TO objects or events in a new way, that is, through the postulation of an artificial relation ratified by consensus. This development leads on the one hand to an increasing possibility of distancing between respondents in the linguistic process, and, because of the artificial-arbitrary nature of the relation established by consensus, of a progressively increasing social 'distance' between different linguistic subgroups of the human species.

Such a system depends entirely upon the training of consensus through a long period of linguistic infancy. The forms used, as indicated above, are those referring to categories and the content of the categories is dependent upon the sharing of experience and the sharing of denotation and connotation among a wide enough group of the whole culture. In order to perpetuate the group, it is necessary to train the young rigorously to preserve the same forms and to develop various sanctions to insure that the forms be transmitted in essentially the same way to a subsequent generation. To this end there tend to develop many ritual, magical, and religious practices which presuppose a superhuman origin for the forms in question. They become SACRED and therefore IMMUTABLE, and it becomes the responsibility of the major leaders of the tribe to preserve this immutability and conserve form from generation to generation.

The overall description which seems most relevant for the specifically human methods of communication is that these methods are effective over distance. The same devices which make transmission possible over space also make it possible over time; the relevance of the notion of a space-time continuum is precise in this context. We can speak in general terms of TELECOMMUNICATION as the human attribute. The mechanism involved is that of abstracting from the object or event of interest a pattern which can be preserved and evoked through its artificial association with another, easily constructed pattern of shaped breath, *i.e.*, a word (verbal sign, linguistic symbol). The word attains meaning through a consensual assignment of equivalence to the two patterns, verbal and 'natural'. The original significance of this process is easily seen in the confusion often demonstrated by primitive persons to whom the word is the thing.

The step from spoken to written language is important primarily because the techniques of writing make it possible to render the artificial pattern of speech into any number of different coded forms in which transmission and preservation (which basically means transmission over temporal distance) are facilitated. The effect of the discovery of written modes of telecommunication is that of a vast enhancement of possibilities of informational transfer – while the reciprocal liability, that of the stringent selection of certain patterns which can be written and many others which cannot, tends to be disregarded in the light of the immense advantages of literate data processing. The possibility of repeated review of what one has set down makes it possible for the writer to return again and again to his comments and to make them precise. The speaker has to rely upon what feedback indication he can get from his respondents to see if he has made himself clear; the writer, on the other hand, has the possibility and even the necessity of repeatedly revising what he has written so as to make it precisely what he wants to say. The most radical implication involved in the discovery and dissemination of written language is that it makes it entirely feasible to build whole systems on a basis of COMMUNICATING WITH ONESELF. The solipsistic potentialities everywhere imminent in communicational systems here achieve a real amplification. It is notable that once having developed a technique of writing, it then becomes possible to think in 'written' instead of in 'spoken'. Anyone dealing with a complex idea, especially an unfamiliar complex idea, is prone to depend to an exaggerated extent upon writing since it is only possible to take a respondent (even when the respondent is oneself) step by step, a little at a time, through a complicated argument when that respondent can 'move back in time' to the previous step whenever he needs to refresh his memory. The development of written language then has as its most significant potentiality that of devising a new system of INNER SPEECH, new potentialities of reflective contemplation, and in turn new systems of philosophy and investigation.

Moving further into the next stage of development of a communication system in the progression we deal with here, we find that the perfecting of a written symbolism allows the development of various mathematical and logical techniques of data processing. Because these techniques, once taught through the use of written techniques, become available to the expert by manipulations carried out "in his head", we tend to forget that the training necessary is training through seen-written symbolisms. It is, practically speaking, impossible to train human beings in many of these mathematical techniques without having them go through the steps of displaying and repetitive reading. The primary advantage in written material is that it passively submits itself to endless repetition, and out of this kind of repetition new structures emerge. The work of von Senden [28] persuasively suggests that the blind human being has particular difficulty in attempting to develop the conception of an abstract shape such as a square or triangle – whereas in general, human beings trained from birth in a literate society tend to accept certain kinds of abstract data processing as inherent and genetically transmitted. If we go even further back, it will become apparent that only in the very recent past has it come to general attention that language has to be learned – it was once thought that language develops like the changes of sexual maturity, *i.e.*, physiologically and automatically at a certain stage of human development. It is still not widely recognized and dealt with that language is learned, with rules and tokens, in a purely local context of a specific linguistic-symbolic system.

A principal result of the widespread use of literate modes of data processing is that the experts began increasingly to develop these techniques to the point at which they became more sophisticated and precise. Out of this line there emerge the achievements of the logicians and mathematicians who developed and transmitted the techniques of data processing which now still are the basis upon which our everyday life is structured. In a civilized society we live in an arithmetical world, with every decision calculated to some extent on a dollars and cents basis: "Can we afford it?" "Is it worth the price?" By a curious reversal of emphasis, and on the basis of the obviously demonstrable reliability of mathematical techniques, there tends to emerge in learned circles a modification of the primitive error of the confusion of word and thing. In the sophisticated hands of the founders of modern science, the new error comes in the conception that "behind the world of the senses" there is an actual mathematical universe of structural beauty and reliability which can be approached through the world of the senses if only that world is taken to be an imperfect means of inquiring through rigidly defined rules and precisely constructed instruments [29]. The 'real world' is in this rendering turned upside down so that mathematical description is seen as 'reality', and direct contact mechanisms as illusory and fallible.

The current period in which we live has been the site of a re-reversal in the implications of the theory of relativity. The revolution in epistemology makes inevitable a more comprehensive understanding of the

REFLEXIVE nature of human knowledge, and it makes imperative a further investigation in reflexive terms of the linguistic systems in which we work. From the goal of perfecting the instrument, the new philosophy [30] most importantly makes the necessary restatement that the permanent and inevitable limitations of the instrument must be understood.

Perhaps the most interesting of the consequences of this peculiarly twentieth-century revolution is the reaffirmation of the basic notion of conservation. What we develop is the astonishing idea that we will never be able to get closed to any hypothetical observable than our own sensory modalities will allow, but that, for intellectual facilitation, we have to assume that the universe from which we are so stringently separated by our means of communication with it remains always the same in its ultimate 'nature'. The notion of conservation has been the essential background for discovery in almost every important advance in science. Einstein's dramatic demonstration is that the supposedly separate laws of conservation of mass and of energy are in fact the same, a law of conservation of mass-energy, in a space-time continuum [6]. The principal implication of Piaget's massive work in genetic epistemology [24] is that the human being comes to maturity at the point at which he learns that conservation is the basic law of intellectual data processing in EVERY context.

To summarize, then, the radical demonstration eventually made after a long and complicated process is that the ultimate use of linguistic-symbolic means of processing data is for understanding the techniques themselves; in linguistics, as in life, we find reflexive self-understanding a principal intellectual goal of the human condition. We learn that we will never know for sure about anything, but that we have to assume is some way that whatever there is remains ultimately the same all the time. And we realize that this assumption is pure prejudice, the rationale for which is that it allows many operations which otherwise are impossible!

Reflectiveness and conflict

In every animal species we see clear indications of cooperativeness and of competitiveness. Cooperation is perhaps most dramatic in the mother-infant relation, while competitiveness is perhaps most evident in the conflict of males in sexual matters. The design of the principal methods of gaining information in animals lower than man makes it most likely that conflict will take place in the EXTERNAL world, in the environment, in relation to clearly evident antagonists of the immediate present.

The development of methods of reflexive communication, *i.e.*, of communication with the self, allows the development of INTERNALIZED conflict. The human being is trained in consensual process as soon as he begins to be trainable at all. He learns to expect to wear clothes, to speak in words which have meaning to his fellows, to be polite, and to use the rituals of his group. The perpetuation of any social system demands that the group take precedence over the individual, and this demand is put in unambiguous terms in the manner in which it is required that the individual conform to cultural norms. To carry out easily the behaviors required by the culture demands a deeply skillful level of performance, and in turn this demand means that the system be thoroughly internalized and made 'second nature'. When the individual then finds himself in a physiological state which demands behavior different from that demanded by the culture, he is in conflict. Feeding, excreting, and sexual problems are especially likely to be sources of conflict between the 'self' and the 'generalized other', representing the internalized demands of the culture as a generalized whole.

When the human being learns expert methods of dealing with written information, he greatly expands the area of possible conflict. Every culture imposes certain restrictions upon the dissemination of written material as a way of diminishing possible conflict within the culture. In general, the more insecure the social system, the more restricted is the dissemination of information from alien sources, and the more stringent the punishment of those persons found to be circulating or even reading the forbidden material. This amounts to a defensive exclusion of possibly conflict-inciting information, and it is easy to see similar mechanisms at both the group and the individual level. Many cultures actively teach defensive mechanisms for the exclusion of information which comes through other than approved channels.

In general again, the more highly developed and complex the culture the more emphasis is placed upon the development of autonomy. This suggests independence, but it can easily be seen that what is most rewarded tends to be an independence WITHIN the cultural norms. The hero is the BEST baseball player or the best opera singer, not the person who most radically demonstrates his disregard for accepted norms and standard methods of behaving. The radical inovator is likely to find little positive reinforcement even in the most sophisticated culture.

Reflexiveness and immunology

It was suggested above that in human beings the symmetry so consistently observable in the development of nervous systems in evolution is modified by the acquisition of language, in a manner which makes the human brain asymmetrical with respect to the 'language center' in Broca's area. It was hypothesized that this is part of a process which truly makes the human being not an individual but rather half of a communication system which must be completed by finding another reciprocally asymmetrical half-a-system in his environment. Becoming 'independent' is a matter of so internalizing the other that one continuously 'talks to himself' in an increasingly sophisticated method of 'inner speech'.

The complex development thus indicated makes it possible in one direction to internalize the social system in such a way that the human being appears to be independent when he is in fact ADAPTED. The situation is analogous with that of the development of an immunity to certain diseases through the elaboration of reciprocal forms inside the human physiological system. The immune or 'free' person is that one who walks unscathed through potentialities of infection to which he is adapted by a process of physiological learning. The 'identity' of the adult in immunological terms is the summation of all the various learned forms internalized in critical periods of human life. It is precisely pertinent to note that the immune person is only free because in-formed, with the potential antibodies corresponding to the various antigens to which he has become adapted. The process of immunization amounts to the storage of 'instructions' to the body to develop appropriate reciprocals to potential pathogenic shapes. The parallelism of these immunological processes to those of learning in other contexts is such that the immunologists in recent years have freely spoken in terms of such analogies.

We can see the operation of the communicational process more clearly when we deal with the implications of circularity. The process of infection is a linear one in that the person in infected from outside. The problem occurs in circular form when the ill person begins to function as a source of possible contamination to others in the group. The system often has to act to halt communication with the sick person so as to diminish the further dissemination of the infecting agent. The predictive methods of inoculation and indoctrination are similarly oriented toward making the human being able to accept potentially infecting forms in a neutralizing manner. The experiences of soldiers exposed to 'brainwashing' demonstrate that the effectively prepared human being can show a high degree of immunity to ideological material presented with skill, while the less well-prepared person may be very susceptible to such influence. The human being with a powerful idea at variance with the consensus is often regarded as similarly 'contagious' and such persons have been neutralized in various ways.

To return for the moment to the problem of symmetry. It is of considerable interest to note that it is particularly in human beings that the manifestations of AUTO-IMMUNITY can be found. This means that the human being of all animals is that one most prone to learn to treat an aspect of the self as alien, in developing immune responses to portions of the own body. In this way the human being shows a capacity to become alienated from the self which appears to parallel the development of self-destructive potentialities at the behavioral level. Auto-immunity is a form of partial suicide, and it has at least hypothetically been incriminated as an important aspect of many of the traditionally difficult-to-manage diseases in the 'collagen' and 'psychosomatic' categories. It is tempting to believe that the possibilities of placing distance between the one and the other portion of the self are involved in both immunological and social process, with the social process reflexively influencing the basic operations of the physiological system in a truly circular fashion.

Independence and schizogenesis

When we look at the word 'independence' and compare it with the word 'immune', we find that in both there is a denial of obligation. The independent person moves freely about his life in a way which resembles the freedom of movement of the immune person in the pesthouse. We need to be repeatedly reminded, however, that this freedom from obligation is a function of the full development of 'unconscious' reciprocity between the individual and the outside: the free person is informed by his context. It is paradoxical that the most apparently free person is that one who most effectively demonstrates a mastery of requisite skills – and from an alien point of view, such free persons appear most tightly bound. One such may even say, with the poet Wordsworth: " 'Twas pleasure to be bound / Within the sonnet's narrow plot of ground".

The development of such a feeling of inner freedom WITHIN a social system emerges from a long process in which the immature human being is intensively trained in techniques of identification with appropriate and normal models. The techniques of training appear to involve ideally an initial tolerance of the neophyte's deviant behavior, with subsequent firm, consistent, but not painful or punitive negative reinforcement of those trends found to be anti-social, and positive reinforcement of those thought to be constructive in the system. The training of the individual human being is thus an evolutionary process in which variation is encouraged but then rigorously subjected to a process of differential selection.

The process which allows the development of a social sense is that in which it is repeatedly demonstrated to the developing child that the pain of alienation or isolation is immediately alleviated by approval and acceptance. The child's 'nature', desiring immediate gratification of a wide variety of desires, has to be rigorously modified through the imposition of various kinds of restraint all of which have the purpose of putting distance between impulse and gratification. The child is forced to wait to be fed; he is taught to ask for what he wants rather than to grab it; he learns that winning in an athletic contest may not be as important as 'playing the game'. More and more as his education proceeds, the social system places value upon those occupations which look to future goals through the long educational process necessary to learn the requisite performance and intellectual skills. In each such process, the child's allegiance has to be weaned away from his 'animal nature' and attached to his 'social self'; the 'reality principle' has to be inculcated as dominant over the 'pleasure principle'.

The method of describing this process which seems to have the most direct relevance to the basic underlying processes is that the child is trained to put distance between the two halves of himself, and to take an 'objective' view of himself. It is of interest that Saint Paul describes this process in clearly relevant terms in the famous passage in which he speaks of "putting away childish things". The state of ultimate maturity is contrasted with an earlier stage: "For now we see as through a glass darkly; but then FACE TO FACE: for now I know in part; but then shall I KNOW EVEN AS I AM KNOWN" (I Corinthians, 13 : 12, 13). Here, in a way which precisely resembles that of Piaget's description of reflective thinking, the eventual state is described as reversible and reciprocal.

The significant part of this process is that of introducing a split in the self, with the 'self-regarding function' the one specifically trained by the social system. The child looks back at himself, as it were, through an identification with the other; in Mead's [31] terms, the human being becomes a subject by first becoming an object to himself through taking the point of view of the other. He has to become himself by first learning to be an alien. Piaget [24] notes that this process is evident in the two stages of early childhood when the child first shows a defiance of rules in an infantile omnipotence, then totally reverses the field as he later shows an exaggerated compliance and compulsive regard for the sanctity of the rules.

The eventual state of adequate social relatedness has to modify this alternation further by inculcating in the child the recognition that there is a time to obey rules and a time to defy rules, a time to be true to the system and a time to be true to the self. The schizogenesis which makes it possible for the human being to confront himself must be flexible and reversible with an eventual integration of possibilities of social responsibility with those of personal gratification.

It is of special interest to find in many human beings of rather deviant type that this process goes wrong in a specific manner by the development of autonomous ways of becoming 'independent'. In this manner the process of schizogenesis through which the human being learns to become related to himself allows the deviance of the schizophrenic, who tries to establish for himself an inner world in which he is not so subject to the painful insults of human relatedness. The deviations and their basis in the same process of human development can be exemplified by comparing the two words which describe conflicting states of self-CONFIDENCE on the one hand and self-CONSCIOUSNESS on the other. The word 'con-fidence' implies a consensual faith, while consciousness implies a 'knowing with'. In the usual instance the ineffective schizophrenic is unable to enjoy a shared faith in himself, while he is unable to avoid a painful sense of a shared disgust with, or disapproval of, himself which he perceives as emanating from others. It is very difficult indeed to attempt to demonstrate to him or persuade him of the fact that this disapproval is actually projected out by him and re-internalized in frequently erroneous form. What the basic demonstration shows in perhaps most significant form is the tendency of the self-regarding function to become autonomous in the form in which it is learned. Like the auto-immunization process, the method continues its self-destructive procedure on its own. The self-destructiveness appears to represent the internalization of experience through identification. The most important thing to note is that the schizogenetic process is common to both normality and schizophrenia. It is not that the normal human being is not split, but that his relation to the split-off portion is an easy and reciprocally supporting one whereas in the schizophrenic the relation is one of durable internalized antagonism.

Vision and distancing

To return to the consideration of perceptual mechanism to round out this statement, it is important to note that all human methods of putting distance between aspects of the self in the schizogenetic process appear to depend upon the potentialities of the visual system. The human being is constantly exhorted through his developmental period to 'think how that looks to other people'. The mechanisms of shame involve the actual or fantasied disapproval of the group, usually most consensually demonstrated by the action of the group in 'looking down upon' the offender. The more sophisticated emotion of guilt appears to be the internalized version of shame, with the other who looks disapprovingly in guilt the split-off portion of the self, *i.e.*, the internalized other.

From the standpoint of one basic neural mechanism involved, it seems likely that the selection through which certain patterns are inhibited is managed through the device of inhibition via visual mechanism. The basic requirement for looking is that the eye be temporarily stabilized on a bodily platform so that appropriate movement of the eyeball by its own musculature can scan the scene. To do this, the antigravity musculature of the body has to be stabilized in some kind of attending or observing set. The deer shows a good example of this basic potentiality when, in response to a sound from the side, his head can be seen to move to direct his eyes toward the presumed source of the sound and to 'freeze' in a posture of looking. The freezing of the child whose parent cries: "No, no!" in a loud voice is a similar kind of stopped motion. The attitude can be described as a kind of "when in doubt, do nothing" rule, and it can perhaps be traced back to mechanisms which freeze small animals in a 'Totstell' reflex. Since vision depends upon relative motion, the totally still animal is invisible. The relics of this anciently true fact appear to make themselves felt even in highly sophisticated persons in the mechanisms of stage fright and painful self-consciousness.

The significance of many of these processes in schizophrenic conditions is easily discovered by the very large number of instances in which the description of paralyzing self-observation and self-criticism can be found. In many intelligent schizophrenic patients, it is even clear to the persons involved that their major trouble is an inability to feel any closeness to their 'animal self'; they are caught in a pathological deviation of the self-regarding function necessary for social living.

REFERENCES

[1] G. H. Bishop, "The Organization of the Cortex with Respect to its Afferent Supply", *Annals N.Y. Acad. Sci.*, 94 (1961), 559.

[2] C. J. Herrick, *The Brain of the Tiger Salamander* (Chicago, Ill., University of Chicago Press, 1948).

[3] G. E. Coghill, "Integration", *Science*, 131 (1933), 78.

[4] J. Monod, "France Considers Significance of Nobel Awards". Quoted by V. C. McElheny, *Science*, 150 (1965), 1013.

[5] M. Planck, *The Universe in the Light of Modern Physics* (London, George Allen & Unwin, 1947).

[6] A. Einstein and L. Infeld, *The Evolution of Physics* (New York, Simon & Schuster, 1961).

[7] H. C. Shands, "Cognitive Theory and Psychopathology", in: J. H. Masserman (ed.), *Science and Psychoanalysis*, Vol. III: *Communication and Community* (New York, Grune & Stratton, 1965).

[8] J. Kepler, quoted in: A. Koestler, *The Sleepwalkers* (London, Hutchinson, 1959).

[9] H. Bergson, *Les deux sources de la morale et de la religion* (Paris, Alcan, 1932).

[10] E. Sapir, *Language: An Introduction to the Study of Speech* (New York, Harcourt, Brace, 1921); D. G. Mandelbaum (ed.), *Selected Writings of Edward Sapir on Culture, Language and Personality* (Los Angeles, Calif., University of California Press, 1949).

[11] B. L. Whorf, *Language, Thought and Reality* (Cambridge, Mass. M.I.T. Press, 1956).

[12] R. Benedict, *Patterns of Culture* (Boston, Mass., Houghton Mifflin, 1934).

[13] V. Weisskopf, "Quantum Theory and Elementary Particles", *Science*, 149 (1965), 1181.

[14] A. Szent-Gyorgyi, "Teaching and the Expanding Knowledge", *Science*, 146 (1964), 1278.

[15] J. Z. Young, *Doubt and Certainty in Science* (London, Oxford University Press, 1951).

[16] T. Kuhn, *The Structure of Scientific Revolutions* (Chicago, Ill., University of Chicago Press, 1962).

[17] A. Einstein, *Albert Einstein, Philosopher-Scientist*, ed. by P. Schilp (New York, Harper, 1959).

[18] O. F. Selfridge and U. Neisser, *Sci. Am.*, 203 (1960), 60.

[19] J. Locke, *Essay Concerning Human Understanding* (La Salle, Ill., Open Court Publishing Company, 1960).

[20] A. F. Bentley, "Kennetic Inquiry", *Science*, 112 (1950), 775.

[21] S. Langer, *Feeling and Form* (New York, Scribner's, 1953).

[22] B. Malinowski, "The Problem of Meaning in Primitive Languages", in: C. K. Ogden and I. A. Richards (eds.), *The Meaning of Meaning* (New York, Harcourt, Brace, 1923).

[23] F. C. Bartlett, *Thinking* (London, G. Allen, 1958).

[24] J. Piaget, *Logic and Psychology* (New York, Basic Books, 1957).

[25] R. W. Sperry, "Cerebral Organization and Behavior", *Science*, 133 (1961), 1749.

[26] I. S. Russell and S. Ochs, "Localization of a Memory Trace in one Cortical Hemisphere and Transfer to the Other Hemisphere", *Brain*, 86 (1963), 37.
[27] E. Schrödinger, *What is Life?* (New York, Macmillan, 1947).
[28] M. von Senden, *Space and Sight* (New York, Free Press, 1960).
[29] M. Planck, *Scientific Autobiography* (New York, Philosophical Library, 1949).
[30] S. Langer, *Philosophy in a New Key* (Cambridge, Mass., Harvard University Press, 1942).
[31] G. H. Mead, *Mind, Self and Society* (Chicago, Ill., University of Chicago Press, 1934).

26

ON G. CALAME-GRIAULE'S *ETHNOLOGIE ET LANGAGE* *

VICTOR TURNER

The school, and indeed the family, of the late Professor Marcel Griaule have made outstanding contributions not only to West African ethnography, but also, and definitely, to the study of African systems of thought. The present volume, written by Griaule's daughter, Madame Calame-Griaule, is in many ways the keystone of the arch of three decades of studies by the Griaule group among the Dogon of the Bandiagara cliffs in the southwestern region of the Niger Bend. Many aspects of the "expressive culture" of the Dogon have been elaborately exhibited and finely analyzed, notably of late by Madame Germaine Dieterlen, but Madame Calame-Griaule cogently argues that the Dogon term *sɔ:*, a multivocal concept which she translates by the French multivocal term "parole", provides in its various senses, contexts, and usages the master key to the understanding of Dogon culture. To employ another pertinent metaphor, *sɔ:* is the Archimedean point where she places the fulcrum of her work to raise this particular "African world" to full intelligibility. The 'word' is the clue to the 'world'.

In this as in other respects, the daughter is inspired by the father. Madame Calame-Griaule point out that it may be inferred from his *Dieu d'eau* that the notion of "un Verbe d'origine divine, cosmique, créateur et fécondant, considéré sous l'angle du mythe et, a-t-on pu dire, de la métaphysique". But for M. Griaule the Dogon *sɔ:* was something rather more than this. It represented the "spirit of order, organization and universal reorganization which contains everything, even disorder". "Elle est également autre chose que nous ne connaissons pas, et cet ensemble fait d'inconnu et de ce que nous commençons à entrevoir, serait couvert par les chrétiens du nom de Verbe." Madame Calame-Griaule replies to the question implicit in Griaule's study by

* Paris, Gallimard, 1965, 596 pp.

approaching the Dogon notion of speech from a phenomenological standpoint and exhibiting in their full richness of classification and context the manifold modalities of *sɔ:*. Although she conducted her enquiries in French she had entirely adequate control of Dogon, particularly of the Sanga dialect, and could follow the discussions and asides of her informants. These Sanga speakers varied greatly in personality and in the scope of their knowledge of Dogon esoterica. But the author felt that this focus on a single area and dialect presented no serious obstacle since Dogon culture has a remarkable unity in its basic conceptions of the nature of speech, while other parts of the territory had been well studied by members of the Griaule school. It is one of the major advantages of such a sustained project by many scholars of diverse interests that each investigator can erect on the collective foundation his own edifice of specialized study without having to restate laboriously the ensemble of Dogon findings in his published account. Nevertheless one difficulty remains of which I am myself acutely conscious. It is that one can fashion out of the narratives and commentaries of various informants – as both Madame Calame-Griaule and I have done – a relatively consistent and harmonious picture of a cosmology, a ritual system, a 'syntax' of relations between symbols, etc., but the reader is seldom able to get behind the author's presentation to the informants' original statements or the dialogues and conversations in which they were proffered. It may well be that a bias is introduced into the investigator's account by a tendency to select as representative of a culture only those accounts or sections of accounts that appear to be internally coherent and consistent – in terms of his own unconscious canons of coherence and consistency. Or his bias may lie the opposite way: he may, again perhaps unconsciously, feel that a technologically simple and preliterate culture has no coherence, and thus tend to emphasize the illogicalities and absurdities in his informant's accounts, justifying these, it may be, by some currently fashionable sociological 'theory'.

Such difficulties may be partly circumvented by publication not only of vernacular texts of informants' statements but also of the full context of the conversations. In *Dieu d'eau* the context of situation was dramatically portrayed, but one there missed the vernacular documentation. I have myself both used translators – of varying quality – and interrogated informants in their own language and dialect. In the first case I found that informants were more inclined to weigh their words and to try to make intelligible to the stranger certain facts and connections of their own culture which they may have learnt from intercourse with Europeans and Africans of other cultures were considered outlandish or odd. Here the emphasis was on justification, legitimation, and cognitive explanation. But when I conversed with informants in their own tongue (however ineptly, at first, on my part), there prevailed the conventions of what Basil Bernstein has called a "restricted code" of discourse. Many premises and features of culture and social structure were left unstated; use of a common language implied a consensus as to values and beliefs. Shared experience, motives, and feelings were also taken for granted. The translation situation forced informants to think carefully before they spoke about their customs and beliefs and, indeed, compelled them to become aware of principle and regularity where before there was merely an obscure sense of fitness. The vernacular situation was linguistically more condensed and cryptic but had multiple reference to "the contemporaneous state of the (social) field" (to cite Kurt Lewin).

I mention these difficulties solely because it is by speech that we investigate the notions of speech held by another culture. Moreover the views and speech styles of our informants are to some extent related to their social positions. Thus it may well happen that with regard to a deity venerated by a certain segment or class of society one informant may give a list of attributes or a cycle of myths in most ways opposed to the exegeses of another. Here sex, age, membership in a specific moiety or clan or in a secret society may be of decisive importance in accounting for the discrepancy. Unless we present texts in terms of the circumstances under which they were obtained, from whom they were taken and the social and psychological characteristics of their narrators, we are in danger of selecting concordant features from disparate accounts and producing a logically satisfactory synthesis which would perhaps be unintelligible to most members of the indigenous culture.

It is clear that Madame Calame-Griaule is well aware of such problems and has taken them into account in making her masterly summation of everything than can be systematically connected with *sɔ:*. I only raise them because it is rare to find an anthropologist who shows us, as natural scientists do, the whole sequence of steps from preliminary observations to the formulation of hypotheses.

Sɔ: for the Dogon roughly represents the whole Saussurean 'family' of *langage, langue,* and *parole*. More than this it even seems to connote something similar to the *signatura* of the mystic Jakob Boehme; just as the entire Dogon mythico-cosmological system is equivalent to

Boehme's *signatura rerum.* In both cases the unmanifest One becomes the manifest Many through a timeless or pretemporal process of seven phases – which then coexist as principles of cosmic structure. In both cases the manifest creation can be reduced to a set of correspondences. The "human form divine", to quote William Blake who is himself indebted to Boehme, for the Dogon as for Boehme – and indeed for many other overt as well as Gnostic religious cosmologies – is the model and measure of all things. As Madame Calame-Griaule writes of the Dogon (p. 27): "L'homme cherche son reflet dans tous les miroirs d'un univers anthropomorphique dont chaque brin d'herbe, chaque moucheron est porteur d'une parole. C'est ce que les Dogon nomment parole du monde, *adunɔ sɔ:* le symbole." Thus every Dogon 'symbol' is part of a vast system of correspondences between different and often cross-cutting cosmic domains. It does not, as many of the religious symbols of Central African peoples do, form an autonomous cultural focus to which are assigned senses that vary with social context; it is a fixed point of linkage between natural kingdoms, animal, vegetable, and mineral which are themselves regarded as parts of "un gigantesque organisme humain" (p. 27). For example, the Dogon establish a correspondence between the different categories of minerals and the organs of the body. The various soils are conceived of as the organs of "the interior of the stomach", rocks are regarded as the "bones" of the skeleton, and various hues of red clay are likened to "the blood". Sometimes these correspondences are remarkably precise: a rock resting on another images a "chest"; little white river pebbles stand for the toes of the feet. The same "parole du monde" principles hold good in the relationship between the human image and the vegetable kingdom. Man is not only "the grain of the universe" but each distinct part of a single grain is a part of the human body, a "heart", a "nose", or a "mouth". Mary Douglas has demurred at Madame Calame-Griaule's use of the term "humanisme" to describe this "humanisation" of the non-human universe ("Dogon culture – Profane and Arcane", *Africa,* 38, 1 [January 1968], 19). She holds that it "runs counter to the usage of Renaissance scholars who use humanism for the shattering of the primitive, anthropomorphic world-view of mediaeval Christianity". In short it would be the sharp distinction between cosmos and man, as thesis and antithesis, which for her constituted humanism; man is no longer a "microcosm", but something radically opposed to and alienated from all other modalities of being. It is only when the universe is emptied of hominiform associations that the true nature of its cause-effect relations and functional interconnections can be discovered, according to this view. It is a view that emancipates men from the complex weave of "correspondences", based on analogy, metaphor, and mystical participation, and enables them to regard all relations as problematical, not given, until they have been experimentally tested or systematically compared.

A fascinating historical and diffisionist problem is posed by the close resemblance between Dogon myth and cosmology and those of certain Neo-Platonist, Gnostic, and Kaballistic sects and 'heresies' that throve in the understorey of European religion and philosophy. One wonders whether, after the Vandal and Islamic invasions of North Africa, and even before these took place, Gnostic, Manichaean, and Jewish-mystical ideas and practices might have penetrated the Sahara to the Western Sudan and helped to form the Dogon *Weltbild*. The Gnostic sequences of 'archons', arrayed as binarily opposed androgynous twins, have affinities with Fon and Dogon notions. St. Augustine's *Confessions* indicate that Christianity did not have Manichaeanism as its sole powerful rival for men's minds in the 5th Century A.D. in North Africa. It is possible that adherents of such persuasions filtered or fled through the centuries to the Niger region and as bearers of a more complex culture exercised influence on the beliefs of its inhabitants. Archaeological and historical research may throw more light on this problem.

Words are in truth inadequate to describe the skill with which Madame Calame-Griaule has isolated and then recombined the many attributes of Dogon 'speech'. There is, for example, a subtle and finely wrought interplay between the components of speech and those of the personality. The body is the visible portion of man and constitutes a magnet or focus for his spiritual principles, which are nevertheless capable of sustaining an independent existence. The body is made up of four elements: water (the blood and bodily fluids), earth (the skeleton), air (vital breath) and fire (animal warmth). There is a continuous exchange between these internal expressions of the elements and their external aspects. The body has twenty-two parts: feet, shins, thighs, lumbar region, stomach, chest, arms, neck, and head – nine parts (it would seem that as in the case of twins double parts like feet and thighs are reckoned as units) to which are added the ten fingers (each counting as a unit) and the number three standing for the male sex. The resultant twenty-two is thus the answer to an addition sum rather than a sort of Pythagorean archetypal number. More numerical symbolism is involved for there are believed to be eight symbolic grains – representing the principal cereal crops of the area – lodged in the collar bones of all

Dogon. These represent the mystical bond between man and his crops. I have no space to discuss the other parts of the personality, the vital force, the eight *kikinu* or spiritual principles, classified by body and by sex. It will be enough to mention that speech is regarded as "la projection sonore dans l'espace de la personnalité de l'homme; elle procède de son essence, puisque c'est par elle que se révèlent son caractère, son intelligence, son affectivité. Expression de la vie psychique individuelle, la parole est également le ressort de la vie sociale, le canal par lequel deux 'moi' entrent en communication. C'est pourquoi les Dogon la considèrent comme une émanation de l'être, semblable à lui-même dans toutes ses parties" (p. 48). The BODY of speech is, like the human body, made up of four elements: water is saliva without which speech is 'dry', air gives rise to sound vibrations, earth gives speech its 'weight' and significance, fire gives speech its 'warmth'. There is not only homology between personality and speech but also a kind of functional interdependence, for words are selected by the brain, stir up the liver, rise as steam from the lungs up to the clavicles which decide ultimately whether the speech is to emerge from the mouth.

To the twenty-two parts of the personality must be added forty-eight types of speech, consisting of two sets of twenty-four, each of which is under the sign of a supernatural being, the androgynous twins Nommo and Yourougou the "pale fox" of Madame Dieterlen's narrative). These are the creations of Amma: one rebelled against Amma and had incestuous relations with his mother – he was punished by being changed into a pale fox; the other, Nommo, saved the world by an act of self-sacrifice, brought humans, animals, and plants to the earth and became the lord of speech. One wonders again whether the Gnostic and Christian echoes here are more than mere convergence and may derive from remote historical contact. Nommo's speech can be heard and is human; the Fox's is a silent sign language made by his paws. Only diviners can interpret it. But I must refrain from entering into the fascinating intricacies of this binary system. All I can do is to promise the reader many intellectual pleasures and surprises if he enters the labyrinth with Madame Calame-Griaule as his 'delightful guide'!

The book proceeds through accounts and interpretations of the relationship between speech and myth and speech and techniques to the role of speech in social life. In all these realms we find order in process and structure. It is this order that I find problematical, the result of my field experience in Central and East African Bantu-speaking peoples. It would seem that it is principally among agriculturally based societies with deep traditions of continuous residence in a single region that one may find cultures of the *signatura rerum* type, where every element is interwoven with every other in a fine tapestry of symbols and ideas. In Central Africa, while it is possible to find cultural sectors made up of systematically related components, it is more usual to find discrepant and even contradictory principles, values, norms, and symbolic representations of these. Here, too, there is a paucity of myth. Such societies are descendants of groups that first migrated in a relatively short period of time through various major ecological habitats and were then exposed to several centuries of slave-raiding and trading. They became fragmented, broke up, and recombined with the fragments of other societies in new temporary polities. There were conquests, the rise and fall of "kingdoms of the savannah". Slash-and-burn agriculture kept people constantly on the move. Many men were hunters, following the capricious tracks of game. All told, there was little stability, in residence, in social structure, in political type. Perhaps it is partly due to this lability and mobility that there emerged few Central African cultures – at any rate in the last few centuries – with anything like the pan-cultural coherence of the Dogon system. Indeed, so little coherence did I find at the level of abstract culture among the Ndembu that I tended to regard system as mainly the result of concrete interests and interacting wills rather than as existing 'out there' in a world of beliefs, norms, and values. Rather did I tend to regard the latter as 'free-floating' and disengaged. This very quality allowed them all the more readily to be recombined in *Gestalten* that varied situationally in accordance with the goals and designs of factions and interest-groups 'on the ground'. In short, I saw social action as systematic and systematizing but culture as a mere stock of unconnected items. Order came from purpose not from *'connaissance'*.

This viewpoint is obviously extreme and hence false, but it did enable me to focus my attention on social processes, on movement and conflict in concrete relations. Clearly, there is much more order and consistency in Ndembu expressive culture than I granted it at the time and I have since tried to make some amends, for my earlier processual extremism by exhibiting structures of ideas underlying Ndembu ritual. Yet I still feel that if ordinary Dogon villagers were continually aware of the 'correspondences' between everything they would be unable to undertake the simplest manipulations of norm and value – and it is these manipulations that make day-to-day social adjustments possible. Otherwise people would be oppressed by the 'weight' and dazzled by the complexity of their own religious, ethical, and philosophical systems. A certain degree of 'ignorance' is necessary for the 'activists' and 'men in the street' in any society – who make its politics and nudge it into change – just as attaining a high and hidden degree of gnosis is necessary for its thinkers and prophets. But some way must be found to distinguish empirically between the knowers and the doers and the knowledge of the doers and the actions of the knowers and to exhibit these distinctions in anthropological reports. And, of course, in many preliterate societies the knowers are preeminently the doers too. The problem here is: how do they segregate their active and contemplative roles – and what are the linguistic concomitants of this segregation?

I would like to conclude by expressing my deep gratitude to Madame Calame-Griaule, Madame Dieterlen, and the other members of the school for their courage and pertinacity in bringing to the fore issues and problems that have long been ignored by anthropologists who have succumbed to the 'behavorial science' seductions. Man truly does not 'live by bread alone'; he is 'turned on' by legend, literature, and art, and his life is made glowingly meaningful by these and similar modalities of culture. Madame Calame-Griaule has shown us coolly and lucidly the patterns of thought that live like salamanders in their glow.

V

SEMIOTICS OF ART
LITERATURE • PAINTING • FILM

*

SÉMIOTIQUE DES ARTS
LITTÉRATURE • PEINTURE • CINÉMA

27

THE SEMANTICS OF STYLE

SEYMOUR CHATMAN

L'analyse à la fois historique et systématique du concept de style *qu'on trouvera dans cet article ne manque pas de poser le problème de l'intégration de l'héritage rhétorique et stylistique dans la sémiotique littéraire en train de se constituer et, tout d'abord, de l'utilisation de la notion de style, très embarrassante, que d'aucuns voudraient exclure de la terminologie sémiotique. Les directions d'un éventuel débat pourraient être suggérées par une série de questions qui se présentent spontanément à la lecture de l'article.*

(a) *Si la stylistique, comme toute recherche littéraire, est une discipline située sur le plan du contenu, et non de l'expression, la distinction hjelmslévienne entre* la forme et la substance du contenu *résout-elle les anciennes contradictions entre le monisme platonicien et le dualisme aristotélicien?*

(b) *La distinction entre le contenu sémantique et le contenu stylistique est-elle uniquement opérationnelle, ou est-elle 'réelle', c'est-à-dire, reposant sur des propriétés structurelles particulières du niveau stylistique?*

(c) *Peut-on réserver, à l'intérieur de la sémiotique littéraire, en le recouvrant du nom de* stylistique, *un champ de recherches déterminé, caractérisé, par exemple, par les variations formelles s'accomplissant dans le cadre des unités du discours ne dépassant pas les limites de l'énoncé* (cf. *l'ancienne tropologie)? – Etant donné que ces variations stylistiques sont redondantes dans le texte et qu'elles comportent, de ce fait, un effet de sens de nature connotative, une telle stylistique s'identifierait-elle avec le concept d'*écriture, *proposé par R. Barthes?*

(d) *Les catégories dichotomiques telles que* individuel/social, énonciation/énoncé, génératif/interprétatif, *permettent-elles de distinguer les problèmes de style à l'intérieur de la sémiotique littéraire, ou peu-*

vent-elles être utilisées, comme critères de classification, par la stylistique au sens étroit du terme?

(e) *Les catégories extralinguistiques du genre:* cognitif/émotif *sont-elles rentables dans la recherche stylistique?*

Ce ne sont là que quelques questions susceptibles de suggérer le cadre provisoire d'un débat qui peut être élargi à tout instant. La possibilité de réconcilier une tradition, riche et féconde, avec les exigences de rigueur venues de la linguistique engage, en effet, l'avenir des recherches sémiotiques en littérature. (Note de la rédaction).

In an encyclopedia article on the subject, E. A. Tenney has written: "Because of the ambiguity latent in the term style, careful critics set it in an unmistakable context or eschew its use. For style in the Platonic sense, they use the terms mind or soul or spirit; and for style in the Aristotelian sense, they use manner or fashion. Our critical vocabulary would be strengthened if we had not one but two words to name and differentiate the two concepts. Until someone invents these words, style will remain an equivocal term."[1] Tenney echoes a common complaint in modern discussion of style, as did John Middleton Murry[2] before him. It is surely one of the keener pleasures of scholarly activity to define terms, even if no one, finally, pays any attention to your definitions. Many have responded to what they conceive to be the need to 'find out' finally what style is. But our terms are what we make of them; we divide up – or, better – construct the world through our vocabulary, in the last analysis, and the only real criteria are consistency and adequacy, not some discoverable jewel called 'truth'. Still, the word has a history that is worth looking into.

It is clear that many different things are often referred to by 'style'; indeed, it is as if its favor were being courted, as if applying 'style' to one's particular distinction adds prestige to it. In this state of affairs, the term can only be precise for those who are constantly aware of its trickiness. 'Style' derives from Latin *stilus*, an instrument for writing upon waxed tablets; in England, the term was generalized to refer to other sorts of sharp instruments – markers on a sun-dial (1577), weapons (1669), engraving tools (1662), surgical probes (1631), and, re-

[1] "Style", in *Dictionary of World Literature*, ed. by J. Shipley, rev. ed. (Paterson, N.J., 1960), p. 399.

[2] Middleton Murry, *The Problem of Style* (London, 1922, and reprinted, London, 1960). All page references are to the latter. After distinguishing several senses of the term, Murry proceeds unwittingly to illustrate its dangers by getting entrapped in the very polysemy he warns of.

cently, phonograph needles.[3] The first transference in Latin seems to have been to penmanship – "he who manipulated this instrument firmly and incisively to make a clear, sharp impression was deemed praiseworthy (*stilus exercitatus*); his opposite, worthy of blame (*tardus, rudis, et confusus*)".[4] It was easy to extend the term to contexts relating to the composition itself, a use current in Late Latin, and thence Old French and Middle English: thus, "manner of expression characteristic of a given writer" (*Shorter Oxford English Dictionary*, II, 2) is the second transference.[5] The earliest uses of the term were both normative and descriptive, and today the term is still essentially ambivalent in that way.[6] Let us call the normative sense of 'style', that is, 'good writing', Definition A.

It is easy to see why the purely descriptive sense arose along with the normative sense: just as faces, bodies and personalities, so handwritings and the messages they impart differ from individual to individual. These differences serve to identify individuals and groups. Good Aristotelian dualists would inevitably find these identifying differences to be one-half of a dichotomy, 'manner', or the 'how', the other half being 'matter' or the 'what'. Aristotle himself said in the *Rhetoric*: ". . . it is not sufficient to know what one ought to say, but one must also know how to say it." Only later would Platonist, monist, organicist theories be developed to question whether matter and manner can in fact be separated. Let us refer to 'individual manner' as Definition B. This sense has generalized to the arts and many other activities of life: we speak of styles of cooking, painting, horseback riding, diving, etc.

Both of the senses must have suggested the usefulness of isolating parts of writing for inspection, for comparison of writers, and for the determination and collection of excellencies for emulation. So Definition C arose: "Those features of literary composition which belong to form and expression rather than to the substance of the thought or

[3] See entry I under "style" in the *Shorter Oxford English Dictionary (SOED)*.

[4] Tenney, *op. cit.*, p. 397.

[5] The ultimate confusion is clearly evident in the fact that entry II,2 in the *SOED* does not end here, but, after the minor halt of a semi-colon, hastens back to a normative sense: the full entry is "The manner of expression characteristic of a particular writer (hence of an orator), or of a literary group or period; a writer's mode of expression considered in regard to clearness, effectiveness, beauty, and the like ME."

[6] See Murry's first as opposed to his second and third definitions, p. 59. The difference between the latter two seems simply a matter of degree: the second is ordinary excellence, the "lucid exposition of a series of intellectual ideas", while the third is "the highest achievement of literature". The second is usually called "effective prose style" in English.

matter expressed . . . ." (*SOED*, II, 3).[7] According to *SOED*, this sense of style became current in English around 1577. With it an additional source of confusion developed, since 'style' was now partly synonymous with 'form'.[8] It is often forgotten how profound the change is from 'style' as individual manner (B) to 'style' as a general property of writing itself (C). Having separated the term from the usage of individuals, it became possible to write about style C in the abstract, to enumerate details in handbooks.[9] The items in these handbooks tended to fall into language categories already established by Greek and Latin writers in the various disciplines – grammar, prosody, rhetoric. The full list of rhetorical figures and tropes, in particular, was garnered from antiquity and discussed at great length. Indeed, Ramus and his school argued that the schemes and tropes were "the whole of elocution [style] from which even considerations of grammar were excluded".[10] These features were 'ornaments', and it was the assumption that literature was created by SUPERADDING such ornaments to the 'plain content', making the content graceful and beauteous. The ornaments were really not part of the ordinary language. To the English critic George Puttenham, they were a "noveltie of language" and in other contexts could even be called, with Isidore, "vices of speech".[11]

During the 16th century arose still another sense in English (definition D), namely "A manner of discourse, or tone of speaking, adopted in addressing others or in ordinary conversation" (*SOED*, II, 4). This sense is the one referred to in expressions like 'colloquial style', 'formal style', and so forth, and thus is related to or perhaps even derived from the classical 'levels of style' – high, medium and low. Style D is the verbal reflection of decorum, set by the social situation or audience before whom a speaker finds himself. The sense is still used today, even in sophisticated circles, for example, by the modern British school of linguistics.[12] It is clear that the basis for style in this sense is social-

[7] Again, the *SOED* does not end entry II, 3 without an evaluative touch ". . . often used for: Good or fine style."

[8] According to C. Brooks and R. P. Warren, *Understanding Poetry* (New York, 1950), p. 640, "Style, in its larger sense, is essentially the same thing as form."

[9] The book by G. Puttenham, *The Art of English Poetry* (1589) is the most famous of these handbooks in English. The section on "Ornament" is in Book III.

[10] See J. Arthos, "Trope", in: *Encyclopedia of Poetry and Poetics*, ed. A. Preminger (Princeton, 1965).

[11] See J. W. H. Atkins, *English Literary Criticism: The Renascence* (London, 1947), p. 172.

[12] See M. Halliday, A. McIntosh and P. Strevens, *The Linguistic Sciences and Language Teaching* (Bloomington, 1964), p. 92. Style in the sense of "relations

class-structure itself. Selection is essentially of words to 'match' the element of society one is depicting or wishing to communicate with.

These then are four senses of the word 'style' that we inherit from antiquity and the Renaissance: as noted, they are all Aristotelian, presupposing an essential dualism between form and content. We will come to the Platonic view in a moment.

Many of the bewildering array of modern usages of 'style' can be seen as variants of one or another of these definitions. I will not undertake anything like a complete survey, since my main business is to work out the semantic ramifications of only one of the definitions, namely B. However, since part of the problem is to separate B from the other definitions, it is worth examining a few modern statements that consider 'style' in different terms. My categorization resembles that of Nils Enkvist, but is less extensive than his, and I refer the reader interested in further details to his essay.[13]

Little need be remarked about definition A – style as good writing – except its ubiquity. Randomly picking up articles with 'style' in their titles in the popular and semi-popular literary journals, one is very likely to find such observations as these: "... the word 'style' is being used here to refer simply to the felicity of an author's choice and arrangement of words ...."[14] Indeed, 'style' in this sense has come more and more into vogue as a prestigious word to use in books on 'composition' or expository writing, a subject everlastingly and largely unsuccessfully taught to American college freshmen.[15]

The alternative to conceiving of good writing as the successful introduction of ornaments into the plain sense of an argument is a Platonic monism in which "the achievement of the proper form IS the content: when a thought is invested with its essential form, style results." Some of the headier definitions of 'style' fall into this category. For one who 'has' style, like Wordsworth, writes Matthew Arnold, "Nature herself seems ... to take the pen out of his hand, and to write for him with her own bare, sheer, penetrating power."[16] And Havelock Ellis: "Style,

---

among the [language] participants" is called "style of discourse" and is separated from "individual style" (style B) (p. 97).

13 N. Enkvist, "On Defining Style", in: J. Spencer and M. Gregory (eds.), *Linguistics and Style* (London, 1964), esp. chap. III.

14 W. V. Harris, "Style and the Twentieth-Century Novel", *Western Humanities Review*, 18 (1964), 128. F. L. Lucas, *Style* (New York, 1962), p. 18: "Our subject, then is simply the effective use of languages, especially in prose."

15 We are doubtless in for a flood of textbooks with titles like *Elements of Style* and *The Practical Stylist*.

16 As quoted in Tenney, *op. cit.*, p. 398.

indeed, is not really a mere invisible transparent medium, it is not really a garment but, as Gourmont said, the very thought itself. It is the miraculous transubstantiation of a spiritual body, given to us in the only form in which we may receive and absorb that body . . . ." [17] These are not the kinds of pronouncements about which there is much to say. They raise only one – and a very troublesome – question, namely: If style is in fact only thought or content itself, why bother using a separate term? It is clear that writers like Arnold and Ellis cannot provide a satisfying answer. Even if style is, as Murry has it, "not the clothes but the flesh and blood", it still can be separated from the 'what' in analysis, it still can be understood to consist of distinct FEATURES.

Let us turn to Style C – 'aspects of form' separated from content, that is, as local textual (i.e., 'textural') detail. This sense, too, can be interpreted from either the dualistic or monistic point of view. For the dualist, as Enkvist neatly states it, style is "a shell surrounding a pre-existing core of thought or expression." [18] Renaissance Aristotelians equated style with *elocutio*, the expression of thoughts in language, the third division of rhetoric, and particularly that sub-division translated as "Dignity" – "adornment of the thoughts with rhetorical flowers." [19] Thus, for Puttenham, the figure, the central stylistic device

> "is a certaine lively or good grace set upon wordes, speaches and sentences to some purpose and not in vaine, giving them ornament and efficacie by many maner of alterations in shape, in sounde, and also in sense." [20]

This position could be maintained in virtually its pristine form into the 19th century, when the famed literary historian George Saintsbury wrote: "Style is the choice and arrangement of language with only a subordinate regard to the meaning to be conveyed." [21]

In later centuries the baldness of such a dichotomy came to be questioned.[22] By the turn of the present century, Benedetto Croce and the

[17] From "The Art of Writing", *The Dance of Life* (London, 1933), p. 163, as quoted, by Enkvist, *op. cit.*, p. 11.

[18] *Ibid.*, p. 12. He cites Stendhall, Burke, Goodman, De Quincey, Bally and Seidler as holders of this view.

[19] "Elocutio", in *Dictionary of World Literature.*

[20] As quoted in Sister Miriam Joseph, *Rhetoric in Shakespeare's Time* (New York, 1962), p. 33.

[21] G. Saintsbury, "Modern English Prose", *Miscellaneous Essays* (London, 1892), p. 84.

[22] W. K. Wimsatt traces the reaction from the seventeenth century, in the writings of Thomas Sprat, Pascal, Swift, Buffon, Cardinal Newman, Coleridge, Wackernogel, De Quincey, Schopenhauer, Lewes, Pater, Brunetière, Joubert, Boeckh, and Murry (*The Prose Style of Samuel Johnson* [New Haven, 1963], p. 1-2).

English critic-philosopher A. C. Bradley attacked the separation of content and style (C) in forceful terms. Croce urged the identity of language and style as simply overt aesthetic manifestations of inner psychological forms. Less categorically, but more persuasively, Bradley wrote:

"There is no such thing as mere form in poetry. All form is expression. Style may have indeed a certain aesthetic worth in partial abstraction from the particular matter it conveys, as in a well-built sentence you may take pleasure in the build almost apart from the meaning. Even so, style is expressive – presents to sense, for example, the order, ease, and rapidity with which ideas move in the writer's mind – but it is not expressive of the meaning of that particular sentence. And it is possible, interrupting poetic experience, to decompose it and abstract for comparatively separate consideration this nearly formal element of style. But the aesthetic value of style so taken is not considerable; you could not read with pleasure for an hour a composition which had no other merit. And in poetic experience you never apprehend this value by itself; the style is here expressive also of a particular meaning, or rather is one aspect of that unity whose other aspect is meaning." [23]

By 1939, the demise of the Aristotelian dualism – style as "a kind of scum" overlaying meaning – seemed so certain that W. K. Wimsatt, one of the most acute of American literary theorists, could write: "It is hardly necessary to adduce proof that the doctrine of identity of style and meaning is today firmly established. This doctrine is, I take it, one from which a modern theorist hardly can escape, or hardly wishes to." [24] Even the expression "stylistic device" was to be eschewed:

"It might be better if the term 'device' were never used, for its use leads almost immediately to the carelessness of thinking of words as separable practicably from meaning. That is, we think of a given meaning as if it may me weakly expressed in one way but more forcefully in another. The latter is the device – the language applied, like a jack or clamp, or any dead thing, to the meaning, which itself remains static and unchanged, whether or not the device succeeds in expressing it. There is some convenience in this way of thinking, but more philosophy in steadily realizing that each change of words changes the meaning actually expressed. It is better to think of the 'weak' expression and the 'strong' expression as two quite different expressions, or, elliptically, two different meanings, of which one is farther from, one nearer to, what the author ought to say, or what he intends to say." [25]

Wimsatt formally defines style as "one plane or level of the organization of meaning . . . the furthest elaboration of the one concept that is

[23] "Poetry for Poetry's Sake", *Oxford Lectures on Poetry* (London, 1909), p. 9.
[24] Wimsatt, *loc. cit.*
[25] *Ibid.*, pp. 12-13.

the center."[26] Essentially the same idea forms part of the definition of Monroe Beardsley, an aesthetician and collaborator of Wimsatt's. (The second part of Beardsley's definition – "general purport" – will be discussed below.) Beardsley speaks of this as the "semantic definition" of style, and relates it to a general theory of artistic construction. It is worthwhile to explicate his theory in some detail.[27] For Beardsley, every aesthetic unity – a painting, a symphony, a poem – can be divided into two basic aspects, its global aspect – or STRUCTURE – and its local aspect – or TEXTURE. Structural meanings are meanings "that depend upon, or are a function of the whole discourse, or a large section of it", for example that summarized by the statement: "Raskolnikov murdered and confessed." Textural meanings are details of meaning or small-scale meanings – this is style. Like Bradley and Wimsatt, Beardsley illustrates the nature of these semantic details by comparing minimally different utterances. The utterances must be neither too divergent nor too similar: in the first case, the resultant semantic difference would be too 'basic': "The baby is a boy" *vs.* "The baby is a girl"; in the second, the semantic difference would be so slight as to be 'not even' stylistic: "She sells cakes and pies" *vs.* "She sells pies and cakes". An example of stylistic difference would be "I am here" *vs.* "Here I am", the latter suggesting, according to Beardsley, "that I have been long awaited or searched for". A second is "Go home" *vs.* "Return to your abode", where "go" and "return" are obviously divergent: "return" means not just "go" but "go BACK"; and "abode" differs from "home" in that "abode" may be a temporary refuge. A third is "I will meet you at Church on Sunday" *vs.* "I will meet thee at the Meeting House on First-Day", which will be discussed below.

Now one is struck by several difficulties in this formulation, despite the fact that the semantic definition of style C is obviously superior to the simple ornamental view. First of all, as Beardsley points out, not ALL small-scale semantic differences are stylistic: some are too small and some too big ("basic"). But if the matter is simply quantitative, how does one decide? What sort of measuring stick does one use? The

[26] *Ibid.*, p. 11.

[27] M. Beardsley, *Aesthetics* (New York, 1958), chap. III-V. I am very much indebted to Beardsley for extended personal communications on this work and the concept of style. If this critique seems severe, the reader is asked to remember that it would not even exist if it did not have Beardsley's formulation as a point of departure. A popularization for teachers, with many additional and interesting examples is M. Beardsley, "Style and Good Style", in: G. Tate (ed.), *Reflections on High School English* (Tulsa, Okla., 1966), pp. 91-105.

two *heres* in the first example, it could be argued, differ as radically as "boy" and "girl" in the non-style example: the first is locative and the second presentative, a lexical distinction which French expresses by different words: "Je suis ici" *vs.* "Me voici". Would Beardsley say that in French too the difference is only stylistic? The two utterances seem different in meaning and nothing more, yet it is precisely the case that stylistic differences are "something more". The second example is different. Here also are the small-scale meaning differences, between "go" and "return", and between "home" and "abode", and those differences taken alone amount to nothing more than the differences between the two *heres*. Yet there is an additional DIMENSION of difference in these utterances, conveying distinctions which are qualitative rather than quantitative – the fact that, unlike the two *heres*, they tell us something else about the speaker (Style B) and/or the general social setting (Style D). "Abode" has quite other implications than "home" – is sounds mock-late-Victorian melodramatic, pseudo-poetic, and so on. This is not merely a matter of connotation, although connotation does enter into it;[28] there are not only added suggestions about the WORD *abode* but also about the speaker (he's playing the melodramatic Victorian, either really or facetiously) and the situation (it's a mid-Victorian scene; it's a light-hearted modern encounter). The same thing is true of the third example. What seems to be stylistically relevant is not the meaning differences between the WORDS *thee* and *you*, nor imputed differences between the person to whom they refer, but rather what the choice of *thee* over *you* tells us about the speaker (he's a Quaker) or the situation (it's a situation in which Quaker forms are appropriate). It is not accurate to call style texture of meaning[29] if that amounts to saying

[28] Following Beardsley (*Aesthetics, op. cit.*, p. 125) we can use "designation" to refer to characteristics NECESSARY to a thing for it to be what it is, that is, for a term to HOLD in respect to its referent; these apply regardless of the context (a sea must have a lot of water by definition). "Connotations" are not necessarily but varyingly applicable characteristics, widely assumed by speakers to be properties of a thing ("calm" and "stormy" are both attributed to the sea, but unlike "containing much water", which is always and necessarily a component of "sea", the context may rule one or another out; *e.g.*, "The sea rose up and sank the ship" eliminates "calm"). Borrowing terms from current linguistics, we might describe DESIGNATION as "context-free" and CONNOTATION as "context-sensitive". (Designation, of course, IS context-sensitive if the word has more than one sense; the proper SENSE holds regardless of context.)

[29] *Ibid.*, p. 221. Enkvist, *op. cit.*, p. 17, also has some difficulty in accounting for the reasons for calling the distinction between "drizzling" and "pouring" non-stylistic and that between "fine man" and "nice chap" stylistic. What IS "roughly the same" as opposed to "different" in meaning?

that any critic who "talks about the meanings of certain paragraphs, sentences, phrases, or words [therefore] is talking about its texture of meaning" and therefore about its style. A critic who says that "in his first speech (a blank verse paragraph) King Lear attempts to extract effusive protestations of love from his daughters" is surely talking about the meaning of a local passage of the play, but he is not talking about its style. Nor is it very helpful to assert that "style is nothing but meaning".[30] We can say that a stylistic choice is a formal choice *and also* that it entails differences in meaning; in other words, one can be Aristotelian without being a simple-minded ornamentalist.

The same distinction seems to apply to syntactic differences. Compare Beardsley's example of a sentence written in a highly balanced, parallel syntax by Samuel Johnson:

"As this practice is a commodious subject of raillery to the gay, and of declamation to the serious, it has been ridiculed with all the pleasantry of wit, and exaggerated with all the amplifications of rhetoric",

with its non-balanced, 'skewed' counterpart:

"As this practice is a commodious subject of raillery to the gay, and serious people declaim upon it as well, it has been ridiculed with all the pleasantry of wit, and furthermore the amplifications of rhetoric have been used to exaggerate it".

Here there are few differences between words, and meaning differences corresponding to different syntactic structures are difficult precisely to articulate. But, again, what seems to be stylistically important is what the balanced-syntax version tells us about the AUTHOR; to use Beardsley's own words, balanced "sentences like these give . . . an air of judiciousness, of having considered things from both sides."[31]

A. C. Bradley recognized the issue in the quotation cited above: ". . . style is expressive – presents to sense, for example, the order, ease, and rapidity with which ideas move in the writer's mind – but it is not expressive of the meaning of that particular sentence."[32] 'Order', 'ease', and 'rapidity' are attributes of the minds of authors, not of sentences – that point is quite clear. As far as style is concerned, the semantic arrow points toward the author, not toward the detail of the message. In later

[30] Beardsley, "Style and Good Style", *op. cit.*, p. 96.

[31] Beardsley, *Aesthetics, op. cit.*, p. 225. This sense will be discussed below.

[32] Note that the sense of 'express' and 'expressive' is clearly different from that intended by stylists like Bally, namely conveying 'affective' or 'emotive' meanings.

papers,[33] Wimsatt, too, withdraws from an extreme "monist expressionism": "I believe, he writes, in the integration of literary-meaning [*i.e.*, style and content] but at the same time in different kinds and levels of meaning." Style occurs at a particularly "formal" and implicit level. The study of style

"ought to cut in between a Platonic or Crocean monism, where meaning either as inspired dialectic or as intuition-expression is simply and severely one meaning, and the various forms of practical affective rhetoric, Aristotelian or modern, where stylistic meaning bears to substantial meaning a relation of HOW to WHAT or of MEANS to END."

How exactly one "cuts in between" these two positions is not, however, entirely clear; verbal style

"must be supposed to refer to some verbal quality which is somehow structurally united to or fused with WHAT is being said by words, but is also somehow to be distinguished from WHAT is being said. A study of verbal style, though it ought to deal only with meaning, ought to distinguish at least two interrelated levels of meaning, a substantial level and another more like a shadow or echo or gesture."

So not only is the level of meaning at which one finds style formal and implicit, but it is also shadowy, echoic, gestural – those are slippery terms, indeed; and there is a danger that 'meaning' as the criterion will vanish through our fingers. What is important in Wimsatt's later work, however, is the clear distinction between ordinary semantic and stylistic meaning differences. In Pope's "pseudopoetic" version of "close the door", namely, "The wooden guardian of our privacy/Quick on its axle turn", "more things are being said and intimated about the door", and THEREFORE these two sentences differ far more than in style in its "strict conception". Isolating stylistic meaning "is made difficult by the fact that substantial meaning itself has various strata, some of which are readily confused with the level of strictly verbal style . . . ." More things are being said "about the door" in "the wooden guardian of our privacy" than about "door" alone, about "abode" than about "home", about "thee" than about "you". But what these other things are – what this "pure style" is – is tantalizing in its tenuity: it is depicted as a "thin solid line of white" on top of a semantic cake whose basis is "a solid red stratum of stated meaning" itself "shading into an even thicker ground of mixed red and white, the levels of all the complex kinds of

[33] Collected in *The Verbal Icon* (New York, 1958): see particularly Section 3, "The substantive level" and "verbal style: logical and counterlogical". Quotations and discussions below are on pp. xii and 201-203.

epithetic, metaphoric, and intimated meaning which one may conceive as in some broad sense stylistic". Wimsatt has retreated from monism, but his "monism-and-a-half" seems as murky as the middle ground of his cake. How do these complex kinds of "epithetic, metaphoric and intimated meanings" relate to better established terms like "designation", "denotation", "connotation", etc.?

Beardsley's concession was not to attenuate his definition but to tack on an amendment, and the amendment seems, to me, more interesting than the original proposal. To understand it, we have to add to our sketch an account of his general theory of meaning.[34] Beardsley's definitions are in the behaviorist semiological tradition; they are concerned with effects of linguistic acts upon perceivers. The central concept is that of "import", "the capacity of a message to affect" a perceiver. The message may affect the perceiver's BELIEFS or his FEELINGS – the first he calls "cognitive import" or "purport", the second "emotive purport" (as when "home" or "mother" mean more than "domicile" and "mater"). "Purport" is itself of three types – "cognitive purport" (for Beardsley "meaning" *tout court*), that is, the "capacity to convey information about the speaker's beliefs"; "emotive purport", the "capacity to convey information about the speaker's feelings" ("alas", and "oh, dear"), and finally, "general purport", the capacity to convey information about other characteristics of the speaker. The concept of general purport, is, to my knowledge, the first semiological formulation of Definition B. I only object to the name, which I find insufficiently descriptive. I shall substitute the term "identificational purport" instead, and shall mean by this "purport which serves to identify the speaker as such and such a person". Beardsley lists several aspects of personality that general purportive features can communicate. I add illustrative examples: nationality (*e.g.*, British *lorry vs.* American *truck*), provenance (Northern U.S. /ai/ *vs.* Southern U.S. /a/, as in *five*), religious affiliation (Quaker *thee vs.* non-Quaker *you*), social class or level (Vulgate *ain't vs.* standard *aren't*), vocation (use of technical terms, particularly where the context is non-technical: the engineer's *feedback*, the psychologist's *bind*), avocation (ditto: the amateur sailor's *tacking*, the skier's *powder*), state, status, condition (a category I'm less clear about – perhaps physical condition, as when one slurs his speech when he is drunk or has suffered a paralytic stroke?). In addition to these, other categories obviously suggest themselves – age, sex, social sensitivity, *i.e.*, decorum, etc. Notice that there is a difference in kind between the

[34] Beardsley, *Aesthetics, op. cit.*, pp. 116-119.

social aspects or decorum of the communicative act *per se* (Definition D), and the identificational functions of such features. In identificational purport, Definition B, the choice of a given feature (say, referring to a man as "this gentleman" rather than "this guy") is taken as a datum which serves to characterize the speaker. It is THE FACT that he uses that feature rather than another that is stylistic (B), not the feature itself (which is 'stylistic' only in sense D). In other words, when a man uses a formal rather than slang term, there are two kinds of 'stylistic' information conveyed: one is 'formality' itself (Definition D), and the other is 'the fact that he can be formal' (for it is a fact that some people, by reasons of education or temperament CANNOT be formal). 'Formality', or any feature in Style D, is about the MESSAGE; 'the fact that X is now and can be formal (or whatever)' is about the speaker, hence Style B.

Phenomena of style B can be conveniently displayed in terms of a matrix or table in which the columns refer to the aspects of personality which are characterized and the rows to divisions of the communicative act; a few examples:

	Nationality	Provenance	Religious affiliation	Social class, etc.
Phonology		/a/ in *five* = Southern American		
Morphology				
Syntax			*thee* for *you*	
Vocabulary	British *lorry* vs. American *truck*			*ain't* for *aren't* = Vulgate

By this chart it is clear that some sorts of generally purportive features are more subject to conscious control than others. The use of parallelism and balance is a highly conscious artifice; the use of /a/ for /ai/ is an automatic and unalterable feature of one's speech. It is useful to bear this distinction in mind; it might be said, perhaps, that every speaker has an unconscious style, but that only professional writers and speakers have developed conscious styles, that is, sets of regularly recurrent features which clearly characterize them in the universe of authors. At least in terms of literary criticism conscious features are obviously of greater interest than unconscious.[35]

[35] L. T. Milic, "Unconscious Ordering in the Prose of Swift", in: J. Leed (ed.), *The Computer and Literary Style* (Kent, Ohio, 1966), argues that the most important features of style are unconscious: "The fundamental assumption is that the style of a writer is an idiosyncratic selection of the resources of the language more or less forced on him by the combination of individual differences summarized under the term 'personality'. This selection might be called a set of preferences except that this term suggests that the process is mainly conscious and willed. Although it is doubtless true that some part of the process of composition is deliberate and conscious, especially at the level of meaning, much of it is not fully conscious and it is this part which is of greater interest to the student of style. The reason is obvious: the unconscious stylistic decisions are less likely to be affected by the occasional and temporary character of a given composition (its subject matter) and are more likely to reveal something that the writer might deliberately wish to conceal" (p. 82). It seems to me that "unconscious" is an unfortunate term for what Milic has in mind. Obviously, a writer is not usually "conscious" of stylistic selection in the sense that he literally says to himself: "Now I will introduce a balance" or "now an alliteration", or "now a series", or "what have you?" (although in stylistic eras more heavily influenced by the handbooks such mental processes may have been not uncommon). But saying that the words "balance" and so on did not actually pass through his mind is not the same thing as saying that he was "unconscious" of introducing a balance at a given point, or, indeed, of using balance so frequently as to allow it to earmark his style. Milic finds that the accumulation of terms in series – usually LONG series – is one of Swift's most important stylistica; for example: "... vast Numbers of our People are compelled to seek their Livelihood by Begging, Robbing, Stealing, Cheating, Pimping, Forswearing, Flattering, Subborning, Forging, Gaming, Lying, Fawning, Hectoring, Voting, Scribbling, Star-gazing, Poysoning, Whoring, Canting, Libelling, Free-Thinking, and the like occupations" (pp. 84-85). The use of series "argues a well-stocked mind" (p. 104). But in what sense can we say that Swift was "unconscious" of creating this series, with its highly deliberate and ironic positioning of otherwise innocuous terms like "voting", "scribbling", "star-gazing", and "free-thinking". Furthermore, even if a predilection for series IS unconscious, it is still context-determined to the extent that the subject under discussion must be conducive to serial thinking and exemplification, so that it is not a good instance of a stylistic decision "less likely to be affected by the occasional and temporary character of a given composition (its subject matter)". Milic asserts that unless style characteristics "appear regardless of the subject matter of the composition, they must be of very low usefulness". This notion seems needlessly restrictive (it excludes not only imagery and metrics, but even vocabulary selection). But an author is characterized not only by what is constant in his style from one piece to another, from one genre or subject to another, but also by his selections WITH RESPECT TO that genre or subject: we are interested not merely in Milton's style but in Milton's epic style as opposed to his pastoral style. Compare the following observations of Spitzer and Guiraud: "Das Wort 'Stil' is hierbei im allgemeinen im gebräuchlichen Sinn der BEWUSSTEN Verwendung sprachlicher Mittel zu irgendwendlichen Ausdruckszielen verwandt" (L. Spitzer, *Stilstudien* [München, 1928], I. ix), "La CONSCIENCE dans le choix ne me semble pas non plus entrer dans la définition du style, et c'est précisément un des buts de la stylistique de déterminer les forces profondes qui informent et choisissent le langage dans l'opacité de notre expérience et de notre durée" (P. Guiraud, "Stylistiques", *Neophilologus*, 38 [1954], 1-11 (my emphasis).

There is another sort of distinction that can be made in this connection. It seems useful to distinguish between two sorts of literary stylistic inquiry: one in which the guiding purpose is to discover any and all sorts of features that serve to identify an author, and the other in which only features having significance for larger aspects of the work are of interest. The first sort of inquiry – which we may call 'stylometric' – is essentially bibliographical, rather than critical: a common goal is the identification of authorship of anonymous or disputed texts.[36] It proceeds by counting EVERYTHING; if it discovers, for example, that a document has a certain specific percentage of *ands* or *ofs* which exactly corresponds to the statistics of other of an author's works, it ascribes the document to him and its task is complete.[37] The second kind of inquiry – more genuinely stylistic in the ususal sense – is concerned with features insofar as they shed light on the personality and art of an author. The writings of Leo Spitzer are perhaps the best example of stylistics in search of literarily RELEVANT features, although it is true that Spitzer sometimes went too far in extrapolating from minute features, or in relating them to larger themes of works and authors.

Or looking at the matter in reverse perspective, "the personality of a writer is an inferential structure built upon what we know or can guess about his subjects of interest, his reasoning, his feelings, his linguistic decisions, his attitudes .... Personality may thus be thought of as the reverse of humanity: it is the identity of a human unit as an individual, not his identification with the race in general. Personality, therefore, and one of its literary reflections, style, is the combination of drives to break away from the uniformity of the human mass and to establish, by expressing, one's particular indefinable uniqueness."[38]

It is clearly possible to think of style as manner without giving way to temptations to 'mere ornamentalism'. Formulations like the following indicate the possibility of a responsible and literarily useful Aris-

[36] See R. Posner, "The Use and Abuse of Stylistics", *Archivum linguisticum*, 15 (1963), 111-139; Milic, *op. cit.*, p. 82, uses the terms "attributive" for "stylometric", and "interpretive" for "stylistic". The attributive task is "to identify a given work as the product of a given writer by means of the individual fingerprints of his style"; while the interpretive task is "to obtain a deeper understanding of the writer, his mind, his work, his personality".

[37] "It may be sufficient, if evidence of authorship is all that is required, to use a computer to determine quantitatively the density in a given text of one or two specific linguistic features; but this is diagnosis, not description. And the features chosen for this purpose may not, indeed probably will not, be features which are stylistically significant in terms of literary response and artistic effect", J. Spencer and M. Gregory, "An Approach to the Study of Style", *Linguistics and Style*, p. 91.

[38] Milic, *op. cit.*, pp. 79-80.

totelian dualism. Note however that the 'what' is not only local or textural meaning but global or structural meaning as well:

"The very many decisions that add up to a style are decisions about what to say, as well as how to say it. They reflect the writer's organization of experience, his sense of life, so that the most general of his attitudes and ideas find expression just as characteristically in his style as in his matter, though less overtly. Style, in this view, far from being intellectually peripheral ornament, is what I have called 'epistemic choice', and the study of style can lead to an insight into the writer's most confirmed epistemic stances." [39]

Here surely is the voice of Buffon in its modern manifestation.

Naturally, in the search for relevancies, one need not naively conclude that every identificational feature coresponds to a personality trait of the author himself. That many people are not always what they would like to be, or even thought to be, is so obvious as not to need comment, and in speech, as in other traits, a selected role may not correspond at all points to the real 'facts' of personality (whatever THEY are). Dr. Johnson's frequent petulance is too amply documented for us to assume that he was always capable of that "air of judiciousness, of having considered things from both sides" imputed to his balanced syntax. But as modern critics have shown us, the literary context is different from the ordinary speech situation: the *persona*, the literary speaking voice is not necessarily the author's, although it may be close to his. But the author we only know by extra-literary, hence irrelevant information anyway. And since, in literature, we are concerned with roles, not with realities, we need not trouble ourselves with questions of discrepancy between the two. This is as true of essays as it is of narrative poems. The persona's voice may be so close to the author's as to be virtually identical, or it may veer so far off as to be clearly that of a separate character. In that case, of course, one can speak of two styles – the style of the character and the style of the author, not excluding the way in which he depicts characters!

Another point needs to be made about the interpretation or semantic effect of general purport. It is clear that in many cases general purport is not fully interpretable by itself but only in close combination with the other two kinds of purport. A given stylisticum – say, the frequent use of antithesis – may have different repercussions according to the express content which is being related. Though antithesis may sound 'judicious' when combined with Johnsonian content, it has quite an-

[39] R. Ohmann, *Shaw: the Style and the Man* (Middleton, Conn., 1962), pp. xi-xiii.

other effect when combined with other kinds of content: in Swift's style, antithesis or 'pointing' has been said to make "for a style aesthetically suited to matter of argument", it "gives an impression of wit or intelligence even when it is not there, and keeps the attention lively, ready for when it is"; the effect is one combining "lively intellection with strict relevance." [40]

And the combination may be more of a conflict than a cooperation; this fact has been cleverly pointed out by R. P. Draper in an article on "Style and Matter".[41] Draper discovers in Yeats' "An Irish Airman Foresees His Death" a considerable number of rhetorical figures: antithesis, parison, traductio, zeugma, anaphora, and so on, which give the poem "an air of terseness and forceful economy". Yet this impression conflicts with the sense of the persona which we infer from the immediate paraphraseable content of the poem:

"What the airman says amounts to the expression of a highly romantic individualism . . . the only thing that the airman admits as valid for him is the spirit of adventure and the romantic death wish:

> A lonely impulse of delight
> Drove to this tumult in the clouds.

But the style of the poem, the impression of terse economy created by those rhetorical devices . . . suggests the non-romantic qualities of weight, judgement and restraint. Against the romanticism and individualism of the matter is set the responsibility suggested by the manner. Detailed analysis of the language reveals that the style operates AS style, not as the mere icon of the matter . . . ."

Is this an instance where the poet's style has obscured a character's style? That would suggest that the poem were a failure if one demands homogeneity of style and content. But, as Draper points out, "a resolution, explaining the fact that the poem does not fall to pieces despite this contradiction, might be found in Yeats's notion of an aristocratic elite which combines splendid individualism with support for a mellowed and traditionally sanctioned order." [42] But note that the airman is not OF this ELITE – "his countryman [are] Kiltartan's poor". So the source of conflict is that the aristocratic poet PROJECTS onto the character of the airman a nobility and tradition not actually his. Perhaps

[40] A. Rodway, "By Algebra to Augustanism", in: R. Fowler (ed.), *Essays on Style and Language* (New York, 1966), p. 61.

[41] R. P. Draper, "Style and Matter", *Journal des Langues Vivantes*, 27 (1961), 15-23.

[42] *Ibid.*, p. 21.

the rhetorical language itself is a kind of metaphor which treats the airman's romantic individualism AS IF it could be articulated in classical terms. The effect is not unlike that of Henry James' endowing the heroine of *What Maisie knew* with the most sophisticated of social dialects at the very moment of exhibiting her child's ignorance of what is happening around her.

Let us return to Beardsley's definition of style, which we now quote in its final version: "Style is detail, or texture of secondary meaning plus general purport."[43] But the status of the word "plus" is thrown into some doubt by the immediately succeeding sentence: "Or in another way, two discourses differ in style when they differ either in their details of meaning or in their general purport". "Plus" implies "both ... and"; "or", at best, can mean "and/or". Doubtless Beardsley means that two utterances differ in style C or style B or both. An instance of style C alone would be the same man uttering what amounts cognitively to the same thing in two different sets of words: "Go home" *vs*. "Return to your abode", "He's an important guy" *vs*. "He's a distinguished gentleman", etc. An instance of style B would be two different men uttering the same words, yet revealing their different personalities by a variety of vocal features, phoneme selections, syntactic preferences, etc. An instance of the combination of style B and style C would be two different men uttering slightly different versions of the same basic message. So Beardsley's argument might run. But now we must repeat a question which we posed before in different terms: is it really possible to exclude style B? In other words, isn't every utterance somehow illustrative of identificational purport? Take the case of "He's an important guy" *vs*. "He's a distinguished gentleman" uttered by the same man in the same intonation and so on: disregarding the fact that these are appropriate to two different speech-contexts, two different audiences, two different occasions (style D), isn't it precisely indicative of the MANNER of some speakers that they can have both "important guy" and "distinguished gentleman" in their speech repertoire? For others do not have this double capacity and that's part of THEIR styles.

In his discussion of style in painting, Beardsley writes:

[43] Beardsley, *op. cit*., p. 224. "Secondary meaning" is "connotation", reference to properties of a thing which are usually or widely felt to be characteristic of it, but not essential to it (see p. 84, n. 28). But why style features should be limited to secondary meaning is not explained. And Beardsley does not seem to be restricting "meaning" to "secondary meaning" when he discusses the example from Johnson quoted above: "... the Johnsonian syntax ... has both meaning and general purport" (p. 224).

"... what sort of thing do critics refer to when they talk about style? For one thing, they speak about the style of a particular painting: the brush-strokes are short and close together; or there is much impasto; or the work is a pointillist painting. And these are statements about recurrent features of the texture of the painting. In other words, if certain textural characteristics are repeated within the work, these are singled out and regarded as traits of style. And this can be done without any reference to the artist at all." [44]

The notion of recurrence seems important for literary style, too. Strangely enough, though the word appears in Beardsley's preliminary definition – " 'Style' can be defined, tentatively, in some such way as this: the style of a literary work consists of the recurrent features of its texture of meaning" [45] – it does not appear in the final definition, quoted above: "Style is detail, or texture, of secondary meaning plus general purport." Assuming that there are no profound theoretical reasons for omitting recurrence from the definition, we might ask ourselves what recurrence means in respect to literary style. In the above discussion of painting style, Beardsley seems to limit recurrence to features upon a single canvas. But there doesn't seem to be any reason to make so sharp a limitation in literature: Johnson's use of parallelism and balance is characteristic both of individual works by him and of his writing in general. Furthermore, recurrence must not be taken in too crude a sense. For one thing, measures must always be made against the language as a whole. Secondly, a style feature is highlighted not only by its sheer prevalence but also by its relative position in the work. Some features may be infrequent, yet may occur in very crucial spots and hence receive a heavy "weighting" as stylistica. In Milic's observation that "unless the stylistic characteristics recur consistently, they are not really characteristic",[46] the word "consistently" has to be very narrowly defined to account for qualitative as well as quantitative highlighting.

It should be noted, finally, that taking style as individual manner does not require us to insist upon the uniqueness of each of its components. The fact that a feature characteristic of an author's style was generally popular in his period or school does not make it any less characterizing of him. It is added to other features to make up his unique pattern or configuration. Because of its complex nature, the recognition of a writer's style is not a mere act of perception, as that term is generally defined, (for example, "whenever we 'perceive' what we name 'a chair', we are interpreting a certain group of data [modifica-

[44] *Ibid.*, p. 172.
[45] *Ibid.*, p. 222.
[46] Milic, *op. cit.*, p. 83.

tions of the sense-organs], and treating them as signs of a referent" [47]). Perception entails the recognition of a thing as an instance of a CLASS of things, whereas style-recognition, as the recognition of a personality, is something more, namely the recognition of an individual as a unique complex or pattern of perceived features. That is why perception tends to be virtually instantaneous whereas the ability to recognize an author's style takes time to acquire.

Beardsley's trichotomy of functions reveals the inadequacies of expressivist theories of style, like that of Bally:

"... all the resources of vocabulary and of sound, form, auxiliaries, and order, insofar as they do not constitute a system of neutral references, are available for affective or emotional ends. This is the domain of STYLISTICS, independent of grammar, and reaching out from certain specific devices at the service of all speakers towards highly effective personal uses of language which can only be estimated intuitively." [48]

Clearly, signals with "affective or emotional ends" are better handled under emotive purport, as are references to "judgments of value" (Marouzeau) and so on.

There is sometimes confusion between the concept of style and the means by which style is achieved. Recall Saintsbury's definition: "Style is the choice and arrangement of language with only a subordinate regard to the meaning to be conveyed . . . ." And Marouzeau: "Répertoire des possibilités, fonds commun mis à la disposition des usagers, qu'ils utilisent selon leurs besoins d'expressions en pratiquant le choix, c'est-à-dire le style, dans la mesure où le leur permettent les lois du langage." [49] But surely that is to confound cause and effect: one makes his choices and the RESULT is style, not the act of choosing. Marouzeau makes this clear in another place: style is "Qualité de l'énoncé, RÉSULTANT du choix ..." [50] (my emphasis). The evidence is the fact that

[47] C. K. Ogden and I. A. Richards, *The Meaning of Meaning*, 6th ed. (New York, 1943), p. 22. Cf. J. Bruner, J. Goodnow and G. Austin, *A Study of Thinking* (New York, 1956).

[48] W. J. Entwistle, *Aspects of Language* (London, 1953), pp. 94-95. Bally called the expressive features "stylistics" and reserved "style" for "the individual sum of characteristics of a particular speaker, writer or poet" (Entwistle, p. 273). Cf. S. Ullmann's definition (*Language and Style* [New York, 1964], p. 101): "Everything that transcends the purely referential and communicative side of language ... emotive overtones, emphasis, rhythm, symmetry, euphony, and evocative elements" ... as well as milieu (historical, foreign, provincial, professional, etc.).

[49] As quoted in Enkvist, *op. cit.*, p. 16, n.

[50] Quoted in R. A. Sayce, "The Definition of the Term 'Style' ", *Proceedings of the Third Congress of the International Comparative Literature Association* (The Hague, 1962), p. 158.

choice can be conceived of as the mechanism of ANY of the four senses of 'style' distinguished above.

The same point could be made about "deviation from norm" definitions: "style is defined as an individual's deviation from norms for the situations in which he is encoding . . . ."[51] But, again, style is not the act of deviating but rather the product of deviating. Deviation itself, of course, is simply another way of viewing the mechanism – not merely choice but choice seen as a special departure from some set of averaged choices of others in the linguistic community at large. Ohmann puts it more accurately: ". . . a writer's characteristic style is largely the product of relatively few idiosyncratic variations from the norm, out of the vast number possible."[52]

Many have argued that style is not the product of deviation from some norm but rather the norm itself. 'Norm' is obviously being used in a different sense here than that used by the deviationists. Compare:

". . . style involves the totality of a writer's use of language; it cannot be limited to isolated deviations, and even what is apparently ordinary or normal may be significant."[53]

and:

"A style may be said to be characterized by a pattern of recurrent selection from the inventory of optimal features of a language."[54]

Insofar as it refers to a holistic conception – the SET of choices where choice is possible – this definition is acceptable enough and less likely to mislead than the choice or deviation definitions. But it too needs to be completed by a clear semantic reference, namely, the totality of fea-

[51] C. Osgood, "Some Effects of Motivation of Style of Encoding", in: T. Sebeok (ed.), *Style in Language* (New York, 1958), p. 293. Cf. Guiraud, *op. cit.*, p. 3; Bruneau, "La stylistique", *Romance Philology*, 5 (1951), 1-14.

[52] Ohmann, *op. cit.*, p. 185. The replacement of linguistic norm by contextualist theories proposed by M. Riffaterre ("Criteria for Style Analysis", *Word*, 15 (April 1959), and "Stylistic Context", *Word*, 16 (August 1960), and subscribed to by Enkvist (*op. cit.*, p. 29 sq.) is very useful; the context, of course, is not equivalent to style, nor are the coincidences and deviations, but are the means of recognizing it.

[53] Sayce, *op. cit.*, p. 159. Cf. D. Hymes, "Phonological Aspects of Style: Some English Sonnets", in: *Style in Language*, *op. cit.*, p. 109.

[54] W. Winter, "Styles as Dialects", *Ninth Congress of Linguists*, as quoted in Enkvist, *op. cit.*, p. 35. The definition of R. Wellek and A. Warren: ". . . the individual linguistic system of a work, or a group of works" (*Theory of Literature* [New York, 1955], p. 169) is not completely satisfactory because of the ambiguity of the phrase "linguistic system".

tures in their function of meaning or identifying the author in the universe of authors.[55]

So far this paper has been essentially a critique of other people's theories. It would be less than fair to end without venturing one of my own. I shall present it as a diagram with commentary on divisions and subdivisions (see p. 421 for chart). Two things will be noted immediately: (1) this analysis is essentially of Style B, "individual manner" (where manner does not exclude the semantic ramifications or entailments of the modified Wimsatt-Beardsley Platonic monism), particularly as an expansion of Beardsley's concept of "general purport"; and (2) it attempts to replace 'style' by other terms wherever they exist, and to qualify 'style' by explanatory epithets wherever possible. Several terms need to be defined. "Register" is used to refer to the general purport of casual discourse, so that style may be reserved for non-casual discourse. The distinction 'casual' *vs.* 'non-casual', taken from C. F. Voegelin,[56] although differing from his account in detail, is based on a single criterion: any discourse which is planned and executed in terms of standard modes of discourse (poems, novels, plays, legal briefs, sermons, etc.) is non-casual; anything else is casual. Casual utterances are extempore and completely dependent upon the immediate social context; they reflect the speaker in his non-professional aspects. Whereas the register of a casual utterance has a more or less natural relation to the speaker – that is to say, he reveals himself as such and such a person more or less automatically – all the complex possibilities of artifice flourish in non-casual utterances. An author may have a literary style very different from his personal register. (For example, I have not found an extensive number of balanced or parallel sentences in Johnson's oral remarks as noted down by Boswell.)

It is to be observed further that the chart allows for the common practice of referring to the style of the WORK (the register of the MESSAGE) as well as that of the author. This is, perhaps, a shorthand way of saying "the style of the author IN the work" (the register of the speaker IN the message), and to that extent boxes 3 and 6 may be superflous. But the dichotomy seems to be useful for recognizing the distinction between, say, "formality" itself (style D), which is a property of the message, and "the fact that Mr. X can be formal" which is a prop-

[55] A miscellany of definitions can be dismissed because they take "style" so far from etymological and reasonable theoretical bases, for example, calling "style" any "aesthetic use of language", etc.

[56] "Casual and Non-Casual Utterances within Unified Structure", in: *Style in Language, op. cit.*, pp. 57-68.

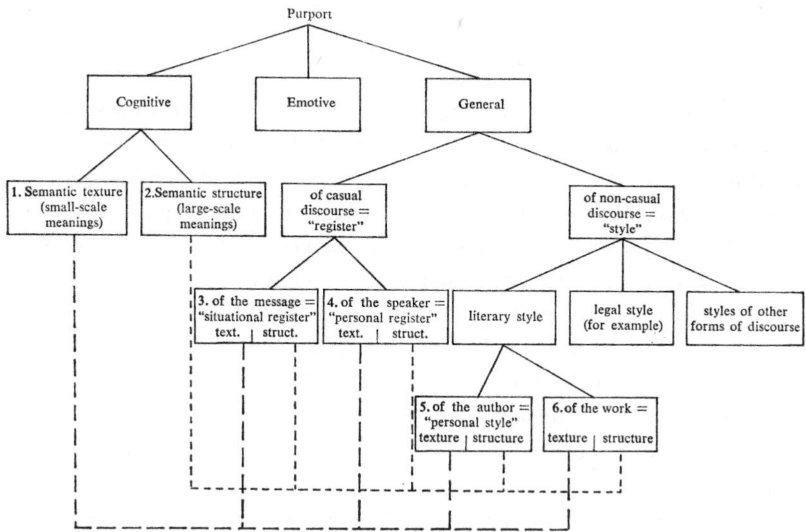

erty of the speaker (style B). The personal register or style is always more extensive and long-lasting than the register of the message or the style of the work; otherwise we could not say things like: "His formality on that occasion was really quite unlike him", and so forth.

Finally, it is to be noted that the meaning ramifications or entailments of register and style features are accounted for in boxes 3 through 6 by the fact that not only semantic texture is subject to individual treatment but also semantic STRUCTURE. A man is characterized as much by the larger patterns of what he says as by the smaller; he is disjointed or logical, he sticks always to the point or admits many diversions, and so on. Beardsley recognized painting criticism:

"Suppose a historian says that the Baroque 'style' is characterized by open, rather than closed, forms, by extreme contrasts of light and dark, by compositions built upon the diagonal receding into space. Some of these are recurrent features of texture, some are recurrent features of structure. It is a little odd, if a painter is fond of using spiral compositions, to say that this is a feature of his style, but perhaps it is not too odd, and the habit is deeply rooted in art history." [57]

But it is only "odd" to one who is trying to reconcile or even identify the two different senses of style which we have labelled "B" and "C";

[57] Beardsley, *op. cit.*, p. 173.

if style is general purport (B), why should it be so strange that one idiosyncratically varies his larger design as much as his details of writing? It is only superimposing style C on style B that makes a restriction to texture necessary. Recognizing a stylistic repercussion in structural selection seems particularly important for literary stylistics since otherwise one would have to deny that matters like choice of genre or overall organization are stylistic. Yet surely the fact that Milton chose to write an epic and that Shakespeare did not, that Henry James was successful in novels but not in plays, is relevant to the stylistic analysis of these authors. Surely it is not odd to speak of choices made in the architectonics of novels or the argumentative structures of lyric poems as characteristic of their creators' styles. The fact that every choice in register or style has meaning ramifications or entailments is indicated in the diagram by drawing broken lines in all cases back to cognitive purport.[58]

Box 6 is created to allow us to distinguish between aspects of the work and aspects of the author (or, more precisely, *persona*). The choice of a particular rhyme scheme or stanza pattern, of a particular point of view or manner of handling fictional time, does not serve to identify the author or *persona* in human terms, but it does tell us something of interest about the work which we are disposed to call stylistic'. Notice here another distinction between casual and non-casual utterances: it is characteristic of non-casual utterances to contain special features of this sort, superimposed upon and restricting the choices provided by the language as a whole. In literature, the rhetorical figures and tropes, meter and rhyme provide additional restrictions upon vocabulary and syntactic choice. Other sorts of restrictions are traditional in other forms of discourse – legal, religious, etc. These are matters of choice and are stylistic, although not 'linguistically' stylistic in the strict sense. Category 6 also permits us to speak clearly of the style of a character, which may be poles apart from the style of the author himself.

[58] Consider another of Beardsley's comparisons: "Would you join me for lunch" *vs.* "How about a sandwich?" These differ not only to the extent that they characterize (a) the first message and its situation as being more formal than the second, and (b) the speaker as being for the moment more, rather than less, formal, and more generally, CAPABLE of such formality, but also to the extent that (c) "lunch" is, in the real world, slightly different from "a sandwich". But (c) is not, in my view, the stylistic fact; it is simply a detail of meaning. Connections with semantic STRUCTURE are also present: some occasions – say, speaking at a business meeting or a trial – demand greater adherence to "logical consistency and progression" than others (like courting or speaking at a testimonial dinner).

28

LANGAGE POÉTIQUE, POÉTIQUE DU LANGAGE *

GÉRARD GENETTE

Il n'est probablement pas, en littérature, de catégorie plus ancienne ou plus universelle que l'opposition entre prose et poésie. A cette remarquable extension, on a vu, pendant des siècles, et même des millénaires, correspondre une relative stabilité du critère distinctif fondamental. On sait que jusqu'au début du XXe siècle ce critère fut essentiellement d'ordre phonique: il s'agissait, bien sûr, de cet ensemble de contraintes réservées à (et par là même constitutives de) l'expression poétique, que l'on peut grossièrement ramener à la notion de *mètre*: alternance réglée des syllabes brèves et longues, accentuées et atones, nombre obligé des syllabes et homophonie des finales de vers, et (pour la poésie dite lyrique) règles de constitution des strophes, c'est-à-dire des ensembles récurrents de vers au cours du poème. Ce critère pouvait être dit fondamental en ce sens que les autres caractéristiques, d'ailleurs variables, qu'elles fussent d'ordre dialectal (soit l'emploi du dorien comme mode des interventions lyriques dans la tragédie attique, ou la tradition, maintenue jusqu'à l'époque alexandrine, d'écrire l'épopée dans le dialecte ionien mêlé d'éolien qui avait été celui des poèmes homériques), grammatical (particularités morphologiques ou syntaxiques dites 'formes poétiques' dans les langues anciennes, inversions et autres 'licences' en français classique), ou proprement stylistiques (vocabulaires réservés, figures dominantes), n'étaient jamais, dans la poétique classique, considérées comme obligatoires et déterminantes au même titre que les contraintes métriques: il s'agissait là d'agréments secondaires et, pour certains, facultatifs, d'un type de discours dont le trait pertinent restait

* Cf. dans les cadres du même débat: "Sémiologie et grammatologie", de J. Derrida (p. 11); "Lecture et système du tableau", de J.-L. Schefer (p. 477) et "Propositions méthodologiques par l'analyse du film", de Ch. Metz (p. 502) (Note de la rédaction).

en tout état de cause le respect de la forme métrique. La question, aujourd'hui si embarrassante, du LANGAGE POÉTIQUE, était alors d'une grande simplicité, puisque la présence ou l'absence du mètre constituait un critère décisif et sans équivoque.

On sait aussi que la fin du XIXe siècle et le début du XXe ont assisté, particulièrement en France, à la ruine progressive et pour finir à l'effondrement, sans doute irréversible, de ce système, et à la naissance d'un concept inédit, qui nous est devenu familier sans nous devenir tout à fait transparent: celui d'une poésie libérée des contraintes métriques et cependant distincte de la prose. Les raisons d'une mutation si profonde sont bien loin de nous être claires, mais il semble au moins que l'on puisse rapprocher cette disparition du critère métrique d'une évolution plus générale, dont le principe est l'affaiblissement continu des modes auditifs de la consommation littéraire. Il est bien connu que la poésie antique était essentiellement chantée (lyrisme) et récitée (épopée), et que, pour des raisons matérielles assez évidentes, le mode de communication littéraire fondamental, même pour la prose, était la lecture ou déclamation publique – sans compter la part prépondérante, en prose, de l'éloquence proprement dite. Il est un peu moins connu, mais largement attesté, que même la lecture individuelle était pratiquée à haute voix: saint Augustin affirme que son maître Ambroise (IVe siècle) fut le premier homme de l'Antiquité à pratiquer la lecture silencieuse, et il est certain que le Moyen Age vit un retour à l'état antérieur, et que la consommation 'orale' du texte écrit se prolongea bien au-delà de l'invention de l'imprimerie et de la diffusion massive du livre.[1] Mais il est aussi certain que cette diffusion et celle de la pratique de la lecture et de l'écriture devaient à la longue affaiblir le mode auditif de perception des textes au profit d'un mode visuel,[2] et donc leur mode d'exis-

[1] "L'information reste principalement auditive: même les grands de ce monde écoutent plus qu'ils ne lisent; ils sont entourés de conseillers qui leur parlent, qui leur fournissent leur savoir par l'oreille, qui lisent devant eux ... Enfin, même ceux qui lisent volontiers, les humanistes, sont accoutumés de le faire à haute voix – et entendent leur texte" (R. Mandrou, *Introduction à la France moderne* [Paris, Albin Michel, 1961], p. 70).

[2] Valéry avait déjà très bien dit tout cela, entre autres: "Longtemps, longtemps, la VOIX HUMAINE fut base et condition de la LITTÉRATURE. La présence de la voix explique la littérature première, d'où la classique prit forme et cet admirable TEMPÉRAMENT. Tout le corps humain présent SOUS LA VOIX, et support, condition d'équilibre de l'IDÉE ... Un jour vint où l'on sut lire des yeux sans épeler, sans entendre, et la littérature en fut tout altérée. Évolution de l'articulé à l'effleuré, – du rythmé et enchaîné à l'instantané, – de ce que supporte et exige un auditoire à ce que supporte et emporte un œil rapide, avide, libre sur la page" (*Œuvres*, t. 2 [Pléiade], p. 549).

tence phonique au profit d'un mode graphique (rappelons que les débuts de la modernité littéraire ont vu, en même temps que les premiers signes de disparition du système de la versification classique, les premières tentatives systématiques, avec Mallarmé et Apollinaire, d'exploration des ressources poétiques du graphisme et de la mise en page) – et surtout, et à cette occasion, à mettre en évidence d'autres caractères du langage poétique, que l'on peut qualifier de FORMELS au sens hjelmslévien, en ceci qu'ils ne tiennent pas au mode de réalisation, ou 'substance'(phonique ou graphique) du signifiant, mais à l'articulation même du signifiant et du signifié considérés dans leur idéalité. Ainsi apparaissent comme de plus en plus déterminants les aspects sémantiques du langage poétique, et cela non seulement à l'égard des œuvres modernes, écrites sans considération du mètre et de la rime, mais aussi, nécessairement, à l'égard des œuvres anciennes, que nous ne pouvons aujourd'hui nous empêcher de lire et d'apprécier selon nos critères actuels – moins immédiatement sensibles, par exemple, à la mélodie ou au rythme accentuel du vers racinien qu'au jeu de ses 'images', ou préférant à la métrique rigoureuse, ou subtile, d'un Malherbe ou d'un La Fontaine les "contrebatteries de mots" audacieuses de la poésie baroque.[3]

Une telle modification, qui ne conduit à rien de moins qu'à un nouveau tracé de la frontière entre prose et poésie, et donc à un nouveau partage du champ littéraire, pose directement à la sémiologie littéraire une tâche très distincte de celles que s'assignaient les anciennes poétiques ou les traités de versification des siècles derniers, tâche capitale et difficile que Pierre Guiraud désigne précisément comme "sémiologie de l'expression poétique".[4] Capitale, parce qu'aucune sans doute ne répond plus spécifiquement à sa vocation, mais aussi difficile, parce que les effets de sens qu'elle rencontre en ce domaine sont d'une subtilité et d'une complexité qui peuvent décourager l'analyse et qui, sourdement renforcés par le très ancien et très persistant tabou religieux qui pèse sur le 'mystère' de la création poétique, contribuent à désigner le chercheur qui s'y aventure comme un sacrilège

[3] Ce changement de critère ne signifie pas, cependant, que la réalité phonique, rythmique, métrique, de la poésie ancienne se soit effacée (se qui serait un grand dommage): elle s'est plutôt transposée dans le visuel et, à cette occasion, en quelque sorte idéalisée; il y a une façon muette de percevoir les effets "sonores", une sorte de diction silencieuse, comparable à se qu'est pour un musicien exercé la lecture d'une partition. Toute la théorie prosodique serait à reprendre dans ce sens.

[4] "Pour une sémiologie de l'expression poétique", *Langue et Littérature* (Paris, Éd. Les Belles Lettres, 1961).

ou (et) comme un balourd: de quelques précautions qu'elle s'entoure pour éviter les fautes et les ridicules du scientisme, l'attitude 'scientifique' est toujours intimidée devant les moyens de l'art, dont on est généralement porté à croire qu'ils ne valent que par ce qui en eux, "infracassable noyau de nuit", se dérobe à l'étude et à la connaissance.

Il faut savoir gré à Jean Cohen [5] d'avoir écarté ces scrupules et d'être entré dans ces mystères avec une fermeté que l'on peut juger brutale, mais qui ne se refuse pas au débat ni même, éventuellement, à la réfutation. "Ou bien, dit-il justement, la poésie est une grâce venue d'en haut qu'il faut recevoir dans le silence et le recueillement. Ou bien on décide d'en parler, et alors il faut essayer de le faire d'une manière positive . . . Il faut poser le problème de manière telle que des solutions s'avèrent concevables. Il est fort possible que les hypothèses que nous présentons ici se révèlent fausses, mais au moins auront-elles ce mérite d'offrir le moyen de prouver qu'elles le sont. Il sera alors possible de les corriger ou de les remplacer jusqu'à ce que l'on trouve la bonne. Rien d'ailleurs ne nous garantit qu'en cette matière la vérité soit accessible et l'investigation scientifique peut finalement se révéler inopérante. Mais cela, comment le savoir avant de l'avoir tenté?" [6]

Le principe majeur de la poétique ainsi offerte à la discussion, c'est que le langage poétique se définit, par rapport à la prose, comme un ÉCART par rapport à une norme, et donc (l'écart, ou déviation, étant, selon Guiraud comme selon Valéry, selon Spitzer comme selon Bally, la marque même du 'fait de style') que la poétique peut être définie comme une STYLISTIQUE DE GENRE, étudiant et mesurant les déviations caractéristiques, non pas d'un individu, mais d'un GENRE DE LANGAGE,[7] c'est-à-dire, assez exactement, de ce que Barthes a proposé de nommer une ÉCRITURE.[8] Mais on risquerait d'affadir l'idée que Jean Cohen se fait de l'écart poétique si l'on ne précisait que cette idée correspond moins au concept de déviation qu'à celui d'INFRACTION: la poésie ne dévie pas par rapport au code de la prose comme une variante libre par rapport à une constante thématique, elle le viole et le transgresse,

[5] *Structure du langage poétique* (Paris, Flammarion, 1966).

[6] *Ibid.*, p. 25.

[7] P. 14. Un exemple frappant de l'influence du genre sur le style est donné p. 122 par le cas de Hugo, qui emploie 6 % d'éphithètes 'impertinentes' dans le roman et 19 % en poésie.

[8] Avec cette réserve toutefois que selon Barthes la poésie moderne ignore l'écriture comme "figure de l'Histoire ou de la socialité", et se réduit à une poussière de styles individuels (*Le Degré zéro de l'écriture* [Éd. du Seuil, 1953], chap. 4).

elle en est la contradiction même: la poésie, c'est l'ANTIPROSE.[9] En ce sens précis, on pourrait dire que l'écart poétique, pour Cohen, est un écart absolu.

Un second principe, que nous appellerons le principe mineur, pourrait rencontrer ailleurs la plus vive opposition, si ce n'est une fin de non-recevoir pure et simple: ce principe, c'est que l'évolution diachronique de la poésie va régulièrement dans le sens d'une poéticité sans cesse croissante, comme la peinture se serait faite, de Giotto à Klee, de plus en plus picturale, "chaque art INVOLUANT en quelque sorte, par une approche toujours plus grande de sa propre forme pure" [10] ou de son essence. On voit immédiatement tout ce qu'il y a de contestable en principe dans ce postulat d'involution,[11] et l'on verra plus loin comment le choix des procédures de vérification en accentue la gratuité; et lorsque Cohen affirme que "l'esthétique classique est une esthétique antipoétique," [12] pareille assertion peut jeter quelque doute sur l'objectivité de son entreprise. Mais cette discussion ne nous retiendra pas ici, puisque nous avons reçu *Structure du langage poétique* comme un effort pour constituer une poétique à partir des critères dégagés par la pratique même de la poésie "moderne". Peut-être, simplement, une conscience plus déclarée de ce parti pris aurait-elle permis l'économie d'un axiome qui, posé comme intemporel et objectif, soulève les plus graves difficultés méthodologiques, car il donne souvent l'impression d'avoir été introduit pour les besoins de la démonstration – soit, plus précisément, pour faire servir un constat d'évolution (la poésie est de plus en plus écart) à l'établissement du principe majeur (l'écart est l'essence de la poésie). En fait, les deux postulats se soutiennent un peu subrepticement l'un l'autre dans un tourniquet implicite de prémisses et de conclusions que l'on pourrait expliciter à peu près ainsi: premier syllogisme, la poésie est de plus en plus écart, or elle est de plus en plus proche de son essence, donc son essence est l'écart; second syllogisme, la poésie est de plus en plus écart, or l'écart est son essence, donc elle est de plus en plus près de son essence. Mais peu importe,

[9] *Op. cit.*, p. 51 et 97.

[10] *Ibid.*, p. 21.

[11] On peut surtout se demander si ce postulat prétend bien s'appliquer à 'chaque art' au sens de TOUS LES ARTS: en quoi peut-on dire que l'art de Messiaen est plus purement musical que celui de Palestrina, ou celui de Le Corbusier plus purement architectural que celui de Brunelleschi? Si l'involution se réduit, comme on peut le concevoir par l'exemple de la peinture et de la sculpture, à un abandon progressif de la fonction représentative, il faut se demander plus précisément ce que cet abandon peut signifier dans le cas de la poésie.

[12] *Op. cit.*, p. 20.

sans doute, si l'on décide d'accepter sans démonstration (et pour cause) le principe mineur comme exprimant l'inévitable, et en un sens légitime, anachronisme du POINT DE VUE.

La vérification empirique, qui occupe la plus grande partie de l'ouvrage, porte donc pour l'essentiel sur le fait d'évolution, dont on vient de voir le rôle stratégique déterminant. Elle est confiée à un test statistique très simple et très révélateur qui consiste à comparer sur quelques points décisifs, soit entre eux, soit à un échantillon de prose scientifique de la fin du XIXe siècle (Berthelot, Claude Bernard, Pasteur), un corpus de textes poétiques pris à trois époques différentes: classique (Corneille, Racine, Molière), romantique (Lamartine, Hugo, Vigny) et symboliste (Rimbaud, Verlaine, Mallarmé).[13] Le premier point examiné, qui bien entendu ne peut confronter que les textes poétiques entre eux, est celui de la VERSIFICATION, considérée tout d'abord sous l'angle du rapport entre la pause métrique (fin de vers) et la pause syntaxique; le simple compte des fins de vers non ponctuées (et donc en discordance avec le rythme phrastique) fait apparaître une proportion moyenne de 11 % chez les trois classiques, 19 chez les romantiques et 39 chez les symbolistes: écart, donc, par rapport à la norme prosaïque de l'isochronie entre phrase-son et phrase-sens; considérée ensuite du point de vue de la grammaticalité des rimes: les rimes 'non-catégorielles', c'est-à-dire unissant des vocables qui n'appartiennent pas à la même classe morphologique, passent, pour cent vers, de 18,6 de moyenne chez les classiques à 28,6 chez les romantiques et 30,7 chez les symbolistes: écart, ici, par rapport au principe linguistique de synonymie des finales homonymes (ess*ence* – exist*ence*, part*iront* – réuss*iront*).

Le second point est celui de la PRÉDICATION, étudiée du point de vue de la pertinence des épithètes. La comparaison des échantillons de prose scientifique, de prose romanesque (Hugo, Balzac, Maupassant) et de poésie romantique fait apparaître au XIXe siècle des moyennes respectives de 0 %, 8 % et 23, 6 % d'épithètes 'impertinentes', c'est-à-dire logiquement inacceptables en leur sens littéral (exemples: "ciel *mort*" ou "vent *crispé*"). Les trois époques poétiques considérées se différencient comme suit: classique, 3,6; romantique, 23,6; symboliste, 46,3. Encore faut-il distinguer ici deux degrés d'impertinence: le degré faible est réductible par simple analyse et abstraction, comme dans "herbe *d'émeraude*" = herbe *verte* parce qu'*émeraude* = (*pierre* +)

[13] A raison de 100 vers (10 séries de 10) par poète.

verte; le degré fort n'est pas justiciable d'une telle analyse, et sa réduction exige un détour plus onéreux, soit celui d'une synesthésie, comme dans "*bleus* angélus" = angélus *paisibles,* en vertu de la synesthésie *bleu* = *paix*.[14] Si l'on considère de ce point de vue le nombre des épithètes de couleur impertinentes, les classiques se trouvent exclus du tableau à cause de leur trop petit nombre d'épithètes de couleur, et l'on passe de 4,3 chez les romantiques à 42 chez les symbolistes, l'écart grandissant étant évidemment ici l'impertinence de la prédication, l'anomalie sémantique.

Le troisième test porte sur la DÉTERMINATION, c'est-à-dire en fait sur la carence de détermination décelée par le nombre des épithètes REDONDANTES, du genre "*verte* émeraude" ou "éléphants *rugueux*". La notion de redondance est ici justifiée par le principe, linguistiquement contestable, et d'ailleurs contesté, selon lequel la fonction pertinente d'une épithète est de déterminer une espèce à l'intérieur du genre désigné par le nom, comme dans les "éléphants *blancs* sont très rares". Toute épithète descriptive est donc, pour Cohen, redondante. La proportion de ces épithètes par rapport au nombre total d'épithètes pertinentes est de 3,66 en prose scientifique, 18,4 en prose romanesque et 58,5 en poésie du XIXe siècle, le corpus poétique opposé aux deux autres étant maintenant non plus, comme pour les épithètes impertinentes, celui des romantiques, mais celui que fournissent ensemble Hugo, Baudelaire et Mallarmé (pourquoi ce glissement vers l'époque moderne?). A l'intérieur du langage poétique, le tableau d'évolution donne 40,3 aux classiques, 54 aux romantiques, 66 aux symbolistes: progression plus faible, à corriger, selon Jean Cohen, par le fait (allégué sans vérification statistique) que les épithètes redondantes des classiques sont "dans leur immense majorité" du premier degré, c'est-à-dire réductibles à une valeur circonstancielle (Corneille: "Et mon amour flatteur déjà me persuade..." = Et mon amour, parce qu'il est flatteur...), tandis que celles des modernes (Mallarmé: "... d'azur *bleu* vorace") ne peuvent généralement pas s'interpréter ainsi. Écart donc, et ici en-

[14] Cette interprétation en particulier, et l'idée en général que toutes les impertinences du second degré se ramènent à des synesthésies, paraissent très discutables. On pourrait aussi bien lire *bleus angélus* comme une prédication métonymique (l'angélus résonnant dans le bleu du ciel); l'hypallage *ibant obscuri* est typiquement métonymique; *homme brun* pour *homme aux cheveux bruns* est évidemment synecdochique, etc. Il y a sans doute, pour le moins, autant d'espèces d'épithètes impertinentes qu'il y a d'espèces de tropes; l'épithète 'synesthésique' correspondant simplement à l'espèce des métaphores, dont les poétiques 'modernes' surestiment généralement l'importance.

core, grandissant par rapport à la norme (?) de la fonction déterminative de l'épithète.[15]

Quatrième point de comparaison: l'inconséquence (croissante) des coordinations. La progression est ici marquée, sans appareil statistique, par le passage des coordinations presque toujours logiques du discours classique ("Je pars, cher Théramène, Et quitte le séjour de l'aimable Trézène") aux ruptures momentanées du discours romantique ("Ruth songeait et Booz rêvait; l'herbe était noire"), puis à l'inconséquence systématique et, si l'on peut dire, continue, qu'inaugurent les *Illuminations* et qui s'épanouit dans l'écriture surréaliste.

La cinquième et dernière confrontation porte sur l'inversion, et plus précisément sur l'antéposition des épithètes. Le tableau comparatif donne ici 2 % à la prose scientifique, 54,3 à la poésie classique, 33,3 à la romantique, 34 à la symboliste. La dominance des classiques dans un tableau des inversions poétiques n'a rien pour surprendre en principe, mais le postulat d'involution cher à Cohen le gêne pour accepter un tel fait: aussi n'est-il pas fâché de pouvoir rétablir sa norme en éliminant du compte les épithètes 'évaluatives', plus susceptibles d'antéposition normale (un *grand* jardin, une *jolie* femme). Le tableau ainsi corrigé donne 0 % à la prose scientifique, 11,9 aux classiques, 52,4 aux romantiques, 49,5 aux symbolistes. Cette correction est probablement justifiée, mais elle ne peut dissimuler un fait connu de tous, qui est la fréquence relative plus grande en poésie classique de l'inversion en général, qui ne se réduit pas à l'antéposition de l'épithète.[16]

On pourrait de la même façon s'interroger sur l'absence d'autres comparaisons qui eussent été tout aussi instructives: on sait par exemple que Pierre Guiraud a établi,[17] d'après un corpus à vrai dire curieusement choisi (*Phèdre, les Fleurs du mal,* Mallarmé, Valéry, les *Cinq grandes odes*), un lexique poétique dont il a comparé les fréquences à celles que donne, pour la langue normale, la table de Van der Beke, et que cette comparaison révèle un écart de vocabulaire très sensible (sur les 200 mots les plus fréquents en poésie, ou MOTS-THÈMES, on en trouve 130 dont la fréquence est anormalement forte par rapport à celle de Van der Beke; parmi ces 130 MOTS-CLÉS, 22 seulement appartien-

[15] Le total des épithètes 'anormales' (impertinentes + redondantes) donne la progression suivante: 42 %, 64,6 % et 82 %.

[16] "Souvent (l'inversion) est, comme le dit Laharpe, le seul trait qui différencie les vers de la prose" (Fontanier, *Les Figures du discours, 1827* [Rééd. Flammarion, 1968], p. 288).

[17] *Langage et versification d'après l'œuvre de Paul Valéry: Étude sur la forme poétique dans ses rapports avec la langue* (Paris, Klincksieck, 1952).

nent aux 200 premiers de la langue normale). Il serait intéressant de soumettre à une comparaison analogue les échantillons retenus par Cohen, mais il n'est pas certain d'avance que l'écart de vocabulaire serait plus sensible chez les symbolistes, et *a fortiori* chez les romantiques, que chez les classiques: les XVIIe et XVIIIe siècles n'ont-ils pas été pour la poésie l'époque par excellence du lexique réservé, avec ses *ondes,* ses *coursiers,* ses *mortels,* ses *lèvres de rubis* et ses *seins d'albâtre*? Et le geste révolutionnaire dont se flatte Hugo dans la *Réponse à un acte d'accusation* ne fut-il pas précisément, en l'occurrence, une RÉDUCTION D'ÉCART?

Mais cette objection, comme sans doute quelques autres semblables, ne tomberait probablement pas sur le propos essentiel de Jean Cohen. Selon lui, en effet, l'écart n'est pas pour la poésie une fin, mais un simple moyen, ce qui rejette hors de son champ d'intérêt certaines des déviations les plus massives du langage poétique, comme les effets de lexique mentionnés à l'instant ou les privilèges dialectaux dont il a été question plus haut: l'écart linguistique le plus manifeste, celui qui consisterait à réserver à la poésie un idiome spécial, ne serait pas un cas exemplaire, car l'écart ne remplit sa fonction poétique qu'en tant qu'il est l'instrument d'un CHANGEMENT DE SENS. Il faut donc à la fois qu'il établisse, à l'intérieur de la langue naturelle, une anomalie ou impertinence, et que cette impertinence soit RÉDUCTIBLE. L'écart non réductible, comme dans l'énoncé surréaliste "l'huître du Sénégal mangera le pain tricolore", n'est pas poétique; l'écart poétique se définit par sa réductibilité,[18] qui implique nécessairement un changement de sens, et plus précisément un passage du sens 'dénotatif', c'est-à-dire intellectuel, au sens 'connotatif', c'est-à-dire affectif: le courant de signification bloqué au niveau dénotatif (angélus *bleu*) se remet en marche au niveau connotatif (angélus *paisible*), et ce blocage de la dénotation est indispensable pour libérer la connotation. Un message ne peut, selon Cohen, être à la fois dénotatif et connotatif: "Connotation et dénotation sont antagonistes. Réponse émotionnelle et réponse intellectuelle ne peuvent se produire en même temps. Elles sont antithétiques, et pour que la première surgisse, il faut que la seconde disparaisse.[19] Aussi bien toutes les infractions et impertinences relevées dans les divers domaines de la versification, de la prédication, de la détermination, de la coor-

[18] Mais comment savoir où passe la frontière? On voit bien ici que pour Cohen *bleus angélus* fait un écart réductible et *huître du Sénégal* . . . un écart absurde (ce qui est d'ailleurs discutable). Mais où mettra-t-il (par exemple) "la mer aux entrailles de raisin" (Claudel) ou "la rosée à tête de chat" (Breton)?

[19] *Op. cit.*, p. 214.

dination et de l'ordre des mots ne sont telles qu'au plan dénotatif: c'est leur moment négatif, qui s'abolit aussitôt dans un moment positif où pertinence et respect du code se rétablissent au profit du signifié de connotation. Ainsi, l'impertinence dénotative qui sépare les deux termes de la rime *sœur – douceur* dans *l'Invitation au voyage* s'efface devant une pertinence connotative: "La vérité affective vient corriger l'erreur notionnelle. Si la 'sororité' connote une valeur, sentie comme telle, d'intimité et d'amour, alors il est vrai que toute sœur est, et même, réciproquement, que toute douceur, est 'sororale'. Le sémantisme de la rime est métaphorique".[20]

Si l'on veut appliquer à ce livre, dont l'un des mérites est d'éveiller presque à chaque page la discussion par la vigueur de sa démarche et la netteté de son propos, l'esprit de contestation rigoureuse que son auteur sollicite avec tant de bonne grâce, on doit d'abord relever dans la procédure de vérification adoptée trois partis pris qui inclinent un peu trop opportunément la réalité dans un sens favorable à la thèse. Le premier concerne le choix des trois périodes envisagées. Il va de soi d'abord que l'histoire de la poésie française ne s'arrête pas à Mallarmé, mais on admettra sans trop de résistance que, du moins sur quelques-uns des critères retenus par lui, un échantillon prélevé sur la poésie du XXe siècle ne ferait qu'accentuer l'évolution décelée par Cohen dans la poésie romantique et symboliste. En revanche, il est vraiment trop commode de prendre comme point de départ le XVIIe siècle (et même, en fait, sa deuxième moitié) sous prétexte[21] que remonter plus haut ferait intervenir des états de langue trop hétérogènes. Un corpus de la seconde moitié du XVIe siècle composé par exemple de Du Bellay, Ronsard et d'Aubigné n'aurait pas adultéré très sensiblement l'état de langue que constitute, en un sens de toute façon très relatif, le 'français moderne' – surtout dans une enquête qui ne faisait pas intervenir les écarts lexicaux; par contre, il est probable qu'il aurait compromis la courbe d'involution sur laquelle repose toute la thèse de Cohen, et qu'on aurait vu apparaître au début du cycle, au moins sur quelques critères, un "taux de poésie",[22] c'est-à-dire une tendance à l'écart supérieure, on s'en doute, à celle du classicisme, mais peut-être également à celle du romantisme. L'inconvénient pour l'auteur eût sans doute été du même ordre si, au lieu de choisir au XVIIe siècle trois 'classiques' aussi

[20] *Ibid.*, p. 220.
[21] *Ibid.*, p. 18.
[22] *Ibid.*, p. 15.

canoniques que Corneille, Racine et Molière, il avait cherché du côté des Régnier, des Théophile, des Saint-Amant, des Martial de Brives, des Tristan, des Le Moyne, qui ne sont pas précisément des *minores*. Je sais bien que Cohen justifie ce choix, qui n'est pas le sien mais celui de la 'postérité',[23] par un souci d'objectivité: mais précisément le consensus du public n'est pas immuable, et il y a quelque discordance entre le choix de critères modernes (puisque essentiellement sémantiques) et celui d'un corpus franchement académique. Discordance surprenante au premier abord, et qui devient choquante une fois perçu son principal effet, qui est de faciliter la démonstration: le classicisme, qui est dans l'histoire de la littérature française un épisode, une RÉACTION, devient ici une origine: comme un premier état, encore timide, d'une poésie dans l'enfance et qui devra acquérir progressivement ses caractères adultes. Effacée la Pléiade, gommé le baroque, oubliés le maniérisme et la préciosité! Boileau disait: "Enfin Malherbe vint...", ce qui était au moins un hommage involontaire à l'histoire, l'aveu inconscient d'un passé désavoué. Chez Cohen, cela devient à peu près: au commencement était Malherbe.

Lequel d'ailleurs n'est guère payé de sa peine, puisqu'il ne figure même pas sur la liste des trois poètes classiques: liste assez singulière et qui n'a pour elle ni (probablement) la sanction de la postérité, ni (à coup sûr) la patience méthodologique. Que parmi les trois plus grands POÈTES classiques, dans une enquête portant nommément sur le LANGAGE POÉTIQUE, Racine soit presque fatalement nommé, cela va de soi; le cas de Corneille est beaucoup plus incertain, et quant à Molière... Élire, ou prétendre faire élire par le consensus ces trois noms pour former le corpus de la POÉSIE classique, et les opposer ensuite aux romantiques et aux symbolistes que l'on sait, c'est se donner la partie vraiment trop belle et manifester à trop peu de frais que "l'esthétique classique est une esthétique antipoétique". Une liste composée par exemple de Malherbe, Racine et La Fontaine eût été un peu plus représentative. Il ne s'agit pas seulement, d'ailleurs, de la 'valeur' poétique des œuvres considérées, il s'agit surtout de l'équilibre des genres: Cohen se flatte[24] d'avoir couvert "des genres très variés: lyrique, tragique, épique, comique, etc." (etc.?), mais comment ne voit-il pas que tout le dramatique est dans son échantillon classique, et réciproquement, et que par suite toute sa confrontation revient à opposer trois DRAMATURGES classiques à six poètes modernes essentiellement

[23] *Ibid.*, pp. 17-18.
[24] *Ibid.*, p. 19.

LYRIQUES?[25] Or, quand on sait quelle différence les classiques mettaient (pour des raisons évidentes) entre la teneur poétique exigée d'une poésie lyrique et celle dont pouvait (et devait) se contenter une tragédie, et *a fortiori* une comédie, on mesure l'incidence d'un tel choix. Un seul exemple (le moins évident) suffira peut-être à l'illustrer: Jean Cohen observe une progression des rimes non-catégorielles qui va de 18,6 à 28,6 et à 30,7. Mais qui ne sait que les rimes de la tragédie (et, encore une fois, *a fortiori* de la comédie) étaient pour ainsi dire statutairement plus FACILES (ce qui signifie, entre autres, plus catégorielles) que celles de la poésie lyrique? Qu'en eût-il été de la démonstration de Cohen sur ce point avec un autre échantillon? Le principe de Banville cité par lui ("Vous ferez rimer ensemble, autant qu'il se pourra, des mots très semblables entre eux comme sons, et très différents entre eux comme sens") est d'esprit typiquement malherbien; mais les exigences malherbiennes ne s'appliquent pas au vers de théâtre, dont tout le mérite est dans la simplicité et l'intelligibilité immédiate. Comparer les 'taux de poésie' du classicisme et de la modernité dans ces conditions, c'est à peu près comme si l'on comparait les climats de Paris et de Marseille en prenant à Paris la moyenne de décembre et à Marseille celle de juillet: c'est manifestement fausser la partie.

On répondra sans doute que ces accidents de méthode ne ruinent pas l'essentiel du propos, et qu'une enquête plus rigoureuse ferait tout aussi bien apparaître dans la poésie 'moderne', au moins sur le plan proprement sémantique, une augmentation de l'écart. Encore faudrait-il s'entendre sur la signification et sur la portée de cette notion, qui n'est peut-être pas aussi claire, ni aussi pertinente qu'on pourrait le croire au premier abord.

Lorsque Cohen caractérise comme un écart l'impertinence ou la redondance d'une épithète, et qu'il parle à ce propos de FIGURE, il semble bien qu'il s'agisse là d'un écart par rapport à une norme de littéralité, avec glissement de sens et substitution de terme: c'est bien ainsi qu'*angélus bleu* s'oppose à *angélus paisible*. Mais lorsqu'il affirme qu'une métaphore d'usage (soit: *flamme* pour *amour*) n'est pas un écart, et, qui plus est, qu'elle ne l'est pas "par définition," déniant par exemple une valeur d'écart à la double métaphore racinienne "*flamme si noire*" pour *amour coupable*, parce que ces deux tropes "sont à l'époque d'un usage courant", et ajoutant que "si la figure est écart, le terme FIGURE D'USAGE est une contradiction dans les termes, l'usuel

[25] Même si certains items pris dans *la Légende des siècles* ont été comptés comme épiques, ce qui prêterait évidemment à discussion.

étant la négation même de l'écart",[26] il ne définit plus l'écart, comme Fontanier définissait la figure, par opposition au littéral, mais par opposition à l'usage, méconnaissant au passage cette vérité cardinale de la rhétorique qu'il se fait plus de figures en un jour de Halle qu'en un mois d'Académie – autrement dit, que l'usage est saturé d'écarts-figures et que ni l'usage ni l'écart ne s'en portent plus mal, tout simplement parce que l'écart-figure se définit linguistiquement, comme différent du TERME PROPRE, et non pas, psycho-sociologiquement, comme différent de l'expression usuelle; ce n'est pas le fait de "tomber dans l'usage" qui périme une figure en tant que telle, mais la disparition du terme propre. *Tête* n'est plus figure, non pour avoir trop servi, mais parce que *chef*, en ce sens, a disparu; *gueule* ou *bobine*, si usités, si usagés soient-ils, seront sentis comme écarts tant qu'ils n'auront pas éliminé et remplacé *tête*. Et *flamme*, dans le discours classique, ne cesse pas d'être métaphore pour y être d'un usage courant: il n'aurait cessé de l'être que si celui du mot *amour* s'était perdu. Si la rhétorique distingue figures d'usage et figures d'invention, c'est bien parce que les premières restent à ses yeux des figures, et il me semble que c'est elle qui a raison. Le titi qui répète "Faut le faire" ou "Va te faire cuire un œuf" sait fort bien qu'il emploie là des clichés et même des scies d'époque, et son plaisir stylistique n'est par d'INVENTER une expression, mais d'employer une expression DÉTOURNÉE, un DÉTOUR D'EXPRESSION qui soit à la mode: la figure est dans le détour, et la mode (l'usage) N'EFFACE PAS LE DÉTOUR. Il faut donc choisir entre une définition de l'écart comme infraction ou comme détour, même si certains d'entre eux se trouvent être les deux à la fois, comme Archimède est à la fois prince et géomètre: c'est à ce choix que se refuse Jean Cohen,[27] jouant tantôt sur un caractère, tantôt sur l'autre, ce qui lui permet d'accueillir la métaphore moderne, parce que d'invention, et de repousser la métaphore classique, parce que d'usage, bien que l' 'impertinence', et donc selon sa propre théorie le passage du dénotatif au connotatif y soient aussi présents: tout se passe comme si le critère sémantique (écart = détour) lui servait à fonder sa théorie du langage poétique, et le critère psycho-sociologique (écart = invention) à en

[26] *Op. cit.*, p. 114, note, et p. 46.

[27] Après bien d'autres, il est vrai, dont les rhétoriciens eux-mêmes, qui opposent si souvent dans leurs définitions la figure à l'expression "simple et commune", sans distinguer davantage entre la norme de littéralité (expression SIMPLE) et la norme d'usage (expression COMMUNE), comme si elles coïncidaient nécessairement, ce qu'infirment leurs propres observations sur l'emploi courant, populaire, voire "sauvage", des figures de toutes sortes.

réserver le bénéfice à la poésie moderne. Équivoque certainement involontaire, mais sans doute favorisée par le désir inconscient de majorer l'effet du principe d'involution.

Si la notion d'écart n'est donc pas exempte de toute confusion, elle n'est pas non plus, appliquée au langage poétique, d'une pertinence décisive. On a vu qu'elle était empruntée à la stylistique, et que Cohen définit la poétique comme une "stylistique de genre": propos peut-être défendable, mais à condition que soit nettement maintenue la différence d'extension et de compréhension entre les concepts de style en général et de style poétique en particulier. Or ce n'est pas toujours le cas, et le dernier chapitre s'ouvre sur un glissement très caractéristique. Soucieux de répondre à l'objection: "Suffit-il qu'il y ait écart pour qu'il y ait poésie?", Cohen répond ainsi: "Nous croyons qu'effectivement il ne suffit pas de violer le code pour écrire un poème. Le style est faute mais toute faute n'est pas style." [28] Cette mise au point est peut-être nécessaire, mais il ne s'ensuit pas qu'elle soit suffisante, car elle laisse de côté la question la plus importante: TOUT STYLE EST-IL POÉSIE? Cohen semble parfois le penser, comme lorsqu'il écrit que "du point de vue stylistique (la prose littéraire) ne diffère de la poésie que d'un point de vue quantitatif. La prose littéraire n'est qu'une poésie modérée, ou, si l'on veut, la poésie constitue la forme véhémente de la littérature, le degré paroxystique du style. Le style est un. Il comporte un nombre fini de figures, toujours les mêmes. De la prose à la poésie, et d'un état de la poésie à l'autre, la différence est seulement dans l'audace avec laquelle le langage utilise les procédés virtuellement inscrits dans sa structure".[29]

Ainsi s'explique que Cohen ait adopté comme point de référence unique la 'prose scientifique' de la fin du XIXe siècle, qui est une écriture neutre, volontairement dépouillée d'effets stylistiques, celle-là même que Bally utilise pour dégager a contrario les effets expressifs du langage, y compris du langage parlé. On pourrait se demander ce qu'eût donné une comparaison systématique, époque par époque, de la poésie classique à la prose littéraire classique, de la poésie romantique à la prose romantique, de la poésie moderne à la prose moderne. Entre Racine et La Bruyère, Delille et Rousseau, Hugo et Michelet, Baudelaire et Goncourt, Mallarmé et Huysmans, l'écart ne serait peut-être pas si grand, ni si croissant, et au fond Cohen lui-même en est convaincu d'avance: "Le style est un." La 'structure' qu'il dégage est

[28] *Op. cit.*, p. 201.
[29] *Ibid.*, p. 149.

peut-être moins celle du langage poétique que celle du style en général, mettant en lumière quelques TRAITS STYLISTIQUES que la poésie ne détient pas en propre, mais partage avec d'autres espèces littéraires. On ne peut donc s'étonner de le voir conclure sur une définition de la poésie qui est à peu près celle que Bally donne de l'expressivité en général: substitution du langage affectif (ou émotionnel) au langage intellectuel.

Le plus surprenant est que Cohen ait nommé CONNOTATION cette substitution, en insistant avec force, comme on l'a vu plus haut, sur l'antagonisme des deux significations, et sur la nécessité que l'une s'efface pour que l'autre apparaisse. En effet, même sans s'astreindre à la définition linguistique rigoureuse (Hjelmslev-Barthes) de la connotation comme système signifiant décroché à partir d'une signification première, il semble que le préfixe indique assez clairement une co-notation, c'est-à-dire une signification qui S'AJOUTE à une autre sans la chasser. "Dire *flamme* pour *amour*, c'est pour le message, porter la mention: *je suis poésie*":[30] voilà typiquement une connotation, et l'on voit bien qu'ici le sens second (poésie) ne chasse pas le sens 'premier' (amour); *flamme* dénote *amour* et en même temps connote *poésie*. Or les effets de sens caractéristiques du langage poétique sont bien des connotations, mais non pas seulement parce que, comme on le voit ici, la présence d'une figure d'usage connote pour nous le 'style poétique' classique: pour qui prend au sérieux la métaphore, *flamme* connote aussi, et d'abord, le détour par l'analogie sensible, la présence du comparant dans le comparé, autrement dit, ici: le *feu de la passion*.[31] C'est une étrange illusion rétrospective que d'attribuer au public et aux poètes classiques une indifférence aux connotations sensibles des figures, qui serait plutôt le fait, après trois siècles d'usure et d'affadissement scolaire, du lecteur moderne, demi-habile blasé, prévenu, bien décidé par avance à ne trouver aucune saveur, aucune couleur, aucun relief, dans un discours réputé de part en part 'intellectuel' et 'abstrait'. Les rhétoriciens de l'époque classique, par exemple, ne voyaient pas dans les tropes de ces sortes d'indicatifs stéréotypés de la poéticité du style,

[30] *Ibid.*, p. 46.

[31] Le rapport entre l'opposition littéral/figuré et l'opposition dénoté/connoté est assez complexe, comme tout ajustement entre catégories appartenant à des champs épistémologiques disparates. Il nous semble que le plus juste est de considérer, dans le trope, comme DÉNOTÉ, bien que 'second', le sens figuré (ici: *amour*), et comme connotés entre autres, la trace du sens littéral (*feu*) et l'effet de style, au sens classique, de la présence même du trope (*poésie*).

mais de véritables images sensibles.[32] Aussi faudrait-il peut-être voir dans la *flamme noire* de Racine un peu plus de flamme et un peu plus de noir que ne le veut Cohen pour retrouver une juste entente du discours racinien: entre une lecture 'suractivante' et celle qui – sous prétexte de laisser aux mots leur "valeur d'époque" – RÉDUIT systématiquement l'écart sensible des figures, la plus ANACHRONIQUE n'est peut-être pas celle qu'on pense.

Bref, dénotation et connotation sont loin d'être aussi 'antagonistes' que le dit Jean Cohen, et c'est leur double présence simultanée qui entretient l'ambiguïté poétique, aussi bien dans l'IMAGE moderne que dans la figure classique. L'*angélus bleu* ne 'signifie' pas seulement l'angélus paisible: même si l'on accepte la traduction proposée par Cohen, on doit admettre que le détour par la couleur importe au sens 'affectif', et donc que la connotation n'a pas chassé la dénotation. Ce qui pousse Cohen à l'affirmer, c'est son désir de transformer entièrement le langage poétique en un langage de l'émotion: ayant lié le destin de l'ÉMOTIONNEL au langage connotatif et celui du NOTIONNEL au langage dénotatif, il lui faut absolument expulser le second au profit exclusif du premier. "Notre code, dit-il un peu vite à propos de la langue naturelle, est dénotatif. Et c'est pourquoi le poète est tenu de forcer le langage s'il veut faire lever ce visage pathétique du monde . . . ." [33] C'est là, peut-être, tout à la fois assimiler trop largement la fonction poétique à l'expressivité du style affectif (si consubstantielle, on le sait au moins depuis Bally, au langage parlé lui-même), et séparer trop brutalement le langage poétique des ressources profondes de la langue. La poésie est à la fois une opération plus spécifique, et plus étroitement liée à l'être intime du langage. La poésie ne FORCE pas le langage: Mallarmé disait avec plus de mesure, et d'ambiguïté, qu'elle en "rémunère le défaut". Ce qui signifie en même temps qu'elle le corrige, qu'elle le compense, et qu'elle le récompense; qu'elle le remplit, le supprime et l'exalte: qu'elle le COMBLE. Que, loin de s'écarter du langage, elle s'établit et s'accomplit À SON DÉFAUT. En ce défaut, précisément, qui le constitue.[34]

[32] "Les expressions plaisent qui forment dans l'imagination une peinture sensible de ce qu'on va faire concevoir. C'est pourquoi les poètes, dont le but principal est de plaire, n'emploient que ces dernières expressions. Et c'est pour cette même raison que les métaphores, qui rendent toutes choses sensibles, sont si fréquentes dans leur style" (Lamy, *Rhétorique*, 1688, IV, 16). On trouverait dans les traités des tropes postérieurs des appréciations concordantes, mais nous nous en tenons volontairement à un rhétoricien de la pleine époque classique. Et, au surplus, cartésien.

[33] *Op. cit.*, p. 225.

[34] Il conviendrait de rapprocher le livre de Cohen d'un autre ouvrage, qui repré-

Pour apporter quelque justification à ces formules que Jean Cohen rejetterait sans doute, non sans apparence de raison, comme "vaines, parce qu'elles ne sont ni claires ni vérifiables", il faut considérer de plus près ce texte de Mallarmé qui nous semble toucher à l'essentiel de la fonction poétique: "Les langues imparfaites en cela que plusieurs, manque la suprême: penser étant écrire sans accessoires, ni chuchotement mais tacite encore l'immortelle parole, la diversité, sur terre, des idiomes empêche personne de proférer les mots qui, sinon se trouveraient, par une frappe unique, elle-même matériellement la vérité ... Mon sens regrette que le discours défaille à exprimer les objets par des touches y répondant en coloris ou en allure, lesquels existent dans l'instrument de la voix, parmi les langages et quelque-fois chez un. A côté d'*ombre*, opaque, *ténèbres* se fonce peu; quelle déception, devant la perversité conférant à *jour* comme à *nuit,* contradictoirement, des timbres obscur ici, là clair. Le souhait d'un terme de splendeur brillant, ou qu'il s'éteigne, inverse; quant à des alternatives lumineuses simples – *Seulement,* sachons *n'existerait pas le vers*: lui, philosophiquement rémunère le défaut des langues, complément supérieur." [35] Le style de cette page ne doit pas dissimuler la fermeté de son propos, ni la solidité de son fondement linguistique: le 'défaut' du langage, attesté pour Mallarmé comme, plus tard, pour Saussure, par la DIVERSITÉ DES IDIOMES, et illustré par la disconvenance des sonorités et des significations, c'est évidemment ce que Saussure appellera l'arbitraire du signe, le caractère conventionnel de la liaison entre signifiant et signifié; mais ce défaut même est la raison d'être de la poésie, qui n'existe que par lui: si les langues étaient parfaites, N'EXISTERAIT PAS LE VERS, parce que toute parole serait poésie; et donc, aucune. "Si je vous suis, disait Mallarmé à Viélé-Griffin (d'après ce dernier), vous appuyez le privilège créateur du poète à l'imperfection de l'instrument dont il doit jouer; une langue hypothétiquement adéquate à traduire sa pensée supprimerait le littérateur, qui s'appellerait, du fait, monsieur Tout le Monde." [36]

---

sente l'une des tentatives les plus intéressantes de théorie du langage poétique: *Les Constantes du Poème*, de A. Kibédi Varga (Van Goor Zonen, La Haye, 1963). La notion d'ÉTRANGETÉ, qui est au cœur de cette poétique "dialectique", rappelle évidemment l'OSTRANENIE des formalistes russes. Elle nous paraît plus heureuse que celle d'ÉCART, en ce qu'elle n'érige pas la prose en référence nécessaire à la définition de la poésie, et qu'elle s'accorde davantage à l'idée du langage poétique comme état intransitif du langage, de tout texte reçu comme "message centré sur lui-même" (Jakobson): ce qui, peut-être, nous délivre de M. Jourdain – j'entends, du TOURNIQUET prose/poésie.

[35] *Œuvres complètes* (Pléiade), p. 364.

[36] "Stéphane Mallarmé, esquisse orale", *Mercure de France*, fév. 1924.

Car la fonction poétique est précisément dans cet effort pour 'rémunérer', fût-ce illusoirement l'arbitraire du signe, c'est-à-dire pour MOTIVER LE LANGAGE. Valéry, qui avait longuement médité l'exemple et l'enseignement de Mallarmé, est revenu très souvent sur cette idée, opposant à la fonction prosaïque, essentiellement transitive, où l'on voit la 'forme' s'abolir dans son sens (comprendre étant TRADUIRE), la fonction poétique où la forme s'unit au sens et tend à se perpétuer indéfiniment avec lui: on sait qu'il comparait la transitivité de la prose à celle de la marche, et l'intransitivité de la poésie à celle de la dance. La spéculation sur les PROPRIÉTÉS SENSIBLES de la parole, l'indissolubilité de la forme et du sens, l'illusion d'une ressemblance entre le 'mot' et la "chose" étaient pour lui, comme pour Mallarmé,[37] l'essence même du langage poétique: "La puissance des vers tient à une harmonie indéfinissable entre ce qu'ils DISENT et ce qu'ils SONT." [38] Aussi voit-on l'activité poétique étroitement liée chez certains, comme Mallarmé lui-même (voir ses *Mots anglais*, et l'intérêt qu'il prend au fameux *Traité du verbe* de René Ghil), à une incessante *imagination du langage* qui est en son fond une rêverie motivante, une rêverie de la motivation linguistique, marquée d'une sorte de semi-nostalgie de l'hypothétique état 'primitif' de la langue, où la parole aurait ÉTÉ ce qu'elle disait. "La fonction poétique, au sens le plus large du terme, dit Roland Barthes, se définirait ainsi par une conscience cratyléenne des signes, et l'écrivain serait le récitant de ce grand mythe séculaire qui veut que le langage imite les idées et que, contrairement aux précisions de la science linguistique, les signes soient motivés." [39]

L'étude du langage poétique ainsi défini devrait s'appuyer sur une autre étude, qui n'a encore jamais été systématiquement entreprise, et qui porterait sur la POÉTIQUE DU LANGAGE (au sens où Bachelard parlait, par exemple, d'une poétique de l'espace), c'est-à-dire sur les innombrables formes de l'imagination linguistique. Car les hommes ne rêvent pas seulement avec des mots, ils rêvent aussi, et même les plus

[37] Ou pour Claudel: "Nous employons dans la vie ordinaire les mots non pas proprement en tant qu'ils SIGNIFIENT les objets, mais en tant qu'ils les DÉSIGNENT et en tant que pratiquement ils nous permettent de les prendre et de nous en servir. Ils nous en donnent une espèce de réduction portative et grossière, une valeur, banale comme de la monnaie. Mais le poète ne se sert pas des mots de la même manière. Il s'en sert non pas pour l'utilité, mais pour constituer de tous ces fantômes sonores que le mot met à sa disposition un tableau à la fois intelligible et délectable" (*Œuvres en prose* [Pléiade], pp. 47-48). La théorie de Sartre, dans *Qu'est-ce que la littérature?* et dans *Saint Genet*, n'est pas essentiellement différente.

[38] *Œuvres* (Pléiade), II, p. 637.

[39] "Proust et les noms", *To honor R. Jakobson* (Mouton, 1967).

frustes, sur les mots, et sur toutes les manifestations du langage: il y a là, précisément depuis le *Cratyle*, ce que Claudel appelle un "formidable dossier" [40] – qu'il faudra bien ouvrir un jour. Il faudrait d'autre part analyser de près l'ensemble des procédés et artifices auxquels recourt l'expression poétique pour motiver les signes; on ne peut ici qu'en indiquer les principales espèces.

La mieux connue, car la plus immédiatement perceptible, rassemble les procédés qui, avant de s'attaquer au "défaut" du langage, s'attachent à le réduire, exploitant en quelque sorte le défaut du défaut, c'est-à-dire les quelques bribes de motivation, directe ou indirecte, que l'on trouve naturellement dans la langue: onomatopées, mimologismes, harmonies imitatives, effets d'expressivité phonique ou graphique,[41] évocations par synesthésie, associations lexicales.[42] Valéry, qui faisait pourtant claquer son fouet tout comme un autre,[43] n'avait pas grande estime pour ce genre d'effets: l'harmonie entre l'être et le dire "ne doit pas, écrivait-il, être définissable. Quand elle l'est, c'est l'harmonie imitative, et ce n'est pas bien." [44] Il est certain du moins que ce sont là les moyens les plus faciles, puisqu'ils sont donnés dans la langue, et donc à la portée de "monsieur Tout le Monde", et surtout que le mimétisme qu'ils établissent est de l'espèce la plus grossière. Il y a plus de subtilité dans les artifices qui (répondant ainsi plus directement à la formule de Mallarmé) s'efforcent de corriger le défaut en rapprochant, en adaptant l'un à l'autre le signifiant et le signifié séparés par la dure loi de l'arbitraire. Schématiquement parlant, cette adaptation peut être réalisée de deux façons différentes.

La première consiste à rapprocher le signifié du signifiant, c'est-à-dire à infléchir le sens, ou, plus exactement sans doute, à choisir parmi les virtualités sémiques celles qui s'accordent le mieux à la forme sensible de l'expression. C'est ainsi que Roman Jakobson indique comment la poésie française peut exploiter, et par là même justifier, la discordance relevée par Mallarmé entre les phonétismes des mots *jour*

[40] *Œuvres en prose*, p. 96.

[41] Les premiers sont bien connus (trop bien sans doute) depuis Grammont et Jespersen. Les seconds ont été beaucoup moins étudiés, malgré l'insistance de Claudel (cf. en particulier *Idéogrammes occidentaux, ibid.*, p. 81).

[42] On peut appeler ainsi, malgré quelques flottements dans la terminologie linguistique, les contagions sémantiques entre mots proches par la forme (*fruste-rustre*); l'association fréquente, à la rime par exemple, avec *funèbre*, peut ainsi obscurcir, comme le souhaite Mallarmé, le sémantisme "naturel" de *ténèbres*.

[43] Par exemple: "L'insecte net gratte la sécheresse" (*Le Cimetière marin*).

[44] *Œuvres* (Pléiade), II, p. 637.

et *nuit* et l'on a tenté de montrer en quoi les effets de cette discordance et de son exploitation peuvent contribuer à la nuance particulière que donne la poésie française à l'opposition du jour et de la nuit; ce n'est qu'un exemple entre des milliers d'autres possibles: il nous faudrait ici de nombreuses études de sémantique pré-poétique dans tous les domaines (et dans toutes les langues) pour commencer seulement à apprécier l'incidence de ces phénomènes sur ce que l'on appelle, peut-être improprement, la 'création' poétique.

La seconde consiste, inversement, à rapprocher le signifiant du signifié. Cette action sur le signifiant peut être de deux ordres très différents: d'ordre morphologique, si le poète, non satisfait des ressources expressives de son idiome, s'applique à modifier les formes existantes ou même à en forger de nouvelles; ce chapitre de l'invention verbale a été, comme on le sait, particulièrement illustré au XXe siècle par des poètes comme Fargue ou Michaux, mais le procédé est resté jusqu'ici exceptionnel, pour des raisons évidentes. L'action sur le signifiant la plus fréquente, la plus efficace sans doute – la plus conforme, en tout cas, à la vocation du jeu poétique, qui est de se situer à l'intérieur de la langue naturelle et non à côté d'elle –, est d'ordre sémantique: elle consiste non pas à déformer des signifiants ou à en inventer d'autres, mais à les DÉPLACER, c'est-à-dire à substituer au terme propre un autre terme que l'on détourne de son emploi et de son sens pour lui confier un emploi et un sens nouveaux. Cette action de déplacement, que Verlaine a joliment appelée la 'méprise', est évidemment au principe de toutes ces "figures de mots pris hors de leur signification" que sont les tropes de la rhétorique classique. Il est une fonction de la figure qui n'a peut-être pas été suffisamment mise en lumière jusqu'ici,[45] et qui concerne directement notre propos: contrairement au terme 'propre' ou littéral, qui est normalement arbitraire, le terme figuré est essentiellement motivé, et motivé en deux sens: d'abord, et tout simplement, parce qu'il est CHOISI (même si c'est dans un répertoire traditionnel comme celui des tropes d'usage) au lieu d'être imposé par la langue; ensuite parce que la substitution de terme procède toujours d'un certain rapport entre les deux signifiés (rapport d'analogie pour une métaphore, d'inclusion pour une synecdoque, de contiguïté pour une métonymie, etc.) qui reste présent (connoté) dans le signifiant déplacé et substitué, et qu'ainsi ce signifiant, quoique géné-

[45] Cf. cependant Ch. Bally: "Les hypostases sont toutes des signes motivés" (*Le Langage et la Vie*, p. 95).

ralement tout aussi arbitraire, dans son sens littéral, que le terme évincé, devient motivé dans son emploi figuré. Dire *flamme* pour désigner la flamme, *amour* pour désigner l'amour, c'est se soumettre à la langue en acceptant les mots arbitraires et transitifs qu'elle nous intime; dire *flamme* pour *amour*, c'est motiver son langage (je dis *flamme* parce que l'amour brûle), et par là même lui donner l'épaisseur, le relief et le poids d'existence qui lui manquent dans la circulation quotidienne de l'UNIVERSEL REPORTAGE.

Il convient toutefois de préciser ici que toute espèce de motivation ne répond pas au vœu poétique profond, qui est, selon le mot d'Eluard,[46] de parler UN LANGAGE SENSIBLE. Les 'motivations relatives', d'ordre essentiellement morphologique (*vache/vacher, égal/inégal, choix/choisir,* etc.) dont parle Saussure, et qu'il voit régner dans les langues les plus 'grammaticales',[47] ne sont pas des plus heureuses pour le langage poétique, peut-être parce que leur principe est trop intellectuel et leur fonctionnement trop mécanique. Le rapport entre *obscur* et *obscurité* est trop abstrait pour donner à *obscurité* une véritable motivation poétique. Un lexème inanalysable comme *ombre* ou *ténèbres,* avec ses qualités et ses défauts sensibles immédiats et son réseau d'évocations indirectes (*ombre-sombre, ténèbres-funèbre*) donnera sans doute prétexte à une action motivante plus riche, malgré son immotivation linguistique plus grande. Et *obscurité* lui-même, pour acquérir quelque densité poétique, devra se donner une sorte de fraîcheur verbale en faisant oublier sa dérivation et en réactivant les attributs sonores et visuels de son existence lexicale. Cela implique entre autres que la présence du morphème ne soit pas soulignée par une rime 'catégorielle' du genre *obscurité-vérité,* et l'on peut, soit dit en passant, imaginer que cette raison, fût-ce inconsciemment et avec plusieurs autres, a contribué à la proscription des rimes grammaticales. Voyez au contraire comment le mot se régénère et se sensibilise dans un entourage approprié, comme dans ces vers de Saint-Amant:

> J'écoute, à demi transporté,
> Le bruit des ailes du silence
> Qui vole dans l'obscurité.[48]

Obscurité a trouvé là son destin poétique; elle n'est plus la qualité abstraite de ce qui est obscur, elle est devenue un espace, un élément,

[46] *Sans âge (Cours naturel).*
[47] *Cours de linguistique générale*, pp. 180-184.
[48] *Le Contemplateur.*

une substance; et, entre nous (contre toute logique, mais selon la secrète vérité du nocturne), combien lumineuse!

Cette digression nous a éloignés des PROCÉDÉS DE MOTIVATION, mais nous n'avons pas à le regretter, car en vérité l'essentiel de la motivation poétique n'est pas dans ces artifices, qui ne lui servent peut-être que de catalyseurs: plus simplement et plus profondément, il est dans l'attitude de lecture que le poème réussit (ou, plus souvent, échoue) à imposer au lecteur, attitude motivante qui, au-delà ou en deçà de tous les attributs prosodiques ou sémantiques, accorde à tout ou partie du discours cette sorte de présence intransitive et d'existence absolue qu'Eluard appelle l'ÉVIDENCE POÉTIQUE. Le langage poétique révèle ici, nous semble-t-il, sa véritable 'structure', qui n'est pas d'être une FORME particulière, définie par ses accidents spécifiques, mais plutôt un ÉTAT, un degré de présence et d'intensité auquel peut être amené, pour ainsi dire, n'importe quel énoncé, à la seule condition que s'établisse autour de lui cette MARGE DE SILENCE[49] qui l'isole au milieu (mais

[49] "Les poèmes ont toujours de grandes marges blanches, de grandes marges de silence" (P. Eluard, *Donner à voir*, p. 81). On observera que la poésie la plus libérée des formes traditionnelles n'a pas renoncé (au contraire) à la puissance de mise en condition poétique qui tient à la disposition du poème dans le *blanc* de la page. Il y a bien, dans tous les sens du terme, une DISPOSITION POÉTIQUE. Cohen le montre bien par cet exemple forgé:

Hier sur la Nationale sept
Une automobile
Roulant à cent à l'heure s'est jetée
Sur un platane
Ses quatre occupants ont été
Tués.

Ainsi disposée, la phrase, dit-il justement, "n'est déjà plus de la prose. Les mots s'animent, le courant passe" (p. 76). Cela tient non seulement, comme il le dit, au découpage grammaticalement aberrant, mais aussi et d'abord à une mise en page que l'on dirait volontiers intimidante. La suppression de la ponctuation dans une grande partie de la poésie moderne, dont Cohen souligne à juste titre l'importance (p. 62), va aussi dans le même sens: effacement des relations grammaticales et tendance à constituer le poème, dans l'espace silencieux de la page, comme une pure CONSTELLATION VERBALE (on sait combien cette image a hanté Mallarmé).

[50] *Le Poème du haschisch*, 4e partie. La mention faite ici de la grammaire ne contredit pas l'idée, que pour l'essentiel nous partageons avec Jean Cohen, de la poésie comme dégrammaticalisation du langage, et n'appuie pas, comme le voudrait Roman Jakobson ("Une microscopie du dernier *Spleen*", *Tel Quel*, 29), le propos d'une *poésie de la grammaire*. Pour Baudelaire, l'ARIDE grammaire ne devient "sorcellerie évocatoire" (formule cardinale, on le sait, qui se retrouve dans *Fusées* et dans l'article sur Gautier, dans des contextes qui ne doivent plus rien au stupéfiant) qu'en perdant le caractère purement relationnel qui fait son 'aridité', c'est-à-dire en se

non à l'écart) du parler quotidien. C'est sans doute par là que la poésie se distingue le mieux de toutes les sortes de style, avec lesquelles elle partage seulement un certain nombre de moyens. Le style est bien, lui, un écart, en ce sens qu'il s'éloigne du langage neutre par un certain effet de différence et d'excentricité; la poésie ne procède pas ainsi: on dirait plus justement qu'elle se retire du langage commun PAR L'INTÉRIEUR, par une action – sans doute largement illusoire – d'approfondissement et de retentissement comparable à ces perceptions exaltées par la drogue dont Baudelaire affirme qu'elles transforment "la grammaire, l'aride grammaire elle-même" en une sorte de "sorcellerie évocatoire: les mots ressuscitent revêtus de chair et d'os, le substantif, dans sa majesté substantielle, l'adjectif, vêtement transparent qui l'habille et le colore comme un glacis, et le verbe, ange du mouvement, qui donne le branle à la phrase".[50]

Du langage poétique ainsi compris, qu'il vaudrait peut-être mieux nommer le langage à l'état poétique, ou l'ÉTAT POÉTIQUE DU LANGAGE, on dira sans trop forcer la métaphore, qu'il est le langage À L'ÉTAT DE RÊVE, et l'on sait bien que le rêve par rapport à la veille, n'est pas un écart, mais au contraire . . . mais comment *dire* ce qu'est le contraire d'un écart? En vérité, ce qui se laisse le plus justement définir par l'écart, comme écart, ce n'est pas le langage poétique, mais bien la prose, l'*oratio soluta*, la parole disjointe, le langage même comme écartement et disjonction des signifiants, des signifiés, du signifiant et du signifié. La poésie serait bien alors, comme le dit Cohen (mais en un sens différent, ou plutôt dans une direction opposée), ANTIPROSE et RÉDUCTION DE L'ÉCART: écart à l'écart, négation, refus, oubli, efface-

dégrammaticalisant: les *partes orationis* ressuscitent en se couvrant de chair et d'os, en retrouvant une existence SUBSTANTIELLE, les mots deviennent des êtres matériels, colorés et animés. Rien n'est plus loin d'une exaltation de la grammaire comme telle. Il existe peut-être des imaginations linguistiques centrées sur le grammatical, et Mallarmé, du moins, se prétendait un 'syntaxier'. Mais le poète qui louait chez Gautier "ce magnifique *dictionnaire* dont les feuillets, remués par un souffle divin, s'ouvrent tout juste pour laisser jaillir le MOT propre, le MOT unique", et qui écrit encore dans l'article de 1861 sur Hugo: "Je vois dans la Bible un prophète à qui Dieu ordonne de manger un livre. J'ignore dans quel monde Victor Hugo a mangé préalablement le DICTIONNAIRE de la langue qu'il était appelé à parler: mais je vois que le LEXIQUE français, en sortant de sa bouche, est devenu un monde, un univers coloré, mélodieux et mouvant" (souligné par nous), ce poète n'est-il pas au contraire un exemple caractéristique de ce que l'on pourrait appeler l'imagination LEXICALE? Citons encore l'article de 1859 sur Gautier: "J'avais été pris très jeune de lexicomanie."

ment de l'écart, de cet écart qui *fait* le langage;[51] illusion, rêve, utopie nécessaire et absurde d'un langage sans écart, sans hiatus – sans défaut.

[51] Ce renvoi de l'*écart* stylistique à l'*écartement* constitutif de tout langage peut sembler sophistique. On veut simplement, à la faveur de cette équivoque, attirer (ou ramener) l'attention sur la réversibilité de l'opposition prose/poésie, et sur l'*artifice* essentiel de la 'langue naturelle'. Si la poésie est écart à la langue, la langue est écart à toutes choses, et notamment à elle-même. De Brosses désigne par ce terme la séparation, selon lui progressive (et fâcheuse), dans l'histoire des langues, entre objet, idée et signifiants (phonique et graphique): "Quelques *écarts* qu'il y ait dans la composition des langues, quelque part que l'*arbitraire* puisse y avoir ..."; "Quand on a percé ce mystère difficile (de l'union, dans la langue primitive, de l' 'être réel', de l'idée, du son et de la lettre), on n'est pas étonné, dans le progrès de l'observation, de reconnaître à quel excès ces quatre choses, après s'être ainsi rapprochées d'un centre commun, s'ÉCARTENT de nouveau par un système de dérivation ..." (*Traité de la formation mécanique des langues* [Paris, 1765], p. 6 et 21. Souligné par nous).

29

LES PROBLÈMES SÉMIOTIQUES DU STYLE À LA LUMIÈRE DE LA LINGUISTIQUE

BORIS A. USPENSKIJ

OBSERVATIONS PRÉALABLES

De toute évidence, les notions stylistiques sont surtout élaborées pour la langue naturelle; on ne saurait s'en étonner puisque la linguistique est la partie la mieux élaborée de la sémiotique. D'ailleurs, la notion de 'style' est une notion directement sémiotique et il semble possible de l'appliquer, en principe, à tout système de signes dans la mesure où nous pouvons appliquer à ce dernier la notion de 'langue' (bien que l'actualité de l'application des notions stylistiques puisse varier). C'est pourquoi, précisément, il est possible de parler de style non seulement par rapport à la langue naturelle, mais aussi à propos de peinture, de littérature (en tant que système d'un ordre supérieur à celui de la langue naturelle) ou encore de comportement, ou d'habillement, etc.; le seul fait d'appliquer ici la notion de style témoigne, généralement parlant, d'une approche implicitement sémiotique de ces phénomènes. En d'autres termes, parler de styles de peinture, ou d'habillement, etc., c'est reconnaître la possibilité de parler d'un 'langage de la peinture', d'un 'langage de l'habillement'.

Il semble ainsi, qu'à l'égard des différents objets que nous voulons envisager – indépendamment de leur substance – les notions stylistiques puissent être employées, d'une façon générale, dans le sens même où elles sont appliquées à la langue naturelle.

A ce sujet, on doit remarquer qu'il existe deux acceptions du style, contradictoires en grande partie.[1] D'une part, on entend par style quelque chose de COMMUN, ce qui LIE le phénomène considéré à d'autres phénomènes; et les particularités stylistiques peuvent être communes à un certain ensemble de textes discursifs (généralement ouvert), ou à un

[1] Cf. à ce propos les observations de M. Schapiro, 1953, p. 287.

ensemble déterminé d'œuvres picturales, de l'art ou de la culture dans son ensemble. Dans ce cas, le style est considéré comme étant une manifestation d'un système uni, d'une forme inhérente située à la base de tel ou tel autre 'texte' (dans le sens sémiotique large de ce terme).

D'autre part, on entend par style quelque chose de PARTICULIER; et les particularités stylistiques concernent alors, dans ce cas, la SPÉCIFICITÉ du texte. En ce sens notamment, on parle du style de tel ou tel écrivain ou peintre, c'est-à-dire d'un style individuel (tandis que d'après la première acception, dérivée de particularités abstraites systématiques, ce style individuel peut être considéré comme une combinaison donnée de particularités stylistiques).[2] En plus, le corpus de textes caractérisé peut être considéré comme étant clos ou bien ouvert; dans le dernier cas on reconstitue certaines particularités inhérentes au système et qui permettent d'attribuer un nouveau texte à un auteur déterminé ou, tout au moins, de le définir comme lui ressemblant du point de vue du style.

Soulignons que, dans la première acception, un style ne saurait, en principe, être examiné selon des critères d'appréciation; nous pouvons en évaluer uniquement le système inhérent, se trouvant à la base des manifestations stylistiques. Dans le second sens, par contre, le style peut être l'objet d'une appréciation directe.

Ainsi, dans le premier cas, nous avons comme point de départ d'une définition du style un certain système qui est à la base des phénomènes textuels analysés (de sorte que ce système n'est pas explicite, mais abordable à travers des symptômes stylistiques correspondants). En d'autres termes, le raisonnement du chercheur dans ce cas va DU SYSTÈME VERS LE TEXTE.

Dans le second cas, au contraire, le point de départ est le texte même; le raisonnement ira alors DU TEXTE VERS LE SYSTÈME. Disons que dans le premier cas nous sommes en présence d'une DÉMARCHE SYNTHÉTIQUE (SYNTHÈSE des textes d'une particularité stylistique donnée), tandis que dans le second cas il s'agit, d'une DÉMARCHE ANALYTIQUE (ANALYSE des textes d'une particularité stylistique donnée).

Il semble que la première démarche, notamment, soit une démarche directement sémiotique, dans la mesure où elle présuppose nécessairement une différenciation des niveaux de l'expression et du contenu; c'est ce principe qui servira de base aux réflexions qui suivent. L'objet de nos recherches sera le style dans la langue naturelle.

[2] Cf. la définition de J. H. Greenberg (1960, p. 427): "Let us define style as that set of characteristics by which we distinguish members of one subclass from members of other subclasses, all of which are members of the same general class. This is simply a way of saying that style is diagnostic like a fingerprint".

Dans la mesure où, comme nous l'avons déjà dit, la langue naturelle est l'objet le plus élaboré de la sémiotique – si bien que les notions sémiotiques sont souvent une extrapolation des méthodes linguistiques – il serait utile d'essayer d'expliquer CE QUE NOUS ENTENDONS LORSQUE NOUS PARLONS DE STYLES DANS LA LANGUE NATURELLE ET DANS QUELLE MESURE CES CARACTÉRISTIQUES PEUVENT ÊTRE ÉTENDUES À D'AUTRES SYSTÈMES. C'est cette tâche, notamment, que nous nous sommes donnée dans le présent article (sans pour autant prétendre à une solution exhaustive).

Nous allons donc considérer certaines propriétés assez générales (et fondamentales, à notre sens) du style, en nous fondant, de préférence, sur le matériel de la langue naturelle, tout en ne perdant pas de vue la possibilité de les appliquer aussi au matériel extralinguistique. Au centre de notre attention se trouveront LES PROPRIÉTÉS SÉMIOTIQUES GÉNÉRALES – et non pas spécialement linguistiques – du style. Remarquons que, par rapport à la langue naturelle elle-même, ces propriétés-là, justement en fonction de leur caractère général, sont souvent assez banales, et que, dans l'examen stylistique des systèmes d'un autre niveau, elles ne sont pas toujours évidentes.

Nous envisagerons en premier lieu certaines prémisses logiques de la typologie des styles, ce qui nous amènera à toucher aux problèmes de la différenciation des styles dans l'art; la seconde partie concernera les rapports des styles dans la langue et les problèmes de la valeur de tel ou tel style; dans cet ordre d'idées nous toucherons brièvement aux problèmes de la typologie de la culture.

PRÉMISSES GÉNÉRALES D'UNE TYPOLOGIE DES STYLES

Nous pourrions exprimer l'idée centrale des réflexions qui suivent d'une manière quelque peu paradoxale, en définissant la variété stylistique comme un phénomène du polyglottisme inhérent à la langue elle-même, et la stylistique, comme la science s'occupant de l'étude de ce phénomène. Quelles sont les implications de cette définition?

Tout d'abord, la notion même de style présuppose qu'on reconnaisse l'équivalence de principe des différents styles par rapport au contenu énoncé: lorsque nous parlons de différents styles, nous sous-entendons qu'il est possible d'énoncer de plusieurs manières le MÊME CONTENU: en d'autres termes, nous admettons que le contenu énoncé dans tel style pourrait en principe l'être aussi dans un autre. Mais, à proprement parler, c'est bien ce qu'implique le fait de parler des langues différentes. Les différents styles s'opposent donc l'un à l'autre comme les différentes langues, par leur faculté d'exprimer des contenus identiques.

Ainsi, l'acception de L'IDENTITÉ des contenus est au fond la même, qu'il s'agisse de langues différentes ou de styles différents. Nous savons que cette identité du contenu dans les diverses langues peut être considérée, en quelque sorte, comme relative, dans la mesure où la langue même exerce une influence déterminée sur le contenu exprimé (cf. les ouvrages de E. Sapir, 1931 et de B. Whorf, 1956); mais cette relativité n'existe que dans certaines limites. Déjà, par le fait même que nous reconnaissons avoir affaire à différentes LANGUES, nous admettons en réalité entre elles une analogie cardinale (c'est dans les cadres de cette analogie, d'ailleurs, qu'il nous est possible de préciser telle ou telle différence). Nous reconnaissons en particulier la possibilité de TRADUIRE d'une langue dans une autre; or la notion de sens et de traduction se caractérisant, comme on sait, par une complémentarité de principe de l'une par rapport à l'autre,[3] nous pouvons parler d'identité des contenus énoncés dans différentes langues dans la mesure seulement où ces dernières sont traductibles l'une dans l'autre et le degré de traductibilité est, à son tour, déterminé par l'affinité des contenus eux-mêmes.

Ce que nous venons de dire au sujet des langues est aussi bien applicable aux styles. Car l'équivalence potentielle des différents styles de la langue consiste en ceci que nous pouvons TRADUIRE D'UN STYLE DANS UN AUTRE, à l'intérieur d'une même langue, tout comme nous pouvons traduire d'une langue dans une autre; de même nous pouvons parler de la possibilité d'énoncer des contenus identiques à l'aide de différents styles précisément dans la mesure où nous pouvons traduire d'un style dans un autre.

En d'autres termes, il ne s'agit pas ici de l'équivalence effective des différentes langues ou des différents styles par rapport au contenu énoncé; évaluer d'une manière plus ou moins absolue le degré d'équivalence du contenu énoncé dans différentes langues (ou styles) ne semble pas possible, tout au moins au niveau actuel des connaissances. Mais lorsque nous parlons de différentes langues, par là même nous leur reconnaissons une équivalence fonctionnelle déterminée, c'est-à-dire une faculté d'énoncer des contenus identiques en principe (cette équivalence pouvant varier dans certaines limites, mais la variation est

[3] Cf. la définition du sens (information), connue autant en mathématiques qu'en linguistique et en sémiotique, comme un invariant dans les opérations récursives de la tradition.

conventionnellement considerée comme insignifiante). Et le phénomène est exactement le même lorsque nous parlons de styles.

La possibilité même d'exprimer dans des styles différents des contenus identiques semble ainsi donnée *a priori*. L'identification des contenus énoncés peut s'effectuer, dans les divers cas – suivant les objectifs concrets de l'analyse stylistique – à différents niveaux de généralisation, c'est-à-dire à des degrés différents d'approximation qui ne peuvent eux-mêmes s'apprécier qu'assez relativement.[4] Ainsi, à un niveau (suffisamment concret), nous pouvons parler, par exemple, de style complet (explicite) et de style incomplet (elliptique) de la prononciation; à un autre niveau, beaucoup plus approximatif, nous parlons de style verbal et nominal, par quoi on suppose que ce qui peut être exprimé par les moyens verbaux, peut aussi bien l'être par les moyens nominaux; mais l'évaluation elle-même de l'équivalence des contenus énoncés apparaît dans ce cas beaucoup plus généralisée et souple (que dans le cas précédent); à un niveau encore plus généralisé (permettant un procédé encore plus libre d'identification du contenu énoncé dans différents styles), on parle de différents styles artistiques, ou de styles de peinture, etc.

C'est ainsi, notamment, que le niveau de généralisation adopté dans l'analyse stylistique détermine quelles différences dans le contenu sont retenues comme pertinentes, et lesquelles ne le sont pas. Mais il est important de se rendre compte que, chaque fois qu'il s'agit de tel ou tel style, la question "à quel point avons-nous le droit d'identifier des contenus énoncés dans différents styles?" n'est pas correcte, dans le cadre du problème directement étudié. Reconnaître l'équivalence potentielle des différents styles par rapport au contenu énoncé n'est que la PREMIÈRE CONDITION, implicitement sous-entendue, qui autorise l'établissement des styles dans la langue.

Ainsi, les différences entre les styles pourraient être comparées, d'un certain point de vue, aux différences entre les langues; mais la différenciation stylistique a ceci de spécifique que les différents styles – qu'on peut considérer comme systèmes minima de communication (MICRO-LANGAGES) – sont caractérisés par leur variabilité puisqu'ils se manifestent comme des variantes de la réalisation d'un certain système d'ordre plus général (MACROLANGAGE) – en d'autres termes, comme des

[4] Le degré de précision dans une identification de cette sorte peut être établi, en principe, selon le critère de réversibilité des opérations de traduction d'un style dans un autre.

sous-langages en principe équivalents, d'une même langue. Ainsi que le dit R. Jakobson (1960, p. 352) "no doubt, for any speech community, for any speaker, there exists a unity of language, but this overall code represents a system of interconnected sub-codes; each language encompasses several concurrent patterns which are each characterized by a different function."

En d'autres termes, les locuteurs appartenant à la même communauté linguistique sont censés connaître en principe tous les styles d'une langue donnée.[5] Par là même, nous avons affaire à un phénomène analogue au POLYGLOTTISME – mais ce polyglottisme n'est pas individuel, il est sociologiquement déterminé (dans la mesure où la maîtrise de tous les styles est exigée pour la communication au sein d'une société donnée). Le discours concret d'un individu apparaît donc souvent comme CRÉOLISÉ, c'est-à-dire stylistiquement pluridimensionnel.

En réalité, si nous considérons une langue A, en la transformant dans un de ses aspects (par exemple grâce à une modification, en principe arbitraire, de sa structure, au niveau soit phonologique, soit grammatical ou lexical), nous serons en présence, à proprement parler, d'une autre langue A^1, même si elle ne diffère de la première qu'à peine par un seul de ses aspects, tous les autres restant identiques.

Nous pouvons maintenant demander aux locuteurs représentant une communauté linguistique une connaissance obligatoire de la langue A, aussi bien que de la langue A^1, et c'est précisément dans ce cas que nous aurons affaire aux styles (il s'introduit ainsi inévitablement une différence fonctionnelle dans l'utilisation de A et de A^1 – cf. *infra*[6]).

[5] Bien entendu, dans la communication réelle, cette condition est susceptible d'être transgressée (de même que peut être transgressé le principe de l'utilisation égale de la langue qui est une prémisse nécessaire à tout communication), mais il s'agit ici des exigences générales supposées en principe dans chaque communication, et non pas de la façon dont ces exigences sont réalisées dans la pratique (les cas de transgression, pour fréquents qu'ils soient, sont dans un certain sens des anomalies).

D'un point de vue quelque peu différent, il est possible de considérer que si tel ou tel style représente un système de communication d'un ordre minimal (micro-langage), tandis que la langue naturelle, englobant les différents styles (macro-langage) est un système de communication d'un ordre supérieur, alors la langue, dans le sens général du terme, en tolérant chez les locuteurs une maîtrise inégale des différents styles (et, en définitive, une maîtrise en principe inégale de la langue elle-même), est un phénomène hiérarchiquement encore plus général.

[6] Dans ce sens, précisément, nous pouvons interpréter l'acception répandue dans les ouvrages de stylistique (et qui remonte probablement à Aristote), à savoir que les différents styles sont créés et peuvent être considérés comme autant de déviations de la norme (cf. par exemple Sebeok, 1960, *passim*).

Que les nombreuses déviations de la norme (y compris les anomalies linguistiques) soient considérées, du point de vue psychologique, comme un style ou des styles

Inversement, telle ou telle particularité structurale (en guise d'exemple, nous pouvons citer la non-distinction de deux phonèmes différents peut se manifester dans la langue comme un phénomène déterminé par la prononciation régionale (par exemple, la non-distinction de *c* et *č* dans certains dialectes russes); ou bien comme déterminé socialement ou socio-biologiquement (par exemple, la non-distinction de *r* et *č* dans le langage particulier des femmes tchouktches); ou comme un phénomène dépendant de l'âge (la non-distinction de certains phonèmes dans le langage des enfants); ou, enfin, comme un phénomène pathologique (toutes les pertes d'oppositions phonologiques qu'on peut rencontrer dans les perturbations aphasiques du discours); toutefois, le même phénomène se manifestera comme purement stylistique dans un polyglottisme obligatoire, c'est-à-dire si nous acceptons en principe la possibilité d'un tel comportement linguistique pour chacun des membres d'une société donnée, dans une situation déterminée.

Il est caractéristique en général que les mêmes moyens d'expression font apparaître, dans une langue, des différences purement stylistiques, tandis que, dans d'autres, ils sont utilisés pour faire ressortir des oppositions purement sémantiques. Comme exemple typique nous pouvons citer l'opposition des voyelles longues et brèves qui, dans certaines langues (le russe entre autres), indiquent la valeur neutre ou bien expressive du même mot, tandis que dans d'autres langues (le tchèque, par exemple, ou l'estonien) elles sont un moyen régulier de formation d'oppositions sémantiques (cf. les illustrations dans les travaux de R. Jakobson, 1923, pp. 40-41; 1960, p. 354). Pour cette raison, précisément, écrit Jakobson, "l'étranger interprète fréquemment les éléments phonologiques de la langue étrangère comme des moyens expressifs et vice versa" (1923, p. 40 [7]).

Ainsi l'opposition des différents styles apparaît comme une opposition des langages à l'intérieur de la langue, au sens large du terme. Cette opposition comporte une valeur, socialement déterminée dans une

---

particuliers, c'est ce que prouve à lui seul le fait que, dans l'enseignement d'une langue (maternelle ou étrangère), on apprend non seulement comment parler correctement, mais aussi comment il ne faut pas parler, pour éviter des erreurs possibles ou répandues (Polivanov, 1931, p. 137). Autrement dit, on enseigne le mauvais style comme une langue particulière, à seule fin d'en empêcher l'usage.

7 Par là s'explique la curieuse sensation de maladresse, et de gêne parfois, qu'on observe chez l'individu parlant une langue étrangère sans en avoir la pratique linguistique suffisante. Cette sensation est en rapport, justement, avec le fait qu'en parlant une langue étrangère nous nous servons de moyens qui ne nous sont pas tout à fait inconnus car ils existent dans notre langue maternelle, mais y sont employés dans des contextes particuliers.

société donnée (société 'polyglotte', comprenant différents 'langages' styles).

Par conséquent, la stylistique est une discipline d'un ordre en principe différent de celui de la phonologie, de la grammaire, de la sémantique, elle n'est pas simplement le degré suivant dans la hiérarchie des niveaux linguistiques. La stylistique étudie la langue GLOBALE d'une société donnée qui se désagrège en plusieurs sous-langues, tandis que les disciplines mentionnées traitent les normes PARTICULIÈRES de la communication explicative.

C'est pourquoi, notamment, lorsqu'on parle une langue étrangère, la différenciation stylistique ne devient possible qu'à condition que toutes les autres règles de la langue soient respectées. Nous sommes enclins à pardonner à l'étranger une grammaire incorrecte plutôt qu'une stylistique correcte accompagnée de fautes de grammaire: A. S. Hayes écrit à ce propos (1964, pp. 164-165) que quelqu'un parlant l'anglais avec accent ne saurait dire "I'm gonna go home" sans que cela ne provoque une certane réaction de la part des auditeurs, quoique *gonna* soit une forme tout à fait courante de l'anglais parlé. "Under certain circumstances – poursuit Hayes – the speaker of Spanish may say 'con permisito', but the American should always say 'con permiso'. German 'ich habe es gar nicht gesehen' is often heard with no vowel in 'ich', a vocal segregate (?) of lip-puckering, a *p*-sound in *habe* and no further vowels, thus: (çaps . . .). A foreigner's attempt to do this would be ludicrous unless his accent is flawless. The oft-heard phrase 'You speak German better than we (natives) do', whose naïveté is amusing to the linguist, implies a cultural reality which cannot be taken lightly."

La correspondance entre la diversité stylistique et les phénomènes du polyglottisme pourrait être appuyée de toute une série de faits empruntés aux différentes langues naturelles pour illustrer les divers degrés d'affinité des deux phénomènes.

D'un côté nous pouvons nous référer à certaines langues de l'Asie du Sud-Est (malais, tibétain, et autres) caractérisées par une riche différenciation stylistique, de sorte que les différences formelles (lexicales, grammaticales, etc.) entre les styles de la même langue peuvent être, en général, aussi importantes que celles entre certaines langues voisines.

D'autre part, il faut remarquer que les différences entre les dialectes (qui, d'un point de vue linguistique formel, peuvent être considérées comme analogues, en principe, aux différences entre les langues) se manifestent souvent à l'intérieur de la langue comme des différences stylistiques; un rapport particulièrement étroit existe entre les styles et les dialectes sociaux.[8] Encore plus caractéristique est la situation de la langue au Paraguay, où la différence entre l'espagnol et le guarani, en vertu du polyglottisme existant dans ce pays, peut se manifester dans certaines conditions comme un phénomène fonctionnellement proche de la stylistique (cf. l'utilisation stylistique de ces langues dans le discours dialogique de la littérature paraguayenne). Un rapport analogue existe entre le russe et le français de la noblesse russe du 18e au 20e siècle (comme on peut le voir dans *Guerre et paix* de Tolstoï[9]). En principe, précisément dans le cas du polyglottisme obligatoire pour une société donnée, celui-ci devient, du point de vue fonctionnel, très proche de la différenciation stylistique; parfois il est même impossible de faire la distinction.

Il est donc évident que si, d'un côté, les différents styles peuvent être considérés d'un point de vue linguistique formel (s'écartant de leur fonction dans la communication) comme des langues différentes, à l'inverse les diverses langues se comportent dans leur fonction comme des styles différents. En général, la différenciation des langues (y compris les dialectes locaux et sociaux) et des styles peut constituer une tâche assez difficile; cependant il est important de comprendre que cette tâche est censée être RÉSOLUE EN PRINCIPE chaque fois qu'il s'agit de styles. En fait, nous établissons des styles non pas pour eux-mêmes, mais à l'intérieur d'une certaine langue; et lorsqu'il s'agit de tel ou tel style, nous le considérons *a priori* comme appartenant à telle ou telle langue.

La connaissance du rapport entre les langues et les styles est ainsi la DEUXIÈME CONDITION, d'ailleurs sous-entendue, qui permet l'établissement des différents styles.

Nous pouvons enfin formuler une TROISIÈME CONDITION, à savoir que, dans des différents styles, il ne suffit pas de constater les divergences stylistiques entre tels ou tels éléments de la langue en question; il est encore nécessaire de savoir quels éléments sont caractérisés par une homogénéité stylistique. En d'autres termes, nous sommes censés

8 Cf. à cet égard la conclusion extrême dans la formule de W. Winter (1964, p. 325): "the identification of different styles can be taken in much the same way as the identification of different dialects of a language", et aussi: "it may even be claimed that styles can be considered special types of social dialects".

9 Ainsi, le slavon (langue liturgique) aux 17e et 18e siècles n'était pas considéré comme une langue particulière, mais comme un style particulier de la langue russe. Un pareil rapport existe entre l'arabe littéraire et les soi-disant dialectes arabes.

savoir quels éléments de la langue appartiennent à des styles différents et quels autres à un seul et même style.

Remarquons que la répartition des éléments linguistiques entre les différents styles, contrairement à leur répartition entre les différentes langues, n'est pas univoque. En fait, le même élément [10] peut appartenir en même temps à plusieurs styles mais seulement à une langue.[11] Par là même, si la langue représente un système clos, les différents styles sont des systèmes en principe ouverts.

Pour mettre en évidence les rôles respectifs des trois conditions formulées, voyons quelle est la procédure euristique pour relever les différences stylistiques:

(1) Nous considérons que deux phrases A et A^1 d'une langue (par exemple "He came soon" et "He arrived prematurely") sont stylistiquement différentes si nous admettons qu'elles sont identiques dans leur contenu (sens) (ce qui sous-entend que nous sommes à même d'effectuer l'identification des sens).

(2) Nous considérons que deux phrases A et B d'une langue donnée, notoirement différentes par leur contenu, appartiennent à des styles différents si la langue admet l'existence d'une phrase A^1 ayant non seulement le même contenu que A (le rapport entre A et A^1 est alors réduit au cas envisagé plus haut), mais encore les mêmes caractéristiques stylistiques que B.

Il n'est pas difficile de voir que la première et la deuxième des conditions déjà formulées sont à l'œuvre dans le cas 1 tandis que dans le cas 2 s'ajoute aussi la troisième condition.

Les conditions formulées plus haut, et qui sont implicites à toute réflexion sur les styles, sont assez banales appliquées à la langue naturelle; mais elles ne le sont pas du tout lorsqu'il s'agit de systèmes sémiotiques extra-linguistiques.

Or ces conditions générales se retrouvent, quoique de façon moins évidente, lorsqu'il s'agit des styles artistiques. En effet si nous constatons une différence entre les procédés stylistiques employés, mettons,

[10] Nous avons en vue l'élément dans le système et non pas dans le texte, c'est-à-dire, le *sign-design* et non pas le *sign-event* (pour nous servir des expressions de Carnap, 1946, § 3).

[11] En fait, en cas de coïncidence d'éléments (d'un certain niveau) dans des langues différentes (par exemple, coïncidence de certains phonèmes, morphèmes ou mots dans l'ukrainien et le russe), nous les considérons néanmoins comme des éléments différents. Mais, si nous admettons que les deux langues sont en réalité deux styles appartenant à la même langue, nous serions portés à considérer que ces éléments appartiennent aux deux styles en même temps.

dans deux tableaux, par là même nous faisons abstraction de la manière dont le tableau a été peint, réellement, et nous pensons à la façon dont, EN GÉNÉRAL, IL AURAIT PU L'ÊTRE: en constatant les différences stylistiques nous reconnaissons l'égalité de principe des styles observables, ainsi que leur indépendance vis-à-vis du contenu exprimé.[12] En particulier, nous admettons éventuellement, qu'on puisse se servir pour la facture d'un tableau du même procédé dont on se servirait pour un autre, et vice versa. Il est naturel que, dans l'étude de la langue en tant que système formel, soient importantes en premier lieu ses facultés potentielles d'exprimer un contenu, facultés généralement indépendantes du contenu même; c'est dire que l'essentiel n'est pas tellement ce que l'artiste a réellement exprimé, mais plutôt la façon dont il pourrait exprimer un contenu ou un autre. Ainsi nous considérons comme style (lorsque le terme est appliqué à une œuvre d'art ainsi qu'à la langue naturelle), en premier lieu, le phénomène purement linguistique (au sens sémiotique général) et, en second lieu, le phénomène relevant avant tout du niveau d'expression.

Or, il est clair qu'une telle méthode est en contradiction avec cette impression d'unicité (d'impossibilité de s'exprimer différemment) que nous attendons de l'œuvre d'art. En fait, on admet que dans la perception de l'œuvre d'art, le destinataire (lecteur, spectateur) pénètre dans le style donné en faisant abstraction des autres styles possibles; ce style devient, dans un certain sens, le seul possible (de la même manière, lorsque le spectateur contemple l'espace imaginaire d'un tableau, il ignore l'espace réel au-delà de l'encadrement, qui est un passage de l'espace réel à l'espace imaginaire). Ce rétrécissement de l'horizon (spatial, temporel, linguistique, etc.) ainsi que l'abstraction de toutes les autres possibilités d'expression, est en général un aspect important de la perception esthétique; il est absolument applicable à la perception des styles. C'est en cela que réside la particularité essentielle de la perception des styles dans l'art (comparée à celle des styles dans la langue naturelle).

Pour autant, le rapport entre les styles et des langues (dans l'analyse sémiotique de l'œuvre d'art), ne nous semble pas moins important. Remarquons à cette occasion, qu'en définissant quel phénomène se présente dans une certaine œuvre d'art – est-ce un style particulier (appartenant, tout de même, à ce 'langage', c'est-à-dire à ce système de perception socialement déterminé, qui est familier au destinataire de l'œuvre – spectateur ou lecteur), ou bien est-ce une langue particulière?

[12] Cf. à ce sujet M. Schapiro, 1953, p. 305.

– on détermine l'approche même de cette œuvre: dans le premier cas l'œuvre est appréhendée DIRECTEMENT, tandis que dans le second elle demande une RÉINTERPRÉTATION spéciale (une interprétation dans le 'langage' du destinataire), et on la considère comme un texte chiffré.[13] Ainsi il est évident que pour le lecteur russe contemporain la différence entre la poésie moderne et les vers de Pouchkine est une différence stylistique, tandis que la différence entre le *Slovo o polku Igorove* et la prose russe moderne est linguistique, c'est-à-dire qu'elle exige un re-codage spécial.[14] Tracer la limite, dans ce cas, constitue déjà une tâche très importante et il n'est pas moins important, naturellement, de définir les particularités de tel ou tel style. Mais il est essentiel de souligner que ces tâches sont considérées comme résolues *a priori* chaque fois que les différences stylistique des œuvres d'art sont examinées.

LES RAPPORTS DES STYLES COEXISTANT DANS LA LANGUE ET LA VALEUR STYLISTIQUE

Dans la mesure où il est possible d'énoncer, dans une langue, de diverses manières (à l'aide de différents styles) des contenus identiques, les différents styles s'opposent l'un à l'autre d'une façon naturelle – et le choix même de tel ou tel style devient signifiant. Par conséquent, c'est PRÉCISÉMENT L'APPARTENANCE DE L'ÉLÉMENT LINGUISTIQUE À TEL OU TEL STYLE QUI DÉTERMINE SA VALEUR STYLISTIQUE.[15]

La valeur abstraite du style peut être déterminée par son association à telle ou telle situation communicative (par exemple, 'style complet', 'style incomplet', 'style expressif', etc.) ou à tel ou tel type de locuteur (par exemple, 'style cultivé', 'style vulgaire', etc.), ou de destinataire (par exemple, la distinction des styles selon le degré de politesse – dans le japonais, le tibétain et les diverses langues malaises – requis par la condition sociale de la personne à laquelle le discours est adressé) et, enfin,

[13] D'où plus de liberté dans la perception d'un tel texte, notamment parce qu'on admet la possibilité de connaissance insuffisante du langage, d'interprétation incorrecte, etc.

[14] Il n'est pas toujours possible, dans ce cas, de mesurer la différence à l'aide des seuls critères chronologiques (cf. à ce sujet Jakobson, 1960, p. 352). Il suffit d'évoquer comme exemple l'art primitif qui est, évidemment, plus familier au spectateur du 20e siècle (et celui-ci par conséquent l'interprète d'une manière plus immédiate) que la peinture de la première moitié du 19e siècle.

[15] Par là, la valeur stylistique de tel ou tel élément est parfois considérée comme étant une valeur d'intégration linguistique dans un milieu ou une situation. De la même manière, du point de vue de l'historien de l'art, la valeur stylistique d'une particularité est définie d'après son appartenance ou son intégration à tel ou tel milieu culturel et historique (cf. M. Schapiro, 1953).

selon l'objet du discours (par exemple, 'style scientifique'; cf. certaines règles de rhétorique où le style est en fonction du sujet traité). Mais il est essentiel que la valeur stylistique (coloris stylistique) soit créée avant tout, par le simple fait de l'opposition des différents styles dans la langue. La validité d'une telle assertion est prouvée par le fait que tout coloris stylistique – c'est-à-dire la valeur générale attribuée à tel ou tel style – disparaît lorsque nous imaginons une langue qui aurait un style unique (ceci est facile à vérifier par une expérimentation mentale appropriée). Ainsi la valeur stylistique est corrélativement déterminée, elle constitue une 'valeur' dans le sens que lui donne Saussure.

Dans de nombreuses occasions, l'opposition des styles dans la langue se manifeste comme étant une opposition privative d'après les termes de Troubetzkoy (1938); autrement dit, un style se manifeste comme étant marqué par rapport à un autre – lorsqu'il est employé dans certaines situations particulières de la communication – tandis que l'autre, par contre, se manifeste comme un style NON-MARQUÉ (ou NEUTRE).[16]

Dans le cas le plus commun, le style marqué est utilisé simplement pour éviter les répétitions; en d'autres termes, c'est la destruction d'un certain stéréotype du discours (dont le but est d'amener le destinataire à concentrer son attention, à surmonter l'inertie de sa pensée); en définitive, c'est une lutte contre l'entropie créée par l'utilisation des mêmes moyens d'expression.[17] Par exemple, en danois on emploie la phrase "Det er godt" (à la lettre: 'c'est bien') qui correspond à l'anglais "All right"; mais parfois, uniquement pour varier, dans les mêmes occasions et avec la même fonction, on dit "Den er god". La modification consiste à substituer à la forme neutre (du pronom et de l'adjectif) des formes correspondantes d'un autre genre: de sorte que cette modification grammaticale n'est point du tout déterminée par des changements dans la situation réelle exprimée (c'est-à-dire dans les denotata auxquels se rapportent le pronom et l'adjectif): elle intervient avec une fonction purement stylistique. On emploie avec la même fonction les différents synonymes (ce qui est particulièrement évident dans le processus de la rédaction littéraire)[18]. Remarquons, à ce propos, que les

[16] Dans plusieurs cas, au style marqué correspond un niveau de l'expression marqué; par exemple, le style expressif dans les diverses langues se crée grâce à la substitution de certains éléments par des éléments correspondants marqués (cf. à ce sujet Stankiewicz, 1964, p. 252).

[17] Cf. à ce sujet M. Riffaterre, 1959, pp. 156-157.

[18] A proprement parler, il devrait s'agir ici uniquement de synonymes stylistiques, équivalents par leur sens, et différant exclusivement du fait de leur appartenance à des styles différents. Il est évident, cependant que la rédaction (y compris l'autorédaction) est souvent une expansion de la stylistique dans la sémantique, lorsque

possibilités de recourir à ce genre de différenciation stylistique ne se présentent pas de la même manière dans les différentes langues; en particulier, dans les langues dont le lexique manifeste largement les résultats de contacts (anciens ou actuels) avec d'autres langues, se forment des séries synonymiques parallèles (cf. par exemple, dans les langues scandinaves modernes, la couche des emprunts ou calques, venus de l'anglais, à côté de ceux venus de l'allemand) ce qui donne à ces langues des possibilités stylistiques relativement plus riches (d'autre part, la couche des emprunts lexicaux acquiert souvent un coloris stylistique particulier; cf. *infra*).

Si les exemples donnés plus haut illustrent le cas où les rapports entre les styles se manifestent à travers des catégories simplement relationnelles, d'autres cas font intervenir aussi des rapports hiérarchiques; c'est-à-dire qu'il se crée dans la langue une hiérarchie déterminée des styles classés d'après la priorité d'un style par rapport à un autre (cette priorité pouvant jouer dans la langue, en général, ou bien dans une certaine situation [19]). (En guise d'illustration: la théorie des trois styles – élevé, moyen et bas – de l'ancienne rhétorique.)

En effet, dans la mesure où les styles sont des systèmes d'expression coexistant dans la langue, le rapport entre les différents styles d'une langue peut refléter les rapports extralinguistiques entre les groupes sociaux associés à tel ou tel style. En fait, l'apparition, dans la langue, d'une certaine opposition stylistique peut être la conséquence d'une influence EXTÉRIEURE déterminée sur la langue en question, par exemple l'interférence avec une autre langue se manifestant dans les emprunts, etc. Dans ce cas, la valeur stylistique des éléments correspondant à la langue interférente est déterminée par l'attitude envers cette langue (cette attitude peut ce conserver notamment sous forme de réflexes stylistiques). Cf., par exemple, la valeur stylistique hiérarchiquement élevée des emprunts étrangers (provenant d'une source donnée) dans plusieurs langues: les gallicismes dans l'anglais, les emprunts romano-germaniques dans le russe, les emprunts sanskrits dans les langues malaises, et ainsi de suite.

Une telle situation n'est pas nécessairement l'effet d'un emprunt

les synonymes substitués aux mots dans des buts stylistiques sont quelque peu différents dans leur sens.

[19] En remontant à la correspondance déjà établie entre les styles et les langues, nous pouvons attirer l'attention sur une certaine hiérarchie des langues, se manifestant souvent dans le polyglottisme aussi bien que dans les autres cas d'interférence linguistique.

direct. Si nous considérons, par exemple, les mots se correspondant phonétiquement et par leur sens (les doublets étymologiques) dans les langues et les dialectes voisins, très souvent nous pourrons remarquer la régularité caractéristique suivante: les mots ou les formants grammaticaux qui possèdent dans l'une des langues (ou dialecte) A un coloris stylistique neutre, portent dans l'autre langue B un coloris émotionnel; autrement dit ils font partie dans la langue B du style spécialement marqué (expressif, marqué, etc.). Qu'on songe, par exemple, à la correspondance entre l'ukrainien *brehat'i* ('mentir') et le mot russe expressif et vulgaire *brehat'*, entre l'ukrainien *duren'* (sot) et le mot russe expressivement coloré *duren'*, etc.; ou bien qu'on compare le mot polonais neutre *zginąć* ('disparaître') et le mot russe expressif *zginut'*, le polonais *cieszyć* ('rejouir') et le russe *t'ešit'* (avec le même sens, mais stylistiquement marqué), etc. Il est évident que les mots qui, dans l'ukrainien ou le polonais, appartiennent au style neutre, apparaissent dans le russe comme stylistiquement marqués, c'est-à-dire comme appartenant à un style PARTICULIER (car la coloration stylistique des mots russes correspondants aux mots polonais est différente de celle des mots correspondant aux mots ukrainiens). Des rapports analogues peuvent être révélés aussi sur le plan des formants grammaticaux (dérivationnels).

Si une telle régularité se manifeste d'une manière assez fréquente, nous sommes en droit de constater une certaine prédominance de la langue B (où les mots correspondants sont stylistiquement marqués) par rapport à la langue A (où ces mots appartiennent au style neutre). Cette prédominance est souvent inhérente au rapport entre la langue et le dialecte dans la mesure où la langue est une structure stylistiquement et lexicalement plus riche que ses propres dialectes. Quand le phénomène concerne des langues véritables (et non des dialectes), il est caractérisé par une différence déterminée dans la signification des mots correspondants (cette différence de signification peut se manifester en même temps que des différences stylistiques).

Remarquons, d'ailleurs, que ceci nous permet de proposer un procédé de distinction, proprement linguistique, de la langue et du dialecte. Il faudrait commencer par examiner le fonds lexical commun aux deux langues (ou dialectes) A et B. Au cas où il serait inexistant ou insuffisamment riche, il est évident que A et B ne peuvent pas être caractérisés par des rapports dialectaux (on peut proposer des critères statistiques déterminés fixant la limite à partir de laquelle il serait opportun de vérifier si l'on est ou non en présence d'un dialecte). Si le fonds lexical commun est suffisamment riche, on déterminera, d'une part, la quantité relative des cas où les mots de ce fonds ont des sens différents (par exemple, s'il correspondent à des denotata différents) dans A et B: lorsque ces cas sont nombreux, A et B sont des langues et non pas des dialectes; d'autre part on calculera la quantité relative des cas où ces mots coïncident dans leur sens, tout en se différenciant stylistiquement: lorsque ces cas prédominent, A et B sont dans des rapports dialectaux. Naturellement on en jugera en recourant au calcul statistique.

Si nous sommes en présence de la seconde possibilité, c'est-à-dire coïncidence en sémantique en même temps que divergences en stylistique, nous devons essayer de dégager l'orientation du processus. Celuici peut se révéler comme pluridimensionnel, autrement dit certains mots communs aux deux langues sont stylistiquement colorés dans l'une et neutres dans l'autre, tandis que pour d'autres mots on observe le phénomène contraire. En l'occurrence, nous nous trouvons plutôt devant deux dialectes de la même langue. Par contre, le processus peut se révéler comme unidimensionnel (par exemple, dans l'une des langues le groupe de mots qui nous intéresse est toujours stylistiquement neutre, dans l'autre il est toujours, ou presque, stylistiquement coloré). Dans ce cas-là, nous admettrons que la langue, où ce groupe de mots est stylistiquement marqué, doit être considérée comme une véritable langue; l'autre, où le groupe de mots est stylistiquement neutre, est un dialecte de cette langue. Si, de surcroît, la caractéristique stylistique de ce groupe de mots se conserve dans la première langue comme plus ou moins constante, l'examen du coloris stylistique concret nous permettra de déterminer la position spécifique du dialecte à l'intérieur de la langue.

Il est évident, donc, que les données stylistiques peuvent jouer un rôle considérable dans les études linguistiques concrètes.

Nous avons envisagé des cas où la hiérarchie des styles dans la langue est déterminée par sa position parmi les autres langues (auxquelles la rattachent une parenté ou des contacts). Mais, la coexistence des styles, ainsi que leurs rapports hiérarchiques dans la langue, sont déterminés également par l'évolution de cette langue dans le temps. Le rapport entre la langue et le style est, à plusieurs titres, analogue au rapport entre le découpage synchronique et le découpage statique de la langue: en effet, comme l'a démontré R. Jakobson (1962, pp. 53-54; et autres travaux), la synchronie de la langue se caractérise par de nombreux états statiques coexistant à l'intérieur de cette langue comme autant de variantes stylistiques.

On sait que la langue change continuellement, mais l'individu parlant ne perçoit pas directement la continuité du processus, parce que ces modifications se produisent non pas dans le discours d'une même génération, mais au moment de la transmission de la langue d'une génération à la suivante; aussi les locuteurs sont-ils enclins à considérer les modifications de la langue comme un processus discret; à leurs yeux la langue n'est pas une continuité, au contraire, elle se désagrège en plusieurs couches. Et celles-ci recouvrent notamment une valeur stylistique.

Il est par conséquent naturel que les représentants de la génération aînée soient les législateurs des valeurs stylistiques (autrement dit, ce sont ceux qui déterminent la hiérarchie des styles). (La situation peut être renversée lors des cataclysmes sociaux.) Il en découle la règle suivante, dont le caractère est presque universel: DE DEUX SYSTÈMES STYLISTIQUES SE SUIVANT IMMÉDIATEMENT DANS LE TEMPS, LE PLUS ARCHAÏQUE N'EST PAS LE PLUS VULGAIRE (encore qu'il puisse être stylistiquement marqué dans la langue – être, par exemple, considéré comme étant un style aristocratique, savant, etc.). Par contre, le style vulgaire, comme on sait, se caractérise souvent par un devancement chronologique relativement plus grand, c'est-à-dire par des processus qui n'ont pas encore affecté les autres styles de la langue. (Comme exemple typique, nous pouvons citer la phonétique du cockney londonien ou le slang de Copenhague.[20])

Il faut souligner que la loi mentionnée ci-dessus concerne exclusivement le rapport des styles se suivant IMMÉDIATEMENT dans le temps; il n'est pas dit que chaque système archaïque recouvre une valeur hiérarchique, mais uniquement celui qui précède immédiatement un autre (de sorte que ce dernier peut être considéré comme vulgaire, par rapport au précédent). Ce qui importe, ce n'est donc pas l'ancienneté dans les modifications diachroniques, mais l'ancienneté à l'intérieur d'une situation synchronique: en même temps, l'état encore plus

[20] Ce que nous venons d'énoncer est valable uniquement dans les cas où, aux modifications chronologiques de la langue, ne sont pas mêlées des influences extérieures. E. D. Polivanov (1931, p. 145) cite ainsi l'estonien où la prononciation de l'intelligentzia est, paradoxalement, plus moderne que celle du langage populaire; mais il est facile d'expliquer ce fait par le bilinguisme estono-allemand, caractéristique de l'intelligentzia estonienne dans la première moitié du 20e siècle (*id.*, p. 146). En d'autres termes, dans ce cas précis, des deux causes susceptibles de provoquer la formation d'une hiérarchie stylistique dans la langue, à savoir ses contacts extérieurs avec d'autres langues (dont il a été déjà question) et les modifications internes de la langue (dont nous sommes en train de parler), la première l'emporte sur la seconde.

archaïque (mais qui dépasse l'horizon d'une certaine génération et, par conséquent, n'est pas associé par celle-ci à la génération qui la précède immédiatement[21]) peut à son tour se manifester dans la langue comme étant vulgaire, incorrect, etc. – en somme, comme un système de caractéristique stylistique négative.

Remarquons, que le postulat cité plus haut, quant au rapport des états ancien et moderne, est une régularité purement linguistique, concernant exclusivement la langue naturelle. Dans l'art on rencontre plus souvent le phénomène inverse, à savoir que ce sont précisément les digressions par rapport aux normes qui comportent une information esthétique[22] (cf. Uspenskij, 1964).

De ce que nous venons d'exposer, il est possible de tirer quelques conclusions, se rapportant non pas seulement à la langue elle-même, mais aussi bien à la culture de la société représentée par cette langue. Il est évident que la culture de telle ou telle société se trouve en rapport direct avec le polyglottisme qui y existe (dans le sens sémiotique général du terme). Si la langue impose des restrictions déterminées au système des rapports entre l'expression et le contenu, le polyglottisme fonctionnel, à son tour, détermine la gamme des points de vue potentiels (positions sémiotiques potentielles) que peut posséder le représentant d'une culture donnée, ou, en d'autres termes, le nombre des recodifications possibles dans les limites d'une culture donnée. En conséquence, on peut imaginer la possibilité de caractériser la culture de telle ou telle société, en relevant la quantité de ses systèmes de signes coexistants, en prenant en considération aussi bien les divers systèmes superposés à la langue naturelle, que les systèmes complémentaires à celle-ci – par exemple, tous les systèmes modelants, etc.), et en déterminant les caractéristiques sémiotiques de chaque système (degré de symbolisme, degré de relativité, etc.). De cette façon il sera possible de déterminer, par des termes correspondants, le DEGRÉ GÉNÉRAL DE SÉMIOTICITÉ de telle ou telle culture et de procéder à la comparaison des différentes cultures d'après leurs caractéristiques sémiotiques.

A la lumière de ce que nous venons d'exposer, l'examen des styles, en tant que systèmes coexistant sur le même plan dans le système

[21] Un tel état peut se conserver dans les dialectes.

[22] Sur ce plan nous pouvons interpréter les cas examinés plus haut de lutte contre la monotonie stylistiquc. En général, une certaine variation des styles dans le texte, le passage d'un style à un autre, peut être considéré comme souhaitable parce que c'est ainsi que se révèle le diapason culturel du locuteur (écrivain), sa maîtrise des différents systèmes adoptés par une société donnée.

global de communication d'une société donnée, et, respectivement, l'étude de la variété stylistique, en tant que phénomène du polyglottisme inhérent à la langue, doivent être considérés comme une partie nécessaire et fondamentale dans l'étude de la culture d'une société donnée. En particulier, si nous nous limitons au matériel de la langue naturelle, alors des caractéristiques telles que le degré de la différenciation stylistique (se manifestant surtout dans le développement des séries synonymiques parallèles), la hiérarchie des différents styles et, en général, la structure des rapports entre eux déterminent, en grande partie, les possibilités culturelles d'une langue donnée.[23] Cette observation est applicable, dans l'ensemble, à l'analyse stylistique du matériel des systèmes sémiotiques d'un ordre différent.

RÉFÉRENCES

Carnap, R.,
1946 *Introduction to Semantics* (Cambridge, Mass., Harvard University Press).
Greenberg, J. H.,
1960 in: T. A. Sebeok (ed.), *op. cit.*
Hayes, A. S.,
1964 "Paralinguistics and Kinesics: Pedagogical Perspectives", in: T. A. Sebeok, A. S. Hayes and M. C. Bateson (eds.), *op. cit.*
Jakobson, R.,
1923 *O češskom stihe preimuščestvenno v sopostavlenii s russkim* [Du vers tchèque, plus spécialement en comparaison avec le vers russe] (Prague, Moscou) (*Recueil de théories sur la langue poétique*, 1).
1960 "Linguistics and Poetics", in: T. A. Sebeok (ed.), *op. cit.*
1962 in: G. F. Meier (ed.), *Zeichen und System der Sprache*, 2 (Berlin).
Larin, B. A.,
1927 "O lirike kak raznovidnosti hudožestvennoj reči: Semantičeskie stjudy" [De la poésie lyrique en tant que genre du discours artistique: Études sémantiques], *Russkaja reč'* (Leningrad), nouvelle serie, 1.
Polivanov, E. D.,
1931 *Za marksistskoe jazykoznanie* [Pour une linguistique marxiste] (Moscou).
Riffaterre, M.,
1959 "Criteria for Style Analysis", *Word*, 15, 1.
Sapir, E.,
1931 "Conceptual Categories in Primitive Languages", *Science*, 74.
Saussure, F. de,
1916 *Cours de linguistique générale*, publié par C. Bally et A. Sechehaye avec la collaboration de A. Riedlinger (Paris-Lausanne, Payot).
Schapiro, M.,
1953 "Style", in: *Anthropology Today: An Encyclopedic Inventory* (Chicago).

[23] Cf. à ce propos la thèse de B. A. Larin (1927, p. 64) selon laquelle "le développement de la synonymie dans la langue dépend toujours des (et correspond aux) stades de sa culture poétique".

Sebeok, T. A. (ed.),
1960 *Style in Language* (New York, Wiley).
Sebeok, T. A., A. S. Hayes and M. C. Bateson (eds.),
1964 *Approaches to Semiotics* (The Hague, Mouton).
Stankiewicz, E.,
1964 "Problems of Emotive Language", in: T. A. Sebeok, A. S. Hayes and M. C. Bateson (eds.), *op. cit.*
Trubetzkoy, N. S.,
1938 "Grundzüge der Phonologie" (= *Travaux du Cercle Linguistique de Prague*, 7).
Uspenskij, B. A.,
1964 "Sulla semiotica dell'arte", *Questo e altro, Rivista di Letteratura*, 6-7.
Whorf, B. L.,
1956 *Language, Thought and Reality*, edited by J. B. Carrol (Cambridge, Mass.).
Winter, W.,
1964 "Styles as Dialects", in: H. G. Lunt (ed.), *Proceedings of the Ninth International Congress of Linguists, Cambridge, Mass., 1962* (The Hague, Mouton).

30

LOGIQUE ET TEMPS NARRATIF *

HRISTO TODOROV

I. TEMPS INTERNE ET TEMPS EXTERNE

La dimension temporelle est la caractéristique la plus générale du genre narratif: le CONTENU d'un récit quelconque aura toujours pour CONTENANT formel sa dimension temporelle. Celle-ci se construit à partir de quelques oppositions essentielles, dont la première est l'opposition entre le temps du DIT et le temps du DIRE. Cette opposition définit la distinction entre l'usage ordinaire et l'usage autonyme d'un énoncé, – c'est-à-dire la distinction entre deux niveaux logiques différents. Dans son usage ordinaire le mot est le signe de quelque chose, tandis que dans son usage autonyme il est son propre signe (c'est-à-dire le signe d'un signe). Par exemple dans *Jean écrit une lettre* le nom-sujet désigne une personne (= usage ordinaire); au contraire dans *Jean s'écrit avec majuscule*, le même nom-sujet se désigne lui-même comme nom (= usage autonyme).

Dans leur usage ordinaire les énoncés d'un récit simulent, linguistiquement, un certain nombre de comportements. Ces comportements sont présentés comme se succédant dans le temps. C'est, bien entendu, un temps 'simulé', qui est 'vécu' par les personnages et qui se situe dans le récit comme histoire: ce temps, qu'on appellera INTERNE, constitue la diachronie du récit.

Mais si on considère les énoncés du récit dans leur usage autonyme, on constatera que les mentions de ces mêmes énoncés sont, sur le plan de la manifestation discursive, antérieures et/ou postérieures les unes par rapport aux autres. C'est que le récit comme discours se situe lui

* Je tiens à remercier A. J. Greimas, Directeur d'études à l'École Pratique des Hautes Études, dont les suggestions m'ont beaucoup aidé dans la préparation de cet article.

aussi dans le temps; mais c'est un temps de niveau logique différent. Il s'agit là du temps 'vécu' par le destinateur et/ou le destinataire pendant la communication; par conséquent c'est un temps 'réel' (et non 'simulé'), matérialisé par l'ordre des énoncés dans le discours: on l'appelera EXTERNE.

En sa qualité de temps appartenant à un niveau logique supérieur le temps externe ne peut pas définir son orientation à partir du temps interne: seul l'inverse est possible. C'est pourquoi il n'existe que deux cas d'interférence entre le temps externe et le temps interne ($\overrightarrow{e}$, $\overrightarrow{i}$; $\overleftarrow{e}$, $\overleftarrow{i}$) au lieu de quatre.

En effet à la formule (e, i) correspond une narration dans l'ordre chronologique normal (le nœud du récit est placé au début, et le dénouement à la fin [1]); tandis qu'à la formule (e, i) correspond une narration qui inverse l'ordre chronologique (le nœud est placé à la fin, et le dénouement au début du récit).

D'autre part la différence de niveau peut être introduite dans le temps interne lui-même: c'est ce qui arrive quand on a deux récits dont l'un (r) se développe sur un niveau logique inférieur par rapport à l'autre (R): r/R = dit/dire (la formule dite "le récit dans le récit").

II. DIACHRONIE ET ACHRONIE INTERNES

Pour que deux procès simulés linguistiquement se trouvent l'un par rapport à l'autre dans un rapport temporel d'antériorité et/ou de postériorité, il est nécessaire que les durées qu'on attribue à ces procès soient quantitativement distinctes: c'est la condition nécessaire et suffisante de l'existence d'une dimension temporelle interne. Donc il importe beaucoup de savoir quelle peut être la caractéristique temporelle que le verbe attribue au procès qu'il désigne.

Selon Guillaume, le système temporel du verbe repose sur la différence qualitative entre le temps qui s'en va (temps immanent) et le temps qui vient (temps transcendant):

"Le temps transcendant, en sa qualité de temps qui vient, a sa source dans le futur et se continue, AVEC LE CARACTÈRE D'INCIDENCE QU'IL DOIT À CETTE ORIGINE dans le passé. Il apparaît ainsi, par comparaison avec la notion intégrale de temps, comme du temps complet, *parfait*, auquel ne manque aucune époque.

[1] Les termes *début* vs. *fin* appartiennent au temps externe: ce sont le premier et le dernier moments sur le plan du temps externe; par contre le couple *nœud* vs. *dénouement* correspond à la même distinction, mais au niveau du temps interne.

Le temps immanent, en sa qualité de temps qui s'en va, ne commence qu'à partir du présent et se continue, AVEC LE CARACTÈRE DE DÉCADENCE QU'IL DOIT À CETTE ORIGINE, dans le passé. Toute quantité de temps qui se développe au-delà du présent, en direction du futur, échappe au temps immanent: c'est du temps qui vient. Le temps immanent apparaît ainsi par comparaison avec la notion intégrale de temps comme un temps incomplet, imparfait, auquel il manque une époque: le futur." [2]

Cette différenciation peut intervenir soit dès l'état de puissance du verbe et se manifester comme différence d'aspect (temps immanent = aspect indéterminé: *marcher*; temps transcendant = aspect déterminé: *avoir marché*),[3] soit à l'état d'effet du verbe et se manifester comme différence de thème (temps immanent = thème binaire: présent, imparfait; temps transcendant = thème non binaire: aoriste, futur).

Le temps transcendant représente donc une quantité de temps conçue comme une et finie, tandis que le temps immanent représente une quantité de temps conçue comme partitive et perspectivement infinie. La discrimination entre le temps immanent et le temps transcendant au niveau du verbe rend possible la distinction entre séquences achroniques et séquences diachroniques. En effet, si on imagine le temps interne de la séquence comme une ligne, il est évident que seules les quantités ponctuelles de temps (durées transcendantes) peuvent entretenir entre elles des rapports d'antériorité et de postériorité. Par contre, ce genre de rapport est impossible entre des quantités non limitées de temps (durées immanentes): elles se confondent en un temps amorphe, deviennent ainsi simultanées et éliminent la dimension temporelle interne.

D'autre part la non-limitation ou la limitation de la durée du procès est étroitement liée à l'extensivité ou la non-extensivité quantitative du concept exprimé par le verbe: le temps transcendant est anti-extensif et particularisant, tandis que le temps immanent est, au contraire, extensif et généralisant. Voici un exemple: *X sait se tirer d'affaire* vs *X a su se tirer d'affaire*: en l'absence de tout contexte, la différence d'aspect entraîne une différence d'extensivité (l'aspect indéterminé fait de la première proposition une vérité générale hors du temps; l'aspect déterminé de la deuxième proposition fait d'elle l'énoncé d'un fait unique, par-

[2] G. Guillaume, *Langage et science du langage* (Paris, A. G. Nizet, 1964), pp. 49-50.

[3] La différence d'aspect peut être aussi inhérente au concept exprimé par le verbe: ainsi par exemple *sortir, tomber, dire,* intègrent l'aboutissement de l'action et sont d'aspect déterminé, ce qui n'est pas le cas de *marcher, descendre, parler* qui sont d'aspect indéterminé.

ticulier). Et inversement, la distinction entre l'indétermination et la détermination, obtenue en dehors du verbe, peut se reporter sur la représentation du temps par le verbe. Par exemple dans *X mange du pain* vs. *X mange un (le) pain*, le verbe de la première proposition peut être assimilé à l'aspect indéterminé (à cause de l'article partitif), tandis que celui de la seconde a une valeur proche de l'aspect déterminé.

C'est pourquoi la diachronie n'est propre qu'au récit comme histoire: un récit est une énumération d'événements particuliers et uniques. Dans les ouvrages scientifiques, au contraire, le contenu est achronique: la généralité du contenu dans ceux-ci répugne à la dimension temporelle interne: en effet les textes scientifiques semblent préfèrer à tout autre temps verbal le présent – et ce présent est le plus large possible, c'est-à-dire celui des vérités générales [4].

Voici deux exemples qui illustrent la différence entre les séquences achroniques (formées de quantités de temps immanent) et les séquences diachroniques (formées de quantités de temps transcendant):

— Séquence achronique: *X mangeait, riait, buvait et parlait* (aucune des quatre actions n'est antérieure ni postérieure aux autres; le temps interne de la séquence est un temps indivis et sans limite précise: il ne compte pratiquement pas);

— Séquence diachronique: *X mangea le pain, but quelques gorgées de vin, sourit et dit*: . . . (les rapports d'antériorité et de postériorité entre les actions existent: la succession des moments du temps interne est la même que la succession des propositions sur la ligne du temps externe).

Remarque: Il faut cependant noter qu'une proposition (ou série de propositions) ayant une durée interne non limitée peut rencontrer son achèvement plus loin, dans une autre proposition (exemple: *X dormait. Soudain, il se réveilla*).

Ainsi les deux propositions forment ensemble un temps complet qui peut être postérieur ou antérieur à d'autres parcelles de temps complètes. Cela signifie que dans un récit quelconque, même les séquences essentiellement achroniques peuvent être intégrées dans le temps narratif. Mais cela n'est valable que pour les récits (c'est-à-dire pour les textes qui racontent des événements particuliers). Quand on rencontre

[4] Il faut noter à propos de la distinction entre les œuvres littéraires et les ouvrages scientifiques que celles-là contiennent aussi des idées générales – les contenus axiologiques – mais ces contenus, achroniques, sont exprimés au moyen de l'histoire et non pas directement; tandis que dans les ouvrages scientifiques la généralité est directe, explicite. Autrement dit, les contenus axiologiques dans un récit relèvent d'un méta-langage sémiotique.

dans un roman la proposition *X dort* on est en droit d'attendre plus loin son corrélat diachronique *X se réveille*. Au contraire, dans un texte scientifique il n'en est rien: la proposition *X est égal à Y* ne peut pas avoir de corrélat diachronique (c'est-à-dire quelque chose comme *X n'est plus égal à Y*): en l'absence de dimensions temporelles dans les textes scientifiques le corrélat diachronique, s'il existait, entrerait en contradiction avec son antécédent.

III. SÉQUENCES PERMUTABLES ET SÉQUENCES NON-PERMUTABLES

(1) Comme le temps externe s'écoule toujours dans la même direction, tout texte apparaît comme une suite ordonnée de positions, susceptibles d'être occupées par des propositions quelconques. Alors on peut considérer une séquence isotope [5] composée respectivement par les propositions p, q, r, s, . . . comme un groupe de substitution et essayer les différentes permutations. Théoriquement un tel groupe de n propositions permet n! substitutions différentes (la substitution identique comprise). Donc pour une séquence de 3 propositions on aura 6 substitutions (pqr/qrp/rpq/rqp/qpr/prq); pour $n = 4$ il y aura 24 substitutions, pour $n = 5$ il y en aura 120, etc.

Cette épreuve permet de distinguer deux sortes de séquences: les unes qui tolèrent les permutations (c'est-à-dire que toutes les substitutions seront des séquences isotopes), et les autres qui ne les tolèrent pas (c'est-à-dire que les substitutions autres que l'identique seront des séquences non-isotopes).

Il peut sembler que cette distinction concerne aussi bien les séquences diachroniques que les séquences achroniques. Mais si une séquence achronique ne permet pas toutes les permutations possibles (par exemple un syllogisme: $(A \subset B).(C \subset A) \rightarrow (C \subset B))$, cela est dû à l'asymétrie de l'opération principale (l'implication dans le syllogisme); cependant, en l'absence de tout opérateur, les énoncés achroniques forment des séquences descriptives qui sont permutables. Donc, si on ne considère que les séquences formées d'énoncés sans opérateurs, il apparaîtra que la distinction qui nous intéresse ne concerne que les séquences diachroniques. Voici deux exemples:

[5] L'isotopie est "un ensemble redondant de catégories sémantiques qui rend possible la lecture uniforme du récit, telle qu'elle résulte des lectures partielles des énoncés après résolution de leurs ambiguïtés, cette résolution elle-même étant guidée par la recherche de la lecture unique" (A. J. Greimas, "Éléments pour une théorie de l'interprétation du récit mythique", *Communications* (8), p. 30).

A. *Le militaire s'empare du fusil*... (p), *tire sur Félix* (q), *et le manque*... (r) (Diderot, *Les deux amis de Bourbonne*). C'est une séquence non-permutable.

B. *Jacques bâilla à plusieurs reprises* (p), *étendit les bras* (q), *et se leva* (r) (Diderot, *Jacques le Fataliste*). La séquence est permutable.

Si pour un certain nombre de propositions il n'y a qu'un seul ordre dans le discours qui convient, il faut admettre que cet ordre se trouve déjà préfiguré dans la langue. Cependant les séquences et les propositions sont des unités de discours et n'existent pas dans la langue: comment se peut-il que l'ordre des propositions dans une séquence donnée soit préfiguré dans la langue?

A vrai dire cette objection ne fait pas de difficulté: "Il existe dans la langue des mots qu'il suffit de prononcer même isolément pour que l'idée de temps s'éveille dans l'esprit. Cette idée de temps que le mot emporte avec soi, qui fait partie intégrante de sa signification, c'est le temps *in posse*, qui peut se définir: le temps intérieur à l'image de mot." [6] La carrière d'un verbe *in posse* est caractérisée par les trois positions: initiale, médiane et finale, qui correspondent à l'infinitif, au participe présent et au participe passé.[7] Mais ces trois positions peuvent être aussi explicitées par certains lexèmes particuliers, tels les verbes *commencer, continuer, finir*.

De même sur l'axe chronogénétique on distingue trois positions successives dans la formation de l'image-temps: le temps *in posse* (mode nominal), le temps *in fieri* (mode subjonctif), le temps *in esse* (mode indicatif). Mais il existe aussi des lexèmes qui semblent correspondre à chacune de ces trois positions, d'où leur affinité pour tel ou tel mode. En effet, comment relier de la façon la plus générale un verbe *in posse* à un sujet donné sinon par le verbe *pouvoir* (par exemple *X peut marcher*)? Il en est de même pour le verbe *vouloir* qui appelle le subjonctif (*X veut que Y marche*). Enfin, si *pouvoir* attribue le plus haut degré de puissance à tel ou tel verbe en particulier, *être*, qui affirme l'existence du sujet, représente le degré de puissance absolue qui ne s'attache à aucun procès en particulier: "*Etre* ... préexiste dans la filiation idéelle des mots à *pouvoir*, qui préexiste à *faire*, et généralement à tous les verbes spécifiant un procès agi ou subi".[8] Donc, la durée

[6] G. Guillaume, *Temps et Verbe* (Paris, H. Champion, 1929), p. 15.

[7] *Ibid.*

[8] *Idem, Langage et science du langage*, p. 73. La question de l'ordre idéel des verbes (c'est-à-dire, l'ordre défini par le temps opératif qui porte l'idéation notionnelle) est étudiée en détail par K. Mantchev ("Hiérarchie sémantique des verbes français contemporains", *Cahiers de lexicologie*, 10 (1967), pp. 31-46).

de tout procès se divise en instants distincts qui se succèdent dans un ordre idéal; cet ordre est le suivant:

être	*pouvoir (vouloir)*	*faire*	*commencer*	*continuer*	*finir*
I	II	III	1	2	3

Si on a quelques propositions avec des verbes occupant différentes positions dans notre schéma, alors ce sera une séquence non-permutable: l'ordre de ces propositions dans le discours ne peut pas être autre que celui des verbes respectifs dans le schéma, par exemple: *X veut parler, il commence son discours, il finit son discours.*

Il est cependant évident que de telles séquences, trop artificielles, ne se rencontrent guère dans les textes littéraires. Mais on peut toujours transcrire une séquence non-permutable en séquence 'artificielle' contenant ces verbes-là. Ainsi la première proposition de notre exemple (A) – *Le militaire s'empare du fusil* – peut s'écrire: *Le militaire peut tirer.* La légitimité de cette transcription apparaîtra si on explicite toutes les étapes par lesquelles elle passe: (*a*) *X s'empare du fusil* = *X a le fusil, (b) X a le fusil* = *X peut (jeter ou ne pas jeter, briser ou ne pas briser, se servir ou ne pas se servir de, emporter ou ne pas emporter, . . . le fusil)* – c'est-à-dire que la possession indique ici la possibilité d'une infinité de procès ayant X pour sujet et le fusil pour objet ou circonstant. Enfin (*c*), comme le lexème *fusil* signifie 'instrument pour tirer des coups de feu', l'une de ces actions possibles est exprimée par la proposition *X peut tirer.*

De même le verbe *manquer (le but)* de la troisième proposition de notre exemple comporte l'idée d'aboutissement (tout comme les verbes *atteindre le but, réussir, échouer*) et est à rapprocher de *finir.* Donc, notre exemple – et plus généralement toute séquence non permutable – raconte les étapes successives d'un même procès (*tirer* en l'occurence), bien que les couvertures lexématiques puissent cacher l'unité du procès; de là, la non-permutabilité de ces séquences.[9]

A l'inverse, les séquences permutables sont formées de propositions qui racontent des actions autonomes. Dans l'exemple (B), "bâiller" n'ouvre pas la possibilité pour "étendre les bras"; et "se lever" n'est pas l'aboutissement de "étendre les bras" – du moins, rien ne justifie, sur le plan purement sémantique, une transcription pareille. C'est pourquoi ces propositions autorisent toutes les permutations possibles.

[9] L'inversion du temps interne par rapport au temps externe (la formule $\vec{e}\ \overleftarrow{i}$) est possible, mais nécessite divers correctifs – adverbes, changement des temps grammaticaux, etc. – qui explicitent l'ordre de succession interne.

D'autre part, comme la séquence est diachronique, c'est l'ordre des énoncés dans le discours qui crée l'illusion de succession des procès dans le temps interne: "Jacques bâilla . . ., (puis) étendit les bras, (puis) se leva"; ordonnées autrement, ces mêmes propositions formeraient une autre séquence, également acceptable, par exemple: *Jacques se leva, (puis) étendit les bras, (puis) bâilla.*

Bref, dans les séquences non-permutables la succession des actions dans le temps interne préexiste au discours: ses racines sont dans la langue; par contre dans les séquences permutables la succession des actions dans le temps interne est un effet du discours.

Comme pour tout procès il n'y a que quelques étapes successives fixées dans la langue, aucune séquence non-permutable ne peut contenir plus de quelques propositions. Il est toutefois possible que deux séquences non-permutables aient une proposition 'artificielle' en commun et forment ainsi une macroséquence. Par exemple si a1, a2, a3 et b1, b2, b3 sont deux séquences non-permutables et que les propositions 'artificielles' correspondant à a1 et b1 soient équivalentes, alors la macroséquence ainsi obtenue s'écrira a1, a2, a3, b2, b3 et permettra les permutations qui ne contredisent pas l'irréversibilité de chacune des deux séquences constituantes. Ces permutations permises sont: a1, a2, b2, a3, b3; a1, a2, b2, b3, a3; a1, b2, a2, a3, b3; a1, b2, b3, a2, a3; a1, b2, a2, b3, a3; autrement dit, l'absence de contiguïté est permise, mais non la réversibilité. De même, si a2 = b1, les permutations permises seront: a1, a2, b2, b3, a3; a1, a2, b2, a3, b3. Enfin, si a3 = b1, alors la macroséquence sera entièrement non-permutable.

Les macroséquences de ce genre (partiellement ou entièrement non-permutables) jouent un rôle important dans les récits: elles opèrent les transformations des contenus. En effet, ces macroséquences simulent linguistiquement des "comportements qui impliquent à la fois une succession temporelle (qui n'est ni contiguïté ni implication logique) et une liberté de succession, c'est-à-dire les deux attributs par lesquels on a l'habitude de définir l'histoire: irréversibilité et choix" [10].

(2) Si on a une macroséquence a1, b2, b3, . . ., a2, a3 telle que b1 = a1, alors cette macroséquence est contradictoire: les séries a1, a2, . . . et b1, b2, . . . s'excluent. Une telle macroséquence peut néanmoins être lisible si les deux séries de comportements incompatibles sont supposées se dérouler sur deux niveaux logiques différents. Cela revient à dire que l'une de ces séries appartiendrait au récit principal (celui que l'auteur raconte ou lecteur), tandis que l'autre appartiendrait à

[10] A. J. Greimas, *Sémantique structurale* (Paris, Larousse, 1966), p. 211.

un récit surbordonné que l'un des personnages raconterait à d'autres personnages ou à lui-même. Les comportements simulés dans la macroséquence se situeraient donc sur deux temps narratifs distincts: l'un externe, l'autre interne.

Le passage d'un niveau d'énonciation à l'autre est le plus souvent indiqué par une proposition 'de modulation': *X pense que . . ., X rêve que . . ., X se dit que . . .* Cette proposition n'a pas de rôle fonctionnel proprement dit dans le récit: elle sert à assurer la lisibilité du texte. Cependant la contradiction dans une macroséquence peut fonctionner, à elle seule, comme un indice alexical du changement de niveau d'énonciation. Voici un exemple:

"De l'autre côté de la cloison, Archambaud dormait, en proie à un mauvais rêve. *Une foule considérable, massée dans les ruines de Blémont, attendait avec une impatience muette qu'il apposât sa signature au bas d'un pacte réglant la distribution des décades de cigarettes. Le porte-plume à la main, il était prêt à signer, mais l'encre manquait au dernier moment. Tous les encriers de la maison étaient vides et il était interdit d'aller s'approvisionner au-dehors. Gaigneux, qui était curé de Blémont, lui tendait le pacte et donnait des signes de nervosité. Le silence de la foule devenait menaçant.* Archambaud, mortellement anxieux, s'agitait en vain et donnait des coups de coude à sa femme qui n'était pas encore endormie." M. Aymé, *Uranus*. – C'est moi qui souligne – H. T.)

La contradiction consiste ici dans le fait que le héros est placé simultanément dans deux décors différents. Pour saisir le rôle syntaxique de cette contradiction il suffit de lire une fois le texte non sougliné (le rêve n'est pas raconté), et une autre fois le texte entier (le rêve est raconté: le passage souligné qui est en contradiction avec le reste du texte représente le récit du rêve). Donc, la contradiction indique que, pour être lisible, la macroséquence doit être articulée sur deux niveaux d'énonciation distincts.

CONCLUSION. Dans la construction du temps interne il y a trois oppositions dont le rôle est capital: la différence entre le DIRE et le DIT, la distinction entre l'aspect déterminé et l'aspect indéterminé, la référence – ou l'absence de référence – à l'ordre idéel des verbes. La première opposition permet de définir d'une façon abstraite le champ où peut apparaître le temps interne (ce champ, c'est le niveau du *dit*). La seconde opposition permet de définir la forme que le verbe doit donner à l'action qu'il désigne pour que celle-ci puisse être antérieure ou postérieure à d'autres actions (cette forme, c'est l'extensivité ponctuelle). La troisième opposition concerne les rapports entre les actions dans la séquence (la permutabilité ou la non-permutabilité de l'ordre de succession). Tout cela prouve que le temps dans les récits se construit à partir de principes dont la nature est à la fois linguistique et logique.

31

LECTURE ET SYSTÈME DU TABLEAU

JEAN-LOUIS SCHEFER

La sémiotique générale étant avant tout une description (une formalisation) des systèmes signifiants, le problème qu'elle soulève au lieu même de sa formation, est celui de la transcription *dans un code linguistique (logique, mathématique) de données extra-linguistiques (extra-logiques, extra-mathématiques).*

Ce problème se pose dans toutes les branches de la sémiotique, mais il est plus aisément inaperçu ou passé sous silence lorsqu'il s'agit d'une sémiotique formalisant (transcrivant) les systèmes signifiants élaborés dans les langues naturelles (la littérature, les différents types de communication sociales, les phénomènes psychopathologiques, etc.).

Or, une fois touchés les systèmes signifiants représentatifs *(comme la peinture, l'image cinématographique, la photographie, etc.) qui s'organisent sans recours explicite au langage naturel, le problème de la lexicalisation de ces systèmes et de la formalisation de cette lexicalisation, surgit avec tout son poids épistémologique et sémiotique. C'est la question du "triptyque image-langue-discours": c'est ici que nous trouvons la notion de* lexie *qu'élabore l'étude de Jean-Louis Schefer, "Lecture et système du tableau".*

Traité par un spécialiste à propos d'un objet qui paraîtra restreint, la peinture (un tableau), le concept de lexie *et la manière dont il est présenté jette, cependant, un pont entre le* texte *(le discours, et notamment le discours sémiotique) et* les pratiques sociales non textuelles *(tout ce que la multiplicité de la vie sociale, le "monde", "notre histoire",* représentent*). En ce sens, cette étude pourra introduire, à nos yeux, à une réflexion générale sur l'expansion de la démarche sémiotique vers toutes les pratiques signifiantes non discursives de la société.*

D'autre part, la notion de lexie*, telle qu'elle est étudiée par Schefer, étend la problématique soulevée par l'article de Gérard Genette "Lan-*

gage poétique, poétique du langage" (Cf. *supra,* p. 423) *concernant l'aspect sémiotique des rapports norme-anomalie dans les systèmes signifiants irréductibles à la langue parlée. La* lexie *propose un point de vue qui dépasse une telle distinction dans la mesure où, traitant du* texte *différencié de* la langue, *elle passe outre la* ligne *et la* surface, *et pense dans* l'espace *de la permutation signifiante* (dans *l'intertextualité*).

Cette réflexion se situe de même, on le verra, dans le champ ouvert par la philosophie de J. Derrida exposée brièvement dans l'entretien que nous publions (p. 11) *(Note de la rédaction).*

PROPOSITIONS

(1) Dans un tableau les figures ne sont pas lues en elles-mêmes mais, déclarativement, en leur rapport au texte qui les énonce. Nous notons /système/ le rapport: tableau-lecture-texte.

(2) Rien n'est supposé du texte du tableau; l'espace est à découvert dans sa grammaire totale (combinaisons, plans, perspectives etc.). D'un autre côté tout référé du signifiant est absolument virtuel (comme connotation) mais n'opère, en tant que signifiant, que sur un mode explicite.

(3) La dénotation des éléments du tableau est déjà une connotation privilégiée (surtout par la contestation du code figuratif) – c'est la surface; car en vertu de quoi, sinon du lien syntagmatique, n'est-elle pas connotante? Le problème ainsi posé est celui de l'existence *a priori* d'un plan dénoté: à ce niveau déjà, la lexie intervient.

(4) La problématique (ou la THÈSE) de la lexie suppose une mise en question du rapport connotation/dénotation: pas de niveau purement dénoté. La lexie fait apparaître le niveau dénoté au terme – porté lui-même par une saturation de l'analyse à partir de ses prémisses – d'un circuit de la connotation.

(5) La lexie joue entièrement (en renversant quelque peu leur ordre de dépendance) sur les oppositions du système: syntagme-dénoté-signifiant/paradigme-connoté-signifié.

(6) L'opposition n'est pas entre éléments *in praesentia* et *in absentia*; par exemple, dans le modèle de la colonnade chez Saussure, les éléments de lexie de la colonnade ne sont pas les autres 'ordres' non présents dans l'espace (dorique/ionique-corinthien . . .), mais:

1. d'autres fonctions lexicales possibles dans le syntagme pour le même élément,

2. un autre découpage des éléments selon les lexies, comme quoi:
   (*a*) le syntagme n'est pas déterminé dans son signifié puisque tout le problème posé à son sujet est d'abord d'ordre lexicographique: c'est de savoir comment nommer les figures (c'est-à-dire les permuter), et finalement de reconnaître son plan dénoté. Si, à ce point, l'on touche une utopie c'est celle du discours linéaire, parce que
   (*b*) le découpage transformé du 'syntagme' est sa constitution textuelle à partir d'un nombre non défini de paradigmes – empiétant parfois les uns sur les autres –
      α. le niveau dénoté n'est pas sûr, il est à constituer;
      β. une même séquence doit être construite plusieurs fois: le référent est sans cesse DÉPLACÉ.

(7) Nous désignerons par 'lexie' les zones de lectures qui constituent le /système/, donc le signifiant, à partir de signifiés (d'autres 'textes') qui s'implicitent dans la structure du /système/.

LEXIE

Le tableau

Poser un problème de méthode c'est en définir l'objet à la fois dans sa spécificité et dans son repoussé et, jusqu'en un certain point (celui d'une 'résistance' de la structure), penser l'analyse sous l'espèce d'une indexation réciproque de deux systèmes. C'est pourquoi la question de l'analyse d'un tableau est comprise dans cette autre: qu'est-ce qu'un tableau, quel type de définition requièrent les parties élémentaires articulables susceptibles d'être dénombrées et dispersées dans l'analyse. Autrement dit, s'il y a du [sens], un tableau et un problème de sa lecture, quels sont les éléments qui le configurent. Le tableau et sa lecture (qui ne requièrent qu'une seule définition, l'un et l'autre se déterminant dans le /système/ commun de l'analyse) se trouvent en quelque sorte 'indexés' sur la configuration des signes (de la FIGURE, dans la période qui nous occupe) à partir desquels un ESPACE SE PRODUIT DANS LA SIGNIFICATION.

Le point de départ d'une réflexion de type 'sémiologique' sur le tableau serait donc (bien différente d'une réflexion sur l' 'art' qui revient à indexer peinture, dessin, sculpture, architecture, musique . . . sur un système de signes non linguistiques. L'indexation de la peinture sur un système de signes non linguistiques définit un problème que nous aborderons plus loin; indiquons déjà qu'elle situe l'objet étudié, 'indexé' comme objet mesuré, 'transi' dans un rapport d'objectivation qui suppose une implication absolue des rapports de signification...) la question: qu'est-ce qu'un tableau?

(1) C'est, à une première approche, l'espace d'une affirmation qui se produit selon certaines figures et pour autant qu'en cette affirmation les figures se produisent.

(2) C'est l'espace où (dont) le sens est pour ainsi immédiat mais qui ne se produit NOMINALEMENT que par une reconduction, dont la récurrence n'est pas déterminable, des éléments qui servent son énonciation (ou, plus précisément, qui sont parties dans le procès de l'énonciation – sur ce terme, cf. appendice a-4).

(3) Le tableau est un espace signifiant qui peut être décrit selon les figures qui le représentent.

Le code

Le code donné dans la lecture du tableau, le code figuratif (nous verrons en quoi il n'est peut-être pas simplement 'donné'; nous pouvons, dans tous les cas, le caractériser comme le niveau référé de l'histoire de l'art), ce code qui est défini par une rhétorique de l'objet CONSTITUE (et c'est son objet propre: c'est que la rhétorique sur laquelle il opère est aussi une tropique, le tableau est pris en charge dans ses 'figures' d'expression et de construction au titre de système substitué: il s'agit d'un mouvement nécessaire dans toute analyse; le tableau n'est en effet analysable qu'à partir d'une traduction dans le discours analytique susceptible d'en offrir un plan dénoté. Reste à dire ici que ce système substitutif construit sur le code figuratif est régi par une implication absolue de la figure et entraîne une réduction des énoncés déclaratifs du tableau à la forme du discours qui les énonce à son tour – et pour son compte propre –; l'objet de l'analyse doit donc être aussi de stopper, pour ainsi dire, l'hémorragie de la figure, le passage subreptice du référent de l'image au signifiant déclaré dans le discours critique); le code figuratif constitue un réseau de simulacres (qui prédétermine les formes déclaratives du tableau) tendu entre le "monde" et le langage (le monde est, dans ce traitement, le niveau référé de l'image, objet tout à la fois d'une perception et d'une histoire: il s'agira ici de voir dans quelle mesure le 'monde' n'a de nom qu'en étant référé à l'image et, plus particulièrement, à une histoire de l'image; que le 'monde' dans la structure de l'image a bien une existence nominale et qu'il n'est sa MOTIVATION qu'en vertu d'une implication radicale des structures figuratives, implicitation en vertu de quoi il appert en effet que l'image est 'analogique', c'est-à-dire entièrement intelligible à partir du jeu de la ressemblance/différence, du jeu d'une circulation de l'identité et d'une conception close de la représentation; close dans la mesure où l'opposition binaire qui la formalise – représentant/représenté – transit le représentant vers le représenté, alors que, nous le verrons, la fonction de cette opposition EN GÉNÉRAL est d'abord pensée et, pour ainsi dire, prédéterminée dans l'opposition de deux participes, actif et passif; que la fonction active le /-ant/ doit être assignée ici à chacun des deux termes: c'est en réalité le /-é/ qui est transi vers le /-ant/ (le signifié vers le signifiant et, si l'on peut dire, le figuré vers le figurant): celui-ci est un niveau sans cesse transformé et dont la définition, c'est-à-dire également la forme et, partant, la structure, jusqu'à celle du tableau, est corrélative des probabilités successivement énoncées du /-é/).

Par conséquent nous voyons que le code figuratif ne peut être pris comme instrument de lecture: (*a*) il est lui-même un *representamen* ou substitut de l'objet à lire, (*b*) l'utilisation méthodologique (LA CONVERSION instrumentale) du code figuratif implique l'adoption d'un modèle normatif, qui est le discours, non susceptible de faire SE PRODUIRE l'espace du texte en question.

Il reste entendu que le modèle objectif analogique ne peut être ni le mot ni la phrase: c'est en fait jusqu'à la notion même de chaîne linguistique, jusqu'au syntagme qui est incapable de reconstituer les ensembles de contrainte et de dépendance des figures: celles-ci ne se règlent ni sur la ligne ni sur le plan. La surface, tout ou partie, est un système de contrainte formelle et peut être représentée par un système de dépendance interne des éléments qui la composent; de ceci il peut être fait une LECTURE, c'est-à-dire, très exactement, que l'on peut en donner le TEXTE. Car, incidente, il est manifeste que toute entreprise analytique vise non à réintroduire du texte sous ou dans l'objet mais à réintroduire l'objet DANS SON TEXTE (la lecture du tableau consiste bien à l'écrire au plus près du texte en quoi il se caractérise), C'EST-À-DIRE DANS NOTRE HISTOIRE.

La lexie

Nous opposons au code une unité de lecture macroscopique, la lexie, qui a pour but de déterminer tous les niveaux référés du texte. C'est une méthode de décomposition et d'approche du texte (entendu dans sa multidimensionalité où 'texte' s'oppose à 'discours'); à cet égard nous voyons que la lexie ne se branche pas sur le référent ou sur le denotatum, mais sur ce que nous pourrions appeler le 'definitum' (produit par une sorte d'éclatement du denotatum en designatum et definitum: c'est que le circuit de la figure et du sens n'est pas une opération à deux faces mais un procès qui ne se termine qu'à produire des signifiants; on peut dire, en ce sens, et dans la plus grande approximation, que le signifié est ici l'enveloppe même du signifiant). Il n'y a donc texte que (*a*) par la destruction de la surface et de la ligne, (*b*) parce que le système en question est celui d'une langue unique qui développe sa grammaire, c'est-à-dire ses niveaux de contrainte et de dépendance internes propres.

A. I. D'autre part la lexie est opposée au code pour une raison analogue: aucune langue ne précède le texte de façon à en régir les structures: en ce sens le code figuratif n'est pas la voie vers le tableau, c'en est, d'une façon très importante, la sortie, un système tout entier référé – là encore, c'est le tableau comme texte qui explicite le code, c'est-à-dire LA LANGUE (nous sommes bien ici dans un espace paragrammatique; le texte est un ordre différent et non réductible à celui de la langue, c'en reste, bien sûr, la sommation [1]).

[1] Il y a une homologie profonde entre notre pratique de la lexie et l'écriture paragrammatique telle que l'expose Julia Kristeva. Ce rapport devra faire l'objet d'une analyse. Rappelons déjà ici les propositions communes:
– "Dans la langue, le texte pense la langue, c'est-à-dire redistribue son ordre en mettant en relation la surface d'une parole communicative visant l'information directe, AVEC L'ESPACE D'AUTRES TYPES D'ÉNONCÉS ANTÉRIEURS OU SYNCHRONIQUES ... LE TEXTE MANIE DES CATÉGORIES INCONNUES À SA LANGUE, IL Y RAMÈNE L'INFINITÉ POTENTIELLE DONT LUI SEUL DISPOSE. Le rapport du texte à la langue dans laquelle il se situe est un rapport de redistribution, c'est-à-dire destructo-constructif" (nous soulignons) (*Critique*, 247, p. 1019).
– Il existe des systèmes modelants secondaires pouvant être considérés comme des langues uniques: il faut alors "isoler les éléments les plus élémentaires (l'alphabet du système) et définir les règles de leurs combinaisons" (*Travaux sémiotiques*, II, Tartu, cité par Kristeva, *op. cit.*). "Tout système, y compris le secondaire, peut être considéré comme une langue particulière" (*ibid.*).
– Et encore: "La science paragrammatique doit tenir compte d'une ambivalence: le langage poétique est un DIALOGUE de deux discours. Un texte étranger dans le réseau de l'écriture [. . .] dans le paragramme d'un texte fonctionnent tous les textes de l'espace lus par l'écrivain. Dans une société aliénée, à partir de son aliénation même, l'écrivain PARTICIPE par une écriture paragrammatique [. . .] le langage poétique apparaît comme un dialogue de textes: toute séquence SE FAIT par rapport à une autre provenant d'un autre corpus, de sorte que toute séquence est doublement orientée: vers l'acte de réminiscence (évocation d'une autre écriture) et vers

II. La lexie joue entièrement sur un déplacement de l'opération structurale, sur le niveau de lisibilité, le niveau dénoté, le rapport: lecture du texte/structure du texte en effet:

(1) La langue dans laquelle il faut lire le texte est constituée par le texte.

(2) Le texte doit être lu, c'est-à-dire isolé dans ses structures propres.

(3) Il ne peut être LU que dans un circuit de supplément d'autres textes.

Ce qui se déplace et apparaît alors c'est la structure propre 'en confins' des textes afférents (des 'lexies') [la lexie peut donc être définie en ce point comme un code de la probabilité du signifiant, apportant le signifiant à partir de signifiés déclarés]. Nous voyons (nous y reviendrons) que la structure textuelle du /système/ est ce qui lui permet de se déplacer, de s'atteindre (texte-image) en traversant les tableaux du monde, les espaces contemporains.

III. Tel pourrait être le programme de définition de la lexie en elle-même. Il faut encore souligner le fait qu'elle est le nom d'un triptyque: image-langue-discours; que l'image est lisible avant toute opération lexicographique, sur la base implicite d'un code figuratif construit lui-même selon le principe de l'analogie iconique; et à partir de structures implicitement décodées dans un premier discours énonciatif (comme une description).

Il est donc manifeste que le texte premier que nous pouvons donner s'établit d'abord dans une analogie implicitement postulée entre les figures et les choses: il s'agit dans un premier temps de nommer les figures DANS leur relations réciproques. Cette lecture constitute les éléments discrets ou les séquences à l'intérieur d'un certain rapport à la langue par quoi le tableau en son texte est à peu près oblitéré (il n'apparaît vraiment que dans un texte de 'condensation',[2] c'est-à-dire

---

l'acte de sommation (la transformation de cette écriture)" (J. Kristeva, "Pour une sémiologie des paragrammes", III, 1, *Tel quel*, 29).
– Par ailleurs nous nous permettons de renvoyer à un autre essai (*Scénographie d'un tableau*, Éd. du Seuil, 1969), que le présent article 'suppose' en partie.

[2] L'analogie la plus éclairante de ce que peut être une pratique de la lexie (c'est-à-dire le meilleur nom de la méthode) peut se trouver assez justement dans les analyses de rêves de condensation (cf. S. Freud, *Interprétation des rêves* [Paris, P.U.F., 1967], p. 242 *sq.*) où les "éléments de contenu sont sur-déterminés"; le syntagme se décompose, se recompose indéfiniment selon les paradigmes: LE 'DÉBLOCAGE' DU SYNTAGME (*a*) PRODUIT DU TEXTE À TRAVERS L'ANALYSE (*b*) (les signifiés *b* déterminent *a* comme signifiant).

quand la surface du texte premier est pour ainsi dire disjointe et entièrement relayée par son propre système). La figure est alors prise en charge (MAIS prend en charge) au titre de sa ressemblance, elle est intégralement RÉFÉRÉE dans sa décision lexicologique. Mais à ce niveau déjà la lexie intervient: la figure (qui n'est jamais partie du 'texte': il s'agit de deux ordres non permutables) se constitue, s'énonce (ou se désénonce) dans une ambiguïté fondamentale parce qu'ELLE N'A PAS DE STATUT DANS LE /SYSTÈME/, QU'ELLE EST SITUÉE À UN NIVEAU TRANSFORMATIONNEL DE CE DERNIER: référée, référent, elle est articulée selon une constellation où elle se déplace; elle expulse l'énoncé vers le texte, c'est-à-dire vers la stratification des discours qu'elle multiplie et dont, comme le tableau EN SON ENTIER, elle suit les déplacements (elle est LEUR signe). C'est encore dire qu'en sa structure la figure est symbolique du /système/.

IV. Nous voyons donc que la structure du tableau ne peut-être atteinte que (*a*) par ce qui se trouve déjà nommé, le corpus des figures, c'est-à-dire par des signifiés implicités, (*b*) par l'afférence du tableau et du texte étranger (inscrit dans un espace commun du /système/), en déplaçant le tableau vers lui-même; autrement dit: (*a*) en intériorisant le référent que nous appellerons alors le definitum, (*b*) en définissant le statut de la figure qui joue entre référent/definitum: c'est en celle-ci la compréhension même d'une représentation à double entrée.

V. En ce point précisément la lexie permet de définir un système par ses entrées (une structure par le nombre et le type de lectures que l'on PEUT en faire – selon la proposition de L. Hjelmslev, *Le langage,* [Paris, Éd. de Minuit, 1966], pp. 66-67).

Il est établi que les tableaux analysés peuvent se caractériser par la notion de représentation: nous voyons donc que le problème posé sur le statut de la figure est décisif; c'est que le représenté n'est pas la chose, c'est à la fois le référent et le definitum (l'un dans l'autre), en bref c'est le "monde" en tant qu'il est le nom de la représentation.

Tableau/Texte

B. I. La question primordiale que la lexie pose sans cesse (et c'est en quoi elle est susceptible d'infinitiser le texte) est celle du dénoté: il n'est jamais établi que par l'intermédiaire d'un ORDRE de lecture (qui, on l'a déjà dit, est un ordre de l'écriture, de la constitution du texte). Il y a un problème de la lexie (c'est-à-dire constitutivement du texte lui-même) parce qu'il y a un problème du dénoté, et inversement. Le dénoté n'est jamais sûr, dans un espace plan, par rapport à une distribution des figures, parce qu'il nous est donné UN TEXTE SANS SYNTAGMES (c'est-à-dire sans niveaux de contrainte privilégiés, sans 'rections'), ou encore: un texte dans lequel plusieurs syntagmes peuvent articuler les mêmes éléments; c'est aussi que la figure est une articulation qui se détruit elle-même entre le [monde] (entendu naïvement comme un répertoire de formes ou d'objets – donc également la science, les mathématiques, l'astronomie, la géométrie, comme ordre de définition symbolique du [monde]); c'est encore qu'en sa structure et en son nom le tableau sollicite – est sollicité par – tous les types de représentation, rhétorique, géométrique, astronomique: le tableau est en effet un espace entièrement ouvert à la probabilité des signifiés; ses signifiants, si l'on peut dire, le caractérisent entièrement mais ne le déterminent pas, ou encore: il est investi de signifiants caractérisés et non déterminés quant à la signification, entièrement absorbés dans la constitution d'une typologie, qui est le niveau de contrainte structurale maximum du tableau dont la signification proprement dite ne s'articule que dans une transtextualité :il se déplace dans des espaces analogues (les types de tableau en général) et contemporains (les autres tableaux analogues dans l'histoire de la peinture). Figure, donc, articulation entre le [monde] et le texte où elle joue comme représentation. Le texte ici, et c'est en quoi la lexie peut nous l'apporter DU DEHORS, est sa propre représentation et ne peut s'atteindre lui-même qu'au travers d'espaces communs (en les TRAVERSANT): la structure du tableau – dans la période qui nous occupe – est entièrement liée à la constitution métaphysique de son espace: il n'y a pas de contradiction dans ce système entre l'ordre mathématique (celui du calcul) et l'ordre théâtral; le tableau et la scène théâtrale se définissent par leurs ENTRÉES, de son côté et par le même mouvement la SCÈNE y est séquence du texte et séquence où se narre l'histoire de ces entrées, où se décomptent les métamorphoses du [signe].

Figure

II. Il est en effet à noter que parler ici de figures, c'est – quoique d'une façon plus adéquate à notre objet – parler encore de signes. Ce qui est déterminant pour franchir le niveau du texte ce sont les articulations signifiantes choisies dans l'analyse:

(3) Elles doivent être pertinentes, c'est-à-dire recouvrir un ordre

autonome du tableau sans opérer une réduction à la ligne phonétique du DISCOURS QUI ÉNONCE le tableau; il faut donc qu'elles puissent se structurer sur le glissement entre le référent, le représenté et le texte.

(2) Si nous parlons à ce propos d'articulations signifiantes (figures, signes) et non d'éléments signifiants substitutifs (ce à quoi autoriserait l'espace représentatif de la Renaissance), c'est que la figure ne dénote un élément du tableau qu'en son rapport au texte qui en est produit (à la "lecture"); sa structure doit donc garantir (et se constituer dans cette garantie) un espace de commutation intertextuel: c'est précisément le jeu de déplacement auquel la lexie soumet les figures, les séquences du tableau; elles se déplacent ainsi vers leur centre en parcourant des espaces (des 'tableaux') qui interviennent comme suppléments de probabilité du /système/ – en même temps, à l'intérieur du /système/, tout fait du supplémentarité se traduit dans une complémentarité du système indexé.

(1) C'est pourquoi la possibilité même de leur déplacement commutatif ou permutatif (c'est-à-dire dans une rupture de l'espace transformationnel) en fait des équivalents du signe (qui reste en effet leur "modèle"): il faut maintenir que LE TABLEAU S'ÉNONCE SELON DES 'FIGURES' (aux trois sens du mot: visages/tropes/signes), c'est-à-dire à partir d'éléments qui (*a*) sont divisés en eux-mêmes: la figure et le signe correspondent à plusieurs référés, (*b*) sont des équivalents ou des substituts et se situent par rapport à une ontologie de la division; ce qu'ils signifient À TRAVERS CE QU'ILS REPRÉSENTENT est l'espace de la grammaire (espace, par excellence, de la représentation de l'homme).

C'est que toute représentation en tant qu'elle est celle du sujet (et, parce que /puisque elle recourt à des signes), ne peut s'énoncer (car elle ne produit qu'en SE produisant) que sur les principes d'une grammaire, c'est-à-dire de la grammaire en général. Aussi en son projet même la spécificité du tableau tient-elle à la communauté (à l'espace commun nommé 'tableau') de tous les systèmes représentatifs du [monde]. Si le tableau se mesure, se décompte dans ses éléments et leurs articulations, ce n'est pas qu'il peut être l'objet d'une arithmétique . . . mais qu'il est intelligible EN LUI-MÊME comme espace géométrique, algébrique, tropique . . . c'est-à-dire qu'il est aussi l'espace de la science pour autant que celle-ci est celle du signe (du sujet). Le tableau est donc lui-même recours à (mais discours de, détour par) sa propre métaphore scientifique et théâtrale; c'est l'espace même qui SE transforme (et avec lui, par lui, le signifiant, la structure) parce qu'il n'est jamais intelligible que comme tableau, en son confin, là où il meurt.

Figure/Sujet

III. En bref, et de façon peut-être plus subtile que les signes du phonétisme, la figure détermine un espace dont la caractéristique essentielle est d'être divisible et de pouvoir, quant à ses éléments, n'être pensée que dans l'opposition d'un sujet et d'un prédicat [3] [(c'est ce rapport que l'opposition, réversible, de la figure et de l'espace transforme lorsque la couleur n'est plus 'attribuée' mais elle-même code, sujet; mais la même grammaire ne nous apprend-elle pas que l'espace lui-même, et de part en part, est 'figure': à la fois divisible et non réductible à la partition des figures? Les figures ne sont pas celles DE l'espace; est-il structurellement produit de (leur) signification? Espace du texte énoncé dans la figure). Par le même mouvement (et c'est le fonds d'une idée de la 'motivation' du signe pictural) la figure est par une récurrence infinie substitut du sujet lui-même (et sujet, précisément, en tant que ce substitut; la pensée du sujet est pensée de la substitution): si l'on veut, ce sont encore les étapes de cette substitution que la lexie tâche d'atteindre (donc: le travail sur la structure de la figure et sur la spatialité des signifiés, sur le texte, y sont une même chose)]; où le sujet s'entend comme le thème (du tableau), le sujet, donc, de la réversibilité (S. énoncé/S. énonciation), c'est-à-dire à travers la représentation grammaticale du sujet – "l'homme qui", dont le monde n'est jamais que prédiqué (l'hypostase) – c'est finalement la 'confusion' du sujet, à la fois son trouble et sa dissimulation, qui éclaire l'espace représentatif de la figure. Toute figure est figure du sujet (figure, encore, d'une fatalité ontologique de la division) et c'est en quoi l'espace de la figure est toujours (dans la période, du moins, qui nous occupe) l'espace d'une appropriation, celui d'une thésaurisation du 'sens'. Historiquement le sujet, c'est-à-dire l'homme de la sujétion, n'est conçu dans la structure féodale en son rapport à l'autre que sur le mode du prédicat ou du complément de nom. La définition sociale de l'homme de la sujétion s'énonce en termes grammaticaux, c'est cette raison d'abord REPRÉSENTÉE sous la forme de la subordination. Il n'est pas indifférent que la figure-sujet articule la représentation en ces termes dans une structure historiquement féodale: celle de la sujétion.

[3] On peut dire que toute analyse de la figure est prédicative; mais c'est, en même temps, toute une aire de lecture qui s'y implique: elle ne porte sur l' 'être' du denotatum (designatum-definitum) qu'à travers son 'faire' (la représentation, la 'figure' textuelle).

Figure de l'homme

IV. Cette configuration binaire des [signes] est explicitement formulée chez Joseph de Maistre (*Soirées de Saint-Petersbourg, Second Entretien,* t. I [Lyon, Librairie Générale Catholique et Classique, 1884], *passim*). Le signe y est défini comme le signe de l'homme – moins pour son appartenance que pour sa caractérisation –: la langue est l'espace de sa représentation, car l'homme est chu, donc scindé comme son signe (ou plutôt: donc il recourt au signe et se représente) "... l'homme entier n'est qu'une maladie. Assemblage inconcevable de deux puissances différentes et incompatibles..." (p. 80). C'est en partant de cette ontologie du signe que Joseph de Maistre combat, par le dogme du péché originel ("dogme du signe" s'il en fut, où toute pensée de l'origine dans le signe est pensée, immédiatement, de la séparation et de la chute), la thèse d'un arbitraire du signe. L'homme, immédiatement, remplit tous les signes, tout de même que "les signes ne font jamais défaut". On peut en prendre pour preuve des expressions de Maistre, comme: "faisons l'anatomie de tel mot" (p. 113), qui ne dénotent un pré-positivisme flagrant qu'en mettant à découvert l'espace anthropomorphique du langage. Le langage (la grammaire) est la surface sensible de l'humanité: "Les limites de sa science sont celles de sa nature"; il faut, là encore, afin d'entendre ce discours, permuter les sujets, l'homme et le signe. Plus loin: "Ce besoin, cette faim de LA SCIENCE, qui AGITE L'HOMME, n'est que la TENDANCE NATURELLE DE SON ÊTRE QUI LE PORTE VERS SON ÉTAT PRIMITIF ET L'AVERTIT DE CE QU'IL EST" (p. 79; nous soulignons), le mouvement de l'homme dans la science et celui du signe se confondent: "Il gravite, si je puis m'exprimer ainsi, vers les régions de la lumière... Il cherche dans le fond de son être quelque partie saine sans pouvoir la trouver. Le mal a tout souillé et l'homme entier n'est qu'une maladie" (pp. 79-80). Le mouvement de la science (son discours qui agite l'homme) reconduit l'homme à son origine, à l'origine même du signe, de la césure. L'humanité, c'est la marque de sa culpabilité, ne peut jamais que s'énoncer: l'espace de l'humanité (en cela beaucoup mieux caractérisé par le système de Laplace que par celui de Newton) est un espace courbe dont Dieu est sorti; elle est condamnée à sa propre représentation, où qu'elle aille, c'est-à-dire quels que soient ses énoncés (il faudrait voir que l' 'énonciation' n'existe pas dans cette thèse) elle SE TOUCHE sans cesse. Rapporté à son niveau figuratif, dans cette même thèse 'à sa structure', le langage est l'espace du schisme et d'abord en son corps, le signe: toute la dynamique du langage obéit à la double loi de l'amalgame et de la séparation: "Comment les anciens Latins imaginèrent-ils d'exprimer par le même mot l'idée de la prière et celle du sacrifice?" (p. 108 et n. XVII) (supplicium, supplicatio, supplicari ... supplier, supplicier): l'homonymie signe le divorce de Dieu, c'est pourquoi la prière pour 'atteindre', c'est-à-dire pour annihiler le signe, doit unir les deux sens du supplicium, être SUPPLICE. Violence contre violence; l'homme ne remonte vers Dieu qu'en retraversant le péché originel, autrement dit: en effaçant les signes, en ceux-ci la condition originelle du signe (cf. Joseph de Maistre, *Éclaircissement sur les sacrifices*) [4].

Le dénoté

V. La question est bien quant au texte, au système de lecture (et quant à l'intervention généralisée de la lexie comme acte lexicographique) d'abord posée, par le même mouvement d'implication, au niveau 'idéal' de la dénotation (idéal dans la mesure où son affirmation suppose une réduction du tableau au discours qui l'énonce et, très explicitement, un transfert de la structure de l'un à l'autre) et à celui de l'architectonique de la figure: on peut dire, en effet, que le tableau est un espace défini par le jeu référé de la figure, que c'en est proprement l'espace défini-définissant (là encore, et c'est TOUTE LA FIGURE, se définit un système non contradictoire signifié-signifiant-signifié, etc.). Tout tableau peut, à cet égard, être comptabilisé par ses figures [les éléments sont, en leur structure, symboliques et NON PARTIES de l'ensemble du /système/ qu'ils indexent/ où ils sont indexés].

Le dénoté est donc, plus que scindé, représenté par deux pôles de dispersion: le designatum et le definitum, tout definitum étant le designatum (ou le definitum) d'un autre texte probable, ou encore: pour une autre probabilité du même texte. Nous voyons sur ceci encore que le problème de la lexie a sa racine dans la structure de la figure et que pour cela même (c'est-à-dire eu égard au décrochement de la supplémentarité textuelle) il ne peut être traité du signifié qu'au titre de sa

[4] Anthropomorphisme de la figure; prenons cet énoncé: "L'homme est appelé par son signe" (soit: dans le tableau le [référent] est appelé vers le signifié-signifiant). Nous pouvons en désimpliquer ceci: (*a*) le signe est propitiatoire; (*b*) par le RECOURS (espèce même du signe) à sa figure permutée; (*c*) le signe est complément d'agent (sujet réel): c'est la figure en tant qu'elle est permutée qui dé-signe l'homme. Enfin, ce qui est le principe même de notre lexie, tout signe en vertu du /système/ est pensé(e) dans (de) sa généralité. Ce n'est pas CELA, mais c'est CETTE articulation que nous entendons désigner sous le terme de représentation.

probabilité. C'est encore, dans ce mouvement essentiel, que l'image n'a d'existence structurale que dans sa textualité. Il est donc établi, explicitement, qu'il n'y a pas d'image qu'on ne puisse lire. La structure (qui porte le texte ET s'y établit) doit être relue à partir de la thésaurisation du sens et dans la conscience que le DISCOURS n'épuise pas (et ne mesure pas) ce qu'il énonce mais reconstitue une surface idéale du tableau: qu'il en propose exactement un plan dénoté. C'est à partir de cette opération analogique la seule possible (l'analyse, la description ou un texte onirique objectal), démultipliée, que l'on trouve l'espace systématique du tableau. (La tableau dans son approche logocentrique est, si l'on peut dire, l'espace D'UN MÊME TEXTE indéfiniment RECONDUIT vers son centre, à sa recherche: en ce sens les signes DU tableau (le locatif est aussi un génitif) ne peuvent se nommer décidément que pour produire la perte de l'image, sa fuite ou sa précipitation (et ne se conçoivent que dans un tableau des signes); or il est, en ce même sens, désormais démontré que le tableau n'est jamais LU et que l'image, au plus près de ce que nous pouvons dire son texte, n'est jamais que substituée. C'est que l'analyse est toujours celle d'un autre texte, c'est-à-dire aussi que l'identité du texte n'existe, pour ainsi dire, que dans son déplacement [lexie].

Où l'on voit encore que si le dénoté ne posait pas ce problème (celui, finalement, de son existence) l'analyse ne porterait que sur les systèmes seconds (cf. *Travaux de sémiotique* [Tartu], cité par J. Kristeva, *Critique*, 247); c'est, et le statut de la figure y tient tout entier, qu'aucun système ne peut être ici radicalement premier: toute surface de lecture (tout plan du texte comme définition du tableau) est sommation du /système/ en son entier. La lexie se définit donc par une théorie (c'est-à-dire comme une pratique) du supplément originaire.

DIX MILLE MARTYRS

Système du supplice: système de l'arbre et système du corps

Nous pouvons donner à ce point, comme type de /système/, un premier essai de lecture fragmentaire et désordonnée des *10 000 martyrs* de Carpaccio.[5] On verra que toute approche de lecture opère le décodage du tableau à partir de signifiés implicites (elle en fait les signifiants du tableau) et tend toujours à 'parler' les relations, les niveaux de

[5] Venise, Accademia.

contrainte de la composition (sa grammaire); c'est donc ces deux aspects qu'il s'agira de systématiser dans la définition d'une textualité propre au tableau (ceci, nous le précisons encore, ne s'opère qu'à l'intérieur et dans la construction d'un système de l'objet dans sa lecture, noté: /système/).

Les deux 'figures' qui se décrochent immédiatement dans le tableau sont: LES 'ARBRES' et LE 'CORPS'.

A. L'arbre (amalgamant tous les sens possibles: arbre du crime, arbre généalogique, confondus dans le *lignum crucis* et opposés à toutes les autres espèces de l'arbre, celui de la forêt, du paysage), l'arbre n'est ici la figure du tableau – dont il détermine toute la hauteur, qu'il 'occupe' entièrement – qu'en lui donnant un ordre (des racines au feuillage, de la terre au ciel / de la foule des suppliciants à la figure ascendante et sélective du supplicié) qui sera pris comme un des éléments de redondance du tableau (le tableau ne peut être compris que comme un arbre: la métaphore du tableau (les signifiés du /système/) passe dans une métaphore végétale: la foule CAPTÉE aux racines n'est retenue sur le tronc, dans la montée de la sève, que sur la figure CAPTIVE du supplicié et n'aborde au feuillage qu'en étant un oiseau (anges ailés), c'est-à-dire en se détachant de l'humanité après avoir été 'attachée' à son propre corps symbolique (d'ailleurs complexe: arbre = symbole 'naturel' du corps et symbole analogique de la famille humaine).

I. Il y a encore en haut du tableau, et de gauche à droite, toute une 'séquence des trois états du feuillage': le feuillage à gauche est celui de l'oiseau symbolique (l'ange ailé qui vient 'détacher' le corps de l'arbre, c'est-à-dire dans cette opération libérer l'humanité et la désexualiser: précisément la détacher de son symbole; l'homme, martyr, doit alors monter, c'est un ange); l'arbre du centre est sans feuillage, c'est une main de bois mort superposée sur un fond (le mont Ararat) qui vient remplir exactement la voussure et le volume des feuilles: la superposition des deux figures est superposition causale de deux séquences du récit primitif (c'est PARCE QUE les soldats ont fui sur le mont Ararat que le général de la légion a décidé la crucifixion [6]), c'est en même temps, dans la substitution de la scène primitive (le mont Ararat) à la 'substance' naturelle (le feuillage), toute la PRÉCIPITATION du récit; en ce même sens, de l' 'histoire' (où l'on voit, dans ce système d'énoncés qu'est le tableau, que l'histoire, le récit ne peuvent être représentés que

[6] Le crucifiement, mais (cf. *infra*) le crucifiement n'est 'lu' que dans la crucifixion.

par une reconduction de tous les ordres – animal, humain, végétal, divin – à leurs espaces symboliques, et que le récit est le parcours de ces espaces – avec lui l'histoire: trois séquences de haut en bas, assignées à trois espèces – anges, martyrs, hommes – selon une structure végétale plusieurs fois symbolique: feuilles, tronc, racines-sol); c'est encore que toute histoire, dans ce système de représentation, est une 'histoire naturelle'. Le troisième arbre à droite ne porte pas de feuillage: son feuillage est un crucifié; c'est aussi l'arbre que touche l'éclair, qui se déchire et répand le sang de l'homme attaché sur lui. Le mouvement symbolique de la sève (qui fait monter le corps dans le tableau, le 'raréfiant' jusqu'au ciel) est renversé dans l'écoulement du sang qui retombe sur les bourreaux. C'est, pour ainsi dire, dans cette partie 'isolée' du tableau, un arbre et un corps singuliers, perdus l'un dans l'autre, sur l'autre; c'est ce qui n'est pas sauvé (qui tourne le dos à la figure du Christ [7]); c'est, dans les trois séquences, ici le mauvais laron à gauche du Sauveur (à droite en face du tableau): le martyre païen entièrement consommé dans le symbolisme de l'arbre: l'arbre souffre, se déchire, le corps saigne, touchés, dans le même éclair, par LE FEU DU CIEL.

II. L'arbre détermine également, par son espacement, les différents plans du récit du crucifiement. Entre les troncs se profilent les différentes séquences du récit; c'est aussi, dans l'échappée centrale, la mise en perspective de l'arrière-fond de l'histoire: la bataille (c'est PENDANT que la légion se battait que les soldats se sont enfuis sur le mont Ararat).

L'arbre comme structure du tableau recouvre donc plusieurs lectures, c'est-à-dire à la fois plusieurs séquences, et sur-détermine les mêmes séquences: arbre de la généalogie symbolique de la famille humaine, retournée dans le supplice vers le générateur, arbre aussi de la rédemption (toute la scène laisse apparaître en filigrane celle du Golgotha: Jésus et les deux larrons), arbre du crime, du supplice païen, arbre symbolique de tout le corps et qui saigne en se déchirant, etc., arbre du supplice et qui est le passage, en lui-même, d'une supplication: c'est, dans la même figure, la représentation du SUPPLICIUM.

III. Dans sa généralité [c'est-à-dire dans l'espace textuel en train de

[7] Par une DISTORSION LITTÉRALE (et il y aurait beaucoup à dire sur cette littéralité-là) du *topos* des trois crucifiés; c'est encore dire la 'scène originaire' est toujours biblique ('testamentaire'): que toute l'humanité est à l'image de Dieu (et de celui qui s'est fait image de lui-même): que toute histoire reproduit les séquences de l'Écriture. On ne saurait insister davantage sur le côté paradigmatique énoncé dans le tableau.

se construire à partir de ces signifiés que nous avons déliés – à partir aussi des oppositions de types d'arbres, des séquences du feuillage et du substrat symbolique de la structure du tableau – à partir aussi de l'isolement de l'arbre de droite où se produit l'articulation littérale de l'arbre et du corps (c'est le versant négatif de tout le système, la précipitation païenne du symbolisme chrétien et l'abolition du dogme par l'EXPRESSION)] nous voyons que l'arbre comme élément sur-déterminé et comme structure nue du tableau est l'objet torturé, brisé, etc., en lui l'objet transporté du corps, de la généalogie (c'est la famille humaine qui comble les signes de sa culpabilité, se voit ainsi 'dévouée', consacrée à Dieu dans son sacrifice). L'homme est cloué sur l'arbre, accroché comme une volée de plumes en un taillis (où c'est encore le taillis qui est écorché en ses épines): le supplice est le rapport dénoté des deux "systèmes" de l'arbre et du corps.

IV. Le tableau, arbre généalogique immense, arbre anagogique conduisant au ciel (dans son feuillage: le mont Ararat est déjà accès au ciel, mais accès qui a manqué son signe: le supplicium) et sur lequel les hommes sont cloués dans leur ascension. L'ange qui vient les délivrer (et dont la 'figure' absolument institutionnelle est d'interdire tout accès direct: c'est-à-dire AUSSI de 'marquer' les différentes séquences du tableau selon l'axe haut-bas) est chargé d'intercepter le sens symbolique de la montée dans l'arbre: il 'détache' l'un de l'autre le corps et l'arbre qu'en bas, sur la terre ronde . . . (la terre, opposée au mouvement de la montée dans l'arbre et de la raréfaction plane, est l'espace de la perspective, occupée par la démultiplication des séquences du crucifiement: la même séquence varie et se répète indéfiniment; c'est le monde 'aveugle' de la production du symbole, sous sa forme répétitive parce qu'il n'est produit qu'en s'échappant, c'est-à-dire en montant et en se raréfiant; ou encore: ce TRAVAIL de menuiserie sanglante ne peut être qu'un travail infini sur le corps de l'humanité, il s'accomplit pour ainsi dire dans une aliénation du sens, le sens est récupéré par en haut, mais raréfié, échappé, angélisé) – (et ce TABLEAU SACRÉ ne se constitue comme tel que dans une précipitation de la surface du sacrifice, de sa charpenterie 'cruelle', que dans une exposition de la torture. La sacralisation du signifié passe dans une constitution sadienne du signifiant. C'est le /système/ de l'humanité dans la constitution de son signifiant: "Fouettez, fouettez ces admirables fesses!" Et ceci jusque dans l'admirable *Crucifixion* d'Antonello da Messina – cf. *infra,* C) . . . corps et arbre qu'en bas, sur la terre, les hommes ont liés pour ne pas voir (et pour n'avoir pas vu) le ciel qui est le lieu même de la séparation des corps et dont le tremplin serait dans le tableau cette montagne suspendue dans un vide et sortie, comme par efflorescence, du feuillage.

On voit encore que le rapport de l'arbre et du corps est entièrement inscrit dans un axe haut/bas – bas/haut, dans une circulation, et dans l'inversion des deux circuits, de la sève et du sang. Que le procès, c'est-à-dire la contestation, SE RETOURNE: procès du bourreau qui inscrit le corps dans son arbre (et l'humanité toute entière dans sa nature), procès au ciel d'un détachement du corps, de son angélisation. Car c'est le propre d'une structure binaire comme celle-ci que de pouvoir toujours inverser la relation d'autorité entre les deux termes de ses oppositions (parce qu'elles en sont CONSTITUTIVES) sans que le système soit mis en contradiction. Le /système/ comporte donc ce signifié: "Nous pensons dans une culture (selon une grammaire/logique) où toute proposition est logiquement réversible".

Au même titre, on peut rassembler trois séquences (bataille, crucifiement, descente des anges); ce sont trois séquences qui s'inversent à partir de l'opposition de deux verbes, comme *découdre* (les ennemis) /*coudre* (crucifier)/ *découdre* (détacher les martyrs), etc. Pour son compte propre le jeu de mots – qui est un opérateur universel dans le /système/ – produit des signifiants, des court-circuits structuraux: c'est donc bien, encore une fois, à partir du 'sens', ou de signifiés implicités dans le tableau, À PARTIR DE DÉCISIONS LEXICALES que l'on produit une structure (complexe, c'est-à-dire décisoirement textuelle et non graphique), des niveaux de contrainte (une grammaire).

Le corps

B. Indiquons brièvement que la seconde 'figure' que l'on peut décrocher du tableau est le corps dans sa variation. L'ensemble des deux figures que nous avons ainsi isolées pourrait s'articuler dans cette opposition, qu'une analyse plus longue devrait expliciter: "l'arbre du crime/le déhanchement".

I. Le corps humain pris comme sujet y fait pour ainsi dire l'objet d'une analyse prédicative: c'est son être à travers tous ses états qui est décliné. L'analyse devrait alors tenir compte de la variation des attitudes du corps des suppliciés, constituant pour ainsi dire le récit d'un même corps [8] parce que les crucifiés par la figure et par la couleur – qui est

[8] Le récit est ici EXPOSITION du corps et rapt, en même temps, du désiré.

donc bien un code redondant) sont opposés à tous les autres corps du tableau: crucifiés/soldats (vêtus: armures-couleurs), eux-mêmes divisés en deux sous-classes: cavaliers/hommes à pied :: cavaliers arméniens/ cavaliers romains, etc., ce qui ne recouvre en rien (et c'est pourquoi les systèmes d'opposition se multiplient sur les MÊMES éléments) l'opposition: crucifiés/hommes/chevaux (où il est manifeste que les chevaux ont une dénotation très proche de celle des crucifiés:: la divinisation du signifié passe par la bestialité du signifiant, cf. A.IV, ces "admirables" fesses), et que devrait encore scinder l'opposition des corps aux formes saillantes: armures-pourpoints/tuniques, etc., ce qui pourrait à son tour produire des oppositions analogiques: justaucorps/chevaux/crucifiés..., de telle façon que le système des oppositions se multiplie indéfiniment sans impliquer la contradiction du /système/. Indiquons encore que la place de chaque élément dans une opposition n'est pas indifférente (entre trois termes, par exemple) PUISQUE LE SIGNIFIANT SE CONSTITUE DANS CES OPÉRATIONS, qu'il se constitue DE LA FAÇON DONT IL EST LU parce que le tableau n'a de niveaux de contrainte que pour le caractériser (en offrir une typologie) mais non pour le définir: le signifiant n'apparaît que par les équivalences de signifiés où il se représente (et qui font précisément l'objet de la lexie).

II. D'autre part, tous les martyrs sont susceptibles de lectures: ils ont à peu près tous un nom: combien de figures du Christ, de saint Pierre, de saint André . . . C'est-à-dire que chaque figure est connotée par des représentations picturales, que chaque groupe soldat-charpentier/martyr est connoté par d'autres représentations picturales, que chaque groupe crucifié/spectateurs répète la crucifixion 'originaire' (autrement dit: toutes les . . .) en sa scène primitive (cf. n. 7, p. 492) et combien de saint Sébastien . . .: le tableau peut faire l'objet d'une dispersion selon tous les éléments qui se sur-définissent, en quelque sorte, à ce niveau paradigmatique. Il est alors leur système, il ne peut se 'parler' que dans un texte infini, c'est-à-dire à partir d'une matrice de ces déclinaisons – où la déclinaison, à tous les niveaux qu'elle atteint, est constitutive du texte.

III. Pour revenir à notre tableau, nous voyons encore en tout ceci que l'humanité s'y définit en étant deux fois symbolique (c'est le jeu de la structure, c'est un signifiant du /système/), en son corps et à l'image de Dieu: les deux types glissent l'un sur l'autre selon l'axe bas/haut/ bas: le *cruor* descend (purification du corps) vers la terre; le *semen* monte (le ciel). LE SYSTÈME DU SUPPLICE EST DONC, STRUCTURELLEMENT, CELUI D'UN CLASSEMENT DES SIGNIFIÉS. Le "cruor/semen" (plus que la métaphore de l'arbre) est bien une opposition qui contient un signifié essentiel du /système/: c'est le mouvement, sans profondeur, du haut-bas-haut (le terme médiat est celui de l' 'exposition' du corps..., mais corps pris – cloué – dans un circuit symbolique, 'sujet' affiché et, disons-le, tableau d'autel) par lequel le tableau s'explicite lui-même comme tel, dans ses dimensions, et qui s'articule sur la perspective. On voit donc que la séquence de départ (le premier plan) est une séquence transformée (c'est celle de la production du symbole ET de sa production propre RÉPÉTITIVE: Vasari écrit que Carpaccio n'a pu produire ces figures, ce qui s'applique à la production symbolique du signifiant dans le /système/, "se non con fatica straordinaria" – il y a dans cette production une énorme dépense de "semen", c'est un signifiant du /système/). Il apparaît sur ceci que: (*a*) tous les signifiés afférents constituent le texte du tableau, (*b*) ils définissent le /système/ et, par une double implication, le signifiant, (*c*) le /système/ s'énonce lui-même et (se) définit (en) sa structure par ses énoncés, (*d*) DONC: tout élément représente le /système/, non dans un rapport de partition mais sur un mode symbolique.

C. Notons encore que le /système/ doit se compléter par des suppléments de lecture, c'est-à-dire par l'entrée d'éléments de lecture que nous pouvons caractériser comme des éléments d'érudition (sources, attributions, etc.) et qui n'entrent dans le /système/ qu'en devenant des lexies: ils doivent être LUS EN EUX-MÊMES DANS LA STRUCTURE DU /SYSTÈME/ ÉTUDIÉ [et par quoi la lexie peut encore se définir comme une théorie généralisée de la lecture: la 'compréhension' (au sens logique) n'est effective que dans la production, par l'écriture du (même) texte dans un autre (texte)]. Les éléments de lexie que nous pouvons déjà prévoir pour ce tableau de Carpaccio, dans la mesure où ils peuvent permettre d'en approcher la structure par des commutations, seraient: la brève description de Vasari,[9] les *10 000 martyrs* de Dürer

[9] C'est-à-dire ce à quoi se RÉDUIT sa lecture (puisque toutes les lectures de Vasari tendent à 'singulariser' les peintres). Nous donnons le passage (Éd. Salani, Vol. 3, p. 339): "... dispinse la storia de Martiri, cioè quando furono crocifissi, nella quale opera fece meglio che trecento figure fra grandi e piccole, ed inoltre cavalli e alberi assai, un cielo aperto, diverse attitudini di nudi e vestiti, molti scorti, e tante altre cose, e si può vedere ch'egli non la conducesse se non con fatica straordinaria." La dernière phrase désigne clairement la production des figures du premier plan, les crucifiants, dont nous avons indiqué la fonction productive symbolique dans le /système/.

(où la composition est inversée par rapport au Carpaccio), le tableau de Tintoretto (Venise, Accademia), le *Martyre de saint Maurice* du Greco (Escurial), la *Crucifixion* d'Antonello da Messina (Anvers, Musée Royal des Beaux-Arts) surtout pour les figures des deux larrons, venus de Carpaccio, dans le rapport de l'arbre et du corps, pour l'opposition des corps torturés et de la sérénité du Christ qui explicite après coup toute une partie du Carpaccio; il faudrait sans doute, dans ce sens, tenir compte de certaines figures de Michel-Ange (esquisses pour *La bataille de Cascina*), etc., et aller AUSSI jusqu'à Delacroix (*L'entrée des Croisés dans Constantinople*) dans la lecture du premier plan à droite. Il conviendrait encore de tenir compte des éléments d'information apportés par Tietze-Conrat, Longhi, etc.

Ajoutons que les signifiés à partir desquels nous avons esquissé notre analyse sont TOUS RÉFÉRÉS (Évangile, Joseph de Maistre dans l'*Éclaircissement sur les sacrifices,* Sade . . .); il faudrait encore en désimpliquer les systèmes tropiques, géométriques et perspectifs y définis. Nous voyons enfin que les différents niveaux de lecture se décrochent, s'appellent et se transforment réciproquement dans la constitution du tableau en tant que /système/, nous entraînent dans une lecture infinie (et non vers une infinité de lectures) qui peut être stoppée à tout moment, parce qu'en chacun de ses états elle dégage toujours une structure de probabilité de son système.

Pour nous résumer:

D. I. Il est possible de dire que la lexie est abordée à n'importe quel moment de l'analyse, c'est-à-dire qu'à n'importe quel moment elle se substitue à l'intervention du code (rhétorique, figuratif . . . en bref au primat de la langue sur le texte) dans la constitution du tableau.

La lexie se distingue du code en ceci que ce dernier pose certains signifiés à titre de contrainte formelle et que la lexie a précisément pour fonction de constituer en ceux-ci les signifiants du tableau. Elle n'opère donc pas non plus sur des structures; la structure y est le terme d'une variation de la lecture (son diagramme): son objet est la problématisation de la figure en tant qu'elle peut être lue, c'est-à-dire écrite, COMMUTÉE. La lexie apparaît dans la constitution même du texte à travers lequel le tableau s'articule. Ce qui la distingue encore du code c'est son aspect systématique, c'est-à-dire non chronologique: tout, à l'intérieur d'une certaine contrainte structurale (opérée à partir des signifiés implicites du tableau), peut concourir à constituer le texte: nous avons vu que les signifiés du /système/ portent sur la SPÉCIFICITÉ TRANS-STRUCTURALE. C'est dire en même temps que le problème du référent de l'image (sur l' 'existence' de laquelle nous faisons les plus grandes réserves) ne peut jamais se poser en termes iconiques: l'image à constituer n'a pas de référent: son référent est évidemment la structure propre dans laquelle elle doit être /systématisée/. Enfin la lexie définit encore le tableau à l'intérieur et par l'intégration de ses zones de lectures ouvertes, par la probabilité même du signifié-signifiant; elle est le jeu structural de ce CONFINEMENT.

II. Si nous revenons sur notre analyse précédente, nous pouvons en effet y voir que:

— Les éléments d'information (d'érudition) sont pris comme éléments de lecture non exclusifs d'autres éléments et pour autant qu'ils constituent des constructions textuelles du même objet;

— Tout texte, à partir des structures grammaticales impliquées dans le tableau, peut être appelé en lexie pour autant que les signifiés par lesquels il est apporté permettent de constituer les signifiants du tableau;

— L'ensemble du tableau/de la lecture constitue donc le /système/ qui n'est pas, dans sa raison, chronologique (bien que ses structures, et, d'abord, la FIGURE, soient une formalisation d'un savoir, c'est-à-dire de l'histoire et de la science pour autant que le [monde] s'y représente), mais ouvert dans son sens même à la circulation du texte: c'est l'afférence, dans la mesure où elle est construite sur la même logique/grammaire, qui PRODUIT L'IDENTITÉ, autrement dit la structure y est, pour ainsi dire, la proposition dont la raison doit s'énoncer intégralement: finalement (MAIS initialement: c'est notre circuit structural) toute lecture doit expliciter ce qu'est LE tableau dans sa spécificité et dans sa généralité (puisque nous posons que tout /système/ se constitue comme une langue unique), L'UN PAR L'AUTRE (et non 'la peinture'; mais: "comment une signification ne se produit-elle que du tableau?", c'est notre question.)

Si nous reprenons maintenant un détail du tableau, nous pouvons dire que ce qui frappe (par exemple, dans l'homme à cheval de profil, la bande rose du manteau [10]) est ce qui, par une sorte d'entêtement

[10] Cette figure est placée au deux tiers du tableau (selon l'axe bas-haut x droite-gauche); le personnage et le cheval sont de profil (c'est la seconde figure de profil, la première est dessinée par les trois personnages debout et le personnage agenouillé du premier plan: les profils, ici, déterminent des plans): dans cette construction l'homme à cheval détermine à la fois un plan du tableau (le dernier arbre des crucifiés: c'est un panneau coulissant qui referme, comme en une parade, le plan

absolu, refuse le signifié: la figure est aussi refus du signe: c'est qu'il y a un appel et une sommation tout à la fois du 'référent' et du texte selon le principe de fissuration du denotatum (definitum/designatum), c'est qu'il faut donc PASSER PAR UNE OBLITÉRATION DU SIGNIFIANT POUR LE CONSTITUER: c'est ce mouvement obligé que nous systématisons dans la lexie; SYSTÉMATISONS au sens propre afin d'entendre que le sens est toujours celui du tableau (du /système/) et que les rapports détails/ ensemble, figure/ tableau, sont toujours symboliques du /système/, ne se produisent que dans la structure de ce dernier. Par conséquent le signifiant ne fonctionne en quelque sorte pour lui-même qu'en étant impliqué par (en impliquant) la structure. C'est pourquoi le signifiant est toujours celui DU tableau /système/, que tout signifiant n'est lisible comme tel que dans le /système/ et qu'enfin, celui-ci constitué, le /système/ est en effet représenté par ses éléments ou, plus justement, n'est système que parce qu'il en est la représentation.

CONCLUSIONS

La lexie opère à plusieurs niveaux de façon à offrir entre les éléments et le tableau, les détails et l'ensemble, la figure et le système, un type de participation symbolique, c'est-à-dire une représentativité réversible:

Le propre du /système/ est de pouvoir se représenter, c'est-à-dire de s'offrir à des permutations ou traductions, et d'abord de se représenter dans sa matrice (la fin de l'analyse est de reconstituer une matrice à partir de laquelle on pourrait réécrire le tableau, autrement dit: que l'on pourrait lire); le propre du /système/ est d'avoir une matrice.

La lexie est un acte de lecture du /système/ à partir de ses éléments; un acte de commutation des éléments du /système/ qui vise à l'expliciter, à en remplir (construire) la matrice, à définir les éléments à travers les lexies qu'ils mobilisent. Chaque élément et, de proche en proche, le texte lui-même, est défini paradigmatiquement par la lexie, dans les zones textuelles où il s'insère (qu'il détermine).

On voit donc que son designatum (cheval, cavalier, crucifié) est formalisé par son definitum (ici: Dürer, Tintoretto, A. da Messina, J. de Maistre . . .): le rapport definitum/designatum est un rapport de surdétermination. C'est en quoi l'appel à Freud est ici très éclairant: nous avons affaire à la même structure et sommes obligés à la même lecture

des crucifiés), un autre tableau (le fond est derrière lui) et UN point de fuite (où l'on peut voir que le tableau se détermine par la démultiplication des points de fuite, chacun chargé de faire entrer des grandes lignes de séquence).

que pour l'analyse du rêve de 'condensation'; il faudrait, par ailleurs, voir en quoi le texte du tableau présente une structure fondamentalement onirique: elle relève de la même lecture, c'est-à-dire de la même SCIENCE, à ceci près que l'interprétation y est /système/, donc formalisation du 'sujet', et doit donner en quelque sorte SA PROPRE SÉMIOLOGIE.

La figure, et c'est pourquoi la lecture doit la lexicaliser indéfiniment, est sur-codée; le niveau propre du texte est le niveau de commutation des figures, la paradigmatisation du texte 'donné' (ce qui est encore 'théoriquement' freudien), pour autant que le paradigme n'est pas ici conçu dans son opposition au syntagme. Il est en effet manifeste que le plan dénoté et le syntagme s'irréalisent dans le même temps: nous parlerons donc de /dénotation/ en entendant par là l'espace du système, c'est-à-dire l'espace matriciel, c'est-à-dire encore l'espace du texte produit par un circuit de la connotation des figures/zones figuratives, par quoi nous posons ce postulat, qui est notre conclusion, et qui peut résumer notre thèse de la lexie (résumer dans la mesure où c'en est la raison, aux deux sens du mot):

> La /dénotation/ n'est pas un niveau du texte, ni la définition *a priori* d'une lisibilité de l'image (puisque nous ne connaissons d'image que comme tableau), c'est le terme (permuté dans le discours du corps matriciel) produit dans un parcours de la connotation.

Ce qu'indique donc la résistance de la figure au signifié analogique (à la fois à sa 'motivation' ET à sa permutation dans le dis-cours, le syntagme) c'est que le signifiant ne s'atteint que dans la commutation, qu'il doit traverser des signifiés qui s'implicitent (toute scène-séquence 'représentative', ou mettant en jeu des figures, est HISTOIRE des signifiants) et que la figure ne s'atteint elle-même (dans son texte) qu'en parcourant l'espace de sa connotation. Il serait à cet égard indispensable de lire les 'scénographies' classiques: elles visent à mettre en perspective des figures SELON LA STRUCTURE DE CES DERNIÈRES (et, l'une et l'autre, à détruire la SURFACE), autrement dit à 'désigner' une troisième dimension (à la fois l'indiquer et la défaire): celle justement où se produit le signe et CONTRE laquelle le tableau ne se définit que comme l'espace d'une substitution qui SE représente mais énonce toujours autre chose. L'analogie serait précisément la fin de la signification; en revanche le tableau n'est, en quelque sorte, concevable que dans une crise de l'identité au bout de laquelle tout énoncé est de cette forme (classique): "l'arbre est un homme/une figure/un sujet" non en tant que symbole, le symbole est rapport intérieur au /système/, mais en tant que substitut indéfiniment commuté.

APPENDICE

a. Représentation

Pour ne pas quitter l'objet de notre analyse: le terme de représentation y figure en plusieurs endroits: il nous faut maintenant tenter d'établir cette notion dans son unité.

(1) Le terme de représentation est appelé par la figure du théâtre, il est donc lié à une métaphore originaire du tableau à travers l'espace scénique.

(2) Ce terme est, dans son articulation, un équivalent (une analogie) de ceux de signification, de figuration.

(3) Ce n'est pas une délégation du représenté, c'en est la constitution. Le système est celui de ses énoncés, mais eux-mêmes ne sont intelligibles que dans le système de l'énonciation.

(4) En ce sens la représentation n'a pas pour fonction de rendre présent ce qui ne peut s'énoncer de soi-même. C'est au contraire ce dans quoi le représenté disparaît en tant que 'sujet'. Le procès est bien la mise en difficulté de l'opposition énoncé/énonciation: en quoi, singulièrement, l'énonciation n'est-elle pas ici énoncé(e)? (et, à son tour, tout énoncé une énonciation? C'est en fait la bi-partition du signe EN GÉNÉRAL (donc des 'sujets') qui fait problème. Pour réajuster ces termes il faudrait dire ici que l'énonciation n'est pas l'acte de production MAIS LA STRUCTURE DE L'ÉNONCÉ, on parvient à celle-là par celui-ci. C'est encore ce procès que nous entendons nommer méthodologiquement en parlant de lexie; et nous restons, en cette proposition, dans le domaine du tableau). Le mouvement est le même (il y a en effet commutation entre les deux) que celui du signifié qui, loin de subir une éclipse, est renvoyé au système du signifiant: le signifié n'est pas un VERSANT du signe mais, dans ce système, le nom qui peut être donné à un élément (instable par définition) de sa commutation.

(5) Cela posé, on voit en effet:
qu'aucun énoncé ne sort du /système/
que le /système/ est représenté par ses énoncés.

b. Description

Ce terme demande à lui seul une analyse (sous forme notamment d'un commentaire du texte de Panofsky, "Zum Problem der Beschreibung und Inhaltsdeutung von Werken der bildenden Kunst", *Logos*, 21 [1932]). Indiquons brièvement, par rapport à notre objet, que la description fonctionne comme une équivalence du rapport designatum-definitum: le référent est toujours celui du /système/ MAIS on ne décrit le tableau qu'à travers le [monde], c'est-à-dire que l'on atteint d'entrée de jeu l'ambiguïté de la figure: elle est terme référé entre [monde]/tableau/texte; c'est qu'elle est, structurellement, représentative; aussi la description ne peut-elle être 'scientifique' (opérer sur des redondances ou des traits pertinents) qu'une fois produit l'espace du /système/.

32

PROPOSITIONS MÉTHODOLOGIQUES POUR L'ANALYSE DU FILM

CHRISTIAN METZ

Cette étude s'inscrit dans un ensemble de travaux, sur le modèle du signe et sa validité lorsqu'il est appliqué à des systèmes signifiants extra-linguistiques. Ces travaux visent à définir une problématique; on se reportera aux textes de J. Derrida, "Sémiologie et grammatologie" (p. 11); G. Genette, "Langage poétique, poétique du langage" (p. 423) et de J.-L. Schefer, "Lecture et système du tableau" (p. 477) (Note de la rédaction).

Dans les discussions relatives au cinéma ou à des films, il est fréquent que l'on utilise comme distinction terminologique de base celle qui oppose la 'forme' au 'contenu' (ou encore la 'forme' au 'fond', 'fond' étant dans ces emplois synonyme de 'contenu').

Nous voudrions tenter de porter à l'état explicite ce que suggère et enveloppe cette bipartition si souvent invoquée. Elle nous paraît fort confuse et dangereuse, mais c'est justement en essayant de démêler ce qu'elle emmêle que l'on a quelque chance de progresser.

I

Dans de nombreux cas, le terme 'forme' désigne le SIGNIFIANT du film (= 'expression' au sens de Hjelmslev), et le terme 'contenu' son SIGNIFIÉ (= 'contenu' également chez Hjelmslev): ainsi, on dira couramment que, dans tel film, 'la forme' est brillante, complexe et neuve, alors que le 'contenu' est pauvre, simpliste ou banal.

Il est de fait (bien qu'un même élément du film puisse fonctionner tantôt comme signifiant tantôt comme signifié selon que l'on analyse, dans ce film, tel ou tel niveau de sens) qu'à CHAQUE MOMENT de l'analyse de CHAQUE FILM, on peut distinguer une instance signifiante et une instance signifiée; il est vrai aussi qu'on peut distinguer, dans un film pris cette fois en bloc, un ensemble de signifiants (images et leur disposition, paroles prononcées, bruits entendus, vêtements des personnages, leurs gestes, leurs expressions de visage, présence éventuelle de 'symboles' précis, psychanalytiques, sociaux ou idéologiques, etc.), et un ensemble de signifiés (psychologie des personnages, contenu social du film, 'message' idéologique du cinéaste, etc.).

Mais ce qui, dans la terminologie ici critiquée, vient fausser la distinction du signifiant et du signifié, c'est le fait que le mot qui désigne le signifié (= 'contenu') ne soit pas opposé à quelque terme qui désignerait de façon nette le signifiant, mais au mot 'forme', dont la présence même induit une contamination semi-consciente entre la distinction du signifiant et du signifié et celle de la forme et de la substance; du seul fait que le signifiant n'est pas clairement nommé, mais est désigné par un terme qui s'oppose à la substance – et que, inversement, le terme que l'on distingue de cette 'forme' n'est pas un mot qui nommerait clairement la substance, mais un terme (= 'contenu') qui s'oppose par ailleurs à l'expression, c'est-à-dire au signifiant –, la terminologie que nous examinons contient en elle (et même doublement, comme nous venons de le voir) la suggestion latente d'une sorte de parenté privilégiée entre les faits de signifiant et les faits de forme d'une part, les faits de signifié et les faits de substance d'autre part: il y a là, comme en suspens, l'idée que le signifiant a une forme – ou est forme? – alors que le signifié n'en aurait pas; et aussi que le signifié a une substance – ou est substance? – alors que le signifiant n'en aurait pas.

C'est de cette façon que la distinction du signifiant et du signifié, à peu près claire en elle-même, se trouve en fait complètement brouillée: on en arrive à oublier – ou à tout le moins à négliger dans l'analyse – que les éléments signifiants du film, s'ils ont une forme (par exemple le montage, les oppositions de motifs, le contrepoint de l'image et du son, de l'image et de la parole, etc.), ont aussi une substance, et même quatre substances différentes: l'image mouvante, le bruit, le son musical, le son phonétique; et que, inversement, les éléments signifiés du film, s'ils ont leur substance (= substance sémantique 'humaine' ou 'sociale' dans laquelle sont découpés les contenus de films), ont aussi une forme: ainsi la structure profonde des 'thèmes' [1] dans chaque film.

[1] L'emploi de ce terme 'thème' ne doit pas laisser entendre que L'UNITÉ PERTINENTE finalement retenue dans l'analyse de la forme du signifié sera FORCÉMENT le thème. Il est possible, par exemple, que bien des éléments ordinairement considérés comme

Dans le langage courant des débats cinématographiques, on dit qu'on étudie la 'forme' d'un film lorsqu'on étudie ce film en tant qu'ensemble de signifiants; on mêle en fait à cette étude 'formelle' des considérations de substance (par exemple, assez souvent, des considérations relatives à l'efficience comparée des signifiants visuels et des signifiants auditifs du film), pourvu qu'il s'agisse de la substance du signifiant. Mais 'étudier la forme d'un film', ce serait en réalité étudier le tout de ce film en adoptant comme pertinence la recherche de son organisation, de sa structure: ce serait faire l'analyse structurale du film, cette structure étant aussi bien une structure d'images et de sons (= forme du signifiant) qu'une structure de sentiments et d'idées (= forme du signifié).

Inversement, lorsqu'on dit qu'on étudie le 'contenu' d'un film, on désigne ainsi le plus souvent une étude portant pour l'essentiel sur la seule substance du contenu: énumération ou évocation plus ou moins informe des problèmes humains soulevés par le film ainsi que de leur importance intrinsèque, sans véritable examen de la forme spécifique que donne à ces problèmes humains le film à l'étude. – La véritable 'étude du contenu d'un film', ce serait justement l'étude de la forme de son contenu: sinon, ce n'est plus du film que l'on parle, mais de divers problèmes très généraux auxquels le film doit son matériau de départ, sans que son contenu propre se confonde en aucune façon avec eux.

Ainsi, le télescopage en UN SEUL couple conceptuel (= 'forme/contenu') de DEUX distinctions méthodologiques différentes et indépendantes (= signifiant/signifié et forme/substance) est-il l'un des grands responsables d'une situation fâcheuse que tous ceux qui s'occupent de cinéma ont pu constater, tant elle est générale et permanente: l'habi-

---

constituant UN thème soient ultérieurement analysables comme des combinaisons entre plusieurs unités sémantiques dont chacune serait 'plus petite' qu'un thème entier. Cette situation ne serait pas spéciale au cinéma, mais relèverait d'un phénomène sémiologique très général sur lequel les travaux d'A. J. Greimas ont attiré l'attention: les unités sémantiques de structure profonde peuvent fort bien ne pas coïncider avec les unités de manifestation, et ces dernières peuvent apparaître comme des sortes de SYNTAGMES FIGÉS DU PLAN DU SIGNIFIÉ, c'est-à-dire des combinaisons conventionalisées de plusieurs unités de base distinctes.

Nous employons cependant le terme 'thème' (qui a d'ailleurs l'avantage d'être 'parlant' pour tous) parce que, même dans l'hypothèse qui vent d'être évoquée, les unités de base resteraient de la même NATURE (substantielle) que ce que le langage courant appelle 'thème', et n'en différeraient que par leurs DIMENSIONS et leur POSITION mutuelle dans le système, (c'est-à-dire par des caractéristiques formelles). En simplifiant un peu, on pourrait dire que ce seraient des MORCEAUX de thèmes, mais aussi des morceaux DE THÈMES.

tude, à présent solidement acquise, de considérer que l'on n'est tenu à des analyses rigoureuses et précises (dites 'formelles') que lorsqu'il s'agit des signifiants filmiques (non point que ces analyses soient toujours, ni même souvent, pratiquées; mais du moins le sentiment qu'elles seraient souhaitables est-il assez répandu), et que l'étude des signifiés filmiques, en revanche, relève à titre normal et LICITE de la sensibilité humaine de l'analyste, et d'elle seule, ou encore de ses sentiments et de son émotion personnelle devant le film considéré, voire de ses opinions politiques ou de ses options existentielles, etc.

On déplore parfois – et à juste titre – que les critiques de films que publient les journaux portent pour l'essentiel sur les seuls signifiés du film. Mais c'est précisément parce que le critique impressionniste se sent AUTORISÉ à rester tel aussi longtemps qu'il commente les signifiés filmiques (puisque ces derniers sont 'contenus' et non 'formes'), alors qu'il se verrait culpabilisé de conserver la même approche dans l'étude des éléments signifiants du film (ces derniers étant 'formes'): aussi renonce-t-il bien souvent de façon plus ou moins totale à parler des signifiants; et la 'forme', en ce cas, est rebaptisée 'technique cinématographique', terme méprisant qui justifie la lacune de l'étude par le 'faible intérêt humain' des problèmes passés sous silence.

II

Mais ce n'est pas tout. L'opposition usuelle de la 'forme' et du 'contenu', non contente de maintenir en suspens deux distinctions différentes, en suggère dans bien des discussions cinématographiques une troisième, qui aurait elle aussi intérêt à rester clairement indépendante de la première comme de la deuxième: par 'forme', on entend ou on laisse entendre tout un ensemble de procédés PROPREMENT CINÉMATOGRAPHIQUES, et par 'contenu' la matière humaine qui apparaît dans le film sans avoir en elle-même rien de spécifiquement filmique; ce qui 'est du cinéma', c'est la 'forme' et elle seule; le 'contenu' est simplement repris par le film, comme il aurait pu être repris par un roman ou une pièce de théâtre.

Et certes, on touche ici encore à une distinction méthodologique qui, si elle n'était pas confondue avec d'autres, serait claire et fructueuse. Au sein du même film, il est bien vrai qu'on trouve des SIGNIFICATIONS (entendons par là, au sens saussurien, des couples signifiant-signifié) qui ne sont susceptibles d'apparaître qu'avec le véhicule filmique lui-même, à côté de significations qui, pour apparaître entre autres lieux dans le film, n'en ont pas moins leur origine dans tel ou tel ensemble-signifiant culturel autre que le cinéma. Dans le premier cas, on trouvera par exemple les principales figures du montage, les principaux types d'agencement entre l'image et le son, l'image et la parole, etc.; [2] dans le second cas – et pour prendre un seul exemple – l'ensemble des SIGNIFICATIONS VESTIMENTAIRES qui apparaissent dans les films et y jouent un si grand rôle: il est fréquent que l'appartenance psycho-sociologique du personnage filmique soit en partie exprimée par sa façon de s'habiller; et si, dans un film français tourné en 1967, un costume de velours finement côtelé, étroit aux épaules, cintré à la taille et de couleur tendre, signale le 'Minet' du XVIe arrondissement alors qu'un bleu de travail et une casquette orientent vers un signifié du genre d' 'ouvrier', le véhicule filmique en tant que tel ne sera évidemment pour rien dans le façonnement d'un tel paradigme, qui aurait persisté à s'établir même dans une image isolée n'appartenant à aucun film (ainsi dans une photographie), voire en dehors de toute image, c'est-à-dire par exemple dans la perception réelle d'un observateur qui, se promenant dans les rues de Paris, aurait croisé sur son chemin des personnages ainsi habillés: il s'agit donc bien d'une signification extra-cinématographique qui est simplement REPRISE par le film.

Mais cette distinction, juste et importante en elle-même, se trouve brouillée et confondue avec d'autres dans les cas – malheureusement majoritaires – où la paire 'forme/contenu' constitue l'unique couple terminologique utilisé. Car l'emploi du mot 'forme' – lui-même confondu, nous l'avons vu, avec 'signifiant' – pour les significations proprement cinématographiques, suggère une double idée fausse: que tout ce qui est spécifiquement filmique concerne le signifiant et lui seul [3] (si-

[2] Notre propre "Grande syntagmatique de la bande-images" (*Essais sur la signification au cinéma* [Paris, Klincksieck, 1968], plus spécialement texte n° 5, chap. 5) s'efforce de mettre en lumière un exemple particulièrement typique de ces codifications PROPREMENT CINÉMATOGRAPHIQUES dans le sens qui est ici exposé.

[3] Notons toutefois qu'EN UN CERTAIN SENS il n'est pas faux de considérer que 'le cinéma' comme tel est uniquement un système de signifiants; la chose est vraie – ou du moins le redevient – au niveau des très grandes unités: le cinéma (semblable en cela à la littérature, ou à la peinture, etc.) ne dessine aucun 'champ sémantique' qui lui soit propre, contrairement à des systèmes comme ceux que constituent par exemple les termes de couleur, ou les termes de parenté, ou les feux de circulation, etc., et auxquels correspond à chaque fois un secteur bien déterminé de la substance sémantique; ainsi le système des feux de circulation a-t-il un 'grand signifié' qui lui est propre (= le problème du passage ou du non-passage pour les automobiles et les piétons). Rien de tel au cinéma: à un film pris en bloc – et *a fortiori* à un groupe de films, ou au cinéma tout entier – ne s'attache aucun 'grand signifié' que

gnifiant qui, ainsi, se trouverait mystérieusement privé de tout signifié correspondant, de sorte qu'on ne verrait même plus en quoi il est un signifiant); et que tout ce qui est spécifiquement filmique est affaire de forme pure, sans substance correspondante. Inversement, l'emploi du mot 'contenu' – lui-même confondu, nous l'avons vu, avec 'substance' – pour les significations extra-cinématographiques reprises dans les films, provoque également deux suggestions fâcheuses: que tout ce qui, dans les films, vient d'ailleurs que du cinéma serait pure substance sans forme correspondante, c'est-à-dire sans organisation structurale; et que tout ce qui, dans les films, vient d'ailleurs que du cinéma serait unilatéralement à verser au plan du signifié (signifié ainsi privé de signifiant spécifique correspondant).

L'examen de la littérature cinématographique courante offrirait de nombreux exemples de ces quatre conceptions latentes, qui ne sont d'ailleurs jamais formulées jusqu'au bout (puisqu'aussi bien un tel effort d'explicitation aboutirait à prendre conscience de l'impasse où elles mènent, et donc à les rejeter). Reprenons-les toutes quatre dans le même ordre:

(1) Le langage cinématographique dans ce qu'il a de spécifique est fréquemment considéré comme consistant en une batterie de signifiants seuls (on dit alors 'procédés', 'figures', 'moyens d'expression', 'rhétorique

---

l'on pourrait dire 'cinématographique'; les signifiés filmiques – AUSSI LONGTEMPS QU'ON LES CONSIDÈRE DANS LEUR GLOBALITÉ – sont simplement 'humains', et pourraient être repris aussi bien par la littérature, ou par le discours philosophique, ou par mille énoncés courants des locuteurs dans la vie sociale. Ceci tient à ce que le cinéma, comme la littérature, est virtuellement 'capable de tout dire' et ne constitue pas un code spécialisé dans l'expression de certaines régions de sens déterminées (on trouvera dans les travaux de L. Hjelmslev, de R. Barthes et d'A. J. Greimas des remarques qui, bien que ne concernant pas le cinéma, vont tout à fait dans le même sens).

Mais au niveau d'unités plus petites – c'est-à-dire justement de ces unités que l'on s'efforce d'isoler et d'analyser lorsqu'on étudie un film en détail – le cinéma échappe à ce statut unilatéral de signifiant dépourvu de signifié spécifique correspondant: il est clair, par exemple, que chacune des 'figures' particulières du montage possède un signifié qui, cette fois, est proprement cinématographique, en ce sens que d'autres systèmes de signifiants (= langage verbal, graphiques divers, etc.) ne peuvent que le commenter, l'approcher indirectement, voire l'analyser, mais non point l'exprimer, et que ce signifié n'a donc qu'un seul signifiant, qui est la figure de montage elle-même.

C'est ce statut double et contradictoire du véhicule cinématographique (à la fois 'spécifique' et 'non-spécifique') qui rend compte d'un état de fait fréquemment constaté dans les discussions relatives aux ADAPTATIONS des romans à l'écran: il est toujours possible de 'faire passer' dans le film la substance globale du livre, dont néanmoins chacune des pages (ou des paragraphes, ou des chapitres) sera irrémédiablement 'trahie'.

de l'écran', etc.[4]). Ainsi, on posera implicitement – la chose n'est pas rare – que l'adaptation d'un roman à l'écran consiste à trouver d'autres signifiants pour le même signifié (cf. note 3).

(2) On considère non moins souvent que le 'langage cinématographique' n'est vraiment tel qu'en tant que forme pure; on le décrit comme un ensemble de configurations reconnaissables (ainsi celles qui constituent le 'montage'), et l'on néglige le fait que l'image mouvante ou la voix humaine – pour prendre ces deux seuls exemples – constituent également des instances substantielles, sans lesquelles les configurations invoquées n'auraient rien qui puisse les manifester et dans quoi elles puissent être matériellement découpées.

(3) Une signification d'origine extra-cinématographique, lorsqu'elle est rencontrée dans un film, est trop souvent ressentie comme un fait de substance pure (un 'fait humain', par exemple) n'appelant rien d'autre qu'un commentaire paraphrastique de nature affective et non analytique: ainsi lorsqu'on déclare que les sentiments des personnages, dans le film, sont 'vrais', 'émouvants', 'bien observés', etc.

(4) Les éléments extra-cinématographiques du film sont traités comme des signifiés purs: on en commentera par exemple la portée humaine intrinsèque sans essayer de repérer avec précision les signifiants qui leur correspondent au sein du film particulier qui est à l'étude.

Efforçons-nous à présent d'ébaucher ce que seraient – sur les quatre points correspondants repris dans le même ordre – les tâches d'une analyse rigoureuse des corpus filmiques.

(1) Il est vrai que les codifications proprement cinématographiques entraînent avec elles toute une batterie spécifique de signifiants: configurations 'audio-visuelles' (ET AUSSI VERBO-VISUELLES ET VERBO-AUDITIVES, on l'oublie trop souvent) s'imposant à la perception du spectateur. Mais la présence même de ces signifiants a pour effet de découper,

[4] Il n'est pas question de prétendre bannir des études cinématographiques les termes comme 'figure', 'procédé', etc. (que d'ailleurs nous employons souvent nous-même). Simplement, il faudra se défendre contre une suggestion inhérente à ce genre de vocabulaire (qui oriente unilatéralement l'attention vers le plan du signifiant), et considérer chacun de ces 'procédés' ou chacune de ces 'figures' comme un procédé ou une figure DE SIGNIFICATION, avec son signifiant et son signifié.

A cela près, il ne faut pas oublier qu'une épuration terminologique se voulant trop rigoristement 'scientifique' risquerait d'aboutir seulement à ce que plus personne ne puisse rien dire. C'est Charles Sanders Peirce lui-même qui faisait observer que, dans le langage des sciences les plus exactes, une certaine dose de polysémie est inséparable du progrès et de la vie de la recherche (*Collected Papers*, Vol. II, *Elements of Logic* [Cambridge, Mass., Harvard University Press, 1932], p. 130).

au sein du sens-total du film, des signifiés correspondants et non moins spécifiques. Le 'langage cinématographique' n'est pas une batterie de signifiants, mais une batterie de significations: ainsi ce que l'on appelle le 'montage alterné' n'est-il pas seulement une disposition des images selon le schème distributionnel A-B-A-B-A-etc., mais a-t-il également un sens: il indique que les événements A et B considérés globalement sont réputés contemporains dans la diégèse du film (encore ceci constitue-t-il seulement le signifié de dénotation du montage alterné, qui possède de surcroît divers sens connotés: il suggère par exemple une forme de simultanétié plus étroite, plus "intime" affectivement et symboliquement que celle qui serait exprimée par d'autres constructions d'images).

(2) S'il est vrai qu'il existe des formes-du-signifiant proprement cinématographiques, il existe AUSSI des substances-du-signifiant qui caractérisent spécifiquement le véhicule filmique. Ceci peut s'entendre à deux niveaux, dignes d'intérêt l'un et l'autre à condition qu'on ne les confonde pas:

(*a*) Parmi les quatre substances-signifiantes dont le total épuise la matérialité perceptive du film (image mouvante, bruit, musique, parole), il en est une que l'on peut déclarer 'spécifiquement cinématographique' en ce sens qu'elle n'est utilisée dans aucun autre moyen d'expression socialement existant, si ce n'est à la télévision (elle-même proche parente du cinéma, du moins sous l'angle qui nous occupe): il s'agit évidemment de l'image mouvante.

(b) Les trois autres substances-du-signifiant (bruit, son musical, son phonétique) ne sauraient être caractérisées comme 'spécifiquement cinématographiques' DANS LE MÊME SENS, puisque chacune des trois constitue par ailleurs la substance signifiante d'un ou de plusieurs systèmes de signification autres que le cinéma: pour ce qui est du son phonétique, les langues naturelles; pour ce qui est du son musical, la musique; pour ce qui est des bruits, les émissions radiophoniques, ou la musique dite concrète, ou simplement les bruits du monde considérés comme ensemble de significations (exemple: entendre un coup de klaxon et en inférer qu'une automobile circule non loin de là).

Cependant, lorsque ces trois mêmes substances-signifiantes sont utilisées DANS UN FILM – c'est-à-dire dans un contexte nouveau et radicalement différent où chacune d'elles se voit 'prise' dans un réseau inédit d'interactions avec les deux autres et avec l'image mouvante, interactions beaucoup plus étroites et plus organisées que dans tout autre cas – il est permis de se demander jusqu'à quel point on peut affirmer qu'il s'agit encore des MÊMES substances, et jusqu'à quel degré les 'contrepoints' inédits dont nous parlions peuvent être considérés comme concernant exclusivement la FORME que ces substances manifestent, sans influer sur leur statut substantiel lui-même. Dans l'état actuel de la recherche cinématographique, il est malaisé de décider si le bruit entendu dans la rue et le bruit entendu sur la bande-son d'un film sont une seule et même substance, ou s'il ne s'agit pas plutôt de deux substances différentes prélevées sur la même MATIÈRE (au sens précis que Hjelmslev donne à ce concept, ainsi qu'à la différence entre ce concept et celui de substance, lequel désigne pour sa part la matière 'déjà sémiotiquement formée' [5] c'est-à-dire – peut-être? – le bruit DE CINÉMA, la matière correspondante étant alors le bruit en général).

Si tel était le cas, le langage proprement cinématographique serait 'spécifique' non seulement par l'une des quatre substances-signifiantes qu'il utilise (= l'image mouvante), mais aussi – bien qu'à un niveau un peu différent – par les trois autres: la phonie de cinéma, le bruit de cinéma, la musique de cinéma. Il n'est d'ailleurs pas exclu que cette façon de voir soit applicable au bruit uniquement, et non à la phonie ni à la musique.

(3) Les signifiés d'origine extra-cinématographique qui apparaissent dans les films ont bien, il est vrai, leur substance: substance sémantique, en l'espèce. Mais ils ont aussi leur forme, et ils appartiennent aussi à des ensembles-signifiants organisés. Si le critique de cinéma l'oublie trop souvent, c'est parce que cette forme et ces ensembles-signifiants sont autres que le 'langage cinématographique'. Dans cette mesure, il est admissible qu'une étude portant sur les CODIFICATIONS PROPREMENT CINÉMATOGRAPHIQUES les néglige; mais une étude portant sur la SIGNIFICATION TOTALE D'UN FILM PARTICULIER ne pourrait évidemment pas les négliger, puisque ces signifiés (même s'ils sont forgés, c'est-à-dire FORMÉS, ailleurs qu'au cinéma) n'en sont pas moins présents dans le film. Du reste, qu'on les étudie ou non dans leur détail – choix qui dépend uniquement de l'objet précis que se fixe chaque travail de recherche –, il ne faut en aucun cas oublier, sous prétexte que l'on s'intéresse au cinéma, qu'un sémantisme EXTRA-CINÉMATOGRAPHIQUE n'est pas un sémantisme AMORPHE: il ne doit certes pas sa forme au maniement du véhicule filmique lui-même, mais il la doit au maniement de quelque autre ensemble-signifiant qui, pour n'être pas 'le cinéma',

[5] L. Hjelmslev, "La stratification du langage", *Word*, 10, 163-188. Repris in: *Essais linguistiques* (Copenhague, Nordisk Sprog og Kulturforlag, 1959), pp. 36-68; passage cité: pp. 49-50.

n'en est pas moins socio-culturel et historique lui aussi, porteur de sens lui aussi, et organisé lui aussi.

Nous évoquions plus haut l'exemple des signifiés vestimentaires que les films aiment à 'reprendre' mais auxquels ils n'ont pas donné naissance: eh bien, ces signifiés, par-delà le film qui les a simplement actualisés (voire PARTIELLEMENT REMODELÉS au passage), renvoient à la culture vestimentaire du groupe social considéré, laquelle est un autre ensemble signifiant où l'on trouvera les structures profondes rendant compte des signifiés à l'étude (structures que l'on n'avait pas trouvées, et pour cause, dans le cinéma lui-même).

Il faudra donc distinguer soigneusement deux choses: le LANGAGE CINÉMATOGRAPHIQUE proprement dit, et le MESSAGE TOTAL DE CHAQUE FILM PARTICULIER. Ce dernier n'est rien d'autre que la combinaison singulière (variable d'un film à l'autre) entre des éléments appartenant au langage cinématographique et des éléments provenant d'autres systèmes culturels. Il n'est que trop fréquent que l'on emploie l'expression de 'langage cinématographique' dans un sens très vague, pour désigner l'ensemble des significations qui apparaissent au cinéma.

(4) Parmi les éléments extra-cinématographiques du film, on en trouve, il est vrai, qui appartiennent à l'instance signifiée de ce film (entendons par là, comme toujours lorsqu'il s'agit de signifiants et de signifiés, que ces éléments peuvent fonctionner comme signifiés à tel ou tel des nombreux niveaux de sens dont se compose un film, quitte à fonctionner comme signifiants – ou encore comme significations – à un autre niveau). Mais à côté de ces éléments extra-cinématographiques 'signifiés', on trouve aussi les signifiants correspondants; et de ces signifiants, comme de leurs signifiés, on peut dire qu'ils sont extérieurs au cinéma mais repris dans le film. Dans l'exemple évoqué plus haut des significations vestimentaires intégrées au film, le SIGNIFIÉ 'ouvrier' n'est pas seul en cause: ce qui est 'intégré au film', c'est également le SIGNIFIANT correspondant (= la casquette et le bleu de travail, dans notre exemple simplifié).

III

Ainsi, le principal inconvénient de la paire terminologique 'forme/ contenu', qui est celle que les débats cinématographiques utilisent le plus souvent et que ce texte voulait critiquer, est-il de constituer dans les discussions un couple notionnel UNIQUE qui, du fait même de l'absence à ses côtés de deux autres couples explicités, aboutit à suggérer confusément trois distinctions en même temps.

Dans la situation actuelle, il n'est pas rare que celui qui parle de la 'forme' d'un film ait plus ou moins clairement en tête À LA FOIS le signifiant du film (par opposition à son signifié pour lequel il dira 'contenu'), l'organisation structurale du même film (par opposition aux diverses substances que le film met en jeu, et pour lesquelles il dira aussi 'contenu' [6]) et enfin ce qu'il a y de plus cinématographique dans ce film (par opposition aux différentes significations largement culturelles que le film se contente de reprendre et pour lesquelles il dira encore 'contenu'). Le propos de ces quelques lignes est au contraire d'insister sur la nécessité, pour une analyse filmique qui se veut rigoureuse, de refuser toute forme de neutralisation ou de contamination entre trois distinctions opératoires et méthodologiques qui ne restent claires qui si on en maintient la séparation.

(1) Nous proposons d'appeler SIGNIFIÉ, dans un film, tout élément qui, dans ce film examiné à tel niveau précis de sens (= comme témoignage sociologique involontaire, comme expression du tempérament individuel d'un cinéaste, comme œuvre d'art, comme récit dénoté, comme ensemble de connotations péri-narratives, etc.), fournit une instance signifiée en regard de laquelle l'analyse peut découper avec précision – par la commutation, notamment – un SIGNIFIANT correspondant.[7]

[6] Ainsi que nous l'avons vu dans le § 1, c'est le plus souvent pour désigner la substance DU SIGNIFIÉ que le langage courant de la critique cinématographique dit 'contenu'. Mais il y a aussi des cas (bien que plus rares) où ce terme vise confusément une chose qui est – au moins en partie – la substance DU SIGNIFIANT: ainsi lorsqu'on parle du 'contenu visuel de l'image' en l'opposant à la 'forme' de cette même image.

[7] L'emploi qui est ici proposé des termes 'signifiant' et 'signifié' présente un inconvénient évident: en toute rigueur, ces termes ne peuvent s'appliquer qu'à la face-signifiante ou à la face-signifiée D'UN SIGNE (= unité sémantique MINIMUM), et non point à la face-signifiante ou à la face-signifiée d'un discours entier (= un film, par exemple), ou d'un pan entier de discours (= une 'séquence' de film, par exemple).

Cependant, cet inconvénient nous semble relativement facile à éviter, en particulier par le recours à des précisions comme 'signifié TOTAL du film', 'signifié DE LA SÉQUENCE', 'signifiant MINIMUM', etc. On peut aussi décider de ne dire 'signifiant' ou 'signifié' tout court que lorsqu'il s'agit du signe minimum, et de parler dans les autres cas de 'face signifiante' ou de 'face signifiée' (solution qui évite le danger signalé à l'instant, tout en conservant les mots 'signifiant' et 'signifié').

Ces mots ont en effet l'avantage d'être à peu près clairs pour tous, alors que la terminologie hjelmslévienne "expression/contenu" (sans doute préférable d'un point de vue purement théorique) provoque en pratique – et notamment dans le cas des sémiotiques artistiques – des malentendus à peu près infinis et insolubles avec les

Exemple: dans le film considéré comme véhicule spécifique, comme véhicule spécifique d'un récit, et comme véhicule spécifique d'un récit envisagé en son état dénoté, on a un signifiant 'Distribution des images selon le schème A-B-A-B-', et un signifié qui lui correspond ('simultanéité globale de la série événementielle A et de la série événementielle B'). L'ensemble de ce signifiant et de ce signifié constitue – au niveau qui vient d'être spécifié – la SIGNIFICATION 'montage alterné'. Mais pour qui étudierait par exemple le style du cinéaste dans ce même film (= étude de connotation), c'est le montage alterné tout entier – à l'instant, somme d'un signifiant et d'un signifié – qui passerait à présent du côté du signifiant et de lui seul, par le fait même qu'on pourrait désormais déterminer un NOUVEAU signifié qui lui corresponde: l'emploi ou le non-emploi du montage alterné nous renseigne en effet sur le style du cinéaste dans le film à l'étude.

(2) Nous proposons de distinguer, dans le signifiant comme dans le signifié d'un film, les instances de FORME et les instances de SUBSTANCE. Au niveau du film entier, la substance du signifié est le 'contenu humain' du discours cinématographique; la forme du signifié est la structure sémantique profonde (dite parfois 'structure thématique') qui ordonne le contenu humain au sein de ce film-là, et qui explique notamment que D'AUTRES films pourraient être tournés – et bien souvent l'ont été – à partir d'un contenu global largement semblable; la substance du signifiant (ou plutôt LES substances du signifiant, puisque le film est un 'langage composite'), ce sont l'image mouvante, le bruit, le son phonétique, le son musical – avec toutes les conséquences qu'entraîne pour le film le fait d'avoir recours à ces quatre substances-là plutôt qu'à d'autres (comparons par exemple avec le dessin animé, la photographie fixe, le cinéma muet, l'émission radiophonique, etc.); la forme du signifiant, c'est l'ensemble des configurations perceptives reconnaissables dans ces quatre substances: ainsi, la récurrence régulière d'une association syntagmatique entre telle phrase du dialogue et tel motif visuel, etc.

Comme la distinction du signifiant et du signifié, celle de la forme et de la substance joue à différents niveau de sens, de sorte que le même élément du film peut relever de la forme et de la substance à deux moments différents de l'analyse. Voici un exemple, emprunté en l'occurrence au plan du signifié: si l'on compare un film de guerre (pris globalement) à d'autres films qui ne traitent pas de guerre (film 'd'amour', film 'policier', etc.) – ainsi pour celui qui étudie la produc-

---

non-linguistes, du fait que les termes 'contenu' et 'expression' ont chacun de leur côté, en critique d'art, une histoire particulièrement lourde.

tion filmique totale d'un pays déterminé lors de telle 'saison' cinématographique annuelle –, des sémantismes du genre de 'guerre', 'amour', 'récit policier', etc., représentent déjà une organisation, une articulation spécifique et historico-culturelle au sein d'une nappe sémantique plus vaste (comme 'contenu humain des films'), laquelle fonctionnera À CE NIVEAU comme substance du signifié. Mais si, à l'intérieur même d'un film de guerre unique (et toujours au plan du signifié), on étudie l'organisation interne des différentes séquences (= 'préparatifs du combat', 'bataille', 'vue du champ de bataille après l'engagement', etc.[8]) ce sont alors les éléments sémantiques nommés à l'instant qui deviennent des unités de forme du signifié, la notion de 'guerre' fonctionnant à présent comme substance du signifié, puisque c'est d'elle, désormais, qu'il s'agit de déterminer plus précisément la forme.[9]

(3) Parmi les éléments signifiants ET parmi les éléments signifiés du film (soit parmi l'ensemble des SIGNIFICATIONS actualisées dans un film déterminé), il en est qui appartiennent au cinéma en tant que ce dernier est un véhicule spécifique, c'est-à-dire constitue L'UN des ensembles-signifiants en usage dans notre culture – à côté d'autres qui, apparaissant dans tel ou tel FILM (et appartenant donc à cet AUTRE ensemble-signifiant que représente chaque film comme message total singulier), ne doivent pourtant pas leur organisation ni leur sens au véhicule cinématographique (qui les reprend sans les avoir forgés), mais origi-

[8] Les notions ici invoquées ('film DE GUERRE', 'film D'AMOUR', séquence des 'PRÉPARATIFS DU COMBAT', etc.) sont simplement destinées à donner une idée un peu 'parlante' de ce que nous voulons dire. Car il est bien évident que, dans telle ou telle recherche déterminée, ce ne seront pas forcément ces sémantismes-là qui se révéleront constituer des unités pertinentes.

[9] Il n'est pas certain que l'opposition 'forme/substance' telle qu'elle est ici présentée soit absolument fidèle à ce que L. Hjelmslev entendait sous ce nom (et qui n'est d'ailleurs pas facile à établir TOUT À FAIT). Il faut distinguer, dans la pensée de cet auteur, deux aspects différents: l'idée de DISSOCIER l'opposition 'forme/substance' de l'opposition 'contenu/expression' (= 'signifiant/signifié') est parfaitement claire et constitue un apport décisif. Mais la définition INTRINSÈQUE de l'opposition 'forme/substance', quoi qu'on en dise parfois, est peut-être restée, chez Hjelmslev, à l'état d'intuition géniale dépourvue d'une formulation explicite complète et unitaire (il n'est d'ailleurs facile pour personne de PENSER jusqu'au bout une telle opposition); les textes de Hjelmslev sur ce sujet varient entre eux, sinon pour l'essentiel, du moins pour certains détails de formulation, qui deviennent importants dès qu'on aborde des recherches particulières: problème du troisième terme, 'matière' (= 'purport'), qui apparaît comme plus ou moins indispensable selon les textes; introduction intermittente de la notion de 'forme substantielle' (que l'auteur, d'ailleurs, rejette, ou juge du moins insuffisante); quasi-affirmations, à une ou deux reprises, selon lesquelles le recours à la substance est indispensable pour la commutation et l'identification des unités (= idée qui n'est pas facile à raccorder avec le rejet de la forme substantielle au profit de la forme pure); etc.

nairement à tel ou tel ensemble-signifiant d'une TROISIÈME sorte (= systèmes divers de représentations collectives, symbolismes attachés aux 'objets',[10] gestes, expressions du visage, etc.) qui, comme le code proprement cinématographique et comme le film en tant que message total – mais distinctement d'eux – renvoie lui aussi en dernière analyse à la société et à la culture globales.

Pour ces deux catégories de significations, on peut proposer respectivement les appellations de 'significations (ou éléments) FILMIQUES' et 'significations (ou éléments) FILMÉS'.

Les éléments filmiques ont leurs signifiants et leurs signifiés, les éléments filmés ont aussi leurs signifiants et leurs signifiés. Ces deux sortes de signifiants, comme ces deux sortes de signifiés, coexistent au sein du film en tant que message total. Mais l'adoption d'un véhicule autre que cinématographique – transposition sous forme de livre, par exemple – permettrait de préserver pour l'essentiel (si l'adaptation était faite avec soin) les significations filmées, alors qu'elle entraînerait la disparition irrémédiable des signifiants ET DES SIGNIFIÉS filmiques, qu'on ne pourrait que remplacer par des 'équivalences' très lâches et au fond inexactes.

[10] L'emploi qui est fait ici du mot 'objet' appelle les mêmes remarques que pour le mot 'thème' (cf. note 1); il est possible que l' 'objet' ne soit pas toujours l'unité profonde pertinente (en termes d'A. J. Greimas: que l'objet ne corresponde pas au niveau du sème mais à celui de sémème, voire du lexème, c'est-à-dire de la combinaison-de-plusieurs-sèmes propre à la seule instance de la manifestation, et non de la structure profonde). Mais par 'symbolismes attachés aux objets', nous entendons ici, aussi bien, ceux qui s'attachent aux sèmes 'objectaux': de toutes façons, l'objet (ou ce qui se cache derrière lui) fait éminemment partie des significations 'extra-cinématographiques' qui apparaissent dans les films. (Ne pas confondre avec un autre problème, qui est celui du TRAITEMENT PROPREMENT CINÉMATOGRAPHIQUE DES OBJETS, ou de ce qui ce cache derrière eux: ce problème existe aussi, mais il est différent.)

VI

KINESICS

*

KINÉSIQUE

33

LA SÉMIOTIQUE NON LINGUISTIQUE

HENRI HÉCAEN

Le volume Approaches to Semiotics [1] *est constitué de six communications présentées au Colloque organisé par T. A. Sebeok, en mai 1962, à Bloomington, Ind.*

L'introduction signale que le titre primitif du recueil était 'Paralinguistics and Kinesics' et que le titre définitif, incluant le mot 'semiotics' au pluriel, fut choisi à la fin des discussions du congrès pour souligner le contexte d'interaction et de communication dans l'utilisation des signes par l'homme, ainsi que les manières selon lesquelles les signes s'organisent à partir de toutes les modalités sensorielles en systèmes de transaction.

Si le terme sémiotique, en dehors de son acception médicale, fut introduit pour la première fois dans le langage philosophique par Locke, c'est à Charles S. Peirce que revient le mérite d'avoir fondé et exploré ce domaine. Avec Morris, il ne s'agit plus d'un domaine scientifique parmi les autres, mais bien d'un organon, d'un instrument de toutes les sciences. Cet auteur distinguait, à côté de la sémiotique pure qui élabore le langage nécessaire au discours sur les signes, la sémiotique descriptive qui étudie les signes réels, et la sémiotique appliquée, qui utilise, pour des buts divers, les connaissances obtenues sur les signes.

Chacun des cinq premiers exposés du volume représente un thème d'une discussion centrée successivement sur les aspects psychiatrique, psychologique, pédagogique, anthropologique et linguistique.

P. F. Ostwald se propose d'étudier la relation médecin-malade comme

[1] T. A. Sebeok, A. S. Hayes et M. C. Bateson (eds.), *Approaches to Semiotics* (La Haye, Mouton, 1964), 294 pp. L'ouvrage n'est donc pas tout récent. Son actualité, cependant, est loin d'être épuisée. Comme, d'autre part, le colloque d'abord, la parution du recueil ensuite, ont constitué ce qu'on peut considérer comme des événements sémiotiques, il nous a paru indispensable d'en rendre compte ici.

échantillon typique de la relation à deux. Il trace d'abord les grandes lignes du langage qu'offre le corps du malade au médecin dans sa recherche des indications sur le dysfonctionnement organique.

Un paragraphe important est consacré aux sons qu'émet l'homme et à leur signification, particulièrement à la parole dans ses aspects extra-linguistiques. Le domaine de la psychiatrie met en évidence leurs modifications. Dans l'entretien psychothérapique, des techniques précises de mesure acoustique sont susceptibles de révéler comment les altérations de l'accent, de l'intonation, des pauses, de l'intensité des émissions verbales, des changements de registre, de vitesse peuvent convoyer les nuances affectives, renforcer ou mettre en doute une affirmation. Ostwald, très consciemment et par référence à la médecine psychosomatique, tend à effacer la distinction entre ce qui est expression de la maladie dans un corps et ce qui relève de la communication interpersonnelle, cette distinction étant au contraire jugée indispensable par certains des interlocuteurs. Une intéressante discussion engagée sur l'interaction entre les phénomènes biologiques et les facteurs culturels, ne put aboutir qu'à réclamer sur ce point des documents plus nombreux, plus précis et plus expérimentaux.

G. F. Mahler et G. Schulze se préoccupent des recherches que la psychologie conduit dans le domaine extra-linguistique. Ils ne limitent pas ces phénomènes extra-linguistiques aux variations que le locuteur peut faire subir à son comportement linguistique, mais ils y incluent les relations fonctionnelles qui les unissent aux processus se déroulant dans la communication entre le locuteur et l'auditeur. Une classification et une description des dimensions vocales extra-linguistiques sont alors données, soit par analyse comportementale (styles du langage, sélection du vocabulaire, prononciation et dialecte, dynamique de la voix, vitesse de la parole, productivité), soit par analyse paralinguistique (qualités de la voix et vocalisation). La revue des travaux accomplis dans ce domaine montre leur relative rareté et leur récente origine, d'une part, le grand nombre de méthodes utilisées et les différences individuelles des résultats, d'autre part. Les variables retenues pour comparaison ont été, en général, ou le diagnostic psychiatrique ou une situation isolée. La critique essentielle que les auteurs font à ces recherches est l'absence d'une étude systématique des effets que ces phénomènes extra-linguistiques apportent au comportement de communication ou à l'état psychologique sous-jacent de l'auditeur.

Étudiant plus en détail les relations fonctionnelles entre ces phénomènes extra-linguistiques et l'état d'anxiété du locuteur, ils constatent que si la liaison de ces phénomènes avec l'intensité de l'anxiété est évidente, les corrélations restent incertaines, discordantes d'une recherche à l'autre ou faibles lorsqu'elles sont significatives. Cependant certaines mesures extra-linguistiques concordent entre elles chez beaucoup de sujets (mais non pas chez tous): rapport verbe-adjectif, nonfluence, insertion de formules toutes faites, productivité verbale. En revanche, le coefficient de diversité montre une corrélation négative avec les précédentes mesures. Là encore le problème est de déterminer jusqu'à quel point ces éléments extra-linguistiques dépendent des facteurs affectifs, des variables de la personnalité ou des phénomènes culturels. L'organisation culturelle de ces phénomènes et leur utilisation possible dans la communication doivent être l'objet des recherches du psychologue. Chez tout individu, un facteur psychologique est en effet susceptible de déclencher des comportements culturellement organisés. Codes et grammaire de ces phénomènes extra-linguistiques doivent être précisés, mais les états psychologiques stables ou transitoires, dans lesquels ils se manifestent, doivent être considérés comme des codéterminants.

Avec A. S. Hayes nous abordons le domaine de la paralinguistique et de la kinésique sous l'angle des perspectives pédagogiques: l'enseignement des communications transculturelles. La paralinguistique est définie comme l'étude de la communication humaine telle que la réalise l'intonation structurée avec ses composantes d'intensité, de hauteur et de durée (Trager), et la kinésique comme l'analyse des mouvements qui accompagnent la communication, mouvements eux-mêmes caractérisés par leurs composantes d'intensité, de durée et de rang. Ces deux domaines sont analogues l'un à l'autre lorsqu'on les oppose à celui du langage, sans qu'on puisse cependant parler d'isomorphisme. Dans cet article, les hypothèses théoriques fondamentales de cette discipline et les définitions qu'elle retient pour les différentes unités de mouvement retenues (KINES analogues aux PHONES, KINÈMES analogues aux PHONÈMES) nous sont présentées selon les thèses de Birdwhistell qui était présent à ces discussions, mais qui n'a exposé systématiquement lui-même ni sa technique ni ses postulats. Quant aux gestes, ils représentent la liaison stéréotypée d'un ensemble de 'kinémorphes' (complexe de particules de mouvement incluant plus d'un segment du corps). Ces gestes sont toujours pris dans un ensemble plus complexe qui doit être analysé avant que la signification sociale de l'ensemble soit posée. Un geste sans contexte n'est pas significatif, mais le contexte doit être considéré dans deux sens, contexte situationnel dans une culture donnée et contexte procuré ou non par le matériel paralinguistique ou kinésique.

Birdwhistell fut amené à préciser sa position lors de la discussion; en isolant les mouvements du corps par une méthodologie particulière, on obtient une série de formes qui peuvent être testées, comme peuvent l'être les comportements vocaux. Les séquences de mouvements représentent des suffixes, des préfixes et des morphes. Ce sont des éléments de liaison et ces séquences de mouvements traduisent des comportements ayant des liaisons structurales. En outre, les langages des mouvements du corps peuvent ne pas nécessiter d'éléments d'ordre en raison de l'étonnant nombre de morphes qu'ils possèdent. Naturellement, on doit souligner les variations transculturelles de la kinésique et par conséquent considérer la nécessité de reconnaître et de décrire ces systèmes. Partant du fait que, dans ce système de communication, les comportements moteurs aussi bien que vocaux, voire des éléments des autres modalités sensorielles, se combinent de multiples façons, il paraît raisonnable à Birdwhistell d'admettre une analogie dans la structure des différentes parties du système. Mais Stankiewicz élève les objections suivantes: la kinésique constitue-t-elle un système de signes arbitraires? Si, oui, pourquoi ce système, s'il ne dépend pas du langage, ne reconnaîtrait-il pas son propre type d'organisation?

W. La Barre s'attache à définir les rapports entre paralinguistique, kinésique et anthropologie culturelle. Dès les mouvements les plus 'instinctifs' se manifestent les facteurs culturels, si bien qu'on peut parler d'une kinésique éthologique propre à l'homme, le contexte sémantique et culturel venant marquer des activités de niveau physiologique d'autant plus fortement que leur apparition est plus tardive. Plus franchement culturelle est en revanche la série des sémèmes moteurs qui vont des kinèmes d'affirmation et de négation aux gestes d'accueil, de politesse et de mépris, aux actes conventionnalisés et aux gestes de la conversation. Ainsi l'auteur est-il amené à envisager une kinésique culturelle et ethnique dont il rapproche les langues sifflées, tambourinées, etc.

C'est une étude très claire et très documentée sur les problèmes du langage émotionnel que présente E. Stankiewicz. La nécessité de ne pas négliger la fonction émotive ou expressive du langage ne doit pas empêcher de distinguer ce langage émotionnel – en raison de son caractère arbitraire et de son indépendance de la situation – des gestes sonores, formes articulées ou non, qui ne sont que de la nature du symptôme, car étroitement liés, eux, à la situation qui les évoque et qu'ils évoquent (plan émotif et plan émotionnel de Marty, 1905). Mais, dans le langage émotif, il faut séparer les variétés qui ne sont dues qu'à la sélection que le locuteur individuel réalise dans le message en attribuant une connotation d'après la situation ou le contexte verbal, et celles qui constituent une partie des niveaux phonologique et grammatical, véritables sous-codes conventionnalisés propres à une culture, permettant au locuteur de colorer affectivement son message tout en gardant intacte la signification cognitive. L'auteur passe en revue ces procédés linguistiques qui sont inhérents au code lui-même et qui constituent les plans expressif et appellatif, trop longtemps négligés par les linguistes, qu'on retrouve au niveau phonétique (palatalisation, aspiration, etc.) et phonologique (emphase, traits expressifs . . .), au niveau de l'intonation, au niveau morphémique (dérivation expressive, désinence expressive, alternance morphophonémique) et grammatical (neutralisation des distinctions grammaticales). Un caractère important de ces composantes expressives réside dans leur caractère quantitatif gradué; au caractère discret des phonèmes et des morphèmes s'oppose une gamme continue, au oui ou non s'oppose le plus ou le moins.

Ce système expressif présente certes quelques corrélations avec le code formel, néanmoins Stankiewicz tend à admettre que son organisation est différente de celle du système cognitif. Cependant, il souligne que, sur le plan diachronique, leur interdépendance est manifeste. Il est en effet aisé de montrer que, dans leur évolution historique, des formes primitivement grammaticales acquièrent, par exemple, des valeurs expressives et qu'à l'inverse des dérivatifs expressifs perdent leur fonction émotive pour se charger de nouveaux éléments cognitifs.

Stankiewicz s'est placé sur un terrain sûr, permettant l'emploi de méthodes précises et ayant fait leurs preuves. Son exposé donne d'ailleurs une impression de solidité et de rigueur qui n'est pas toujours présente dans les autres chapitres du volume. Mais il est bien certain que les critiques de Hayes ne sont pas injustifiées, lorsqu'il proclame que ce ne sont pas les fonctions expressives qui sont ici traitées, mais les corrélats linguistiques de la fonction expressive. La tâche était nécessaire, mais l'étude ne couvre pas tout le champ de la paralinguistique; celle-ci attend encore sa méthodologie particulière permettant un déchiffrement rigoureux de son domaine.

Le dernier exposé est celui de Margaret Mead. Il s'agit cette fois d'une conférence faite devant un public plus large que celui du colloque. Margaret Mead tient à souligner que le premier intérêt scientifique porté au processus de communication est venu des grammairiens penchés sur le texte écrit et qu'il a fallu, pour que d'autres aspects de ce processus fussent ensuite isolés, que deux conditions se trouvent réalisées, l'une d'ordre technique (possibilités d'enregistrement), l'autre d'ordre moral réclamant que l'observateur renonce à ses préjugés à l'encontre des cultures, objets de son étude. Ce rappel historique lui paraît nécessaire pour éviter que ne s'établisse une confusion entre, d'une part, les phénomènes observés et, d'autre part, l'histoire et les méthodes qui ont présidé à leur analyse et qui ont abouti à des groupements de phénomènes que nous avons tendance à croire inscrits dans la nature. L'insertion de l'anthropologie dans le domaine de la sémiotique doit intervenir à deux niveaux, tout d'abord, et bien évidemment, pour l'analyse des données qu'elle est à même de recueillir, et ensuite pour apprécier l'état culturel de la discipline naissante.

Il est nécessaire d'étudier la différenciation des modalités de la communication en fonction de la différenciation des cultures qui s'expriment dans les classes diverses et les différentes couches sociales. La notion d'institutionnalisation a besoin d'être précisée, car elle s'applique non seulement à toute culture donnée, mais aussi à tous les groupes, si petits soient-ils, qui constituent cette société. Il y a donc lieu de spécifier le groupe, la culture, l'aire culturelle dans lesquels on a rencontré tel ou tel *pattern* de communication. Margaret Mead souligne dans ce sens tout l'intérêt d'une étude des formes spécialisées de communication, par exemple celle des sourds qui constitue un véritable sous-système d'une société d'entendants, avec ses *patterns* généraux de relations interhumaines de technologie et de croyance, *patterns* qui se sont constitués, eux, avec l'aide du langage.

L'anthropologie culturelle permet aussi de comprendre comment l'élément de conscience, qui aboutit à une verbalisation effective, peut naître dans la communication à partir des effets de contraste dus à la contiguïté et aux interrelations de groupes. Cette comparaison transculturelle permettra seule aux scientifiques de comprendre comment fonctionnent les différentes modalités dans le système de communication, comment elles se substituent les unes aux autres selon les cultures. Margaret Mead montre les applications possibles de ces recherches à l'enseignement des langues, mais aussi à celui de codes hautement élaborés. A la suite de ce Colloque, les tâches de cette nouvelle discipline lui paraissent essentiellement porter sur le développement de méthodes d'analyse de communication complexe entre deux individus et selon ses diverses modalités. Les différents spécialistes devraient s'attacher à travailler, chacun à son niveau, sur un 'état de conversation' en se référant tous à la même série d'émissions vocales, de postures, d'interactions, de statuts hiérarchisés et vérifier comment se relient leurs constatations.

Enfin, selon Margaret Mead, et ce sera là sa conclusion, une telle tâche ne peut être fructueuse que dans la mesure où elle s'inscrit dans un contexte résolument humaniste et où les techniques nouvelles de manipulation des êtres ne sont pas mises au point avec l'arrière-pensée de s'en servir pour mieux dominer. Les résistances que pourrait rencontrer la nouvelle discipline ne seront surmontées que s'il est bien entendu, dès sa naissance, que ses enquêtes systématiques sont conduites pour augmenter les connaissances scientifiques, dans l'intention de conférer à l'être humain un surcroît d'humanité.

Nous ne ferons suivre cet aperçu que de quelques brèves remarques: la première est que, si l'on est bien en présence d'un domaine nouveau et important, les travaux qui y sont consacrés actuellement oscillent trop souvent entre la collection d'anecdotes et la systématisation abusive, entre l'intuition et le système préconçu.

Il semble aussi que des perspectives différentes se mêlent et s'enchevêtrent au point de rendre impossible toute description analytique. Goffmann a bien souligné la nécessité de distinguer nettement les perspectives diverses selon lesquelles on peut envisager le matériel présenté à ce colloque: plan de détection (connaître le plus possible de ce qui concerne l'individu qui vous fait face), plan sémantique, plan du système de communication (transmission d'information au moyen d'un certain code entre un émetteur et un receveur), plan des relations sociales, plan économique ou de la théorie des jeux, et enfin plan de l'interaction des deux sujets qui se font face.

La tendance que l'on rencontre chez certains à vouloir considérer le processus de communication comme une totalité dont une approche atomiste interdirait toute appréhension, représente une position méthodologique fort dangereuse. Stankiewicz a d'ailleurs insisté sur la nécessité préalable de distinguer les composantes constitutives et de les définir en termes de fonctions, peu importe que la configuration totale du processus de communication vienne avant les composantes ou après.

Si le domaine psychiatrique a été largement utilisé comme exemple et comme moyen d'expérimentation, il est étonnant qu'on ne trouve aucune allusion au domaine neurologique. La pathologie du geste (apraxies) eût mérité, à notre sens, une description de spécialiste et les commentaires des chercheurs des autres disciplines. Les dissociations dans les types de gestes que révèle la pathologie, les rapports des apraxies avec une kinétique pathologique sont susceptibles de fournir des moyens de vérifier les hypothèses avancées.

Les comptes rendus de ces colloques ouvrent indiscutablement un large domaine polydisciplinaire, soulignant les voies d'accès, les difficultés, voire les impasses des recherches futures. Les facteurs biologiques, sociaux et culturels sont souvent si intimement imbriqués qu'une masse de documents systématiquement recueillis dans des conditions d'observation et surtout d'expérimentations satisfaisantes, doit être constituée avant qu'il soit possible de dégager une méthodologie particulière et d'élaborer des modèles spécifiques à ce nouveau domaine. Pour l'instant, le langage étant l'instrument le plus important des processus de communication et son étude celle qui a été le plus poussée, il semble qu'il y ait lieu de s'y référer pour étudier les autres aspects de la communication, sans que pour autant soient négligées les données de l'éthologie, de l'anthropologie culturelle, de la psychiatrie et de la neurologie.

34

KINESICS: INTER- AND INTRA-CHANNEL COMMUNICATION RESEARCH

RAY L. BIRDWHISTELL

If, after sitting in a movie house or after watching an 'interview' on television, the spectator spends an hour attending to an unrehearsed sound film of a family at the dinner table or of a psychiatrist and a patient in clinical dialogue, he will find it difficult to avoid the impression of formality, or, rather, of superimposed order in the commercial production as contrast with the seemingly eventless flow of the naturalistic research film.[1] However, he becomes aware of different orders of contrast if he STUDIES the psychiatric[2] or the family scene,[3] and carefully views and reviews the scenes and shapes which emerge from the behavioral stream. Order becomes evident as these abstracted portions are compared with one another and with similar data from his archives.

At first viewing, the research film seems to be made of "he said and then she said and, then, he answered and she reacted and he said" or "she moved and then he moved and then she responded" – a stream of action and reaction – to use the prevalent jargon, "open-ended and informal". Yet, as the investigation proceeds, the repetitiveness or, at least, the cyclicity of the interaction becomes manifest. Stream becomes structure. The participants change before his eyes; initiator and respondent become less identifiable.[4] The spectator comes to realize that

1 A. E. Scheflen, *Stream and Structure of Communication Behavior* (Philadelphia, Pa., Eastern Pennsylvania Psychiatric Institute, 1965). See also R. G. Barker, *The Stream of Behavior* (New York, Meredith, 1963).

2 R. E. Pittenger, C. F. Hockett and J. J. Danehy, *The First Five Minutes* (Ithaca, N.Y., Paul Martineau, 1960).

3 R. L. Birdwhistell, "Communication: Group Structure and Process", *Pennsylvania Psychiatric Quarterly* (Spring 1965), 37-45.

4 See E. D. Chapple, "The Interaction Chronograph: Its Evolution and Present Application", *Personnel*, 25 (1949), 295-307. See also E. D. Chapple *et al.*, "Behavioral Definitions of Personality and Temperament Characteristics", *Human Organization*, 13 (1954), 34-39.

the roles had been imposed by priority in sequential time or by definition.

To understand the function of each, sound is separated from sight. The tape recorder is used to segment the interchange for study. If listened to with discipline and the speech behavior analyzed, orderly and repetitive shapes replace the first simple view of repartee, of dialogue, or of unmarked and often dulling stream of undirected conversation.[5] And, if the sound is turned off, and the stream of visible behavior is studied with a slow motion analyst projector, a comparable order and structure takes shape upon the kinesicist's chart.

When, finally, the linguist's chart is placed in parallel with that of the kinesicist, there appears an essential orderliness at every level of structure, linguistic and kinesic. Moreover, systematic examination and comparison reveals that the close incidences and correlations between the two streams, at certain levels of structure and through certain periods of observational time, are interspersed with stretches of apparent divergence between the two at others. Viewed in certain spans of time, vision seems to be supported by sound; at others, the sound seems modified by motion. Examined in still other times, the two modalities seem to be in contradiction – or, at least, in isolation from one another.[6]

Support or contradiction between the modalities at certain intervals seems possibly no more than a function of experimental choice of duration. More likely, the investigator must conclude that simultaneity itself is an artifact of observation[7] – the analytic task only just begun when the charts are placed in juxtaposition. And it is then that he realizes that levels of structure exist in their own times – that a multi-level present can be established only after analysis.

As an increasing number of such films are studied and as our respective tools of analysis are improved and further orders of structure from each modality isolated, it has become more evident that people do not merely speak and listen to one another, or, move and watch one another, as they engage in communication. Communication is not a matter of speaking and moving, of listening and watching. Rather, structured

[5] N. A. McQuown, "Linguistic Transcription and Specification of Psychiatric Interview Material", *Psychiatry*, 20 (1957), 79-86.

[6] N. A. McQuown, *Natural History of an Interview* (New York, Grune and Stratton, in press).

[7] See A. Einstein and L. Infeld, *The Evolution of Physics* (New York, Simon and Schuster, 1938), p. 162 *sqq*. See also H. Reichenbach, *The Rise of Scientific Philosophy* (Berkeley, Calif., University of California Press, 1951), pp. 150-154.

behaviors from all sensorily related modalities seem to require interdependent structuring, the component actions codified before such behavior will support or be systematically relevant to communication.

It is the premise of this discussion that it is more efficient to conceive of COMMUNICATION as an overall structure which orders the code than it is to see communication as the resultant or the additive composite of a multiple of codes each dependent upon their particular modalities. Furthermore, the codes discernible in each of the modalities are seen as more efficiently studied when conceived of as derived from the superstructure rather than as immanent in the physical or chemical properties which the code utilizes as carriers. The relationship between carrier and code is discontinuous.

Communication, as a cultural system, constitutes the order which gives relevance to the sensory behavior selected to carry out the social task. Analogically, a building, or rather, the place of buildings, has structural precedence over the walls, the girders, the roof and the foundation. And these, in turn, have structural precedence over the materials which may be used in their construction. While a building may be described as "made" of stone, iron and wood, in the final analysis these constituents, no matter how intensively investigated, give no evidence of the building or of its structural components. It is all too easy to think of construction as the assemblage of sand and cement to be shaped by wood cut to make forms, of iron made into steel and shaped into bolts that hold the shaped wood or steel that support the wood made into walls to which will be attached material of the roof and so on. The sequence from tree to log to plank to rafter to house is discontinuous and the house is not implicit in the tree. The structure precedes the components and gives continuity to the process.

Perspective upon what is meant here by 'continuity' and 'discontinuity' may be gained by reviewing the difference between organismic acts and social acts – between the acts of organisms and of societal members. From a reductionist point of view, it might be argued, for example, that since all chess players are organisms, the rules of chess regulate organisms. Consistently, it could be maintained that since all husbands and wives are organisms, the rules of marriage regulate organisms. By logical extension the acts of chess players or of husbands and wives could be considered the acts of organisms. Thus, the movement and positioning of a white knight could be seen as a message to the organism who reacts with black, the husband's anniversary gift a message to the organism who reacts with a kiss.

However customary this line of argument may be, it is substantially insupportable. Organisms are not, as such, chess players and husbands. There exists no *a priori* or, at the time of this writing, no final manner of determining the relationship of organisms to the events which are ordered by and aspects of, the structure of chess or marriage.[8] The game of chess or the convention of marriage is no more composed of the immediate acts of organisms than the immediate acts of organisms are DETERMINED by the structure of chess or marriage. The point is that the social act is not merely an organic act viewed from a different perspective. A move in chess or a conventional act in marriage may require the presence, at a different level of observation, of an act or a complex of acts on the part of organisms but the organism does not make the move in chess or perform the marital act. The player makes the move and the spouse acts as husband or wife. The act of an organism is not a chess move or a marital act; these acts are social and not organismic acts. Interdependence, as structure, is not merely the coincidence or assembly of dependent pieces. This can remain obscure from a point of view which is careless about observational time and which sees investigation and research AND NATURE as either inductive or deductive, and which ultimately prefers induction and synthesis as determinants of proof.

If we cannot accept the conception that order or structure or pattern can have investigateable reality in and of themselves, it is unlikely that we will be convinced that order is more than a theoretical abstraction of the behavior of REAL THINGS. The recognition that 'form and function' and 'actor-action' are heuristic conveniences can free the investigator to observe order and structure in the universe. From the point of view taken here, order is immanent and ascertainable in the universe, or rather, in every universe. However, it requires discipline, ingenuity (and a readiness to be wrong most of the time) for the investigator to be able to make slices of time and space which will reveal structure as more than the result of the combination of sub-structures. It is exceedingly difficult NOT to assign priority in time and source of cause to component to see combinations of the simple as the cause of the complex. A diagram of hierarchies of TAXONOMIC orders, even when intended to be no more than that, absorbs sequentiality and ascending (*i.e.*, simple to complex) causality from the conceptual surround.

Communication, if it is to be investigated as a continuous, orderly

[8] G. Miller, E. Galanter and K. Pribram, *Plans and the Structure of Behavior* (New York, Henry Holt, 1960), see particularly p. 177 ff.

and adaptive organization demands a specially stringent discipline on the part of the investigator particularly if he has a special competence in the investigation of one or the other of the sub-structures. In this discussion communication is seen as a continuous structure with investigatable but ultimately (as communicational) inseparable components. These component structures are themselves investigatable as abstractions, in and of themselves, or in their relationship to one another. These sub-structures which utilize chemical or physical signal carriers are determined by or rather located for investigation by the specialist through the isolation of the sensory modalities involved. However, the signal behavior to be investigated, while discoverable and experimentally isolatable in realms of light, or sound or odor or touch, are not made up of sound or light or odor or tactile sensitivity. Code-relevant behavior is given shape by code structures which employ light and sound and so on as carriers.

If we focus upon these sub-structures as SUB-structures, that is as INFRA-COMMUNICATIONAL, the communicational analysis of such structures and forms is finally dependent upon our location and investigation of communication, itself. As an anthropologist concerned with culture, social processes and social structure, I preempt COMMUNICATION as a technical term when I describe it as that aspect of culture which provides the dynamic aspect of social organization. That is, COMMUNICATION provides the SOCIAL mechanisms for the through-time, multi-generational aspect of social organization. Communication is a term, then, relevant to the processes of stability and variability, of continuity and change which are discoverable through the comparison of social organizational forms in sequential 'presents' or 'nows'. Used in this way communication is a technical term of a type epistemologically familiar, at another level of integration, in such a concept as 'gravity'.

From a related point of view – but seen from within time (and from above) rather than across times, communication might be described as the active aspect of the structure of social interdependence. But the interdependence of what? Communication, as a structure, does NOT regulate directly the behavior or the dependencies of organisms but, rather, it provides regulation of the relationship between organisms. All communicational events are, in the final analysis, social relational events and, as relational events, have investigatable reality as derivatives from the orderly processes of social regulation. Thus, communication is to be seen as the structure of regulation, composed of the relationship between infra-communicational structures, each shaped by the conditions of the code and the contingencies of transmission. Thus, although coded body motion and vocal activity can be studied as infra-communicational, the investigator must remember that communication is prior in organization to the structure of the audible language, to the visible, tactilely received, olfactorily received, or other, 'languages'. That is, codification (structural relevance) in the sub-structure is derived from communication. Again, communication is more than an amalgam of the codes from the sub-structure.

Let us pause in the discussion to pay special attention to what appears to be communication by means of a single sensory modality. My work has led me to the point that I am convinced that observational error persuades the observer, whether introspective or concerned with external happenings, to see an interactional sequence as uni-modal. UNDER SPECIAL CONDITIONS, members of a society may appear to engage in communicative activity through the limited medium of a single modality. My research [9] indicates that the description of such situations does not provide us with examples of simpler (much less, 'basic') forms of communication. Neither such situations nor the fact that we can isolate a modality for investigation provide us with proof that uni-modal COMMUNICATION is possible. To comprehend the social, the communicational, situation, we must investigate the special conditions which permit interaction for a duration by carriers from a single sensory modality. That the conditions for interaction are often invisible is a function of the conditions of observation and not of the conditions of interaction. The investigator may confuse the duration of CONTACT with the duration of interaction. That is, the observed event is only one aspect of the communicational event.

The members of a social grouping (who share a sufficient portion of a common code to engage productively at all) may be able to engage at a distance where they cannot touch, smell or hear one another by means of a visible shorthand, the kinesic code. They may engage in productive interaction in the dark and even telecommunicatively by an audible code through a medium which excludes other direct signals, *i.e.*, by spoken language. By the definition used here for communication, uni-modal situations are special situations possible because of conventions which permit derivation from the multi-modal continuum. Two lovers courting without recourse to vocalization, two or more lawyers in verbal maneuver or fighters engaging in silent fisticuffs in the dark are in

[9] R. L. Birdwhistell, "Communication as a Multi-Channel System", in: *International Encyclopedia of the Social Sciences* (New York, Macmillan, 1968).

interactional situations which provide us with special and only partially understood examples of communicational situations.

The methodological point which I am reemphasizing is that these are special and derived communicational situations. The fact that we do not yet comprehend how they are derived makes them less than ideal for the study of communication and communicational structure. It is not that they are not communicational and that they can not be studied as such. Rather, such situations as described are incomplete. They seem simple and limited only because we ignore the conditions which permit them to exist at all. The salient conditions for derived performance lie outside of the vista of the observer who would turn the camera on at the onset of physical contact between the interactants and who would turn it off when they break its immediate contact. Such situations demonstrate the fact that the communication system is adapted for sustained activity in variable environments or, from a different perspective, that man is not limited in his adaptations to a modality appropriate to a single environment. Under special conditions interaction may be maintained through a single modality. Such situations are all the more difficult to study because so much of the interaction is hidden from the observer.

Any CODED ACT, regardless of the modality employed for transmissional purposes, gains its MESSAGE identity, its SOCIAL reality, its SOCIAL shape, its relevance to SOCIAL action, not from the modality but from the system which 'employs' it. Codification is a function of society and of communication and not of modality. If we accept this definition, the student of social interaction and communication must seek to achieve control of a multi-modal environment. However, the analysis of the uni-modal environment is not trivial to the comprehension of the multi-modal. It seems probable that until we are able to separate intra-modality regularities from inter-modality regularities we are not going to be able to break the communicational code.

Research over the past twenty years on the relationship between the linguistic structure employed by American English speakers and their kinesic structure indicates that IF WE ARE CONCERNED WITH MEANING at all the two structures are structurally co-operant at the level of morphology (and, thus, descendently influential).[10] Only further research can reveal degrees of independence versus dependence between

[10] R. L. Birdwhistell, "Some Body Motion Elements Accompanying Spoken American English", in: *Communication: Concepts and Perspectives* (Washington, D.C., Spartan Books, 1967), chap. III, pp. 53-76.

the structures – what may appear now to be independence when we focus upon one modality may in the long run turn out to be an artifact of derivation and, perhaps, multistage derivation.

I use the concept of CHANNEL to indicate the field within which infra-communicational behavior can be investigated. To investigate the structure of a given modality structure, uni-modal data is isolated in a CHANNEL.

The channel is not made up of the acts of emitting or receiving sounds, odors or sights; channel is not afferent and efferent nerve activity. Channel is a term for an environment of activity isolated by the observer wishing to study particular code structures without the interference occasioned by other code structures. The study of the structured (and apparently coded) acts observable in any channel is not a study of communication; it is rather, in the final analysis, the study of acts located in the channel which are selected and coded by communication.

Let us be clear from the outset that it is extraordinarily difficult to achieve and maintain channel isolation when working with data from one's own communicational system, where neither the communicational system observed nor the neural apparatus utilized by the observer have the modalities in separable shapes.[11] The fact that the investigator uses his eyes for input does not prevent his brain from completing the pattern, and, usually, without him being aware of it. Moreover, even the most rigorous descriptive linguist or kinesicist does not (and, perhaps, cannot, restrict his description to intra-channel events. As he analyzes such events he repeatedly abstracts them from the channel stream for check with informants or with the observed stream of interaction. He returns them to channel search after they have been tested as having consequence in the social situation – that is, after they are tested for COMMUNICATIONAL relevance. It is this act of removal and test which makes the task of structural linguistics and kinesics so demanding; in a sense, uni-modal signal events are always adulterated by the multimodal environment during testing. For this reason, it is probably more accurate to say that the linguist and the kinesicist AIM AT examining linguistic or kinesic events infra-communicationally. Few of us are able to achieve such purity and it is perhaps just as well. After all, as students of communication, in the final analysis, we are not interested in light or sound forms but in the coded derivations of these as relevant

[11] C. Cherry, *On Human Communication* (Cambridge, Mass., M.I.T. Press, 1957), pp. 127-128.

to social action. On the other hand, one need only look at much of the prevalent psycho-linguistic and socio-linguistic research to see the results of discussing the relevance of particular signal forms without previous channel analysis. Forms, untried IN the channel, can become unmanageable out of it. 'Words' and 'gestures' are exceedingly soft units when manipulated by scholars without sensitivity to the demands of morphology and syntax.

To the extent to which the kinesicist can attend to the visual channel, he is studying those aspects of the code present in visible activity: the linguist by the same strictures investigates the coded activity in the speech stream. To the extent to which either restricts his attention to those special cases of interaction which are manifested in uni-modal action will he be studying but a segment of the COMMUNICATIONAL stream. To repeat, his understanding of the social relevance, *i.e.,* 'meaning', of these particular communicative events will be governed by the information which he can control concerning the SPECIAL communicational conditions which permitted the particular uni-modal performance.

Single channel events, when investigated, may be fruitful of information about special communicational events. HOWEVER, knowledge about such events can only with extreme caution be extrapolated to the comprehension of communication. A jurist, according to the explicit rules of the courtroom, may engage in what he laudably describes as a legal fiction, and admit as evidence only words transformable to standard orthography; only the most naive or legalistic of lawyers is convinced that this reliably reproduces the communicational events which take place in the courtroom.[12] Comparably the psychologist or the sociologist may define AS RELEVANT TO AN EXPERIMENT only those bits of behavior which are recordable on a tape. Again, only the most naive behavioral scientist would assume that he had described the communicational events which transpired (even within the confines of the experiment) by the analysis of the speech stream.

This is the dilemma in which the semanticist or any other student who would investigate 'meaning' finds himself when he attempts to establish either the biological or social consequence ('meaning') of a given act or complex of acts abstracted FROM a particular channel. The kinesicist or linguist may be content with the investigation of the relationship between his selected act and other acts in that channel. His task as structural linguist or kinesicist is that of establishing the intra-

[12] Refer to Michigan Supreme Court Decision from Laddle vs. Michigan Consolidated Gas, 377 Michigan 117.

channel STRUCTURAL identity and consequence of selected acts. Students of communication, on the other hand, without this preoccupation, may seek to derive a form directly from the channel, disregard its intra-channel identity, and search for its presence and absence in contiguity to acts in the field of social interaction, or biological occurrence. A word, a tone of voice, a given rhythm of body activity or, even, the participation of a given body part may be selected out of its structural context and measured against a social situation or a physiological state. This is difficult if levels of integration are respected. However, lexicographers and those who would seek the meaning of gestures are no less useful because they level jump. They are exceedingly useful for those who want and need no more.

We have thus far been concerned with the proposition that those who investigate the structural elements present within the channel are not dealing directly with communicational events and structures even though, as investigators, they are inevitably influenced by information omnipresent from the communicational level. This attempt to distinguish channel or infra-communicational research from communicational research, as we said above, should not lead to the conclusion that concentration upon the channel produces results trivial to the comprehension of communication. On the contrary, the disciplined investigation of the channel may, in the final analysis, be the only way in which communicational events *as* communicational events (as distinguished from channel events and structure) can become locatable and isolatable. In the absence of a science of communication, the consortium of disciplines under the rubric of SEMIOTICS, from my point of view, is attempting to examine the data which is emerging from the systematic study of channels in order to lay the groundwork of theory and methodology prerequisite to the study of communication.

The long history of linguistics and the nature of the phenomena it studies has provided us with lessons which are easier to learn than to profit by when we turn to other channels. The fact of the matter is that we are not neutral about either the channels or the modalities. As literate Westerners we prefer to give the speech stream and its derived forms in literacy a special valence – a special relevance to communication. That preference is, in itself, an impediment to the study of extra-lexical communicative activity and to the comprehension of communication.[13]

[13] R. L. Birdwhistell, "Communication without Words", in: *L'aventure humaine* (Paris, Société d'Études Littéraires et Artistiques, 1968).

Anthropological kinesics is concerned with the communicatively structured aspects of human body activity transmitted through the visual channel. The phrase "communicatively structured" is critical to the definition here. It has been my experience as a teacher that students readily accept the social origin of language, are resistant to a social genesis for paralanguage, and almost completely rejective of the conception insofar as body motion and other sensory modalities are concerned. While it is not difficult to see language and speech as a social product, we resist the conception that moved codes have the same genesis. I believe that the fact that we have learned to translate from spoken language to spoken language and know that people can learn new languages as they grow older makes it easier to understand speech as a social product. The fact that language – or at least aspects of it – are taught contributes to that understanding.

Those aspects of speech which are not customarily recorded in standard orthographies, pitch, stress and the paralinguistic aspects of speech seem to the student and to the linguistically unsophisticated to be emergent from a primitive human, if not animal, underlay. Experienced as beyond control in critical, personal situations, such phenomena seem somehow more 'natural' and less structured than linguistic forms. This is an even more coercive preconception among students who are asked to see body motion, olfactory, tactile, or gustatory events as communicative and social. Psychologically based bridge words such as 'empathy' are used to explain why A knows how B is 'feeling' when he acts or moves in a given manner. The student is often downright skeptical when told that there are social boundaries to non spoken language communication. Those who have been able to forego racist definitions find it illiberal to accede to the proposition that men do not emote the same the world over – and, moreover, do not express those emotions in ways comprehensible to all other men of sensitivity and good will. Simply stated, the accepted theory has been that man has 'communicated' through words and has identified with and thus understood, or 'empathized' with, the expression of the feelings of others.

This tendency to dichotomize human interaction into cognitive and affective planes, the first social and the second physiological or psychological has been discussed elsewhere.[14] I am not evading this issue when I say that kinesics, as an investigatory procedure, is concerned with those aspects of structured and visible interactive behavior which are components of and regulated by organized SOCIAL EXPERIENCE. Kinesic

[14] *Ibid.*

units are, in the final analysis, components of patterns of behavior required of, and ACQUIRED by, the membership of a social organization. It would seem to me that the burden of proof rests upon those who would bifurcate this experience and see one aspect as the result of social experience, the other a result of physiological or psychological experience.

Since they lie outside the channel, the mechanisms for the production of the visible events potentially exploitable by the communicational system are only laterally the concern of the kinesicist. Light waves (or particles) are the vehicles for kinesic codes; the phenomenology of light as such is in the domain of the physicist. Muscular, skeletal, neural, vascular and endocrine activities are involved in the production of the external shapes which reflect light in perceptible patterns; the PRODUCTION of body activity lies in the province of the physiologist. The mechanics of perception and vision and, in fact, the MECHANISMS of perception, learning and, perhaps, recognition are the concern of the psychologist. These are all pre-channel, pre-kinesic matters. The findings of each of these investigators is of interest to the anthropological kinesicist in precisely the same way that the physics, the physiology and the psychology of sound production and transmission are of concern to the linguist. Such studies set the boundaries for but are not, in the final analysis, germane to the level of phenomenal organization upon which the student of linguistics or kinesics must concentrate if he wishes to develop data of immediate relevance to the understanding of communication.

In this paper, the insistence that physical, physiological and psychological data are only of indirect relevance to studies of communication is no depreciation of the importance of such data to the understanding of human behavior and its evolution. Pre-kinesic data will become more identifiable, comprehensible and relevant as we know about human communication systems and about the communication systems of non-human societies. After over a century of preoccupation with BIOLOGICAL evolution, we are being provided with ethological data which has stimulated a new interest in SOCIAL and BEHAVIORAL evolution. The dramatic impact of this new data, however, should not blind us to the fact that evolution, as a theory, merges a variety of multi-level and multi-dimensional processes. The more comprehensive is our knowledge of each of these processes, the more likely are we to finally determine the relationships between them. We are not, in this discussion, attempting an appraisal of the evolutionary development of body motion communication. At the same time, since we are concerned with multi-generational phenomena, our generalizations should not violate biological perspectives.

This position does not suggest that individual differences or that events occasioned by organismic or psychological mechanisms are without influence in the course of particular interactive engagements or are irrelevant to the life course of particular organisms. Rather, the insistence here is that COMMUNICATION SYSTEMS, and their sub-systems – vocalic, kinesic, proxemic, olfactory, tactilic and so on – are STRUCTURED by and as culture. This structuring is not the product of the psychological or physiological processes which provide the range of raw materials which are sociofactured selectively into communicative forms and structures.

Fortunately for science, there is no overriding law of eminent domain. As a broad descriptive and non-technical concept, 'communication' has attracted the interest of scholars from a variety of disciplines. However, I am attempting to use communication in a technical sense to describe an object matter accessible only to particular investigatory procedures. As a teacher, it has been my experience that unless stringent and consistent definitions are applied here (even when the term 'communication' is evaded) students were soon enmeshed in individual versus society arguments when they attempt to describe social interaction. Communication studies have re-aroused chicken and egg arguments in which polemics over society as a composite of individuals or the individual as the product of society obscure methodological issues of at least equal import.

The stress upon the priority of structure over component particle is more than logical and heuristic selection of chicken as prior to the egg. Yet we may profit by the review of the chicken and egg illogic. The species, "chicken" is a product of an extraordinarily long genetic prehistory; chickens, as a species, made their appearance after years of genetic shift and selection during the history of birds. Communication systems as the dynamic aspects of social systems preceded *homo sapiens* by thousands of species. Spoken language may be a peculiarly human development; communication certainly is not; language is a special development within communication.

The mischief occasioned by the traditional chicken and egg analogy is indigenous in the trick of the logician when the problem is stated in a manner which obscures the contextual differences between phylogenetic and ontogenetic time. From the point of view of the maintenance of or changes in the gene pool, questions about priorities in the environmental states, chicken-ness and egg-ness, are meaningless, EXCEPT AS REQUESTS FOR INFORMATION ABOUT THE POSITION OF THE OBSERVER. In ontogenetic time, the fetal state, egg-ness precedes the post-fetal state, chicken-ness. The egg-laying incident is a terminal juncture. When the mature chicken lays the new egg, a new ontogenetic context comes into being.

In BIOLOGICAL time, chicken-ness and egg-ness are two of the possible environments of the SPECIES continuum. In ontogenetic or PHYSIOLOGICAL time, chicken-ness and egg-ness are two of the possible developmental states of the ORGANISMIC continuum. When the time planes of investigation are made explicit, the paradox is dissolved. Let us be clear about one thing: prior to the development of the sciences of biology and genetics the solution had to be a logical one. The recognition of the investigatable reality of the biological continuum depended upon the discovery of the genetic system and upon the recognition of its implications for biological continuity and change.

For some, the ethologists have revitalized the paradox with data derived from their investigations of bird social behavior. For those who cannot accept the reality of a social level of integration, the new conundrum is "what comes first, the chicken or the flock?". That this has led to secondary questions about chickens and the communication of chickens which reflect the traditional error: the confusion of observer position and observational time with the nature of the phenomena to be observed. For example, studies which deal with the physiological underlay or conditioning of fowl to respond to or to emit particular complexes of stimuli are only by extension relevant to communication. Data concerning the organic preparedness of the particular organism, chicken, to react to particular 'external' or 'internal' stimuli exists in a different observational time than does flock social behavior as evidenced in events of chicken communication. Comparably, the behavior exhibited by a particular chicken or any number of individual chickens indicative of previous ACQUISITION of response complexes (or of resistence to new responses) to particular stimuli is again of only indirect relevance to the comprehension of social or communicational events. Gravity is not evidenced by the movement or internal composition of a body in space but by the relationship between the TRAJECTORY of that body to the TRAJECTORIES of other bodies in a space-time field.

Chicken communication is not (when examined in social, *i.e.*, communicational time) composed of the acts of chickens as organisms; chicken communication (when examined in social, *i.e.*, communication time) is made up of social, that is flock-shaped acts. To the determined reductionist such a statement will be incomprehensible. From his point of view, there can be no social behavior without individual chickens to behave (obviously, if I change my observational stance, I see individual chickens and congeries of chickens, too). More critically, the reductionist would 'explain' communication as the summation of the acts of individual chickens in adjustment to one another. Erroneously, but consistently, the reductionist concludes that the description of a sufficient number of the individual acts of individual actors and the description of the neurophysiological behavior 'underlying' such acts will be sufficient and relevant to the description and explanation of communication.[15]

It is perhaps confusing to phrase this portion of the discussion as though in response to the reductionist. The same theoretical strictures apply to the position of the superstructuralist, the theorist who, in UNILINEAR EXPLANATION, would pursue the descendent effects of the communicational code from the level of cultural generalization to the depths of body chemistry. The insistence that the social level of integration is the proper field for the investigation of communicational phenomena and that the code and its structure be analyzed in terms of that level should not be confused as social determinism. Our first task focuses upon the intra-channel system and structure and not upon the possible ramifications of influence. The evidence provided by clinical psychiatry is persuasive that the most complex physiological upheavals may be related to stressful social interaction. Comparable data exists to support the proposition that physiological states may contribute special and unusual shape to an interactional situation. It seems unnecessary to conclude from such data either that the communicational structure can be viewed economically as a RESULT of physiological states or that physiological states are the result of communicational structures. Furthermore, the investigator gains little by the pseudo-compromise of describing communication as "the interplay of social and physiological or psychological forces". This serves only to hide communicational data in the theoretical interface – inaccessible from either approach.

Perhaps the general position here can be made clearer by an example. Early in my research on human body motion, influenced by Darwin's *Expression of the Emotions in Man and Animals*,[16] and by my own

[15] E. Lenneberg, *Biological Foundations of Language* (New York, John Wiley, 1967).

[16] C. Darwin, *The Expression of the Emotions in Man and Animals* (New York, Appleton, 1897).

preoccupation with human universals, I attempted to study the human 'smile'. Without recognizing my own preconceptions, I had been attracted to a simplistic theory which saw 'verbal' communication as subject to (and responsible for) human diversification while 'non-verbal' communication provided a primitive and underlying base for (and was the resultant of) human unity. Smiling, it seemed to me, provided the perfect example of a piece of behavior which in every culture expressed pleasure (in the jargon which I was using then, "positive response") on the part of the actor. Almost as soon as I started to study 'smiling' I found myself in a mass of contradictions. From the outset, the SIGNAL value of the smile proved debatable. Even the most preliminary procedures provided data which was difficult to rationalize. For example, not only did I find that a number of my subjects 'smiled' when they were subjected to what seemed to be a positive environment but some 'smiled' in an aversive one. My psychiatric friends provided me with a variety of psychological explanations for this apparent contradiction, but I was determined to develop social data without recourse to such explanations. Yet, inevitably, these ideas shaped my early research.

As I enlarged my observational survey, it became evident that there was little constancy to the phenomenon. It was almost immediately clear that the frequency of smiling varied from one part of the United States to another. Middle class individuals from Ohio, Indiana and Illinois, as counted on the street, smiled more often than did New Englanders with a comparable background from Massachusetts, New Hampshire and Maine. Moreover, these latter subjects smiled with a higher frequency than did western New Yorkers. At the other extreme, the highest incidence of smiling was observed in Atlanta, Louisville, Memphis, and Nashville. Closer study indicated that even within Georgia, Kentucky and Tennessee there were systematic differences in the frequency of smiling: subjects from tidewater Georgia, the Bluegrass of Kentucky and western Tennessee were much more likely to be observed smiling than were their peers from the Appalachian sections of their states. If I could have maintained my faith in the smile as a 'natural' gesture of expression, an automatic neuro-muscular reaction to an underlying and 'pleasurable' endocrine or neural state, I would have had a sure measure to establish isoglosses of pleasure with which to map the United States. Unfortunately, data continued to come in.

Almost as soon as I attempted to isolate contexts of propriety for smiling, data emerged which made it clear that while it was perfectly appropriate (as measured by social response) for a young female to smile among strangers on Peachtree Street in Atlanta, Georgia, such behavior would be highly inappropriate on Main Street in Buffalo, New York. In one part of the country, an unsmiling individual might be queried as to whether he was "angry about something", while in another, the smiling individual might be asked "What's funny?". In one area, an apology required an accompanying smile; in another, the smile elicited the response that the apology was not 'serious'. That is to say, the presence of a smile in particular contexts indicated 'pleasure', in another 'humor', in others 'ridicule' and, in still others, 'friendliness' or 'good manners'. Smiles have been seen to indicate 'doubt' and 'acceptance', 'equality' and 'superordination' or 'subordination'. It occurs in situations where insult is intended and in others as a denial of insult. Except with the most elastic conception of 'pleasure', charts of smile frequency clearly were not going to be very reliable as maps for the location of happy Americans.

But what about the 'natural' smile of the 'happy' infant. (Twenty-five years ago, we believed that babies were not only more 'natural' than grown-ups but also more like grown animals and more 'primitive'. By that time we were ready to forego the term primitive as applicable to non-western people, we were not ready to give it up as descriptive of western and non-western children.) Friends who were studying child development said that as the infant matured past the point that his smiles were grimaces from gas pains, he had a natural smile which some felt provided a naturaly seductive stance with which to involve adults in care and protection. Others insisted that this infantile smile was a natural expression of pleasure and that, until the adult and peer world converted or suppressed it, the child would continue to smile 'naturally' in response to his own euphoria or to situations of social euphoria. Others insisted that while there was a 'natural tendency' to smile, this tendency was constrained as the child was conditioned to use the smile as a symbolic cue. That is, the infantile smile, as an organic or physiological and automatic reflex of pleasure, with maturation comes under voluntary control and becomes utilizable as a unit of the communication system. At the other extreme were those, who believing that the fetus resists birth and is born angry, see the infantile smile as descendent from the teeth baring of his animal ancestry and thus signifying threat. The threat is mediated and the child subjugated by the social insistence upon converting the meaning of the smile from malevolent intent to benevolent intent. Finally, this apparent divergence of opinion is bridged by others who solve such problems by blending the dichotomy and who see man as basically ambivalent. For these the smile is a naturally ambivalent gesture which can be and is used to express the gamut of feelings a human expresses or communicates.

This is not the occasion to review some of the attempts to test these and other dependent hypotheses using caricatures, photos and smiling models with infants in laboratory conditions. As I have read them I find them indeterminate although interesting. We do not have very reliable information about smiling on the part of infants in cultures other than western. At the time of this writing I do not know whether infants in all societies smile prior to ANY socialization nor do I know what happens to infants in any particular society who do not smile at all or who smile all the time. On the other hand, there is considerable clinical and anecdotal material to indicate that at least in western cultures children must learn to smile in appropriate situations. That is, they must learn how and when to smile; if they do not they are somehow isolated for special attention.

In terms of the premises of this discussion, it is this latter point which is relevant to communicational studies. Smiles do not over-ride context. That is, insofar as we can ascertain, whatever smiles are and whatever their genesis, smiles are not visible transforms of underlying physiological states which are emitted as direct and unmitigated signal forms of that state. And, the fact that subjects are not always aware that they are or are not smiling or are not always skilled enough to emit convincing smiles upon demand does not relegate such smiles into the realm of the psychologist or the physiologist. Structure, linguistic or kinesic, is no less structure because performers are not conscious of their utilization of it.

At this stage of the study of smiling (and I am somewhat fictionalizing the order of investigation and discovery for purposes of discussion) it had become clear that not only could I not support any proposition that smiles were universal symbols in the sense of having a universal social stimulus value but, also, insofar as the study of communication went, my work was only complicated by assumptions about communication as an elaboration of a pan-human core CODE emergent from the limited possibilities of physiological response. However, I could not rid myself of the nagging question occasioned by negative evidence from quite another level. I had talked with a great many anthropologists who had studied in the most widely diversified cultures and NONE reported the ABSENCE OF ANY smiling from their field work. And, in fact, NONE reported societies in which smiling NEVER appeared in situations which could be interpreted as pleasurable, friendly, benevolent, positive and so on. The question was: Even if smiling does not have the same meaning in every society and is not traceably a direct response to a primitive affective state, doesn't its universal distribution as a facial phenomenon give us the right to call it a universal gesture? Obviously it does if we are speaking at the ARTICULATORY LEVEL of description. That is, if a smile is the bi-lateral extension of the lateral aspects of the lip region from a position of rest, all members of the species smile.

There then emerges the second question: Does not the fact that smiling in every culture can be IN CERTAIN OF ITS CONTEXTS relatable to positive response indicate that man, as he gained spoken language in a pre-language situation, utilized this repression as a device for interpersonal constraint (in the Durkheimian sense) and that smiling is a kind of urkinesic form which has been absorbed into human communicational systems as they developed? The only answer that I can give to this is that I don't know. Important as it might be to answer this question, at this stage of research I am not particularly interested in origins or in the ethnography of atavistic or 'vestigial' forms. However, I am interested in determining in a descriptive sense, what it is that we mean when we say that someone 'smiled'. I am interested in being able to examine the structure of the events of relevance to 'smiling' in order to deal with the social situations of which it is a part.

Over the past decade I have been engaged in intra-channel structural kinesic research. I have become aware that similar to other 'gestures', 'smiling' is not a thing in itself. The term 'smiling' as used by American informants covers an extensive range of complex kinemorphic constructions which are reducible to their structural components. The positioning of the head, variation in the circum orbital region, the forms of the face and, even, general body position can be and usually are involved in the performance and reception of what the informant reports as 'smiling'. I have learned that "he smiled", as a statement on the part of an American informant, is as non-specific and uninformative as the statement on the part of the same informant that "he raised his voice".

From the point of view of this discussion, only by intra-channel analysis have I been able to free myself from an ethnocentric preconception that I know what a smile is. We have not done the semiotic or the communication research necessary to establish the range of appropriate social contexts within which to measure the range of consequences (meanings) of the possible range of shapes of 'smiles'. However, in my opinion, I think that we know HOW to study 'smiling' as a

SOCIAL act. However, I don't think we will know what a smile means until we understand, from society to society, its intra-channel role and its contextual variability.

REFERENCES

Barker, R. G.,
1963 *The Stream of Behavior* (New York, Meredith).

Birdwhistell, R. L.,
1965 "Communication: Group Structure and Process", *Pennsylvania Psychiatric Quarterly* (Spring), 37-45.
1967 "Some Body Motion Elements Accompanying Spoken American English", chap. III, pp. 53-76 in: *Communication: Concepts and Perspectives* (Washington, D.C., Spartan Books).
1968 "Communication as a Multi-Channel System", in: *International Encyclopedia of the Social Sciences* (New York, Macmillan).
1968 "Communication Without Words", in: *L'aventure humaine* (Paris, Société d'Études Littéraires et Artistiques).

Chapple, E. D.,
1949 "The Interaction Chronograph: Its Evolution and Present Application", *Personnel*, 25, 295-307.

Chapple, E. D. *et al.*,
1954 "Behavioral Definitions of Personality and Temperament Characteristics", *Human Organization*, 13, 34-39.

Cherry, C.,
1957 *On Human Communication* (Cambridge, Mass., M.I.T. Press).

Darwin, C.,
1897 *The Expression of the Emotions in Man and Animals* (New York, Appleton).

Einstein, A. and L. Infeld,
1938 *The Evolution of Physics* (New York, Simon and Schuster).

Lenneberg, E.,
1967 *Biological Foundations of Language* (New York, John Wiley).

McQuown, N. A.,
1957 "Linguistic Transcription and Specification of Psychiatric Interview Material", *Psychiatry*, 20, 79-86.
In press *Natural History of an Interview* (New York, Grune and Stratton).

Miller, G., E. Galanter and K. Pribram,
1960 *Plans and the Structure of Behavior* (New York, Henry Holt).

Pittenger, R. E., C. F. Hockett and J. J. Danehy,
1960 *The First Five Minutes* (Ithaca, N.Y., Paul Martineau).

Reichenbach, H.,
1951 *The Rise of Scientific Philosophy* (Berkeley, Calif., University of California Press).

Scheflen, A. E.,
1965 *Stream and Structure of Communication Behavior* (Philadelphia, Pa., Eastern Pennsylvania Psychiatric Institute).

VII

ZOOSEMIOTICS

*

ZOOSÉMIOTIQUE

35

ON CHEMICAL SIGNS *

THOMAS A. SEBEOK

> *"Et bientôt ... je portai à mes lèvres une cuillerée du thé où j'avais laissé s'amollir un morceau de madeleine. Mais à l'instant même où la gorgée mêlée des miettes du gâteau toucha mon palais, je tressaillis, attentif à ce qui se passait d'extraordinaire en moi. Un plaisir délicieux m'avait envahi, isolé, sans la notion de sa cause ... Je sentais qu'elle était liée au goût du thé et du gâteau, mais qu'elle le dépassait infiniment, ne devait pas être de même nature. D'où venait-elle? Que signifiait-elle? Où l'appréhender? ... Mais, quand d'un passé ancien rien ne subsiste, après la mort des êtres, après la destruction des choses, seules, plus frêles mais plus vivaces, plus immatérielles, plus persistantes, plus fidèles, l'odeur et la saveur restent encore longtemps, comme des âmes, à se rappeler, à attendre, à espérer, sur la ruine de tout le reste, à porter sans fléchir, sur leur gouttelette presque impalpable, l'édifice immense du souvenir."*
>
> *Du côté de chez Swann*

The underground stream which carried Proust to the nostalgic reconstruction of his immense edifice of memory flowed through the third major channel of proximal (gustatory) and distal (olfactory) communication, the chemical. This celebrated literary example is one illustration of a phenomenon also familiar to psychiatrists, particularly to those treating schizophrenics characterized by a tendency to be more sensitive to chemical signs than their keepers. Hoffer and Osmond (p. 75) aptly conclude in this connection: "Smell is a sense which in our Western culture, at least, has been neglected in recent years, yet olfactory percepts are very closely linked with affect, and in many persons they are extremely evocative of feeling." Smell brings us awareness of distant

* A version of this article also appeared in *To Honor Roman Jakobson: Essays on the Occasion of his Seventieth Birthday* (The Hague, Mouton, 1967).

features in our surroundings, taste is immediate and therefore less obviously communicative; both have been step-children of science, taste the less favored of the two.

In his terse essay "On Visual and Auditory Signs", Roman Jakobson outlines the "manifold dichotomy" of these physical patterns, but takes no account of their chemical counterpart. Although these play a subsidiary role in the total communication system of humans and other primates (as well as of birds [1]), they are essential nonetheless, for they are indispensable for communication within the body. Between organisms, even "monkeys and apes may make more use of olfaction than is presently appreciated" (Marler, 1965, p. 550), and external chemical messengers (ectohormones or pheromones) are emitted and received with "potent effects which so far have been thoroughly studied in insects, recognized in mammals, and overlooked in man" (Wiener, p. 3167). Chemical signs may even link very different species that have achieved a symbiotic relationship, as the scent of flowers is wafted in messages to its pollinators.

Moreover, the use of chemo-reception and scent-production for social integration is diachronically primary throughout the animal kingdom and synchronically fundamental in many species. The great majority of animals is, in fact, deaf, dumb, and blind; thus true hearing and functional sound production occur only in two phyla: the Arthropods and the Chordates, and even in every class of the Arthropods a majority of the species is deaf and dumb. On the other hand, chemical signaling may be a true biological universal. Sapir's dictum, which Jakobson cites with approval, that "phonetic language takes precedence over all other kinds of communicative symbolism", is true only in a restricted sense, and does not hold in the zoosemiotic perspective.

Chemical systems, as others, can of course be analyzed from diverse points of view, and Wilson (1968) has enumerated the principal lines of pertinent investigation: the chemical identification of the pheromones involved; the physical study of the properties of transmission; the tests of behavior (especially of responses); and the genetic control of pheromone production. A classification of pheromones according to function of the evoked behavioral acts can also be made as involving simple

[1] This fact, as Haldane (pp. 389-390) has argued, may be one reason why we understand the social behavior of birds better than that of our fellow mammals. However, some birds rely heavily on the chemical channel; for example, carrion eaters, such as turkey vultures, locate food by smell rather than sight, and shun "newly discovered carrion so long as a human observer is upwind of it, no matter how well he may be concealed from sight" (Parkes, p. 48).

assembly, sexual stimulation, territory and home range marking, non-territorial dispersal, recognition of rank and group, recruitment, alarm, and the like. In this brief supplement to Jakobson's essay, however, my approach will be none of these, but an exploration of some of the semiotic implications of the general properties of chemical signs as they contrast with the auditory and visual ones recognized and differentiated in his discussion.

Jakobson considers Peirce's division of signs into indexes, icons, and symbols as these are preferentially manifest in visual or auditory perceptions. Let us see now how this division is realized in the chemical channel, keeping in mind that icons involve qualities, indexes individuals, and symbols habits or laws; and that, as Peirce observes, it is doubtful if there are any pure icons or indexes.

This triple function of a chemical sign is well illustrated by the alarm substance of the ant *Pogonomyrmex badius* which has been studied experimentally by Bossert and by Wilson (1963). When a puff of this pheromone is released, the response (at low concentrations) is simple attraction, that is, the sign performs an indexical function; it acts, as it were, like a demonstrative pronoun, which, in Peirce's words, "forces the attention to the particular object intended without describing it" (l. 369). The intuitive "goals" of an alarm system in colonies seem sensitively attuned to the amount of pheromone released: thus, if the danger is momentary, the signal quickly fades and leaves the bulk of the colony undisturbed; conversely, if it persists, the signal spreads, involving an ever increasing number of workers. On the basis of their pragmatic functions, the physical characteristics of certain chemicals are, in fact, predictable: a warning substance, for instance, must be capable of diffusing more rapidly than a trail substance, and a biochemical analysis of such substances confirms these physical properties. Stated in the terminology of semiotics, the sign functions like an icon in that the signal varies in proportion as the danger stimuli wax or wane. The molecular structure of the alarm substance in no way resembles the alarm it "stands for". The link between the sign vehicle and its object depends on what Peirce calls a "habitual connection" between the two, and therefore satisfies his conditions for a symbol. The adjustment among the chemical properties of the pheromone, the emission rate, and the response threshold concentration are achieved in evolution; this dynamic interplay, however, has no bearing on the static semiotic character of the sign.

In Jakobson's formulation, "the main difference among the three types of signs lies rather in the hierarchy of their properties than in the properties themselves", and indexical signs tend to predominate in the chemical mode, in space, or in time, or both. A simple example of association by spatial contiguity is found in barnacles. These marine creatures start life as solitary, free-floating larvae carried hither and yon by the sea currents. With aging, they adopt a gregarious and sessile form of life; they prefer to settle near old established barnacle beds. How do they locate them? They accomplish this by responding to "barnacle scent" emitted by the clumped, fixed adults.

The marking behavior of the lemurs (Petter, pp. 303-307) of Madagascar – one of a great variety of forms of intercommunication among them – offers a more complex and specific example of the indexical function in space-time. An adult female in a family group moving through the forest stops for a moment, gripping a branch, and urinates at length against it before she leaps to a neighboring branch. The male following her approaches and sniffs the damp spot a long time, then rubs the glandular zone of his neck back and forth repeatedly on it, urinates in his turn and bounds off to follow the female.

The disadvantages of communication by smell were emphasized by Haldane (p. 390): although an olfactory signal "can convey the information that it comes from animal X_1 rather than X_2 or X_3, or in the case of bees, from hive X_1 rather than X_2 or X_3", and although it can convey some information as to the physiological state of X (as if it were an icon, one may add), such a message cannot be altered rapidly. On the other hand, the one great advantage of chemical signs derives from this very fact: an individual can signal to another in his absence, as vividly described by Seton (p. 772) for wolves in the wild. He states that, "incredible as it may seem at first sight, there is abundant proof that the whole of a region inhabited by wolves is laid out in signal stations or intelligence posts. Usually there is one at each mile or less, varying much with the nature of the ground. The marks of these depots, or odor-posts, are various; a stone, a tree, a bush, a buffalo skull, a post, a mound, or any similar object serves, providing only that it is conspicuous on account of its color or position; usually it is more or less isolated, or else prominent by being at the crossing of two trails." Further he amplifies: "there can be no doubt that a newly arrived wolf is quickly aware of the visit that has recently been paid to the signal post – by a personal friend or foe, by a female in search of a mate, a young or old, sick or well, hungry, hunted, or gorged beast. From the trail he learns further the directions whence it came and whither it went. Thus the main items of news essential to his life are obtained by the system of signal posts."

Male bumblebees, as reported by Free and Butler (pp. 38-40), mark by scent a series of points on a circuit patrolled hour after hour and day after day. Such scent marking takes place first thing in the morning; thereafter, the places marked are merely visited each time. The points are held in common with other males in overlapping circuits so that in a given area there exists, in effect, "a network of interwoven routes" along which males fly in all directions and, during favorable weather, scarcely a minute goes by without at least one male arriving at each of the established visiting places. The patrolled area consists of individual routes which are found to vary slightly from day to day.

Thus we see that chemical messages can be relayed from one individual to other individuals in the future, and, by delayed feedback, from an individual to itself in the future, as the rheotactic urge of homing salmon, orienting by means of underwater chemical guideposts, impels one of the most remarkable journeys known in the animal kingdom (Hasler). In this respect, chemical communication functions more like script (Sebeok, 1967a, p. 367), or map-making, than speech. Messages encoded by means of a chemical substance, like ink or pigments of paint, are realized in the visual mode, and in this process of transmutation can achieve indefinite durability in human affairs.

In a pioneering attempt to apply the theory of signs to zoopragmatics, Marler (1961) analyzed the song of the chaffinch by clues provided in the work of Morris, who sought to further categorize, though not exhaustively, signals which function as appraisors, identifiors, designators, or prescriptors. In the chemically coded global message carried back by the honeybee returning to the hive to announce a food find, these four categories of information are intermingled yet may be separated out and labelled by an observer: the odor that communicates that the carrier bee is indeed a hivemate (an appraisor, signifying preferential status, including species-specific as well as group-specific information); the smell which assists in locating the find (an identifior, signifying its spatial location); the scent of the food itself (a designator, signifying the stimulus-properties of the stimulus-object); and information concerning the investigator (a prescriptor, signifying that certain response sequences rather than others must ensue).

In the preferential hierarchy of the channels used by humans for inter-individual communication with members of their own species – one-to-one as well one-to-many – the chemical subcode is always present *in posse*. It may come to predominate when the auditory and visual subcodes are blocked out, as exemplified by both Helen Keller's and Olga Skoroxodova's reported ability to identify most callers by their personal odor; and in pathological instances, extensively recorded by psychoanalysts such as in a classic case of Freud (p. 382) of an obsessional neurotic, the "rat man" (*renifleur*), who, in his childhood, "had recognized everyone by their smell, like a dog", and who remained more susceptible to sensations of smell than most people when he was grown. The observation reiterated by Freud, that "we have long known the intimate connection in the animal organization between the sexual instinct and the function of the olfactory organ", has surely retained its validity since the days of Hippocrates. There seems to be a clear analogy between insect tropisms – the most widely cited example is Fabre's observation of the scent lure of Chinese silkworm moths which the fragant but insensitive females use to summon mates from as far away as seven miles upwind – and human reactions to sexual odors. A recent review by Fabricant of the nasogenital network has insistently reopened this entire area for fresh investigation.

When the destination of a chemical signal is not man's conspecific, the uses of this subcode can be various and even more extensive. For example, it is well known that man can communicate, solely by this channel, a gamut of emotions to dogs; these animals can notoriously identify individuals by their olfactory signatures, but, on the contrary, even well trained tracking dogs find it exceedingly difficult to discriminate between identical twins in this way. To draw some examples from lower on the evolutionary scale, eels and some aquaria fish are reported (Parkes) to be able to react differentially to samples of water which have been in contact with different people. Among invertebrates, it has been confirmed that the mosquito's chemoreceptors guide it to certain human beings rather than to others: a woman's attractiveness, at least to a mosquito, varies in direct proportion to her rate of estrogen excretion, that iconically mirrors the stage of her menstrual cycle. Another example of measurable iconicity is the output of human sweat glands that increases in quantity proportionately in response to emotional tension. The parameters of what Kuno labels "mental" sweating include the semiotic, and are therefore considerably different from those parameters of thermal sweating which are but physiological (p. 104).

In his otherwise acute critique of the proceedings of a conference on semiotics, A. Rapoport (p. 97, n. 1) seems to have overlooked man's most characteristic habit of extending the reach of his body by constructing artifacts from whatever raw materials are at his disposal. Rapoport mistakenly argues that "inasmuch as humans, at least, do not really have control over the odors they exude, one cannot meaningfully speak of 'olfactory communication', but only of an interpretation (conscious or unconscious) of olfactory stimuli". Consequently, he cannot envisage this modality complementing the visual, auditory, and tactile modalities. In fact, however, humans do have a degree of freedom as to the chemicals they emit, and are capable of deliberately organizing them for exploitation of their environment. To the American Indians on the frontier, the white settlers stank, but their complaints diminished Saturday nights and ceased when they themselves began wearing the white man's clothes and adopting some of his other habits. The discharge and dissemination of axillary scent triggered by emotional stimuli may or may not be voluntary, but Krafft-Ebing (p. 255), among others, has commented on the frequent display of handkerchief-fetishism as a chemical (as well as a thermal) synecdoche, that "with its warmth from the person and specific odors" stands as a *pars pro toto*.

The culturally selective use of perfumes, which "depend on the establishment of conditioned reflexes for whatever effect they may have on the opposite sex ..." (Parkes, p. 50), enhances or counteracts our natural chemical repertoire for physiological brainwashing. Man has assembled a toolkit of hundreds of different scents, consisting of mixtures based partly on components of plant origin and deriving partly from such animal components as civet and musk from anal and preputial glands respectively, imagined to have aphrodisiac effects as they were by Naomi when she instructed Ruth to anoint herself with oil before sending her out to meet Boaz. The question whether chemical signals do or do not convey any information about the sender's "race" remains a matter of controversy; thus Coon still seems inclined to find racial differences whereas Montagu would rather stress such individual factors as commensal bacteria, toilet habits, and possibly diet. However, cultural preferences – for example, between the inhabitants of the British Isles and continental Europeans – are hardly in doubt: a perfumed male is regarded with a certain amount of suspicion in some parts of the world but accepted in others.

Our knowledge of basic zoosemiotic processes may also be put to practical uses to supplement existing human information-handling devices, and to advance bionics, a term that designates a rapidly growing field which aims to develop nonliving systems on the analogy of biological information-storing, coding, and sorting systems (Sebeok, 1967b,

p. 95). A bizarre weapon in the arsenal of chemical warfare, exploiting the perils of body odor by a device technically known as the "E-63 manpack personnel detector" (nicknamed the "people sniffer"), picks up the scent of men digging foxholes under a thick jungle canopy or camping beside a river. A skilled operator, flying above in a helicopter, reads off the intensity of smell on a meter. However, the signal is merely an identifior, because the device cannot specify how many people are underneath, whether they are men or women, and whether they are friendly or unfriendly, but the inventors of the gadget would welcome a degree of prescriptive exactitude.

Many attempts have been made to catalogue, sort out, and compare the underlying qualities of human olfaction and gustation, but none of these constructs has yielded a consistent theory, either chemical or physical, let alone communicative. Among more than thirty hypotheses to explain how the human nose and brain detect, identify, and recognize an odor, the stereochemical theory of Amoore and his collaborators, which asserts that the geometry of molecules is the main determinant, seems the most viable. It posits a heptagonal model of primary odors (camphoraceous, musky, floral, pepperminty, ethereal, pungent, and putrid), from which every known odor can be made by mixing the primaries in certain proportions. This model, as well as Henning's taste tetrahedron (Fig. 1), which projects gustatory sensations onto two primaries located on the edges, three primaries on the four triangular surfaces, and four on the interior, are comparable to the cardinal vowel model of classic phonetics.

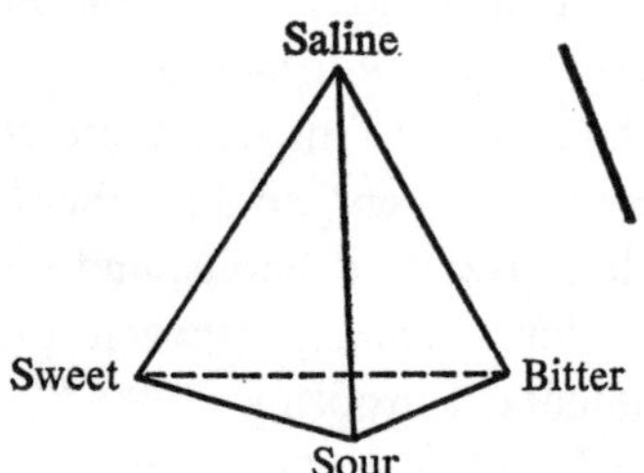

FIGURE 1. *Henning's taste tetrahedron.*

Such abstract paradigms serve merely as a starting point for a possible analysis of the oppositions that are culturally relevant. Thus it seems insufficient to locate the taste of sodium bicarbonate as lying on the line of the taste tetrahedron connecting salt with sour, because this observation tells us nothing about how the postprandial intake of this substance is ritualized in any specific society. In fact, any zoosemiotic and anthroposemiotic analysis of chemical communication must be regarded as provisional until the nature of the cross-specific stimulus patterns is firmly determined and their cross-cultural vocabulary in man becomes readily decipherable.

SUMMARY

Any form of energy propagation can be utilized for communication. Therefore, visual and auditory signaling do not exhaustively characterize the devices at the disposal of living things, for these include tactile, thermal, and electric physical patterns as well. In addition, chemical systems provide the most elementary and widespread means of communication in animal species and are employed effectively by man. Such signs can have indexic, iconic, and symbolic functions, that are often combined; however, the indexic function seems primary in most instances. The one great advantage of chemical signs is their capacity – exploited for social integration especially by terrestrial mammals – to serve as vehicles of communication into the future. Unlike auditory and many visual stimuli, chemical ones persist after emission for varying lengths of time, and their potential durability makes possible their transmission over great distances; relatively short-lived chemical signals, on the other hand, have the advantage of allowing variations in stimulus intensity differentially affecting an animal's response. Visual signs are shown by Jakobson to deal mainly with space, in contradistinction to acoustic signs which deal preponderantly with time. Chemical signs are not so neatly categorized, because on the encoding end they usually point to space whereas on the decoding end they may be interpreted as pointing to an event in the past.

REFERENCES

Amoore, J. E., M. Rubin and J. W. Johnston Jr.,
1962 "The Stereo-Chemical Theory of Olfaction", pp. 1-47 in: *Proceedings of the Scientific Section of the Toilet Goods Association*. Special supplement to n° 37.

Bossert, W. H. and E. O. Wilson,

1963 "The Analysis of Olfactory Communication among Animals", *Journal of Theoretical Biology*, 5, 443-469.

Coon, C. S.,
1966 "On Montagu's review of Conrad's *The Many Worlds of Man*", *American Anthropologist*, 68, 518.

Fabricant, N. D.,
1960 "Sexual Functions and the Nose", *American Journal of the Medical Sciences*, 239, 498-502.

Free, J. B. and C. G. Butler,
1959 *Bumblebees* (London).

Freud, S.,
1953 "Notes upon a Case of Obsessional Neurosis", pp. 293-383 in: *Collected Papers*, III (London).

Haldane, J. B. S.,
1955 "Animal Communication and the Origin of Human Language", *Science Progress*, 43, 385-401.

Hasler, A. D.,
1966 *Underwater Guideposts* (Madison, Wisc.).

Henning, H.,
1916 "Die Qualitätenreihe des Geschmacks", *Zeitschrift der Psychologie*, 74, 203-219.

Hoffer, A. and H. Osmond,
1962 "Olfactory Changes in Schizophrenia", *American Journal of Psychiatry*, 119, 72-75.

Jakobson, R.,
1964 "On Visual and Auditory Signs", *Phonetica*, 11, 216-220.
1967 "About the Relation between Visual and Auditory Signs", Banquet address pp. 1-7 in: W. Wathen-Dunn (ed.), *Models for the Perception of Speech and Visual Form* (Cambridge, Mass.). (This article, which expands on the ideas suggested in the foregoing, appeared after my own article was in press, and therefore too late for me to take proper account of. T.A.S.)

Krafft-Ebing, R. von,
1947 *Psychopathia Sexualis* (New York).

Kuno, Y.,
1956 *Human Perspiration* (Springfield, Ill.).

Marler, P.,
1961 "The Logical Analysis of Animal Communication", *Journal of Theoretical Biology*, 1, 295-317.
1965 "Communication in Monkeys and Apes", ch. 16 in: I. De Vore (ed.), *Primate Behavior* (New York).

Montagu, A.,
1966 "A Reply to Coon", *American Anthoropologist*, 68, 518-519.

Morris, C.,
1946 *Signs, Language and Behavior* (New York).

Parkes, A. S.,
1963 "Olfactory and Gustatory Discrimination in Man and Animals", *Proceedings of the Royal Society of Medicine*, 56, 47-51.

Petter, J. J.,
1965 "The Lemurs of Madagascar", ch. 9 in: I. De Vore (ed.), *Primate Behavior* (New York).

Peirce, C. S.,
1931-1958
The Collected Papers of Charles Sanders Peirce (Cambridge, Mass.).

Rapoport, A.,
1967 "Review of T. A. Sebeok, A. S. Hayes and M. C. Bateson (eds.), *Approaches to Semiotics*", *Foundations of Language*, 3, 95-104.

Sebeok T. A.,
1967a "Discussion of Communication Processes", pp. 363-369 in: S. A. Altmann (ed.). *Social Communication among Primates* (Chicago, Ill.).
1967b "Animal Communication", *International Social Science Journal*, 19, 88-95.

Seton, E. T.,
1909 *Life-Histories of Northern Animals, an Account of the Mammals of Manitoba* (New York).

Wiener, H.,
1966 "External Chemical Messengers, I: Emission and Reception in Man", *New York State Journal of Medicine*, 66, 3153-3170.

Wilson, E. O.,
1968 "Chemical Systems", ch. 6 in: T. A. Sebeok (ed.), *Animal Communication: Techniques of Study and Results of Research* (Bloomington, Ind.).

Wilson, E. O. and W. H. Bossert,
1963 "Chemical Communication among Animals", *Recent Progress in Hormone Research*, 19, 673-716.

ON THE EVOLUTION OF HUMAN LANGUAGE *

GLEN McBRIDE

The evolution of human language from a system of animal communication has long remained a puzzle. This is largely because of the enormous gap between the most complex of animal communication systems and the infinite variety and flexibility of verbal language. In spite of this, it seems that some developments in three fields have now provided a clue to how human language may have evolved. These fields are animal communication, non-verbal communication in humans, and the structure of human language. In a short discussion, it is only possible to present a brief summary of the points of each subject pertinent to the evolution of language; a more detailed account will be published later.

Animals which live in groups have a wide range of communication patterns. Almost every response, posture, display, call, or movement has some communicative significance, even though most of these are simply emitted as undirected information. They become communication after they are sensed by neighbours, and discriminated as signals. These single responses comprise much of the behavioural repertoires of animals, expressing moods or states of being of the animals. They are organised in two ways.

In the first, they are organised into a series of postures, displays and location calls which express the roles of each animal present during each of the activities of the group. In this way, the aggregate is arranged in space into distinctive spacing patterns, or social subphases,[1] associated with the activities of walking, resting, feeding and alarm. In each sub-

* The ideas in this paper were developed while the author was a Fellow at the Center for Advanced Study in the Behavioral Sciences, at Stanford. It is a pleasure to acknowledge the contributions of Professors T. A. Sebeok, and A. E. Scheflen, through many stimulating discussions.

[1] G. McBride, "Society Evolution", *Proceedings of the Ecological Society of Australia*, 1 (1966), 1-13.

phase, there is order rather than random arrangement, with each animal in its place. The communication which coordinates the individuals in this way is all non-directed, simply expressions of moods, to which the animals respond by forming a specific structure in space.

The second form of organisation of responses is into sequences or programmes which we call interactions. Here we are concerned with responses which are directed, usually toward particular individuals. It is not possible to give a single definition of an interaction, though some of the important properties may be listed.

(1) Interactions are separated spatially or by orientation from other activities of the group. The interactions are only concerned with the immediate situation between the interactants.

(2) The interaction is initiated by an alerting response.

(3) The behaviour of the interactants is directed toward each other.

(4) The individual responses or items of behaviour are ordered or syntactic. Only certain orders are possible within and between interactants, and when alternatives are possible, the range is strictly limited. This property is well illustrated in the study by Grant.[2]

(5) Interactions are terminated by certain responses and not by others,[2] so that once an interaction is initiated, a certain minimum sequence is specified.

(6) In any season, or social phase, every animal of the same sex and age has the same repertoire of interactions and programmes.

(7) Though we generally think of interactions as between conspecifics, behaviour of all types is ordered into interactions; thus it is possible to have interactions concerned with nest building, hunting, or grooming, all with similar organisation into programmes.

The dyad provides a good model to see the general features of interaction programmes. The flow of behaviour is divided into segments by a series of junctures. The segments tend to be short in animals, but one interactant may perform a series or sequence of responses, which together form a unit, or segment. A cock, for example, may turn aside during a fight to perform a tidbitting sequence. This is threat behaviour, differentiated from a feeding routine by the erect position of the tail. Such segments are separated by pauses or junctures, which generally contain an element of ambiguity, but are nevertheless communicative events, contributing to the sequence that follows. Two types of junctures

[2] E. C. Grant, "An Analysis of the Social Behaviour of the Male Laboratory Rat", *Behaviour*, 23 (1963), 260-281.

are observed, holding and transfer. Holding junctures indicate the retention of the active participant role, while transfer junctures pass the active role to the other interactant. Since there are two participants, ambiguity enters whenever a holding is changed to a transfer juncture by the intrusion of a segment by the other interactant.

It is not possible to argue the case here, but it can be seen that interactions as described have the basic syntactic structure of human verbal language.[3]

There are a few cases in animals where the nature of the interaction is changed by the use of a metasignal. Metacommunication is communication about communication.[4] Play is the clearest illustration in animals. In pigs, it is possible to see two types of fighting between the same two individuals on the same day. The first is dominance fighting, which is initiated by a mouth-to-neck attack, and terminates by the victor biting the other on the neck. Play fighting is initiated by a metasignal, indicating play. The piglet first scampers in a circular course before initiating the attack in the usual way. Such a fight may be broken into several bouts, each initiated by the metasignal. It is terminated by the pigs simply separating, without expressing dominance or submission. Chickens also run a circular course, but with wing flapping, before initiating a play fight, again ending without the expression of dominance or submission. The concept of metacommunication is essential to the understanding of human language.

Studies of non-verbal communication in humans suggest that people also organise themselves spatially within groups of various types. Of more significance, is the recognition that a human conversational interaction is a double event. There is a primary interaction, concerned with spacing, orientation, and the regulation of the interaction. Holding and transfer junctures are indicated by paralanguage, the tone or modulation of the voice, and by kinesics, or body movements and gestures. The primary interaction, like those of animals, is concerned directly with the interaction situation itself, maintaining rapport.

The secondary interaction is verbal, fitted into the segments of the primary interactions; though even here, the primary interaction provides regulation in the form of kinesics, such movements as nods. What seems important is that the secondary interactions are not at all related to the primary ones: they are normally right out of the situational context, and

[3] N. Chomsky, *Syntactic Structures* (The Hague, Mouton, 1957).

[4] G. Bateson, "A Theory of Play and Fantasy", *Psychiatric Research Report*, A 2 (1955), pp. 39-51.

may concern any topic at all. Yet the verbal sequence itself has the basic syntactic properties of a programmed interaction, and when we consider highly evolved modern speech, many additional properties.

This brief account of a number of complex fields does contain all of the essential elements necessary to understand the evolution of human language. The scene should probably be set at the stage of human evolution when males became hunters, for this activity took place away from the female and juveniles. Young animals play, and young hunters play hunting. But the young of this species is ill fitted to play hunting. It has never seen the operation, nor is this behaviour coded genetically. Thus play hunting is likely to appear extremely inefficient to the experienced observer, the sire. Yet at this stage, the possibility of communicating about hunting is limited, for any actions of the sire can only be interpreted as initiating a primary interaction, evoking direct responses by the offspring. There is, however, a metasignal for play, so that this first genius is able to communicate by combining two interactions.

Firstly, the parent can initiate a primary interaction by the use of the metasignal for play, which removes subsequent behaviour from the immediate context. He can then act out the elements of behaviour in a hunting interaction, without any of the behaviour drawing direct responses from the juvenile. The metasignal is repeated at each holding juncture until the segments containing the hunting interaction are completed. The secondary interaction is then terminated by a transfer juncture, whereupon the youngster repeats the secondary hunting interaction. The acting-out process is by whole body movements, with all of the gestures and calls which accompany them.

Here we have, in one step, a genuine human type of communicative interaction, quite different from anything used by other animals (with the possible exception of the communicative dance of bees). It also contains a large body of programmed information, certainly enough to contribute significantly to the training and natural selection of offspring able to acquire it. Yet the step was made in the familiar visual modality, and required no basically new forms of behaviour, not already present in animals much less efficiently organised than a hunting primate.

The type of animal able to make this step must already have been adept at making new interactions by learning, without coding them genetically. Such skills were needed, both to make the double interaction, and to develop a series of communicative secondary interactions, all programmed syntactically. More than this, the animal must have had something to say, for the chimpanzee can make new interactions, and imitate. Thus the interactions developed by this primate must have been complex and not obvious to the receiver. Hunting techniques and tool-making seem to be the types of interactions in which demonstration as well as imitation would be necessary.

What has been described is only a first step. The repertoire of secondary interactions must then have been extended to improve cooperation between hunters, between mates, and for a range of parent-offspring situations. A very wide range of communication is possible with double interactions, without any need to move directly into the vocal modality. Indeed, it is impossible to see how the step to verbal speech could have been taken quickly, for this involves the use of new set of muscles, and a new and complex organisation of the brain. The transfer of the secondary interaction into the verbal form familiar to us, can only have taken place slowly, with natural selection altering the structure and organisation of animals to make the change possible. It is easy to see advantages in separating the two interactions into different modalities, for their combination in the same modality must have been very awkward in many situations. The secondary interactions probably first developed both as dances and into a formal type of sign language, with sounds to name places and objects not immediately present.

Semantic problems are always present in communication, but they take on a new importance in secondary interactions, about events separate in space and time. A negative sign is essential to correct messages not understood. The use of a negative has often been denied in animals, yet the equivalent of the disciplinary "no" is extremely widespread. It is used by parents to inhibit inappropriate behaviour in their offspring.

It does seem clear that any attempt to account for the evolution of human language must allow for the step to take place without the addition of any behaviour not already present in animals. If the present attempt has any merit, it is this. The evolution of language does constitute a problem to students in a number of fields. Perhaps the most significant contribution of such speculations is to stimulate others to produce improved or alternative versions. All such attempts do help to organise the further study of the constituent fields, and this must be their justification.

POSTSCRIPT

Since this paper was published, my ideas on the subject of the evolution of language have developed further, partly from feedback received from colleagues, particularly from Gregory Bateson and Vernon Reynolds. The republishing of this paper has presented an opportunity to develop this subject further.

It is clear that the sound calls of animals are a totally inadequate starting point for the development of human communication, for these are primarily expressions of moods or contexts, and of little interest in the evolution of speech as we know it. Similarly the bee dance retains the here-and-now properties of animal communication, for it says only "go there to this smell". The giving of such instructions is a big step in complexity, but does not break through the here and now barrier. We can easily train sheep dogs to follow quite complex sets of instructions of the 'do that' type.

The interaction does have the basic properties of speech in that it represents a strategy for assembling behavior, with each block to be emitted assembled on the basis of feedback from context. Thus there are clear patterns in, say, a cock fight, but we would probably find that no two cock fights have ever had identical programs. Yet each has gone forward to a set conclusion, with the behavior of each cock assembled so that it is appropriate to the stage of the fight. The smaller units of assembly were originally called fixed action patterns, but it is now clear that they are not fixed, and that the term modal action patterns is more appropriate (Barlow, 1969) for there are systematic variations based on feedback from context. In each fight the cock is faced with a unique array of communicative behavior, yet has no difficulty in following and responding to it.

There seems little doubt that the interaction is the communicative unit on which any model of human speech must be built. The study of animal calls and the production of "dictionaries" of sonograms with "meanings" for each call appears a fruitless approach to the study of either animal communication or the evolution of human speech.

There are two main types of interactions, actonic, between an individual or an object, such as building a nest, or hunting a prey, and social, between two or more individuals. In the model of the evolution of human type communication presented, an actonic message interaction (secondary) was fitted within a primary social interaction. It seems likely that communication concerned actonic interactions at first, probably for a long period, before social interactions could be discussed. The fitting of a secondary social interaction within a primary social interaction would appear to be relatively complex.

The secondary message interaction would move from acting to a sign language and then to sound based symbolic speech. These were probably never discrete stages. Indeed the progression is not yet complete, since we normally supplement our speech with demonstrative kinesics, and occasionally by acting out sequences difficult to describe adequately. The move from an acting to a sign language involved the first arbitrary steps in representation, since to indicate a particular animal, any of a vast array of features could be used, but one obvious one was chosen. This arbitrary feature can be seen in the sign language of modern Australian aborigines, where a thumb held erect gives an outline of the shape of a kangaroo, but two bent fingers represent the spoor of a pig. Yet the fingers could equally represent the spoor of any animal with cloven hooves. The step to a completely arbitrary symbolic language in speech appears then to be a quantitative rather than a qualitative change.

The initial situation described for the first type of double interaction is not important. It could as easily have been a dance acting out a successful hunting interaction on the return of a hunter. Yet the important element is the possibility of youngsters acquiring hunting techniques not actually experienced. It seems that it is possible to overemphasise the role of human communication in achieving cooperation between hunters. Many animals can cooperate well without human speech. The greatest significance of early actonic communication is likely to lie in its property of cultural transmission or inheritance. Our use of speech to communicate complex information probably developed much later. The ability of children to learn a complex way of life while young seems a much more logical basis for the evolution of human communication, and has clear selective significance.

The need for a negative, particularly in dealing with semantic problems was discussed. The 'don't' of animals mentioned in the paper is clearly different form our array of negatives. One might suggest that our ancestors did not invent a negative, but evolved it from the preexisting 'don't'.

G. McBride, June 1969.

REFERENCE

Barlow, G. W.,
1968 "Ethological units of behavior" in: David Ingle (ed.), *The Central Nervous System and Fish Behavior* (University of Chicago Press), pp. 217-232.

VIII

MEETINGS

*

COLLOQUES

SYMPOSIUM D'ERIVAN SUR LA TRADUCTION AUTOMATIQUE *

YVES GENTILHOMME

Malgré le discrédit relatif qui s'attache actuellement aux travaux préparatoires à la traduction automatique – et qui n'a d'égal que l'importance démesurée qui leur a été naguère acordée – la recherche dans ce domaine se poursuit activement. La meilleure preuve en est constituée par les travaux du IIIe Symposium Fédéral sur la Traduction Automatique qui s'est tenu récemment à Erivan (Arménie), où ont été présentés 46 rapports. Les participants étaient au nombre de 90, dont 10 étrangers Bulgarie: Ludskanov; France: Y. Gentilhomme, Mme. L. Torre, B. Vauquois; Hongrie: F. Papp, D. Varga; Tchécoslovaquie: P. Sgall; U.S.A.: D. Hays, P. Garvin; R.D.A.: J. Kuntze).

Même ampleur en ce qui concerne le programme:

— Mise en œuvre des algorithmes de traduction automatique sur calculatrices universelles.
— Conception de machines spécialisées pour la traduction automatique.
— Structure des dictionnaires pour traduction automatique. Analyse syntaxique.
— Sémantique et traduction automatique. Simulation: homme-machine.
— Langages de programmation pour traduction automatique.
— Statistique du langage.
— Mathématique linguistique. Modèles linguistiques.

Comme on le voit, l'éventail des questions inscrites au programme était largement ouvert, la traduction automatique se situant à la croisée de disciplines variées qu'elle stimule par une problématique neuve, tout

* Le IIIe Symposium Fédéral sur la Traduction Automatique, organisé sous l'égide du Conseil Scientifique sur la Cybernétique du Présidium de l'Académie des Sciences de l'U.R.S.S., du Centre de Calcul de l'Académie des Sciences de la R.S.S. d'Arménie, et de l'Université d'Erivan, a eu lieu du 17 au 22 avril 1967 au Centre de Calcul d'Erivan.

en tirant elle-même bénéfice et en traçant sa propre voie théorique et pratique. D'où l'intérêt de consulter de nombreux spécialistes.

De l'ensemble des exposés, il ressort, semble-t-il, que si les problèmes fondamentaux concernant la morphologie et la syntaxe proprement dite – tant pour l'analyse que pour la synthèse des langues étudiées à ce jour (textes écrits) – ne sont pas complètement élucidés par les centres en activité, du moins la possibilité d'une solution à plus ou moins brève échéance n'est plus douteuse. Les recherches dans ce domaine restreint se poursuivent, soit dans le sens d'une optimisation des méthodes pour les langues déjà étudiées, soit pour l'adaptation et l'extension des méthodes usuelles à des langues non encore soumises à l'expérimentation.

Il faut souligner que certaines analyses et certains recensements, certes entrepris depuis longtemps par la linguistique traditionnelle, ont reçu une impulsion nouvelle du fait des impératifs rigides de la technologie des machines, notamment dans le sens de l'exhaustivité et de la minutie. Quelques chercheurs ont affirmé qu'il leur a fallu modifier leur point de vue antérieur, fondé sur des explorations hâtives.

On ne saurait trop encourager les centres s'occupant de langues relativement peu parlées et par suite, peu étudiées, à poursuivre leurs recherches. Il est évident que de tels travaux aboutiront, entre autres, à une meilleure connaissance des phénomènes linguistiques généraux.

Il est intéressant de constater que les mêmes difficultés ont été rencontrées par la plupart des centres menant leurs recherches de façon indépendante, à partir d'hypothèses variées, et que les solutions adoptées ne manquent pas d'une certaine unité.

Les problèmes proprement linguistiques à l'ordre du jour relèvent principalement du niveau sémantique. Il semble d'ailleurs que cette appellation unique coiffe des recherches de nature diverse, dont la portée dépasse, et de loin, les visées de la traduction automatique proprement dite. Les quelques résultats utilisables obtenus se situent davantage à l'orée de la syntaxe que dans la sémantique au sens strict.

A ce propos, parmi les exposés de chercheurs soviétiques particulièrement remarqués, il convient de citer:

— N. Leontjeva: "Notation des liaisons sémantiques entre les mots d'un texte".
— Ju. Martemjanov: "Notation du contenu sémantique d'un texte".
— I. Mel'cuk: "Théorie des paramètres sémantiques".
— E. Padučeva: "Passage d'un texte, écrit en langue naturelle, à son contenu logique".

38

COLLOQUE DE BRNO SUR LA THÉORIE DU VERS ET SA PROBLÉMATIQUE

LUCYLLA PSZCZOLOWSKA

Le vers, sa structure et ses fonctions, dans le contexte des phénomènes linguistiques, littéraires, et, plus largement encore, culturels, ont fini par constituer, à l'heure actuelle, le domaine d'une recherche scientifique de plus en plus rigoureuse et spécialisée. On le doit surtout, semble-t-il, aux contacts avec la linguistique, dans sa conception la plus large, dont les instruments rendent possible une description et une interprétation adéquates des éléments de langage et du rôle qu'ils jouent dans le façonnement des structures métriques. Depuis peu, de nouveaux stimulants augmentent encore les possibilités de recherche dans ce domaine: ils viennent du côté de la cybernétique et de la théorie de l'information. Construire des modèles de structures versifiées avec lesquels on peut confronter certains schémas métriques réalisés dans la substance linguistique vivante, rechercher la valeur informationnelle des éléments de la structure rythmique – voilà quelques-unes des possibilités qui commencent à attirer l'attention des chercheurs. Parallèlement, l'ensemble des problèmes inhérents au vers, considéré comme une variété spécifique du texte, arrivent rapidement à l'état où ils pourront être intégrés dans une problématique sémiotique plus générale.

Le Colloque International sur la théorie du vers, qui a eu lieu récemment à Brno, peut être cité en exemple pour illustrer ces préoccupations. On doit l'organisation de cette rencontre essentiellement à l'activité infatigable du regretté professeur Jiři Levy, excellent connaisseur des problèmes de la poétique.

Les sujets traités au Colloque forment toute une gamme, allant de la caractérisation des plus petits éléments de la structure métrique jusqu'à la typologie de textes poétiques entiers. Nous en dégagerons les préoccupations principales. Tout d'abord, le domaine, défriché jadis par l'école formaliste russe, mis en valeur ensuite par les structuralistes de l'École de Prague et que l'on continue à cultiver avec fruit – domaine qu'on pourrait peut-être définir, en simplifiant, par la formule: vers et langage. Ici, le groupe le plus nombreux de communications concernait les relations entre deux unités de division de l'énoncé versifié: le vers et l'énoncé. A cette double segmentation est lié le problème, capital pour tout système de versification, du contour mélodique de l'énoncé (K. Horalek, Prague; V. Kochol et Z. Valkova, Bratislava; H. Jechova, Olomouc; M. Jellinek, Brno). On a aussi mis en évidence la manière dont les vers sont marqués, à la différence de la prose, au niveau de l'organisation phonétique (M. R. Mayenowa, Varsovie), ainsi que le rôle qui revient, dans leur structure, non seulement au phonème, mais aussi aux traits distinctifs (L. Pszczolowska, Varsovie). De nombreuses analyses des différent niveaux de l'organisation linguistique ont été également présentées, ainsi que quelques investigations dans un domaine qu'on appelle "la sémantique du vers" (J. Hrabak, Brno; K. Hausenblas, Prague; M. Ivanova-Šalingova, Bratislava). L'importance décisive du système linguistique déterminant les possibilités du dessin rythmique du vers a été illustrée, entre autres, par l'analyse de la traduction de poèmes (H. Raab, Rostock).

La connaissance suffisante du 'matériau' linguistique, celle surtout du dictionnaire des formes accentuelles de la langue en question, permet la construction d'un modèle du vers. C'est ainsi qu'a été présenté au Colloque un modèle du vers iambique tchèque (M. Červenka, K. Sgallova, Prague). L'élaboration d'un modèle permet, à son tour, d'établir un code, c'est-à-dire un ensemble d'instructions, de directives de comportement. Ce code peut ensuite être intégré dans la grammaire de la langue et permet – à l'aide de machines électroniques – l'engendrement des types de vers bien définis (J. Levy, Brno). Les modèles peuvent aussi être considérés du point de vue de la valeur informationnelle de leurs divers éléments (H. Lüdtke, Fribourg).

Dans le vers, qui est l'arrangement d'un énoncé visant à en relever tout spécialement l'aspect sonore, sont toujours 'inscrites' certaines indications en vue de sa réalisation acoustique. La prise de conscience de cette vérité était manifeste dans de nombreuses communications consacrées à l'apport des facteurs linguistiques à la structure du vers, et elle a été particulièrement sensible dans l'exposé relatif à la récitation poétique (M. Hölzel, Prague). On a aussi discuté un autre aspect de la réalisation d'un texte versifié: l'une des communications traitait notamment de l'influence de la mélodie sur la structure rythmique du cantique religieux médiéval (F. Svejkovsky, Prague).

La connaissance de la spécificité linguistique de la forme versifiée permet aussi d'évaluer dans quelle mesure elle contribue à marquer le style d'une œuvre particulière. Genre de vers, type de rimes, tendances rythmiques des différents mètres – tout cela varie selon les époques littéraires, d'une école à l'autre. Le choix du genre de vers dépend, en outre, du genre de l'œuvre: dans chacune des littératures nationales, certains schémas métriques, certains arrangements strophiques et même certaines longueurs de vers ont leurs domaines bien définis. Ce double conditionnement de l'emploi des formes métriques a été illustré par des exemples pris à quatre littératures distinctes: la serbo-croate, la polonaise, l'allemande et la slovaque, et à quatre formes métriques différentes: le sonnet, le huitain, les mètres longs à affinités hexamétriques et le vers syllabique (S. Petrovic, Zagreb; Z. Kopczynska, Varsovie; P. Trost, Prague; V. Turčany, Bratislava).

Il y a enfin une problématique d'ensemble à l'intérieur de laquelle on peut envisager la forme métrique d'un texte: le système global d'une culture. Car c'est de lui que dépend la typologie des textes littéraires, c'est lui qui décide du traitement d'un texte comme esthétique ou non esthétique, poétique ou prosaïque (J. Lotman, Tartu).

Ce bref résumé des principaux thèmes du Colloque de Brno présente, au fond, une liste à peu près exhaustive des problèmes qui préoccupent la versologie contemporaine. Pour connaître les solutions concrètes qui leur ont été proposées, on consultera les Actes du Colloque qui contiendront, pour chacune des communications, soit le texte complet, soit un résumé en anglais, en français, en allemand ou en russe.

39

LE COLLOQUE SÉMIOTIQUE DE TARTU

TOMAS VENCLOVA

Le deuxième Colloque d'été qui s'est tenu, du 16 au 26 août 1966, à Kääriku, près de Tartu (Estonie, U.R.S.S.) a été principalement consacré à l'étude des systèmes secondaires modelants. Une trentaine de sémioticiens: linguistes, critiques littéraires, spécialistes du folklore, de la mythologie, de l'histoire des religions, venus de Moscou, de Léningrad, de Vilnius et de Tartu, ont participé aux travaux du Colloque. Y ont assisté en outre, à titre d'invités, Roman Jakobson et K. Pomorska.

Ces rencontres de Kääriku – dont la première a eu lieu en 1964 – sont en passe de devenir une tradition et contribuent puissamment, grâce à l'énergie et aux talents d'organisation des sémioticiens de Tartu, en particulier de J. Lotman, au développement des recherches sémiotiques en U.R.S.S.

Vers une plus grande rigueur

L'intérêt qui s'est manifesté, en U.R.S.S. ces dernières années, pour la sémiotique, s'exprime par le volume considérablement accru des travaux sémiotiques de tous genres. On peut penser que la prochaine étape sera marquée par la nécessité, de plus en plus évidente, de passer de l'application des méthodes sémiotiques aux diverses disciplines 'humanistes', à la constitution sur des bases plus rigoureuses de la sémiotique elle-même, quitte à ce qu'elle intègre par la suite dans son sein les sciences humaines particulières. Les communications présentées à Kääriku ont été révélatrices de cet esprit de renouveau, tant par les sujets traités que par leur approche. C'est ainsi que les propositions de I. Revzin, tendant à la constitution d'un dictionnaire du langage sémiotique, ou celles de V. Ivanov et V. Toporov, visant l'élaboration de l'expression formalisée des systèmes sémiotiques ont suscité un vif intérêt. Ces derniers ont, notamment, présenté au Colloque les modèles des mythes et des rites biélorussiens, en se référant au schéma proposé dans leur ouvrage sur *Les systèmes sémiotiques modelants dans les langues slaves* (Moscou, 1965). On comprend l'actualité de telles recherches, si l'on pense à l'apparition sporadique d'ouvrages para-sémiotiques, dépourvus de rigueur scientifique.

La thématique du Colloque

Les problèmes d'ordre strictement linguistique n'entraient pas dans le programme du Colloque, entièrement consacré aux procédures de description et aux résultats de recherches portant sur les systèmes modelants secondaires (terme proposé par A. Zalizniak, V. Ivanov, V. Toporov), c'est-à-dire à l'étude des systèmes sémiotiques reposant sur les langues naturelles, mais constitués, à partir de là, en structures secondaires (artistiques, etc.). Une trentaine de rapports ont été présentés au Colloque, répartis en huit groupes:

— Typologie des textes.
— Sémiotique du folklore.
— La poétique.
— L'individuel et le collectif. Problèmes de caractérologie. Typologie des cultures.
— Problèmes de mythologie.
— Sémiotiques de l'espace et du temps dans les systèmes modelants.
— Modèles artistiques du schéma de communication.
— Problèmes généraux de la sémiotique.

La poétique

Il faut signaler avant tout l'importance des communications sur les problèmes de la poétique et l'attention particulière prêtée à la description monographique de la structure des textes poétiques. Ainsi, l'exposé de R. Jakobson comportait une analyse rigoureuse de la structure grammaticale d'un poème de A. Raditchev, mettant en évidence sa valeur significative et fonctionnelle. Les conceptions de R. Jakobson ont d'ailleurs servi de point de départ à de nombreux travaux présentés au Colloque.

La communication de D. Segal: "Observations sur la structure sémantique d'un poème de O. E. Mandelstam ('Le filet du miel d'or . . .', 1917)", se distinguait par l'originalité de son approche. L'auteur a tenté une étude sémantique de ce poème en la situant sur le plan syntagmatique, c'est-à-dire, en montrant que les mots, distribués selon l'ordre linéaire, se rapprochent grâce à l'existence d'indices significatifs particuliers, et qu'en même temps la signification, sur le point de se constituer, ne reste pas rivée aux mots isolés. D. Segal analyse ainsi l'interpénétration d'un certain nombre d'éléments de signification poétique pour interpréter sémantiquement la structure tonale et rythmique du poème.

J. Levin, pour sa part, cherche à déceler "Quelques traits caractéristiques du plan de l'expression dans les textes poétiques", en analysant la structure rythmique et strophique d'un poème de B. Pasternak, intitulé "La fin", pièce finale de son recueil *La vie est ma sœur*. Ce poème, qui résume, sur le plan du contenu, l'ensemble du recueil, se révèle, sur le plan de l'expression, d'une structure assez complexe. L'auteur souligne la polyvalence rythmique du poème (il peut être interprété comme irrégulier du point de vue rythmique, comme syllabique, comme choréique, enfin comme une séquence de type *hokku* ou *tanka*) [1] en même temps que son ambivalence du point de vue de la structure strophique (un tercet peut être aussi interprété comme un quintain) et du point de vue de la rime (chaque rime peut être interprétée comme non-rime et la pièce entière comme rimée ou non-rimée).

L'exposé de B. Ogibenin est une analyse de la structure vocalique d'un poème de R. M. Rilke, mise en corrélation avec le dynamisme au niveau sémantique.

La communication de V. Ivanov présente les résultats d'une vaste enquête sur les problèmes du rythme dans "Le Poème de la fin" de M. Tsvetaeva et conclut à l'homogénéité rythmique du poème, contrastant avec sa diversité métrique.

La prose

D'un certain point de vue, l'exposé de N. Trauberg-Cepaitis sur "La sémiotique des romans de G. K. Chesterton" appartient à la même ligne de pensée bien qu'il ait un caractère plus général. L'auteur y analyse la poétique de Chesterton dans une perspective paradigmatique, en essayant de construire le modèle rendant compte de l'univers de l'écrivain, un univers qui semble s'apparenter à l'univers médiéval (ou même coïncider avec lui).

[1] *Hokku* et *tanka* sont des poèmes japonais à forme fixe.

Le rapport très dense de O. Karpinskaïa et I. Revzin est consacré à l'analyse sémiotique des premières pièces de Ionesco. Chacune de ces pièces peut être considérée, selon les auteurs, comme une série d'expériences sémiotiques, mettant en cause et détruisant successivement les "axiomes de la communication", éliminant de ce fait les composantes de la communication au sens jakobsonien de ce terme. Le durcissement progressif de ces expériences (déterminant, du même coup, le rythme de la pièce), est pour Ionesco une façon de pousser ses recherches sémiotiques sur les procédés artistiques, jusqu'au point où il peut s'interroger sur les conditions limitatives dans lesquelles la communication peut encore avoir lieu.

Il convient de souligner l'intérêt particulier qui s'est manifesté, tout le long du Colloque, pour les problèmes relatifs au processus de la communication, aux relations réciproques entre l'émetteur et le récepteur, à la pragmatique en général. Toute une série d'exposés très divers témoignent de cet intérêt commun, visible aussi bien dans le choix des sujets que dans les méthodes et les moyens d'approche.

La typologie

Les analyses typologiques – allant de la typologie des textes jusqu'aux typologies des systèmes ethniques et culturels – ont aussi suscité l'attention. Une question préalable, celle de la possibilité de formuler les règles d'une typologie uniforme et suffisamment générale des systèmes modelants, s'est posée dès le début.

De façon générale, les schémas typologiques et les classifications de textes proposés à Kääriku étaient fondés sur des critères linguistiques précis. Les "Remarques sur la typologie des textes" de J. Levin établissent, d'après les dimensions des unités linguistiques élémentaires, une classification préliminaire des textes, depuis la poésie d'avant-garde (unité élémentaire: un phonème ou un morphème), la poésie et la prose 'normales' (unité élémentaire: un mot ou un segment plus grand) ou les textes de journaux, etc., jusqu'aux textes rituels qui, en tant que tels, se présentent comme des totalités indivisibles. A titre d'approximation, une procédure relativement simple de délimitation des unités élémentaires a été proposée. Ainsi, un type de combinaisons de mots déterminé (le syntagme attributif A + N, par exemple) est réparti en deux groupes: en syntagmes qui sont perçus comme des totalités et en syntagmes qui ne le sont pas; suivant l'importance quantitative des uns et des autres, les textes se divisent alors en 'rigides' (0%-20% de syntagmes non-totalisants), en 'massifs' (30%-50% de syntagmes non-totalisants) et en 'unitaires' (60%-90% de syntagmes non-totalisants). L'auteur passe ensuite à l'application de ces concepts opérationnels aux textes des écrivains russes du 20e siècle, et c'est la partie de son exposé la plus brillante: la classification ainsi établie fournit en effet des bases aussi bien pour une comparaison des textes selon le nombre de métaphores utilisées, par exemple, que pour des appréciations quantifiées de l'évolution des auteurs, des écoles littéraires, etc.

Dans "Structure du texte littéraire et typologie de la composition", B. Uspenskij propose une description du texte littéraire qui précise d'abord, graduellement, les diverses positions du spectateur; à partir de là, on peut passer ensuite à la description de la narration, tout en étudiant les relations réciproques de ces deux aspects. Un critère formel, suggéré par B. Uspenskij, permet la segmentation appropriée des textes (les expressions de type: "il fit" se référant à des positions neutres, les expressions de type "il pensa" renvoyant à des situations intérieures, etc.). L'ordre de succession des positions, leur coexistence, etc., déterminent en grande partie, selon B. Uspenskij, le rythme de l'œuvre (et, ajouterons-nous, son effet artistique). Cette façon d'aborder les problèmes sémiotiques peut se révéler utilisable pour étudier l'univers sémantique d'un écrivain ou l'évolution d'une école littéraire. B. Uspenskij établit, en outre, des parallélismes intéressants entre les domaines de la peinture, du cinéma et du récit quotidien.

L'idée directrice de l'exposé de J. Lotman ("A propos du problème de la typologie des textes") repose sur la constatation que l'émetteur et le récepteur sont susceptibles fréquemment, mais non obligatoirement, de ranger un seul et même texte dans des catégories classificatoires différentes: la typologie de l'émetteur et celle du récepteur peuvent donc être distinguées (cf. la linguistique de l'expression et la linguistique de la perception). Il devient possible, dès lors, de distinguer les cultures où l'opposition des deux typologies est érigée en principe, des cultures qui ne connaissent pas cette différenciation.

Les modèles spatio-temporels

Une série de communications portant sur les modèles spatio-temporels dans les systèmes sémiotiques de types différents a été inscrite au programme du Colloque, et l'on a suggéré que les données de ce genre de recherches pourraient servir à la construction des schémas typologiques. Ainsi, S. Nekliudov a tenté la description structurale des sujets narratifs de la "bylina" russe du point de vue des rapports spatio-temporels, en postulant la possibilité de présenter le sujet comme un enchaînement de déplacements spatiaux du héros. Les différentes *deixis* de l'action épique ont ainsi été étudiées comme des champs fonctionnels, en assimilant le fait, pour le héros, de se trouver placé dans un certain endroit à son introduction dans une situation conflictuelle. C'est dans le même esprit qu'ont été ensuite analysées les oppositions temporelles des bylinas.

S. Mintz s'est proposé de présenter deux modèles temporels rendant compte de la poésie lyrique de V. Soloviev, à deux périodes différentes de son activité littéraire. La poésie des années 1870 semble justifiable de l'opposition sémantique TEMPOREL/EXTRATEMPOREL, les deux termes toutefois paraissant n'être que la transposition des termes correspondants de l'opposition TERRE/CIEL, beaucoup plus essentielle pour Soloviev, interprétée tantôt au niveau du mysticisme, tantôt au niveau de l'intimité lyrique. Cette description est suivie d'une analyse de la transformation des oppositions temporelles, dans la poésie lyrique de Soloviev des années 1890.

J. Lotman s'est étendu plus longuement sur l'analyse des concepts du DÉBUT et de la FIN dans les systèmes modelants secondaires, en insistant sur le fait que leur opposition est loin d'être absolue. Des exemples concrets de textes à début marqué (textes étiologiques, textes traitant de l'âge d'or) et de textes à fin marquée (textes eschatologiques, chiliastes, utopies catastrophiques du 20e siècle) ont été cités à l'appui. J. Lotman n'a pas manqué de souligner, en outre, le caractère particulièrement marqué de la fin et du début dans la communication verbale à fonction littéraire ou artistique, par opposition à celle de la langue ordinaire (cf. le problème plus général du CADRE et de la RAMPE). Quelques biographies factuelles des artistes ont été examinées comme des cas particuliers de la classe des textes.

V. Ivanov a fait également part au Colloque de ses observations de caractère sémiotique portant sur le problème du temps dans la littérature européenne du 20e siècle.

La mythologie et le folklore

Il n'est pas sans utilité d'insister, dans le cadre des exposés relatifs à la mythologie structurale, sur la communication très remarquée de V. Toporov, traitant de "La nature de Mithra des Védas en relation avec le problème de la reconstruction de certaines représentations anciennes des Indo-iraniens", consacré essentiellement à l'analyse des oppositions sémantiques du couple *Mithra/Varuna* (Mithra étant en corrélation avec la culture et non avec la nature). Une série d'exposés a été également consacrée aux recherches folkloriques, situées dans la perspective sémiotique, et, en premier lieu, à l'interprétation du modèle du conte magique. S. Serebriani, en particulier, a apporté certaines précisions à la formulation de V. Propp, ayant reconnu dans les différentes parties du récit, un schéma de l'itération des "motifs": (1) l'action subie par le héros, (2) la réaction du héros, et (3) le résultat. Envisagé dans son ensemble, dans sa composition, le conte comporte trois moments fondamentaux, développés grâce aux répétitions (cf. "la difficulté de la perception" chez V. Chklovski). Les participants n'ont malheureusement pas pu entendre l'exposé de V. Toporov et I. Toporova ("Observations sur la chanson populaire lithuanienne") dont seuls les arguments ont été publiés.

Les personnes et les personnages

Ce n'est pas un hasard non plus, si les participants au Colloque se sont longuement arrêtés, avec intérêt, sur les rapports entre le sujet et l'objet de la description et sur l'attitude du chercheur qui détermine le choix de son métalangage, mais aussi sur les problèmes de caractérologie. La communication de B. Uspenskij, sur "Les problèmes caractérologiques dans la perspective linguistique", a insisté sur la nécessité de définir le type caractériel du personnage à partir du texte seul qui, lui, est le produit involontaire d'un individu déterminé, et d'éliminer autant que possible, grâce à de telles procédures, l'intrusion de la subjectivité du chercheur. Le caractère sémiotique du comportement linguistique (et en particulier l'orientation vers soi-même ou vers l'interlocuteur, correspondant aux types définis par B. Uspenskij comme "réfléchi" et comme "corrélatif") fournit, selon l'auteur, des critères suffisamment généraux pour une caractérologie sémiotique. Les méthodes linguistiques mises au point pour cette caractérologie, sont ensuite transposées par l'auteur et appliquées à l'analyse des textes littéraires.

Le cadre de ce compte-rendu ne nous permet malheureusement pas de nous arrêter sur bon nombre d'autres exposés non moins intéressants et utiles.

Les discussions, très vivantes et fécondes (grâce, surtout, à la participation de R. Jakobson) auront certainement des effets positifs sur le développement de la sémiotique.

IX

BIBLIOGRAPHIES

40

RECHERCHES STRUCTURALES EN MYTHOLOGIE AUX ÉTATS-UNIS

PIERRE MARANDA

En Amérique, les recherches proprement structurales au sens technique du terme (cf. C. Lévi-Strauss, *Anthropologie structurale* [Paris, 1958], chap. XI), ont pris une importance grandissante depuis une dizaine d'années. Dans cette perspective, on a entrepris une étude des mythologies définies au sens large, incluant les contes populaires, les jeux folkloriques et le rituel, aussi bien que les mythes proprement dits.

Thomas A. Sebeok – qui a dirigé l'ouvrage collectif *Myth: A Symposium* (ed. 1958), où figurait, entre autres, le célèbre article de Lévi-Strauss, "The Structural Analysis of Myth", et qui, de même que Lévi-Strauss, a bénéficié à la fin des années quarante de contacts prolongés avec Roman Jakobson à New York – a été l'un des pionniers de l'analyse structurale de la mythologie, aux États-Unis. Il a écrit sur ce problème de nombreux articles (Sebeok, 1950, 1953, 1956, 1957, 1959a, 1959b, 1960, 1964; Sebeok et Ingemann, 1956; Sebeok et Orzack, 1953), et le séminaire "The Structural Analysis of Folklore" qu'il a organisé en 1962 dans le cadre du *Folklore Institute of America,* groupait près d'une dizaine de jeunes chercheurs qui avaient déjà exploré les techniques structurales et qui ont continué à travailler dans la même direction (Ben-Amos, Dundes, Georges et Dundes, Köngäs et Maranda; v. aussi Scott).

Parmi ceux-ci, Dundes s'inspire plus particulièrement du modèle élaboré par Propp, qu'il a simplifié et adapté à de nouveaux matériaux (folklore africain, nord-amérindien, et anglo-américain). D'autres systèmes de codage (grilles analytiques, etc.) ont été développés plus ou moins indépendamment, mais dans des directions parallèles, par Armstrong, Powlison, Maranda (1967), Labov et Waletzky. Les travaux de Köngäs Maranda et de Köngäs Maranda et Maranda ont modifié et développé la méthode de Lévi-Strauss, que Robinson (sous-presse),

Robinson et Joiner (à paraître), Mathiot (à paraître) et Hymes (à paraître) ont éprouvée dans des applications originales (cf. aussi Da Matta et T. Turner). Quoique en opposition sur plusieurs points, les conclusions de Propp et de Lévi-Strauss ne sont pas sans se rencontrer (cf. Dundes, à paraître; Pirkova-Jakobson, 1958).

Une autre approche, qui s'appuie sur la tradition française d'analyse structurale fondée par Durkheim, Hubert et Mauss, Hertz, et van Gennep, a donné de très féconds résultats. D'ailleurs, fondamentalement, les chercheurs qui l'ont adoptée sont en accord avec l'école de Lévi-Strauss et cette convergence vient d'une commune inspiration: la linguistique structurale doit beaucoup à Durkheim et ses disciples. En tout cas, les travaux de Beidelman, Littleton, et V. Turner (cf. aussi ceux de Fisher, Frake, Geertz, et Yalman), qui insistent particulièrement sur l'articulation du folklore dans le contexte sociologique, concourent à l'établissement d'une théorie unifiée, claire, et fermement formulée. "En bref, cette théorie soutient qu'un processus de médiation provoque le passage d'un état à un autre, et que la présence ou l'absence de ce processus – et sa nature lorsqu'il est présent – constitue la base aussi bien d'une taxinomie des messages convoyés dans la tradition orale que de leur interprétation" (Maranda et Köngäs Maranda, à paraître, "Introduction").

Une tradition littéraire, telle qu'on la trouve chez Burke, a commencé d'exercer une certaine influence sur l'anthropologie structurale de la mythologie. Ses meilleurs représentants sont Hymes et Peacock (cf. aussi Scharbach).

Enfin, une perspective plus conservatrice et moins structurale demeure active chez Jacobs, Kluckhohn, Murray, etc., du côté des anthropologues alors que, chez les folkloristes, elle est représentée par les travaux originaux de Parry, Parry et Lord, et Lord. De leur côté Roberts et ses associés, de même que Sutton-Smith, ont ouvert des voies nouvelles qui devront être incorporées à l'analyse structurale (cf. Maranda, à paraître, a).

Cette brève présentation est fort incomplète: d'autres chercheurs que nous n'avons pas cités, pratiquent l'analyse structurale des mythes et du folklore, en linguistique aussi bien qu'en anthropologie. Cette esquisse devrait suffire, cependant, à donner une idée de l'orientation générale. Tout se passe, au fond, comme si Durkheim et Mauss ("De quelques formes de classification primitive", *Année sociologique* [1901-1902]) et Hubert et Mauss ("Essai sur la nature et la fonction du sacrifice", *Année sociologique* [1897-1898]; "Esquisse d'une théorie générale de la magie", *ibid.* [1902-1903]) avaient posé les principes de base de l'analyse structurale, dont est issue la linguistique de Saussure. Celle-ci, à son tour, par une sorte de *feed-back* qui est loin d'être rare dans les sciences de l'homme, est à l'origine des démarches récentes qui redécouvrent – implicitement pour la plupart – la théorie magistralement formulée par Hubert et Mauss.

BIBLIOGRAPHIE

Armstrong, R. P.,
1959 "Content Analysis in Folkloristics", in: I. de Sola Pool (ed.), *Trends in Content Analysis* (Urbana, Ill., University of Illinois Press).
Beidelman, T. O.,
1961 "Hyena and Rabbit: A Kaguru Representation of Matrilineal Relations", *Africa*, 31, 61-74.
1963 "Further Adventures of Hyena and Rabbit: The Folktale as a Sociological Model", *Africa*, 33, 54-69.
1964 "Pig (Guluwe): An Essay on Ngulu Sexual Symbolism and Ceremony", *Southwestern Journal of Anthropology*, 20, 358-392.
1966 "Swazi Royal Ritual", *Africa*, 36, 4, 373-405.
Ben-Amos, D.,
1963 "The Situation Structure of the Non-Humorous English Ballad", *Midwest Folklore*, 13, 163-176.
Burke, K.,
1945 *A Grammar on Motives* (New York, Prentice Hall).
1950 *A Rhetoric of Motives* (New York, Prentice Hall).
1957 *The Philosophy of Literary Form: Studies in Symbolic Action* (New York, Vintage Books) (1re éd., 1941).
1960 "Myth, Poetry, and Philosophy", *Journal of American Folklore*, 73, 283-306.
Dundes, A.,
1961 "Brown County Superstitions", *Midwest Folklore*, 11, 25-26.
1962a "The Binary Structure of 'Unsuccessful Repetition' in Lithuanian Folktales", *Western Folklore*, 21, 165-174.
1962b "From Etic to Emic Units in the Structural Study of Folktales", *Journal of American Folklore*, 75, 95-105.
1963 "Structural Typology of North American Indian Folktales", *Southwestern Journal of Anthropology*, 19, 121-130.
1964a "On Game Morphology: A Study of Structure of Non-Verbal Folklore", *New York Folklore Quarterly*, 20, 276-288.
1964b "The Morphology of North American Indian Folktales", in: *Folklore Fellows Communications*, 195 (Helsinki, Academia Scientiarum Fennica).
1964c "Texture, Text and Context", *Southern Folklore Quarterly*, 28, 251-256.
1965 "The Study of Folklore in Literature and Culture: Identification and Interpretation", *Journal of American Folklore*, 78, 136-142.
à paraître, "The Making and Breaking of Friendship as a Structural Frame in African Folktales", in: P. Maranda et E. Köngäs Maranda (eds.).
Dundes, A., E. R. Leach, P. Maranda and D. Maybury-Lewis,
à paraître, "An Experiment: Suggestions and Questions from the Desk, with a

Reply from the Ethnographer", in: P. Maranda et E. Köngäs Maranda (eds.).

Fischer, J. L.,

1958 "Folktale, Social Structure, and Environment in two Polynesian Outliers", *Journal of the Polynesian Society*, 67, 11-36.

1960 "Sequence and Structure in Folktales", in: *Fifth International Congress of Anthropological and Ethnological Sciences: Selected Papers* (Philadelphia).

1963 "The Sociopsychological Analysis of Folktales", *Current Anthropology*, 4, 235-295.

Frake, C. O.,

1962 "The Ethnographic Study of Cognitive Systems", in: T. Gladwin et W. C. Sturtevant (eds.), *Anthropology and Human Behavior* (Washington, Anthropological Society of Washington).

1964 "A Structural Description of Subanum 'Religious Behavior' ", in: W. H. Goodenough (ed.), *Explorations in Cultural Anthropology: Essays in Honor of G. P. Murdock* (New York, McGraw Hill).

Geertz, C.,

1960 *The Religion of Java* (Glencoe, Ill., The Free Press).

1965 "Religion as a Cultural System", in: W. A. Lessa et E. Z. Vogt (eds.), *Reader in Comparative Religion* (New York et Londres, Harper and Row).

Georges, R. A. and A. Dundes,

1963 "Toward a Structural Definition of the Riddle", *Journal of American Folklore*, 76, 111-118.

Hymes, D.,

1965 "Some North Pacific Coast Poems: A Problem in Anthropological Philology", *American Anthropologist*, 67, 316-341.

à paraître, "The 'Wife' who 'Goes Out' Like a Man: Reinterpretation of a Clakamas Chinok Myth", in: P. Maranda et E. Köngäs Maranda (eds.).

Hymes, D., ed.,

1966 *Proceedings of the 1966 Annual Meeting of the American Ethnological Society, Philadelphia* (Seattle, University of Washington Press).

Jacobs, M., ed.,

1966 "The Anthropologist Looks at a Myth", *Journal of American Folklore*, 79, numéro spécial.

Kluckhohn, C.,

1958 "The Scientific Study of Values", in: *Three Lectures* (Toronto, University of Toronto Press).

1959 "Recurrent Themes in Myth and Mythmaking", *Daedalus* (Spring 1959), 268-279.

Köngäs Maranda, E.,

1963 "The Concept of Folklore", *Midwest Folklore*, 13, 69-88.

1965 "Myth and Art as Teaching Materials", in: Educational Services, Inc., *Occasional Paper*, 5 (Cambridge, Mass.).

1966 "The Cattle of the Forest and the Harvest of Water: The Cosmology of Finnish Magic", in: D. Hymes (ed.) (1966).

à paraître, "The Logic of Riddles", in: P. Maranda et E. Köngäs Maranda (eds.).

Köngäs Maranda, E. and P. Maranda,

1962 "Structural Models in Folklore", *Midwest Folklore*, 12, numéro spécial.

Labov, W. and J. Waletzky,

1966 "Narrative Analysis: Oral Versions of Personal Experience", in: D. Hymes (ed.) (1966).

Littleton, C. S.,
1964 "The Comparative Indo-European Mythology of Georges Dumézil", *Journal of the Folklore Institute,* 1, 147-166.
Lord, A. B.,
1960 *The Singer of Tales* (Cambridge, Harvard University Press).
Maranda, P.,
1966a "Computers in the Bush: Analysis of Gê Myths", in: D. Hymes (ed.) (1966).
1966b "Analyse qualitative et quantitative de mythes sur ordinateurs", in: J.-C. Gardin et B. Jaulin (eds.), *Proceedings of the International Symposium on the Use of Mathematical and Computational Methods in the Social Sciences, Rome.*
1966c "Structural Models in Folklore: Note sur une recherche en cours", *Communications,* 8, 168-172.
1967 "Formal Analysis and Inter-Cultural Studies", *Social Science Information* 6, 4, 7-36.
à paraître, a, "Of Bears and Spouses: Transformational Analysis of Myth and Exploratory Models of Behavior", in: P. Maranda et E. Köngäs Maranda (eds.).
à paraître, b, *French Kinship: Structure and History* (La Haye, Mouton).
Maranda, P. and E. Köngäs Maranda,
à paraître, "Introduction", in: P. Maranda et E. Köngäs Maranda (eds.).
Maranda, P. and E. Köngäs Maranda, eds.,
à paraître, *Structural Analysis of Oral Tradition.*
Mathiot, M.,
à paraître, "Cognitive Analysis of Myth: Exercise in Method", in: P. Maranda et E. Köngäs Maranda (eds.).
Matta, R. da,
1965 "Mito e autoridade doméstica: Uma tentative de analise de um mito Timbira em suas relaçoes com a estrutura social", *Boletim do Museu Nacional* (Rio de Janeiro) (sous presse).
à paraître, "Myth and Anti-Myth among the Timbira", in: P. Maranda et E. Köngäs Maranda (eds.).
Murray, H. A.,
1959 "Myth and Mythmaking", *Daedalus* (Spring 1959), 211-222.
Parry, M.,
1930 "Study in the Epic Technique of Oral Verse-Making, I: Homer and Homeric Style", *Harvard Studies in Classical Philology,* 41, 73-147.
Parry, M. and A. B. Lord,
1954 *Serbocroatian Heroic Songs* (Cambridge, Mass., Harvard University Pres).
Peacock, J.,
1966 "Javanese Singing as Classification and Communication", in D. Hymes (ed.) (1966).
à paraître, a, "Class, Clown, and Cosmology in Javanese Drama: An Analysis of Symbolic and Social Action", in: P. Maranda et E. Köngäs Maranda (eds.).
à paraître, b, *Rites of Modernization: A Study of Folk Plays and Social Change in Java* (Chicago, Ill., University of Chicago Press).
Pirkova-Jakobson, S.,
1958 "Introduction", in: V. Propp (1958).
Powlison, P. S.,
1965 "A Paragraph Analysis of a Yagua Folktale", *International Journal of American Linguistics,* 31, 109-119.

Propp, V.,
1958 *Morphology of the Folktale* (Bloomington, Ind., Indiana University Research Center in Anthropology, Folklore, and Linguistics). (Publication 10.)
Roberts, J. M., B. Sutton-Smith and A. Kendon,
1963 "Strategy in Games and Folktales", *Journal of Social Psychology*, 61, 185-199.
Robinson, M. S.,
à paraître, "The House of the Brave Chieftain or the House of Enough Paddy? Some Implications of a Sinhalese Myth", in: E. R. Leach (ed.), *Cambridge Papers in Social Anthropology*, 5 (Cambridge, Cambridge University Press).
Robinson, M. S. and L. E. Joiner,
à paraître, "An Experiment in the Structural Study of Myth", in: P. Maranda et E. Köngäs Maranda (eds.).
Scharbach, A.,
1962 "Aspects of Existentialism in Clakamas Chinook Myths", *Journal of American Folklore*, 75, 15-22.
Scott, C. T.,
1965 "Persian and Arabic Riddles: A Language-Centered Approach to Genre Definition", *International Journal of American Linguistics*, 31, numéro spécial.
Sebeok, T. A.,
1950 "Cheremis Dream Portents", *Southwestern Journal of Anthropology*, 6, 273-285.
1953 "The Structure and Content of Cheremis Charms, I", *Anthropos*, 48, 369-388.
1956 "Sound and Meaning in a Cheremis Folksong Text", in: M. Hale *et al.*, *For Roman Jakobson* (The Hague, Mouton).
1957 "Toward a Statistical Contingency Method in Folklore Research", in: W. E. Richmond (ed.), *Studies in Folklore* (Bloomington, Ind., Indiana University Press).
1959a "Approaches to the Analysis of Folksong Texts", *Ural-Altaische Jahrbücher*, 31, 392-399.
1959b "Folksong Viewed as Code and Message", *Anthropos*, 54, 141-153.
Sebeok, T. A. (ed.),
1958 *Myth: A Symposium* (Bloomington, Ind., Indiana University Press).
1960 *Style in Language* (New York, Wiley).
Sebeok, T. A. and F. J. Ingemann,
1956 "Structural Content Analysis", in: T. A. Sebeok et F. J. Ingemann, *Studies in Cheremis, The Supernatural* (New York, Viking Fund Publications in Anthropology, 22).
Sebeok, T. A. and L. Orzack,
1953 "The Structure and Content of Cheremis Charms, II", *Anthropos*, 48, 760-772.
Sein, M. T. and A. Dundes,
1964 "Twenty-three Riddles from Central Burma", *Journal of American Folklore*, 77, 69-75.
Sutton-Smith, B.,
1959 "A Formal Analysis of Game Meaning", *Western Folklore*, 18, 13-24.
Turner, T.,
à paraître "The Fire of the Jaguar: Myth and Social Organization among the Northern Cayapo of Central Brazil", in: P. Maranda et E. Köngäs

Maranda (eds.) (à paraître).
Turner, V.,
1962 "Three Symbols of Passage in Ndembu Circumcision Ritual", in: M. Gluckman (ed.), *Essays in the Ritual of Social Relations* (Ann Arbor, Mich., Michigan University Press).
1964a "The Interpretation of Symbols in Ndembu Ritual", in: M. Gluckman (ed.), *Closed Systems and Open Minds* (Edinburgh, Oliver and Boyd).
1964b "Wichcraft and Sorcery: Taxonomy versus Dynamics", *Africa*, 34, 314-324.
à paraître, "The Syntax of Symbolism in a Ndembu Ritual", in: P. Maranda et E. Köngäs Maranda (eds.).
Yalman, N.,
1964 "The Structure of Sinhalese Healing Rituals", in: E. B. Harper (ed.), *Religion in South Asia* (Seattle, University of Washington Press).

41

LECTURE MÉCANOGRAPHIQUE DES MYTHES *

PIERRE MARANDA

Tout en jouant le rôle de pionnier dans l'analyse structurale de la mythologie en Amérique, Thomas A. Sebeok a été un des promoteurs de l'analyse automatique du folklore (Sebeok and Zeps, 1961, contient la bibliographie de ses travaux jusqu'à cette date). Il a cependant déplacé le centre de ses intérêts depuis quelques années et ses recherches portent maintenant sur la zoolinguistique.

Comme on le sait, l'usage d'ordinateurs est fort coûteux. En outre, le travail que requiert la préparation des documents à soumettre aux machines est considérable. Il n'est donc pas étonnant que la lecture mécanographique des mythes, qui d'ailleurs doit encore faire face à de redoutables problèmes, mette du temps à faire preuve de son essor. Après les premières analyses de Sebeok, une nouvelle étape a été rendue possible par la création, au Laboratory of Social Relations de l'Université Harvard, du programme *General Inquirer* (Stone et Hunt, 1963, Stone, Dunphy, Smith, et Ogilvie, 1966). B. N. Colby, au Laboratory of Social Anthropology du Musée de New Mexico, fut le premier à utiliser ce nouveau programme pour l'analyse des mythes et de récits folkloriques. Comme celles de Sebeok, les sorties qu'il obtient sont fréquentielles et distributionnelles (Colby, 1966a, 1966b). Davis (dans Stone, Dunphy, Smith, et Ogilvie, 1966, chap. XIX, "The Relationship between Use of Alcohol and Thematic Content of Folktales in Primitive Societies") et Bricker (1966) ont travaillé dans la même direction, ainsi que d'autres analystes dont les travaux en cours sont mentionnés dans l'ouvrage de Stone et de ses collaborateurs.

Pour ma part, j'ai développé les ressources du *General Inquirer* dans la direction de l'analyse structurale (Maranda, 1966a, 1966b, 1967).

* Les références déjà indiquées dans la bibliographie de l'article précédent n'ont pas été incluses dans cet article-ci.

En somme, les recherches poursuivies dans la lecture mécanographiques des mythes forment deux groupes que l'on distingue, à la fois, au niveau préliminaire de la préparation des documents et à celui des procédures d'analyse. Les premières (Sebeok, Colby, etc.) prennent les textes comme ils sont, les soumettent aux calculateurs avec un minimum de travail rédactionnel, et obtiennent des sorties de comptage et d'associations (cf. la critique de Dundes, 1965 et les conditions d'élaboration de 'dictionnaires', dans Greimas, 1966). Les secondes (Maranda) requièrent une élaboration préliminaire des documents, qui est longue et délicate. En bref, les textes sont d'abord traduits de leur langue naturelle en langage analytique (c'est-à-dire, en énoncés élémentaires consistant en termes et fonctions). On obtient de cette façon, des unités minimales au niveau du discours, et la combinatoire de ces syntagmes élémentaires engendre des syntagmes complexes, qui forment des 'épisodes', ou même des mythes entiers.

Le 'dictionnaire', ou batterie de descripteurs qui normalise automatiquement les documents au second degré, diffère aussi d'une approche à l'autre. Dans le premier cas on utilise des catégories préconçues, dont les ordinateurs enregistrent et comptent les occurrences; dans le second, ces catégories sont élaborées à partir du langage documentaire dit KWIC ("Key Words in Context", IBM 1961, 1962), sous forme d'une liste de concordances où apparaissent, par ordre alphabétique, tous les mots du corpus soumis à l'analyse (chacun précédé et suivi par six mots de contexte). Grâce à cette sortie, les lexèmes peuvent être décomposés en sémèmes (Greimas, 1966; Garvin, 1966) et l'on obtient une grille construite à partir des données elles-mêmes. Cette grille ne saurait cependant atteindre à un haut niveau de généralité sans perdre considérablement en précision (cf. Propp, 1958; Armstrong, 1959; CNRS, 1965; Garvin, 1966; Maranda, 1967).

Enfin, le deuxième type d'analyse a sur le premier cet avantage qu'il emmagasine des données pour l'analyse syntactique au niveau de l'édition des textes, de la construction du dictionnaire, et des instructions programmées (Maranda, 1966b; Mathiot dans Maranda et Köngäs Maranda, à paraître). On obtient ainsi un instrument d'analyse très souple, quoique fort coûteux en argent et en efforts (pour des exemples, v. en particulier Maranda, 1966b; 1967; à paraître, c).

BIBLIOGRAPHIE

Armstrong, R. P.,
1959 "Content Analysis in Folkloristics", in: I. de Sola Pool (ed.), *Trends in Content Analysis* (Urbana, Ill., University of Illinois Press).

Bricker, V. R.,
1966 "The Pattern of Interaction between the Computer and the Ethnographer in the Field", in: J.-C. Gardin et B. Jaulin (eds.), *Proceedings of the International Symposium on the Use of Mathematical and Computational Methods in the Social Sciences, Rome.*

CNRS [Centre National de la Recherche Scientifique],
1965 *Les travaux de la Section d'Automatique Documentaire (Institut Blaise Pascal), 1961-1965* (ronéo).

Colby, B. N.,
1966a "Cultural Patterns in Narrative", *Science*, 151, 793-798.
1966b "The Analysis of Culture Content and the Patterning of Narrative Concern in Texts", *American Anthropologist*, 68, 374-388.

Dundes, A.,
1965 "On Computers and Folktales", *Western Folklore*, 24, 185-189.

Garvin, P.,
1966 *Inductive Methods in Language Analysis*, Technical Report, Bunker-Ramo Corporation (ronéo).

Greimas, A. J.,
1966 "Éléments pour une théorie de l'interprétation du récit mythique", *Communications*, 8, 28-59.

IBM [International Business Machines Corporation],
1961 *Index Organization for Information Retrieval* (New York).
1962 *Catalogue of Programs for* IBM *Data Processing Systems,* KWIC *Index* (New York).

Maranda, P.,
1966a "Computers in the Bush: Analysis of Gê Myths", in: D. Hymes (ed.) (1966). *Proceedings of the 1966 Annual Meeting of the American Ethnological Society, Philadelphia* (Seattle, University of Washington Press).
1966b "Analyse qualitative et quantitative de mythes sur ordinateurs", in: J.-C. Gardin et B. Jaulin (eds.), *Proceedings of the International Symposium on the Use of Mathematical and Computational Methods in the Social Sciences, Rome.*
1967 "Formal Analysis and Inter-Cultural Studies", *Social Science Information*, 6, 4, 7-36.
à paraître, c. "Computerized Analysis", in: A. Dundes, E. R. Leach, P. Maranda et D. Maybury-Lewis, "An Experiment: Suggestions and Questions from the Desk, with a Reply from the Ethnographer", in: P. Maranda et E. Köngäs Maranda (eds.), *Structural Analysis of Oral Tradition.*

Maranda, P. and E. Köngäs Maranda (eds.),
à paraître, *Structural Analysis of Oral Tradition.*

Propp, V.,
1958 *Morphology of the Folktale* (Bloomington, Ind., Indiana University Research Center in Anthropology, Folklore, and Linguistics) (= *Publication*, 10).

Sebeok, T. A. and V. J. Zeps,
1961 *Concordance and Thesaurus of Cheremic Poetic Language* (Paris-La Haye, Mouton).

Stone, P. J. and E. B. Hunt,

1963 "A Computer Approach to Content Analysis: Studies Using the General Inquirer System", *Proceedings of the Spring Joint Computes Conferences, American Federation of Information Processing Societies*, 23, 241-256.

Stone, P. J., D. C. Dunphy, M. S. Smith and D. M. Ogilvie,

1966 *The General Inquirer: A Computer Approach to Content Analysis* (Cambridge, Mass. et Londres, Massachusetts Institute of Technology Press).

42

BIBLIOGRAPHIE SÉMIOTIQUE 1964-1965 *

TZVETAN TODOROV, JIŘI LEVY, PAOLO FABBRI

Le Centre d'Études de Communications de Masse (CECMAS) *de la VI*e *Section de l'École Pratique des Hautes Études à Paris a publié en* 1964 *et* 1965 *un bulletin de bibliographie sémiotique dont nous reprenons ici l'ensemble dans une version révisée. Désormais une bibliographie couvrant tout le domaine des sciences linguistiques et sémiotiques sera publiée dans la revue* Language and Language Behavior Abstracts *(New York, Appleton Century Crofts et La Haye, Mouton.)*

RÉPARTITION THÉMATIQUE

I — *Philosophie du langage. Logique et langage.*

II — *Linguistique.*

1. Bibliographie. Mélanges. Recueils.
2. Théorie générale.
3. Phonologie. Phonétique. Graphématique.
4. Morphologie et syntaxe.
5. Sémantique et lexicologie.
6. Stylistique. Rhétorique. Versification.
7. Linguistique diachronique. Grammaire comparée. Typologie des langues.
8. Status et histoire de la linguistique.

* Cette bibliographie a été rédigée par Tzvetan Todorov (École Pratique des Hautes Études, VIe Section, Paris), avec la collaboration de Jiři Levy (Université de Brno) pour les publications tchèques et slovaques, et de Paolo Fabbri (Université de Florence) pour les publications italiennes.

9. Linguistique appliquée: enseignement.
10. Linguistique appliquée: traduction et documentation.

III — *Psychologie et pathologie du langage.*

1. Théorie générale.
2. Acquisition du langage et ses troubles.
3. Emission et réception du langage et leurs troubles.
4. Symbolisme phonétique.

IV — *Extensions du langage.*

1. Langage et communication dans la société contemporaine.
2. Systèmes de communications des sociétés archaïques.
3. Sémiotiques de l'art.
4. Théorie sémiotique générale. Sémiotiques diverses.

Appendice: Nouveaux périodiques.

I. PHILOSOPHIE DU LANGAGE, LOGIQUE ET LANGAGE

(Cf. Nos 69, 94, 107, 137, 165, 169, 175, 250, 254, 346, 377.)

1. Adams, E., "The Logic of Conditionals", *Inquiry*, 8, 1 (1956), 166-197.
   Une théorie logique du conditionnel.
2. Alston, W. P., *Philosophy of Language* (Englewood Cliffs, New Jersey, Prentice Hall, (1965), 114 p. (Foundations of Philosophy Series).
   L'auteur, logicien et philosophe, ne tient pas compte des problèmes de la linguistique. Ouvrage de vulgarisation.
3. Bernstein, R. J. (ed.), *Perspectives on Peirce: Critical essays on Charles Sanders Peirce* (New Haven, Yale University Press) (1965), ix + 148 p.
   Essais de R. J. Bernstein, N. R. Hanson, J. E. Simth, R. Weis, R. Wells.
4. Biardeau, M., *Théorie de la connaissance et philosophie de la parole dans le brahmanisme classique* (Paris-La Haye, Mouton, 1964), 484 p. (*Le Monde d'Outre-mer passé et présent, études,* 23).
5. Blose, B. L., "Synonymy", *Philosophical Quarterly*, 15, 4 (1965), 326-340.
   Étude philosophique.

6. Caton, E. (ed.), *Philosophy and Ordinary Language* (Urbana, University of Illinois Press, 1964), 246 p.

Les représentants de la 'philosophie analytique' sur la langue naturelle. Articles de J. L. Austin, R. L. Cartwright, R. Hall, L. Linsky, R. Rhees, G. Ryle, J. R. Soarlo, P. F. Strawson, S. E. Toulmin, L. Baier and J. O. Urmson.

7. Chappell, V. C. (ed.), *Ordinary Language, essays in Philosophical Method* (Englewood Cliffs, New Jersey, Prentice Hall, 1964), 115 p.

Une autre sélection de textes provenant des représentants de la philosophie analytique. Articles de J. L. Austin, S. Cavell, N. Malcolm, B. Mates et G. Ryle.

8. Christensen, N. E., *On the Nature of Meanings*, 2nd ed. (Copenhagen, Munksgaard, 1965), 224 p.

9. Collinder, B., "Remarks on the Origin of Speech", p. 19-29 in: *Medieval and Linguistic Studies, in Honor of F. P. Magoun Jr.* (London, George Allen, 1965), 336 p.

Remise en question d'un problème classique.

10. *Le concept d'information dans la science contemporaine* (Paris, Éditions de minuit. & Gauthier-Villars, 1965), 424 p. (*Cahiers de Royaumont, philosophie*, 5).

Communications présentées à un colloque international, suivies de discussions. Plusieurs exposés relatifs à la sémiotique.

11. Cook, J. W., "Wittgenstein on Privacy", *Philosophical Review*, 74, 3 (1965), 281-314.

Sur la notion wittgensteinienne de "langage privé".

12. Cornforth, M., *Marxism and the Linguistic Philosophy* (London, Lawrence & Wishart, 1965), 384 p.

L'auteur, marxiste anglais, confronte les approches philosophiques contemporaines du langage avec le matérialisme dialectique.

13. Dambska, I., "Koncepcja jezyka w filozofii Kazimierza Ajdukiewicza" [La conception du langage dans la philosophie de Kazimierz Ajdukiewicz], *Ruch filozoficzny*, 24, 1-2 (1965), 36-52.

14. Dufrenne, M., "Wittgenstein et la philosophie", *Études philosophiques*, 20, 3 (1965), 281-306.

Étude de la conception de Wittgenstein sur le langage; dans une perspective phénoménologique.

15. Gargani, A. G., "Linguaggio e societa in G. E. Moore e nell'-ultimo Wittgenstein" (Langage et société chez G. E. Moore et chez Wittgenstein – deuxième période), *Gromale critico della Filosofia italiana*, 19, 1 (1965), 62-88.

16. Gauvin, J. (avec P. Haour), "Note sur les propriétés linguistiques du discours philosophique", *Archives de Philosophie*, 28, 3 (1965), 362-375.

17. Geach, P. T., "Assertion", *Philosophical Review*, 74, 4 (1965), 449-465.

18. Gochet, P., "Performatif et force allocutionnaire", *Logique et Analyse*, 8, 31 (1965), 155-172.

19. Graham, A. C., "Being in Linguistics and Philosophy: a Preliminary Inquiry", *Foundations of Language*, 1, 3 (1965), 223-230.

Étude de la notion de l'être à travers les différentes langues.

20. Granger, G. G., "Objets, structures et significations", *Revue internationale de Philosophie*, 19, 3-4 (1965), 251-291.

Discussion très serrée des problèmes fondamentaux de la signification.

21. Harrison, B., "Category Mistakes and Rules of Language", *Mind*, 74, 295 (1965), 309-325.

Les catégories dans la langue et leur violation.

22. Hayden, D. E. and E. P. Alworth (eds.), *Classics in Semantics* (New York, Philosophical Library, 1965), x + 382 p.

Recueil de textes philosophiques classiques, de Platon à nos jours.

23. Hiorth, F., "Some Reflexions on Grammaticality", *Inquiry*, 7, 2 (1964), 191-201.

Analyse philosophique de la notion d'agrammaticalité, introduite en linguistique par N. Chomsky.

24. Humbalek, R. P., "Ku skùmaniu vseobečnej problematiky systémov" [Approche des problèmes généraux des systèmes], *Filozofia*, 21, 1 (1966), 22-23.

25. Johansen, H., "Hinweisende Wörter" (Les mots indicatifs), *Acta linguistica hafniensia*, 9, 1 (1965), 56-68.

Étude sur le statut linguistique et logique des mots comme *je, ici, maintenant*.

26. Katz, J. J., "Mentalism in Linguistics", *Language*, 40, 2 (1964), 124-137.

L'auteur démontre les prémisses philosophiques qui se trouvent à la base de la grammaire générative (l'école de Chomsky) et se déclare pour un nouveau "mentalisme".

27. Katz, J. J., "Semantic Theory and the Meaning of 'Good' ", *Journal of Philosophy*, 61, 23 (1964), 739-766.

Critique des théories sémantiques philosophiques. Prolégomènes pour une sémantique adéquate.

28. Keyt, D., "Wittgenstein's Picture Theory of Language", *Philosophical Review*, 73, 4 (1964), 493-511.

Exposé et critique.

29. Khatchadourian, H., "Vagueness, Verifiability and Metaphysics", *Foundations of Language*, 1, 4 (1965), 249-267.

30. Kwant, R. C., *Phenomenology of Language* (Pittsburgh, Duquesne

University Press, 1965), xii + 276 p.

Dans la tradition de Merleau-Ponty.

31. Ladanyi, P., "Zur logischen Analyse der Fragesätze" [De l'analyse logique des phrases interrogatives], *Acta linguistica Academiae scientiarum hungaricae*, 15, 1-2 (1965), 37-66.

32. Laszlo, E., "Is the Primary-Language an Object-Language", *Foundations of Language*, 1, 3 (1965), 157-170.

Rapports entre les notions philosophiques de "langage primaire" et "langage-objet" (rapport de non-identité).

33. Leroi-Gourhan, A., *Le geste et la parole*, II: *La mémoire et les rythmes* (Paris, Albin Michel, 1965), 286 p.

Dans la troisième partie l'auteur étudie les symboles ethniques, la paléontologie des symboles, les fondements corporels des valeurs et des rythmes, l'esthétique fonctionnelle, les symboles de la société, le langage et les formes, la liberté imaginaire.

34. "Linguistic Analysis and Phenomenology", *The Monist*, 49, 1 (1965), 160 p.

Numéro spécial.

35. Lonergan, B., "La notion de verbe dans les écrits de Saint Thomas d'Aquin", *Archives de Philosophie*, 26, 2 (1963), 163-203; 26, 4 (1963), 570-620; 27, 2 (1964), 238-285; 28, 2 (1965), 206-250; 28, 4 (1965), 510-552.

36. MacIntyre, A., "Imperatives, Reasons for Action, and Morals", *Journal of Philosophy*, 62, 19 (1965), 513-524.

Éthique et langage. Suivi d'une discussion.

37. Mackaye, J., *The Logic of Language* (London, Russel & Russel, 1965), 236 p.

38. Mal'cev, V. I., "Material'nost' jazyka i problema leksičeskogo značenija" [La matérialité du langage et le problème de la signification lexicale], *Voprosy filosofii*, 19, 11 (1965), 57-67.

39. Mecloskey, M. A., "Metaphors", *Mind*, 73, 290 (1964), 215-233.

Étude philosophique sur le langage métaphorique et sa compréhension.

40. Mesthene, E. G., *How Language Makes us Know: Some Views about the Nature of Intelligibility* (The Hague, Martinus Nijhoff, 1965), 112 p.

41. Moravcsnik, J. M. E., "The Analytic and the Nonempirical", *Journal of Philosophy*, 62 16 (1965), 415-429.

Sur le problème des propositions analytiques.

42. Morris, C., *Signification and Significance, a Study of the Relations of Signs and Values* (Cambridge, Mass., MIT Press, 1964), x + 95 p.

43. Osborn, J. M., "Austin's Non-Conditional Ifs", *Journal of Philosophy*, 62, 23 (1965), 711-716.

Discussion de l'interprétation philosophique de *si* proposée par Austin.

44. Perkins, M., "Two Arguments against a Private Language", *Journal of Philosophy*, 62, 17 (1965), 443-459.

Discusion de la notion de Wittgenstein de "langage privé".

45. Reznikov, L. O., *Gnoseologičeskie voprosy semiotiki* [Les problèmes épistémologiques de la sémiotique] (Leningrad, Izd. LGU, 1964), 164 p.

46. Ricoeur, P., "Le symbolisme et l'explication structurale", *Cahiers Internationaux de Symbolisme*, 4 (1964), 81-96.

Discussion des rapports entre le symbole et la structure, l'herméneutique et le structuralisme (qui pour l'auteur ne sont pas incompatibles).

47. Samek, R., "Performative Utterances and the Concept of Contract", *Australasian Journal of Philosophy*, 43, 2 (1965), 196-210.

48. Sartre, J. P., "L'écrivain et sa langue", *Revue d'Esthétique*, 18, 3-4 (1965), 306-334.

Dans cette interview, Sartre s'explique sur sa conception du langage.

49. Sesonske, A., "Performatives", *Journal of Philosophy*, 62, 17 (1965), 459-468.

Sur la distinction établie par J. Austin entre constatif et performatif.

50. Skolemowski, H., "Analytical-Linguistic Marxism in Poland", *Journal of the History of Ideas*, 26, 2 (1965), 235-258.

51. Steenburgh, E. W. van, "Metaphor", *Journal of Philosophy*, 62, 22 (1965), 678-688.

Une discussion logique des significations "métaphoriques" et "littérales".

52. Tennessen, H., "Ordinary Language in Memoriam", *Inquiry*, 8, 3 (1965), 225-248.

Une critique violente des principes de la "philosophie analytique".

53. Tichy, P., "Maji logické vety obsach?" [La teneur des propositions logiques], *Filosoficky Casopis*, 13, 1 (1965), 82-96.

54. Tillman, F. A. and B. R. Russel, "Language, Information and Entropy", *Logique et Analyse*, 8, 30 (1965), 126-140.

55. Todd, W., "The Theory of Meaning and Some Related Theories of the Learning of Language", *Inquiry*, 8, 4 (1965), 324-340.

56. Urmson, J., "J. L. Austin", *Journal of Philosophy*, 62, 19 (1965), 499-508.

Vue d'ensemble sur l'œuvre d'Austin, suivie d'une discussion par N. Malcolm, W. V. Quine et S. Hampshire.

57. Waismann, F., *The Principles of Linguistic Philosophy*, edited by R. Harré (New York, St. Martin's Press, 1965), 388 p.

Une étude systématique de la philosophie dérivée de l'enseignement de Wittgenstein, Ryle et Austin.

58. Wilson, P., "Quine on translation", *Inquiry*, 8, 2 (1965), 198-211.

Discussion des possibilités de traduction, à partir des ouvrages du logicien Quine.

59. Ziff, P., "About Grammaticalness", *Mind*, 73, 290 (1964), 204-214.

Sur la notion d' "agrammaticalité" introduite en linguistique par Chomsky, du point de vue de la sémantique philosophique.

II. LINGUISTIQUE

1. *Bibliographie, Mélanges, Recueils*

60. Dingwall, D. O., *Transformational Generative Grammar: A Bibliography* (Washington, D.C., Center for applied linguistics, 1965), viii + 82 p.

61. Fodor, J. A., and J. J. Katz (eds.), *The Structure of Language: Readings in the Philosophy of Language* (Englewood Cliffs, New Jersey, Prentice Hall, 1964), 612 p.

Recueil de textes couvrant tous les problèmes de la théorie du langage, par des philosophes positivistes logiques et par des linguistes de l'école de N. Chomsky.

62. Hamp, E., F. Householder, and R. Austerlitz (eds.), *Readings in Linguistics, II* (Chicago, University of Chicago Press, 1965), 392 p.

Recueil de textes d'auteurs anglais, français, et allemands (dans la langue d'origine).

63. *Proceedings of the IXth International Congress of Linguistics, Cambridge, Mass. 1962* (The Hague, Mouton, 1964), 1196 p. (*Janua Linguarum, series maior,* 12).

Plusieurs communications traitent des travaux relatifs à la sémiotique.

64. Rice, F., and A. Guss (eds.), *Information Sources in Linguistics: A Bibliographical Handbook* (Washington, D.C., Center of applied linguistics, 1965), viii + 42 p.

Washington, D.C., Center of applied linguistics, 1965, viii + 42 p.

65. Vachek, J. (ed.), *A Prague School Reader in Linguistics* (Bloomington, Indiana University Press, 1964), 486 p.

Réédition d'articles parus essentiellement entre 1928 et 1948, la plupart traduits ici pour la première fois.

2. *Théorie générale*

(Cf. Nos. 19, 20, 59, 65, 132, 136, 182, 217, 291.)

66. Abraham, S. and F. Kiefer, "Some Remarks on Linguistic Theory", *Acta linguistica Academiae scientiarum hungaricae*, 15, 3-4 (1965), 287-295.

    Les auteurs, théoriciens de la traduction automatique, cherchent à distinguer l'engendrement d'une phrase de sa description structurale, et contestent la nécessité d'une grammaire transformationnelle.

67. Artemov, V. A., "Kommunikativnaja priroda ustnoj reči" [La nature communicative de la parole], *Zeitschrift für Phonetik, Sprachwissenschaft und Kommunikationsforschung*, 17, 5 (1964), 433-448.

    Sur le statut de la langue en tant que fait articulatoire et acoustique, et sur les principes de son étude.

68. Bach, E., "Linguistique structurelle et philosophie des sciences", *Diogène*, 51 (1965), 117-136.

    Sur les bases épistémologiques de la grammaire générative.

69. Bar-Hillell, Y., *Language and Information, Selected Essays on their Theory and Application* (Reading, Mass., Addison Wesley Publishing Company; Jerusalem, The Jerusalem Academy Press, 1964), 388 p.

    Recueil d'articles, par un des grands spécialistes de la traduction automatique. Son livre s'adresse avant tout aux logiciens. Exposé technique.

70. Benveniste, É., "Le langage et l'expérience humaine", *Diogène*, 51 (1965), 3-13.

    Les catégories temporelles dans l'expérience humaine, et les temps du verbe.

71. Bourquin, G., "Niveaux, aspects et registres du langage", *Linguistics*, 13 (1965), 5-15.

    Précisions terminologiques, dans une perspective pédagogique.

72. Ceccato, S., "Operational linguistics", *Foundations of Language*, 1, 3 (1965), 171-188.

    Remarques sur la linguistique dans une perspective cybernétique.

73. Chomsky, N., *Current Issues in Linguistic Theory* (The Hague, Mouton, 1964), 119 p. (= *Janua Linguarum, series minor*, 38).

    Cette monographie considère deux modèles de grammaire générative, qui sont appelés "le modèle taxinomique" et "le modèle transformationnel". Le modèle taxinomique représente une version précisée des points de vue qui ont dominé la linguistique structurale moderne. Le modèle transformationnel représente une version précisée de certains aspects de la linguistique traditionnelle ("mentaliste").

74. Chomsky, N., "De quelques constantes de la théorie linguistique", *Diogène*, 51 (1965), 14-21.

    Un rapprochement entre la grammaire de Port-Royal et la théorie de la grammaire générative.

75. Collinge, N. A., "Some Linguistic Paradoxes", *Journal of Linguistics*, 1, 1 (1965), 1-12.

Problèmes d'analyse syntagmatique et prosodique.

76. Dixon, R. M. W., *What is Language? A New Approach to Linguistic Description* (London, Longmans, 1965), 240 p.

77. Dubois, J., *Grammaire structurale du français* (Paris, Larousse, 1965), 192 p.

Cette grammaire fondée sur l'analyse distributionnelle de Z. Harris concerne le nom et le pronom. Elle comporte trois parties: le nombre, le genre, les substituts.

78. Hattor, S., "The Sound and Meaning of Language", *Foundations of Language*, 1, 2 (1965), 98-111.

79. Haugen, E., (Compte-rendu de J. Greenberg, ed., *Universals of Language*, Cambridge, Mass., MIT Press, 1963), *Language*, 40, 2 (1964), 260-273.

Considérations sur le problème important et actuel des universaux du langage.

80. Horalek, K., "Sprachfunktion und funktionelle Stilistik" [Fonction linguistique et stylistique fonctionelle], *Linguistics*, 14 (1965), 14-22.

Discussion des fonctions du signe linguistique (les théories de Bühler, Mukarovsky, Jakobson).

81. Huddleston, R. D., "Rank and Depth", *Language*, 41, 4 (1965), 574-586.

Discussion de quelques notions courantes dans les travaux de linguistes anglais.

82. Katz, J. J. and P. M. Postal, *An Integrated Theory of Linguistic Descriptions* (Cambridge, Mass., MIT Press, 1964), 178 p. (*Research monograph*, n° 26).

"The conception of a linguistic description proposed here combines the generative conception of grammar developed by Chomsky with the conception of semantic proposed by Katz and Fodor" (p. X). Un essai de synthèse fait par deux des collaborateurs les plus brillants de Chomsky. Destiné aux linguistes.

83. Kiefer, F. and S. Abraham, "Some Problems of Formalization in Linguistics", *Linguistics*, 17 (1965), 11-20.

84. Koch, W. A., Towards a Definition of the Parts of Speech", *Studia linguistica*, 17, 1 (1964), 5-16.

Une série de définitions conformes aux exigences de la logique mathématique.

85. Krupa, V., "On Quantification of Typology", *Linguistics*, 12 (1965), 31-36.

Sur les possibilités des études statistiques en typologie linguistique.

86. Langendoen, D. T., (Compte-rendu de *Studies in Linguistic*

Analysis, Oxford, Blackwell, 1957), *Language*, 40, 2 (1964), 305-322.

L'auteur discute, du point de vue de la grammaire transformationnelle, le recueil d'articles de linguistes anglais groupés autour de J. R. Firth (l'école anglaise).

87. Lees, R. B., "On the Testability of Linguistic Predicates", *Linguistics*, 12 (1965), 37-48.

88. Lees, R. B., "Two Views of Linguistic Research", *Linguistics*, 11 (1965), 21-29.

Discussion de quelques prémisses méthodologiques des études linguistiques. L'auteur s'oppose à la conception selon laquelle le but ultime de l'étude serait la classification des exemples considérés.

89. Lehmann, W. P., "Toward Experimentation with Language", *Foundations of Language*, 1, 4 (1965), 237-248.

Le traitement mécanique des données linguistiques et la théorie du langage.

90. Leska, O. and P. Novak, "K voprosu o strukturnom analize jazyka" [Du problème de l'analyse structurale du langage], *Slovo a Slovesnost*, 26, 2 (1965), 108-112.

91. Marcus, S., "Analyse contextuelle", *Zeitschrift für Phonetik, Sprachwissenschaft und Kommunikationsforschung*, 18, 3 (1965), 301-313.

Étude formelle de quelques notions linguistiques, notamment celle de contexte linguistique.

92. Martinet, A., *La linguistique synchronique, études et recherches* (Paris, PUF, 1965), 248 p. (= *Le Linguiste*, 1).

Sommaire: La double articulation du langage – La phonologie – Points de doctrine et de méthode en phonologie – Accent et sons – Savoir pour quoi et pour qui on transcrit – De la variété des unités significatives – La hiérarchie des oppositions significatives – Les structures élémentaires de l'énoncé – Bibliographie de l'auteur.
Un recueil d'articles dont plusieurs inédits.

93. Martinet, A., "Peut-on dire d'une langue qu'elle est belle?", *Revue d'Esthétique*, 18, 3-4 (1965), 227-239.

La réponse est surtout négative.

94. Martinet, A., "Structure et langue", *Revue Internationale de Philosophie*, 19, 3-4 (1965), 291-299.

La notion de structure du point de vue des linguistes.

95. Motsch, W., "Grammar and Semantics", *Foundations of Language*, 1, 2 (1965), 122-128.

Compte-rendu d'un congrès tenu sur ce thème en 1964 en Allemagne Démocratique (avec la participation de N. Chomsky, J. Katz, E. Klima, etc.).

96. Mulder, J. W. F., "Some Operations with Sets in Language", *Foundations of Language*, 1, 1 (1965), 14-29.

97. Munot, P., "A propos de ce qui est linguistique dans l'étude du langage", *Français moderne*, 33, 4 (1965), 271-283.

Sur les principes de l'étude fonctionnelle du langage.

98. Nemec, J., "Slovo a vyznam v historickem slovniku" [Mot et signification dans le dictionnaire historique], *Slovo a Slovesnost*, 26, 2 (1965), 136-150.

99. Nist, J., "A Critique of Generative Grammar", *Linguistics*, 19 (1965), 102-110.

100. Papp, E., "Mathematische und strukturelle Methoden in der sowjetischen Sprachwissenschaft" [Méthodes mathématiques et structurelles dans la linguistique soviétique], *Acta linguistica Academiae scientiarum hungaricae*, 14, 1-2 (1964), 119-137.

Vue d'ensemble sur le développement récent de la linguistique en U.R.S.S.

101. Pei, M., *Invitation to Linguistics, a Basic Introduction to the Science of Language* (Garden City, New York, Doubleday, 1965), 266 p.

Une introduction élémentaire aux différents domaines de la linguistique.

102. Pierson, J. L., "Langue-parole? signifiant-signifié-signe?", *Studia linguistica*, 17, 1 (1964), 17-19.

Précisions terminologiques.

103. Postal, P., "Underlying and Superficial Linguistic Structure", *Harvard Educational Review*, 34, 2 (1964), 246-266.

Du point de vue de la grammaire générative. Sur les deux niveaux de structuration dans la langue, manifeste et sous-jacent.

104. Prieto, L. J., "Fonction et économie", *La Linguistique*, 1, 1 (1965), 1-14; 1, 2 (1965), 41-66.

L'auteur se propose d'étudier "les statuts foncièrement différents dont jouissent, d'une part, les mécanismes dont la raison d'être est d'assurer l'accomplissement de la fonction de la langue et, d'autre part, les mécanismes qui visent au contraire à amoindrir le coût de cette fonction".

105. Robins, R. H., *General Linguistics: An Introductory Survey* (London, Longmans, 1964), 390 p.

Vue d'ensemble des sciences linguistiques, qui tient compte des dernières acquisitions dans les différents domaines. Bibliographie abondante. L'auteur, élève de J. R. Firth, appartient à l'école anglaise en linguistique. Accessible aux non-linguistes.

106. Rosetti, A., *Linguistica* (The Hague, Mouton, 1965), 268 p. (= *Janua Linguarum, series maior,* 16).

Recueil d'articles concernant les sujets suivants: Linguistique générale – Phonologie – Phonétique – Histoire du roumain et des langues balkaniques. L'auteur est le promoteur du structuralisme en Roumanie.

107. Rosiello, L., *Struttura, uso e funzioni della lingua* [Structure, usage et fonctions du langage] (Firenze, Vallecchi, 1965), 157 p.

Exposé clair des problèmes fondamentaux de la linguistique post-saussurienne, dans la perspective de l'étude du langage poétique. Analyse des poèmes de E. Montale à l'aide de méthodes statistiques.

108. Ruwet, N., "La linguistique générale d'aujourd'hui", *Archives Européennes de Sociologie*, 5, 2 (1965), 227-310.

Vue d'ensemble sur les dix dernières années des études linguistiques. Remarques sur des domaines très divers vus à travers les schémas terminologiques de L. Hjelmslev. Importante bibliographie.

109. Shaumyan, S., "La cybernétique et la langue", *Diogène*, 51 (1965), 137-152.

Exposé de la théorie linguistique de l'auteur.

110. Schogt, H. G., "*Temps et verbe* de Gustave Guillaume, trente-cinq ans après sa parution", *La Linguistique*, 1, 1 (1965), 55-74.

Comparaison de l'ouvrage déjà ancien de Guillaume avec les conceptions actuelles de la linguistique.

111. Sčur, G. S., "Some Considerations on the Notion of Invariant Field in Linguistics", *Philologica pragensia*, 8 (1965), 307-319.

112. Sgall, P., "Cybernétique et linguistique", *Europe*, 43, 433-34 (1965), 62-68.

Vue d'ensemble de l'influence des cybernéticiens sur les études linguistiques pendant ces dix dernières années.

113. Siertsema, B., *A Study of Glossematics*, 2nd ed. (The Hague, Martinus Nijhoff, 1965), 288 p.

Nouvelle édition, augmentée d'un nouveau chapitre.

114. Togeby, K., *La structure immanente de la langue française* (Paris, Larousse, 1965), 208 p. (= *Langue et langage*).

Réédition légèrement remaniée.

115. Valin, B., *Petite introduction à la psychomécanique du langage* (Québec, Presses de l'Université Laval, 1965), 90 p. (= *Cahiers de psychomécanique du langage*, 3).

116. Zierer, E., "Minimum Linguistic Units", *Zeitschrift für Phonetik, Sprachwissenschaft und Kommunikationsforschung*, 18, 2 (1965), 181-184.

Proposition d'une terminologie linguistique concernant les unités minimales.

117. Ziff, P., "About what an Adequate Grammar couldn't do", *Foundations of Language*, 1, 1 (1965), 5-13.

3. *Phonologie, Phonétique, Graphématique*

(Cf. Nos. 92, 106, 190, 195, 220.)

118. Allen, S., *Grafematisk analys sum grundval for textedering* [L'analyse graphématique comme base pour l'étude des textes], (Göteborg, T. Johanisson, 1965), 184 p.

Étude de la langue écrite. Compte-rendu en anglais dans *Acta linguistica hafniensia*, 9, 1 (1965), 114-117.

119. Chomsky, N. and M. Halle, "Some Controversial Questions in Phonological Theory", *Journal of Linguistics*, 1, 1 (1965), 97-138.
A propos d'une critique récente de la grammaire générative, discussion de plusieurs problèmes théoriques.

120. Derrida, J., "De la grammatologie", *Critique*, 21, 12 (1965), 1016-1042.
Première partie d'un article sur les fondements de la science de l'écriture.

121. Engler, L. and E. F. Haden, "Status of Utterance", *Acta linguistica hafniensia*, 9, 1 (1965), 25-36.
Étude de l'intonation.

122. Halliday, M. A. K., "Intonation in English Grammar", *Transactions of the Philological Society, 1963* (1964), 143-169.
Sur la théorie de l'intonation, déterminée par le modèle grammatical et le sens. L'auteur répond à la question: "what are the grammatical systems that are expounded by intonation?"

123. Hirschenberg, L., "Lois formelles de la ponctuation", *Linguistics,* 19 (1965), 21-63.

124. Hockett, C., "Sound Change", *Language*, 41, 2 (1965), 185-204.
Autour du problème des changements phonétiques, l'auteur évoque plusieurs aspects de la théorie et de l'histoire linguistique.

125. Householder, F. W., "On some Recent Claims in Phonological Theory", *Journal of Linguistics*, 1, 1 (1965), 13-34.
Critique de la théorie phonologique de M. Halle et N. Chomsky.

126. Malkiel, Y., "Secondary Uses of Letters in Language", *Romance Philology*, 19, 1 (1965), 1-27.

127. Martinet, A., "De la morphonologie", *La Linguistique*, 1 (1965), 15-30.
Une mise au point à propos de la notion et du terme "morphonologie".

128. Myklewust, R. H., *Development and Disorders of Written Language.* I: *Picture Story Language Test* (New York - London, Grue & Stratton, 1965), 280 p.
Étude psychiatrique de la langue écrite.

129. Rouget, G., "Analyses des tons du gû (Dahomey) par le 'détecteur de mélodie' de l'Institut de Phonétique de Grenoble", *Langage et Comportement*, 1, 1 (1965), 31-47.
Une analyse aux frontières de la phonétique et de la musicologie.

130. Souriau, É., "Défense de l'orthographe française", *Revue d'Esthétique*, 18, 3-4 (1965), 385-396.

131. Vachek, J., "On some Basic Principles of Classical Phonology",

Zeitschrift für Phonetik, Sprachwissenschaft und Kommunikationsforschung, 17, 5 (1964), 409-431.

Discussion et critique de la conception phonologique de N. Chomsky du point de vue des phonologues du Cercle linguistique de Prague.

4. *Morphologie et syntaxe*

(Cf. Nos. 31, 77, 82.)

132. Bach, E., *An Introduction to Transformational Grammars* (New York - Chicago - San Francisco, Holt, Rinehart and Winston, 1964), 206 p.

La meilleure introduction systématique sur la question, destinée aux linguistes. Importante bibliographie.

133. Bellert, J., "Relational Phrase Structure Grammar and its Tentative Applications", *Information and Control*, 8, 5 (1965), 503-530.

Discussion formelle de la grammaire générative.

134. Benveniste, É., "Le pronom et l'antonyme en français moderne", *Bulletin de la Société linguistique de Paris*, 60, 1 (1965), 71-87.

Étude distributionnelle des pronoms français.

135. Benveniste, É., "Structure des relations d'auxiliarité", *Acta linguistica hafniensia*, 9, 1 (1965), 1-15.

Essai de description synchronique de la relation d'auxiliarité, c'est-à-dire de la fonction des verbes dits auxiliaires et des syntagmes verbaux qu'ils constituent en français moderne. Trois aspects de l'auxiliation: de temporalité (verbe *avoir*), de diathèse (verbe *être*), de modalité (verbe *pouvoir*). Possibilités de cumul et règles d'exclusion.

136. Chomsky, N., *Aspects of the Theory of Syntax* (Cambridge, Mass., MIT Press, 1965), 224 p.

Une mise au point des développements récents de la théorie syntaxique.

137. Cohen, L. T., "On a Concept of Degree of Grammaticalness", *Logique et Analyse*, 8, 30 (1965), 141-163.

138. Culik, K., "Axiomatic System for Phrase Structure Grammars - I", *Information and Control*, 8, 5 (1965), 403-502.

139. Dubois, J., "Grammaire transformationnelle et morphologie (structures des bases verbales)", *Français moderne*, 33, 2 (1965), 81-96; 33, 3 (1965), 178-187.

L'auteur compare les grammaires distributionnelle et transformationnelle, en appliquant cette dernière au français.

140. Gaifman, H., "Dependency Systems and Phrase-Structure Systems", *Information and Control*, 8, 3 (1965), 304-337.

Une étude formelle.

141. Gleitman, L. R., "Coordinating Conjunctions in English", *Language*, 41, 3 (1965), 260-294.

Une étude importante sur les conjonctions de coordination.

142. Grunig, B., "Les théories transformationnelles", I, *La Linguistique*, 2 (1965), 1-24.

Exposé critique et informatif.

143. Hall, R. A., Jr., "Fact and Fiction in Grammatical Analysis", *Foundations of Language*, 1, 4 (1965), 337-345.

Discussion de quelques notions de grammaire transformationnelle.

144. Harris, Z. S., "Transformational Theory", *Language*, 41, 3 1965), 363-401.

Exposé des travaux de l'auteur pendant les dix dernières années. Contribution importante.

145. Klima, E. S., "Současny vyvoj v generativni gramatice" [Le développement actuel de la grammaire générative], *Kybernetika,* 1 (1965), 184-197.

146. Kunze, J., "Zur syntaktischen Synthese" [De la synthèse syntaxique], *Kybernetika,* 1, 1 (1965), 85-102.

147. Langacker, R. W., "French Interrogatives: A Transformational Description", *Language*, 41, 4 (1965), 587-600.

Une des rares études transformationnelles sur le français.

148. Leont'ev, A. A., "The Concept of the Formal Grammatical Word", *Linguistics*, 15 (1965), 33-39.

Défense de la notion linguistique de "mot".

149. Longacre, R. E., "Some Fundamental Insights of Tagmemics", *Language*, 41, 1 (1965), 65-76.

Réponse d'un des principaux collaborateurs de K. Pike aux critiques adressées par les transformationnalistes à la théorie de ce dernier.

150. Martinet, A., "Le mot", *Diogène*, 51 (1965), 39-53.

Critique de la notion linguistique de "mot", que l'auteur remplace par le monème.

151. Moignet, G., *Le pronom personnel français; essai de psychosystématique historique* (Paris, Klincksieck, 1965), 180 p.

L'auteur considère successivement les aspects synchronique et diachronique du problème.

152. Mrazek, R., "K metodologii strukturniho popisu syntaxe ruštiny" [Questions méthodologiques dans la description structurale de la syntaxe russe], *Ceskoslovenska rusistika*, 10, 3 (1965), 219-224.

Sur le rapport entre les méthodes classiques et nouvelles, surtout la grammaire transformationnelle.

153. Palmer, F. R., *A Linguistic Study of the English Verb* (London, Longmans, 1965), 200 p.

Description du verbe anglais, avec discussion des problèmes théoriques.

154. Postal, P. M., "Novy vyvoj teorié transformacni gramatiky" [Le nouveau développement de la théorie de la grammaire transformationnelle], *Slovo a Slovesnost*, 26, 1 (1965), 1-13.

155. Pottier, B., "Structures grammaticales fondamentales", p. 73-84 in: *Tendances nouvelles en matière de recherche linguistique* (Strasbourg, Conseil de la coopération culturelle du Conseil de l'Europe, 1964), 96 p. (= *L'éducation en Europe*, 4, 2).

156. Skrebnev, J. M., "On the problem of Functional Syntactic Relations", *Philologica pragensia*, 8 (1965), 342-348.

157. Stuchlik, J., "On the Psychology of the Origin and Formation of Neologisms", *Philologica pragensia*, 8 (1965), 359-369.

158. Tosh, L. W., "Development of Automatic Grammars", *Linguistics*, 12 (1965), 49-60.

159. Winter, W., "Transforms without Kernels", *Language*, 41, 1 (1965), 484-489.

5. *Sémantique et lexicologie*

(Cf. Nos. 20, 22, 27, 57, 196, 200, 214, 305, 310, 322.)

160. Abraham, S. and F. Kiefer, *A Theory of Structural Semantics* (The Hague, Mouton, 1965), 112 p.

Les auteurs se placent dans le cadre de la traduction automatique.

161. Antal, L., "Notes on Truth, Meaning, and Synonymity", *Linguistics*, 16 (1965), 16-27.

Remarques sur quelques notions de la sémantique.

162. Apresjan, J. D., "Opyt opisanija značenij glagolov po ih sintaksičeskim priznakam" [Essai de description de la signification des verbes d'après leurs traits syntaxiques], *Voprosy jazykoznanija*, 14, 5 (1965), 51-66.

163. Bazell, E. C., "Semantics and Non-Semantics", *Philologica pragensia*, 8 (1965), 131-133.

164. Bolinger, D., "The Atomization of Meanings", *Language*, 41, 4 (1965), 555-573.

Critique de la théorie sémantique de Katz et Fodor.

165. Ciganek, "Vyznam sémantiky pro teorii umêni" [La contribution de la sémantique à la théorie de l'art], *Estetika*, 2, 1 (1965), 11-23.

166. Culik, K., "Semantics and Translation of Grammars and Algollike Languages", *Kybernetika*, 1, 1 (1965), 47-48.

167. Dixon, R. M. W., "On Formal and Contextual Meaning", *Acta linguistica Academiae scientiarum hungaricae*, 14, 1-2 (1964), 23-46.

Sur les rapports entre la signification formelle (grammaticale + lexicale) et contextuelle, notions forgées par l'école anglaise.

168. Dubois, J., "Représentation de systèmes paradigmatiques formalisés dans un dictionnaire structural", *Cahiers de Lexicologie,* 5 (1964), 3-15.

Étude distributionnelle d'un micro-système sémantique.

169. George, F. G., *Semantics* (London, English Universities Press, 1964), 172 p. (The teach yourself books).

Exposé élémentaire.

170. Greimas, A. J., "La structure élémentaire de la signification en linguistique", *L'Homme*, 4, 3 (1964), 5-17.

Sur les bases théoriques de la sémantique structurale. Pour l'auteur, la structure élémentaire de la signification est "un réseau relationnel caractérisé par la présence: (*a*) d'une articulation entre les sèmes; (*b*) de relations entre les sèmes et leur axe sémantique".

171. Guiraud, P., "Les structures élémentaires de la signification", *Bulletin de la Société de Linguistique de Paris*, 60, 1 (1965), 97-114.

Étude statistique et sémantique de la polysémie.

172. Jankovic, M., "K pojeti sémantickeho gesta" [La notion de geste sémantique], *Ceska Literatura,* 13, 3 (1965), 319-326.

173. Koch, W. A., "Preliminary Sketch of a Semantic Type of Discourse Analysis", *Linguistics*, 12 (1965), 5-30.

Essai pour introduire des considérations sémantiques dans une analyse du discours comme celle de Z. Harris.

174. Lepschy, G. C., "Problems of Semantics", *Linguistics*, 15 (1965), 40-65.

Discussion des notions fondamentales de la sémantique, à propos de plusieurs livres récents.

175. Mauro, T. de, *Introduzione alla semantica* [Introduction à la sémantique] (Bari, Laterza, 1965), 238 p.

L'auteur, linguiste et philosophe, place la sémantique dans cette double perspective. Analyse détaillée de la pensée de Croce, Saussure, Wittgenstein. Le langage ne signifie qu'à l'intérieur de l'intentionnalité des locuteurs.

176. Meier, G. F., "Semantische Analyse und Noematik" [Analyse sémantique et noématique], *Zeitschrift für Phonetik, Sprachwissenschaft und Kommunikationsforschung*, 17, 6 (1964), 581-595.

Nouvelle méthode d'analyse sémantique.

177. Mounin, G., "Un champ sémantique: la dénomination des animaux domestiques", *La Linguistique*, 1 (1965), 31-54.

Essai de structuration des termes qui ont des rapports substantiels.

178. Mounin, G., "Les structurations sémantiques", *Diogène*, 49 (1965), 130-140.

Vue d'ensemble sur les différents essais de création d'une sémantique structurale, limitée aux travaux des linguistes européens.

179. Palek, B., "Zajimavé podnêty pro lingvistickou semantiku" [Nouvelles suggestions pour la sémantique linguistique], *Slovo a Slovesnost*, 26, 3 (1965), 250-262.

180. Pottier, B., "La définition sémantique dans les dictionnaires", *Travaux de Linguistique et Littérature*, 3, 1 (1965), 33-40.

181. Pottier, B., "Vers une sémantique moderne", *Travaux de Linguistique et Littérature*, 2, 1 (1964), 107-138.

Aperçu des problèmes actuels de la sémantique. L'article "tend à suggérer des cadres de description en proposant une terminologie adéquate". Assez laconique dans les formulations mais très riche en bibliographie.

182. Prieto, L. J., *Principes de noologie: fondements de la théorie fonctionnelle du signifié* (La Haye, Mouton, 1964), 130 p. (= *Janua Linguarum, series minor,* 35).

Face aux *Principes* de Troubetskoy, l'auteur aborde l'étude du signifié en se passant de l'étude de son support phonique.

183. Sabršula, J., "K nèkterym otazkam makrosémantiky" [Quelques problèmes de la macro-sémantique], *Slovo a Slovesnost*, 26, 3 (1965), 262-267.

184. Sciarone, A. C., "Quelques remarques sur le sens", *Linguistics,* 13 (1965), 39-55.

Discussion des théories sémantiques de L. Antal.

185. Tabory, R., "Semantics, Generative Grammars, and Computers", *Linguistics*, 16 (1965), 68-85.

Commentaire sur le développement récent des études sémantiques dans le cadre de la grammaire générative.

6. *Stylistique, Rhétorique, Versification*

(Cf. Nos. 39, 48, 80, 93, 358.)

186. Bahtin, M., "Slovo v romane" [Le discours romanesque], *Voprosy Literatury*, 9, 8 (1965), 84-90.

Sur l'ambivalence du discours romanesque, à la fois discours des personnages et discours de l'auteur, signe et designatum. La phrase du roman peut être à la fois désignante et désignée. C'est là sa caractéristique formelle la plus importante.

187. Cohen, J., "Structures de la versification", *Sciences de l'Art*, 2 (1965), 1-41.

Étude des conventions poétiques en tant que violation des lois du langage.

188. Corder, J. W., *Rhetoric: A Text-Reader on Language and Its Uses* (New York, Random House, 1965), 595 p.

189. Crystal, D. and R. Quirk, *Systems of Prosodic and Paralinguistic Features in English* (The Hague, Mouton, 1964), 94 p. (= *Janua Linguarum, series minor,* 39).

Cette étude pose un cadre dans lequel on peut considérer tous les traits prosodiques et paralinguistiques, cadre qui facilite l'étude des rapports de ces traits entre eux, ou avec la grammaire.

190. Delattre, P., "Les attributs physiques de la parole et l'esthétique du français", *Revue d'Esthétique*, 18, 3-4 (1965), 240-254.

191. Dolezel, L., "Model stylistické slozky jazykového kodovani" [Un modèle stylistique du codage linguistique], *Slovo a Slovesnost*, 26, 3 (1965), 223-235.

192. Dolezel, L., "Prazskà skola a statistickà teorie bàsnického jazyka" [L'école de Prague et la théorie statistique de la langue poétique], *Ceskà Literatura*, 13, 1 (1965), 101-113.

"L'actualisation" et "l'automatisation" de la langue poétique expliquées en termes de la théorie des probabilités.

193. Elwert, W. T., *Traité de versification française* (Paris, Klincksieck, 1965), 210 p.

L'original allemand est paru en 1961.

194. "Esthétique de la langue française", *Revue d'Esthétique*, 18, 3-4 (1965), 225-432.

Confrontation des opinions des linguistes et des écrivains. Pour les contributions individuelles, voir sous: A. Martinet, P. Delattre, P. Guiraud, A. Kibédi Varga, T. Todorov, J. P. Sartre, A. Fulin, É. Souriau.

195. Fulin, A., "Les qualités musicales de la langue française", *Revue d'Esthétique*, 18, 3-4 (1965), 362-384.

Étude tonale de la "musique de la phrase" et de "l'harmonie des sons".

196. Garroni, E., "Tra semantica e stilistica" [Sémantique et stylistique], *Sigma*, 8 (1965), 53-73.

197. Genette, G., "La rhétorique et l'espace du langage", *Tel Quel*, 19 (1964), 44-54.

Sur le statut de la rhétorique, dans une perspective sémiotique.

198. Guiraud, P., "L'esthétique du vers français", *Revue d'Esthétique*, 18, 3-4 (1965), 255-264.

Préliminaires sur la versification française.

199. Hrabak, J., "K obecné teorii verse" [La théorie générale du vers], *Slovenska Literatura*, 12, 3 (1965), 235-245.

200. Ikegami, Y., "Semantic Changes in Poetic Words", *Linguistics*, 19 (1965), 64-79.

201. Kibedi Varga, A., "Rythme et signification poétiques", *Revue d'Esthétique*, 18, 3-4 (1965), 265-286.

Étude du rapport entre les deux phénomènes, en vue de l'élaboration d'une esthétique de la langue.

202. Klimentova, J., "Modelovani rytmicke vystavby verse Markovskimi procesy" [Comment modeler la structure rythmique des vers à l'aide des processus Markoviens], *Ceska Literatura*, 13, 1 (1965), 69-79.

203. Lévy, J., "Die Theorie des Verses: ihre mathematischen Aspekte" [La théorie du vers: ses aspects mathématiques], p. 211-231 in: *Mathematik und Dichtung* (Stuttgart, Dialogue, 1965), 364 p.
Les aspects quantitatifs de la versification.

204. Mlaček, J., "O frekvencii jazykovych prostriedkov a o jej stylistickej platnosti" [La fréquence des faits linguistiques et sa valeur stylistique], *Slovenskà reč*, 30, 4 (1965), 330-335.
Recherche statistique sur la longueur des phrases, la fréquence des parties du discours, etc., chez quelques auteurs slovaques.

205. Ohmann, R., "Generative Grammars and the Concept of Literary Style", *Word*, 20, 3 (1964), 423-439.
La théorie stylistique à la lumière des idées de N. Chomsky. Plusieurs analyses de textes en prose. L'auteur défend la conception selon laquelle le style littéraire se réduit à l'emploi particulier de schémas syntaxiques.

206. Ruwet, N., "Sur un vers de Charles Baudelaire", *Linguistics*, 17 (1965), 69-77.
Analyse d'un vers à des niveaux multiples (phonétique, phonologique, prosodique, etc.).

207. Souriau, É., "Sur l'esthétique des mots et des langages forgés", *Revue d'Esthétique*, 18, 1 (1965), 19-48.
Les différentes utilisations des mots inventés en littérature.

208. Stuchlik, J., "Über die Kenomorpheme der Sprache" [Sur les "keno"-morphèmes de la langue], *Zeitschrift für Phonetik, Sprachwissenschaft und Kommunikationsforschung*, 17, 5 (1964), 453-474.
Sur les mots inventés, les langages inexistants (la glossolalie).

209. Thorne, J. P., "Stylistics and Generative Grammars", *Journal of Linguistics*, 1, 1 (1965), 49-59.
A partir de la gramaire générative, et plus particulièrement de la notion de "grammaticalité", des perspectives pour l'étude du style.

210. Todorov, T., "Les poètes devant le bon usage", *Revue d'Esthétique*, 18, 3-4 (1965), 300-305.
Sur l'opposition "langue poétique/bon usage".

7. *Linguistique diachronique, Grammaire comparée, Typologie des langues*

211. Barber, C., *The Flux of Language* (London, George Allen & Unwin, 1965), 288 p.
Sur le développement historique du langage, illustré par l'exemple de l'anglais.

212. Buyssens, E., *Linguistique historique* (Bruxelles, Presses Universitaires de Bruxelles, 1965), 160 p.
Sommaire: Homonymie et principe sémique dans les remaniements lexi-

caux – Signification et stylistique – La sémantique et la mesure du vocabulaire – L'origine des changements phonétiques.

213. Closs, E., "Diachronic Syntax and Generative Grammar", *Language*, 41, 4 (1965), 402-415.

214. Coseriu, E., "Pour une sémantique diachronique structurale", *Travaux de Linguistique et de Littérature*, 2, 1 (1964), 139-186.

L'article étudie "le sens propre et la possibilité même d'une étude diachronique structurale des significations des mots".

215. Fodor, I., *The Rate of Linguistic Change: Limits of the Application of Mathematical Methods in Linguistics* (The Hague, Mouton, 1965), 86 p. (= *Janua Linguarum, series minor*, 43).

La pertinence des méthodes mathématiques pour l'étude des changements diachroniques.

216. Kuryłowicz, J., "L'évolution des catégories grammaticales", *Diogène*, 51 (1965), 54-71.

Les catégories grammaticales dans l'histoire de la langue.

217. Makaev, E. A., "Pressure of the System and Hierarchy of Language Units", *Linguistics*, 14 (1965), 33-40.

Sur les mobiles de l'évolution de la langue, et les critères de la typologie linguistique.

218. Pierce, J. E., "On the Validity of Genetic Classification", *Linguistics*, 13 (1965), 25-33.

Sur les critères de la typologie linguistique.

219. Valin, R., *La méthode comparative en linguistique historique et en psychomécanique du langage* (Québec, Presses de l'Université Laval, 1964), 58 p. (= *Cahiers de psychomécanique du langage*, 5).

L'héritage de G. Guillaume.

8. *Statut et histoire de la linguistique*

220. Balazs, J., "The Forerunners of Structural Prosodic Analysis and Phonemics", *Acta linguistica Academiae scientiarum hungaricae*, 15, 3-4 (1965), 229-286.

Étude très détaillée des théories phonologiques des anciens Grecs, en particulier de Platon et Aristote.

221. Benveniste, É., "Documents pour l'histoire de quelques notions saussuriennes", *Cahiers Ferdinand de Saussure*, 21 (1964), 131-136.

Textes peu connus de G. Boole, P. Valéry et L. Bloomfield concernant les problèmes du signe et la doctrine de Saussure.

222. Benveniste, É., "Lettres de Ferdinand de Saussure à Antoine Meillet", *Cahiers Ferdinand de Saussure*, 21 (1964), 89-130.

Une partie importante de la correspondance de F. de Saussure, introduction et notes par É. Benveniste.

223. Ellis, J., "Linguistic Sociology and Institutional Linguistics", *Linguistics*, 19 (1965), 5-20.

224. Fischer-Jorgensen, E., "Louis Hjelmslev", *Acta linguistica hafniensia*, 9, 1 (1965), 3-22.

A l'occasion de la mort de Hjelmslev, une vue d'ensemble sur sa vie et son œuvre.

225. Jvič, M., *Trends in Linguistics* (The Hague, Mouton, 1965), 260 p. (= *Janua Linguarum, series minor*, 42).

Le livre retrace l'histoire de la linguistique des origines hindoues à nos jours (l'original a paru en serbo-croate).

226. Lehmann, W. P., "Die Kontinuität der Sprachwissenschaft" [La continuité de la linguistique], *Deutsche Vierteljahresschrift für Literaturwissenschaft und Geistesgeschichte*, 39, 1 (1965), 16-33.

Aspects méthodologiques de la science du langage.

227. Leska, O., "Aktuàlnost dila Jana Baudouina de Courtenay" [L'œuvre de Jean Baudouin de Courtenay ajourd'hui], *Ceskoslovenskà rusistika*, 10, 3 (1965), 193-196.

228. Levin, S. R., "*Langue* and *parole* in American linguistics", *Foundations of Language*, 1, 2 (1965), 84-94.

L'histoire de la linguistique américaine des trente dernières années à la lumière de l'opposition saussurienne.

229. Malmberg, B., *New Trends in Linguistics: An Orientation* (Stockholm-Lund, Naturmetodens sprakinstitut, 1964), 226 p. (= *Bibiotheca linguistica*, 1) (Traduit du suédois).

Aperçu historique de la linguistique moderne, par un des grands spécialistes contemporains. Première édition suédoise en 1959.

230. Teeter, K. V., "Descriptive Linguistics in America, Triviality vs. Irrelevance", *Word*, 20, 2 (1964), 197-206.

Remarques méthodologiques sur les deux grandes traditions de la linguistique américaine: celle de Boas et Sapir et celle de Bloomfield.

231. Togeby, K., "Theodor Kalepky et les oppositions participatives", *Acta linguistica hafniensia*, 9, 1 (1965), 71-76.

La contribution de Th. Kalepky (1862-1932) à la création de la doctrine structuraliste.

9. *Linguistique appliquée: enseignement*

232. Gleason, H. A., *Linguistics and English Grammar*, 2nd ed. (New York, Holt, Rinehart and Winston, 1965), 520 p.

Nouvelle édition élargie d'une introduction à l'étude des relations entre la théorie linguistique et la grammaire scolaire.

234. Losev, A. F., "O metodah izloženija matematičeskoj lingvistiki dlja lingvistov" [Comment exposer la linguistique mathématique aux linguistes], *Voprosy jazykoznanija*, 14, 5 (1965), 13-30.

235. Nostrand, H. L., D. W. Foster and C. B. Christensen, *Research on Language Teaching: An Annotated International Bibliography, 1945-64*, 2nd ed. (Seattle and London, University of Washington Press, 1965), 374 p.

Bibliographie commentée des recherches sur l'enseignement des langues.

236. Thomas, D., *Transformational Grammar and the Teacher of English* (New York, Holt, Rinehart and Winston, 1965), 240 p.

Comment appliquer la grammaire transformationnelle à l'enseignement d'une langue.

237. Turner, J. D., *Introduction to the Language Laboratory* (London, University of London Press, 1965), 110 p.

Ouvrage technique de linguistique appliquée.

10. *Linguistique appliquée: traduction et documentation*

(Cf. No. 69.)

238. Catford, J. C., *A Linguistic Theory of Translation: An Essay in Applied Linguistics* (London, Oxford University Press, 1965), 104 p. (= *Language and language learning*, nº 8).

239. Daumas, M., "Les machines à traduire de Georges Artsrounin", *Revue d'Histoire des Sciences et de leurs Applications*, 18, 3 (1965), 283-302.

240. Kiefer, F. and S. Abraham, "A Full Fledged Model of Machine Translation", *Kybernetika*, 1, 4 (1965), 348-364.

241. Mounin, G., *La machine à traduire: histoire des problèmes linguistiques* (La Haye, Mouton, 1964), 120 p. (= *Janua Linguarum, series minor*, 32).

Vue d'ensemble, accessible aux non-mathématiciens.

242. Nida, E. A., *Toward a Science of Translating, with Special Reference to Principles and Procedures in Bible Translating* (Leiden, E. J. Brill, 1964), 331 p.

243. Tosh, W., *Syntactic Translation* (The Hague, Mouton, 1965), 162 p. (= *Janua Linguarum, series minor*, 37).

Modèle syntaxique pour la traduction automatique.

III. PSYCHOLOGIE ET PATHOLOGIE DU LANGAGE

1. *Théorie générale*

(Cf. No. 363.)

244. Anderson, R. C. (ed.), *Readings in the Psychology of Cognition* (New York, Holt, Rinehart and Winston, 1965), 690 p.

Recueil qui fait le point des études dans ces domaines aux États-Unis.

245. Balkany, C., "On Verbalization", *International Journal of Psychoanalysis*, 45, 1 (1964), 64-74.

Sur l'élaboration des concepts de "verbalisation" et de "langage" chez Freud.

246. Bonnard, H., "Syntagme et pensée", *Journal de Psychologie*, 61, 1 (1964), 51-74.

Sur les rapports entre la pensée et sa réalisation linguistique qui, pour l'auteur, ne sont pas des rapports d'identité.

247. Bresson, F., F. Jodelet and G. Mialaret, *Langage, communication et décision* (Paris, PUF, 1965), 308 p. (= *Traité de psychologie expérimentale*, 8, sous la direction de P. Fraisse et J. Piaget).

Sommaire: F. Bresson, Langage et communication – F. Jodelet, L'association verbale – G. Mialaret, Psychologie expérimentale de la lecture, de l'écriture et du dessin – F. Bresson, Les décisions.

248. Diebold, A. R., "Compte rendu de S. Saporta (ed.), *Psycholinguistics, a Book of Readings*. New York, Holt, Rinehart and Winston, 1961", *Language*, 40, 2 (1964), 197-260.

Vue d'ensemble sur la psycholinguistique avec des références bibliographiques abondantes.

249. Dubois, J., "Approche d'une neurolinguistique", *Études de Linguistique appliquée*, 3 (1964), 3-11.

Le cadre d'une étude des perturbations du langage.

250. Lenneberg, E. (ed.), *New Directions in the Study of Languages* (Cambridge, Mass., MIT Press, 1964), 194 p.

Sommaire: L. Carmichael, The early growth of language capacity in the individual – E. Leach, Anthropological aspects in language – Animal categories and verbal abuse – E. Lenneberg, A biological perspective of language – G. Miller, Language and psychology – Fr. Goldmann-Eisler, Discussion and further comments – R. Brown, U. Bollugi, Three processes in the child's acquisition of syntax – S. Erwin, Imitation and structural change in children's language.

251. Mertens de Wilmars, C. and R. Hogenraad, "Essai d'analyse du contexte linguistique chez un pré-psychotique", *Journal de Psychologie*, 62, 4 (1965), 443-464.

Description d'une expérience.

252. Nacht, S., "Le silence, facteur d'intégration", *Revue Française de Psychanalyse*, 29, 1-2 (1965), 271-281.

Sur les rapports du silence et de la parole dans une perspective psychanalytique.

253. O'Donovan, D., "Rating Extremity: Pathology or Meaning Fulness", *Psychological Review*, 72, 5 (1965), 358-372.

Étude de la personnalité à travers l'analyse de la signification.

254. Orr, W. F. and C. Cappannari, "The Emergence of Language", *American Anthropologist*, 66, 2 (1964), 318-324.

En partant des observations neurologiques, les auteurs essayent d'éclairer certains côtés de ce problème ancien. Bibliographie.

255. Plugge, H., "Der sprachliche Ausdruck für unsere Befinden" [L'expression verbale de nos humeurs], *Psyche*, 19, 5 (1965), 269-285.

Étude psychologique à travers certaines formes verbales, en particulier celle de l'opposition "passif/actif".

256. Prucha, J., "O psycholinguistic" [La psycholinguistique], *Slovo a Slovesnost*, 26, 1 (1965), 67-73.

Vue d'ensemble.

257. Rosenberg, S. (ed.), *Directions in Psycholinguistics* (New York, Macmillan Company, 1965), 260 p.

Actes d'un congrès tenu en 1963. Vue d'ensemble sur les problèmes du comportement verbal.

258. Stratford, K. M. et W., *Speech and Language Activity* (Toronto, Holt, 1965), 264 p.

Vue d'ensemble.

259. Zeman, J., "Informace a psychickà činnost" [L'information et l'activité psychique], *Otàcky marxistickej Filozofia*, 20, 2 (1965), 167-178.

L'activité cérébrale considérée comme un canal de transformation.

2. *Acquisition du langage et ses troubles*

(Cf. Nos. 128, 250.)

260. Braun-Lambsch, M. M., "Contexte et catégories grammaticales – étude génétique chez les enfants de 8 à 13 ans", *Psychologie française*, 9, 2 (1964), 118-127.

Description d'un test psychologique sur les catégories grammaticales chez les enfants.

261. Braun-Lambsch, M. M., "Les contextes des noms et des verbes chez l'enfant", *Journal de Psychologie*, 62, 2 (1965), 201-218.

Un problème de la théorie de l'apprentissage.

262. Carroll, J. B., "Words, Meanings, and Concepts", *Harvard Educational Review*, 34, 2 (1964), 178-202.

Sur la formation des concepts linguistiques chez l'enfant.

263. Gréco, P., "Analyse structurale et étude du développement", *Psychologie française*, 10, 1 (1965), 87-100.

Sur l'application des méthodes structurales à l'étude psychologique des problèmes génétiques.

264. Karlin, I. W. *et al.*, *Development and Disorders of Speech in Childhood* (New York, Thomas, 1965), 324 p.

Recueil de textes, permettant une vue d'ensemble.

265. Malrieu, P., "Les formes temporelles du verbe chez le jeune enfant", *Journal de Psychologie*, 61, 4 (1964), 385-404.

Étude psychologique qui essaie de tirer des conclusions sur la structure des temps verbaux.

266. Oléron, P., "Langage et développement psychologique", *Bulletin de Psychologie*, 21 (1965), 1262-1276.

Notes de cours, prises par des auditeurs. La place du langage dans le développement de l'enfant. Aspects psychologiques du langage.

267. Oléron, P. and M. M. Braun, "Analyse génétique et développement du langage", *Psychologie française*, 10, 1 (1965), 70-79.

Étude du développement de l'enfant à travers le processus de l'acquisition du langage.

268. Schnelle, H., "Steps toward Models of Language Learning", *Kybernetika*, 1, 4 (1965), 365-372.

Pour l'utilisation de modèles dans l'étude de l'acquisition du langage.

3. *Émission et réception du langage et leurs troubles*

269. Baruk, H., "Les symboles dans les maladies mentales et dans le monde moderne", *Cahiers Internationaux de Symbolisme*, 4 (1964), 5-21.

270. Berry, M. F. and J. Eisenson, *Speech Disorders: Principles and Practices of Therapy* (New York, Appleton-Century-Crofts, 1965), 574 p.

Vue d'ensemble.

271. Cohen, D. and M. Gauthier, "Aspects linguistiques de l'aphasie", *L'Homme*, 5, 2 (1965), 5-31.

Vue d'ensemble et bilan d'une recherche.

272. Cohen, D. and H. Hécaen, "Remarques neuro-linguistiques sur un cas d'agrammatisme", *Journal de Psychologie*, 2, 3 (1965), 273-296.

Étude de l'aspect subjectif du langage à travers un cas particulier d'aphasie.

273. Flanagan, J. L., *Speech Analysis, Synthesis and Perception* (Berlin, Springer Verlag, 1965), 318 p. (= *Kommunikation und Kybernetik in Einzeldarstellungen,* 3).

Analyse exhaustive, écrite par un ingénieur, de l'aspect technique de la parole.

274. Hécaen, H. and R. Angelergues, *Pathologie du langage: l'aphasie* Paris, Larousse, 1965), 200 p. (Langue et langage).

Monographie couvrant le champ entier du problème.

275. Kasanin, J. S. (ed.), *Language and Thought in Schizophrenia* (New York, The Norton Library, 1964), 134 p.

Sommaire: H. S. Sullivan, The language of schizophrenia – K. Goldstein,

Methodological approach to the study of schizophrenic thought disorder – J. S. Kasanin, The disturbance of conceptual thinking in schizophrenia – N. Cameron, Experimental analysis of schizophrenic thinking – J. Benjamin, A method for distinguishing and evaluating formal thinking disorders in schizophrenia – S. J. Beck, Errors in perception and fantasy in schizophrenia – A. Angyal, Disturbances of thinking in schizophrenia – E. V. Domarus, The specific laws of logic in schizophrenia.

Actes d'un congrès qui a eu lieu en 1939, publiés ici pour la première fois.

276. Laffal, J., *Pathological and Normal Language* (New York, Athernon Press, 1965), xxi + 249 p.

Exposé général des problèmes de la pathologie du langage.

277. Lane, H., "The Motor Theory of Speech Perception: a Critical Review", *Psychological Review*, 72, 4 (1965), 275-309.

Critique d'une théorie de la perception linguistique.

278. Reuck, A. V. S. de, and M. O'Connor (eds.), *Disorders of Language: Ciba Foundation Symposium* (London, J. & A. Churchill, 1964), 356 p.

Les actes d'un congrès qui a réuni les plus grands spécialistes mondiaux de la question.

4. *Symbolisme phonétique*

279. Chastaing, M., "Nouvelles recherches sur le symbolisme des voyelles", *Journal de Psychologie*, 61, 1 (1964), 75-88.

Les résultats de quelques expériences récentes qui confirment pour l'auteur l'existence du symbolisme vocalique.

280. Chastaing, M., "Dernières recherches sur le symbolisme vocalique de la petitesse", *Revue philosophique*, 90, 1 (1965), 41-56.

La petitesse étant prise comme signifié, on recherche des signifiants parmi les voyelles.

281. Péterfalvi, J. M., "Étude du symbolisme phonétique par l'appariement de mots sans signification à des figures", *Année psychologique*, 64, 2 (1964), 411-432.

Le symbolisme phonétique est étudié à l'aide de comparaisons avec des dessins. Une haute prédictabilité est atteinte.

282. Péterfalvi, J. M., "Les recherches expérimentales sur le symbolisme phonétique", *Année psychologique*, 65, 2 (1965), 439-474.

Vue d'ensemble sur les recherches récentes. Bibliographie.

IV. EXTENSIONS DU LANGAGE

1. *Langage et communication dans la société contemporaine*

(Cf. Nos. 322, 373.)

283. André, J. C., "Esthétique des bandes dessinées", *Revue d'Esthétique*, 18, 1 (1965), 49-71.

Aperçu historique et analyse des différents genres sur un plan sociologique et esthétique. Indications bibliographiques.

284. Barry, G., *et al.* (eds.), *Communication and language* (London, MacDonald, 1965), 204 p.

Aspects de la communication dans la société contemporaine.

285. Burgelin, O., "Les langages de l'action sociale", *Communications*, 5 (1965), 100-119.

A propos des travaux de T. Parsons, l'auteur discute la structure du pouvoir en termes linguistiques.

286. Crystal, D., *Linguistics, Language and Religion* (London, Burns & Gates, 1965), 192 p.

Les problèmes de la religion confrontés avec les résultats des études linguistiques.

287. Dumazedier, J., "Structures lexicales et significations complexes", *Revue Française de Sociologie*, 5, 1 (1964), 12-26.

Application des méthodes et notions linguistiques à la sociologie. L'auteur s'attache surtout à la lexicologie parce que les autres disciplines linguistiques ne tiennent pas compte du sens. Discussion théorique et méthodologique.

288. Edelman, M., *The Symbolic Uses of Politics* (Urbana, University of Illinois Press, 1964), 201 p.

Étude des dimensions symboliques dans la vie politique actuelle.

289. Faye, J. P., "Langages totalitaires", *Cahiers Internationaux de Sociologie*, 36, 1 (1964), 75-100.

Étude de la société nazie à travers son langage.

290. Henle, P. (ed.), *Language, Thought, and Culture* (Ann Arbor, University of Michigan Press, 1965), VIII + 273 p.

Le langage dans la société contemporaine.

291. Hertzler, J. D., *A Sociology of Language* (New York, Random House, 1965), 560 p.

Une étude très complète des différents problèmes soulevés par le rapport entre langage et société.

292. Horalek, K., "Sprache, Denken und Kultur" [Langage, pensée et culture], *Linguistics*, 17 (1965), 5-10.

293. *Language of Politics: Studies in Quantitative Semantics*, 2nd ed. (Cambridge, Mass., MIT Press, 1965), 398 p.

Réédition d'un recueil d'études sur le langage politique (1re édition 1949). Textes de H. D. Lasswemm, N. Leites, R. Fadner, J. M. Goldsen, A. Grey, I. L. Janis, A. Kaplan, D. Kaplan, A. Mintz, I. de Sola Pool, S. Yakobson.

294. Lee, A. M., "The Concept of System", *Social Research*, 32, 3 (1965), 229-238.

Considérations générales.

295. Ostrower, A., *Language, Law and Diplomacy* (London, London University Press, 1965), 2 vol., 964 p.

Le langage de la diplomatie et du droit.

296. Schaff, A., "Langage et réalité", *Diogène*, 51 (1965), 153-175.
Du point de vue marxiste.

297. Sommerfelt, A., "Structures linguistiques et structures des groupes sociaux", *Diogène*, 51 (1965), 191-196.
Sur l'isomorphie linguistique et sociale.

298. Spiro, M. E., "A Typology of Social Structure and the Patterning of Social Institutions: a Cross-Cultural Study", *American Anthropologist*, 67, 5-1 (1965), 1097-1119.
Étude statistique de la notion de structure sociale.

299. Tumin, M., "The Functionalist Approach to Social Problems", *Social Problems*, 12, 4 (1965), 379-397.

300. Victoroff, D., "Pour une psycho-sociologie du slogan publicitaire", *Année psychologique*, 1964, 2e série (1965), 3-29.
Étude qui permet des rapprochements avec les notions de la sémiotique.

301. Viet, J., *Les méthodes structuralistes dans les sciences sociales* (Paris-La Haye, Mouton, 1965), 246 p.
Vue d'ensemble sur le structuralisme dans les diverses sciences sociales.

2. *Systèmes de communication dans les sociétés archaïques*

(Cf. No. 32.)

302. Banton, M., *The Relevance of Models for Social Anthropology* (London, Tavistock Publications; New York, F. A. Praeger, 1965), xl + 238 p.
Discussion des bases théoriques du problème.

303. Benveniste, É., "Termes de parenté dans les langues indo-européennes", *L'Homme*, 5, 3-4 (1965), 5-17.
Étude de la parenté à travers les termes linguistiques.

304. Buchler, I. R., "Measuring Development of Kinship Terminologies, Scalogram and Transformational Accounts of Crow-Type Systems", *American Anthropologist*, 66, 4 (1964), 765-788.
Sur l'étude structurale des termes de parenté. Bibliographie, pp. 783-788.

305. Burling, R., "Cognition and Componential Analysis, God's Truth or Hocus Pocus", *American Anthropologist*, 66, 1 (1964), 20-28.
Discussion critique de l'analyse componentielle (l'analyse sémantique en traits distinctifs). Remarques sur les possibilités théoriques et leur rapport avec les possibilités réalisées. Suivi d'une discussion de l'article, pp. 116-122.

306. "Études sur la parenté", *L'Homme*, 5, 3-4 (1965), 290 p. (Numéro spécial consacré aux différentes méthodes d'analyse de la parenté).
La première section examine la relation entre termes et structures de parenté.

307. Fernandez, J. W., "Symbolic Consenses in a Fang Reformative Cult", *American Anthropologist*, 67, 4 (1965), 902-927.

Sur le problème de symbolisation dans un rituel primitif.

308. Glucksmann, A., "La déduction de la cuisine et les cuisines de la déduction", *Information sur les Sciences Sociales*, 4, 2 (1965), 200-215.

A propos de *Le cru et le cuit* de C. Lévi-Strauss, une discussion des bases philosophiques du structuralisme et des possibilités de son extension aux autres sciences sociales.

309. Goddard, D., "Conceptions of Structure in Lévi-Strauss and in British Anthropology", *Social Research*, 32, 4 (1965), 408-427.

L'ensemble du numéro est consacré aux problèmes théoriques de l'anthropologie culturelle.

310. Hammel, E. A. (ed.), "Formal Semantic Analysis", *American Anthropologist*, 67, 5 (1965), part 2, 316 p. (Special publication).

Vue d'ensemble sur les méthodes actuelles de l'analyse componentielle. Voir en particulier: J. C. Gardin, On a possible interpretation of componential analysis in archeology – W. L. Chafe, Meaning in linguistics – S. Lamb, Kinship terminology and linguistic structure – Également des analyses concrètes par E. A. Hammel, R. Burling, A. Kimball Romney, F. Lounsbury, L. Pospisil, R. G. d'Andrade, A. F. C. Wallace, J. O. Bright et W. Bright, W. Goodenough et D. M. Schneider – Bibliographie.

311. Hymes, D., "Some North Pacific Coast Poems: A Problem in Anthropological Philology", *American Anthropologist*, 67, 2 (1965), 316-341.

Étude structurale de textes de chansons populaires, dans une perspective à la fois ethnologique, linguistique et esthétique. – Bibliographie.

312. Hymes, D. (ed.), *The Use of Computers in Anthropology* (The Hague, Mouton, 1965), 560 p. (= *Studies in general anthropology*, 11).

313. Ivanov, V. V. and V. N. Toporov, *Slavjanskie jazykovye modelirujuščie semiotičeskie sistemy* [Les systèmes sémiotiques modelants slaves] (Moskva, Izd. Nauka, 1965), 248 p.

Étude de mythologie slave.

314. Lévi-Strauss, C., "Le triangle culinaire", *L'Arc*, 26 (1965), 19-29.

Essai sur la structure des termes culinaires, chez les Indiens et en Europe. Le numéro, consacré entièrement à l'œuvre de C. Lévi-Strauss, contient une bibliographie de ses travaux.

315. Lyotard, J. F., "Les Indiens ne cueillent pas les fleurs: A propos de C. Lévi-Strauss", *Annales: Économies, Sociétés, Civilisations*, 20, 1 (1965), 62-83.

Discussion des possibilités d'une étude structurale et sémiotique de la société.

316. Maranda, P., "Kinship Semantics", *Anthropos*, 59, 3-4 (1964), 517-528.

Vue d'ensemble sur l'analyse componentielle comparée aux modèles de parenté de Lévi-Strauss.

317. Nutini, H. G., "Some Considerations on the Nature of Social Structure and Model Building: A Critique of Claude Lévi-Strauss and Edmund Leach", *American Anthropologist*, 67, 3 (1965), 707-731.

Sur la notion de "structure sociale".

318. Paci, E., "Anthropologia strutturale e fenomenologia" [Anthropologie structurale et phénoménologie], *Automazione e Automatismi*, 88 (1965), 162-188.

A propos de C. Lévi-Strauss.

319. Paci, E., "Il senso delle strutture in Lévi-Strauss" [Le sens de la structure chez Lévi-Strauss], *Revue internationale de Philosophie*, 19, 3-4 (1965), 300-313.

Fondé sur une analyse de *Tristes tropiques* et de la *Leçon inaugurale.*

320. Powlison, P. S., "A Paragraph Analysis of a Yagna Folklore", *International Journal of American Linguistics*, 31, 2 (1965), 109-118.

Analyse séquentielle du conte: théorie et illustrations.

321. Sebag, L., "Le mythe, code et message", *Les Temps Modernes,* 20, 226 (1965), 1607-1623.

Extrait (la conclusion) d'un livre à paraître, consacré à l'étude structurale des mythes. L'auteur étudie les rapports entre les approches du structuralisme et de l'herméneutique. Le texte est accompagné d'une note biographique sur l'auteur.

322. "Transcultural Studies in Cognition", *American Anthropologist,* 66, 3 (1964), part 2, 254 p. (Special publication).

Sommaire: A. Kimball Romney and R. Goodwin d'Andrade, Introduction – Linguistic approaches (Dell Hymes, Directions in (ethno-) linguistic theory – S. M. Lamb, The sememic approach to structural semantics – B. Berlin and A. Kimball Romney, Descriptive semantics of Tzeltal numeral classifiers) – Anthropological approaches (W. C. Sturtevant, Studies in ethnoscience – C. O. Frake, Notes on queries in ethnography – A. Kimball Romney and R. G. d'Andrade, Cognitive aspects of English kin terms) – Psychological approaches (C. Osgood, Semantic differential technique on the comparative study of cultures – S. Hill, Cultural differences in mathematical concept learning – F. L. Strodtbook, Considerations of meta-method in cross-cultural studies) – Discussion and sumary. Actes d'une conférence interdisciplinaire, tenue en 1963 à Merida, Yucatan.

323. Vernant, J. P., *Mythe et pensée chez les Grecs: études de psychologie historique* (Paris, Maspero, 1965), 334 p.

Certaines méthodes de l'anthropologie structurale, appliquées à la culture classique grecque.

324. Vogt, E. Z., "Structural and Conceptual Replication in Zinacantan Culture", *American Anthropologist*, 67, 2 (1965), 342-353.

Étude structurale du comportement rituel, propre à la société Zinacantan.

3. *Sémiotique de l'art*

(Cf. No. 365.)

325. Brelet, G., "Musique et structures", *Revue Internationale de Philosophie*, 19, 3-4 (1965), 387-408.

La notion de structure dans la musique moderne.

326. Chklovski, V., "L'art comme procédé", *Tel Quel*, 21 (1965), 3-18.

Un manifeste des formalistes russes, écrit en 1917, et traduit ici pour la première fois.

327. Czaplejewicz, E., "Matematicka poetika a studium poezie" [La poétique mathématique et l'étude de la poésie], *Ceskà Literatura*, 13, 5 (1965), 419-427.

La contribution des méthodes mathématiques à l'étude de la poésie.

328. Deliège, C., "La musicologie devant le structuralisme", *L'Arc*, 26 (1965), 45-54.

Vue d'ensemble sur les ouvrages qui portent le germe d'une approche structurale de la musique.

329. Dorflès, G., "Pour ou contre une esthétique structurale?", *Revue Internationale de Philosophie*, 19, 3-4 (1965), 409-441.

Discussion des ouvrages récents, utile par ses références.

330. Ducasse, C. J., "Art and the Language of the Emotions", *Journal of Aesthetics and Art Criticism*, 23, 1 (1964), 109-112.

Brève discussion de la conception selon laquelle l'art est le langage des émotions.

331. Eco, U., *L'œuvre ouverte* (Paris, Éd. du Seuil, 1965), 320 p.

L'original italien est paru en 1962. Étude esthétique dans le cadre de la théorie de l'information.

332. Édeline, F., "La poésie et les éléments", *Cahiers Internationaux de Symbolisme*, 8 (1965), 75-94.

Analyse de quelques poèmes selon les éléments qu'on y retrouve (feu, eau, air, etc.).

333. Faye, J. P., "A-t-on le temps d'un récit?", *Revue de Métaphysique et Morale*, 70, 4 (1965), 437-441.

Interrogation sur le statut du récit.

334. Fónagy, I., "Le langage poétique: forme et fonction", *Diogène*, 51 (1965), 72-116.

Dans la perspective de la théorie de l'information.

335. Genette, G., "L'homme et les signes", *Critique*, 16, 2 (1965), 99-114.

Une discussion des perspectives sémiotiques à propos de R. Barthes, *Essais critiques* (Paris, Éd. du Seuil, 1964). Remarques sur la critique littéraire, le phénomène de connotation, etc.

336. Genette, G., "Structuralisme et critique littéraire", *L'Arc*, 26 (1965), 30-44.

Vue d'ensemble sur les études littéraires liées aux principes du structuralisme. L'auteur discute plusieurs idées des formalistes russes et montre les limites de l'étude structurale en analyse littéraire (les rapports entre structuralisme et herméneutique).

337. Janion, M., "Sporné problémy literari vedy" [Problèmes des études littéraires], *Ceskà Literatura*, 13, 1 (1965), 1-15.

338. Jessep, B., "On Fictional expressions of Cognitive Meaning", *Journal of Aesthetics and Art Criticism*, 23, 3 (1965), 374-388.

Problèmes de la signification en littérature.

339. Krausova, N., "Rozpravac v proze" [Problèmes de la prose], *Slovenska Literatura*, 12, 2 (1965), 125-153.

Étude structurale de la prose.

340. Lévi-Strauss, C., "Riposte a un questionario sullo strutturalismo" [Réponses à un questionnaire sur le structuralisme], *Paragone*, 16, 182 (1965), 125-128. (En français.)

Réponse à deux questions portant sur l'application des méthodes structurales en critique d'art et en critique littéraire.

341. Levy, J., "Bude literarni věda exaktni vědou?" [Les études littéraires peuvent-elles devenir une science exacte?], *Plamen*, 7, 3 (1965), 76-81.

342. Levy, J., "Teorie literarnich textu" [Théorie des textes littéraires], *Slovenska Literatura*, 12, 1 (1965), 75-88.

343. Metz, C., "Une étape dans la réflexion sur le cinéma", *Critique*, 21, 214 (1965), 227-248.

A propos de l'ouvrage de J. Mitry, *Esthétique et psychologie du cinéma*, dans une perspective sémiotique.

344. Moles, A., "Cybernétique et œuvre d'art", *Revue d'Esthétique*, 18, 2 (1965), 163-182.

Perspectives esthétiques ouvertes par la théorie de l'information.

345. Morris, C. and D. Hamilton, "Aesthetics, Signs, and Icons", *Philosophy and Phenomenological Research*, 25, 3 (1965), 356-364.

Vue d'ensemble sur les études provoquées par la théorie de Morris, qui proposait d'inclure l'analyse esthétique dans l'étude générale des signes.

346. Mothersill, M., "Is Art a Language?", *Journal of Philosophy*, 62, 20 (1965), 559-572.

Un philosophe s'interroge pour savoir dans quelle mesure l'expression: "l'art est un langage" n'est qu'une métaphore. Suivi d'une discussion par V. Aldrich et V. Tomas.

347. Mayenowa, M. R. (ed.), *Poetika i matematika* [Poétique et mathématique], (Warszawa, Panstwowy Institut Widawniczy, 1965), 176 p.

Recueil de textes consacrés à l'application des méthodes mathématiques à l'étude de la littérature. Deux parties: étude du vers et étude du vocabulaire. Les auteurs sont: M. R. Mayenowa, J. Levy, I. Woronczak, L. Pszczolowska, A. Kondratow, A. Wierzbicka, A. Bartkowiskowa, B. Gleichgewicht.

348. Pleynet, M., "L'image du sens", *Tel Quel*, 18 (1964), 71-76.

Interrogation sur le langage, matière unique de la poésie.

349. Raffa, P., "Sui segni della pittura" [Les signes de la peinture], *Arte Oggi*, 23-24 (1965), 23-33.

Essai de classification des signes picturaux dans la perspective d'une esthétique sémantique, au sens où ce mot est employé par C. Morris et A. Kaplan.

350. Revzin, I. I., "O celjax strukturnogo izučenija hudožestvennogo tvorčestva" [Des buts de l'étude structurale des œuvres littéraires], *Voprosy Literatury*, 6, 6 (1965), 73-87.

Discussion théorique des possibilités d'une étude structurale de la littérature.

351. Rodway, A. and B. Lee, "Coming to terms", *Essays in Criticism*, 14, 2 (1964), 109-125.

Discussion des termes employés en théorie littéraire.

352. Rossi, A., "Strutturalismo e analisi letteraria" [Structuralisme et analyse littéraire], *Paragone*, 15, 180 (1964), 24-78.

Étude très détaillée de tous les essais pour appliquer des méthodes structurales à la littérature, depuis le formalisme russe jusqu'aux transformationnistes américains.

353. Saint-Guirons, G., "Quelques aspects de la musique d'un point de vue linguistique", *Études de Linguistique appliquée*, 3 (1964), 12-36.

Série de comparaisons de certains aspects de la musique avec les textes de F. de Saussure et A. Martinet.

354. Schaper, E., "The Art Symbol", *British Journal of Aesthetics*, 4, 3 (1964), 228-239.

Sur la conception de l'art pris comme un symbole.

355. Segre, C. (ed.), "Strutturalismo e critica" [Structuralisme et critique], p. 1-85, in: *Catalogo generale del Saggiatore* (*1958/1965*), (Milano, Saggiatore, 1965), 320 p.

Argan, Barthes, Gortolotto, Corti, Friedriech, Hofmann, Lévi-Strauss, Levin, Paès, Roncaglia, Rosiello, Starobinski, Strada répondent à une enquête sur les rapports entre critique littéraire et méthode structurale. Résumé et discussion par Segre.

356. Stepankova, J., "Geneticky strukturalismus v sociologii literatury: nad knihou L. Goldmanna *Za sociologii romanu*" [Le structura-

lisme génétique en sociologie littéraire: sur le livre de L. Goldmann, *Pour une sociologie du roman*], *Ceskà Literatura*, 13, 3 (1965), 245-251.

357. Sychra, A., *Hudba ocima vedy* [La musique du point de vue scientifique], (Praha, Ceskoslovensky Spisovatel, 1965), 180 p.

Contient des chapitres sur la signification en musique et sur l'application de la théorie de l'information.

358. *Théorie de la littérature: textes des formalistes russes* (Paris, Éd. du Seuil, 1965), 320 p.

Anthologie de textes publiés entre 1917 et 1928. Préface de R. Jakobson, présentation de T. Todorov.

359. Todorov, T., "L'héritage méthodologique du formalisme", *L'Homme*, 5, 1 (1965), 64-83.

Vue d'ensemble sur les acquisitions méthodologiques des formalistes russes, comparées aux méthodes de la linguistique structurale d'aujourd'-hui.

360. Todorov, T., "Procédés mathématiques dans les études littéraires", *Annales: Économies, Sociétés, Civilisations*, 3, 20 (1965), 503-510.

Discussion critique des ouvrages de M. Bense et de T. A. Sebeok qui appliquent des procédés mathématiques à l'analyse littéraire.

361. Wierzbicka, A., "Rosyjska szkola poetyki lingwistycznej a jezykoznawstwo strukturalne" [L'école russe de poétique linguistique et la linguistique structurale], *Pamietnik Literacki*, 56, 2 (1965), 447-465.

L'héritage des formalistes russes à la lumière des acquisitions de la linguistique structurale.

4. *Théorie sémiotique générale, Sémiotiques diverses*
(Cf. Nos. 9, 61, 172, 250, 335.)

362. Abramjan, L. A., "Znàčenie kak kategorija semiotiki" [La signification comme catégorie sémiotique], *Voprosy Filosofii*, 19, 1 (1965), 56-66.

363. Arab-Ogly, E, A. Kolman and J. Zeman (eds.), *Kybernetika ve spolecenskych vedagh* [La cybernétique dans les sciences de la signification] (Praha, Nakladatelsvi Ceskoslovenké Akademie ved, 1965), 318 p.

364. Barthes, R., *Le degré zéro de l'écriture*, suivi de *Éléments de sémiologie* (Paris, Éd. Gonthiers, 1965), 182 p.

Première édition en volume des *Éléments*.

365. Doležel, L., "Uvod do informačneteoretické koncepce uměleckych textù (M. Bense, *Theorie der Texte*)" [Introduction à la

conception du texte littéraire dans la théorie de l'information], *Ceskà Literatura*, 13, 3 (1965), 258-60.

La théorie de l'art de Bense, ses aspects cybernétiques.

366. Garvin, P., "The Role of Linguistics in Information Processing", *Philologica pragensia*, 8 (1965), 177-188.

367. Hrusovsky, J. "Struktura a dialektika" [Structure et dialectique], *Filosoficky Casopis*, 20, 2 (1965), 193-203.

Interrogation d'un philosophe sur les principes du structuralisme.

368. Hymes, D. (ed.), *Language in Culture and Society: A Reader in Linguistics and Anthropology* (New York, Harper & Row, 1964), 764 p.

Soixante-dix textes classiques concernant la linguistique, l'anthropologie et la sémiotique. Bibliographies critiques.

369. Jakobson, R., "A la recherche de l'essence du langage", *Diogène*, 51 (1965), 22-38.

Sur les aspects iconiques du langage.

370. Klaus, G., *Die Macht des Wortes* [Le pouvoir du mot] (Berlin, Akademieverlag, 1964), 204 p.

Dans une perspective sémiotique et cybernétique.

371. Knowlson, J. R., "The Idea of Gesture as a Universal Language in the XVIIth and XVIIIth Century", *Journal of the History of Ideas*, 16, 4 (1965), 495-508.

372. Kosik, K., *Dialektika konkretneho* [La dialectique du concret], 2. Vyd. (Praha, NCAV, 1965), 192 p.

Structure et signification dans la connaissance scientifique.

373. Lévi-Strauss, C., "Critères scientifiques dans les disciplines sociales et humaine", *Revue Internationale des Sciences sociales,* 16, 4 (1964), 579-597.

Sur le statut des sciences humaines et sociales et leur classification interne. L'auteur propose de les diviser en "arts et lettres", "sciences sociales" et "sciences humaines".

374. Materna, P., *Operative Auffassung der Methode, ein Beitrag zur strukturellen Methodologie* [Conception opérative de la méthode, une contribution à la méthodologie structurale] (Praha, NCAV, 1965), 114 p.

Discussion méthodologique du structuralisme.

375. Minturn, L., "A Cross-Cultural Linguistic Analysis of Freudian Symbols", *Ethnology*, 4, 3 (1965), 336-342.

Vérification des hypothèses de Freud sur l'interprétation des symboles oniriques (mâle/femelle) dans plusieurs langues à la fois.

376. "Notion de structure", *Revue Internationale de Philosophie*, 19, 2-4 (1965), 398 p.

Sur la notion de structure dans les diverses sciences: humaines, naturelles et exactes.

377. Sebeok, T. A., "Animal Communication", *Science*, 147 (1965), 1006-1014.

Mise au point du problème de la communication animale.

378. Sebeok, T. A., A. S. Hayes and M. C. Bateson (eds.), *Approaches to Semiotics: Cultural Anthropology, Education, Linguistics, Psychiatry, Psychology* (The Hague, Mouton, 1964), 294 p. (= *Janua Linguarum, series maior*, 15.)

Sommaire: P. F. Ostwald, How the patient communicates about disease with the doctor – G. Mahl, G. Schulze, Psychological research in the extralinguistic area – A. S. Hayes, Paralinguistics and kinesics, pedagogical perspectives – W. La Barre, Paralinguistics, kinesics, and cultural anthropology – E. Stankiewicz, Problems of emotive language – M. Mead, Vicissitudes of the study of the total communication process. Chaque exposé est suivi d'une discussion et d'une bibliographie.

379. Vetrov, A. A., "Predmet semiotiki" [L'objet de la sémiotique], *Voprosy Filosofii*, 19, 9 (1965), 57-67.

Discussion de l'objet de la sémiotique.

APPENDICE: NOUVEAUX PÉRIODIQUES

1. *Foundations of Language: International Journal of Language and Philosophy* (Dordrecht, D. Reidel, 4 p.a., 1965 –).

   Editorial Board: M. Halle, P. Hartmann, K. Kunjunni Raja, B. Mates, J. F. Staal, P. A. Verburg, J. W. M. Verhaar.

2. *Journal of Linguistics* (Cambridge, Cambridge University Press, 2 p.a., 1965 –).

   Editor: J. Lyons.

3. *La Linguistique* (Paris, Presses Universitaires de France, 2 p.a., 1965 –).

   Rédacteur: A. Martinet.

4. *Revue Langage et Comportement* (Paris, Gauthiers-Villars, 4 p.a., 1965 –).

   Rédacteur: R. Gsell.

43

UNE ÉQUIPE DE RECHERCHE SÉMIOTIQUE EN FRANCE

Au bout d'une année d'existence due à l'appui et à l'accueil de Claude Lévi-Strauss, qui lui a permis de se constituer en une Section sémio-linguistique du Laboratoire d'Anthropologie Sociale de l'École Pratique des Hautes Études et du Collège de France, l'équipe de recherches sémiotiques peut présenter le premier rapport de ses activités couvrant l'année universitaire 1966-1967.

L'ensemble de ces activités de recherche – et des publications par lesquelles elles se sont manifestées – peut se répartir, non sans quelque arbitraire, en quatre groupes.

I. THÉORIE SÉMIOTIQUE

1.1. *Considérations générales*

Les réflexions sur le statut épistémologique des systèmes sémiotiques (Greimas, Kristeva), sur la place de la sémiotique à l'intérieur du savoir humain organisé, et plus particulièrement, en sa qualité de science de l'homme par excellence (Greimas, Todorov), sur son originalité méthodologique (Todorov), sur la nature des systèmes sémiotiques autonomes (Kristeva, Metz), constituent les principaux thèmes de cette investigation générale.

1. Greimas, A. J., "Réflexions sur la théorie du langage", in: *Travaux de la Conférence Internationale de Sémiotique, Varsovie* (Paris-La Haye, Mouton, sous presse).
2. Kristeva, J., "L'expansion de la sémiotique", *Information sur les Sciences Sociales* 6, 5 (octobre 1967), 169-181.

3. Metz, C., "Les sémiotiques, ou sémies" in *Communication* (Paris), pp. 146-157.
4. Todorov, T., "Perspectives sémiologiques", *Communications*, 7 (1966), 139-145.
5. Todorov, T., "La linguistique, science de l'homme", *Critique*, 22 (1966), 749-761.
6. Todorov, T., "Le structuralisme dans les revues", *Information sur les Sciences Sociales*, 6, 4 (1967), 139-141.

1.2. *La dimension diachronique*

Cette dimension de la recherche, délaissée depuis longtemps, semble retrouver son actualité: si Greimas, préoccupé par les transformations des systèmes, cherche à extrapoler à partir de la connaissance linguistique les éléments méthodologiques utilisables par une science de l'histoire, Barthes envisage une approche différente, se demandant dans quelle mesure l'histoire elle-même peut être considérée comme un discours, et si les méthodes propres à la description des structures narratives peuvent lui être appliquées.

7. Barthes, R., "Le discours de l'histoire", *Information sur les Sciences Sociales*, 6, 4 (1967), 65-75.
8. Greimas, A. J., "Structure et histoire", *Temps modernes*, 246 (novembre 1966), 815-827. (Traduction espagnole, Mexico, 1967.)

1.3. *La sémiotique et les métalangages scientifiques*

Deux ouvrages, un numéro spécial de *Langages* sur "Logique et linguistique" et une thèse de doctorat sur l'*Étude structurale d'une terminologie* marquent l'importance de ce domaine. Ainsi, l'enquête conduite par Ducrot sur les relations entre deux types de langages formels a permis d'en expliciter la problématique et de rendre les deux appareils de formalisation comparables; l'auteur continue d'ailleurs ses recherches à la frontière de la logique et de la linguistique. Les investigations de Gentilhomme se situent, de leur côté, à la limite de la linguistique et des mathématiques: la description d'une terminologie scientifique ne manque pas de poser le problème d'une méta-terminologie qui permette de le faire. Les autres études (Gentilhomme, Metz, Pottier) se situent au niveau de l'analyse des signes, apportant une contribution à leur typologie.

9. Ducrot, O., ed., en collaboration avec E. Coumet et J. Gattegno. "Logique et linguistique", *Langages,* 2 (juin 1966), 136 p.
10. Ducrot, O., "Logique et linguistique", *Langages,* 2 (juin 1966), 3-30.
11. Ducrot, O., "Quelques illogismes du langage", *Langages,* 3 (septembre 1966), 126-139.
12. Ducrot, O., "Présupposition linguistique et implication logique", *Études de Linguistique Appliquée,* 4 (1966), 39-47.
13. Ducrot, O., "Compte rendu de Y. Bar-Hillel, *Language and Information*", *L'Homme,* 6, 2 (1966), 136-138.
14. Gentilhomme, Y., *Étude structurale d'une terminologie: Essai méthodologique.* Thèse de 3e cycle (manuscrit).
15. Gentilhomme, Y., "Terme scientifique, mot linguistique, symbole scientifique", *Études de Linguistique Appliquée,* 4 (1966), 3-37.
16. Gentilhomme, Y., "Enquête pour une normalisation de l'emploi des symboles formels en linguistique", *Études de Linguistique Appliquée,* 4 (1966), 105-115.
17. Metz, C., "Remarque sur le mot et le chiffre: A propos des conceptions sémiologiques de L. J. Prieto", *La Linguistique,* 2 (1967), 41-55.
18. Metz, C., "Sème", in *Grand Larousse Encyclopédique – Supplément,* Edition de 1968 (Paris, Larousse), p. 782.
19. Pottier, B., "Information autour du mot comme unité linguistique", p. 69-78 in: *Premier Colloque de la* CECA *– Linguistique Appliquée, (1966),* (Luxembourg, Service des Publications des Communautés Européennes, 1967).

II. LINGUISTIQUE

2.1. *Sémantique*

Il est normal que les recherches proprement linguistiques de l'équipe soient dominées par des préoccupations d'ordre sémantique. Parallèlement à la *Sémantique structurale* de Greimas, parue quelques mois plus tôt, les *Recherches sémantiques* de Todorov (numéro spécial de *Langages*), réunissant et commentant les travaux des sémanticiens étrangers, ont permis de mettre à jour et de faire le tour des problèmes actuels de la sémantique. Les travaux personnels de Todorov ainsi que certains comptes rendus larges et constructifs (Ducrot, Kristeva, Todorov) permettent de considérer ce domaine comme ayant acquis un rythme de croisière satisfaisant.

20. Ducrot, O., "Compte rendu de A. J. Greimas, *Sémantique structurale*", *L'Homme*, 6, 4 (1966), 121-123.
21. Ducrot, O., "Compte rendu de T. Todorov, *Recherches sémantiques*", *L'Homme*, 6, 4 (1966), 120-121.
22. Greimas, A. J., *Sémantique structurale* (Paris, Larousse, 1966), 262 p.
23. Kristeva, J., "Recherches sémantiques récentes", *La Pensée* (novembre 1966), 36-43.
24. Todorov, T., "Recherches sémantiques", *Langages*, 1, numéro spécial (mars 1966), 5-43.
25. Todorov, T., "Les anomalies sémantiques", *Langages*, 1, numéro spécial (mars 1966), 100-123.
26. Todorov, T., "Compte rendu de *Problemy formalizacii semantiki*" [Problèmes de la formalisation des études sémantiques], et de *Masinnyi perevod i prikladnaja lingvistika* [Traduction automatique et linguistique appliquée], *L'Homme*, 4, 2 (1966), 139-141.
27. Todorov, T., "Compte rendu de F. Bendix, *Componential Analysis of General Vocabulary*", *Lingua* (1968), 106-108.

2.2. *Grammaire*

La recherche grammaticale paraît être moins bien représentée. Le numéro spécial de *Langages* sur "La linguistique française" a laissé toutefois apparaître deux points de convergence parmi les linguistes: (*a*) la prédominance de l'interêt pour l'étude du verbe et de l'énoncé, et (*b*) la tendance à introduire, dans l'analyse grammaticale, les considérations sémantiques. La thèse de doctorat de Bertaud du Chazaud est également marquée par cette double préoccupation: une analyse formelle du syntagme attributif y est suivie d'une description sémique de catégories sémantiques sous-jacentes.

28. Bertaud du Chazaud, H., *Le syntagme attributif,* Thèse de 3e cycle (manuscrit).
29. Greimas, A. J., J. Dubois, eds., "Linguistique française: La phrase et le verbe", *Langages*, 3 (septembre 1966), 142 p.

2.3. *Phonétique et phonologie*

Peu de publications dans ce domaine, à l'exception de la présentation par Rastier de l'acquis jakobsonien.

30. Rastier, F., "Sur les *Études phonologiques* de Jakobson", *L'Homme*, 7, 2 (1967), 94-108.

III. SÉMIOTIQUE DES FORMES ET DES OBJETS LITTÉRAIRES

3.1. *Sémiotique littéraire*

Deux ouvrages – *Figures* de Genette, et *Littérature et signification* de Todorov (sous presse) – contribuent à sémiologiser un domaine où les progrès réels déjà accomplis sont souvent dissimulés par de nombreuses publications para-sémiotiques. Dans l'accalmie qui a suivi la querelle des sémioticiens et des philologues (occasion, pour Barthes, d'une mise au point nécessaire dans *Critique et vérité*), les travaux proprement sémiotiques se poursuivent (Barthes, Coquet, Kristeva, Todorov) et les directions de recherche – la problématique de l'objet littéraire, celle de l'écriture, la typologie des genres – se précisent progressivement.

31. Barthes, R., "Proust et les noms", in: *To Honor Roman Jakobson* (Paris-La Haye, Mouton, 1967).
32. Coquet, J. C., "L'objet stylistique", *Le Français Moderne*, 1 (janvier 1967).
33. Egebak, N., "Compte rendu de R. Barthes, *Critique et vérité*", *Revue Romane*, 1, 1-2 (1966), 128-131.
34. Genette, G., *Figures* (Paris, Seuil, 1966), 265 p.
35. Kristeva, J., "Le texte clos: Problèmes de la théorie romanesque", *Languages*, 12 (1968), 103-125.
36. Kristeva, J., "Bakhtine, le mot, le dialogue et le roman", *Critique*, 23 (1967), 438-465.
37. Todorov, T., *Littérature et signification* (Paris, Larousse, 1967), 128 p. (Coll. "Langue et langage").
38. Todorov, T., "Tropes et figures", in: *To Honor Roman Jakobson* (Paris-La Haye, Mouton, 1967), 2006-2023.
39. Todorov, T., "Typologie du roman policier", *Paragone*, 202 (1966), 3-14.

40. Todorov, T., "De la sémiologie à la rhétorique", *Annales (Économies, Sociétés, Civilisations)*, 22, 6 (1967), 1324-1329.
41. Todorov, T., "Langage et littérature", 14 p. in: *Les langages critiques et les sciences humaines: Actes du Colloque International de Baltimore, U.S.A., 1966* (Baltimore, Md., Johns Hopkins Press, sous presse).
42. Todorov, T., "Les registres de la parole", *Journal de Psychologie normale et pathologique*, 64, 3 (1967), 265-278.

3.2. *Poétique*

Dans le domaine de la poétique, Rastier apporte une étude remarquée sur la lecture de Mallarmé: l'auteur, utilisant les suggestions méthodologiques de Lévi-Strauss, y présente une grille de lecture unique, faite de la mise en corrélation de tous les codes sensoriels dont il postule l'isomorphisme. D'autres études (Todorov, Greimas, Kristeva) sont d'un caractère théorique et général.

43. Greimas, A. J., "La linguistique structurale et le poétique", *Revue Internationale des Sciences Sociales*, 1 (1967), 8-17.
44. Kristeva, J., "Pour une sémiologie des paragrammes", *Tel Quel*, 29 (1967), 53-75.
45. Rastier, F., *La signification chez Mallarmé* (1966), (diplôme manuscrit).
46. Todorov, T., "Poétique", 104 p. in: *Qu'est-ce que le structuralisme?* (Ouvrage collectif), (Paris, Seuil, 1967).
47. Todorov, T., "Poétique et critique", *Tel Quel*, 31 (1967), 30 p. (à paraître).

3.3. *Structures narratives*

Un domaine autonome de recherches se précise avec l'exploration des structures narratives. Un numéro spécial de *Communications*, édité par le Centre d'Études des Communications de Masse, et consacré à ce sujet, tout en soulignant l'étroite collaboration de l'équipe avec les chercheurs du CECMAS, marque probablement une date. Renouvelant la problématique des genres littéraires, l'étude des structures narratives (cf. la mise au point de Barthes dans la préface de ce numéro spécial) la dépasse pourtant: à côté des récits littéraires (Todorov, Genette), les mêmes principes d'organisation sont recherchés et retrouvés dans le narratif filmique (Metz), dans la littérature dite orale: mythologie, folklore (Greimas).

48. Barthes, R., "Introduction à l'analyse structurale des récits", Préface du numéro spécial de *Communications*, 8 (1966), 1-27.
49. Genette, G., "Frontières du récit", *Communications*, 8 (1966), 152-163.
50. Greimas, A. J., "Éléments pour une théorie de l'interprétation du récit mythique", *Communications*, 8 (1966), 28-59. (Traduction italienne, *Rassegna Italiana di Sociologia*, 3 [Bologne, 1966]).
51. Greimas, A. J., "Approche générative de l'analyse des actants", in *Linguistic Studies presented to André Martinet*, I, *World* (U.S.A.), 23, no. 1-2-3.
52. Metz, C., "Remarques pour une phénoménologie du narratif", *Revue d'Esthétique*, 19, 3-4, numéro spécial (juillet-décembre 1966), 333-343.
53. Metz, C., "Le cinéma moderne et la narrativité", *Cahiers du Cinéma*, 185, numéro spécial (décembre 1966), 43-68.
54. Metz, C., "La grande syntagmatique du film narratif", *Communications*, 8 (1966), 120-124.
55. Todorov, T., "Choderlos de Laclos et la théorie du récit", *Tel Quel*, 27 (1966), 17-28.
56. Todorov, T., "Le récit primitif", *Tel Quel*, 30 (1967), 47-55.
57. Todorov, T., "Les hommes-récits", *Tel Quel*, 31 (1967), 64-73.
58. Todorov, T., "Les catégories du récit littéraire", *Communications*, 8 (1966), 125-151.

IV. SÉMIOTIQUES DIVERSES

4.1. *Sémiotiques diverses*

Une diversification des recherches quant aux objets soumis à l'analyse sémiotique est inévitable. Le départ en est donné par le *Système de la mode* de Barthes qui inaugure, parallèlement à l'exploration du niveau de la culture culinaire établie par Lévi-Strauss, celle du niveau vestimentaire, elle aussi essentiellement "parlée" et non "vécue". Par ailleurs, si l'étude de l'écriture cruciverbiste (Greimas) insiste sur l'élargissement d'une tropologie dépassant le cadre littéraire, l'introduction de Zemsz à l'analyse du langage pictural apporte une contribution certaine à un domaine de recherches qui ne doit pas tarder à se développer. Une première incursion dans les domaines de la sémantique économique et de "l'analyse du contenu" (psycho-sociologie) caractérise les études de Schmidt. On signalera enfin quelques efforts dans le domaine de l'ethno-linguistique (Pottier, Todorov) que la cohabitation au sein du Laboratoire d'Anthropologie Sociale devrait favoriser, ainsi que dans le domaine du langage gestuel (Metz).

59. Barthes, R., *Système de la mode* (Paris, Seuil, 1967), 326 p.
60. Greimas, A. J., "L'écriture cruciverbiste", in: *To Honor Roman Jakobson* (Paris-La Haye, Mouton, 1967).
61. Kristeva, J., "Le sens et la mode", *Critique* (décembre 1967), 1005-1031.
62. Metz, C., "Langage gestuel", in: *Grand Larousse Encyclopédique – Supplément*, Edition de 1958 (Paris, Larousse), p. 536-537.
63. Pottier, B., "Aspects de l'ethnolinguistique: Langues amérindiennes et langues européennes", *Institut des Hautes Études de l'Amérique Latine* I (Paris, 1967) (à paraître).
64. Schmidt, C., "Le concept de rationalité économique", *Critique* (à paraître).
65. Schmidt, C., "Problèmes de description et de construction en psychologie sociale", *Bulletin de Psychologie* (à paraître).
66. Todorov, T., "Compte rendu de V. Ivanov et V. Toporov, *Slavjanskie jazykovye modelirujuščie sistemy*" [Systèmes modelants des langues slaves], *L'Homme*, 6, 2 (1966), 138-139.
67. Zemsz, A., "Les optiques cohérentes (La peinture est-elle langage?)", *Revue d'Esthétique*, 20, 1 (janvier-mars 1967), 40-73.

4.2. *Sémiotique du cinéma*

Une place à part doit être réservée aux recherches sémiotiques sur le cinéma animées par Metz (secondé par Michèle Lacoste), dont le développement est ralenti par des confusions maintenues entre la méthodologie sémiotique et la critique philosophique, esthétique et sociologique du cinéma, analogues aux confusions qu'a aussi connues la sémiotique littéraire. Deux recueils partiellement distincts d'études antérieures (*Essais sur la signification au cinéma* et *Saggi di semiologia del cinema*), recouvrant l'ensemble de ce domaine sémiotique, sont étoffés et complétés par divers travaux caractérisés par la prédominance des préoccupations syntagmatiques, la segmentation de la chaîne filmique et la recherche des unités constitutives.

68. Lacoste, M., "Tableau des segments autonomes du film *Adieu Philippine", Image et Son,* 201 (janvier 1967), 81-94.
69. Metz, C., *Essais sur la signification au cinéma* (Paris, Klincksieck, 1968), 248 p.
70. Metz, C., "Quelques points de sémiologie du cinéma", *La Linguistique,* 2 (1966), 53-69.
71. Metz, C., "Un problème de sémiologie du cinéma", *Image et Son* 201 (janvier 1967), 68-79.
72. Metz, C., M. Lacoste, "Étude syntagmatique du film *Adieu Philippine* de Jacques Rozier", *Image et Son,* 201 (janvier 1967), 95-98.
73. Metz, C., "Considerazioni sugli elementi semiologici del film", *Nuovi Argomenti* (nuova serie), 3 (avril-juin 1966), 46-66.
74. Metz, C., "A proposito dell'impressione di realtà al cinema", *Filmcritica,* 163 (janvier 1966), 22-31.
75. Metz, C., "Problèmes de dénotation dans le film de fiction: Contribution à une sémiologie du cinéma", in: *Travaux de la Conférence Internationale de Sémiotique, Varsovie* (Paris-La Haye, Mouton, sous presse). (Traduction polonaise, *Kultura i Spoleczeństwo,* XI (Varsovie, 1967), 141-150; traduction italienne, *Cinema e film,* 2 (printemps 1967), 171-178.)
76. Metz, C., "Problèmes actuels de théorie du cinéma", *Revue d'Esthétique,* 20, 2-3, numéro spécial (avril-septembre 1967), 180-221.
77. Metz, C., "Le dire et le dit au cinéma: Vers le déclin d'un Vraisemblable?" (en italien), in: *Linguaggio e ideologia nel film* (Novara, Fratelli Cafieri Editori, 1968), 113-114.
78. Metz, C., "Montage et discours dans le film: Un problème de sémiologie diachronique du cinéma", in *Linguistic Studies presented to André Martinet,* I, *World* (U.S.A.), 23, no. 1-2-3, Avril-Décembre 1967, 388-395.